스티븐 코비 Stephen R. Covey

전 세계인이 존경하는 리더십 권위자. 〈타임〉이 선정한 '미국에서 가장 영향력 있는 25명' 중 한 사람으로, 누구나 자기 운명을 지배할 수 있다는 심오하지만 단순한 가르침을 펼치는 데 평생을 바쳤다. 그는 대통령에서 유치원생까지 가르친 교사였고, 조직 컨설턴트이자 베스트셀러 작가였다. 하버드 경영대학원에서 MBA를, 브리검영대학교에서 박사학위를 받았으며, 147개국에 지사를 둔 세계적 교육 회사 프랭클린코비를 공동 설립했다. 포브스 선정 '20세기 가장 영향력 있는 경제경영서' 《성공하는 사람들의 7가지 습관》 외에 《소중한 것을 먼저 하라》 《원칙 중심의 리더십》 《성공하는 사람들의 8번째 습관》 등 수많은 베스트셀러를 집필해 더 나은 삶을 성취하고자 하는 사람들에게 영감을 주었다.

옮긴이 **김경섭**

'성공하는 사람들의 7가지 습관' '코액티브 코칭' '창의적 교수법' 같은 세계적인 명품 교육들을 한국에 도입한 리더십·코칭 분야 선구자. 강의와 코칭으로 아시아 연합 운동을 시작했고, 한국코치협회와 청소년교육컨설턴트 협회를 창립해 기업은 물론 가정, 학교, 공공 기관이 모두 가슴 뛰는 꿈을 찾아 위대한 성공을 일굴 수 있도록 돕고 있다.

성공하는 사람들의 7가지 습관

The 7 Habits of Highly Effective People: 30th Anniversary Edition
by Stephen R. Covey

성공하는 사람들의 7가지 습관

스티븐 코비 | 김경섭 옮김

The 7 Habits of Highly Effective People

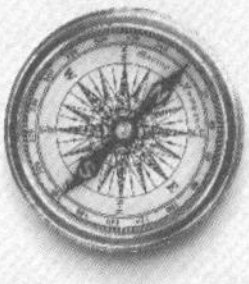

Stephen R. Covey

김영사

성공하는 사람들의 7가지 습관

초판 1쇄 발행 1994. 4. 15.
초판 444쇄 발행 2003. 8. 25.

개정1판 1쇄 발행 2003. 9. 24.
개정1판 130쇄 발행 2017. 3. 27.

개정2판 1쇄 발행 2017. 5. 2.
개정2판 21쇄 발행 2023. 4. 10.

개정3판 1쇄 발행 2023. 5. 30.
개정3판 4쇄 발행 2023. 8. 29.

지은이 스티븐 코비
옮긴이 김경섭

발행인 고세규
편집 임여진 디자인 유상현 마케팅 백선미 홍보 이한솔
발행처 김영사
등록 1979년 5월 17일(제406-2003-036호)
주소 경기도 파주시 문발로 197(문발동) 우편번호 10881
전화 마케팅부 031)955-3100, 편집부 031)955-3200 | 팩스 031)955-3111

값은 뒤표지에 있습니다. ISBN 978-89-349-6595-4 03320

홈페이지 www.gimmyoung.com
블로그 blog.naver.com/gybook
인스타그램 instagram.com/gimmyoung
이메일 bestbook@gimmyoung.com

좋은 독자가 좋은 책을 만듭니다.
김영사는 독자 여러분의 의견에 항상 귀 기울이고 있습니다.

유능하며 유능해지고 있는
내 동료들에게 이 책을 바친다.

'7가지 습관' 출간 30주년을 기념하며

"세계적으로 유명한 스티븐 R. 코비 박사님 곁에서 그분의 7가지 습관을 배우며 자란다는 건 어떤 느낌이었나요?" 나는 이 질문을 몇 번이나 받았는지 모릅니다. 내가 자랄 때 부모님은 그저 보통의 부모님이셨고, 친절하고 좋은 분들이셨지만 부모님이 부끄러울 때도 있었지요. 10대였을 때는 낯선 사람들이 다가와 나를 끌어안고 내 어깨에 기대어 울면서 "네 아버지 책이 내 인생을 바꿨다는 걸 네가 알면 좋겠구나" 하고 털어놓기도 했습니다. 당시 열일곱 살이던 나는 이런 생각이 들었지요. '진심인가요? 우리 아빠가 벨루어 스웨트 팬츠에 드레스 셔츠를 입고 보트 슈즈를 신는 걸 알고 있나요? 그런 사람이 당신 인생을 바꿨다고요?'

초등학교에 다닐 때 아버지가 점심시간에 학교에 오셔서 함께 배식 줄을 섰는데, 그때 '나는 우리 가족을 사랑해(I Love My Family)'라는 즉흥 자작곡을 부르셨던 기억이 납니다. 내 친구들은 재미있어했지만 나는 죽을 맛이었습니다. 게다가 아버지는 대머리였습니다! 얼마나 창피하던지!

시간이 흐른 뒤에야 내가 어린 시절에 받은 선물이 뭔지 깨달았습니다. 열아홉 살 때, 마침내 아버지의 책 한 권을 집어 아버지의 말씀을 읽기 시작하면서 이런 생각이 들었습니다. '와, 아빠가 정말 똑똑하구나. 깊은 경지에 도달하신 분이네.' 그동안 살아오면서 배운 모든 교훈이 하나하나 떠올랐습니다. 집에서 7가지 습관을 배우며 자란 아홉

남매 중 넷째로서, 나는 이 책의 내용에 둘러싸여 있었습니다. 아버지는 당신이 쓰신 원칙들을 우리에게 가르치셨을 뿐만 아니라 우리를 가장 귀한 제자들로 여기셨고, 우리에게 당신의 모든 자료를 시험해보셨습니다. 물이 귀한 줄 뒤늦게 아는 물고기처럼 우리는 그 물에 푹 빠져 있어서 그 존재를 알지도 못했습니다.

일하기 시작하고 7가지 습관의 심오한 법칙을 점점 자각하게 되면서 나는 《성공하는 10대들의 7가지 습관*The 7 Habits of Highly Effective Teens*》이라는 10대 버전의 책을 쓰기로 결심했습니다. 다행히도 그때 나에게는 10대 자녀가 없었습니다. 10대 자녀의 부모가 된 지금은 그때 했던 모든 말을 취소하고 싶습니다. 효과적인(effective) 10대란 없습니다. 그건 모순적인 말이지요. 물론 농담입니다. 진짜로, 이제는 특출난 청소년들도 아주 많습니다.

《성공하는 사람들의 7가지 습관》이 사람들의 삶에 미치는 영향을 보면서, 그 메시지를 계속 공유하는 일에 영감을 받아 《성공하는 아이들의 7가지 습관》이라는 그림책과 《성공하는 대학생들의 7가지 습관》이라는 대학생 교재를 출판했습니다. 프랭클린코비사의 연구부문 부사장으로서 수십 년 동안 7가지 습관에 대한 워크숍과 웨비나를 개최하고, 영상과 교재들을 만들기도 했습니다. 요컨대, 7가지 습관을 가진 집에서 자란 것 말고도 나는 우리 아버지를 제외하면 세상 그 누구보다 7가지 습관에 대해 많이 연구하고, 쓰고, 생각해보았을 것입니다.

그런 이유로 《성공하는 사람들의 7가지 습관》의 출판사인 사이먼 앤드 슈스터가 30주년 기념판에 나의 통찰을 더해달라고 부탁했을 때, 나는 몹시 당황했습니다. 그 자리에서 "말도 안 돼요! 이 책은 걸작이에요. 뭔가 더하려는 이유가 뭐예요?"라고 말했습니다.

하지만 곰곰이 생각해보니, 그게 좋은 아이디어일 수 있겠단 생각이 들기 시작했습니다. 7가지 습관이 나를 비롯해 세계에 끼친 영향을 설명할 수 있을 것 같았기 때문입니다. 아버지의 인생에 얽힌 몇 가지 알려지지 않은 이야기를 공유하고, 7가지 습관의 지속적인 관련성을 설명할 수 있다는 걸 깨달았습니다.

정말로, 가족이나 조직, 사회 안에서 문제와 도전이 심화할수록 7가지 습관의 관련성은 더욱 커집니다. 왜일까요? 7가지 습관은 보편적이고 시대를 초월한 효과적인 원칙에 기반을 두고 있기 때문입니다. 아버지는 이러한 개념의 주창자로 나서지는 않았습니다. 그보다는 이들을 보편적으로 받아들여지는 원칙으로 보셨습니다. 아버지의 역할은 그 원칙들을 사람이 살면서 익혀야 할 습관으로 통합하는 것이었습니다.

아버지의 사명은 원칙 중심의 리더십으로 세상을 가득 채우는 것이었습니다. 나는 아버지가 "이건 내 이야기가 아니라 원칙에 대한 거란다. 내가 죽은 후에도 사람들이 이 원칙들을 배우면 좋겠구나"라고 말씀하시는 걸 종종 들었습니다. 그 말에 용기를 얻어, 만약 아버지가 살아 계셨다면 그 원칙들이 계속 존재할 수 있도록 당신의 책에 새로운 색을 더하라고 나를 격려하셨을 것이라 생각하고 있습니다.

책에 조화로움을 더하고 독자들이 원칙을 더 잘 적용할 수 있도록 돕고자 각 장과 습관 끝에 통찰과 이야기가 담긴 몇 장을 추가했습니다. 단, 아버지의 말씀은 아무것도 바꾸지 않았습니다. 이 책은 스티븐 R. 코비의 고전이고, 이 책을 읽는 동안 그가 책에서 튀어나와 당신의 가치와 잠재력을 북돋우고, 회사와 집에서 더 유능한 사람이 되는 방법을 가르쳐주는 듯한 느낌을 받을 것입니다.

7가지 습관을 연구하면 할수록 이 습관들이 사회 정서 학습 혹은 행동 과학 분야의 심오한 과학적 혁신처럼 느껴집니다. 7가지 습관은 단지 7개의 '잔소리'가 아닙니다. 나는 짐 콜린스가 이 책의 출간 25주년을 기념하며 쓴 글에 동의합니다.

스티븐 코비가 개인의 효과성에 기여한 것은 그래픽 사용자 인터페이스가 PC에 기여한 것과 유사하다고 생각합니다. … 벤저민 프랭클린에서 피터 드러커에 이르기까지, 개인의 효과성에 대해 수백 년 동안 축적된 지혜가 있었습니다만 하나의 일관된 사용자 중심의 틀로 통합된 적은 없었습니다. 코비는 개인의 효과성을 위해 하나의 표준 운영체계를 만들어냈습니다. 그리고 그것을 쉽게 사용할 수 있게 만들었습니다.

7가지 습관은 현재 전 세계 수천 곳의 초등학교, 중학교, 고등학교에 재학 중인 학생들과 〈포천〉 100대 기업, 중소기업, 교도소, 말(馬) 치료 프로그램, 군대, 장애인, 일반 가정 등에서 활용되고 있습니다.

《성공하는 사람들의 7가지 습관》에 나오는 원칙, 비유, 이야기에는 삶을 변화시킬 만한 힘이 있습니다. 나는 학교에서 '승-승을 생각하라'의 개념에 대해 갓 배웠다는 열여섯 살의 여학생에게 편지를 받았습니다. 편지에는 이렇게 쓰여 있었습니다.

살면서 몸에 밴 습관들을 바꾸는 것은 정말 어려운 일이에요. 주요한 변화 중 하나는 학교 친구와 경쟁하려고 애쓰는 것을 그만둔 것입니다. 이 친구는 독불장군인데(죄송해요. 얼마 전에 이 단어를 배웠는데 너무 멋져서요. 독불장군이라는 건 예의 없고, 나서기 좋아하고, 강압적이라는 뜻이에요) 저랑 관심사가 같아서 서로 기 싸움도 많이 했죠. 예전에는 그 애에 대한 싫은 감정 때문에 학교 공연과 말하기 대회 같은 제 즐거움을 망친 적도 있어요. 음, 이제는 훨씬 나아지고 있어요! 그 애를 용서하고 다 잊었거든요. 인생은 경쟁이 아니라는 걸 기억하기 위해서 오늘 일기에 메모를 적었어요. 그랬더니 그거 아세요? 기분이 훨씬 나아진 거 있죠! 커다란 짐을 내려놓은 기분이에요.

그리고 미시시피파워의 사장 앤서니 윌슨에게 받은 이메일도 기억합니다.

규제 완화의 위협이 우리 산업에 유례없는 도전을 야기했던 90년대에 우리 회사는 앞으로 나아가기 위해 7가지 습관에 의지했습니다. 코비의 7가지 습관과 원칙 중심의 리더십으로 맨 위부터 말단까지 전 직원을 훈련시켰고, 이 습관들을 우리 문화에 반영했습니다. 2005년, 허리케인 카트리나가 우리의 23개 카운티 서비스 지역을 덮쳐 모든 고객에게 전력 공급이 중단되었습니다. 북미 전역에서 1만 2,000명의 배선 작업자들을 데려와야 했지만, 우리에게는 이들을 이끌 감독자가 충분치 않았습니다. 우리는 이 비상사태에 대응하여 직원들에게 리더 역할을 맡겼습니다. 왜냐하면 그들은 '끝을 생각하며 시작하는' 방법과 '먼저 이해하고 다음에 이해시키는' 방법 등을 알고 있었고, 훌륭하게 해냈기 때문입니다. 우리는 12일 만에 전력을 복구하고, 당시 〈USA 투데이〉가 "위기관리 모범 사례"라고 설명한 업적도 이룰 수 있었습니다. 우리는 완전한 폐허 속에서 나서서 이끌고, 빠른 결정을 내리고, 혁신할 수 있는 문화를 가지게 되었습니다. 성취도가 높은 우리 문화에는 이미 7가지 습관이 배어 있습니다. 그저 감사하다는 말을 하고 싶었습니다!

이것이 바로 원칙의 힘이고, 7가지 습관의 힘입니다. 내가 이 책 전반에 추가한 통찰이 도움이 되길 바랍니다.

행운을 빌며

숀 코비

숀 코비는 프랭클린코비사 교육 분야 사장이자 브라이들업호프 재단의 공동 설립자 겸 회장이다. 인기 많은 강연가로서 전 세계 청중들 앞에서 강연했고, 수많은 라디오와 TV 프로그램, 인쇄 매체에 소개되었다. 하버드에서 MBA를 취득한 숀은 〈뉴욕타임스〉 베스트셀러 작가이며, 〈월스트리트 저널〉 비즈니스 분야 베스트셀러 1위 《성과를 내고 싶으면 실행하라》《당신이 내릴 가장 중요한 결정 6가지*The 6 Most Important Decisions You'll Ever Make*》《리더 인 미》 그리고 전 세계적으로 800만 부 이상 팔린 《성공하는 10대들의 7가지 습관》을 포함해 다수의 책을 저술 또는 공동 저술하였다. 현재 로키산맥 인근에서 가족들과 함께 살고 있다.

| 차례 |

2부

개인의 승리

3부

대인관계의 승리

상호의존의 패러다임 | 301

습관 4_ 승 - 승을 생각하라 | 330

4부

자기쇄신

습관 7_ 끊임없이 쇄신하라 | 483

내면으로부터의 변화를 다시 강조하며 | 522

1

패러다임과 원칙들

7 끊임없이 쇄신하라
상호의존성
먼저 이해하고 다음에 이해시켜라
5
대인관계의 승리
시너지를 내라
6
4 승-승을 생각하라
독립성
3 소중한 것을 먼저 하라
1
자신의 삶을 주도하라
개인의 승리
2
끝을 생각하며 시작하라
의존성

THE 7 HABITS OF
HIGHLY EFFECTIVE PEOPLE

내면으로부터 시작하라

이 세상에서 진정한 탁월함은
올바른 삶과 분리해 생각할 수 없다.
– 데이비드 스타 조던* –

나는 지난 25년 동안 기업체, 대학 그리고 결혼 및 가족관계에서 사람들을 도와주는 컨설팅 분야의 일을 해왔다. 그 과정에서 외적으로는 놀라울 정도로 성공을 거두었지만 내적으로는 심리적인 고독감, 비효과성, 내적 조화의 결핍, 다른 사람과의 건강하고 성숙한 관계에 대한 갈망 등으로 괴로워하는 사람들을 수없이 보아왔다.

그들이 내게 말해준 다음과 같은 문제들은 우리에게도 친숙한 내용일 것이다.

나는 현 직장에서 목표를 설정하고 결국에는 달성했다. 그리고 지금 종

* David Starr Jordan(1851~1931), 미국 뉴욕 출생. 생물학자, 교육자.— 옮긴이.

사하고 있는 전문 분야에서 큰 성공을 거두기도 했다. 그러나 그 대가로 개인적인 삶과 가정생활을 희생해야 했다. 나는 더는 아내와 자녀에 대해서 잘 알지 못한다. 심지어 나 자신이 어떤 사람인지조차 알지 못하며 내 인생에서 가장 중요한 것이 무엇인지도 확신이 서지 않는다. 이제 나는 스스로에게 물어보아야 한다. 도대체 직장에서의 출세가 그만한 가치가 있는 것인가?

나는 새로운 방식의 다이어트를 또 시작했다. 올해 들어 벌써 다섯 번째다. 나는 체중이 너무 많이 나가 정말이지 살을 빼고 싶다. 그래서 체중을 줄이는 것과 관계되는 새로운 정보를 모두 입수하고 목표를 정하고 적극적인 태도를 지니기로 마음을 고쳐먹고 '나는 할 수 있다'고 거듭 다짐한다. 그러나 그게 잘 되지 않는다. 몇 주만 지나면 또 실패하고 만다. 나는 자신과의 약속도 잘 지켜나갈 수 없는 의지가 부족한 사람인 것 같다.

나는 효과적인 인사관리를 위한 연수과정에 여러 번 참가했다. 나는 우리 직원들에게 많은 기대를 걸고 있고, 또 그들을 친절하고 공정하게 대하려고 열심히 노력하고 있다. 그러나 나는 이들의 애사심을 전혀 느낄 수 없다. 만약 내가 아파서 하루라도 집에서 쉬고 출근하지 않는다면 아마도 이들은 대부분의 근무시간 동안 잡담이나 수다를 떨면서 보낼 것이다. 왜 나는 우리 직원들이 보다 자립적이고 책임감을 가질 수 있도록 교육시키지 못할까? 아니면 그런 자질을 갖춘 직원을 왜 찾아내지 못하는 것일까?

우리 아들은 반항적이고 약물에 중독된 십대이다. 아무리 뭐라고 해도 내 말을 통 들으려고 하지 않는다. 도대체 이를 어떻게 하면 좋을까?

할 일은 너무나 많은데 시간은 충분치 못하다. 나는 하루 종일, 매일매일, 그리고 일주일 내내 압박감과 혼란스러움을 느낀다. 그동안 시간관리 세미나에도 참석해보았고 대여섯 가지나 되는 시간관리 시스템도 이용해보았다. 그것들이 약간은 도움이 되지만 아직도 내 생활은 내가 원하는 만큼 행복하고 생산적이고 평화스럽지는 못하다.

나는 우리 아이들에게 노동의 가치를 가르쳐주고 싶다. 그러나 아이들에게 뭘 좀 시키려면 일거수일투족을 감독해야 하고 잔소리를 늘어놓아야 한다. 차라리 내가 일을 해버리는 것이 더 쉽다. 왜 아이들은 즐거운 마음으로 일을 스스로 처리하지 못할까?

나는 정말이지 바쁘다. 그러나 때때로 현재 하고 있는 일이 장기적으로 보아 도대체 어떤 성과를 낼 것인지 의구심이 일곤 한다. 나는 진정으로 내 인생이 의미 있기를 바라고 나로 인해 내 주변이 뭔가 달라지기를 바란다.

나는 친구나 친척들이 성공을 하고 인정을 받는 것을 보면 웃으면서 축하도 해준다. 그러나 내심으로는 질투 비슷한 착잡한 심경을 누를 길이 없다. 도대체 나는 왜 그렇게 느낄까?

나는 다른 사람들을 강압적으로 대하는 성격의 소유자이다. 그들과의 상호작용에서 최종 결과는 내가 통제하고 싶어 한다. 대부분의 경우 나는 상대방이 내가 원하는 해결방안을 따르도록 영향력을 행사한다. 또한 내가 제안하는 아이디어야말로 모든 사람에게 최선의 방안이라고 느낀다. 그러나 왠지 마음이 편치 못하다. 나는 다른 사람들이 나와 내 아이디어에 대해 어떻게 생각하는지 늘 궁금하다.

우리의 결혼생활은 이제 권태기에 들어섰다. 더 이상 서로 다투지도 않고 서로에 대한 애정도 거의 남아 있지 않다. 우리 부부는 함께 상담을 받기도 하고 여러 가지 다른 시도도 해봤다. 그러나 우리가 과거에 가졌던 서로에 대한 감정을 다시 회복할 수 있을 것 같지는 않다.

이상과 같은 내용들은 심각하고 고통스러운 문제이다. 그러나 이 같은 문제는 단번에 효과를 보는 응급처치식 방법으로는 해결될 수 없다.

몇 년 전, 나와 아내 샌드라 역시 이런 종류의 문제로 심각한 고민에 빠진 적이 있다. 당시 우리 아들 중 하나는 학교에서 큰 어려움을 겪고 있었다. 그 아이는 학교 성적이 신통치 못했다. 시험을 볼 때 문제의 지시사항조차도 잘 이해하지 못했기 때문에 시험 성적이 좋을 리 없었다. 게다가 그 애는 사회적으로도 미숙했기 때문에 종종 가족들이 부끄럽기도 했다. 신체적으로는 키가 작고 깡마른 데다 운동신경도 발달하지 못해 야구를 할 때는 공이 날아오기도 전에 야구방망이를 휘둘러댔다. 그 애는 늘 다른 사람들의 웃음거리가 되곤 했다.

아내와 나는 아이를 돕고 싶은 마음으로 노심초사했다. 만약 '성공'이 인생의 모든 분야에서 중요한 것이라면 부모 역할에서의 성공이야말로 가장 중요하다고 느꼈다. 따라서 우리는 그 아이에 대한 우리의 태도와 행동을 바꿈으로써 아이 스스로 변화할 수 있도록 도와주기로 했다.

우리는 아이가 적극적인 사고방식을 가지고 용기를 낼 수 있도록 유도했다. "자, 얘야! 너는 할 수 있다! 너는 해낼 능력이 있다. 손을 조금 위로 올려 야구방망이를 잡고 공을 똑바로 지켜보아라. 공이 가까이 오기 전에 방망이를 휘둘러서는 안 된다." 우리는 아이가 조금이라도 나아지면 계속해서 격려해주었다. "그래, 장하다. 그대로 계속 밀고 나가라."

그 애가 야구하는 모습을 보고 사람들이 웃을 때마다 우리는 그들을 나무랐다.

"우리 애 일에 관심 갖지 마세요. 간섭하지 말라고요. 그 애는 이제 막 배우는 참이에요." 그러면 우리 아들은 울음을 터뜨리면서 자기는 결코 더 나아지지 않을 것이라며 야구하기 싫다고 떼를 썼다.

우리가 아무리 노력해도 그 애에게 별 도움이 되지 않는 것 같았다. 정말로 걱정이 되었다. 우리의 노력이 오히려 아이의 자존심을 상하게 하고 있는 것 같았다. 우리는 그 애를 격려해주고 적극적으로 도움을 주고자 했으나 몇 번이고 실패를 거듭했다. 그래서 우리는 몇 걸음 물러나서 다른 차원에서 이 문제를 살펴보기로 하였다.

이즈음 나는 전국의 여러 회사들을 대상으로 한 리더십 프로그램에 컨설턴트로 참여하고 있었다. 그중 하나는 IBM 고급 경영자 연수과정이었다. 이 과정은 임원들을 대상으로 격월로 실시되었으며 커뮤니케이션과 지각(知覺)에 관한 주제를 중심으로 한 프로그램이었다.

나는 이 과정에서 다룰 내용을 연구하고 조사하면서 지각에 대해 집중적으로 다루었다. 지각은 어떻게 형성되는가, 사물을 볼 때 지각이 어떤 영향을 미치는가, 나아가 우리가 보는 방식이 행동에 어떤 영향을 미치는가 등에 대해 큰 관심을 가지게 되었다.

이 때문에 나는 동기유발에 있어서 기대이론, 자기달성적예언(自己達成的豫言, 이를 줄여서 보통 자성예언이라 함), 즉 '피그말리온 효과(Pygmalion Effect)'*를 공부하게 되었고 우리의 지각이 자신과 타인에게 큰 영향을 미치고 있다는 것을 깨닫게 되었다. 즉, 우리에게 보이는 세상뿐만 아니라 우리가 세상을 어떤 렌즈를 통하여 보고 있는지를 파악해야 한다는 것이다. 왜냐하면 이 렌즈 자체가 세상에 대한 우리의 해석

* 피그말리온은 본래 그리스 신화에 나오는 인물로 자기가 만든 상아 조각상 갈라티아를 연모한 키프로스 왕의 이름이다. 여기서는 버나드의 코미디를 말하는데 어떻게 취급받는가에 따라 동기유발이 달라지는 심리현상을 말한다.— 옮긴이.

을 좌우하기 때문이다.

아내와 나는 IBM에서 가르치는 개념들과 우리가 처해 있는 상황에 대해 이야기를 나누면서 우리가 그 애를 실제대로 보지 않고 렌즈를 통해 보고 있음을 깨달았다. 우리는 그가 근본적으로 세상에 적응하지 못하고 있으며 '남들보다 뒤처져 있다'고 생각했던 것이다.

우리가 이러한 태도와 행동을 가지고 있는 한 아무리 노력해봤자 별 효과를 얻을 수 없을 것이었다. 왜냐하면 우리가 하는 긍정적인 말과 행동에도 불구하고 그 애에게 실제로 전달된 내용은 "너는 능력이 없으니 보호를 받아야 한다"는 부정적인 자성예언이었기 때문이다.

따라서 우리가 이 상황을 변화시키기를 원한다면 우리 자신이 먼저 변화해야 한다는 사실을 깨닫기 시작했다. 나아가 우리 자신을 효과적으로 변화시키기 위해 우리의 인식을 바꾸어야 했다.

성격 윤리*와 성품 윤리**

그 당시 나는 지각에 관한 연구 외에도 1776년 이래 미국에서 출간된 '성공과 관련된 문헌'들에 대해 깊이 있게 연구하고 있었다. 나는 자기개선, 대중심리학, 자기훈련 등과 같은 분야의 책, 논문, 수필 등을 수백 권 살펴보았다. 나는 이 조사를 통해 자유롭고 민주적인 사람들이 성공적인 삶의 열쇠라고 여기는 것의 실체를 확실히 알게 되었다.

지난 2백 년간에 걸쳐 출간된 성공에 관한 저작물을 연구, 조사하는 동안 나는 이 문헌들에서 깜짝 놀랄 만한 유형을 파악했다. 또한 나는 우리 가정과 지난 수년 동안 내게 도움을 청해왔던 많은 사람들이 삶

* 외적 성격을 중요하게 생각하는 윤리.— 옮긴이.
** 내적 성품을 중요하게 생각하는 윤리.— 옮긴이.

과 대인관계에서 비슷한 고통을 당하고 있는 이유를 파악하면서 최근 50년간의 성공 관련 문헌 대부분이 피상적인 해결책만을 제시하고 있다는 사실을 점차 깨닫게 되었다.

다시 말해, 그러한 문헌에는 주로 사회적 이미지에 대한 의식, 다양한 기법, 응급처치식 대응책들만이 가득 차 있었다. 즉 급박한 문제를 해결하기 위해 아스피린이나 주고 붕대나 감아주는 식의 처방이 제시되어 있었다. 그러한 처방은 사태가 일시적으로 해결되는 것처럼 보이게 하나 근본적이고 만성적인 문제점들을 방치함으로써 시간이 지남에 따라 상태를 더욱 악화시키는 것이었다.

이와는 아주 대조적으로 미국 건국 후 처음 150년 동안 나온 대부분의 문헌들은 성공의 기초를 이루는 요소들로 '내적 성품 중심의 사고(Character Ethics)'에 초점을 맞추고 있다. 여기에서는 언행일치나 겸손, 충성, 절제, 용기, 정의, 인내, 근면, 소박, 수수함, 황금률과 같은 덕목을 강조한다. 대표적인 문헌으로 벤저민 프랭클린의 자서전을 들 수 있다. 그의 자서전은 근본적으로 자신의 본성 깊은 곳에 감추어진 내면적 원칙과 행동으로 나타나는 습관을 통합하려고 노력하는 한 인간을 다루고 있다.

성품 중심의 사고는 효과적인 삶을 가능하게 해주는 기본적인 원칙들이 있으며 이 원칙을 배워서 자신의 기본적인 성품과 결합해갈 수 있는 사람만이 진정한 성공과 지속적인 행복을 성취할 수 있다고 본다.

그러나 제1차 세계대전 직후부터 성공을 가져오는 기본 시각이 내적 성품에서부터 외적 성격 중심의 사고(Personality Ethics)로 바뀌었다. 이러한 시각은 대인관계를 원활하게 해주는 성격, 대중적 이미지, 태도와 행동, 기법과 기술 등이 성공에 더 크게 작용한다고 본다.

이 같은 외적 성격을 중시하는 시각은 근본적으로 두 가지 방향으로 나뉜다. 하나는 개인 및 대중을 상대할 때 필요한 각종 기법(Technique)

이고 다른 하나는 적극적인 사고방식이다. 이러한 사고의 일면은 다음과 같은 경구들로 표현되는데 이러한 경구는 사람을 분발케 해서 대단히 효과적인 경우도 있다.

"당신이 가진 태도가 당신이 높은 지위에 도달할 수 있을지 여부를 결정한다", "찌푸린 얼굴보다 미소 띤 얼굴이 더 많은 친구를 얻는다", "사람이 마음을 먹고 신념을 가지면 무엇이든 성취해낼 수 있다."

외적 성격 중심의 접근법은 명백히 조작적이며 심지어는 기만적인 측면을 가지고 있다. 다시 말해 다른 사람이 자신을 좋아하도록 만들기 위해 술수를 쓰게 되고, 자신의 목적을 달성하기 위해 다른 사람의 취미에 관심이 많은 것처럼 위장하기도 하며, 경우에 따라서는 '마치 권력이나 재력을 가진 듯이 보이도록' 하거나 다른 사람에게 위협적인 수단을 쓰기도 한다.

이 같은 문헌 중 어떤 것은 내적 성품을 성공의 요소로 보기도 하나 내적 성품을 근본적이며 촉매적인 것으로 인식하지 않고 일반 특성 중의 하나로만 간주한다. 그 결과 내적 성품에 관한 언급은 구색만 갖춘데 불과하고 실제로 강조된 것은 당장 효과를 내는 임시변통의 영향력 행사 기법이나 권력 획득 전략, 커뮤니케이션 기술, 적극적 태도 같은 것들이었다.

나는 바로 이 같은 외적 성격 중심의 사고가 아내와 내가 우리 아들에게 활용하려고 시도했던 해결방안의 잠재의식적 원천이었다는 사실을 깨닫기 시작했다. 외적 성격과 내적 성품의 차이를 곰곰이 생각한 결과, 나와 아내는 그동안 자녀들의 모범적인 행동으로 사회적인 만족감을 얻어왔는데 이 아이만은 그렇지 못해 우리를 실망시키고 있었던 것이라는 결론을 얻었다. 우리 자신에 대한 이미지, 자식을 잘 돌보는 훌륭한 부모라는 역할에 대한 이미지에 너무 집착한 나머지 막상 아들에 대해서는 정확하게 파악하지 못하고 있었다. 즉, 당면한 문제를 파악하고 고치는 데만 정신이 팔려 아이의 장래를 위해 무엇이 최선인가 하는 데까지는 미처 생각이 미치지 못했던 것이다.

아내와 나는 대화를 하는 과정에서 우리 자신의 성품과 동기 그리고 아들에 대한 인식이 바로 우리의 행동에 강력한 영향을 미치고 있음을 괴로운 심정으로 인정하게 되었다. 또 사회적 비교를 의식하는 것 자체가 우리 부부가 가진 중요한 가치관과 상반될 뿐만 아니라 이로 인해 아들에 대한 사랑이 조건적이 될 수 있고, 그렇게 되면 이 애가 점점 자신감을 잃게 된다는 것도 알게 되었다. 이러한 깨달음을 바탕으로 우리는 앞으로는 우리 자신을 위해 모든 노력을 기울이기로 결심했다.

다시 말하면 우리는 테크닉이 아닌 우리 부부가 가진 기본적인 동기와 아들에 대한 우리의 인식에 초점을 맞추기로 한 것이다. 우리는 그를 변화시키려고 하는 대신에 한 걸음 물러나서 아들과 우리 자신을 분리해서 생각하려고 노력했다. 이를 통해 우리는 그 애만이 가진 정체성, 개성, 독립성 그리고 가치를 재발견하려 한 것이다.

우리는 깊은 사고와 믿음과 기도를 통해서 아들이 갖고 있는 독특함을 보기 시작하였다. 우리는 그 애 자신의 방법과 속도에 의해 실현될 수 있는 무한한 잠재능력도 보게 되었다. 우리는 마음을 느긋이 먹고 그를 방해하지 않기로 작정했으며 아들의 잠재력이 자연스럽게 드러날 수 있도록 내버려두기로 했다.

우리는 그 애의 능력을 믿고 그 애가 해낸 일의 가치를 인정해주며 함께 기뻐하는 등, 우리 본연의 역할만 하였다. 동시에 우리가 갖고 있는 각종 동기를 솔직하게 분석해보고 우리 부부가 느끼는 사회적 가치가 아이들의 성취나 행동과는 무관하도록 강한 심리적 안정감을 얻기 위해 노력하였다.

우리가 아들에 대한 과거의 잘못된 인식에서 벗어나 내면적 가치에 근거한 동기를 갖게 되자 온갖 새로운 감정이 솟아나기 시작하였다. 즉, 우리 아이를 다른 아이들과 비교하고 판단하는 대신 있는 그대로의 모습을 좋아하는 우리 자신을 발견하게 되었다. 우리는 이때부터 아이를 보편적인 사회적 기대에 근거해 저울질하거나 우리 부부가 가지고 있는 이미지에 부합하도록 키우려는 생각을 버렸다.

또 그 애를 사회적 틀에 맞는 인간으로 만들기 위해 지금까지 우리가 의식적으로 해온 보호도 중단하였다. 우리는 그 애가 자신의 인생을 충분히 헤쳐나갈 수 있는 기본적인 능력을 가지고 있다고 보았기 때문에 다른 사람의 놀림으로부터도 더 이상 보호해주지 않았다.

그런데 우리 아이는 이 같은 보호를 받으면서 자라왔기 때문에 이것을 일단 중지하자 처음에는 움츠러들었으며 고통스러워했다. 우리 부부는 이 같은 아들의 마음을 이해해주었지만 어떠한 조치도 취하지 않았다. "우리가 너를 보호해줄 필요는 없다. 왜냐하면 너는 근본적으로 정상적인 아이니까"라는 것이 우리가 아이에게 준 무언의 메시지였다.

몇 주가 지나고 몇 달이 지나면서 아들은 스스로에 대해 조금씩 자신감과 확신을 가지기 시작하였다. 그 애는 자기만이 가진 방식과 속도로 자신에게 주어진 일들을 처리해나가면서 공부, 사교, 운동과 같은 부문에서 사회적으로도 인정받을 만큼 뛰어난 성과를 올리기 시작하였다.

또 자연적인 발달과정을 훨씬 넘어서서 엄청난 속도로 발전해나갔다. 몇 년 이내에 그는 여러 학생 단체에서 리더로 선출되었고 주(州)를 대표하는 운동선수가 되었으며 모든 과목이 A학점인 성적표를 집으로 가져왔다. 나아가 주위의 모든 사람들을 편안하게 해주고 건전한 방식으로 인간관계를 맺을 수 있는 진솔한 성격을 가꾸어나갔다.

나와 아내는 우리 아들이 이뤄낸 '사회적으로 대단한' 성취가 사회적인 보상이나 인정을 목표로 했기 때문이라기보다는 아이가 스스로 자신감을 갖게 되면서 이룰 수 있었다고 믿는다. 이것은 아내와 나에게 놀라운 경험이었고 우리가 다른 아이를 다룰 때나 다른 역할을 할 때도 유념하게 된 아주 교훈적인 경험이기도 했다. 이는 성공에 있어 외적 성격 위주의 사고보다 내적 성품 위주의 사고가 훨씬 효과적임을 직접 체험하게 된 기회이기도 했다.

성서의 잠언은 이 같은 우리의 확신을 잘 표현해준다. "무릇 지킬 만한 가치가 있는 그 어떤 것보다도 더욱 네 마음을 지키라. 인생의 문제들이 이에서 비롯됨이니라."* 이는 인생의 모든 문제가 마음에서 발생하므로 자신의 마음을 잘 다스리라는 뜻이다.

일차적 강점 VS 이차적 강점

아들을 통한 경험, 지각에 대한 연구, 성공을 다룬 문헌에 대한 독서가 상호 결합하여 나는 인생의 어느 순간 모든 것의 실마리가 풀릴 때 무릎을 탁 치게 되는 경험을 할 수 있었다. 외적 성격이 미치는 강한 영향력을 볼 수 있었고, 지금까지 진실이라고 믿었던 것들—어렸을 때 배운 것들과 내 마음속 깊이 간직하고 있는 가치관—과 날마다 내 주변에서 통용되고 있는 임시변통의 철학들이 어떻게 서로 다른가를 분명히 알 수 있었다. 지금까지 그 차이는 무척 미묘해서 의식적으로 구분해내기 힘든 것이었다.

나아가 나는 지난 여러 해 동안 여러 분야에 종사하는 사람들을 대상으로 연수 교육과 컨설팅을 해오면서 내가 가르치는 내용과 효과적이라고 생각했던 것들이 종종 실제로 널리 통용되는 것들과 차이가 났

* 잠언 4장 23절.— 옮긴이.

던 이유를 좀더 근원적인 수준에서 이해하게 되었다.

나는 외적 성격의 요소—성격 계발, 커뮤니케이션 기술 훈련, 영향력을 얻기 위한 전략과 적극적 사고를 위한 교육—들이 유익하지 않다고 주장하는 것은 아니다. 사실 어떤 경우에는 이 같은 요소들이야말로 성공의 관건이기도 하다.

그러나 이것은 어디까지나 이차적인 것이지 일차적인 강점은 아니다. 앞선 세대가 남겨놓은 기초 위에 무엇인가를 쌓기 위해 우리가 가진 능력을 활용할 때 우리는 무심코 자신이 성취하는 것에만 집중하게 되어 이를 지탱해주는 기초는 잊어버리기 쉽다. 다시 말하면 자신이 직접 씨를 뿌리지 않은 곳에서 오랫동안 수확을 하다 보니 씨 뿌릴 필요 자체를 잊어버리게 되는 것과 마찬가지이다.

성품이 결점투성이이고 이중적이고 불성실한 사람이 자신이 원하는 대로 다른 사람들을 행동하게 하고—이전보다 좀더 열심히 일하게 하고 더 큰 동기를 가지게 하며—자신을 좋아하게 하고 나아가 서로가 좋은 관계를 갖도록 하기 위해 각종 전략과 기법을 사용한다면, 이는 장기적으로 보아 실패할 수밖에 없다. 왜냐하면 나의 이중성은 불신을 낳게 되어 내가 하는 일은 무엇이든—심지어는 소위 좋은 대인관계기법을 활용하는 것조차도—의도가 깔린 것으로 상대방이 인식하기 때문이다. 그 설득법이 아무리 뛰어나고 훌륭하다 해도 아무런 소용이 없다. 따라서 신뢰와 믿음이 없다면 지속적인 성공의 토대가 없는 셈이다. 기본적으로 선한 품성을 갖추고 있을 때 이 같은 기법도 쓸모 있게 된다.

기법에만 치중한다는 것은 벼락치기로 공부하는 것과 같다. 그렇게 하면 때때로 괜찮은 성적을 얻을 수는 있지만 배우고 있는 주제를 결코 완전히 이해할 수 없으며 지식에 기초한 지성을 갖추지 못한다.

당신은 봄에 씨 뿌리는 것을 잊고 여름 내내 놀다가 가을이 되어 당일치기로 수확을 하려는 일이 얼마나 어리석은 짓인지 생각해본 적이 있는가? 농사란 자연의 법칙에 따른다. 따라서 반드시 노력이 들어가야 하고 과정을 거쳐야 한다. 우리는 씨를 뿌린 만큼만 거둘 수 있으며 지름길이란 절대로 없는 법이다.

이러한 원칙은 인간 행동과 대인관계에서도 똑같이 적용된다. 인간관계 역시 수확의 법칙에 근거한 자연 체계이다. 학교와 같이 인위적으로 만들어진 사회제도에서는 인간이 만든 규칙을 조작하여 '수단껏 게임을 하는' 편법을 사용한다면 잠시 동안은 어떻게든 꾸려나갈 수 있다.

또 대부분의 일회적 혹은 단기적인 대인관계에서는 매력이나 기법을 통해 호감을 갖게 하거나 다른 사람의 취미에 관심이 있는 척하면서 좋은 인상을 형성하는 데 있어 외적 성격을 활용할 수도 있다. 이러한 단기적인 상황에서는 그런 간단한 기법들이 더 쉽고 효과적일 수도 있다.

그러나 이 같은 이차적 특성들은 오랜 관계를 유지하는 데는 결코 영구적인 가치를 가지지 못한다. 결국 깊은 성실성과 내적 성품의 근본적인 강인함이 없으면 인생에서 맞게 되는 여러 가지 도전으로 인한 위기 상황에서 내면의 동기와 의도가 드러나게 마련이며 단기적인 성공은 인간관계에서의 완전한 실패로 대체될 수밖에 없다.

이차적인 강점을 가진 사람들—성격적인 재능으로 사회적 인정을 받는 사람들—은 흔히 일차적인 강점, 즉 훌륭한 내적 성품을 갖지 못한 경우가 많다. 이 점은 그들이 가지는 모든 종류의 장기적인 대인관계에서 이내 문제점으로 드러나게 된다. 예를 들어 직장의 동료나 부부관계, 친구관계나 자기 정체성의 위기를 겪고 있는 십대 자녀와의 관계 등에서 특히 그러하다.

가장 설득력 있게 의사전달을 하는 것은 바로 내적 성품이다. 에머슨은 이것을 다음과 같이 표현했다.

"당신의 성품이 아주 큰 소리로 당신 자신을 대변해주고 있기 때문에 당신이 하는 말은 내 귀에 잘 들리지 않습니다."

물론 성품상으로는 강점을 가지고 있지만 커뮤니케이션 기술이 부족해서 원활한 대인관계를 맺지 못하는 경우도 있다. 그러나 후자가 미치는 영향은 여전히 이차적일 따름이다.

결국 우리의 어떤 말이나 행동보다 훨씬 더 설득력 있게 우리 자신을 전달해주는 것은 성품이다. 우리는 이 같은 사실을 모두 알고 있다. 예컨대 그 사람의 내적 성품을 잘 알고 있기 때문에 절대적으로 신뢰할 수 있는 사람이 있다. 이런 경우 우리는 그 사람이 달변이든 아니든 대인관계 기술이 훌륭하든 그렇지 않든 그 사람을 믿으며 그들과 함께 성공적으로 일한다.

윌리엄 조지 조던*의 말 중에 다음과 같은 것이 있다.

"우리 모두는 선 혹은 악을 행하는 놀라운 힘을 가지고 있는데 이것은 소리 없이 무의식적으로 보이지 않게 삶에 영향력을 행사한다. 이는 다름 아닌 자신의 진정한 모습의 지속적인 반영이며 가식적으로 꾸며내는 모습은 아니다."

패러다임의 위력

이 책 《성공하는 사람들의 7가지 습관》은 인생을 효과적이고 능률적으로 살기 위하여 필요한 수많은 기본 원칙을 포함하고 있다. 여기서 말하는 습관은 기본적이고 일차적인 것이다. 이것은 지속적인 행복과 성공의 근거가 되는 올바른 원칙의 내면화를 의미한다.

* William George Jordan(1941~), 아일랜드 출신 문학가.— 옮긴이.

이 7가지 습관을 진정으로 이해하기 위해서는 먼저 자신의 '패러다임'이 무엇인지 알고 어떻게 하면 그 패러다임을 전환시킬 수 있는지 파악하는 것이 필요하다.

내적 성품이다, 외적 성격이다 하는 것은 둘 다 사회적 패러다임의 실례들이다. '패러다임'은 그리스어에서 유래된 말로 원래는 과학용어였으나 오늘날에 와서는 모델, 이론, 지각(知覺), 가정(假定), 혹은 준거틀 등의 의미로 더 많이 통용되고 있다. 일반적인 의미에서 본다면 패러다임이란 우리가 세상을 '보는' 방식을 말한다. 이때 '보는' 것은 눈으로 본다는 뜻이 아니라 지각하고 이해하고 해석하는 의미에서 이 세상을 '보는' 것을 말한다.

패러다임을 이해하는 간단한 방법은 이것을 일종의 지도로 보는 것이다. "지도가 지역 그 자체는 아니다"라는 사실을 모르는 사람은 없다. 지도란 땅의 어느 지점들에 대한 설명일 뿐이다. 지도의 이러한 특성은 패러다임이 무엇인지를 정확하게 보여준다. 패러다임이란 어떤 것 자체가 아니라 그것에 관한 의견이나 해석이며 모양을 나타내는 모델인 것이다.

당신이 시카고 중심부의 어떤 지역에 가려 한다고 가정해보자. 이때 시내지도는 당신이 목적지까지 도달하는 데 큰 도움을 줄 수 있다. 그런데 당신이 잘못된 지도를 가지고 있다고 상상해보라. 인쇄상의 실수로 '시카고'라고 쓰여 있는 이 지도가 사실은 디트로이트의 지도였다면? 엉뚱한 지도를 가지고 헤맬 때의 좌절감과 목적지를 찾기 위한 노력이 얼마나 비효과적일 것인가를 한번 생각해보라!

이 같은 사실에도 불구하고 당신이 평소처럼 자신의 행동에만 초점을 맞춘다고 가정해보자. 더 부지런히, 더 빨리 노력한다고 해도 이러한 노력은 단지 당신을 엉뚱한 장소로 그만큼 빨리 데려다 놓을 뿐이다.

이번에는 당신의 '태도'를 중심으로 살펴보자. 당신은 좀더 긍정적으로 생각할 수도 있을 것이다. 그래도 당신이 원하는 곳에는 여전히 도달하지 못하지만 별로 개의치 않을 수도 있다. 왜냐하면 당신의 태도가 대단히 긍정적이어서 어디로 가든 행복할 수 있기 때문이다.

그러나 문제는 당신이 아직도 길을 잃고 헤매고 있다는 것이다. 당신이 가진 근본적인 문제는 당신의 행동이나 태도와는 아무 관계가 없고 잘못된 지도를 갖고 있다는 것이다.

만약 당신이 제대로 된 시카고 지도를 가지고 있다면 그때는 근면이 중요한 의미를 가질 것이다. 또한 가는 도중에 당신을 좌절케 하는 장애물을 만난다면 그때는 당신이 갖는 태도가 중요하다. 그러나 무엇보다도 가장 중요하게 요구되는 것은 지도의 정확성이다.

우리들은 저마다 머릿속에 수도 없이 많은 사고의 지도를 가지고 있다. 이 같은 지도는 다음과 같은 두 개의 큰 범주로 구분된다. 하나는 실제, 즉 사물을 있는 그대로 나타내는 지도이고 다른 하나는 가치, 즉 사물이 어떠해야 하는가를 나타내는 지도이다. 우리는 경험하는 모든 것을 이처럼 두 가지 사고의 지도를 통해 해석한다.

하지만 우리는 이 사고의 지도가 갖는 정확성에 대해 좀처럼 질문을 던지지 않는다. 심지어 우리 자신이 이러한 두 개의 지도를 갖고 있다는 사실조차도 의식하지 못하고 있다. 단순히 우리가 사물을 보는 방식이 사물을 있는 그대로 반영한 것이거나 사물이 마땅히 그러해야 하는 모습이라고 당연하게 생각하고 있을 따름이다.

그런데 우리의 태도와 행동은 바로 이 가정에서 비롯된다. 우리가 사물을 보는 방식은 사고하고 행동하는 방식의 근원인 것이다.

이제 앞으로 더 나아가기 전에 지적이고 감동적인 체험을 해보자. 옆 페이지에 제시된 그림을 몇 초 동안만 관찰하라. 그러고 나서 그다음 페이지에 제시된 그림을 보고 당신이 본 것을 조심스레 기술해보라.

한 여자를 보았는가? 그녀의 나이가 얼마나 되리라고 생각하는가?

어떻게 생겼는가? 무슨 옷을 입고 있는가? 어떤 일을 하는 여자처럼 보이는가?

당신은 아마도 두 번째 그림의 여자가 대략 25세 정도이고 오똑한 콧날과 얌전한 모습을 지닌 매우 사랑스럽고 패션 감각이 있는 여성이라고 말할 것이다. 만약 당신이 독신 남성이라면 그녀와 데이트를 하고 싶을지도 모른다. 또 만약 당신이 의류회사를 한다면 그녀를 패션 모델로 채용하고 싶을지도 모른다.

그런데 만약 내가 당신의 판단이 잘못되었다고 말한다면 어떻게 될까? 이 그림의 여자는 슬픈 표정을 하고 있고 나이는 60~70대이며 매부리코를 가졌으며 모델로는 전혀 생각할 수 없는 사람이라고 한다면 어떨까? 그녀는 길을 건널 때 옆에서 부축을 해주어야 할 노파이다.

누구의 판단이 옳은가? 이제 그림을 다시 한 번 살펴보라. 당신은 노파의 모습을 볼 수 있는가? 여전히 보이지 않는다면 좀더 노력해보라. 그녀의 커다란 매부리코가 보이는가? 그녀가 걸치고 있는 숄이 보이는가?

만약 당신과 내가 마주 보고 이야기한다면 우리는 이 그림에 대해 좀더 논의할 수 있을 것이다. 당신은 자신이 본 것을 내게 설명해줄 수 있고 나 역시 내가 본 것을 당신에게 얘기해줄 수 있다. 당신이 그림에서 본 대로 나에게 말해주고, 내가 본 대로 당신을 이해시킬 때까지 우리는 대화를 계속할 수 있을 것이다.

그러나 여기서는 그렇게 할 수 없기 때문에 68페이지에 있는 그림을 자세히 본 뒤 다시 이 그림을 살펴보자. 이제 노파의 모습이 보이는가? 이 책을 계속해서 읽어나가기 전에 노파의 모습을 알아보기 위해 노력하는 것이 중요하다.

나는 수년 전 하버드 비즈니스 스쿨에서 처음으로 이와 같은 연습이 행해지는 것을 보았었다. 담당 교수는 이런 종류의 그림을 사용하여

두 사람이 같은 사물을 보고 서로 의견을 달리하더라도 두 사람 모두가 옳을 수 있다는 것을 분명하고도 설득력 있게 증명하였다. 사실 이것은 논리적인 것이 아니라 심리적인 것이다.

그 교수는 강의실에 큰 사이즈의 카드를 많이 가져왔다. 그중 반은 37페이지의 젊은 여자의 그림이었고, 나머지 반은 68페이지에 실린 노파의 그림이었다. 교수는 학생들의 절반에게는 젊은 여자 그림을, 나머지 절반에게는 늙은 여자 그림을 나누어주었다. 그는 학생들에게 약 10초 동안 카드를 집중해서 보게 한 다음 되돌려받았다. 그러고 난 후 교수는 두 가지 이미지가 결합된 38페이지의 그림을 스크린에 보여주고, 학생들로 하여금 본 것을 이야기하도록 하였다.

강의실에 있던 학생 중 처음에 젊은 여자가 그려진 카드를 본 사람은 이 그림에서도 대부분 젊은 여자를 보았다. 반대로 처음에 노파가 그려진 카드를 본 대부분의 학생들은 이 그림에서도 노파를 보았다.

그다음에 교수는 한 학생에게 다른 쪽에 앉은 학생에게 자신이 본 것을 설명하도록 하였다. 그들이 서로 이야기를 주고받는 동안 커뮤니케이션의 문제가 발생하였다.

"늙은 여자라니 도대체 무슨 말이야? 그녀는 스무 살이나 스물두 살 정도밖에는 되지 않아."

"이봐, 지금 농담하고 있는 거야? 그녀는 일흔, 아니 여든 살은 돼 보이는데."

"무슨 말이야. 눈이 멀었니? 이 여자는 젊고 예쁘단 말이야. 데이트를 신청하고 싶을 정도로 사랑스러운 여인이란 말이야."

"사랑스럽다고? 그녀는 늙은 마귀 같다."

논쟁이 계속되었지만 두 학생은 각자의 주장을 확신하고 서로 굽히려 들지 않았다. 이 모든 일은 학생들이 올바로 판단할 수 있는 상황이었음에도 불구하고 일어났다. 즉, 대부분의 학생들은 이 실습이 시작되기에 앞서 이미 다른 관점이 분명히 존재한다는 것을 알고 있었다. 그럼에도 불구하고 다른 관점에서 이 그림을 보려고 노력한 사람은 거의 없었다.

결론 없는 일련의 주장들이 오고 간 후 한 학생이 스크린 가까이 다가가서 그림 위의 선 하나를 가리켰다. "여기 젊은 여자의 목걸이가 있어." 그러자 다른 학생은 "아니, 그건 늙은 여자의 입이야"라고 주장하였다. 그다음부터 두 학생은 구체적인 차이점을 중심으로 조용히 논의하기 시작했고 마침내 한 학생씩 스크린의 그림이 두 가지 이미지로 보일 수 있다는 사실을 인정하게 되었다. 이들이 서로를 존중하면서 구체적인 커뮤니케이션을 하는 동안 강의실에 있는 모든 학생이 마침내 처음 생각했던 것과는 다른 관점에서 그 그림을 볼 수 있게 되었다.

하지만 잠시 눈을 돌렸다가 다시 그림을 보면 각자 실습 초기에 10초 동안 보았던 그림의 각인된 이미지가 여전히 자동적으로 떠오르게 마련이었다.

나는 다양한 개인이나 조직들을 컨설팅하면서 이 실험 사례를 자주 이용한다. 이를 통해 자기발전과 원만한 대인관계를 효과적으로 성취하는 데 필요한 깊은 통찰력을 얻을 수 있기 때문이다. 이 사례는 무엇보다도 미리 주어진 조건이 우리의 지각, 즉 패러다임에 얼마나 강력한 영향을 미치는지를 잘 보여준다.

10초라는 시간이 우리가 사물을 보는 방식에 이처럼 큰 영향을 주는 것을 볼 때, 일생 동안 우리의 인생에 영향을 미치는 것들—가족, 학교, 교회, 직장, 친구, 동료, 성격 중심의 사고 같은 현 사회의 패러다임—은 모두 소리 없이 우리가 전혀 의식하지 못하는 상태에서 영향을 미칠 뿐만 아니라 우리의 준거틀, 패러다임, 사고의 지도를 형성하는 데도 영향을 미친다는 것을 알 수 있다.

여기서 든 사례는, 이러한 패러다임이야말로 우리의 태도와 행동의 근원임을 보여준다. 패러다임을 벗어나서는 언행이 일치하도록 행동할 수 없다. 보는 것과 다르게 말하고 행동한다면 완벽한 인격자가 될 수 없다. 만일 당신이 잠깐 동안 주어진 조건에 의해 젊은 여자라고 주장하게 되는 집단에 속하는 경우(90% 이상이 이에 속함), 그녀가 길을 건너갈 때 부축해줘야 한다는 생각은 하지 못할 것이다. 왜냐하면 그녀에 대한 당신의 '태도'와 '행동'은 당신이 그녀를 '본' 방식에 일치하도록 되어 있기 때문이다.

앞의 예는 외적 성격 중심의 사고가 갖는 근본적인 약점 중 하나를 설명해준다. 만일 우리가 태도와 행동의 원천인 패러다임을 검토해보지 않고 단지 밖으로 드러난 태도와 행동만 바꾸려고 노력한다면 이것은 장기적으로 보아 별 도움이 되지 않는다.

여기서 소개한 지각 실험은 우리가 가진 패러다임이 대인관계에 얼마나 강력한 영향을 미치는가를 보여준다. 자신이 사물을 분명하고 객관적으로 본다고 생각하는 것처럼 다른 사람 역시 비록 보는 방식은 다르더라도 그들의 관점에서는 분명히 객관적으로 사물을 본다고 확신한다는 사실을 깨닫게 된다. "우리가 어떠한 관점을 갖고 있느냐 하는 것은 우리가 어떠한 처지에 있느냐에 달려 있다."

우리는 사물을 볼 때 있는 그대로를 본다고 생각하는 경향이 있다. 즉, 자신이 객관적이라고 생각한다. 그러나 사실은 그렇지 못하다. 우리는 세상을 있는 그대로 보는 것이 아니라 어떤 것의 영향을 받고 조건화(conditioned)된 자신의 주관적 입장에서 본다. 다시 말해서 자신이 본 것을 서술한다는 것은 사실 자기 자신, 자기의 지각, 자기의 패러다임을 서술하는 것이다.

만일 다른 사람들이 자신의 의견에 동의하지 않는다면 우리는 즉각 그들이 뭔가 잘못되었다고 생각한다. 그러나 앞의 예에서 보듯이 진지하고 명석한 사람들은 사물을 달리 본다. 결론적으로 사람들은 각자가 가진 독특한 경험의 렌즈를 통해 자기 식으로 사물을 보는 것이다.

그렇다고 해서 세상에는 우리 모두가 동의하고 인정할 수 있는 '사실'이 없다는 얘기는 아니다. 앞의 실험에서도 처음에는 서로 다른 그림을 통해 다르게 조절되도록 영향을 받은 두 사람이 세 번째 그림을 함께 볼 수 있었다. 이때 이들은 동일한 사실—흰색 공간과 검은 선—을 보았고 두 사람 모두 이것을 사실로서 인정했다. 하지만 사실에 대한 각자의 해석은 이전의 경험을 반영하기 때문에 해석으로부터 분리된 사실 그 자체는 아무런 의미를 갖지 못한다.

자신의 기본적인 패러다임, 사고의 지도, 가정, 사회 경험 등에 영향을 받아온 정도를 더 명확히 인식하면 할수록 이러한 패러다임에 대해 더 큰 책임감을 느끼게 되어 그것을 깊이 검토하고 실체에 시험해보려는 노력을 기울이게 된다. 다른 사람의 의견을 더욱 경청하고 그들이 갖는 시각을 더 개방적으로 받아들일 수 있게 됨으로써 우리는 시야를 넓힐 수 있을 뿐만 아니라 훨씬 더 객관적인 견해도 갖게 된다.

패러다임의 전환이 갖는 위력

지각 실험을 통해 얻게 되는 가장 중요한 통찰력은 아마도 패러다임의 전환일 것이다. 이것은 마침내 이 이중적인 그림의 다른 면을 '볼 수 있게 되었을 때' 갖게 되는 '아하!' 하는 경험이라고도 할 수 있다. 처음의 지각 때문에 제약을 받는 정도가 큰 사람일수록 더욱 강렬한 '아하!' 경험을 한다. 이는 마치 캄캄한 밤에 갑자기 전등이 켜지는 것과 같다.

'패러다임의 전환'이란 용어는 토머스 쿤의 대표적 저술인《과학 혁명의 구조*The Structure of Scientific Revolutions*》*에서 처음으로 소개되었다. 쿤은 과학연구 분야에서 지금까지 일어난 대부분의 중요한 업적은 연구자가 기존의 전통과 낡은 사고방식, 낡은 패러다임을 파괴함으로써 실현되었다는 사실을 보여주었다.

고대 이집트의 위대한 천문학자인 프톨레마이오스에게는 지구가 우주의 중심이었다. 그런데 코페르니쿠스는 태양이 우주의 중심이라고 주장함으로써 패러다임의 전환을 가져왔다. 이로 인해 그는 많은 저항과 박해를 받았지만 그 후부터 모든 것은 다르게 해석될 수 있었다.

물리학에서의 뉴턴 학설은 상당히 정확한 패러다임이었고 이는 오늘날까지도 현대 공학의 기본이 되고 있다. 그러나 이 패러다임은 부분적이고 불완전한 것이었다. 그 후 과학계는 자연 현상에 대한 더 정확한 예측과 설명을 가능케 해준 상대성 이론, 즉 아인슈타인의 패러다임에 의해 혁명적으로 바뀌었다.

세균이론(germ theory)이 발달하기 전까지는 출산시 산모와 신생아의 사망률이 높았다. 그런데 아무도 그 이유를 알지 못하였다. 전장에서도 군인들이 일선에서 치르는 전투보다 작은 상처와 질병 때문에 더 많이 죽어갔다. 세균이론이 개발된 후 무엇이 질병의 원인인지 더 잘 이해하게 되었기 때문에 의학 분야가 극적으로 발전하게 되었다. 이것은 완전히 새로운 패러다임이 되었다.

미국이란 나라가 오늘날의 모습을 하게 된 것도 패러다임을 전환한 덕분이라 말할 수 있다. 수세기 동안 정부에 대한 전통적 개념은 군주제도, 즉 왕이야말로 하늘로부터 통치권을 받는다는 왕권신수설이 그 근본을 이루고 있었다. 그 후 이것과는 전혀 다른 한 패러다임이 개발되었는데 바로 국민에 의한, 국민을 위한, 국민의 정부라는 개념이었

* 이 책은 이화여자대학교 출판부에서 우리말로 번역, 출판되었다.— 옮긴이.

다. 이것이 입헌 민주주의를 탄생시켰으며 인간이 가진 거대한 에너지와 창의성을 발휘할 수 있는 사회를 만들었다.

패러다임의 전환이 모두 긍정적인 방향으로만 가는 것은 아니다. 우리가 관찰했듯이 내적 성품 위주의 사고에서 외적 성격 위주로의 전환은 우리로 하여금 진정한 행복과 성공의 원천이 되는 뿌리를 무시하고 멀리하게 하였다.

그러나 패러다임의 전환은 그것이 긍정적인 방향으로든 부정적인 방향으로든 혹은 일시적인 것이든 점진적인 것이든 우리가 세상을 보는 시각을 한 가지 방식에서 다른 방식으로 바꿔놓는다. 그리고 이 전환은 엄청난 힘을 가지고 있으며 그로 인해 큰 변화가 일어난다. 우리가 가지는 패러다임은 옳든 그르든 우리의 태도와 행동의 원천이 되고 궁극적으로는 대인관계의 근본이 된다.

나는 어느 일요일 아침 뉴욕의 지하철에서 작은 패러다임의 전환을 경험했다. 지하철을 탄 사람들은 조용히 앉아서 신문을 읽거나 생각에 잠겨 있거나 눈을 감고 쉬고 있었다. 전체적으로 매우 조용하고 평화스러운 분위기였다.

그런데 어느 순간 한 중년 남자와 그의 아이들이 전철에 올라타면서 전철 내의 분위기는 순식간에 엉망이 되고 말았다. 아이들이 마구 떠들어 대며 제멋대로 날뛰는 것이었다.

그 중년 남자는 바로 내 옆에 앉아 있었는데 두 눈을 감은 채 그런 상황에 대해 전혀 신경을 쓰지 않는 듯했다. 아이들은 마구 뛰어다니며 소리를 질러대고 물건을 집어 던졌으며 심지어 어떤 승객이 보고 있는 신문을 홱 낚아채기까지 하였다. 여간 신경이 거슬리는 게 아니었다. 그럼에도 불구하고 그 아이들의 아빠라는 사람은 죽은 듯 앉아만 있었다.

화를 내지 않고는 견디기 어려운 상황이었다. 나는 이 남자가 자기 아이들이 저렇게 날뛰는데도 무신경하게 아무런 제재도 가하지 않고 전혀 책임감을 보이지 않는 것을 이해할 수 없었다.

거의 모든 승객이 짜증을 내고 있음을 쉽게 알 수 있었다. 나는 마침내 더 이상 참을 수 없어서 이 남자에게 이렇게 말했다. "선생님, 아이들이 저렇게 많은 승객들에게 폐를 끼치고 있습니다. 어떻게 아이들을 좀 조용하게 할 수는 없겠습니까?"

그제야 이 남자는 마치 그 상황을 처음으로 인식한 것처럼 눈을 약간 뜨면서 다음과 같이 힘없이 말하였다. "그렇군요. 저도 뭔가 어떻게 해봐야겠다고 생각합니다. 그런데 실은, 지금 막 병원에서 오는 길인데 한 시간 전에 저 아이들의 엄마가 죽었습니다. 저는 앞이 캄캄해서 무엇을 어떻게 해야 할지 모르겠고, 아이들 역시 이 일을 어떻게 해야 될지 막막한 것 같습니다."

여러분은 그 순간에 나의 심정이 어떠했는지 상상할 수 있는가? 내 패러다임이 한순간에 바뀌었다. 나는 갑자기 상황을 다르게 보기 시작했고, 그 때문에 다르게 생각하고 느끼게 되었고 다르게 행동하기 시작했다. 나의 짜증은 사라졌고 화가 나는 내 자신의 태도나 행동을 어떻게 다스릴까 걱정할 필요도 없게 되었다.

내 마음은 온통 이 사람이 가진 고통으로 가득 채워졌다. 동정심과 측은한 느낌이 자연스럽게 넘쳐나왔다. "부인이 돌아가셨다고요? 저런, 안됐습니다. 뭐라고 위로해야 할지 할 말이 없습니다." 모든 것이 순식간에 바뀐 것이다.

갑자기 생명을 위협받게 되어 인생에 있어서의 우선순위를 다른 관점에서 보게 되면, 많은 사람들이 여기서 소개한 것과 같은 근본적인 패러다임의 전환을 체험하게 된다. 혹은 남편이나 부인, 부모나 조부모, 관리자나 리더 등과 같은 새로운 역할을 갑자기 담당해야 할 때도 이와 유사한 근본적인 패러다임의 전환을 경험하게 된다.

사물을 과거와 다르게 보기만 해도 변화는 자연스럽게 나타난다. 그런데 우리는 이것을 모르고 자신의 태도와 행동을 변화시키기 위해 몇 주, 몇 달, 심지어는 몇 년 이상을 소모하면서 외적 성격만 변화시키려고 애쓴다. 만일 삶에서 비교적 작은 변화를 원한다면 태도나 행동을 적절하게 조정함으로써 그 목표를 달성할 수 있을 것이다. 그러나 만일 중대하고 커다란 변화를 원한다면 자신이 가진 기본적인 패러다임을 고쳐야 할 필요가 있다.

소로*는 "악의 이파리를 수천 개 잘라내는 것보다 뿌리를 한 번 잘라내는 것이 더 낫다"고 했다. 우리가 자신의 태도와 행동에 지엽적인 변화만 주는 것을 그만두고, 그 대신 태도나 행동의 근본 뿌리인 패러다임을 변화시킬 때 비로소 획기적인 개혁을 할 수 있다.

관점과 존재

모든 패러다임의 전환이 순식간에 이루어지는 것은 아니다. 지하철에서 내가 체험한 즉각적인 깨달음과는 달리, 아내와 내가 아들로 인해 경험했던 패러다임의 전환은 느리고 어려웠으며 신중한 과정을 거쳐야 했다. 우리가 아들에게 처음 시도했던 방법은 여러 해를 두고 조절된 결과이자 외적 성격상의 경험에서 나온 것이었다.

아들 문제는 자녀들에 대한 우리의 잣대와 성공적인 부모 역할에 대한 우리의 생각 속에 깊이 뿌리 박힌 패러다임 때문이었다. 우리가 근

* Henry David Thoreau(1817~1862), 미국 매사추세츠 출생 수필가, 시인, 철학자.— 옮긴이.

원적인 패러다임을 변화시켜 사물을 달리 보기 시작했을 때 비로소 우리 자신과 상황 자체를 획기적으로 변화시킬 수 있었다.

아들을 다른 관점으로 '보기' 위해서는 아내와 내가 먼저 다른 사람이 되어야만 했다. 이 같은 새로운 패러다임은 우리 자신이 내적 성품의 개선과 성장에 많은 노력을 기울인 결과로 가능했다.

패러다임이란 성품과 불가분의 관계에 있다. 왜냐하면 인간적 차원에서는 존재가 바로 관점 그 자체이기 때문이다. 즉, 우리가 무엇을 보는가는 우리가 어떤 존재인가 하는 것과 밀접한 관계가 있다. 우리의 관점을 변화시킬 때 동시에 존재 자체를 변화시키지 않는다면, 그 변화에는 한계가 있으며 그 반대의 경우도 마찬가지이다. 내가 지하철에서 겪었던 패러다임의 전환 역시 나의 기본적 성품에서 나온 결과였으며 그것에 의해 한계지워진 것이었다.

지하철에서 갑자기 진짜 상황을 파악한 승객들 중 어떤 사람은 그 남자에게 약간의 동정심과 막연한 죄책감 이상의 감정을 갖지는 않았을 것이다. 반면 사려가 깊은 사람은 처음부터 그 남자에게 보다 심각한 문제가 있음을 인식하고 그를 이해해주며 내가 말을 꺼내기 전에 그를 도와주려고 했을 것이다.

패러다임은 이처럼 강력한 것이다. 패러다임이야말로 우리가 세상을 보는 렌즈가 된다. 패러다임의 전환이 갖는 힘은 그 전환이 즉각적이든 점진적이고 신중하든 획기적인 변화를 일으키는 원동력이 된다.

원칙 중심의 패러다임

내적 성품 위주의 사고는 인간의 효과성을 가능케 해주는 '원칙'이 존재한다는 기본적인 생각에 근거를 둔다. 즉, 물리학에 중력법칙이 있는 것처럼 인간세계에도 현실적이면서 논쟁의 여지가 없는 불변의 자연법칙이 있다는 것이다.

이와 같은 원칙의 실체와 이것이 미치는 영향에 대한 아이디어는 미국 해군연구소의 잡지인 〈프로시딩스*Proceedings*〉에 실린 프랭크 코크가 설명하는 패러다임의 전환 경험에서 발견할 수 있다.

훈련함대에 배속된 두 대의 전함이 수일 동안 계속되는 폭우 속에서도 대대적인 해상기동훈련에 참가하고 있었다. 나는 선두 전함에 소속되어 밤이 되자 함교(艦橋)에서 감시 임무를 맡고 있었다. 안개가 너무 짙어 시야가 불분명했기 때문에 선장은 모든 활동을 감시하기 위해 계속 함교에 남아 있어야만 했다.

완전히 어둠이 깔렸을 때 함교의 앞쪽에 근무하던 감시병이 다음과 같이 보고하였다. "우현 이물 쪽에 빛이 보입니다."

"불빛은 가만히 있는가, 아니면 고물(배 뒷부분) 쪽으로 움직이고 있는가?" 하고 선장이 소리쳤다.

감시병은 "움직이지 않습니다, 선장님" 하고 대답하였다. 이는 우리 배가 그 배와 충돌할 수 있는 위험한 코스에 들어와 있음을 의미하는 것이었다.

그러자 선장은 신호수에게 소리쳤다. "저쪽 선박에 우리가 충돌 코스에 들어와 있다고 신호를 보내라. 그리고 항로를 20도 방향으로 바꾸라고 지시하라."

저쪽에서 "당신들이 항로를 20도 바꾸시오"라는 신호가 왔다.

선장은 "나는 선장이다. 그쪽이 20도를 움직여라"라는 신호를 보내도록 명령하였다.

"저는 이등 항해사입니다. 선장님께서 20도 바꾸는 게 좋겠습니다"라는 응답이 돌아왔다.

그러자 선장은 매우 화가 나서 소리쳤다. "우리는 전투함이다. 당장 진로를 20도로 변경하라."

조명빛과 함께 다시 응답이 돌아왔다. "저희는 등대입니다"라고.

우리는 즉시 항로를 변경하였다.

여기서 선장이 경험한—이 얘기를 읽으면서 우리도 경험한—패러다임 전환은 주어진 상황을 완전히 다른 시각에서 보도록 바꾸어놓는다. 우리는 제한된 지각 때문에 실체를 제대로 파악하지 못한다. 그런데 실체를 파악하는 것은 안개 속의 선장처럼 우리가 일상적인 삶을 이해하는 데 매우 중요한 요소이다.

원칙은 등대와 같다. 따라서 이것은 파괴될 수 없는 자연법칙이다. 불후의 명작 〈십계十戒〉를 만든 세실 B. 데밀 감독은 "우리가 율법을 파괴한다는 것은 불가능한 일이다. 우리는 단지 율법을 어김으로써 자신을 파괴할 뿐이다"라고 영화 속에 담겨진 율법, 즉 원칙의 진리에 관해서 말했다.

사람들은 자신이 겪은 경험과 살아오면서 주입된 관점으로부터 형성된 패러다임, 즉 지도를 근거로 해서 스스로의 생활과 다른 사람들과의 상호작용을 이해한다. 그런데 패러다임인 지도는 어떤 지역(땅) 자체는 아니다. 지도인 패러다임은 '주관적 실체'로서 단지 어떤 지역을 기술하고자 하는 시도에 불과하다.

'객관적인 실체'에 해당되는 지역 자체는 인간의 지적 성장과 행복을 지배하는 요지부동한 '등대'의 원칙으로 구성되어 있다. 여기서 원칙이란 자연법칙을 말한다. 자연법칙은 인류의 역사를 통해 모든 문명사회의 근본이었을 뿐만 아니라 오랫동안 존속하고 번영해온 모든 가정과 조직의 뿌리에 해당된다. 그러므로 사고의 지도인 패러다임이 그 대상인 지역을 아무리 정확하게 묘사할지라도 지역 자체의 존재를 바꾸지는 못한다.

사회역사의 순환과정을 깊이 생각하고 검토하는 사람들은 이러한 원칙이나 자연법칙이 실제로 존재한다는 사실을 명백하게 깨닫는다. 이러한 원칙들은 시간의 흐름에 따라 반복해서 나타나며, 한 사회를 구성하는 사람들이 이 원칙을 인정하고 순응하며 살아가는 정도에 따라 생존과 안정의 길로 갈 수도 있고 분열과 멸망의 길을 걸을 수도 있다.

여기에서 저자가 말하는 원칙들은 비밀스럽고 신비한 '종교적인' 가르침이 아니다. 이 책에서 가르치는 원칙에는 어떤 특정한 종교나 신앙에만 해당되는 배타적인 것이 하나도 없다. 이들 원칙은 오늘날까지 존속하는 대부분의 주요 종교의 일부분일 뿐만 아니라 오랫동안 이어져온 사회사상이나 윤리체계의 일부이다. 이 원칙들은 자명한 것으로 누구든지 그 타당성을 쉽게 인정할 수 있다.

이 같은 원칙과 자연법칙은 우리들 인품의 일부, 의식의 일부 그리고 양심의 일부에 존재한다. 이 원칙들은 각 개인의 사회적 조건화의 과정과 그 원칙들에 대한 충실도에 상관 없이 모든 인간의 내부에 존재하고 있다. 다만 잘못된 사회화나 불성실성으로 인해 표면화되지 못하거나 무감각해져 있을 수는 있다.

예컨대 '공정성'의 원칙을 들어보자. 우리는 이것으로부터 평등 및 정의(正義)에 관한 모든 개념을 발전시킨다. 어린아이들의 경우 이들이 비록 공정성과는 거리가 먼 사회의 좋지 않은 경험에 물들어 있음에도 천부적으로는 공정성이란 감각을 가지고 있다. 물론 공정성의 정의와 달성 방법을 논하는 데는 사람마다 큰 차이가 있으나 이 원칙의 존재는 모두가 공통으로 인정하고 있다.

다른 예로 '성실(언행일치)'과 '정직'을 들어보자. 이는 사람들 간의 협조와 개인 및 대인관계의 장기적인 성숙에 반드시 필요한 신뢰의 기초가 된다.

또 다른 원칙으로 '인간의 존엄성'이 있다. 미국 독립선언서에 나타난 기본개념은 이러한 원칙과 가치를 반영하고 있다. "우리는 다음의 진리를 자명한 것으로 본다. 모든 사람은 평등하게 태어났고 창조주로부터 누구에 의해서도 빼앗길 수 없는 생명, 자유 그리고 행복을 추구할 수 있는 권리를 부여받았다."

다른 원칙으로 '봉사'가 있다. 이는 우리가 어떤 기여를 하는 것을 의미한다. 그리고 '퀄리티(자질, 양질)' 또는 '우수성(탁월성)' 역시 원칙에 들 수 있다. 나아가 '잠재성(잠재능력)'의 원칙이 있다. 이것은 우리가 미발달된 상태에서 성장 및 발달을 할 수 있으며 점차 능력을 발휘하여 더 큰 재능을 발달시킬 수 있다고 보는 것이다. '잠재성'의 원칙과 밀접한 관련이 있는 것은 '성장'의 원칙이다. 이는 '인내', '훈육', '격려' 등과 같은 원칙을 동반한 잠재능력 및 재능을 개발하는 과정을 의미한다.

원칙은 실제적인 상황을 해결하는 '실행방법'이 아니다. 여기서 말하는 실행방법이란 구체적인 활동이나 행동을 말한다. 어떤 상황에 잘 맞는 방법이 다른 상황에서는 잘 들어맞지 않는 경우도 있다. 그 예로 큰 아이를 키울 때의 방법이 둘째 아이에게는 잘 맞지 않는 경우가 이에 해당한다.

따라서 실행방법은 상황에 따라 달라지는 것이지만 원칙은 어디에나 보편적으로 적용할 수 있는 기본적인 진리이다. 원칙이란 각 개인은 물론 부부, 가족 그리고 모든 조직에 적용할 수 있다. 어떤 사람의 내면에 이 같은 진리, 즉 원칙이 습관으로 자리잡을 때 그 사람은 다양한 상황에 현명하게 대처할 수 있는 수많은 실행방법을 창안할 수 있는 능력을 갖추게 된다.

원칙이 '가치'는 아니다. 도둑이나 범죄자 집단도 공유하는 가치관이 있겠지만 우리가 얘기하고자 하는 근본적인 원칙에는 위배되는 것이다. 가치가 지도라면 원칙은 그 지도가 나타내는 지역(땅)에 해당된다. 올바른 원칙을 가치관으로 채택할 때 우리는 있는 그대로의 사물에 관한 지식, 즉 진리를 얻게 된다.

원칙은 영구 불변의 가치를 갖는 인간 행동의 지침이다. 따라서 원칙이란 근본적인 것이다. 원칙은 그 자체가 이미 자명한 것이기 때문에 논쟁할 여지가 전혀 없다. 원칙이 갖는 자명한 본질을 재빨리 파악하는 한 가지 방법은, 원칙에 위배되는 행동을 하면서 성공적인 삶을 살려고 시도하는 것이 얼마나 어리석은 짓인지를 생각해보면 알 수 있다.

나는 이 세상의 어느 누구도 불공정, 속임수, 비열함, 무익함, 열등함, 퇴폐성 등이 성공과 행복을 지속시키는 데 필요한 기본요소라고 믿지 않으리라고 생각한다. 물론 기본적인 원칙을 정의하고 표현하고 실천하는 방법에 대해서는 각자가 의견을 달리하고 논쟁할지도 모른다. 그러나 기본적인 원칙이 존재한다는 사실에 대해서는 사람들 모두가 태어나면서부터 잘 알고 있는 것 같다.

우리가 가진 사고의 지도인 패러다임이 이 같은 원칙, 즉 자연법칙에 가까워질수록 이들 패러다임은 보다 더 정확해지고 더 좋은 기능을 발휘하게 될 것이다. 올바른 지도, 즉 정확한 패러다임은 우리의 태도와 행동을 변화시킴으로써 얻을 수 있는 어떤 소득보다도 훨씬 큰 영향력을 개인 및 대인관계의 효과성을 성취하는 데 미칠 수 있다.

성장 및 변화의 원칙

외적 성격 위주의 사고가 갖는 커다란 호소력과 대중적 매력은 우리의 인생의 질—개인적인 효과성과 깊고 윤택한 인간관계—을 높이는 데 빠르고 쉬운 방법이 있다고 주장하는 데 있다. 즉, 자연법칙적인 노력과 성장의 과정을 거치지 않고도 이 같은 목적을 달성할 수 있다고 주장하는 것이다.

그런데 이러한 주장은 알맹이 없는 구호일 따름이다. 즉 '일하지 않고 부자가 되는 법'을 약속하는 '일확천금'식 계책에 지나지 않는 것이다. 따라서 이런 방법을 쓰면 잠시 성공한 것처럼 보일 수도 있지만 결국에는 계교를 부리는 사람으로 전락하게 된다.

외적 성격 위주의 사고는 착각에 불과하며 속임수일 뿐이다. 이같이 얄팍한 기법과 응급처치식 방법을 통해 가장 좋은 결과에 도달하려고 노력하는 것은 마치 디트로이트 지도를 가지고 시카고의 길을 찾는 것과 같은 어리석은 행동이다.

외적 성격의 뿌리와 결과에 대해 예리하게 관찰한 에리히 프롬의 글을 살펴보자.

> 오늘날 우리는 자동 인형처럼 행동하는 유형의 인간들을 흔히 발견할 수 있다. 그런 유형의 인간은 스스로를 알지도 이해하지도 못하며 외부로부터 그에게 요구되는 이미지만을 인식하고 있을 따름이다. 의사소통을 가능케 하는 대화는 할 줄 모르고 의미 없는 잡담으로 소일하며 진정한 웃음 대신 거짓 미소만을 내보인다. 그에게는 진정한 고통이란 없으며 무디어진 절망만이 있을 뿐이다. 이런 유형의 인간에 대해서는 다음과 같은 두 가지 사실이 적용된다. 한 가지는 그가 치유될 수 없는 자발성의 결핍 및 인격적인 결함에 시달리고 있다는 것이다. 다른 한 가지는 그가 지구상에 존재하는 나머지 수백만의 우리들과 본질적으로 다르지 않다는 것이다.

모든 생명체는 성장과 발달에서 반드시 순서에 입각한 몇 가지 단계를 거친다. 예컨대 어린아이는 뒤집고 앉고 기어다니는 것을 배운 다음 비로소 걷고 달리는 것을 배운다. 이들 각 단계는 모두 중요할 뿐만 아니라 각 단계마다 시간이 걸린다. 그중 어느 한 단계도 건너뛸 수 없다.

이러한 사실은 인생의 모든 국면(局面), 즉 모든 발달과정에 적용된다. 예컨대 피아노 치는 것을 배우든 함께 근무하는 동료들과 효과적으로 커뮤니케이션하는 것을 배우든 간에 이것은 그대로 적용된다. 또한 개인, 부부, 가족을 비롯한 모든 조직에도 그대로 적용된다.

사람들은 대개 물질적 대상을 다루는 영역에서는 '과정'이 존재한다는 이러한 원칙을 그대로 인정하고 받아들이고 있다. 그러나 정신적 영역, 인간관계의 영역, 개인적 성품을 다루는 영역에서는 이를 덜 받아들일 뿐만 아니라 쉽게 인정하려 들지 않는다. 우리가 원칙을 이해한다고 해도 이를 따르며 살아간다는 것은 대단히 어려운 일이다. 그 결과 우리는 가끔 지름길을 찾는다. 즉, 시간과 노력을 적게 들이기 위하여 몇 개의 중요한 단계를 건너뛰면서 원하는 성과를 얻으려 한다.

그런데 우리가 성장하고 발전하는 자연법칙에 따른 과정에서 지름길을 찾으려고 하면 어떤 일이 발생할까? 만일 당신의 테니스 실력이 보통 정도인데 다른 사람들에게 과시하기 위해 테니스 선수와 겨룬다면 어떤 결과가 나올까? 긍정적 사고 자체만 가지고 프로 선수에 대항해 효과적인 시합을 할 수 있겠는가? 피아노 연주 실력은 아직 초보인데 콘서트 홀에서 연주할 수 있다고 한다면 친구들이 이를 믿겠는가?

답은 분명하다. 발달과정을 무시하거나 생략하면서 지름길을 찾는 것은 한마디로 불가능하다. 이것은 자연법칙에 반하는 것으로 실망과 좌절만을 낳을 뿐이다.

10점이 만점일 때 2점 수준에서 5점 수준으로 올라가기를 원한다면 어느 분야에서건 관계없이 반드시 3점 수준을 거쳐 가야 한다. "천리 길도 한 걸음부터"라는 말처럼 우리는 한 번에 한 걸음씩밖에 걸을 수 없기 때문이다.

질문을 하거나 아직 모른다는 사실을 선생님께 말해서 자신의 현재 수준을 알리지 않는 한 우리는 배우지도 발전하지도 못한다. 아는 척은 언젠가 반드시 탄로남으로 오랫동안 그렇게 할 수도 없다. 자신의 무지를 인정하는 것이야말로 배움의 첫 단계에 해당된다. 소로는 다음과 같이 가르쳤다. "만일 우리가 항상 자신이 가진 지식을 사용하기만 한다면 성장하기 위해서 필요한 우리의 무지를 어떻게 깨달을 수 있겠는가?"

언젠가 내 친구의 젊은 두 딸이 나를 찾아와 눈물을 흘리며 자기 아버지의 완고함과 이해심 부족에 대해 불평했었다. 그들은 결과가 겁이 나서 부모에게 마음의 문을 여는 것을 두려워하고 있었다. 그럼에도 불구하고 그들은 부모의 사랑과 이해와 지도를 절실히 필요로 하고 있었다.

그들의 아버지와 대화해본 결과 그는 이성적으로 상황을 파악하고 있었다. 그러나 그는 자기가 성질이 급하다는 점을 인정하면서도 그것에 대해 책임을 지려 하지 않았고 자신이 정신적으로 미성숙하다는 사실을 솔직하게 받아들이려 하지 않았다. 변화의 첫 걸음을 떼기 위해 자신을 인정하고 받아들이는 것을 그의 자존심이 허락하지 않았던 것이다.

가족, 친구, 동료 들과 좋은 관계를 유지하려면 반드시 다른 사람의 말을 경청하는 법부터 배워야 한다. 경청은 감정적인 성숙을 요구한다. 경청에는 높은 수준의 성품인 인내심, 솔직함, 이해심이 필요하다. 스스로가 감정적으로 미성숙한 단계에 있으면서 다른 사람에게 높은 수준의 충고를 하기는 아주 쉬운 일이다.

테니스나 피아노의 경우 우리들의 발달 수준은 상당히 분명하다. 이 경우에는 속임수가 불가능하다. 그러나 성품 및 감정적 발달과 같은 영역에서는 발달 수준이 분명하게 나타나지 않는다. 따라서 우리는 낯선 사람이나 동료에 대해 자신을 '꾸미거나' 어떤 '척'을 할 수 있다. 사실과 달리 마치 그런 것처럼 가장할 수 있는 것이다. 그리고 그런 상태로 한동안은 버틸 수 있을지 모른다. 적어도 공적인 관계에서는 말이다. 심지어는 자기 자신도 거기에 속아 넘어갈 수 있다. 그러나 대부분의 사람들은 자기 내면의 진실한 세계를 알고 있다. 그리고 우리와 더불어 살고 함께 일하는 많은 사람들도 우리가 진실로 어떤 사람인지를 역시 알고 있다고 생각한다.

나는 비즈니스 세계에서 자연법칙에 따른 성장과정을 무시하고 지름길을 찾고자 시도할 때 나타나는 결과를 종종 봐왔다. 경영자들은 흔히 설득력 있는 연설, 스마일 훈련, 외적인 개입, 기업인수, 합병 등을 통해 생산성, 품질, 직원 들의 사기 및 고객 서비스 등을 향상시키는 새로운 기업문화를 '구매'하려고 시도한다. 그런데 경영자들은 이 같은 인위적 조작으로 인하여 신뢰의 분위기가 낮아진다는 사실은 무시해버린다. 만일 이 같은 방법이 더 이상 먹혀들지 않으면 이들은 또 다른 외적 성격 위주의 기법을 찾아 나선다. 이러한 성격 위주의 사고는 높은 수준의 신뢰가 바탕이 되어야 하는 기업문화에 있어 그 전제조건인 자연법칙의 원칙과 과정을 계속해서 무시하는 것이다.

수년 전에 나 자신이 아버지로서 이 원칙을 깨뜨렸던 날이 기억난다. 어느 날 집에 돌아오니 3살 난 딸아이의 생일 파티가 열리고 있었다. 그때 딸아이는 자기가 받은 선물을 모두 꼭 움켜쥔 채 다른 아이들이 가지고 놀지 못하게 하고 있었다. 우선 내가 주목한 것은 우리 딸아이의 이기적인 모습을 지켜보고 있던 다른 아이의 부모들이었다. 나는 당황하지 않을 수 없었다. 특히 그 당시 대학에서 인간관계론을 강의하고 있었기 때문에 더더욱 그랬다. 나는 그들이 내가 그 상황을 잘 처리할 것을 기대하고 있음을 알고 있었고 그것은 나를 상당히 부담스럽게 만들었다.

방 안의 분위기는 아주 긴장되어 있었다. 아이들은 딸아이의 주위에 몰려들어 서로 손을 내밀고서 자기들이 방금 준 선물을 같이 갖고 놀려고 야단이었고 딸아이는 단호하게 거부하고 있었다. 나는 자신에게 이렇게 말했다. '오늘 나는 우리 딸에게 다른 사람들과 함께 나누며 사는 법을 가르쳐야겠다. 나누는 삶이야말로 우리가 추구하는 가장 기본적인 가치가 아닌가?'

우선 나는 첫 번째 방법으로 그냥 물어만 보았다. "얘야, 친구들이 준 장난감을 함께 나누어 가지고 놀지 않겠니?"

"싫어" 하고 딸은 딱 잘라 대답하였다.

두 번째 방법은 설득해보는 것이었다. "자, 얘야, 친구들과 장난감을 나누어 갖고 놀아야지 이 다음에 네가 친구들 집에 갔을 때 그 애들도 자기 장난감을 나누어 갖고 놀지 않겠니?"

딸아이의 즉각적인 대답은 역시 "싫어!"였다.

딸아이의 이 같은 반응은 내가 아이에게 아무런 영향력을 미치지 못한다는 사실을 입증하는 것이어서 나는 더욱더 당황하기 시작하였다. 세 번째 방법은 뇌물을 사용하는 것이었다.

나는 아주 조용한 목소리로 "자, 아빠 말을 들으면 특별한 선물을 주지. 맛있는 껌을 주마"라고 말하였다.

"껌 따윈 필요 없어요"라고 아이는 소리쳤다.

나도 화가 나기 시작하였다. 네 번째 시도는 위협과 공포를 동원하는 방법이었다. "말을 듣지 않으면 진짜 혼날 줄 알아라."

"상관없어요"라고 딸애는 울면서 소리쳤다. "이 선물은 내 것이에요. 딴 애들과 나누어 갖고 놀 필요가 없어요"라고 말했다.

마지막으로 나는 완력을 사용하였다. 겨우 몇 가지 장난감을 빼앗아 다른 아이들에게 주면서 이렇게 말했다. "애들아, 이것을 가지고 놀렴."

우리 딸은 아마도 남에게 나누어주기 전에 그 장난감을 소유하는 경험이 필요했을지도 모른다.(실제로 만일 내가 어떤 것을 소유하지 않는다면 어떻게 그것을 남에게 나누어줄 수 있겠는가?) 딸애는 바로 그러한 경험을 자신에게 줄 수 있는 감정적으로 성숙된 아빠를 필요로 했을 것이다.

그러나 그 순간에 나는 내 딸의 성장과 발달, 부녀간의 관계보다 다른 사람들 앞에서의 내 체면에 더 많은 신경을 썼던 것이다. 나는 단순히 내가 옳다는 판단을 내려놓고서 딸애는 무조건 나누어 가져야 하며 그렇게 하지 않는 딸애가 잘못되었다고 본 것이다.

어쩌면 내 자신이 낮은 수준에 있었기 때문에 딸아이에게 높은 수준의 기대를 했었는지도 모른다. 나는 딸아이에게 인내심이나 이해심을 보여줄 수도 없었고 또 그렇게 하려고 생각하지도 않았다. 그러면서도 아이가 친구들에게 장난감을 주도록 기대한 것이다. 결국 나는 자신의 부족함을 보상하려는 시도에서 지위와 권한을 동원하여 내가 원하는 행동을 딸아이에게 강요하였던 것이다.

완력을 동원하는 것은 우리 모두를 약하게 만든다. 힘을 빌리는 당사자가 목적 달성을 위해 외적 요소에 대한 의존심을 키우기 때문이다. 또 힘을 동원하는 것은 독립적으로 사리를 판단하는 능력과 내면적인 성숙 및 자제력의 발달을 방해하기 때문에 강요받는 사람 역시 약하게 만든다. 나아가 마침내는 그 관계 자체도 약화된다. 왜냐하면 협동심 대신 두려움이 앞설 때 사람은 더욱 독단적이고 방어적으로 되기 때문이다.

그런데 빌려온 힘의 원천(이는 신체적인 건장함이나 물리적인 힘, 권한, 자격, 신분, 외모 혹은 과거의 업적 등 여러 가지일 수 있다)이 변화하거나 더 이상 존재하지 않는다면 어떤 일이 일어날까?

만일 내가 그때 좀더 성숙하였더라면 스스로가 가진 내면적 강점, 즉 나눔과 성장에 대한 나의 이해, 사랑과 양육에 대한 나의 능력에 의존할 수 있었을 것이다. 그때 내가 이 같은 능력을 가졌더라면 딸아이 스스로 선택할 수 있도록 내버려두었을 것이다. 딸아이를 설득해본 후에 모두가 좋아하는 재미있는 놀이를 함으로써 우리 아이에게 쏟아지는 감정적인 압력을 다른 방향으로 돌릴 수도 있었을 것이다.

나는 이 일을 통해 아이들이 어떤 것에 대한 소유감을 일단 가진 다음에는 매우 자연스럽고도 자유롭게, 자발적으로 그것을 나누어 가진다는 사실을 배우게 되었다. 또한 나는 가르쳐야 할 때와 가르치려고 시도하지 말아야 할 때가 있음을 알게 되었다. 관계가 틀어져 있고 서로의 감정이 팽팽하게 대립되어 있을 경우 가르치려는 시도가 자칫하면 비판이나 무시의 형태로 받아들여진다. 그러나 사이가 좋을 때 조용히 아이 혼자만 데리고 어떤 내용을 가르치거나 가치에 대해 얘기하게 되면 아이가 이를 긍정적으로 받아들여 훨씬 더 큰 영향력을 발휘할 수 있다. 그런데 당시의 나는 감정이 성숙되지 못해서 내가 가진 인내심과 자제 능력의 수준으로는 아이를 변화시키지 못했다.

어쩌면 소유감이란 진정한 나눔의 감정보다 선행되어야 할 필요가 있는 것 같다. 결혼생활이나 가족생활에서 그저 기계적으로 주기만 하거나 서로 나누어 가지려 하지 않는 많은 사람들은 자기 스스로를 소유한다는 것, 그리고 자신의 정체성을 인식하고 자기의 가치를 경험한다는 것이 무슨 의미인지를 모르고 있을 수도 있다. 우리가 아이들의 성장을 진정으로 돕기 위해서는 아이들이 소유 의식을 가질 때까지 기다려야 할 뿐만 아니라 우리들 자신이 솔선수범해서 나눔의 가치를 가르쳐줄 수 있을 만큼 충분히 현명해져야 한다.

우리가 문제를 보는 방식이 문제다

사람들은 원칙을 충실히 따르는 개인, 가정, 조직의 활동에서 생기는 좋은 결과들을 보면 호기심을 느낀다. 사람들은 개인적 강인함과 성숙, 가족의 단합과 팀워크, 탄력적인 에너지를 창출하는 조직 문화를 보고 감탄하기 때문이다.

이때 사람들이 하는 즉각적인 질문이야말로 그들이 가진 기본적 패러다임을 잘 드러내준다. "어떻게 그렇게 하지? 나에게도 방법을 가르쳐주게" 이렇게 말하는 이면에는 "내가 지금 겪고 있는 고통으로부터 벗어날 수 있는 지름길이나 응급처치식 해결책을 알려주시오"라는 의미가 담겨 있다.

이들은 그들의 욕구를 충족시켜줄, 지름길을 가르쳐줄 사람들을 찾는다. 처음 한동안은 그러한 단기적인 기술과 기법들이 효과가 있을 것이다. 그것들은 진통제나 반창고처럼 표면적인 문제를 잠시 덮어주거나 통증을 멎게 해주기 때문이다.

그러나 병의 원인이 되는 만성적인 문제가 여전히 남아 있는 한 심각한 새로운 증상이 다시 나타나게 마련이다. 사람들이 급성적인 문제와 고통을 응급처치식으로 치료하겠다고 접근하면 할수록 원인이 되는 만성적인 증상도 더 심해지게 된다.

이처럼 우리가 문제를 바라보고 해결하려 하는 방식 자체가 바로 문제이다. 이제까지 소개된 몇 가지 내용을 되새겨보고 외적 성격 위주의 사고가 미치는 영향을 살펴보자.

> 나는 관리능력 향상을 위한 여러 훈련과정에 수없이 참가해보았다. 나는 우리 직원들에게 많은 기대를 걸고 있고 그들을 친절하고 공정하게 대우하려고 열심히 노력하고 있다. 그러나 나는 이들의 애사심을 전혀 느낄 수 없다. 만약 내가 아파서 하루라도 출근하지 않는다면 아마도 이들은 대부분의 근무시간을 잡담이나 수다를 떨면서 보낼 것이다. 왜 나는 우리 직원들을 좀더 독립적이고 책임감 있게 훈련시키지 못할까? 아니면 왜 그렇게 할 수 있는 직원들을 찾을 수 없는 것일까?

외적 성격 위주의 사고를 하는 사람은 이 문제를 해결하기 위해 어떤 극단적인 조처를 취할 것이다. 즉, 조직을 한바탕 뒤흔들어놓거나 직원들을 정신 없이 바쁘게 한다. 이러한 자극은 조직 구성원들을 각성시키고 현재 자신들의 직장이나 위치에 대해 감사하게 만들지도 모른다. 만일 이 같은 조처로도 안 된다면 직원들을 성실하게 만들 수 있는 동기유발 훈련 프로그램을 찾아 나설 것이다. 그래도 안 된다면 일을 더 잘할 수 있는 새로운 사람을 채용하는 길을 택할 것이다.

그러나 만일 사장인 내가 이처럼 명백하게 신의 없는 행동을 한다면 직원들은 내가 진정 그들에게 관심을 가지고 행동하고 있는지에 관해 묻지 않겠는가? 직원들은 내가 자신들을 기계의 부품처럼 다루고 있다고 느끼지 않을까? 실상 부품처럼 간주하는 면도 있는 것은 아닐까?

나는 마음속으로 직원들을 그렇게 보고 있는가? 내가 직원들을 바라보는 방식 자체가 문제의 일부일 수도 있다는 생각을 해본 적이 있는가?

할 일은 너무 많은데 시간이 충분치 못하다. 나는 하루 종일, 매일매일, 또 일주일 내내 압박감과 혼란스러움을 느낀다. 그동안 시간관리 세미나에도 참석해보았고 대여섯 가지나 되는 시간관리 시스템도 사용해보았다. 물론 이것이 약간의 도움이 되긴 했지만 나는 아직도 내 생활이 내가 바라는 만큼 행복하고 생산적이고 평화스럽다고 느끼지 못하고 있다.

외적 성격 위주의 사고는 이 같은 문제를 해결할 수 있는 무엇인가가 반드시 있다고 주장한다. 즉, 무엇인가 다른 새로운 시간관리 방법이나 세미나가 이런 고민을 좀더 효율적으로 해결해주리라고 보는 것이다.

그러나 효율성(efficiency)만이 정답이 아닐 가능성이 있지 않을까? 즉, 더 적은 시간을 투입하여 더 많은 것을 이루는 것이 과연 변화를 가져다줄 수 있는가? 단지 사람들과 상황에 대해 반응하는 속도를 증가시킴으로써 내 삶을 좀더 잘 통제하고 있다고 느끼게 하는 건 아닌가?

내가 보다 깊고 원천적으로 생각해보아야 할 무언가가 있지는 않을까? 즉, 내 시간과 인생 그리고 나 자신의 본질을 바라보는 방식을 좌우하는 나의 패러다임에 문제가 있는 것은 아닌가?

우리의 결혼생활은 이제 권태기에 들어섰다. 더 이상 서로 다투지도 않으며 서로에 대한 애정도 거의 남아 있지 않다. 우리 부부는 함께 상담을 받기도 하고 여러 가지 다른 시도도 해봤다. 그러나 우리가 과거에 가졌던 사랑의 감정을 다시 회복할 수 있을 것 같지는 않다.

이 문제를 외적 성격 위주의 관점에서 보면 내 배우자가 나를 좀더 잘 이해할 수 있는 방법을 가르쳐주는 어떤 세미나나 새로운 책이 반드시 있을 것이다. 그래도 해결이 안 된다면 다른 여자와 새로운 관계를 맺는 것만이 내가 필요로 하는 사랑을 제공해줄 것이라고 본다.

그런데 실제로 문제를 가진 것은 나의 배우자가 아닐 수도 있지 않을까? 내가 배우자의 약점을 감싸주지 못하고 상대방의 행동에 따라 나도 똑같이 대응해가며 살아가는 것은 아닐까?

나의 배우자, 결혼생활 그리고 진정한 사랑이 무엇인가에 관해 내가 가진 어떤 기본적인 패러다임에 문제가 있는 것은 아닐까?

외적 성격 위주의 사고가 갖는 패러다임이 바로 문제를 보는 방식뿐만 아니라 문제 해결에 대한 접근방식에까지도 영향을 미치고 있음을 이제 이해할 수 있는가?

알게 모르게 외적 성격을 중시하는 많은 사람들은 공허한 약속 때문에 환상을 가진다. 나는 미국 전역을 여행하고 여러 회사들과 일을 하면서 긴 안목을 가진 경영자들은 진부한 문구에다 재미있는 이야기를 곁들이는 것 외에 새로운 것이라고는 하나도 없는 '동기 유발식' 강연가나 단지 흥분만 일으키는 선동술에 대해 등을 돌린다는 사실을 발견하였다.

이들은 좀더 실질적인 것을 원한다. 또 이들은 자연법칙에서 볼 수 있는 과정을 원한다. 다시 말해 일시적인 진통제나 반창고 이상의 것을 바라는 것이다. 이들은 만성적이고 근본적인 문제를 해결하기 위해 장기적으로 성과를 가져다주는 원칙에 초점을 맞춘다.

새로운 차원의 사고

아인슈타인은 "우리가 직면한 중대한 문제들은 우리가 그 문제들을 발생시킨 때에 갖고 있던 사고방식으로는 해결할 수 없다"고 말했다.

자신과 주위를 살펴보면 외적 성격 위주의 틀 안에서 생활하며 대인관계를 맺기 때문에 생겨난 여러 가지 문제들을 인식할 수 있다. 또한 이러한 문제들은 심각하고 근본적인 것이기 때문에 이 문제를 유발한 피상적인 수준의 방법으로는 결코 해결할 수 없음을 깨닫게 된다.

우리가 이처럼 심각한 문제를 해결하기 위해서는 좀더 깊고 새로운 차원의 사고방식—성공적인 인간과 효과적인 대인관계의 영역을 정확하게 설명해주는 원칙에 근거한 패러다임—이 필요하다.

이러한 새로운 차원의 사고방식이 바로 《성공하는 사람들의 7가지 습관》이 다루고 있는 내용이다. 새로운 차원의 사고방식은 개인적 효과성과 대인관계에서의 효과성을 달성하기 위하여 원칙 중심으로 성품에 근본을 두고 '내면으로부터 시작하여 외부로 향하는' 접근법을 말한다.

'내면에서 시작하여 외부로 향하는' 것은 자기 자신으로부터 시작하는 변화를 의미한다. 이것은 가장 근본적인 것으로 자신의 내면 가장 깊숙이 있는 것을 가지고 시작하는 것이다. 여기에는 자신의 패러다임, 내적 성품, 동기 등이 포함된다.

이 방법은 만약 우리가 행복한 결혼생활을 원한다면 스스로가 긍정적인 에너지를 창출하는 사람이 되어야 한다고 주장한다. 또 부정적인 에너지를 강화하지 말고 이를 피해가는 사람이 되어야 한다고 가르친다. 좀더 명랑하고 협조적인 십대 자녀들을 갖기를 원한다면 자신이 먼저 보다 이해심이 많고 공감적이며 일관성 있게 사랑을 베푸는 부모가 되어야 한다. 만약 직장에서 자신이 맡은 직무에 더 큰 자율권을 가지려면 자신이 먼저 더욱 책임 있게 일함으로써 회사에 기여할 수 있는 직원이 되어야 한다. 남들로부터 신뢰를 받으려면 먼저 신뢰받을 수 있는 사람이 되어야 한다. 남들로부터 인정받는 재능과 같은 2차적인 강점을 갖기를 원한다면 먼저 내적 성품과 같은 1차적인 강점에 초점을 맞추어야 한다.

내면으로부터 시작하는 접근방법에서는 자기 자신에 대한 '개인의 승리'가 다른 사람들과의 관계에서 얻을 수 있는 '대인관계의 승리'보다 앞선다. 따라서 다른 사람과 약속을 하고 그 약속을 지키기에 앞서 자기 자신과 약속을 하고 그 약속을 지켜야 한다. 이 접근법은 내적 성품보다 외적 성격을 앞세우는 것은 쓸데없는 일이라고 본다. 즉, 자신을 개선하기 전에 다른 사람과의 관계를 개선하려는 것은 결국 쓸데없는 일이라는 것이다.

'내면으로부터 시작하라'는 접근방법은 과정을 의미한다. 이는 인간의 성장과 발달을 지배하는 자연법칙에 근거를 두고 있는 지속적인 자기 쇄신 과정이다. 이것은 점진적으로 보다 높은 수준의 책임 있는 독립성과 효과적인 상호의존성으로 이끌어가는 상향적인 나선형 성장을 말한다.

나는 그동안 수많은 사람들을 컨설팅해왔다. 그중에는 멋진 사람, 재능 있는 사람, 행복과 성공을 얻기를 진정으로 원하는 사람, 꾸준히 탐구하는 사람, 남에게 상처를 주는 사람 등 다양한 사람들이 있었다. 또한 회사 중역, 대학생, 교회 및 사회단체, 가족 및 결혼한 부부들도 있었다. 이처럼 다양하고 수없이 많은 경험을 했음에도 외부로부터 출발하여 내면으로 들어오는 방식이 궁극적인 문제 해결책을 제시해 지속적이고 장기적인 행복과 성공으로 이끌어주는 것은 한 번도 보지 못했다.

외부에서 시작하여 내면으로 접근하는 패러다임은 불행히도 사람들로 하여금 자신이 피해자라고 생각하거나 무능하다고 느끼게 만든다. 이들은 다른 사람들의 약점에 초점을 둘 뿐만 아니라 주위환경이 자기의 정체된 현 상태에 책임이 있다고 생각한다. 나는 서로 상대방이 변화하기를 원하며 상대방의 '잘못'을 열거하고 상대방을 자기에게 맞춰 바꿔보려고 노력하는 부부들이 얼마나 불행한 결혼생활을 하는지를 수없이 보아왔다. 노사 간의 논쟁에서도 대개의 사람들은 신뢰의 기초가 단단할 때나 가능한 행동강령과 규정을 만드느라 엄청난 양의 시간과 에너지를 소모하고 있다.

나는 이 지구상에서 '분쟁 사태가 가장 심각한 지역'인 남아프리카, 이스라엘, 아일랜드 등에서 끊임없이 일어나는 문제의 원천이 외부에서 시작하여 내면으로 접근하는 패러다임이 사회를 지배하고 있기 때문이라고 본다. 분쟁과 갈등에 개입된 각 집단은 늘 문제가 상대 집단에 있다고 보기 때문에 상대방이 '개선되거나' 갑자기 '사라져'준다면 문제 자체가 해결될 것이라고 확신하고 있다.

'내면으로부터 시작하라'는 접근법은 대부분의 사람들에게 극적인 패러다임 전환이다. 대개의 사람들은 현재 사회를 지배하는 패러다임인 외적 성격 위주의 사고에 물들어 있고 그것의 강력한 영향을 받고 있기 때문이다.

그러나 필자가 한 개인적 경험, 수천 명의 사람들을 컨설팅하면서 얻은 체험, 그리고 역사를 통해 성공한 사람들과 빛나는 업적을 남긴 성공적인 사회를 세심하게 검토한 결과에 의하면, 이 책의 7가지 습관 속에 포함된 여러 가지 원칙들은 이미 우리들 내면에, 양심과 상식 속에 깊이 내재되어 있다. 따라서 이 같은 사실을 인식하고 우리 안에 내재되어 있는 그 원칙들을 개발하여 인생의 깊은 근심거리들을 해결하는 데 활용하기 위해서는 과거와 다르게 생각할 필요가 있다. 즉 '내면으로부터 시작하여 외부로 향하는' 새롭고 심오한 더 높은 차원으로의 패러다임 전환이 반드시 필요하다.

우리가 이 같은 원칙들을 진정으로 이해하고 또 자신의 삶에 결합하기 위해 노력한다면 엘리엇이 말한 다음과 같은 진리를 새롭게 발견할 수 있으리라 확신한다.

> "우리는 탐구를 중단해서는 안 된다. 모든 탐구의 최종 목적은 우리가 출발했던 곳에 도달하는 것이며, 바로 그 장소를 새롭게 인식하는 데 있다."

7가지 습관에 대한 개관

사람은 반복적으로 행하는 것에 따라 판명되는 존재이다.
따라서 탁월함이란 단일 행동이 아니라 바로 습관이다.
– 아리스토텔레스 –

우리의 품성은 근본적으로 습관의 복합체이다. "우리가 생각의 씨앗을 뿌리면 행동의 열매를 얻게 되고, 행동의 씨앗을 뿌리면 습관의 열매를 얻는다. 습관의 씨앗은 성품을 얻게 하고, 성품은 우리의 운명을 결정짓는다"라는 격언이 있다.

이처럼 습관이란 우리 인생에서 엄청난 영향력을 가진 요소이다. 왜냐하면 습관이야말로 일관성 있게 주로 무의식적인 유형으로 날마다 끊임없이 우리의 품성을 나타낼 뿐만 아니라, 우리가 효과적이고 성공적인 인생을 영위할 수 있느냐 없느냐를 결정짓기 때문이다.

위대한 교육자 호레이스 만은 "습관은 밧줄과 같은 것이다. 우리는 습관이란 밧줄을 매일 짜고 있다. 이렇게 짜인 습관은 절대로 파손되지 않는다"라고 했다. 나는 그가 말한 마지막 부분에 대해서는 동의하지 않는다. 습관이란 고쳐질 수 있기 때문이다. 습관은 학습될 수 있고 학습을 통해 떨쳐질 수도 있다. 그러나 분명한 것은 습관이란 응급처치식으로 짧은 시간에 형성되고 고쳐지는 것이 아니라는 것이다. 습관의 형성은 하나의 과정으로 당사자의 무한한 결의와 성실성을 요구한다.

아폴로 11호의 달 여행을 지켜본 사람들은 달에 착륙한 최초의 우주 비행사들이 달 표면을 걷고 그 후에 지구로 귀환하는 것을 보고 모두 깜짝 놀랐다. "환상적이다" 혹은 "믿어지지 않는다" 등과 같은 찬사만으로는 이처럼 역사적인 사건을 묘사하는 데 역부족이었다. 우주비행사들은 달에 도달하기 위해 거대한 지구의 중력을 돌파해야 했다. 우주선이 발사되어 처음 몇 분간 몇 마일을 비행하기 위해 소모하는 에너지의 양은 그 후 며칠에 걸쳐 50만 마일을 여행하는 데 드는 에너지의 양보다 더 많다.

습관 역시 거대한 중력을 가지고 있다. 이는 대부분의 사람들이 깨닫고 인정하고 있는 것보다 더 큰 중력이다. 우리는 효과성의 기본원칙에 반하는 여러 가지 습관을 가지고 있다. 예를 들어 할 일을 뒤로 미루는 것이라든지 성급함, 상대에 대한 혹평이나 비난, 이기심 등과 같은 것이 그에 속한다. 우리의 생활에 깊이 배어 있는 이러한 습관적 경향을 타파하기 위해서는 상당한 의지력과 생활상의 변화가 필요하다. 이처럼 '발사'에 해당되는 시작에는 굉장한 노력이 요구되지만 일단 중력권을 돌파하고 나면 새로운 차원의 자유를 경험할 수 있게 된다.

다른 모든 자연의 힘처럼 중력 역시 우리에게 긍정적인 방향으로 작용할 수도 있고 부정적인 방향으로 작용할 수도 있다. 우리가 가진 몇몇 습관의 중력은 우리가 가고자 하는 방향으로 가지 못하도록 방해할 수도 있다. 그러나 우리가 사는 이 세상의 물체를 제자리에 있게 하는 것, 유성이 자기의 궤도를 유지하게 하는 것, 우주를 질서정연하게 유지하는 것이 중력이다. 중력은 하나의 강력한 힘이기 때문에 우리가 이를 효과적으로 이용한다면 인생에서 성공하는 데 필요한 친화력과 질서를 창조할 수 있을 것이다.

'습관'에 대한 정의

우리는 습관을 인식, 기량, 욕구의 혼합체로 정의하고자 한다.

인식(knowledge)이란 우리가 무엇을 해야 하고, 왜 하는지에 대한 이론적 패러다임이다. 기량(skill)이란 어떻게 해야 하는가, 즉 방법을 말한다. 욕구(desire)란 하고 싶어 하는 것, 즉 동기를 말한다. 우리가 무엇인가를 습관화하기 위해서는 반드시 이 세 가지가 있어야만 한다.

직장 동료, 배우자 혹은 자녀들과 상호작용하는 데 있어서 '비효과적'일 수 있는데, 이는 대개 끊임없이 자신의 생각을 이야기할 뿐 결코

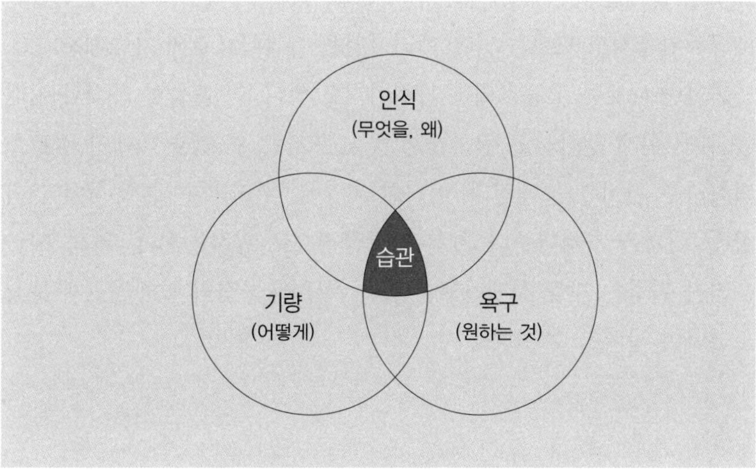

효과적인 습관(내면화된 원칙과 행동방식)

그들의 생각에 귀 기울이려 하지 않기 때문이다. 우리가 대인관계에 대해 올바른 원칙을 찾아내지 않는 한 상대방의 말에 경청할 필요가 있다는 사실조차도 알지 못할 것이다.

상대방과 효과적인 대인관계를 맺기 위해서 상대가 하는 말을 경청하는 태도가 반드시 필요하다는 사실을 알고 있다 해도 그 기술이 없을지도 모른다. 즉, 다른 사람이 하는 말을 진지하게 경청하는 방법을 모를 수도 있다.

그러나 상대방의 말을 경청할 필요성과 그 방법을 알고 있다고 해도 이것만으로는 충분치 못하다. 경청하고 싶은 욕구가 없다면 우리는 이것을 생활의 습관으로 만들 수 없다. 이처럼 습관을 만들기 위해서는 이상과 같은 세 가지 차원이 모두 필요하다.

성품과 관점을 변화시킨다는 것은 하나의 상승과정이다. 즉, 성품이 관점을 변화시키고 관점은 다시 성품을 개선시킨다. 그래서 우리는 나선형의 상향적 성장과정을 거치게 되는 것이다. 우리가 인식과 기량, 욕구를 중점적으로 다루면 개인 및 대인관계의 효과성을 새로운 차원으로 이끌어갈 수 있다. 이는 우리에게 지난 수년간 거짓된 안정감을 제공해왔을지도 모르는 낡은 패러다임을 타파함으로써 가능해진다.

변화란 때로는 고통스러운 과정이기도 하다. 더 훌륭한 목적과 미래를 위해 현재 생각하고 원하는 것들을 포기할 수 있을 때에야 비로소 변화하는 것이 가능해진다. 이러한 과정은 '우리의 존재 목적이자 이상'인 행복을 가져다준다. 행복은 궁극적으로 원하는 것을 위해, 지금 우리가 원하는 것을 희생하고자 하는 욕구와 능력의 열매라고 부분적으로나마 정의할 수 있다.

성숙의 연속선

7가지 습관은 분리된 일련의 단편적인 심리학적 공식이 아니다. 이는 성장의 자연법칙과 조화를 이루면서 개인적 효과성과 대인관계의 효과성을 개발하는 데 점진적이고 순차적이며 전체적으로 조화를 이루는 접근방식을 제공해준다. 7가지 습관은 우리를 '의존적 단계'에서 출발하여 '독립적 단계'로, 그리고 '상호의존적 단계'로 점진적으로 나아가게 한다.

우리의 인생은 유아에서부터 시작된다. 우리는 유아기에 다른 사람에게 전적으로 의존한다. 다시 말해서 다른 사람에 의해 지시받고 양육되고 생명도 보호받는다. 만일 이러한 절대적인 보호과정이 없다면 우리는 기껏해야 몇 시간 혹은 며칠밖에 살 수 없을 것이다.

그러나 세월이 흐름에 따라 육체적, 정신적, 감정적, 재정적으로 점차 독립하게 된다. 마침내는 스스로를 돌볼 수 있게 되고 자기 통제를 하게 되며 자신감도 갖게 된다.

이 단계를 지나 성장과 성숙을 계속하면 자연의 모든 것이 상호의존적이라는 사실을 파악하게 된다. 즉, 사회를 포함한 자연계 전체를 지배하는 생태계적 질서를 발견하게 된다. 더 나아가 우리의 본성은 다른 사람과의 관계와 밀접하게 연관되어 있으며 인간생활 역시 상호의존적인 것임을 알게 된다.

유아에서 성인에 이르는 성장과정은 자연법칙과 일치한다. 성장에는 많은 차원이 있다. 예를 들어 우리가 육체적으로 완전한 성숙을 이루었다는 사실이 반드시 감정적이거나 정신적인 성숙을 동시에 보장해주지는 않는다. 반대로 어떤 사람이 육체적으로 의존적이라는 사실이 그가 반드시 정신적으로나 감정적으로 미숙하다는 것을 의미하지도 않는다.

성숙의 연속선에서 '의존적 단계'는 상대방이 주체가 되는 패러다임이다. 즉, 상대방이 나를 돌봐준다든가 상대방이 나를 위해 행동한다, 상대방이 나의 일을 돌봐주지 않는다는 식으로 생각하는 것이다. 이 단계에서는 무슨 일이 잘못되면 상대방에게 책임을 전가하고 비난한다.

'독립적 단계'는 내가 주체가 되는 패러다임이다. 이 단계에서는 '내가 그 일을 할 수 있다, 내가 책임을 진다, 나는 스스로에게 의지한다, 나는 선택을 할 수 있다' 하는 식으로 생각한다.

'상호의존적 단계'는 우리가 주체가 되는 패러다임이다. 이 단계에서는 '우리는 그 일을 할 수 있다, 우리는 서로 협력할 수 있다, 우리가 가진 재능과 능력을 함께 결합하면 더 큰일을 해낼 수 있다'와 같은 사고 패턴을 보인다.

의존적인 사람은 자신이 원하는 것을 얻기 위해 다른 사람을 필요로 한다. 독립적인 사람은 스스로의 노력으로 원하는 것을 얻는다. 상호의존적인 사람은 더 큰 성과를 이루기 위해 자신의 노력과 다른 사람들의 노력을 결합한다.

만일 내가 육체적으로 의존적인 상태, 즉 신체가 마비되거나 불구가 되거나 다른 신체적인 제약을 받는 경우라면 나를 도와줄 누군가를 필요로 할 것이다. 또 내가 감정적으로 의존적인 상태라면 스스로에 대한 가치 및 안정감이 상대방의 견해로부터 나오게 될 것이다. 만약 상대방이 나를 싫어한다면 나는 곤혹감을 느낄 것이다. 내가 지적으로 의존적이라면 나는 상대방이 대신 사고해주고 삶의 문제까지 대신 생각해주기를 원할 것이다.

만일 내가 육체적으로 독립된 단계에 있으면 스스로 일을 처리할 수 있다. 또 정신적으로 독자적인 사고를 할 수 있으며 하나의 추상적 개념으로부터 다른 개념으로 옮겨갈 수도 있다. 나는 창의적이며 분석적으로 생각할 수 있고 나의 생각을 이해시킬 수 있는 방식으로 정리하고 조직할 수 있다. 나는 나 자신의 내부로부터 인정을 받는다. 나 자신의 가치는 상대방으로부터 사랑받거나 대접받는 것에 좌지우지되지 않는다.

독립적 단계가 의존적 단계보다 더 성숙한 단계라는 것은 자명하다. 그러나 독립적 단계가 그 자체로 주요한 성취인 것은 분명하지만 그렇다고 해서 이것이 가장 높은 단계는 아니다.

그럼에도 불구하고 현대사회는 독립적 단계가 최상의 패러다임이라고 부추기고 있다. 뿐만 아니라 이것이 개인과 사회가 추구하는 공인된 목표가 되고 있다. 구체적인 예로 대부분의 자기개선 훈련 프로그램은 독립성을 키우는 것을 가장 중요하게 여기고 의사소통이나 팀워크, 협동 같은 가치보다 독립성을 우위에 놓고 있다.

현대 사회에서 독립적 단계를 강조하는 것은 이 사회에 팽배한 의존성의 문제 때문이다. 우리의 대부분은 의존적 단계를 벗어나지 못하고 다른 사람들로 하여금 우리를 통제하고 판단하고 이용하고 조종하도록 내버려두고 있다.

상호의존이라는 개념만큼 사람들이 잘못 이해하고 있는 것도 없다. 우리는 독립성을 추구한다는 미명하에 이혼을 하고 자식을 버리고 모든 사회적 책임을 포기하는 모습을 쉽게 볼 수 있다.

"구속에서 벗어난다", "해방된다", "자기주장을 한다", 그리고 "자신을 위한 일을 한다" 등과 같은 반응들은 빠져나오기 힘든 더욱 근본적인 의존성으로 귀결되는데, 그 이유는 의존성이 외적인 이유보다는 자신의 내부에서 비롯되기 때문이다. 이 같은 의존성은 다른 사람들의 문제점과 약점으로 인해 자신의 정서와 감정이 손상받고 자기의 통제 밖이라 어떻게 할 수 없는 사건이나 사람들로부터도 자신이 희생당한다는 느낌을 갖는 데서 나타난다.

물론 우리는 상황을 변화시킬 필요가 있다. 그러나 의존성의 문제는 여건과 별 관계가 없는 개인적 성숙의 문제이다. 좋은 여건 속에서도 미성숙과 의존적 단계가 지속되는 경우가 흔하다.

진정한 의미에서 독립적인 성품은 우리에게 능동적으로 행동할 수 있는 힘을 부여한다. 진정한 독립성은 우리가 주위의 상황이나 다른 사람에게 의존하는 것에서 벗어나게 해주기 때문에 분명 가치 있는 목표이다. 그러나 그렇다고 해서 이것이 성공적 삶의 궁극적인 목표는 아니다.

혼자 사고하는 독립성은 상호의존적인 오늘날의 현실에는 맞지 않는다. 상호의존적인 사고와 행동을 할 수 있을 정도로 성숙하지 못한 독립적 단계의 사람들은 개인적으로는 훌륭한 성과를 내는 생산자일지 모르지만 훌륭한 리더나 팀 플레이어는 되지 못한다. 왜냐하면 이들은 결혼생활, 가족, 조직과 같은 공동체적 현실 속에서 성공하는 데 필요한 상호의존적 패러다임을 가지고 있지 않기 때문이다.

인생은 본질적으로 매우 상호의존적이다. 독립적인 생활을 통해 최대의 효과를 보려고 노력하는 것은 마치 골프채를 가지고 테니스를 치려고 하는 것과 같다. 즉 수단이 현실에 맞지 않는 셈이다.

상호의존성이란 더욱 성숙하고 진보된 개념이다. 만약 내가 육체적으로 상호의존적이라면 혼자서도 자신 있게 일할 능력이 있지만 함께 힘을 합하는 쪽을 택한다. 나는 상대방과 함께 일하는 것이 혼자 하는 것보다 더 많은 것을 이뤄 낼 수 있다는 것을 안다.

만약 감정적으로 상호의존적이라면 자신의 중요함과 가치를 스스로의 내부로부터 이끌어내지만 여기에 추가하여 사랑의 필요성, 다른 사람과 사랑을 주고받아야 할 필요성도 깨닫게 된다. 또 지적으로 상호의존적이라면 다른 사람의 좋은 생각과 자신의 생각을 결합할 필요가 있다는 것을 안다.

내가 상호의존적인 사람이라면 다른 사람들과 진정으로 공유하는 기회를 가진다. 나아가 다른 사람들이 가진 무한한 자원과 잠재적 능력을 활용한다.

상호의존적 단계는 독립적 단계에 도달한 사람들만이 선택할 수 있다. 의존적 단계의 사람들은 상호의존적 단계를 선택할 수 없다. 왜냐하면 이들은 상호의존적으로 될 수 있는 성품을 가지고 있지 못하기 때문이다. 이들은 스스로를 충분히 다스리지 못한다.

다음 장에서 자기완성을 위한 습관 1, 2, 3을 다루는 이유가 바로 이것이다. 습관 1, 2, 3은 우리를 의존적 단계에서 독립적 단계로 발전시켜 준다. 이 습관들은 성품 성숙의 본질이 되는 '개인의 승리'이다. 개인적 승리인 자신에 대한 리더십은 '대인관계의 승리'에 선행한다. 씨를 뿌리기 전에는 추수할 수 없는 것과 마찬가지로 이 과정을 거꾸로 할 수는 없다. 이것이 '내면에서 시작하여 외부로 향하는' 과정이다.

우리가 진실로 독립적이 된다면 효과적인 상호의존성의 기초를 마련한 셈이다. 그때에야 비로소 팀워크, 협동, 커뮤니케이션 등과 같은 습관 4, 5, 6이 다루는 '대인관계의 승리'를 효과적으로 달성할 수 있는 성품적 기초를 지니게 된다.

그러나 습관 4, 5, 6을 형성하기 전에 반드시 습관 1, 2, 3에 완벽해야만 하는 것은 아니다. 물론 순서를 따르는 것은 자신의 성정을 좀 더 효과적으로 관리하는 데 도움을 준다. 그러나 그렇다고 해서 습관 1, 2, 3을 완전하게 개발할 때까지 대인관계를 갖지 말아야 하는 것은 아니다.

상호의존적 세계에 살기 때문에 우리는 우리가 사는 세상과 날마다 관계를 가져야만 한다. 그러나 세상의 각종 긴박한 문제들 때문에 고쳐야 할 근본적인 성품적 원인을 간과하기가 쉽다. 따라서 우리의 성품이 대인관계에 미치는 강력한 영향력을 이해하는 것이야말로 자연의 성장법칙을 따르면서 좋은 성품을 위한 습관들을 단계적으로 습득하는 데 도움이 된다.

습관 7은 재충전의 습관이다. 다시 말하면 이것은 우리 인생의 네 가지 기본적 차원에 대해 규칙적이고 균형 잡힌 쇄신을 하는 것이다. 습관 7은 다른 모든 습관들을 둘러싸고 또 보조해준다. 이것은 지속적인 자기 개선을 위한 습관으로 나선형의 상향적 성장을 가능케 하는데, 각종 습관들에 대한 새로운 차원의 이해와 더 높은 차원의 실행을 함으로써 점점 더 고차원의 단계로 올라가게 한다.

19페이지에 제시된 그림은 '7가지 습관'의 순서와 상호의존성을 보여준다. 이 그림은 이 책에서 반복해서 사용될 것이며, 여러 습관들 간의 순차적 관계와 이 습관들이 상호관계를 형성함으로써 새로운 형태의 더 큰 가치를 만드는 시너지 효과를 살펴보는 데 이용될 것이다.

효과성에 대한 정의

7가지 습관은 효과적*인 사람이 되기 위한 습관이다. 각 습관은 원칙에 근거를 두고 있어 장기적이고 유익한 결과가 극대화되어 나타난다. 이 습관은 개인 성품의 바탕이 되는데, 개인이 효과적으로 문제를 해결하고 기회를 극대화하고 지속적으로 학습하며 나선형으로 상향 성장하도록 해준다.

7가지 습관은 효과성의 습관이기도 한데 그 이유는 7가지 습관이 내가 '생산/생산능력의 균형'이라 부르는 자연법칙과 조화를 이루기 때문이다. 많은 사람들이 이 균형을 쉽게 깨뜨린다. 우리는 이 원칙을

* 여기에서 '효과적'이란 말은 '성공적'인 혹은 '생산적'인 것과 같은 의미를 가진다.— 옮긴이.

황금알을 낳는 거위에 관한 이솝 우화를 통해 쉽게 이해할 수 있다.

이야기는 옛날 한 가난한 농부가 어느 날 자기가 기르는 거위 우리에서 번쩍번쩍 빛나는 황금알을 발견하는 데서 시작한다. 처음에 농부는 이것이 일종의 속임수라고 생각했다. 그런데 거위알을 치워버리려고 할 때 그 알을 일단 조사해봐야겠다는 생각이 들었다.

그 결과 거위알은 놀랍게도 진짜 순금이었다! 농부는 자신의 행운을 믿을 수 없었다. 다음 날 거위가 황금알을 또 낳자 농부는 자신의 행운을 더욱더 믿을 수 없게 되었다. 그는 매일 아침 일어나자마자 우리로 달려가서 또 다른 황금알을 찾아냈다. 곧 농부는 놀라울 만큼 굉장한 부자가 되었다.

그러나 그는 재산이 늘어감에 따라 점점 더 탐욕스럽고 성급해졌다. 농부는 거위가 매일 하나씩 낳는 황금알을 기다릴 수 없어서 거위를 죽여 황금알을 한꺼번에 얻고자 하였다. 그러나 그가 거위를 죽이고 배를 갈랐을 때 뱃속에 황금알은 한 개도 없었다. 이제 농부는 더 이상 황금알을 얻을 수가 없게 된 것이다. 농부는 결국 황금알을 낳는 거위를 죽여 버린 셈이었다.

나는 이 우화가 효과성의 기본 정의인 원칙, 즉 자연법칙을 강조하고 있다고 생각한다. 대부분의 사람들은 효과성을 황금알의 패러다임에 입각해 이해하고 있다. 즉 보다 더 많은 것을 생산할수록 더 많은 일을 할수록 더 효과적이라고 생각한다.

그러나 이 우화에서 보여주듯 진정한 효과성이란 다음과 같은 두 가지 요소의 함수관계에서 나온다. 첫째는 생산되는 결과인 황금알이고, 둘째는 생산을 하게 만드는 자산인 생산하는 능력을 지닌 거위이다.

만일 우리가 거위를 무시하고 황금알에만 초점을 맞춰 생활한다면 황금알을 낳는 생산능력을 잃어버리게 될 것이다. 반면에 황금알을 얻으려는 목표 없이 단지 거위만을 돌본다면 우리가 생활하고 거위를 키우는 데 필요한 자금을 벌지 못하게 될 것이다.

효과성은 이 책에서 생산/생산능력이라 부르는 두 가지 요소 사이의 균형에서 나온다. 이때 생산이란 바라는 결과를 만들어내는 황금알을 의미하고, 생산능력은 황금알을 만드는 자산인 거위를 의미한다.

세 가지 종류의 자산

기본적으로 보면 자산에는 세 가지 종류가 있다. 물질적, 재정적, 인적 자산이 바로 그것이다. 이제 이들 각각에 대해 차례로 살펴보자.

(1) 몇 년 전 나는 물질적 자산인 잔디 깎는 기계를 한 대 구입했다. 나는 이 기계를 정비, 보수하지 않고 계속하여 사용했다. 그 기계는 2년간은 별일 없었으나, 그 후부터 고장이 나기 시작했다. 내가 그 기계를 고쳐서 사용하려 했을 때는 원래 가진 엔진 능력이 절반 이상이나 사라진 후였다. 이 기계는 더 이상 쓸모없는 것이 되어버렸다.

만일 내가 이 기계를 정비, 보수하는 생산능력에 투자를 했다면 이 기계의 생산결과인 잘 깎인 잔디를 여전히 즐길 수 있었을 것이다. 내가 기계를 정비하고 보수하였더라면 다른 기계로 대체하는 데 드는 시간과 돈을 훨씬 더 절약할 수 있었을 것이다. 결국 나의 방법은 효과적이지 못했다.

우리는 종종 단기간에 성과나 결과를 추구하려는 욕심으로 자동차, 컴퓨터, 세탁기 그리고 심지어 우리의 신체나 환경과 같은 값비싼 물질적 자산을 파괴하곤 한다. 생산과 생산능력 사이의 균형을 유지하는 것이야말로 물질적 자산을 효과적으로 사용하는 지름길이다.

(2) 생산/생산능력의 균형은 재정적 자산을 효과적으로 사용하는 데에도 막대한 영향을 미친다. 일례로 얼마나 많은 사람들이 원금과 이자를 혼동하고 있는가? 당신은 자신의 생활수준을 높이기 위해, 좀 더 많은 황금알을 얻기 위해 원금을 까먹은 적이 없는가? 줄어드는 원금은 이자수입, 즉 생산능력을 줄일 것이다. 자본이 점차 줄어들어 없어지면 우리의 기본적인 욕구마저 채우지 못하게 된다.

가장 중요한 재정적 자산은 일을 해서 돈을 벌 수 있는 자신의 능력이다. 자신의 생산능력을 개선하기 위해 계속해서 투자를 하지 않는다면 자신이 할 수 있는 활동 범위를 크게 줄이는 셈이 되는 것이다. 그렇게 되면 우리는 당장의 현실에만 급급해져서 회사나 상사가 자신을 어떻게 평가하는지 두려워하게 되고, 경제적으로 의존하게 되며 방어적으로 되기 쉽다. 이것은 결코 효과적이지 못하다.

(3) 인적 자산 영역에서도 생산/생산능력 간의 균형이 필수적이다. 어쩌면 이것은 이 영역에서 더욱 중요할 것이다. 사람이야말로 물질적 자산과 재정적 자산을 통제하는 당사자이기 때문이다.

예컨대 결혼한 두 사람이 서로의 관계를 유지하는 것보다 그로부터 얻을 수 있는 이득, 즉 황금알에 더 관심이 있어서 부부간의 깊은 관계를 유지하는 데 필요한 최소한의 친절과 예의를 무시한다면 서로에게 무감각해지고 경솔해질 것이다. 이때 부부는 서로 통제하려 들고 자신의 욕구만을 주장하며 자신의 입장을 정당화하기 위해 상대방의 잘못을 찾으려고 만 할 것이다. 이렇게 되면 사랑과 풍요, 부드러움과 자발성은 사라지기 시작한다. 그 결과 거위는 나날이 병들어간다.

부모와 자식 간의 관계는 어떠한가? 아이들은 어렸을 때 매우 의존적이며 상처받기 쉽다. 반면 우리는 자식들을 훈련시키고 이들과 대화하고 그들의 말에 귀를 기울이는 것과 같은 생산능력을 돌보는 일을 등한시하기 쉽다. 그 대신 자기 방식대로 지금 당장 원하는 것을 얻기 위해 아이들을 조종하고 이용하려 한다. 우리는 성인이고 더 많이 알기 때문에 항상 우리가 옳다고 생각한다. 그래서 아이들에게 잔소리 말고 명령을 따르라고 한다. 또 어떤 때는 아이들에게 고함도 치고 위협하며 우리의 주장을 고집한다.

정반대로 우리는 자녀들이 원하는 대로 해줄 수도 있다. 즉, 항상 아이들을 기쁘게 해주고 원하는 대로 하도록 허용해줌으로써 황금알에 해당하는 인기를 얻을 수도 있다. 그러나 아이는 그 결과로 내적 기준이나 목표, 절제나 책임감 없는 성인으로 성장할 것이다.

권위적이든 허용적이든 우리는 모두 황금알, 즉 생산에 중점을 두고 있다. 우리는 아이들이 우리 명령을 따르거나 아이들에게서 인기를 얻으려 한다. 그러는 동안 거위인 아이들은 어떻게 될까?

아이들이 올바른 선택을 하고 중요한 목표를 성취하기 위해 필요한 능력인 책임감, 자기 수양, 자신감과 같은 것의 수준은 몇 년 후에 어느 정도나 될 것인가? 아이들과 우리의 상호관계는? 아이들이 정체성의 위기를 맞는 십대 청소년이 되었을 때 우리가 아무런 편견 없이 아이들의 이야기에 귀를 기울이고 한 사람의 인간으로 생각해주고 존중하며 어떤 경우라도 믿을 수 있는 관계라는 것을 아이들 자신의 과거 경험으로부터 알 수 있을 것인가? 우리와 아이들의 관계는 서로 커뮤니케이션을 하고 서로 통할 만큼 충분히 밀접한 관계인가?

당신 딸의 방이 깨끗이 정돈되어 있기를 원한다고 가정해보자. 이때 정리정돈된 방은 생산, 즉 결과인 황금알에 해당된다. 그리고 당신은 딸로 하여금 자기 방을 깨끗이 치우게 하고 싶어 한다고 해보자. 이것은 생산능력에 해당된다. 당신의 딸이야말로 황금알을 낳는 거위에 해당되는 생산능력이요, 자산이다.

만약 당신이 '생산/생산능력의 균형'을 유지하고 있다면 딸은 잔소리 들을 필요도 없이 기쁜 마음으로 자기 방을 깨끗이 청소한다. 그 이유는 자기 방 청소를 자기 의무로 알고 있고 또 의무를 완수하도록 훈련되어 있기 때문이다. 이 경우 아이야말로 황금알을 낳는 자산이다.

그러나 당신의 패러다임이 생산물, 즉 방을 깨끗이 하는 데만 초점을 맞춘다면 당신은 딸에게 방을 깨끗이 청소하라고 잔소리를 하게 될 것이다. 당신은 원하는 황금알을 얻기 위해 청소하지 않는 딸에게 고함치며 위협까지 하게 된다. 결과적으로 거위의 건강과 행복을 점차 악화시키는 것이다.

이제 우리 딸아이와 경험했던 생산능력에 대한 이야기를 해보겠다. 나는 아이들 하나하나와 정기적으로 데이트하는 것을 좋아하는데, 한 번은 딸아이와 할 차례가 되었다. 데이트 자체도 좋지만 날짜와 차례를 정해놓고 기다리는 재미도 보통이 아니었다.

그날도 딸아이와 약속한 날이 되어 나는 "얘야, 오늘 밤은 네 차례다. 네가 하고 싶은 것이 무엇이냐?"라고 물었다.

"아빠, 괜찮아요"라고 딸아이가 대답했다. 나는 "아니다, 얘야. 네가 정말로 하고 싶은 것이 무엇인지 말해보렴" 하고 다시 물었다.

"글쎄요. 제가 하고 싶은 것은 아빠가 싫어할 거예요"라고 말했다.

나는 진지하게 "아니, 괜찮다, 얘야, 나는 네가 원하는 것을 하고 싶다. 그것이 무엇이든 네가 결정해라"라고 말했다.

그러자 딸아이는 "나는 〈스타워즈〉 영화를 보고 싶어요"라고 대답했다. "그러나 저는 아빠가 〈스타워즈〉를 좋아하지 않는다는 것을 알고 있어요. 전에도 아빠는 영화관에서 계속 졸았어요. 아빠는 환상적인 영화를 좋아하지 않죠. 그러니 괜찮아요, 아빠."

"아니다, 얘야. 만일 네가 그것을 원한다면 나도 보고 싶구나."

"아빠, 걱정하지 마세요. 또 우리가 오늘 꼭 데이트를 하지 않아도 괜찮아요." 딸아이는 잠시 말을 멈추었다가 다음과 같이 말했다. "그런데 아빠가 〈스타워즈〉를 싫어하는 이유가 뭔지 알고 계세요? 그것은 그 영화에 나오는 제다이의 철학과 훈련을 이해하지 못하기 때문이에요."

"뭐라고?"

"아빠는 아빠가 가르치는 것은 알고 있죠, 그렇죠? 그런데 그것은 제다이의 훈련과 똑같아요."

"정말이냐? 그럼 〈스타워즈〉를 보러 가자꾸나."

그래서 우리는 영화를 보러 갔다. 딸아이는 내 옆에 앉아서 나에게 패러다임을 가르쳐주었다. 나는 딸아이의 학생이 된 것이다. 그것은 정말로 멋진 일이었다. 나는 새로운 패러다임을 가지고 제다이 훈련의 기본 철학을 과거와 다른 상황에서 보게 되었다.

이 경험은 계획적으로 생산성과를 얻고자 한 것은 아니었다. 이것은 내가 생산능력에 투자함으로써 우연히 얻게 된 성과로 우리는 이로 인해 더 친해졌고 매우 만족스러운 경험을 했다. 우리는 거위(부녀관계의 질)를 잘 키움으로써 황금알인 좋은 성과를 얻을 수 있었던 것이다.

조직의 생산능력

올바른 원칙이 가지는 중요한 측면 중 하나는 이것이 다양한 환경에 적용 가능하고, 타당성이 있다는 점이다. 이 책을 통해 나는 이 같은 원칙이 개인뿐만 아니라 가족을 비롯한 각종 조직에 적용되는 여러 가지 방법을 설명하고자 한다.

조직에서 사람들이 물질적 자산을 사용하면서 생산/생산능력의 균형원칙을 준수하지 않는다면 조직의 효과성은 떨어질 것이며 결국 다른 사람에게 죽어가는 거위만 남겨주게 될 것이다.

예를 들어 기계와 같은 물질적 자산을 담당하고 있는 사람이 상관에게 좋은 인상을 주기 위해 열심히 일한다고 하자. 회사는 급속히 성장하고 있고 승진도 빠르다. 그래서 그는 최적 수준의 생산을 유지한다. 가끔씩 기계를 쉬게 해주거나 정비 및 보수도 하지 않는다. 말하자면 그는 기계를 24시간 풀 가동한 것이다. 생산은 놀랄 만큼 늘고 비용은 절감되었으며 수익은 급상승하였다. 그는 단기간 내에 승진하게 되었다. 황금알을 얻은 것이다!

그러나 당신이 이 일을 맡는 후임자가 되었다고 가정해보자. 당신은 아주 병든 거위를 물려받은 것이다. 즉, 이때가 되자 기계는 녹슬고 고장나기 시작했다. 당신은 고장난 기계를 수리하고 보수하는 데 막대한 시간과 비용을 투입해야만 한다. 비용은 급상승하고 수익은 격감할 것이다. 누가 황금알을 얻지 못한 것에 대해 비난을 받아야 할까? 당신이 비난을 받을 것이다. 비록 당신의 전임자가 그 기계를 망가뜨렸을지라도 현행 회계제도는 단위생산량과 비용, 이익만 보고할 뿐이다.

생산/생산능력의 균형원칙이 고객 및 직원 등 조직 내 인적 자산에 적용될 때는 특히 중요하다.

나는 아주 맛있는 조개탕 요리로 매일 점심 때마다 손님이 붐비는 식당을 알고 있다. 그런데 어느 날 그 식당이 팔렸다. 새로운 주인은 황금알에만 관심을 두어 조개탕에 재료를 적게 쓰기 시작했다. 약 한 달간 수입은 변함이 없는 반면 비용은 절약되어 이익이 급격히 상승했다.

그러나 고객이 점차 한 사람씩 사라지기 시작했다. 신용은 떨어지고 사업은 거의 망했다. 새로운 주인은 이를 회복하려고 필사적으로 노력했지만 고객을 무시하고 신뢰를 저버린 결과 단골 고객을 모두 잃어버렸다. 황금알을 낳는 거위는 이제 사라지게 된 것이다.

한편 고객의 중요성에 대해서는 깊이 인식하고 있지만 고객을 상대하는 직원들을 무시하는 조직도 있다. 생산능력의 원칙에 따르면 직원이 고객을 최고로 대우해주길 원하는 만큼 조직은 직원을 잘 대우해주어야 한다.

사람의 노동력인 손은 살 수 있지만 그의 마음까지 살 수는 없다. 그런데 바로 이 마음에서 열성과 충성이 나온다. 또 짐을 짊어질 사람의 등은 살 수 있지만 그의 두뇌는 살 수 없다. 그런데 그의 두뇌야말로 창의력과 재능, 풍부한 자원이 있는 곳이다.

생산능력을 위해서는 고객을 감동시켜야 될 대상으로 대하는 것과 마찬가지로 직원도 그렇게 대해주어야 한다. 그러면 직원들도 자기 몸의 가장 중요한 부분인 가슴과 마음을 자진해서 제공할 것이다.

나는 언젠가 "게으르고 무능한 직원들을 어떻게 개선시킬 수 있는가?"에 대하여 토의하는 그룹과 함께 자리하게 되었다. 한 사람이 "수류탄을 터뜨리는 것처럼 정신이 번쩍나게 할 조처를 취하면 됩니다"라고 대답하였다. 다른 몇몇 사람들도 그와 같은 극단적인 인사관리, 즉 '개선이 안 되면 쫓아내버리는' 식의 방법에 대해 성원의 박수를 보내는 것이었다.

그러자 또 한 사람이 "그러면 누가 그 후유증에 대해 책임을 지지요?"라고 물었다.

"아무도 없습니다"라는 대답이 나왔다.

그러자 한 사람이 이렇게 물었다. "만일 고객에게 그런 식으로 하면 어떻게 됩니까? 당신이 물건을 살 의사가 없다면 여기서 쫓아내겠소, 라고 말할 수 있습니까?" 그 사람은 이어서 이렇게 말했다. "고객들에게 그렇게 할 수는 없지요. 그러면서 어떻게 직원한테는 그렇게 할 수 있습니까?"

"그 이유는 그들이 우리 직원이기 때문이지요."

"알겠습니다. 그런데 당신 회사 직원들이 당신에게 헌신을 합니까? 그들은 열심히 일합니까? 그들의 이직률은 어떻습니까?"

"지금 농담하시는 건가요? 요즘 세상에 좋은 사람을 찾기란 하늘의 별따기지요. 요즘에는 결근과 이직, 이중 취업이 판치고 있어요. 사람들은 회사를 위해 더 이상 최선을 다하지 않습니다."

황금알에만 관심을 두는 패러다임은 다른 사람의 마음과 가슴속에 있는 강력한 에너지를 끌어낼 수 없다. 당장의 이익도 무시할 수 없지만 그것이 장기적 이익에 비해 크게 중요한 것은 아니다.

효과성은 균형에 달려 있다. 생산에 대한 지나친 집착은 건강을 해치고 기계를 망가뜨리고 자금을 고갈시키며 상호관계를 파괴한다. 생산능력에 대해 지나치게 집착하는 것은 하루에 3~4시간씩 조깅을 하는 사람이 운동으로 소비한 시간은 의식하지 못한 채 이를 통해 10년은 더 살 것이라고 자랑하는 것과 같다. 또한 직장은 갖지 않고 끊임없이 학교만 다니는 사람도 결코 황금알을 생산할 수 없다. 이것은 사실 영원한 학생 증후군이라 할 수 있다.

생산/생산능력의 균형유지, 즉 황금알(생산)과 거위의 건강과 행복(생산능력) 간에 균형을 유지하는 데는 상당히 어려운 판단이 요구된다. 그러나 나는 이것이야말로 효과성의 본질이라고 생각한다. 이것은 단기적인 것과 장기적인 것 사이에 균형을 맞추는 것이다. 이것은 좋은 점수를 따는 것과 참다운 배움을 위해 노력하는 것 사이의 균형을 의미한다. 방을 깨끗이 유지하려는 욕망과, 자녀가 스스로 방 청소를 기쁜 마음에서 기꺼이 아무런 감독 없이 하게 하는 것 사이의 균형을 유지하는 것이기도 하다.

더 많은 황금알을 얻기 위해 지나치게 과로하면 아프거나 지쳐서 더 이상 황금알을 얻을 수 없게 된다. 충분히 쉬거나 잠을 자고 난 뒤 온종일 능률적으로 일할 수 있음을 경험한 사람이면 누구든지 생산/생산능력의 균형유지에 관한 진리를 이해할 수 있을 것이다. 또한 다른 사람에게 자기 주장을 고집하여 관계가 소원해짐을 느낄 때나, 좋은 대인관계를 맺어 진정한 협조와 대화가 가능해지고 대단한 결과가 나타남을 보았을 때도 이 진리를 체험했을 것이다.

이러한 생산/생산능력의 균형이 바로 효과성의 본질이다. 이것은 우리가 사는 인생의 모든 영역에서 입증된다. 우리는 이 균형의 원칙에 따른 삶을 살 수도 있고 따르지 않으며 살 수도 있다. 그러나 이 균형의 진리는 영원하다. 이것은 마치 등대와 같다. 따라서 이 균형의 진리야말로 이 책이 다루는 '7가지 습관'이 기초로 하고 있는 효과성에 대한 정의이며 패러다임이다.

이 책의 사용방법

이 책을 읽기 전에 우선, 이 책을 통해서 독자가 얻게 될 가치를 크게 증대시켜줄 두 가지 패러다임 전환을 제안하고자 한다.

첫째, 이 책을 그저 한 번 읽어보고 책꽂이에 꽂아두는 그런 종류의 책으로 '여기지 말라'고 권하고 싶다.

당신이 이 책의 전체적인 내용을 파악하기 위하여 한 번에 완전히 독파해버릴 수도 있다. 그러나 이 책은 변화와 성장의 지속적인 과정에서 동반자가 되도록 설계되어 있다. 이 책은 순차적으로 편집되어 있고 각 장의 끝에는 응용 아이디어를 마련해두었기 때문에, 하고 싶을 때면 언제든 특정한 습관에 대해 집중적으로 공부할 수 있다.

당신이 이해하고 실천함에 있어서 수준이 한 단계 높아질 때마다 각 장의 원칙으로 되돌아가 다시 학습함으로써, 인식, 기량, 욕구를 키워갈 수 있을 것이다.

둘째, 이 책을 읽으면서 당신의 패러다임을 학습자의 입장에서 교사의 입장으로 전환할 것을 제안하고자 한다. '내면에서 시작하여 외면으로 향하는', 즉 자기가 이해한 다음 타인을 이해시키는 접근방법을 채택하여 학습한 후 48시간 내에 그 내용을 누군가 다른 사람에게 가르쳐주거나 토의하겠다는 목적을 가지고 이 책을 읽었으면 한다.

당신이 만약 48시간 내에 누군가 다른 사람에게 생산/생산능력의 균형유지에 대한 내용을 가르쳐주기로 했다면, 앞장에 있는 내용을 읽을 때 더 주의해서 보았을 것이다. 지금부터라도 이것을 실행해보라. 당신이 이 책의 내용에 대한 기억이 생생할 때, 즉 오늘이나 내일 중에 배우자나 자녀, 직장 동료, 혹은 친구들에게 가르쳐주어야 한다고 가정하고 이 책을 읽으라. 그러면 당신 자신의 정신적, 감정적 반응이 달라짐을 느끼게 될 것이다.

이러한 방법으로 각 장의 내용을 읽어나간다면 자신이 읽은 내용을 더 분명하게 기억할 수 있을 뿐만 아니라 시각도 넓어지고 이해도 좀더 확실해지기 때문에 이 내용을 적용하고자 하는 동기도 강해질 것이다.

여기에 추가하여 만일 당신이 이 책에서 배운 것을 다른 사람들과 마음을 열고 솔직하게 이야기한다면 다른 사람들이 당신에 대해 가지고 있었던 부정적인 인식이나 낙인이 사라지는 경향을 발견하고 깜짝 놀라게 될 것이다. 당신과 함께 배우는 사람들은 당신을 변화 및 성장하는 사람으로 바라볼 것이고 '7가지 습관'을 당신의 삶이나 그들과의 삶 속에 통합시키는 데 보다 협조적이고 우호적이 될 것이기 때문이다.

이 책의 기대효과

마지막으로 메릴린 퍼거슨*의 말을 들어보자. "아무도 다른 사람을

* Marilyn Ferguson(1938~), 미국 출생 작가, 출판인, 편집인.— 옮긴이.

변화하도록 설득할 수는 없다. 우리는 누구나 오직 내면에서만 열 수 있는 변화의 문을 지키고 있다. 어떤 논쟁이나 감정적 호소에 의해서도 다른 사람이 가진 변화의 문을 열 수 없다."

만일 당신이 '7가지 습관'에 포함된 원칙들을 진정으로 이해하고 이에 따라 생활하기 위해 자기 자신의 "변화의 문"을 열기로 작정한다면, 나는 몇 가지 긍정적인 일이 당신에게 일어날 것을 확신한다.

첫째, 당신의 내적 성장은 점진적으로 진전되지만 실제 효과는 혁명적이 될 것이다. 생산/생산능력의 균형유지만이라도 완전히 실행된다면 대부분의 개인이나 조직이 변혁되리라고 생각하지 않는가?

처음 세 가지 습관(개인의 승리)에 대한 "변화의 문"을 여는 것이 가져오는 실제 효과는 당신의 자신감을 엄청나게 증대시켜줄 것이다. 당신은 이를 통해 깊고 의미심장하게 자신의 본성, 자신의 중요한 가치, 자신의 독특한 공헌 능력을 알게 될 것이다. 자신의 가치를 발현해감에 따라 자기 정체성, 성실성, 자제력, 독자성 등은 당신에게 기쁨과 마음의 평화를 불어넣어줄 것이다. 그러면 당신은 남들의 의견이나 남들이 하는 비교에 의해서가 아닌 자신 내부의 잣대로 스스로를 평가할 것이다. 이때는 남들에게 인정을 받든 받지 못하든 전혀 개의치 않게 된다. 남들이 당신에 대해 하는 말에 신경을 덜 쓰게 되면 아이러니컬하게도 당신은 그들과의 관계를 포함해서 그들 자신과 세상에 관한 그들의 의견에 더욱 큰 관심을 가지게 된다. 또 당신은 남들의 약점이나 잘못으로부터 더 이상 감정적인 영향을 받지 않는다. 여기에 추가하여 내면에 본질적으로 변화하지 않는 것이 있기 때문에 보다 쉽고 바람직하게 변화해가는 자신을 발견할 것이다.

그다음 단계에서 추가되는 세 가지 습관(대인관계의 승리)에 대해 앞에서 말한 변화의 문을 열면 악화되고 있거나 이미 파괴된 중요한 인간관계를 치유하고 재건할 수 있는 욕구와 수단을 발견하여 치유와 개선을 위해 노력할 수 있을 것이다. 또한 기존의 좋은 인간관계도 더욱 더 훌륭한 관계로 개선될 것이며 더 깊고 더 친밀하고 더 창의적이며 더욱 발전적으로 변화될 것이다.

일곱 번째 습관은 당신이 충분히 내면화하기만 한다면 앞의 여섯 가지 습관을 새롭게 해줄 것이다. 이것은 당신을 진정으로 독립적이고 효과적으로 상호의존적인 사람으로 만들어준다. 또한 이를 통해 자신의 배터리를 재충전할 수도 있다.

당신의 현재 상황이 어떻든, 나는 당신이 당신의 습관 자체가 아님을 확신한다. 당신은 자신을 파괴하는 낡은 행동을 새로운 방식, 즉 효과적이고 행복과 신뢰를 바탕으로 한 인간관계를 가능케 하는 새로운 습관으로 바꿀 수 있다. 나는 당신이 이 습관들을 공부함으로써 성장과 변화의 문을 열도록 진심으로 격려해주고 싶다. 우선 자신에 대해 인내심을 가져야 한다. 자기 성장과정은 부서지기 쉬운 혼자만의 신성한 영역이다. 그러나 이 세상에 이보다 더 큰 투자 가치가 있는 것은 없다.

이렇게 되는 것은 어려운 일이며 지름길은 없다. 그러나 나는 당신이 이를 위해 노력하면 큰 혜택을 얻게 되고 고무적이며 즉각적인 이익도 얻게 될 것임을 확신한다.

토머스 페인*은 이렇게 말했다. "우리는 쉽게 얻는 것에 대해서 너무 가볍게 생각한다. 만물에 그 가치를 부여하는 것은 각자가 생각하는 귀중함뿐이다. 하느님만이 만물에 적절한 가치를 부여하는 방법을 아신다."

* Thomas Paine(1737~1809). 영국 태생으로 1774년 미국으로 이민한, 미국 개국 초기의 정치사상가, 독립운동가.— 옮긴이.

패러다임과 원칙에 대한 새로운 통찰

– 숀 코비

나의 아들 네이선은 어려서 사회 불안 장애로 고생을 했다. 그러다 보니 초등학교 저학년 때 학교도 많이 빠졌다. 네이선이 1학년이었던 어느 날 아침에 그 아이를 차에서 끌어내려고 애썼던 기억이 난다. 교장에게 보내기 위해 시트를 꽉 움켜잡고 버티는 아이의 손가락을 하나하나 풀어야 했다. 나를 만나려고 학교 주차장까지 나온 교장은 네이선을 어깨에 들쳐 메고 학교로 데려갔고, 그동안 네이선은 그의 등을 마구 쳐댔다. 나는 차에 타 울고 말았다.

2학년 때, 나는 네이선에게 농구를 하라고 설득했다. 첫 연습 시간에 도착한 네이선은 다른 선수들과 코치를 보고는 그만 겁에 질려 바닥에 드러누워 죽은 척을 했다. 나와 함께 읽었던, 곰의 공격에서 살아남는 법에 관한 책에서 영감을 얻은 것이었다. 나는 잔디밭에서 네이선을 일으키려 했지만 아이는 꼼짝도 하지 않았다. 코치가 설득했지만, 숨소리도 내지 않았다. 그렇게 연습 시간 내내 죽은 척을 했다.

한 번은 미식축구 경기를 보러 갔는데, 네이선이 큰 소리를 내며 앞좌석을 계속 발로 찼다. 사람들이 쳐다보는 것이 느껴졌다. 나는 필사적으로 네이선의 팔을 붙잡고 언성을 높였다. "그만 좀 해!"

그 순간, 나는 자신의 행동이 부끄러웠다. 나의 분노와 목소리 톤, 그리고 내가 이 죄 없는 어린아이를 가혹하게 판단하고 있다는 사실에 당황했다. 나의 양심이 이렇게 말하는 것 같았다. "네가 어떻게 감히 네이선을 그런 식으로 판단하는 거야? 이 아이가 어떤 아이인지나 알아? 이 아이는 무한한 잠재력을 가진 놀라운 아이야. 너에게는 이 아이를 못마땅하게 대하거나 생각할 권리가 없어. 그저 기다리면서 이 아이가 어떤 사람이 될지 지켜봐." 이런 깨달음은 너무나 갑작스럽고 너무나 심오해서 이후 며칠 동안 나는 충격에서 헤어나지 못했다.

나중에 나는 이 경험을, 내가 어떻게 네이선을 바라보는 패러다임을 완전히 전환하게 되었는지를 아내에게 말해주었다. 특별한 아이가 불안 속에 내던져져 있었다. 우리는 그저 인내하고, 믿고, 네이선이 자신의 속도대로 성장하도록 해줘야 했다.

네이선은 천천히 변하기 시작했다. 4학년 때 학교 행사에서 습관 5 '먼저 이해하고 다음에 이해시켜라'에 대해 발표해달라는 요청을 받았는데, 그게 큰 돌파구가 되었다. 네이선은 집에 돌아와 말했다. "학교에 전화해서 저 발표 안 한다고 말해주세요. 그 사람들은 아빠가 '7가지 습관' 저자라서 저한테 부탁했을 뿐이에요." 발표하러 나가서 죽은 척을 할지도 모르기 때문에, 나는 잠깐 학교에 전화해야 하나 생각했다. 하지만 이내 마음을 바꾸었다. '아니야. 네이선은 할 수 있어.'

몇 주 후, 네이선은 200명 앞에 서서 자신이 쓴 글을 훌륭하게 발표했다. 발표 도중 거의 기절할 뻔했지만, 용기 내어 해냈다. 그날 그의 자신감은 엄청나게 커졌고, 다른 발표 기회를 찾아보기 시작했다. 믿거나 말거나 고등학교에 갈 무렵에는 남들이 보기에도 가장 외향적이고, 말 많고, 자신감 넘치는 아이가 되어 있었다. 네이선의 약점은 강점이 되었다. 그리고 어린 시절 아주 많은 도전을 겪었기 때문에, 이제 네이선은 사랑과 연민을 가지고 다른 고생하는 사람들을 도우려 노력하고 있다. 아내와 내가 네이선의 잠재력을 '본' 후, 우리는 그를 다르게 대했고, 모든 게 달라졌다. 그게 바로 패러다임 전환의 힘이다.

패러다임-행동-결과

나의 아버지는 이렇게 말씀하시곤 했다. "넌 이해하지 못 했어. 아무도 이해하지 못 하고 있어. 패러다임이 전부란다. 우린 패러다임에 대해 충분히 이야기하지 않고 있어. 사소한 것을 바꾸고 싶다면, 행동을 바꿔라. 하지만 혁신적인 변화를 원한다면, 패러다임을 바꿔라."

프랭클린코비사에서 수천 개의 조직에 있는 수백만의 사람들을 훈련시키고 나서야 이 말씀이 얼마나 정확한지 알게 되었다. 우리는 우리의 패러다임(see)이 행동(do)을 결정하고, 행동이 결과(get)를 결정한다는 것을 설명하는 데 다음과 같은 다이어그램을 자주 이용한다. 우리는 사람들, 팀, 조직이 행동에만 집중할 때, 절대 원하는 결과를 얻지 못한다는 것을 발견했다. 훌륭한 결과를 얻기 위해서는 반드시 패러다임에 먼저 집중해야 한다. 다르게 보지 않으면 새로운 행동은 오래가지 않는다.

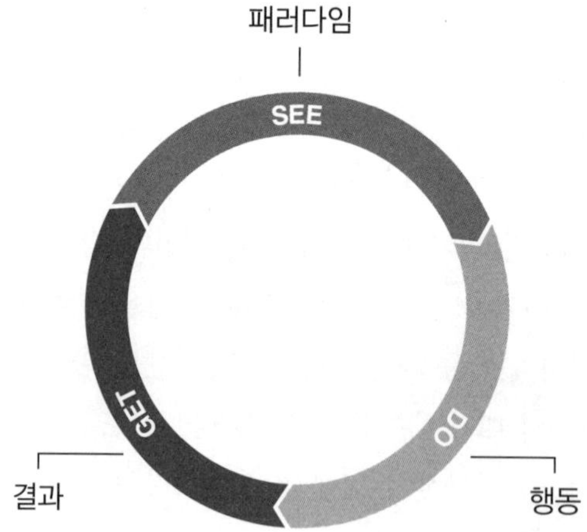

아버지는 패러다임만큼이나 원칙에 대해서도 확고한 생각을 가지고 계셨고, 우리가 원칙에 따라 살면 늘 오래도록 번영할 것이라 약속하셨다. 7가지 습관은 각각 몇 가지 주요 원칙과 패러다임에 기반한다. 이 원칙과 패러다임들은 각 습관의 뒷부분에서 강조하겠다. 하지만 내가 더 이야기하기 전에 직접 경험하길 바란다.

아래에 1부터 54까지 숫자가 쓰인 도표가 있다. 당신의 과제는 도표에 있는 각 숫자를 1부터 시작해서 2, 3의 순서로 54까지 모두 찾는 것이다. 60초 동안 얼마나 많은 숫자를 찾을 수 있는지 보라. 빠진 숫자나 편법은 없어야 한다. 제자리에 서시고, 준비, 출발.

어디까지 찾았는가? 대부분 사람은 20번대까지 찾는다(아이들과 이 게임을 하면, 종종 54까지 모두 찾는 아이들이 있다. 이는 우리 어른들이 무심코 아이들의 천재성을 '떨어뜨린다'는 것을 보여준다).

이제 다시 해보길 바란다. 하지만 이번에는 숫자들을 찾는 데 도움이 될 체계화된 방법을 알려주겠다. 101페이지로 가면 거기에 모든 게 설명되어 있을 것이다.

잘 돌아왔다. 이번에는 어디까지 찾았는가? 사실상 모두가 54까지 찾았을 것이다. 무엇이 달랐을까? 위치를 찾도록 도와준 방법, 어떤 종류의 체계화 모델이 당신에게 있었다. 이건 단순하고 간단한 게임에 불과하지만, 함축된 의미는 심오하다. 우리의 인생은 종이 위에 쓰인 숫자와 비슷하다. 위치를 찾는 것은 어렵다. 너무나 많은 선택과 도전이 있어서 길을 잃거나 효과가 떨어지기 십상이다.

여기에서 7가지 습관이 등장한다. 7가지 습관은 더 나은 방식으로, 더 빠르게 목표에 도달하고 문제를 해결할 수 있도록 도와주는 체계화 모델 혹은 사고방식을 제공한다. 20까지 찾는 것과 54까지 찾는 것의 차이다. 한번 이 모델을 머릿속에 넣으면, 당신은 절대 이전과 같지 않을 것이다. 그것은 의미과 기여의 삶을 창조하는 패턴을 제공해준다.

다음 페이지의 도표를 공부하라. 이것은 이 책 전반에 사용된 성숙의 연속선과는 다르다. 나는 이 나무 도표를 좋아한다. 개인의 승리에 해당하는 습관들이 땅속에 있어서, 그것들이 개인적이고 쉽게 보이지 않는 것들이라는 점이 잘 표현되기 때문이다. 대인관계의 승리에 해당하는 습관들은 땅 위에 있어서 모두가 볼 수 있다. 습관 7, 자기쇄신의 습관은 태양과 비 가까이에 있다. 끊임없는 자양분에 대한 우리의 욕구를 나타내는 것이다.

7가지 습관에는 순서가 있다. 30년도 더 전에 아버지가 이 책의 초

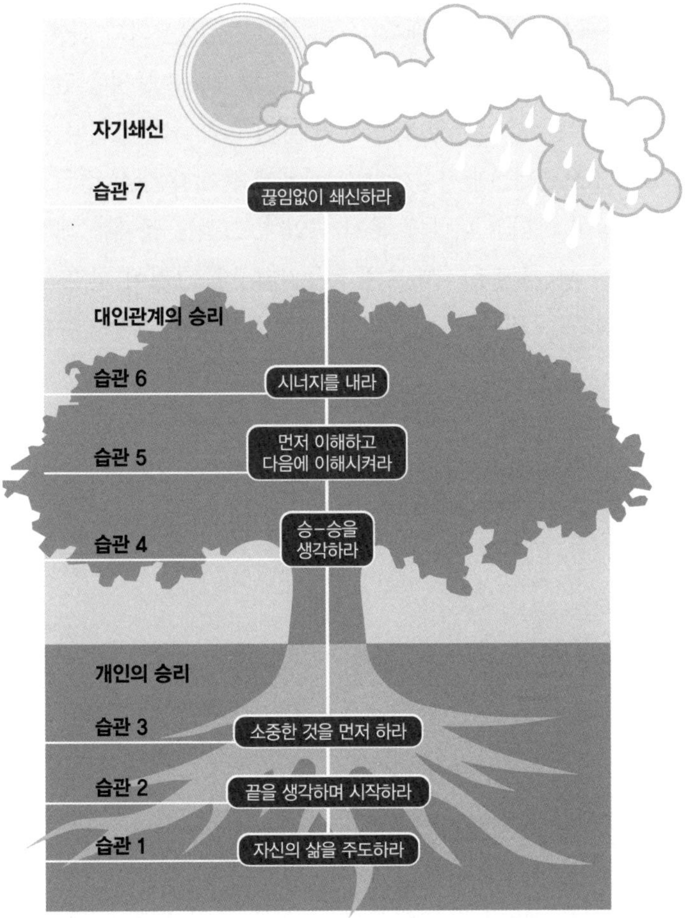

고를 마무리하고 있었을 때, 직원에게 (경악스럽게도) 처음부터 다시 시작해야겠다고 말했다. 아버지는 습관들의 순서의 중요성을 과소평가했으며, 패러다임부터 다시 써야 한다는 것을 깨달았다. 알다시피, 7가지 습관은 '내면으로부터 시작하는' 접근법이다. 대인관계의 승리(습관 4, 5, 6)를 달성하기 전에 개인의 승리(습관 1, 2, 3)를 달성해야 한다. 예를 들어, 당신이 상사와 관계가 좋지 않다면, 상사와의 관계에서 승-승을 생각하려고 하는 대신 먼저 자신을 평가하고 무엇을 잘못하고 있었는지 확인할 필요가 있다. 어쩌면 당신에게 나쁜 동기나 숨은 의도가 있을지 모른다. 내 경험상, 대인관계에 문제가 생긴 경우 십중팔구는 상대방이 아니라 나에게 문제가 있다. 그리고 문제를 해결하기 위한 열쇠는 나 자신부터 바르게 하는 것이다. 그것이 바로 '내면으로부터 시작하는' 것이다. 개인의 승리는 항상 대인관계의 승리에 선행한다.

순서의 중요성을 아는 것 외에도, 습관에 대해 배우는 또 다른 좋은 방법은 '실패하는' 사람들을 이해하는 것이다. 나는 다음과 같이 부른다.

실패하는 사람들의 7가지 습관

습관 1: 삶의 주도권을 넘겨라

당신의 모든 문제에 대해 형편없는 상사, 부모, 유전자, 배우자, 파트너, 헤어진 애인, 경제, 정부 아니면 다른 것을 탓하라. 피해자가 되어라. 당신 삶을 책임지지 마라. 배가 고프면 먹고, 화가 나면 소리를 질러라. 누군가 당신에게 무례하게 굴면, 그대로 돌려줘라. 삶의 주도권을 남에게 넘겨라.

습관 2: 생각하지 말고 일단 시작하라

미리 계획하지 말고, 목표를 세우지 마라. 당신이 하는 행동의 결과에 대해 걱정하지 마라. 되는대로 살아라. 이 순간만 사는 것처럼 즐겨라. 내일은 오지 않을지도 모른다.

습관 3: 소중한 것은 마지막에 하라

미루어라. 울리는 모든 전화, 메시지, 알림을 확인하는 것처럼 급한 일부터 하라. 중요한 것은 나중에 하게 될 것이다. 대인관계를 강화하는 것에 대해 걱정하지 마라. 그 사람들은 언제나 거기 있을 것이다. 그리고 운동은 왜 하는가? 당신은 계속 건강할 것이다. 그저 매일 유튜브나 실컷 보면 된다.

습관 4: 승-패를 생각하라

삶은 잔인한 경쟁이라 생각하라. 모두가 당신을 밀어내려고 할 테니 당신이 선수를 치는 게 낫다. 다른 사람들이 성공하지 못하게 하라. 기억하라, 그들이 이기면 당신은 진다. 하지만 당신이 질 것 같다면, 상대도 같이 끌어내리도록 하라.

습관 5: 먼저 말하고 다음에 듣는 척하라

입을 달고 태어났으니, 그 입을 사용하라. 많이 말하라. 사람들에게 당신의 관점부터 이해시켜라. 그다음 필요하다면 "음, 음" 하고 듣는 척 대꾸하면서 점심으로 뭘 먹을지 고민하라. 혹은 정말 다른 사람의 의견을 듣고 싶다면, 말하라고 윽박질러라.

습관 6: 고립을 선택하라

사실을 직시하자. 다른 사람들은 당신과 다르기 때문에 이상하다. 그런데 뭐 하러 그들과 어울리려 노력하는가? 팀워크는 과대평가되었다. 협동은 모든 일의 속도를 늦추니 그만하자. 당신이 항상 최고의 아이디어를 가지고 있으므로, 당신 혼자 일하는 편이 낫다. 당신만의 특별한 섬에 스스로 고립되어라.

습관 7: 기력을 소진시켜라

연료를 채울 시간도 없이 바쁘게 운전하라. 재충전하고 쇄신할 시간 없이 바쁘게 살아라. 새로운 것을 배우지 마라. 운동은 전염병이라도 되는 듯 피하고, 제발 좋은 책, 자연, 미술, 음악 혹은 당신에게 영감을 줄 모든 것으로부터 멀어져라. 자신을 불살라라, 다 태워 없애라.

분명 이것들은 우리가 추구하지 않는 습관들이다. 하지만 이 습관들은 가장 편한 길에 해당하기 때문에 (나를 포함해) 우리는 너무 자주 이 습관들을 실천한다.

요약하면, 나는 7가지 습관이 당신에게 아주 인상적인 틀을 제공하여 당신이 길을 찾고, 집과 직장에서 더 성공적인 사람이 되는 데 도움이 되길 바란다. 개인의 승리가 대인관계의 승리보다 선행한다는 것을 기억해주길 바란다. 당신이 도전하고, 패러다임을 업그레이드하길 바란다.

아버지는 종종 이런 질문을 받으셨다. “어느 것이 가장 중요한 습관인가요?” 나와 내 형제들이 기억하기로, 아버지는 어떨 땐 이 습관이 가장 중요하다고 하셨고, 다른 때는 저 습관이 가장 중요하다고 말씀하셨다. 목에 힘을 주시며, “인생에 비전이 없으면 아무것도 없는 것이기 때문에 습관 2가 가장 중요하다”고 하시기도 했고, “습관 6이 궁극의 습관이다, 왜냐하면 다른 습관을 모두 실천하면 결국 시너지에 도달하기 때문이다”라고 하시기도 했으며, “주도적으로 되기 전에는 그 어떤 습관도 실천할 수 없기 때문에 단연코 가장 중요한 습관은 습관 1이다”라고 하시기도 했다. 우리는 항상 이걸 재미있다고 생각했다.

나의 관점에서, 가장 중요한 습관은 따르기에 가장 어려운 습관이라고 말하고 싶다.

행운을 빈다!

다음은 앞에서 풀어본 것과 같은 도표다. 하지만 이번에는 상자를 9등분하였다. 숫자를 찾으려면 아래의 패턴을 따르면 된다. 즉, 첫 번째 숫자는 상자 1에 있고, 그다음 숫자는 상자 2에 있고, 그다음 숫자는 상자 3에 있고, 그다음 숫자는 4에 있는 식이다. 상자 9까지 간 다음 다시 상자 1부터 같은 패턴이 반복된다.

다시 60초를 재고 이번에는 어디까지 찾았는지 보라. 모두 마치면, 96페이지로 가라. 준비됐는가? 제자리에 서시고, 준비, 출발.

1	2	3
4	5	6
7	8	9

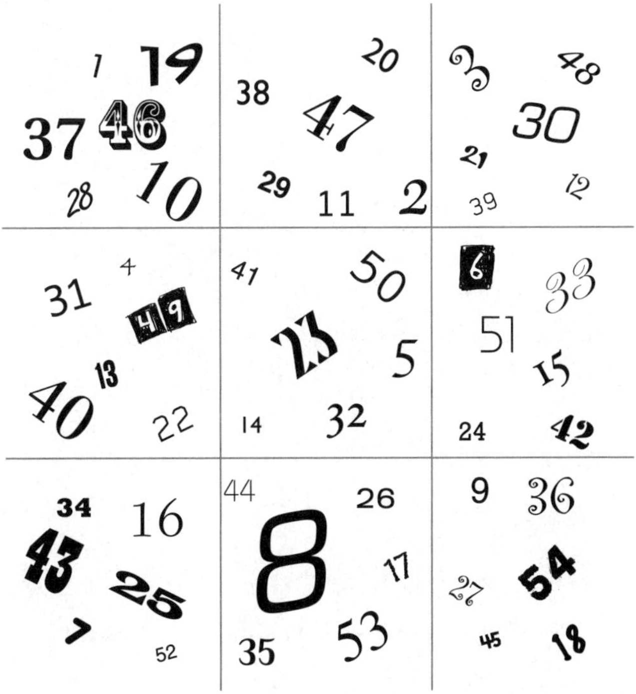

2
개인의 승리

상호의존성
먼저 이해하고 다음에 이해시켜라 5
대인관계의 승리
시너지를 내라 6
4 승-승을 생각하라
7 끊임없이 쇄신하라
독립성
3 소중한 것을 먼저 하라
1 자신의 삶을 주도하라
개인의 승리
2 끝을 생각하며 시작하라
의존성

THE 7 HABITS OF
HIGHLY EFFECTIVE PEOPLE

습관 1

자신의 삶을 주도하라

| 개인 비전의 원칙 |

주도적인 노력으로 스스로의 인생을 향상시키는
인간의 불가사의한 능력보다 더욱 고무적인 것은 없다.
– 헨리 데이비드 소로 –

당신이 이 책을 읽을 때 우선 자기 자신에게서 떠나 보라. 당신의 의식을 방 한쪽 천장 구석에 올려놓고, 마음의 눈을 통해서 이 책을 읽고 있는 자신의 모습을 내려다보며 투사*해보도록 노력하라. 이제 당신은 마치 다른 사람을 보듯이 자신을 바라볼 수 있는가?

자, 이제 다른 것을 한번 해보자. 당신이 현재 느끼고 있는 기분에 대해 생각해보라. 그것을 파악할 수 있겠는가? 지금 무엇을 느끼고 있는가? 당신은 현재의 정신 상태를 어떻게 표현하겠는가?

이제 당신의 마음이 어떻게 작동하는가를 잠시 생각해보자. 마음은 민첩하게 작동하는가? 당신은 마음 작동에 관한 연습과 이 연습의 목

* 자기의 감정이나 관념을 무의식적으로 다른 사람에게 강력하게 전하는 것을 뜻하는 정신분석 용어.— 옮긴이.

적이 무엇인지를 재빨리 생각해보는 것 중 어느 쪽을 할까 하고 망설이는 자신을 파악할 수 있는가?

당신이 방금 체험했던 이러한 능력이야말로 인간만이 가진 독특한 것이다. 동물에게는 이런 능력이 없다. 우리는 이것을 '자아의식' 또는 '자신의 사고과정 그 자체를 생각할 수 있는 능력'이라 부른다. 이 능력이야말로 인간이 온 세상의 만물을 지배하고 대대로 계속해서 눈부신 발전을 할 수 있었던 이유를 설명해준다.

우리가 자신의 경험뿐만 아니라 다른 사람의 경험을 평가하고 학습할 수 있는 것도 바로 자아의식 때문이다. 이는 또한 우리가 습관을 만들 수 있고 깨뜨릴 수 있는 이유이기도 하다.

우리 자신은 우리가 마음으로 느끼는 감정 자체는 아니다. 또 우리는 기분 그 자체도 아니다. 우리가 갖는 생각 자체도 아니다.

그런데 우리가 이러한 것에 대해 생각할 수 있다는 사실 자체가 우리를 동물과 구별되게 한다. 자아의식은 우리가 자신으로부터 한 걸음 물러나서 자신을 '보는' 방식을 검토할 수 있도록 해준다. 자신을 보는 방식은 우리가 자신에 대해 가진 패러다임이고 이것이야말로 성공적인 삶을 위한 가장 근본적인 패러다임이다. 패러다임은 우리의 태도나 행동뿐만 아니라 우리가 다른 사람을 보는 방식에까지도 영향을 미친다. 그것은 인간의 본성에 대해 우리가 갖는 지도에 해당한다.

사실 우리가 스스로를 어떻게 보는가, 혹은 다른 사람을 어떻게 보는가를 검토해보기 전까지는 다른 사람이 자신의 세계를 어떻게 보고 느끼는가를 이해한다는 것은 불가능하다. 우리는 부지불식간에 자신의 의도를 그들의 행동에 투사하고는 스스로를 객관적이라고 말한다.

그런데 이것이 우리의 잠재능력을 위축시키고 다른 사람들과 좋은 관계를 맺을 수 있는 능력을 엄청나게 제한한다. 다행히 우리는 자아의식이라는 인간만이 갖는 독특한 능력이 있기 때문에, 우리의 패러다임을 검증할 수 있고, 이것이 현실에 기초를 둔 것인지 원칙에 바탕을 둔 것인지 아니면 주위의 여건에 영향받고 조절된 것인지를 알아볼 수 있다.

사회적 거울

만일 자기 자신에 관한 견해가 오로지 사회적 반영, 즉 현 사회의 패러다임과 주변 사람들의 의견, 인식, 그리고 그들의 패러다임에서 오는 것이라면 자신에 대한 관점은 마치 요술거울*에 비친 반사물을 보는 것과 다를 바 없다.

"너는 제 시간에 온 적이 한 번도 없구나."

"왜 너는 물건을 정리정돈해두지 못하니?"

"당신은 예술가임에 틀림없소."

"당신이 이겼다는 것을 믿을 수 없군요."

"이것은 아주 쉬워. 그런데 도대체 너는 왜 이것을 이해하지 못하지?"

이러한 견해들은 비뚤어지고 균형을 잃은 것들이다. 왜냐하면 이것은 우리의 모습을 있는 그대로 반영하기보다 투사를 하고 있기 때문이다. 즉, 우리가 어떤 사람인지 실제대로 정확히 반영된 것이라기보다는 이러한 견해를 가진 사람들의 우려와 성격적인 결함이 투사된 것이다.

현재의 사회적 패러다임은 우리가 대부분 주위의 환경과 조건에 의해 물들어 있고 조절되어 있음을 보여준다. 우리가 스스로의 삶 속에

* 앞에 서면 자신의 키가 작아지기도 하고 커지기도 하며, 몸이 뚱뚱하게 보이기도 하고 홀쭉해 보이기도 하는 거울.— 옮긴이.

존재하는 조절화의 엄청난 위력을 인정하는 것과, 자신은 이 같은 조절화에 의해 결정되며 이것의 영향력으로부터 벗어날 수 없다고 보는 것 사이에는 상당한 차이가 있다.

인간의 본질을 설명하기 위해 널리 수용되는 이론에는 세 가지 결정론, 즉 세 가지 사회적 패러다임이 존재한다.

(1) 유전적 결정론은 기본적으로 조상이 우리를 결정했다고 말한다. 조상이야말로 현재와 같은 기질을 갖게 한 근원이라는 것이다. 즉, 조상이 급한 기질을 가졌기 때문에 우리의 유전인자(DNA) 속에 그 기질이 들어 있으며 이것이 세대를 거쳐 유전되어 마침내 우리도 그 기질을 물려받았다는 것이다. 혹은 만일 당신이 아일랜드계 사람이라면 급한 기질은 아일랜드계 사람들의 본성이라고 설명하는 식이다.

(2) 심리적 결정론은 기본적으로 부모가 우리를 결정했다고 말한다. 즉 양육된 방식과 어린 시절의 경험이 개인적 성향과 인격구조를 결정한다는 것이다. 만약 집단 앞에 나서기를 두려워한다면 그 이유는 바로 부모가 우리를 키운 방식 때문이라고 보는 것이다. 실수를 저질렀을 때 죄책감을 느낀다면 그 이유는 우리가 상처받기 쉽고 의존적이며 아직 성격이 형성되지 않았던 시기에 이 같은 감정적 '각본'을 훈련받았기 때문이다. 또 우리는 부모의 기대만큼 잘하지 못했을 때 받은 정신적 학대, 거부 반응 그리고 다른 사람과의 비교를 '기억'한다.

(3) 환경적 결정론은 현재 나의 모습이 기본적으로 내가 모시는 상사, 배우자, 동료, 또는 말 안 듣는 십대 자녀 때문이라고 말한다. 그리고 경제적 여건이나 국가정책 때문에 우리가 그렇게 되었다고 주장한다. 이것은 주변의 인물이나 사물이 자신이 처한 상황에 대해 책임이

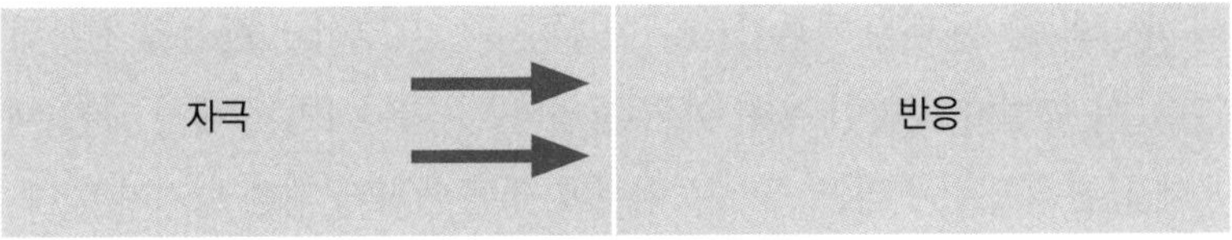

반사적 모델

있다는 것이다.

이러한 각각의 운명론은 흔히 파블로프*가 실시한 개의 실험과 관련지어 생각하는 자극/반응 이론에 기초한다. 이 이론의 기본적인 생각은 우리가 특정한 자극에 대해 특정 방법으로 반응하게끔 조절되어 있다는 것이다.

그러면 이 같은 결정론적 지도는 그 대상 영역을 얼마나 정확하게 잘 설명하고 있는가? 또 이러한 거울들은 인간의 진정한 본질을 얼마만큼 정확하게 반영하고 있는가? 그 거울들이 자성예언이 되지는 않는가? 또한 이 이론들은 우리가 경험을 통하여 입증할 수 있는 여러 가지 원칙에 기초를 두고 있는가?

자극과 반응 사이

앞의 질문들에 대한 대답으로 빅터 프랭클(Victor Frankl)의 이야기를 소개해보자. 프랭클은 프로이트 심리학을 배우며 자라난 운명론자였다. 그는 어릴 때의 사건들이 인간의 내적 성품과 외적 성격을 결정지

* Ivan Petrovich Pavlov(1849~1936). 러시아 태생의 생리학자.— 옮긴이.

어 개인의 삶 전체를 기본적으로 지배한다는 프로이트 학설을 신봉하였다. 이 학설에 의하면 우리 삶의 범위와 기준은 이미 정해져 있기 때문에 근본적으로 우리는 스스로 이것에 대해 어떻게 해볼 도리가 없다.

프랭클은 정신과 의사이자 유대인이었다. 그는 나치 독일의 유대인 수용소에 갇혀 있을 때 우리의 상식으로는 상상조차 할 수 없도록 비참하여 말만 들어도 전율하게 되는 일들을 경험했다.

그의 부모, 형제와 부인은 수용소에서 죽거나 가스실로 보내졌다. 여동생을 제외한 모든 가족이 몰살당한 것이다. 프랭클 자신도 언제 가스실로 보내질지, 아니면 죽은 이들의 시체와 재를 치우는 '구원된 사람' 중에 끼게 될지 한치 앞도 모른 채 고문과 이루 말할 수 없는 모욕으로 고통을 받았다.

어느 날 그가 작은 감방에 홀로 발가벗겨진 채로 있을 때 자신이 후에 '인간이 가진 가장 마지막의 자유'—나치들도 빼앗아갈 수 없는—라고 명명한 상태를 자각하기 시작했다. 나치는 그의 주변 환경 전체를 통제하고 원하는 대로 그의 육체를 다룰 수 있었지만 빅터 프랭클은 자신의 상태를 관찰자의 입장에서 바라볼 수 있는 자아의식을 가진 존재였다. 그는 기본적인 자기 정체성을 손상받지 않을 수 있었다. 수용소의 모든 일들에서 영향받고 안 받고의 여부를 마음대로 결정할 수 있었던 것이다. 그는 자신에게 일어나는 자극과 그것에 대한 반응 사이에서 반응을 선택할 수 있는 자유, 즉 권한을 가졌던 것이다.

고통의 순간 속에서 프랭클은 자신이 죽음의 강제수용소로부터 풀려난 후 제자들을 가르치는 것과 같은 다른 상황을 투사해보곤 하였다. 그는 마음의 눈을 통하여 강의실에 서 있는 자신을 들여다보고 강제수용소에 있는 동안 지독한 고문을 통해 얻은 교훈을 학생들에게 가르치는 모습을 그려보았다.

그는 기억력과 상상력을 이용하여 정신적, 감정적, 도덕적인 각종 자기훈련을 통해 처음에는 겨우 싹튼 정도에 불과했던 작은 자유를 점점 크게 만들어 마침내 그를 수감하고 있던 나치 감시자들보다 더 많은 자유를 얻게 되었다. 나치에게는 그보다 더 많은 육체적 자유와 환경의 선택권이 있었지만 프랭클은 이들보다 더 많은 참된 자유와 선택을 마음대로 행사할 수 있는 보다 큰 내적인 힘까지 가질 수 있었다. 그는 주위에 있는 동료 수감자뿐만 아니라 몇몇 감시병들까지도 감화시켰다. 그리고 수감으로 받는 고통의 의미와 인간으로서의 존엄성을 찾을 수 있도록 도와주었다.

프랭클은 상상할 수도 없는 가장 치욕적인 상황에서 자아의식이라는 인간의 천부능력을 사용하여 인간의 본성에 대한 기본적인 원칙인 "자극과 반응 사이에는 선택할 수 있는 자유가 있다"는 사실을 발견해냈다. 선택할 수 있는 자유에는 인간만이 갖고 있는 다음과 같은 천부능력이 있다.

우리는 자아의식과 더불어 '상상력'을 가지고 있다. 상상력은 처해 있는 현실을 뛰어넘어 마음속에 무언가를 창조해낼 수 있는 능력이다. 우리는 또 '양심'을 가지고 있다. 양심은 옳고 그른 것에 대한 깊은 내면적 자각으로서 행동을 지배하는 원칙이다. 나아가 이것은 사상과 행실이 원칙과 조화를 이루고 있는 정도를 말한다. 우리는 또 '독립의지'를 가지고 있다. 독립의지는 다른 모든 영향력을 무시하고 오직 자아의식에 따라 행동하는 능력이다.

이러한 천부능력은 세상에서 가장 영리한 동물일지라도 전혀 갖고 있지 않다. 컴퓨터에 비유하면 동물들은 본능과 훈련에 의해 프로그램되어 있다고 볼 수 있다. 동물이 책임지도록 훈련시킬 수는 있지만 동물에게 훈련시키는 책임을 지울 수는 없다. 즉, 동물은 지시할 수가 없으며 스스로 프로그램을 바꿀 수도 없다. 사실 동물은 이러한 사실조차 깨닫지 못하고 있다.

그러나 인간은 천부적인 독특한 능력을 가지고 있기 때문에 본능과 훈련으로부터 완전히 별개인 새로운 프로그램을 짤 수 있다. 이것이 바로 동물의 능력은 한계가 있지만 인간의 능력은 무한하다고 말하는 이유이다. 만일 우리가 본능과 조건화, 주위의 상황, 과거의 경험에 의존하며 동물처럼 산다면 우리 역시 한계를 가지게 될 것이다.

결정론적 패러다임은 주로 쥐, 원숭이, 비둘기, 개 등의 동물에 대한 연구와 정신병 환자를 대상으로 한 연구에서 나온 것이다. 그런데 이 연구들은 측정 가능하고 예측 가능한 것처럼 보이기 때문에 몇몇 연구자들이 설정한 어떤 기준을 충족시키는 것처럼 보이지만, 사실은 인류의 역사와 우리의 자아의식 이론에 맞추어보면 전혀 설득력이 없음을 알 수 있다.

인간만이 가진 독특한 천부능력은 인간을 동물보다 우월한 위치로 격상시켰다. 우리가 이러한 능력을 더 활용하고 발전시키면 시킬수록 자신이 가진 독특한 인간적 잠재력을 최대로 발휘할 수 있을 것이다. 자극과 반응 사이에서 선택할 수 있는 자유라는 위대한 권한이 있기 때문이다.

'주도성'에 대한 정의

프랭클은 인간의 본질에 대한 기본원리를 발견하면서 정확한 자기 패러다임(지도)을 기술하였다. 이때부터 그는 어떠한 환경에서도 매우 성공적인 사람이 가지는 가장 중요하고 기본적인 습관인 주도적인 삶의 습관을 개발하기 시작했다.

주도성(proactivity)이란 단어는 요즈음 경영학 문헌에서는 빈번하게 찾아볼 수 있게 되었지만 대부분의 사전에서는 찾지 못할 것이다. 주

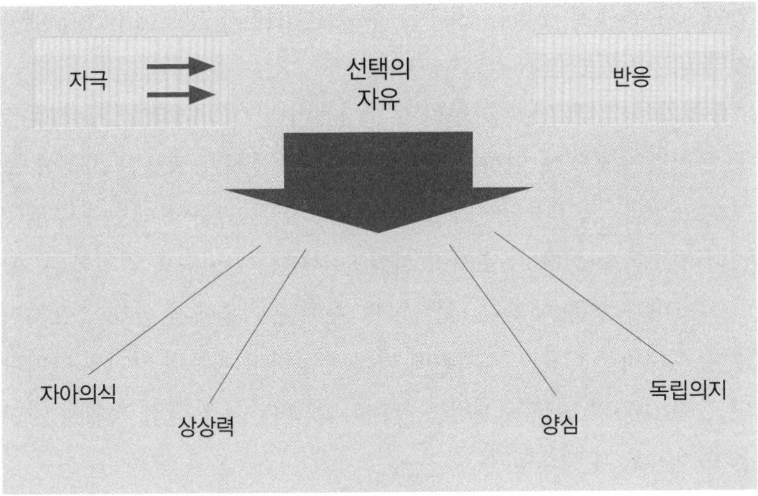

주도적 모델

도성은 단순히 솔선해서 사는 것 이상을 의미한다. 이 말은 스스로의 삶에 대해 책임을 져야 한다는 뜻이다. 우리의 행동은 자신의 의사결정에 의한 것이지 결코 주변 여건에 의해 좌우되는 것이 아니다. 우리의 가치가 감정을 지배할 수 있다. 또 우리는 어떤 일을 수행하는 데 있어 주도적으로 하고 그 책임도 질 수 있다.

책임감(responsibility)이란 말을 살펴보자. 이것은 당신이 어떻게 반응할지를 선택할 수 있는 능력(response-ability)을 말한다. 주도적인 사람은 이 같은 책임을 인정한다. 이들은 자신의 행동에 대해 분위기, 주변 여건, 무슨 영향 때문이라는 등의 핑계를 대지 않는다. 주도적인 사람의 행동은 가치관에 기초를 둔 스스로의 의식적 선택의 결과이지 기분에 좌우되고 주변 여건에 영향을 받은 결과가 아니다.

우리는 본질적으로 주도적이다. 그런데 삶이 주위의 여건이나 상황에 따라 좌우된다면 그 이유는 우리가 선택한 의식적인 결정이나 태만이 그것들에게 우리를 지배할 수 있는 권한을 양도해주었기 때문이다.

우리가 이 같은 선택을 한다면 반사적이 된다. 반사적인 사람은 종종 물리적인 환경에 영향을 받는다. 그들은 날씨가 좋으면 기분이 좋다고 느낀다. 그러나 날씨가 좋지 않으면 이는 그들의 태도나 수행능력에 영향을 미친다. 주도적인 사람들은 자신이 날씨를 결정할 수 있다. 즉, 비가 오든 햇빛이 나든 날씨 자체는 이들에게 별로 중요하지 않다. 왜냐하면 이들은 가치관에 따라 행동하기 때문에 자기의 가치관이 양질(良質)의 일을 수행하는 것이라면 날씨가 그 작업 자체에 영향을 미치지 않기 때문이다.

또한 반사적인 사람은 '사회적 날씨'에 해당되는 사회적 여건에 영향을 받는다. 즉 주위 사람들이 자기에게 잘 대해줄 때 그들은 기분이 좋아진다. 그러나 만일 주위 사람들이 그렇지 않을 때는 방어적이고 자기 보호적이 된다. 반사적인 사람은 타인의 행동에 의존적이고 감정적인 삶을 살며 타인의 약점이 본인을 통제하도록 내버려둔다.

가치보다 충동을 하위에 두는 지혜는 주도적인 사람의 본질이다. 반사적인 사람은 기분, 분위기, 조건, 주변 여건에 따라 행동한다. 이에 반해 주도적인 사람은 심사숙고하여 선택하고 내면화된 가치 기준에 따라 행동한다. 주도적인 사람 역시 외부자극, 즉 물리적, 사회적, 심리적 자극에 영향을 받는다. 그러나 이들의 반응은 의식적이든 무의식적이든 가치관에 입각한 선택이나 반응이다.

엘리너 루스벨트(Eleanor Roosevelt)가 말했듯이 "아무도 당신의 동의 없이 당신에게 고통을 가하지 못한다." 간디의 말처럼 "우리가 주지 않는다면 그들은 결코 우리의 자존(自尊)을 빼앗을 수 없다." 다시 말하면 일어난 사건 자체보다 훨씬 더 우리를 고통스럽게 하는 것은 우리가 그 사건이 일어날 수 있도록 허용하고 방치했다는 사실이다.

여기서 말하는 이러한 내용을 납득하기 매우 어려울 것이라는 점을 인정한다. 특히 지난 여러 해 동안 받은 고통과 비참함의 원인을 환경이나 다른 사람의 행동 때문이라고 돌려왔다면 더욱 어려울 것이다. 하지만 우리가 "오늘의 나는 어제 내가 한 선택의 결과이다"라고 진지하고 정직하게 말하기 전까지는 "나는 다른 것을 선택하겠다"라고 말할 수 없다.

언젠가 내가 새크라멘토에서 주도성을 주제로 강연할 때 청중 속에서 한 여자가 일어나 흥분해서 말을 하는 것이었다. 청중의 수는 아주 많았다. 여러 사람들이 그 여자를 돌아보자 그녀는 갑자기 자신의 행동을 깨닫고 당황해서 제자리에 주저앉았다. 그러나 그녀는 자중하기가 어려웠던지 주위 사람들에게 다시 이야기를 하기 시작했다. 그녀는 아주 행복해 보였다. 나는 무슨 일인지 알아보기 위해 휴식시간을 기다렸다. 마침내 휴식시간이 되자 즉시 그녀에게 다가가 그녀의 경험을 이야기해줄 수 있는지 물었다.

그녀는 "선생님은 저에게 무슨 일이 일어났는지 상상조차 할 수 없을 겁니다. 저는 감사할 줄 모르는 한 남자를 돌보는 간호사입니다. 제가 해주는 어떤 일도 그에게는 만족스럽지 못하고, 또 그는 결코 감사를 표시한 적이 없습니다. 심지어는 저를 거들떠보지도 않습니다. 그는 제게 끊임없이 잔소리를 하며 저의 잘못만을 들추어내려고 합니다. 그는 제 인생을 비참하게 만들었고 저는 이 고통을 때때로 가족들에게 화풀이하곤 했습니다. 다른 간호사들도 마찬가지예요. 모두 그가 죽기를 기도할 정도입니다.

그런데 당신은 강단에서 '어떠한 것도 자신에게 상처를 주지 못하고, 또 스스로의 동의 없이는 그 누구도 고통을 줄 수 없다. 때문에 고통스러운 삶은 바로 내가 선택한 것이다'라고 말씀하셨는데 저는 그것을 도저히 납득할 수가 없었습니다. 그러나 계속해서 이것에 대해 생각을 했지요. 그리고 자신에게 진심으로 이렇게 물었습니다. '내가 과연 나 자신의 반응을 선택할 권한이 있을까?' 하고 말이에요.

마침내 제가 그 선택권을 갖고 있다는 생각이 들자, 그 싫은 일과 비참함조차도 내가 스스로 선택한 것임을 인식함과 동시에 고통을 선택하지 않을 수도 있음을 처음으로 깨닫게 되었습니다. 그 순간 벌떡 일어났던 것입니다. 저는 갑자기 감옥에서 석방된 기분이었습니다. 저는 세상을 향해 이렇게 큰 소리로 외치고 싶었습니다. '나는 자유다! 나는 풀려났다! 나는 더 이상 다른 사람이 나를 어떻게 대접하느냐에 영향 받지 않을 것이다'라고요."

우리가 고통스러운 것은 일어난 사건 그 자체 때문이 아니라 그것에 대한 반응 방식 때문이다. 물론 우리에게 무언가가 육체적으로나 경제적으로 해를 입힘으로써 슬픔을 줄 수도 있다. 그러나 그렇다고 해서 성품, 즉 기본적인 자기 정체성이 반드시 상처를 받아야 할 필요는 없다. 사실 우리가 겪은 힘든 경험들은 자신의 성품을 형성하고 내면적 힘을 개발해주는 시련이다. 이는 또 장차 닥칠 어려운 여건을 다스리는 능력과 다른 사람들에 대한 인내력도 키워준다.

프랭클은 어려운 환경에서도 개인의 자유를 개발하여 다른 이들을 격려하고 용기를 주었던 많은 사람들 중의 한 사람이다. 또 베트남 전쟁에서 포로들이 저술한 자서전은 그러한 개인적 자유로의 변환능력과, 그것이 감옥문화와 포로에게 미친 영향력을 여실히 보여주는 또 하나의 설득력 있는 증거이다.

우리의 주변에는 매우 어려운 여건 속에서 살아가는 사람들이 많다. 이들은 불치의 병을 앓거나 심한 신체적 장애에도 불구하고 놀라울 정도로 강인한 마음을 가지고 있다. 이들의 고결함이란 얼마나 감동적인가! 고통을 초월하고 어려운 여건을 극복하여 삶을 의미 있게 하며 또 자신을 향상시키는 가치관을 지니고 실천하는 사람들보다 깊고 지속적인 감명을 주는 것은 없다.

나와 아내 샌드라가 함께 체험한 가장 감동적인 경험 가운데 하나는 지난 4년 동안 암 선고를 받고 고통스러워하던 친구 캐럴과의 교우였다. 그녀는 우리 결혼식에 들러리를 섰으며 25년이 넘게 샌드라의 가장 절친한 친구로 지내왔었다. 캐럴이 암의 말기에 들어섰을 때 아내는 그녀의 병석에서 자서전을 쓰는 것을 도우며 시간을 보냈다.

아내는 그 어렵고 지루한 일을 하면서도 친구가 그녀의 자녀들이 성장하면서 계속 읽을 수 있도록 충고의 글을 쓰려고 하는 강한 소망과 투병의 용기를 보고 너무나 감격하여 집에 돌아오곤 했다.

캐럴은 자신의 정신적, 감정적 능력을 글쓰기에 최대한 발휘하기 위해 되도록 진통제를 자제하였다. 그녀는 이러한 상태에서 녹음기를 직접 입에 대고 속삭이거나 아내에게 받아쓰게 했다. 캐럴은 주도적이었고 용감했으며 다른 사람에 대해 세심한 배려를 했기 때문에 주위의 많은 사람들에게 큰 감동을 주었다.

나는 캐럴이 죽기 바로 전날 그녀의 눈을 깊이 들여다보았다. 그때의 느낌을 결코 잊을 수 없다. 살을 깊이 도려내는 듯한 고통을 당하고 있는 그녀의 눈빛 속에서 나는 그녀의 고귀한 본성과 가치를 느낄 수 있었다. 나는 그녀의 눈 속에서 사랑, 관심, 감사와 더불어 성실함과 공헌, 그리고 봉사의 삶을 보았다.

나는 사람들에게 지난 수년 동안 임종하는 사람이 관대한 태도로 사랑과 자비를 나누는 것을 몇 번이나 경험했는지를 물어보았다. 일반적으로 청중의 4분의 1 정도는 그런 경험을 하였다고 대답했다. 그리고 나는 그들 중 과연 몇 명이나 이 같은 사람들을 결코 잊지 않는지를 물어보았다. 즉, 얼마나 많은 사람들이 이러한 용기에 고무되어 적어도 일시적이나마 변화하고 깊이 감동하여 봉사와 자비의 고귀한 행위를 하려는 동기를 갖게 되었는지 물어본 셈이다. 그러면 그러한 경험을 한 사람들은 예외 없이 그런 동기를 갖는다고 대답하였다.

빅터 프랭클은 인생에 세 가지의 중심적 가치가 있다고 주장한다. 즉, 우리에게 발생한 일을 통한 경험적 가치, 어떤 것을 만들어내는 창조적 가치, 불치의 병과 같은 어려운 여건에서도 우리가 하는 반응인 태도적 가치 등이 있다.

지금까지 많은 사람들을 대상으로 해온 경험에 의하면 세 가지 중심적 가치 중 최고의 가치는 패러다임 혹은 재구성적 측면에서 가장 중요한 태도적 가치이다. 다시 말해 가장 중요한 것은 우리가 생활을 하면서 경험하는 것에 대해 어떻게 반응하는가 하는 점이다.

우리가 직면하는 역경들은 종종 패러다임을 전환하도록 만들어준다. 즉, 이러한 역경은 세상과 자신 그리고 다른 사람들을 보는 전반적인 가치 기준을 새롭게 바꾸도록 한다. 이 같은 시각의 개선과 확대는 우리 모두를 향상시켜주고 고무시켜주는 태도적 가치에 영향을 미치는 것이다.

적극적이 되어라

우리가 가진 기본적인 본성은 스스로 주체가 되어 행동하는 것이지 남의 행동에 의해 이끌려가는 것이 아니다. 이 본성은 주어진 상황에 대한 반응을 선택하도록 해줄 뿐만 아니라 스스로 상황을 만들어나갈 수 있게 해준다.

적극적이 된다는 것은 무모하게 밀어붙이고 다른 사람을 불쾌하게 하며 공격적으로 된다는 의미는 아니다. 이것은 우리가 어떤 일을 완수할 책임을 인식하는 것을 뜻한다.

나는 지난 수년 동안 더 나은 직업을 원하는 사람들에게 적극적이 되어라 하고 상담해왔다. 이는 흥미검사 및 적성검사를 해보고 관심 있는 산업 분야를 연구하며 경우에 따라서는 조직이 직면하는 문제까지도 조사하는 것이다. 그다음에 면접에서 자신이 그 조직에 들어가면 조직의 문제를 해결할 방안이 있음을 설명해주는 적극성을 말한다. 이러한 전략은 '해결책의 판매'라고 불리는 것으로 기업에서 성공하는 데 중요한 패러다임이다.

이 같은 상담에 대한 반응은 대개 긍정적이다. 대부분의 사람들은 이러한 접근법이 취업과 승진에 강력한 영향을 미친다는 사실을 알고 있다. 그러나 그들 중 많은 사람들은 필수적인 단계인 행동하는 것, 즉 적극적인 실행을 하지 못한다.

"나는 어디에서 흥미검사와 적성검사를 해야 하는지 모릅니다."

"내가 어떻게 기업과 조직체의 문제들을 연구할 수 있을까요? 아무도 나를 도와주려고 하지 않는데요."

"나는 효과적으로 설명하는 방법을 모릅니다."

사실 많은 사람들이 좋은 일이 저절로 일어나주거나 누군가가 자신을 돌보아주기를 기다린다. 하지만 결국 좋은 직장을 갖는 사람은 문제를 해결하는 주도적인 사람이지 그들 스스로가 문젯거리인 사람은 아니다. 이렇게 주도적인 사람은 자신의 직무를 수행하기 위해 올바른 원칙을 따르며 필요한 일은 모두 적극적으로 수행해가는 유형이다.

우리 집에서는 무책임하게 가족 중 누군가 어떤 일을 시작해주기를 바라거나 해결책을 내놓기만 기다리는 경우에는 설령 그가 어린아이일지라도 "네가 가진 수완과 주도성을 사용해라"라고 말해준다. 그러면 아이들은 종종 우리가 미처 말하기도 전에 "아, 알아요! 수완과 주도성의 활용이요" 하면서 일을 시작한다.

사람들에게 책임감을 인식시켜주는 것은 인격을 무시하는 것이 아니라 존중해주는 것이다. 주도성은 인간 본성의 일부분이다. 비록 경우에 따라 이 주도성의 능력이 눈에 띄지 않고 내면에 잠재되어 있을 수 있지만 이것이 존재한다는 사실은 분명하다. 우리가 다른 사람의 주도적 성향을 높이 평가해주면 이들에게 사회적 거울로부터 나오는 왜곡되지 않은 하나의 확실한 이미지를 제공하는 셈이다.

이때는 물론 개인의 성숙도도 반드시 고려해야 한다. 예컨대 감정적 의존심이 강한 사람에게서 대단히 독창적인 협조를 기대할 수는 없다. 하지만 적어도 이들이 가진 기본적인 본성을 지지해주고 기회를 포착할 수 있는 분위기를 만들어줌으로써 이들이 점차 자신 있게 문제를 해결하도록 도와줄 수 있다.

능동적 행동과 피동적 행동

어떤 일을 솔선해서 적극적으로 하는 사람과 그렇지 못한 사람 간의 차이는 문자 그대로 하늘과 땅만큼이나 크다. 그 차이의 정도는 효과성에서 25%나 50%만 나는 것이 아니라 5,000% 이상 난다. 특히 영리하고 사려 깊고 다른 사람에게 섬세한 사람이 적극적으로 일하는 경우 그 차이는 이 정도로 크다.

성공적인 삶을 위하여 생산/생산능력의 균형을 유지하려면 반드시 자기 자신이 주체가 되어야 한다. 7가지 습관을 개발하는 데도 우리가 주체가 되어야 한다. 앞으로 다룰 여섯 가지 습관 각각이 우리의 주도적인 능력 개발에 그 기반을 두고 있음을 깨닫게 될 것이다. 이러한 습관은 우리가 주체가 되어 행동해야만 얻을 수 있다. 만일 남에게 끌려가기를 기다린다면 피동적이 될 것이다. 그렇게 되면 자기 성장의 기회는 점점 더 멀어지게 된다.

언젠가 주택개량 산업계의 20개 유관단체 및 기업체의 대표자들을 대상으로 컨설팅을 한 적이 있다. 이들은 매 분기마다 한 번씩 만나서 각자의 사업 실적과 각 단체가 직면하고 있는 문제를 허심탄회하게 얘기하곤 하였다.

내가 이들을 대상으로 컨설팅한 시점은 심각한 불황 때문에 이 산업 분야가 직면하고 있는 어려움이 특히 막중하던 때였다. 처음 회의를 시작할 때부터 사람들은 의기소침해 있었다.

첫날 토의 주제는 "우리 업계의 현황은 어떤가? 대책은 무엇인가?"라는 것이었다. 많은 문제점들이 지적되었다. 특히 환경 규제 문제가 크게 대두되었다. 실직이 확대되고 있었고 회의에 참가한 대표자들은 기업의 생존을 위해 오랫동안 동고동락해온 직원들까지 해고해야 할 형편에 처해 있었다. 첫날 회의를 마치고 나자 참가자들은 더더욱 위축되었다.

둘째 날, 이들이 다룬 주제는 "미래의 전망은 어떤가?"였다. 참가자들은 환경 규제의 변화 추세를 분석하고 이것이 그들의 장래에 큰 영향을 끼칠 것이라는 가정하에 대응전략을 수립했다. 둘째 날 과정이 끝나고 나서 참가자들은 침울해했다. 왜냐하면 상태가 호전되기 전에 더욱더 악화될 것을 모두가 알고 있었기 때문이었다.

마침내 셋째 날 우리는 주도적 스타일의 주제를 택하기로 결정했다. "우리는 어떻게 대처할 것인가? 우리의 구체적인 대책은 무엇인가? 어떻게 하면 이 상황을 주체적으로 극복할 수 있을까?" 이날 오전에는 관리개선 및 원가절감에 대해 토의했고 오후에는 시장점유율을 어떻게 하면 높일 수 있을까에 대해 토의하였다.

우리는 이 두 분야를 대상으로 브레인스토밍을 실시하고 그중 매우 실용적이고 실행 가능한 몇 가지를 중심으로 토의를 진행하였다. 그러자 흥분과 희망 그리고 주도적인 자각의 새로운 분위기가 도출되었다. 셋째 날이 거의 끝날 때쯤 우리는 "사업의 전망은 어떠한가?"라는 회의의 결론을 짓는 질문에 다음과 같은 세 가지 답을 낼 수 있었다.

1. 우리의 현재 상태는 좋지 않다. 현재의 추세로 보아 상태가 호전되기 전까지는 좀더 악화될 것으로 보인다.
2. 그러나 우리가 세운 대책의 전망은 대단히 좋다. 왜냐하면 보다 나은 관리와 원가절감, 시장점유율의 제고를 추구하기 때문이다.
3. 따라서 사업은 지금보다 더 나아질 것이다.

만일 여기서 반사적으로 사고하는 집단이 모였다면 어떻게 되었을까? 아마 "이봐, 현실을 제대로 보자고. 긍정적인 사고와 각종 심리작전에도 한계가 있어. 우리는 조만간 현실을 직시할 수밖에 없을걸세"라고 반응했을 것이다.

현실의 직시, 바로 그것이 긍정적 사고와 주도적 사고 간의 차이이다. 우리는 현실을 직시한 다음 장래의 전망을 내다보았다. 그리고 이러한 현실과 장래 전망에 관하여 긍정적인 쪽의 결론을 주체적으로 선택할 수 있는 권한을 가졌다는 사실도 파악하였다. 만일 그러한 사실을 파악하지 않았더라면 환경이 우리의 운명을 결정짓는다는 환경결정론을 받아들였을 것이다.

기업, 지역사회 단체, 가족을 포함한 모든 종류의 조직은 주도적이 될 수 있다. 즉, 주도적인 사람들이 가진 창의력과 풍부한 재능을 통해 조직 내에 주도성 위주의 조직문화를 창조할 수 있다. 조직은 환경에 영향받을 필요가 없고 조직 구성원의 가치와 목적을 달성하기 위해 주도적으로 행동할 수 있다.

주도적인 말을 하라

태도와 행동은 우리가 가진 패러다임에서 나온다. 따라서 태도와 행동을 검토하기 위해 자아의식을 사용해보면 그 바탕에 깔린 패러다임을 볼 수 있다. 가령 우리가 쓰는 말을 보면 자신이 얼마나 주도적인 사람인가를 알 수 있는 아주 좋은 측정기준이 된다. 그 예로 반사적인 사람들이 쓰는 말에는 책임감이 없다.

"이게 나야. 내가 할 수 있는 모두야."— 나는 한정되어 있다. 그 문제에 대해 나는 어떻게 할 수 없다.
"그가 나를 이처럼 화나게 한다."— 나는 책임이 없다. 나의 감정과 기분은 내가 통제할 수 없는 무언가에 의해 지배된다.
"나는 그것을 할 수 없다. 또 시간도 없다."— 나 자신이 아닌 다른 것, 즉 제한된 시간이 나를 통제한다.
"만약 내 아내에게 좀더 인내심이 있다면."— 다른 사람이 나의 행동을 제한하고 있다.
"난 그것을 반드시 해야 돼."— 주위의 여건이나 다른 사람이 내가 그 일을 하도록 강요하고 있다. 나는 스스로의 행동을 선택할 수 있는 자유가 없다.

앞에서 소개한 말들은 결정론에 입각한 기본적 패러다임에서 나온 것이다. 이러한 표현에서 나타나는 일반적인 공통점은 책임전가이다. 나는 책임이 없다, 나는 반응을 선택할 수 없다는 것이다.
한번은 한 학생이 나에게 다음과 같이 물었다. "죄송하지만 강의를 좀 빠져도 되겠습니까? 제가 원정 테니스 시합에 출전해야 하거든요." 그때 나는 "꼭 가야만 하는 것인가, 아니면 자네가 가기로 선택한 것인가?"라고 물었다. "저는 꼭 가야만 합니다"라고 그가 대답하였다.

"만일 자네가 안 가면 어떻게 되는가?"

"그러면 아마 팀에서 쫓겨나게 될 것입니다."

"그런 결과를 원하는가?"

"원치 않습니다."

"다르게 말해서 자네는 팀에 계속 남기 위해 시합에 가는 걸 택한 것인데 만일 내 수업에 빠지면 그것은 어떻게 되나?"

"모르겠는데요."

"잘 생각해봐. 수업에 출석하지 않으면 어떤 결과가 나타날까?"

"저를 이 강의에 못 들어오게 하지는 않으시겠지요, 그렇죠?"

"그것은 사회적 결과일세. 또 그것은 인위적인 일이야. 자네가 테니스 팀에 참가하지 않는다면 시합을 할 수 없겠지. 그것은 자연적인 결과라네. 수업에 참가하지 않는 것에 대해서는 무엇이 자연적인 결과이겠나?"

"배울 기회를 잃게 됩니다."

"맞았네. 그러니 자네는 두 가지 결과의 중요성을 비교해서 하나를 선택해야 하는 걸세. 만일 내가 자네라면 테니스 경기에 가는 것을 선택하겠네. 그러나 다음부터는 무엇을 반드시 해야만 한다는 식으로 말

반사적인 말	주도적인 말
내가 할 수 있는 방법이 없다.	자, 대안을 찾아보자.
내가 할 수 있는 모두야.	나는 다른 방법을 선택할 수 있다.
그가 나를 미치도록 화나게 한다.	나는 나의 감정을 조절한다.
그 사람들이 허락해주지 않을 거야.	나는 효과적으로 설득할 수 있다.
나는 그것을 반드시 해야만 해.	내가 적절한 반응을 선택한다.
나는 할 수 없어.	내가 선택한다.
해야만 해.	내가 원한다.
만일 할 수만 있다면.	내가 할 것이다.

하지는 말게나."

"저는 테니스 시합에 가는 것을 선택하겠습니다"라고 그는 공손하게 대답했다.

"내 수업은 빠지고?" 나는 일부러 믿을 수 없다는 표정을 짓고 웃으면서 대답했다.

반사적인 말이 갖는 심각한 문제는 그것이 바로 자성예언이 된다는 점이다. 다시 말해서 자신의 운명은 이미 결정됐다는 패러다임을 굳게 믿고, 이러한 믿음을 입증하기 위해서 그에 맞는 증거를 만들게 된다. 그 결과 자신의 인생이나 운명에 대한 책임을 상실하게 될 뿐만 아니라 점차 피해의식을 갖게 되고 스스로에 대한 통제력을 상실하게 된다. 이 같은 사람들은 자신이 처한 상황 및 여건을 다른 사람, 주위 환경, 심지어 하늘에 떠 있는 별과 같은 외부의 영향력 탓으로 돌린다.

어떤 세미나에서 주도성의 개념에 관해 강연을 할 때 한 참가자가 내게 다가와 이렇게 말한 적이 있다. "스티븐, 나는 당신의 얘기가 일리 있다고 생각합니다. 하지만 상황이란 천차만별입니다. 내 결혼생활을 한번 보십시오. 나는 정말 걱정이 됩니다. 아내와 나는 서로에 대해 예전과 같지 않습니다. 아마도 나는 더 이상 그녀를 사랑하지 않고, 그녀 역시 나를 사랑하지 않는 것 같습니다. 이런 경우 어떻게 해야 합니까?"

"예전과 같은 감정이 전혀 없습니까?"라고 나는 물었다.

"없습니다" 하고 그는 재차 확인한 뒤에 "그런데 우리에게는 돌보아야 할 아이들이 셋이나 있습니다. 당신은 어떻게 조언해주시겠습니까?"라고 물었다.

나는 "그녀를 사랑하시오"라고 대답해주었다.

"내가 말했지 않습니까? 더 이상 그 느낌이 없다고요."

"그녀를 사랑해보세요."

"이해를 못하시는군요. 사랑의 감정은 이제 남아 있지 않아요."

"그렇다면 그녀를 더욱 사랑해야 돼요. 만일 그런 감정이 없다면 그것 자체가 그녀를 사랑해야 할 이유입니다."

"하지만 사랑하지 않는 사람을 어떻게 사랑합니까?"

"선생님, 사랑은 하나의 동사(動詞)입니다. 사랑한다는 감정은 사랑하는 행동에서 나온 결실입니다. 그러니 먼저 사랑하십시오. 그녀에게 잘해주세요. 희생하십시오. 그녀의 말에 귀 기울이고 공감해주고 감사하세요. 그녀를 믿고 지지해주세요. 그렇게 할 의사가 있습니까?"

모든 선진사회에서 출판되는 위대한 문학작품들은 사랑을 행동하는 동사로 본다. 그런데 후진적이고 반사적인 사람들은 사랑을 느끼는 감정으로 본다. 이들은 이러한 감정의 노예가 된다. 그런데 할리우드 영화의 각본은 대부분 우리를 감정의 동물이기에 행동에 대한 책임을 지지 않아도 되는 것처럼 믿게 한다. 이 각본들은 현실을 있는 그대로 기술하지 않는다. 만일 감정이 우리가 하는 행동을 통제한다면 그것은 자신의 책임을 포기하고 감정으로 하여금 그렇게 하도록 내버려뒀기 때문이다.

주도적인 사람들은 사랑을 동사로 만든다. 사랑은 당신이 행하는 그 무엇이다. 마치 어머니가 새로운 생명을 탄생시키는 것처럼 자신을 희생하고 자신을 주는 것이다. 만일 당신이 사랑을 공부하고 싶다면 다른 사람을 위해 희생하는 사람들에 대해 연구해야 한다. 그들은 사랑을 받고도 모욕을 주거나 사랑을 되돌려주지 않는 사람들까지도 사랑한다. 만일 당신이 부모라면 자녀를 위해 희생했던 사랑을 생각해보라. 사랑은 사랑하는 행위를 통해 실현되는 하나의 가치이다. 주도적인 사람은 감정보다는 가치를 우선시한다. 사랑이란 감정은 회복할 수 있다.

관심의 원/영향력의 원

자신의 주도성 정도를 자각할 수 있는 또 하나의 좋은 방법은 바로 자신의 시간과 에너지를 어디에 집중하는가를 살펴보는 것이다. 우리는 저마다 광범위한 관심의 영역을 가지고 있다. 여기에는 예컨대 자신의 건강, 자녀, 직장, 외채, 핵전쟁 등 여러 가지가 있을 수 있다. 아래와 같이 관심의 원을 그리고 모든 관심의 영역을 그 안에 포함시켜 보자. 이렇게 원 안에 관심 영역을 써넣음으로써 특별한 정신적 혹은 감정적인 관심이 없는 영역과 구분할 수 있다.

이제 관심의 원에 들어 있는 대상들을 살펴보면 우리가 전혀 통제력을 갖지 못하는 것과 통제력을 갖고 있는 것으로 구분할 수 있다. 나아가 통제력, 즉 영향력을 발휘할 수 있는 대상들을 더 작은 영향력의 원 내에 둠으로써 전자와 구별할 수 있다. 이 두 가지 영역 중 어디에 시간과 에너지의 대부분을 집중하는가를 살펴보면 자신의 주도성의 정도가 어떠한지 발견할 수 있을 것이다.

주도적인 사람은 자신의 노력을 영향력의 원에 집중한다. 이들은 자

신이 영향력을 행사할 수 있는 일을 중점적으로 한다. 이들이 가진 에너지의 본질은 영향력의 원을 증가시키는 긍정적, 적극적, 확장적 특성이 있다.

이와 반대로 반사적인 사람은 자신의 노력을 '관심의 원'에 집중한다. 이들은 관심을 다른 사람의 약점, 환경상의 문제, 자신이 통제하지 못하는 여건 등에 집중한다. 반사적인 사람들은 이 같은 대상에 관심을 집중함으로써 비난하고 책망하는 태도, 반사적인 말, 피해의식의 증대와 같은 결과를 초래한다.

그런데 이 같은 대상에 집중하면 부정적, 즉 소극적 에너지가 나타나게 되고, 또 자신의 영향력권 내에 있는 것에 무관심해지기 때문에 마침내는 영향력의 원을 축소시킨다.

관심의 원 안에 있는 대상에 노력을 집중하면 이것들이 자신을 통제하도록 권한을 주는 셈이다. 그 결과 긍정적인 변화를 일으키는 데 필요한 주체적인 주도권을 잡지 못하게 된다.

나는 앞에서 학교에서 심각한 문제를 가지고 있던 우리 아들에 관해 이야기한 적이 있다. 아내와 나는 아들이 가진 약점들과 다른 사람들이

그를 대하는 태도 때문에 걱정이 많았다. 그런데 이러한 대상은 우리의 영향력과는 거리가 먼 관심의 원에 있었다. 따라서 여기에 노력을 집중하는 동안 우리는 능력 부족과 무기력감을 느꼈을 뿐만 아니라 아들의 의존감만 크게 하고 그 밖에는 아무것도 달성하지 못하였다.

그러나 우리 부부가 그에 대해 가진 패러다임, 즉 영향력의 원에 있는 대상에 관심을 집중했을 때 우리 스스로를 변화시키는 적극적인 에너지를 창조해 내기 시작했고 이것이 마침내 우리 부부는 물론 아들에게도 영향을 미치게 되었다. 조건이나 여건에 대해 걱정하는 대신 자신이 할 수 있는 것을 행한 것이 바로 주위 여건에도 영향을 미칠 수 있게 한 것이다.

지위와 부, 역할 또는 인간관계 때문에 한 개인이 가진 영향력의 원이 관심의 원보다 큰 경우가 있다. 이러한 상황은 자신을 감정적인 근시안으로 만들고, 천박하고 경솔한 영향력을 행사하도록 한다. 즉, 자신의 생활 스타일을 관심의 원에 집중함으로써 무절제하고 이기적이

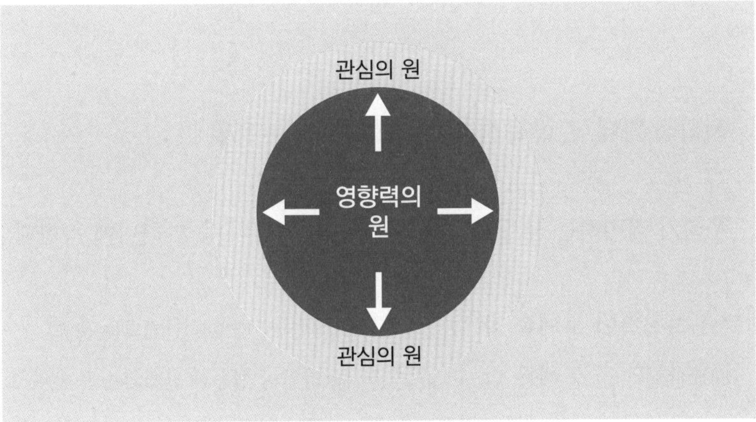

주도적인 사람들의 원
적극적인 에너지가 영향력의 원을 확장한다.

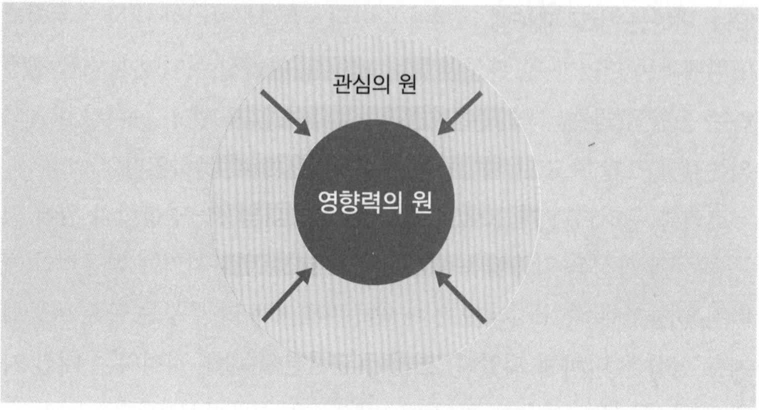

반사적인 사람들의 원
소극적인 에너지가 영향력의 원을 축소한다.

며 대응적으로 된다.

주도적인 사람은 우선순위를 가지고 영향력을 행사하며 그것을 효과적으로 행사하는 것에 대한 책임을 받아들이기 때문에 최소한 영향력의 원과 같은 크기의 관심의 원을 가지고 있다.

직접적 통제, 간접적 통제, 통제할 수 없는 경우

우리가 직면하는 문제들을 구분하면 다음 세 가지 중 하나에 속한다.

(1) 직접적인 통제를 할 수 있는 경우.(자신의 태도와 관계되는 문제)
(2) 간접적인 통제를 할 수 있는 경우.(타인의 행동과 관계되는 문제)
(3) 통제를 할 수 없는 경우.(과거나 상황이 만든 현실과 같이 우리로서는 어떻게 할 수 없는 문제)

주도적인 접근방법은 우선 이 세 종류의 문제들을 해결할 때 현재의 영향력의 원내에 있는 해결책부터 실천을 시도하는 것이다.

'직접적인 통제를 할 수 있는' 문제는 우리의 습관을 다룸으로써 해결된다. 이는 분명히 우리의 영향력의 원 안에 있는 것으로 습관 1, 2, 3인 '개인의 승리'에 해당하는 것이기도 하다.

'간접적인 통제를 할 수 있는' 문제들은 영향력을 행사하는 방법을 바꿈으로써 해결된다. 이것은 습관 4, 5, 6에 해당하는 '대인관계의 승리'이다. 나는 개인이 영향력을 행사하는 방법이 30여 가지나 된다는 사실을 알아냈다. 그리고 그것들을 공감 대(對) 대결, 사례 제시 대(對) 억지 설득 등과 같이 각기 그 성격이 천차만별이다.

그런데 대부분의 사람들은 30여 가지나 되는 많은 방법 중에서 3~4개만 주로 사용한다. 그 예로 사람들은 보통 이성적인 설득으로 시작하지만 이것이 먹혀들어 가지 않을 때는 언성을 높이거나 싸운다. 우리가 상대방을 조정하기 위해 케케묵고 비효과적인 방법을 사용하려고 애쓰지 않고 영향력 있는 새로운 방법을 배울 수 있다면 얼마나 신나는 일이겠는가?

'통제를 할 수 없는' 문제에 관해서는 얼굴에 주름살이 안 생기도록 하면 된다. 즉, 웃으면서 진지하고 편안하게 받아들이고 싫더라도 기꺼이 인정해가며 사는 방법을 배우는 것이다. 이렇게 하면 이 같은 문제들도 우리를 더 이상 통제하지 못한다. 이제 '알코올중독자 자주치료협회'에서 하는 기도 속에 들어 있는 정신을 함께 음미해보자.

"주여, 저에게 변화할 수 있고, 또 변화되어야 하는 것은 변화시킬 수 있는 용기를 주소서. 우리 힘으로 변화시킬 수 없는 것들은 그대로 받아들일 수 있는 침착함을 주시옵고 그 차이들을 구별할 수 있는 지혜를 주시옵소서."

당면한 문제가 직접적 통제, 간접적 통제, 또는 통제할 수 없는 것 중 어떤 것이든 해결의 첫 단계는 우리 손에 달려 있다. 이것은 우리가 습관을 바꾸고 영향력을 행사하는 방법을 바꾸며 통제할 수 없는 문제를 보는 관점을 바꾸는 것으로, 이상의 모두는 우리가 가진 영향력의 원 안에 있다.

영향력의 원 확대

우리가 어떤 상황에 대한 반응을 선택하게 되면 그것만으로도 그 상황에 강력한 영향력을 미칠 수 있다는 사실은 매우 고무적이다. 이는 마치 화학구조식의 어느 한 부분을 바꿈으로써 그 결과의 본질 자체를 바꾸는 것과 같다.

나는 아주 활동적인 최고경영자가 운영하는 어떤 회사에서 몇 년 동안 고문으로 일한 적이 있다. 그는 세상이 돌아가는 추세를 파악하고 있었다. 그는 창의적이고 재능 있고 유능하고 총명한 사람으로 모든 사람들이 이 사실을 알고 있었다.

그런데 그의 관리방식은 매우 독재적이었다. 그는 직원을 마치 아무 판단력도 없는 존재인 '잔심부름꾼'으로 취급하는 경향이 있었다. 따라서 직원에게 던지는 그의 말투는 "이렇게 하세요. 저렇게 하세요. 이젠 이 일을 하세요. 이젠 저 일을 하세요. 결정은 내가 합니다"라는 식이었다.

그 결과 그는 주변의 거의 모든 중역들을 자신으로부터 소외시키게 되었다. 이들은 복도에서 불평을 했다. 중역들이 지적하는 내용은 일리도 있고 근거도 있는 것이었다. 하지만 이들은 끊임없이 불평만 했고 모든 책임을 사장의 결함 탓으로 돌렸다.

"이번에는 어떤 일이 있었는지 아십니까? 며칠 전에 사장이 우리 부서에 들렀지요. 그때 우리는 이미 모든 계획을 완료해놓고 있었습니다. 그런데 그가 들어와서 완전히 다른 지시를 내렸습니다. 우리가 몇 달 내내 해왔던 일은 그 때문에 바로 물거품이 되었습니다. 계속해서 이 사람 밑에서 어떻게 일을 해나가야 할지 모르겠습니다. 도대체 그가 퇴임하려면 얼마나 남았지요?"

"그는 이제 겨우 쉰아홉이오. 6년이나 남았어요." 누군가가 대답했다.

"당신은 그때까지 견뎌낼 수 있을 거라고 생각합니까?"

"나도 모르겠소. 그는 쉽게 은퇴하지 않을 그런 종류의 사람이오."

그러나 중역 중 한 사람만은 주도적이었다. 그는 감정이 아닌 가치관에 따라 움직이는 사람으로 자신이 주체가 되어 행동하였다. 그는 예측을 하고 입장을 바꿔 생각하고 또 상황을 파악했다. 사장의 결점을 모르는 것은 아니었지만 그것을 헐뜯는 대신 보완해주었다. 그는 사장과 직원들 사이에서 완충 역할을 하면서 사장의 결점을 보충해주려 노력하였다. 그러면서 사장의 강점인 비전, 재능, 창의력을 회사 발전에 활용하였다.

이 중역은 자신이 가진 영향력의 원에 노력을 집중하였다. 그도 사장으로부터 하찮게 취급당하기는 마찬가지였다. 그러나 그는 사장이 잔심부름꾼으로부터 기대하는 것보다 훨씬 더 많은 일을 했다. 우선 사장이 필요한 것을 사전에 파악하였다. 또 사장이 우려하는 사항에 대해 공감하며 사장 입장에서 생각해보았다. 그래서 사장에게 보고할 때도 자신이 분석한 것과 이에 기초한 대안을 함께 제시했다.

어느 날 내가 자문을 하기 위해 사장과 함께 자리했을 때 그는 다음과 같이 말했다. "스티븐, 나는 이 사람이 어쩌면 이처럼 일을 잘하는지 믿을 수가 없네. 그는 내가 요구하는 정보뿐만 아니라 정말로 필요한 추가적인 정보까지 제공하고 있네. 심지어 나의 입장에 서서 분석하고 보고할 뿐만 아니라 나아가 몇 가지 대안까지 제시한다네. 그 대안은 분석 내용과 일치하고 그 분석 결과는 자료와 일치하지. 그는 대단한 사람이야! 그가 맡고 있는 분야는 걱정할 필요가 없다는 게 얼마나 고마운 일인가."

그다음 날 열린 회의에서도 그는 임원들에게 여전히 "이래라저래라" 하는 방식으로 일관했지만 이 사람에게만은 예외였다. 이 임원에게는 "당신의 의견은 어떻소?"라고 묻는 것이었다. 즉, 그의 영향력의 원이 점차 커지기 시작한 것이다.

이 일은 조직 내에 굉장한 파장을 일으켰다. 중역들 가운데 반사적인 생각을 가진 사람들은 이 주도적인 중역에 대해 뒷전에서 딴소리를 하기 시작했다.

책임을 회피하려는 것은 반사적인 사람이 갖는 본성이다. "나는 책임이 없다"라고 말하는 것은 자신을 보호하기 위한 것이다. 만일 내가 "내 책임이다"라고 말한다면 "나는 무책임하다"라고 말해야 할 때도 오는 것이다. 그러나 스스로 결정할 능력이 있으며 내가 결정한 것이 부정적이고 바람직하지 못한 결과를 가져왔다고 말하기는 대단히 어렵다. 특히 오랫동안 결과에 대한 책임을 지지 않고 다른 사람 탓을 해왔다면 더욱 그러할 것이다. 다른 중역들은 자신이 왜 책임이 없는가를 입증할 더 많은 정보와 공격거리 그리고 증거를 찾는 데만 열중하고 있었다.

그러나 이 임원은 다른 사람들에 대해서도 역시 주도적이었다. 그 결과 다른 임원들에 대한 영향력의 원도 점차 커지기 시작하였다. 이러한 현상은 점차 더 확대되어 마침내 조직 안에서 그의 개입과 승인 없이는 사장을 포함한 어느 누구도 중요한 결정을 할 수 없을 정도까지 되었다. 그러나 사장은 그 임원의 능력이 자신의 강점을 지원하고 결점은 보완해주었기 때문에 그에 대해 전혀 위협을 느끼지 않았다. 그 결과 두 사람의 강점을 결합한 보완적인 팀워크를 갖게 되었다.

이 임원의 성공은 유리한 상황과 조건 덕분이 아니었다. 왜냐하면 다른 임원들도 처한 상황이 똑같았기 때문이다. 그가 다른 임원들과 차이를 보인 것은 상황에 대한 반응의 선택, 즉 영향력의 원에 초점을 맞춘 그의 결정이었다.

혹자는 '주도적'이라는 말을 밀어붙임, 공격적 또는 비정함의 의미로 해석하기도 한다. 그러나 사실은 전혀 그렇지 않다. 주도적인 사람은 무모하게 밀어붙이지 않는다. 이들은 현명하고 가치 지향적이며 현실을 파악할 줄 알고 무엇이 필요한지 안다.

간디를 보라. 그는 자신의 반대파들이 의사당에 모여 대영제국의 인도 국민에 대한 탄압을 성토하면서 그가 그들의 관심의 원에 합류하지 않는다는 사실을 비난하고 있을 때 시골에서 조용히, 천천히 그리고 눈에 띄지 않게 자신의 영향력의 원을 농민들에게 넓혀가고 있었다. 그 결과 간디에 대한 지지, 신뢰, 믿음의 열기가 점차 전국적으로 확산되었다. 간디는 비록 아무런 공식적 지위나 정치적 지위도 갖지 않았지만 그가 가진 열정, 용기, 단식과 도덕적 설득을 통해 영향력의 원을 확대했고 마침내 3억 인도인을 지배하던 영국을 무릎 꿇게 하였다.

기대와 결의

우리의 문제가 어떤 원에 속해 있는가를 파악하는 방법 중 하나는 그것이 기대적인 것인지 결의적인 것인지를 알아보면 된다. 우선 '관심의 원'은 기대적인 표현으로 가득 차 있다.

"집을 살 때 빌린 돈을 모두 갚을 수 있으면 행복할 텐데."

"사장이 저런 독재자만 아니라면."

"내 남편이 좀더 무던한 사람이라면."

"우리 아이들이 좀더 말을 잘 듣는다면."

"만일 내가 학위를 가졌더라면."

"나 스스로 활용할 시간적 여유가 조금만 더 있다면."

이에 반해 '영향력의 원'은 결의적인 표현으로 차 있다. 예컨대 '나는 좀더 참을성 있는 사람이 될 수 있다, 나는 더 현명하게 될 수 있다, 나는 좀더 사랑을 나누어줄 수 있다' 등과 같이 초점을 내적 성품과 결의에 맞춘다.

만일 문제가 '외부에' 있다고 생각한다면 그 생각 자체가 큰 문제이다. 외부의 것에 자신을 통제할 수 있는 권한을 주기 때문이다. 이때의 변화 패러다임은 '외부에서 시작하여 내면으로' 향한다. 다시 말하면 자기가 변화되기 이전에 반드시 외적인 것이 먼저 변화되어야 한다고 생각하는 것이다.

주도적인 접근방법은 '내면에서 외부로' 향하여 변화하는 방법이다. 즉, 외부에 있는 것들을 긍정적으로 변화시키기 위해 우리 자신이 뭔가 달라져야 한다는 것이다. 예컨대 나는 보다 현명할 수 있다, 보다 부지런할 수 있다, 보다 창조적일 수 있다, 보다 협력적일 수 있다는 식이다.

내가 좋아하는 구약성서 내용*에는 유대인의 기독교 전통에 대한 부분이 있다. 그것은 17세의 나이로 형제들에 의해 이집트에 노예로 팔려간 요셉에 관한 이야기이다. 우리는 '요셉이 죄 없는 자신을 팔아 넘긴 형들과 노예 상인들을 얼마나 원망하였으며 보디발의 종으로서 자신의 불쌍한 신세를 얼마나 한탄하였을까'를 상상할 수 있다.

하지만 요셉은 주도적인 사람이었다. 그는 '기대'보다는 '결의'에 집중했다. 그 결과 얼마 안 가서 보디발의 가사를 돌보는 관리자가 되었고 큰 신망을 얻어 보디발의 모든 재산을 관리하게 되었다.

어느 날 요셉은 매우 어려운 상황에 처했지만 불의와의 타협을 거부하여 결국 13년간이나 부당한 옥살이를 하게 되었다. 그러나 그는 주도적이었다. 즉, 그는 영향력의 원에 집중하였고 의존적 기대보다는 '될 수 있다'의 결의로 최선을 다했다. 얼마 지나지 않아 요셉은 감옥에서도 큰 영향력을 미치게 되었다. 그 후 요셉은 마침내 이집트에서 왕 다음가는 제2인자가 되었다.

나는 이러한 아이디어가 많은 사람들에게는 극적인 패러다임 전환이라는 것을 안다. 사람은 자신이 처한 어려운 상황에 대해 다른 사람이나 주위 여건, 제약조건 등을 원망하기 쉽다. 하지만 책임은 자신에게 있다. 자신의 생활을 통제하고 자기 자신과 '될 수 있다'는 결의에 노력을 집중한다면 주어진 상황을 바꾸어놓을 수 있다.

예를 들어 결혼생활에 어떤 문제가 있다고 하자. 만일 내가 계속해서 아내의 잘못만 지적한다면 실제로 무엇이 유익하겠는가? 나는 책임이 없고 아내만 책임이 있다고 말하는 것은 스스로를 무력한 희생

* 창세기 37~41장.— 옮긴이.

물로 인정하는 것이다. 다시 말하면 이것은 스스로를 부정적인 상황에 집어넣고 옭아매는 것이다.

이것은 또한 아내에게 영향력을 행사할 수 있는 자신의 능력을 줄어들게 한다. 아내를 괴롭히고 비난하고 비판하는 행동은 아내로 하여금 자기는 결점이 많아 개선이 힘든 인간이라고 자포자기하도록 만들기 때문이다. 비판은 내가 고치고 싶어 하는 그녀의 행동보다 더 나쁘게 작용한다. 그 결과 이 같은 상황에 긍정적으로 미칠 수 있는 나의 영향력은 줄어들 뿐만 아니라 마침내 사라지고 만다.

만일 진정으로 어떤 상황이 개선되기를 원한다면 내가 통제할 수 있는 단 한 가지, 즉 나 자신에게 초점을 맞춰서 노력해야 한다. 아내를 나에게 맞게 개조하려는 시도를 멈추고 자신의 결점을 고치기 위해 노력해야 한다. 조건 없는 사랑과 지원을 해주는 바람직한 남편이 되기 위하여 노력해야 한다. 그렇게 하면 아내도 내가 보여주는 주도적인 본보기의 영향력을 느끼고 같은 방법으로 반응하게 될지 모른다. 그러나 그녀가 반응하든 하지 않든 나의 상황에 영향을 줄 수 있는 가장 긍정적인 방법은 나 자신, 즉 내가 '할 수 있는' 것에 대해서 노력하는 것이다.

나의 영향력의 원 안에 있는 일을 할 수 있는 방법은 매우 많다. 여기에는 더 나은 경청자가 되는 일, 더 많이 사랑하는 배우자가 되는 일, 좀더 모범적인 학생이 되는 일, 보다 협력적이고 최선을 다하는 직원이 되는 일 등이 있다. 이따금 우리가 할 수 있는 가장 주도적인 일은 행복하게 느끼는 것, 즉 진심으로 웃는 것이다. 행복은 불행과 마찬가지로 하나의 주도적인 선택이다.

한편 날씨와 같이 우리의 영향력의 원에 결코 포함되지 않는 것들도 있다. 그러나 만일 주도적인 사람이라면 자신이 물리적 날씨 또는 사회적 날씨를 가지고 다닐 수 있다. 다시 말해 스스로 통제할 수 있는 일들에 대해 노력을 집중하면서 현재로는 자신이 통제할 수 없는 일들을 그대로 받아들인다면 좀더 행복해질 수 있을 것이다.

결과와 실수

우리가 삶의 초점을 '영향력의 원'에 맞추기에 앞서 '관심의 원' 안에 있으며 심사숙고해야 할 두 가지가 있다. 그것은 바로 결과와 실수이다. 우리에게 행동을 선택할 자유는 있지만 그 행동이 가져오는 결과를 선택할 자유는 없다. 결과는 자연법칙에 의해 지배되므로 '관심의 원' 안에 속한다.

그 예로 달리는 기차에 뛰어들기로 결정할 수는 있다. 그러나 기차가 우리를 덮쳤을 때 우리에게 무슨 일이 일어날지를 결정할 수는 없다. 같은 예로 사업상 거래에서 남을 속이기로 결정할 수는 있다. 하지만 이러한 결정이 가져올 사회적 결과는 속임수가 탄로 나는지 아닌지에 의해 좌우되는 데 반해, 그것이 우리의 본성에 미칠 자연적 결과(자연법칙, 즉 원리의 결과)는 이미 정해져 있다.

우리의 행동은 원칙에 의해 지배된다. 원칙을 따르는 행동은 긍정적인 결과를, 원칙에 위배되는 행동은 부정적인 결과를 가져온다. 우리는 어떠한 상황에서도 우리의 행동을 선택할 자유가 있다. 그러나 우리가 그렇게 함으로써 뒤따르는 결과도 선택하게 된다. 이는 마치 '지팡이의 한쪽 끝을 집으면, 다른 쪽 끝도 따라오는 것'과 같다.

누구나 각자의 상황에서 선택한 지팡이가 나중에는 잘못된 지팡이였음을 깨달았던 경험을 가지고 있다. 우리가 하는 어떤 선택은 차라리 없었으면 더 좋았을 결과를 초래하기도 한다. 만일 우리에게 다시 한 번 선택 기회가 주어진다면 우리는 다른 선택을 할 것이다. 우리는 이러한 선택을 실수라고 부르며 이것이 바로 우리가 심사숙고해야 할 두 번째 것이다.

늘 자신의 선택에 대해 뒤늦게 후회하는 사람은 과거의 실수도 '관심의 원'에 속한다는 사실을 깨달아야 한다. 즉, 우리는 실수를 취소할 수도 없고 원 상태로 되돌릴 수도 없으며 그것으로 인해 나타난 결과를 통제할 수도 없다.

미식축구 팀의 쿼터백을 맡았던 우리 아들은 자신이나 팀 멤버가 '후퇴(setting back)'의 실수를 범할 때면 일종의 심리적인 보상을 하기 위하여 경기 사이에 손목 밴드를 덥석 잡았다 놓는 방법을 배웠다. 이것은 이미 일어난 실수가 다음 플레이에 영향을 미치지 않도록 결의하고 경기에 임하려는 것이었다.

실수에 대한 주도적인 해결방법은 실수를 즉시 인정하고 수정해서 그로부터 교훈을 얻는 것이다. 이렇게 하는 것은 실패를 성공으로 바꾼다. "성공은 실패의 다른 한편에 있다"라고 IBM의 창립자인 토머스 왓슨은 말하였다.

그러나 실수를 인정하지 않고 그것을 고치지 않고 또 그것으로부터 교훈을 얻으려 하지 않는다면 이것은 또 하나의 큰 실수이다. 이런 경우 흔히 자기기만과 자기정당화의 길을 택하여 자신과 다른 사람들에게 변명과 궤변을 늘어놓기도 한다. 게다가 이 두 번째 실수는 첫 번째 실수를 덮어주고 정당화시키며, 나아가 부적절한 중요성을 부여하기 때문에 자신에게 보다 깊은 상처를 주는 원인이 된다.

우리에게 가장 큰 상처를 주는 것은 다른 사람이 우리에게 하는 행동도, 우리 자신이 범하는 실수도 아니다. 오히려 그러한 실수들에 대응하는 우리의 태도이다. 우리가 만일 우리를 문 독사를 잡으려고 쫓아간다면 몸 전체에 독이 더 빨리 퍼질 것이다. 따라서 그것보다는 즉시 그 독을 제거하기 위해 조치를 취하는 편이 더 낫다.

실수를 어떻게 대처하는가는 삶의 질에 큰 영향을 준다. 따라서 실수를 즉시 인정하고 고침으로써 이 같은 실수가 앞으로의 삶에 영향을 미치지 못하게 한다면 우리는 다시 무한한 능력을 갖게 된다.

약속과 이행

'영향력의 원'에서 가장 중요한 것은 약속을 하고 그 약속을 지킬 수 있는 능력이다. 다시 말해 자신 및 다른 사람에게 약속을 하고 이를 성실하게 지키는 것이야말로 주도성의 본질이자 명확한 표현이다.

이것은 또한 자기성장의 본질이다. 우리는 '자아의식과 양심'이라는 천부능력을 통해 결점과 개선해야 할 점, 개발해야 할 재능, 또 바꾸거나 없애야 할 버릇 등을 의식하게 된다. 그다음에 우리는 '상상력과 독립의지'를 활용하여 문제의 해결에 착수한다. 즉, 결심을 하고 목표를 설정하며 이를 성실히 이행한다. 목표를 이행함으로써 우리는 자신의 인생에서 긍정적인 일들이 일어날 수 있도록 만드는 좋은 성품을 형성하게 되고, 또 실제로 이렇게 행동하는 존재가 될 수 있다.

우리가 자신의 생활을 직접적으로 통제하는 데는 두 가지 방법이 있다. 첫째, 약속을 하고 그것을 지키는 것과 둘째, 목표를 설정하고 이를 달성하는 것이다. 아주 작은 약속일지라도 항상 그것을 실천한다면 자기 통제의 장점을 깨닫게 하는 내적인 성실성을 갖추게 된다. 뿐만 아니라 인생에 대해 책임질 수 있는 능력과 용기를 갖게 된다. 우리가 자신과 다른 사람에게 약속을 하고 또 이를 지키면 자신의 신용과 명예는 감정이나 기분보다 점차 더 중요해진다.

이처럼 자신에 대해 약속을 하고 이것을 실행하는 능력이야말로 효과성의 기본적인 습관을 개발하기 위해 필요한 본질이다. 인식, 기량 그리고 욕구는 모두 우리가 통제할 수 있는 것이다. 우리가 어느 한 가지를 개선하면 다른 것들도 따라서 개선된다. 이 세 가지의 공통 영역이 점차 커지면 습관의 기초가 되는 원칙을 더 깊이 내면화시킬 수 있다. 또 이를 통해 강직한 성품을 갖추게 되고 자신의 인생에서 효과성을 증대하며 살아갈 수 있다.

주도성 개발을 위한 30일간의 실험

주도성을 인식하고 개발하기 위해 프랭클이 경험했던 죽음의 강제수용소를 거칠 필요는 없다. 우리의 삶을 크게 압박하는 문제에 대처하기 위해 주도성의 능력을 개발하는 일은 하루하루 일상을 통해 이루어진다. 이것은, 우리가 어떻게 결심하고 그것을 지키는가, 도로상의 교통마비에 어떻게 대처하는가, 화가 난 고객이나 불손한 아이에 대해 어떻게 반응하는가 등과 같은 것이다. 여기서는 우리가 문제를 어떻게 판단하고 노력을 어디에 집중하는가가 관건이다. 평소에 어떤 언어를 사용하는가 하는 것도 중요한 측면이 된다.

나는 당신에게 주도성의 습관을 30일 동안 시험해보라고 권한다. 그것을 실제로 해본 뒤에 당신에게 어떤 일이 일어났는지를 확인하라. 30일 동안 자신의 '영향력의 원' 안에 있는 것만을 대상으로 일해보라. 작은 결심을 하고 이를 지켜라. 심판하지 말고 안내자가 되어라. 비판가가 되지 말고 본보기가 되어라. 문젯거리가 되지 말고 해결사가 되어라.

이상을 당신의 결혼생활과 가족생활, 직장생활에 적용해보라. 다른 사람의 단점에 대해 왈가왈부하지 마라. 자신에 대해 변명을 늘어놓지도 마라. 실수를 했을 때 즉시 그것을 시인하고 시정하고 또 그것으로부터 배우라. 남을 비난하고 탓하지 마라. 당신이 통제할 수 있는 것에 열중하라. 자기 자신을 고치려고 애쓰라. 즉 '될 수 있다'에 열중하라.

다른 사람의 결점을 비난이 아닌 동정의 눈으로 바라보라. 중요한 것은 그들이 무엇을 하지 않는다든가 또 무엇을 잘못하고 있는가가 아니라, 이러한 상황에 대해 자신이 선택하는 반응이다. 문제가 외부에 있다는 생각이 들기 시작하면 그 생각을 곧 중단하라. 그러한 생각 자체가 바로 문제이다.

매일 조금씩 싹트는 선택의 자유를 실행하는 사람은 그 자유를 조금씩 확장해나갈 것이다. 그렇게 하지 않는 사람은 그 자유가 점차 소멸되어 결국은 '수동적으로 남에 의해 지배되는 존재'가 된다. 그들은 부모와 동료, 사회에 의해 쓰인 각본에 따라 행동하게 된다.

우리는 자신의 성공과 행복, 나아가 궁극적으로는 우리의 현재 처지에 대해 책임을 져야 한다.

새뮤얼 존슨*은 "만족의 기쁨은 마음속에서 솟아나는 것이라야 한다. 인간의 본질을 파악하지 못하고 자신의 성품이 아닌 다른 것을 변화시켜 행복을 찾으려는 사람들은 그의 삶을 헛수고로 낭비하고 고통만 더 크게 만들 뿐이다"라고 하였다.

우리에게 책임이 있다는 것, 즉 '반응을 선택할 수 있다'는 사실을 아는 것이야말로 효과성의 근본이 된다. 이것은 우리가 앞으로 다루게 될 다른 모든 효과성에 대한 습관의 기초가 될 것이다.

* Samuel Johnson(1709~1784), 영국 태생의 최초 영어사전 편찬가, 작가, 시인.— 옮긴이.

습관 1의 적용을 위한 제언

1. 하루를 정해서 자신과 주위의 다른 사람들이 하는 말에 귀를 기울여보라. 당신은 "만일 …만 있다면", "나는 할 수 없어", "나는 꼭 해야만 해"와 같은 반사적 말들을 얼마나 자주 사용하고 또 듣는가?

2. 과거의 경험에 비추어보아서, 아마도 당신이 반사적으로 행동하게 될 것 같은 가까운 미래의 경우를 생각해보라. 영향력의 원이라는 맥락에서 그 상황을 다시 되새겨보라. 어떻게 하면 주도적으로 반응할 수 있겠는가? 잠시 시간을 가지고 주도적인 방식으로 반응하는 것을 그리면서 마음속에 이 같은 경험을 되살려보라. 자극과 반응 사이에 있는 공간을 상기해보라. 당신이 선택의 자유를 행사하겠다고 결심해보라.

3. 직장에서나 일상생활에서 좌절감을 느끼는 문제를 하나 선택하라. 이것이 직접통제, 간접통제, 통제할 수 없는 것 중 어느 범위에 속하는지를 결정하라. 당신이 이 문제를 해결하기 위해 영향력의 원 안에서 취할 수 있는 첫째 단계를 찾아낸 다음 이를 실행에 옮겨라.

습관 1에 대한 새로운 통찰

– 숀 코비

아버지가 우리로 하여금 모든 것을 책임지게 하셨기 때문에, 자라면서 우리는 종종 고통스러웠다. 내가 학교에서 돌아와 "여자 친구가 날 화나게 했어요!" 같은 말을 하면, 아버지는 이렇게 대꾸하셨다. "네가 빌미를 주지 않는 한 아무도 널 화나게 할 수 없단다, 숀. 네가 자초한 거지." 또는 내가 "수학 선생님 정말 짜증나요. 그 선생님 때문에 대수학에서 낙제할 거예요"라고 투덜대면, 아버지는 나를 옆에 앉히고 점잖게 말씀하셨다. "숀, 잘 들어라. 네가 대수학에서 낙제하면 그건 네 탓이지, 선생님 탓이 아니야. 그리고 선생님에 대해 말하는 대신, 수업을 어떻게 개선하면 좋겠는지 선생님과 말해보는 게 어떠니?" 나는 생각했다. '진심이세요, 아빠? 이해를 못 하시네요.' 그러고 나서는 내 문제에 대해 다른 사람들을 탓하는 걸 들어주는 엄마를 찾아갔다. 균형이 참 잘 맞았다. 언제나 원칙에 충실하신 아버지와 언제나 우리에게 충실하신 어머니.

우리 인간은 피해자인 척하는 경향이 있다. 그리고 조심하지 않으면, 어느 틈에 슬그머니 외부의 힘, 즉 부모, 배우자, 상사, 날씨, 정부, 환경, 누군지는 몰라도 '그 사람'을 탓하기 시작할 것이다.

현실에서 우리는 피해자가 아니라 행위자다. 우리에겐 자신의 인생을 창조할 힘이 있고 선택할 자유가 있다. 이것을 항상 상기하고 있어야 한다.

오래전에, 아버지가 내게 일이 어떻게 되어가고 있는지 물어보셨다.

나는 불만을 늘어놓기 시작했다. "한꺼번에 많은 일을 하는 건 너무나 힘들어요" "사무실 정치가 끔찍해요" "완전히 녹초가 됐다고요" "긴 통근 거리 때문에 죽을 맛이에요" 기타 등등. 나는 일말의 동정을 기대하고 있었는데, 오히려 아버지는 실망스러운 눈으로 나를 쳐다보며 말씀하셨다. "이런, 숀. 너답지 않구나. 왜 그렇게 피해자처럼 구는 거니? 너무 바쁘지 않게끔 시간을 잘 관리해라. 사무실 정치에 신경 쓰지 말고, 긴 통근이 마음에 들지 않는다면 이사를 해라." 그는 그러고 나서 자리를 떴다. 나는 어리둥절하다가 퍼뜩 깨달았다. "아버지 말씀이 전적으로 옳아. 나는 피해자가 되어가고 있었어. 어쩌다 이렇게 됐지? 당장 멈춰!" 아버지는 정신이 번쩍 들도록 경종을 울렸다. 그렇다, 나에게는 나의 태도, 바쁜 정도, 통근 거리와 나에게 일어나는 모든 일에 대한 나의 반응을 선택할 자유가 있었다! 그걸 상기시켜주심에 정말 감사했다.

데이터가 말해주는 것

이제 우리에게는 많은 양의 경험적 데이터가 있다. 1989년에 나의 아버지가 주도성에 대해 쓰신 모든 걸 뒷받침하는 데이터 말이다. 스탠퍼드대학교의 캐롤 드웩 교수는 20년간의 연구를 통해 대부분의 사람들이 자신의 학습 능력에 대해 두 가지 중 하나의 마인드셋(사고방식) 또는 패러다임, 즉 '고정' 마인드셋과 '성장' 마인드셋을 갖는다는 걸 발견했다. 고정 마인드셋을 가진 사람들은 자신의 지능과 재능이 정해져 있으며 바꿀 수 없는 것이라 믿는다. 이것은 수동적인 세계관이다. "난 수학을 못해" 혹은 "난 원래 사람들하고 잘 못 지내는데, 뭐하러 애써야 해?"

반면 성장 마인드셋을 가진 사람들은 자신의 기본적인 능력이 헌신과 노력을 통해 개발되고 향상될 수 있다고 믿는다. 스스로 결정하고 해낼 수 있기 때문에 자신을 개선하고 바꿀 수 있다는 믿음이 있다. 이 주도적인 세계관은 주도적인 생각과 말로 이어진다. "수학을 더 잘해야겠다" 혹은 "파트너를 더욱 배려해야지."

마찬가지로, 펜실베이니아대학교에 있는 긍정 심리학 센터의 저명한 책임자, 마틴 셀리그만 박사는 '영향력의 원'에 집중하는 것의 장점을 연구했다. 그의 저서《마틴 셀리그만의 긍정심리학》에서, 그는 당신의 행복이 (1) 유전자, (2) 환경, (3) 통제 가능한 것에 달려 있다고 결론지었다. 그러나 그의 연구에 따르면 유전자와 환경은 세 번째 카테고리인 통제 가능한 것에 비해 행복과 관련이 적다. 그러므로 행복하기 위해서는 통제 가능한 것에 집중하라고 셀리그만은 제안한다.

그리고 마찬가지로 펜실베이니아대학교의 심리학 교수인 앤절라 더크워스도 연구를 통해 문제해결 능력(resourcefulness)과 주도성(initiative), 즉 'R & I'가 주요한 성공 예측 변수라는 생각을 뒷받침했다. 수년간 그녀는 웨스트포인트 사관후보생, 내셔널 스펠링 비(National Spelling Bee) 대회 참가자, 여러 학교의 새내기 교사들을 포함해 도전적인 환경에 있는 아동과 성인 들을 연구했다. 각 연구에서 그녀의 연구팀은 질문을 던졌다. "여기서 성공적인 사람은 누구고, 이유는 무엇인가?" 수많은 정황을 검토한 끝에 한 가지 특징이 중대한 성공 예측 변수로 떠올랐다. 바로 '그릿(grit)'이다. 자신의 저서《그릿: IQ, 재능, 환경을 뛰어넘는 열정적 끈기의 힘》에서 더크워스는 어떻게 그릿이 개인으로 하여금 단지 몇 주 혹은 몇 달이 아니라 수년간 열심히 일하고 집중력을 유지할 수 있도록 하는지 조사했다.

나는 더크워스의 주장에 전적으로 동의한다. 임원으로서 수백 명의 사람을 고용해왔는데, 지원자의 학점, 그들이 다녔던 학교, 이력서에 기재된 정보를 채용 요건으로 고려하곤 했다. 이제 나는 두 가지에 집중한다. 얼마나 다른 사람들과 잘 어울리는지, 그리고 R & I 혹은 더크워스가 그릿이라고 부르는 것을 어떻게 실천하고 있는지다. 만약 지원자가 R & I에 높은 점수를 받고 그릿과 성장 마인드셋을 보여주면, 나는 그들이 성공할 거라 확신한다. 실제로 '그릿형'은 이제 채용 프로필 양식의 공식적인 성격이 되었다.

주도적인 팀과 조직

주도적인 성격은 개인뿐만 아니라 팀과 조직에도 적용된다. 사업체, 정부, 교육기관 혹은 비영리 분야까지 모든 종류의 조직은 사업상의 차질, 시장 변화, 경쟁, 경기 순환, 와해에 직면한다. 주도하고 적응하기 위해 배우고 장애물을 극복하지 않으면 그들은 살아남을 수 없다. 동남아에 있는 우리 고객 중 하나인 세계적 수준의 첨단 기술 제조업체가 이에 대한 훌륭한 예시이다. 그들은 7가지 습관을 받아들여 CEO부터 실무진까지 전 직원을 훈련시켰다. 그들은 이 원칙들을 진심으로 믿었으나, 시험대에 오르게 되었다.

당시 그들의 공장 본사는 50년 만의 기록적 폭우로 고역을 치르고 있었다. 엄청난 홍수에 130만 명의 이재민이 발생했고 800여 명이 사망하여, 세계 역사상 네 번째로 손실이 큰 자연재해로 보고되었다. 우리의 고객사는 거대한 제조 시설이 6피트 물속에 잠겨, 방진 환경이 필요한 사업장이 파괴되면서 특히 심한 타격을 받았다. 전문가들은 대부분의 고급 장비들은 교체하는 데 수년이 걸릴 것이고, 공장 일부라도 다시 가동하기 위해서는 10억 달러가 들 것이며, 시설 정화에 최소한 7개월이 필요할 것이라 추정했다. 일부 시장 보고서들은 회사의 부도를 예측하기도 했고, 그렇게 되면 거의 3만 5,000명의 노동자가 일자리를 잃게 될 것이었다. 핵심 부품의 일부를 구할 수 없어진 첨단 제조 기업들이 세계 곳곳에서 가동을 멈추자 그 효과는 즉각적이고 세계적인 수준이었다.

우리 고객사의 리더들은 공장의 정상 가동에 수년이 걸릴 거란 생각을 용납하지 않았고, 앉아서 구조되기만을 기다리지 않을 참이었다. 그들의 리더십 팀은 7가지 습관으로 훈련을 받았고, 원칙들을 '핵심 운영 체계'로 만들기 위해 노력했다. 그래서 수년간의 연습을 믿고 '습관 1: 자신의 삶을 주도하라'를 사활을 건 시험대에 올렸다.

그들은 즉시 해고는 없을 거라고 공지했다. 직원들은 곧 가족이었고, 함께 하나 되어 일어서고자 했다. 직원들의 안전이 첫 번째 우선순위였기에 침수 피해를 가장 심하게 본 직원들을 돕기 위한 조를 편성했다. 그다음, 대체 불가능한 장비를 마른 땅에 건져 올려 재정비하기 위해 지역 해군 부대원들을 고용했다.

산업 단지의 다른 대기업 공장들은 진흙으로 엉망이 되었고 직원들을 해고한 반면, 우리 고객사는 쉬지 않고 일을 계속했다. 확실히 모든 사람의 고용상태를 유지한 것이 차이를 만들기는 했지만, 한 팀으로서 사업체를 재건하는 건 이 놀라운 사람들에게 자연스러운 일이었다. 침수된 집의 복구에 매달리고 있던 수많은 사람이 공장을 되살리기 위해 나타났다. 어떤 사람들은 도움을 주기 위해 매일 수 마일 떨어진 난민센터에서 종종 작은 배나 물소를 타고 몇 시간이 걸려서 오기도 했다.

많은 사람이 이전에 해본 적 없는 일을 했다. 그들은 온몸이 진흙투성이가 되어 중노동을 했다. 회사 리더들은 소매를 걷어붙이고 배선 작업자들 옆에서 땀 흘려 일했다. 서로 모르는 사람끼리도 팀을 이루어 현장에서 문제를 해결했다.

그 결과 공장은 물이 빠진 지 불과 15일 만에 다시 문을 열었고, 1년 안에 시장 1위 자리를 탈환했다. 이를 지켜본 사람들은 공장을 회복하는 데 수십억 달러와 수년이 소요되지 않았다는 것에 놀랐다. 서로를 위해 기꺼이 진흙탕을 헤치고 나아가는 훌륭한 팀만 있으면 되었다. 그것이 주도적인 문화의 힘이다.

변환자가 되어라

우리는 모두 어려운 일들을 겪어봤다. 만약 아직 역경을 경험하지 않았다면, 분명히 경험하게 될 것이다. 과거를 뒤로하고, 과거로부터 배우고, 앞으로 나아가는 우리의 능력은 주도성을 보여주는 가장 훌륭한 방법 중 하나다. 주도적이 된다는 것의 본질은 변환자, 즉 그들 세대에서 과거의 부정적 경향, 습관, 패턴(학대, 해로운 중독, 방치 등)을 멈추고, 대신 가족, 친구들, 동료들에게 더 긍정적인 습관, 패턴, 경향을 전달하는 사람이라는 개념에서 포착될 수 있다. 우리는 인간의 네 가지 천부능력, 자아의식(자신에게서 한발 물러나 좋아하는 것 혹은 싫어하는 것을 관찰하는 능력), 양심(옳고 그른 것을 분별하는 능력), 상상력(새로운 가능성을 구상하는 능력), 독립의지(다른 모든 영향에서 벗어나 행동하는 능력)을 사용함으로써 세대 간에 파괴적인 패턴이 전달되는 것을 막을 수 있다.

최근에 나는 아들의 대학 미식축구 경기를 보기 위해 주말마다 애리조나에서 펜실베이니아에 가는 친구와 대화를 나누었다. 내가 말했다. "주말마다 아들 경기를 보러 가다니. 대단한 노력이구나. 넌 정말 좋은 아빠야!"

그는 내게 고마워하며 설명했다. "내가 어렸을 때, 새아버지가 항상 나를 때렸기 때문에, 그가 집에 돌아오는 소리만 들어도 무서웠어."

"정말 안타깝다. 넌 어떻게 그걸 극복할 수 있었어?"

"정확히 언제였는지는 모르지만, 어릴 때 '새아버지처럼 되지 않을 거야, 난 내 자식에게 사랑을 보여줄 거야'하는 생각을 했던 기억이나. 그리고 그 이후로 난 좋은 아버지가 되려고 노력했어."

더 놀라운 것은 내 친구가 새아버지에게 어떠한 부정적인 감정도 품고 있지 않다는 것이다. 그는 내게 말했다. "어떻게 한 것인지는 모르지만, 난 그를 용서했고 앞으로 나아갈 수 있었어. 평생 딱 한 번, 그것도 한 시간 동안 만난 게 전부였던 내 친아버지도 용서하고 극복할 수 있었지. 내 어린 시절을 되돌아볼 때면 난 뒤로 물러서서 그 어두운 시기를 확인할 수 있고, 그건 더는 나에게 영향을 끼치지 않아."

나는 내 친구에게, 그리고 그가 자신의 가정에서 변환자가 되기 위해 자신의 삶을 재창조한 방식에 경외감을 느낀다. 그는 자신의 세대에서 학대를 끝냈고, 지금은 그의 아내와 아이들에게 사랑과 지지의 전통을 물려주고 있다. 인간의 네 가지 천부능력 모두 여기서 확인할 수 있다. 내 친구는 어렸을 때 학대가 잘못되었다는 것을 알고, 다른 유형의 아버지가 된 자신을 상상했다. 그는 한발 물러서서 새아버지와 친아버지를 용서하는 의식적인 선택을 할 수 있었고, 어린 시절의 고통을 떨쳐버릴 수 있었다.

자아의식은 다른 세 가지 천부능력의 촉매제다. 자신의 생각, 감정, 기분에 대해 생각하기 위해 자신의 마음으로부터 물러서서 그것을 검토할 때, 당신은 상상력, 양심, 독립의지를 완전히 새로운 방식으로 사용할 수 있는 기초를 세우게 된다. 말 그대로 초월하게 되는 것이다. 당신은 내 친구가 그랬던 것처럼 당신의 배경, 역사, 정신적 짐을 초월한다.

나에게는 비슷한 과거를 보낸 또 다른 친구가 있다. 그 친구 또한 학대를 받고 자랐지만 자식들에게는 건강한 패턴을 물려줄 수 있었다. 하지만 개인적인 차원에서는 자신이 받은 양육에 따른 정신적인 짐을 극복할 수 없었다. "아버지가 내게 정말 큰 상처를 줬어. 어머니와 여동생들에게도 상처를 줬지. 모두 망가져버렸어. 그리고 마음속 깊은 곳에선 나도 그래. 난 아버지가 내게 남긴 것을 결코 극복할 수 없었어."

나는 그를 판단할 입장이 아니다. 그가 겪은 일을 결코 완전히 이해하지 못할 것이기 때문이다. 하지만 나는 만약 그가 인간의 네 가지 천부능력을 완전히 발휘했더라면, 그 역시 자신이 가능하다고 생각했던 것보다 더 많은 마음의 평화를 찾았을 것이라고 생각한다. 그렇다. 우리의 유전자, 고난, 받은 양육은 우리에게 영향을 미치지만, 나는 그것들이 우리를 '결정'한다고는 생각하지 않는다.

삶을 주도하는 것이 첫 번째 습관인 데에는 이유가 있다는 것을 기억해라. 우선 자신의 삶을 책임지기로 결심하기 전까지는 다른 습관은 그 어느 것도 실천할 수 없다.

매일 우리는 반응할 것인지 또는 주도할 것인지에 대해 수백 번의 결정을 내린다. 어느 날이든 날씨가 나쁘고, 기분 나쁜 메시지를 받고, 상사가 당신을 깎아내리고, 주차 위반 딱지를 받고, 친구가 당신의 뒷담화를 하고, 승진 기회를 놓치고, 재산세가 증가할 수 있다. 그러면 어떻게 하겠는가?

반사적인 사람들은 충동에 따라 선택한다. 그들은 마치 탄산음료 캔과 같아서, 인생이 그들을 흔들면 압력이 증가하다가, 갑자기 폭발한다. 주도적인 사람들은 가치를 바탕으로 선택하고, 행동하기 전에 생각한다. 그들에게 일어나는 모든 일을 통제할 수는 없지만, 자신이 어떻게 할지는 통제할 수 있다는 것을 인식한다. 탄산이 가득한 반사적인 사람들과 달리 주도적인 사람들은 물과 같다. 마음껏 흔들어보라. 그들은 침착하고, 냉정하고, 자제력을 유지한다.

결국 주도한다는 것은 두 가지로 귀결된다. 첫째, 당신의 삶을 책임져라. 둘째, 주도성을 발휘하라. 간단하다. 피해자가 아니라 행위자가 되어라. 인생에 어떤 일이 일어나기를 기다리지 말고, 일어나도록 만들어라. 단순한 승객이 아니라 당신의 삶을 직접 이끄는 운전자가 되어라. 과거가 아니라 상상으로 살아라.

습관 2

끝을 생각하며 시작하라

| 개인 리더십의 원칙 |

우리 주위에 있는 물질들은 우리 안의 역량과
비교해 볼 때 너무나 사소한 것들이다.
— 올리버 웬들 홈스* —

이제부터 다음 몇 페이지를 조용히 혼자서 읽을 수 있는 곳으로 가라. 모든 일로부터 마음을 비우고 읽을 내용과 내가 지시하는 것에만 정신을 집중하라. 자신의 스케줄, 가족, 사업, 친구들에 대한 생각은 하지 말고 내 얘기에만 귀를 기울여 진정으로 마음을 열어보라.

이제 사랑하는 사람의 장례식에 참가하기 위해 가고 있는 자기 모습을 마음속에 상상해보라. 장례식이 거행되는 교회로 차를 몰고 가서 주차하는 장면을 그려보라. 당신은 그 장례식장 안으로 들어가면서 줄지어 선 화환을 보고 은은하게 연주되는 오르간 소리를 듣게 된다. 당신은 걸어가면서 친구들과 가족들을 마주치게 된다. 고인을 상실한 슬

* Oliver Wendell Holmes(1809~1894), 미국 매사추세츠 태생 의사, 시인, 수필가.— 옮긴이.

픔과 생전에 알고 지냈다는 자랑스러운 감정이 조문객들의 마음속에서 우러나오고 있음을 느끼게 된다.

그런데 식장 앞으로 가서 관 속을 들여다보는 순간 깜짝 놀란다. 그 관 속의 주인이 다름 아닌 바로 당신 자신이기 때문이다. 이것은 지금으로부터 3년 뒤에 치르게 될 당신의 장례식이다. 또 여기에 온 모든 사람들은 당신에 대한 사랑과 존경을 마지막으로 표하기 위해서 찾아왔다.

당신이 자리를 잡고 장례식이 시작되기를 기다리는 동안 손에 들고 있는 식순을 들여다본다. 조사를 읽을 사람이 4명이다. 첫 번째로 읽을 사람은 가족과 친인척을 대표하는 사람이다. 이 사람은 각지에서 온 자녀, 형제, 조카, 질녀, 삼촌, 이모, 사촌 그리고 조부모 들을 대표해서 조사를 한다.

두 번째로 조사를 읽을 사람은 당신 친구들 중의 한 사람이다. 이 친구는 당신이 한 인간으로서 어떠했는가를 말할 것이다. 세 번째 사람은 당신 직장이나 또는 같은 전문 분야에서 일하는 동료 가운데 한 사람이다. 네 번째 사람은 당신이 봉사하기 위해 몸담았던 교회나 지역사회 단체에서 온 사람이다.

자, 이제부터 한번 깊이 생각해보라. 당신은 이 사람들이 당신과 당신의 삶에 대해 어떻게 이야기해주기를 바라는가? 이들이 조사에서 당신을 어떤 종류의 남편, 아내, 아버지 혹은 어머니였다고 말해주기를 바라는가? 어떤 종류의 아들, 딸 혹은 사촌이었다고 평해주기를 바라는가? 또 어떤 종류의 친구였다고 회상해주기를 바라는가? 나아가 어떤 종류의 직장 동료였다고 회상해주기를 바라는가?

당신은 그들이 당신으로부터 어떤 성품을 보았기를 바라는가? 자신이 지금까지 해온 어떤 종류의 공헌이나 업적을 그들이 기억해주기를 바라는가? 이제 식장에 모여 있는 사람들을 자세히 살펴보라. 당신은 그들의 삶에 어떤 영향과 도움을 주고 싶었는가?

이 글을 읽는 것을 잠깐 중단하고 위의 가상적인 상황에서 받은 느낌과 여러 가지 질문에 대한 답을 간단하게 적어보라. 그러면 습관 2를 이해하는 데 큰 도움이 될 것이다.

"끝을 생각하며 시작하라"는 무엇을 의미하는가?

앞에 나온 장례식 경험을 진지하게 실행해보았다면 자신이 가장 중요하게 여기는 가치관이 무엇인지 깨닫는 경험이 되었을 것이다. 즉 당신은 '영향력의 원' 중심에 위치하는 내면적 가치체계를 잠시나마 접촉한 셈이다. 조지프 애디슨*의 다음 말들을 생각해보자.

> 위대한 사람들의 무덤을 바라볼 때 내 마음속에 있는 시기심과 같은 모든 감정은 사라져버린다. 미인(美人)들의 묘비명을 읽을 때 무절제한 욕망은 사라져버린다. 아이들 묘비에 새겨진 부모들의 슬픔을 읽을 때 나의 마음은 동정으로 누그러진다. 또 그 부모들의 무덤을 볼 때 곧 따라가 만나야 될 사람을 슬퍼하는 것이 얼마나 헛된 일인가를 생각하게 된다. 쫓겨난 왕들이 그들을 쫓아낸 사람들과 나란히 묻혀 있는 것을 볼 때, 서로 경쟁하고 다투었던 사람들이 나란히 묻혀 있는 것을 볼 때, 세상을 시끄럽게 하고 놀라게 했던 성인들의 무덤을 볼 때, 나는 인간들의 하잘것없는 경쟁, 불화, 논쟁에 대해서 슬픔과 놀라운 생각에 젖는다. 묘비에 적혀 있는 날짜들을 읽어보면 어제 죽은 사람도 있고 6백 년 전에 죽은 사람도 있다. 이를 보며 나는 우리 모두가 부활하여 천국에서 함께 사는 그날을 생각해본다.

* Joseph Addison(1672~1719). 영국 태생 수필가, 극작가, 시인.— 옮긴이.

습관 2는 다양한 상황과 삶의 여러 단계에 적용할 수 있지만 "끝을 생각하며 시작하라"는 말의 가장 기본적인 적용은 오늘부터 시작하여 최후 순간에 갖고 싶은 이미지, 모습 그리고 패러다임을 매사를 검토하는 기준과 표준으로 삼는 것이다. 그러면 인생의 각 부분을 구성하는 오늘의 행동, 내일의 행동, 내주의 행동 그리고 내달의 행동 등을 우리가 가장 중요하게 생각하는 가치관에 따라 검토할 수 있을 것이다.

이같이 최후의 순간을 마음속에 분명하게 간직하면 어느 날 어떤 일을 하게 되어도 우리가 가장 중요하다고 생각한 기준을 위반하지 않게 된다. 나아가 전체적인 삶의 비전을 실현하기 위해 하루하루의 생활을 의미 있게 보내게 된다. 인생 목표를 확립하고 행동한다는 것은, 우리가 가는 목적지를 정확히 이해하고 출발하는 것이다. 다시 말해서 현재 위치를 더 잘 파악하고 항상 올바른 방향으로 갈 수 있도록 어디로 가는지를 알아야 한다는 것이다.

정신없이 바쁜 생활을 하고 남보다 더욱더 열심히 일해서 성공의 사다리에 올라갔을 때, 그 사다리가 원하지 않는 쪽의 벽에 걸려 있음을 발견할 수도 있다. 다시 말해 우리는 전혀 효과적이지 못한 채 바쁘게만 살 수 있다.

사람들은 종종 자신이 경쟁에서 획득한 승리가 허무한 것임을 알게 되고 성공의 대가로 잃은 것들이 자신에게 훨씬 더 중요한 것이었음을 깨닫게 된다. 때로 여러 종류의 직업에 종사하는 사람들, 즉 의사, 학자, 연극배우, 정치가, 사업가, 운동선수, 연관공 들은 더 많은 수입, 더 높은 명예와 전문 분야에서의 능력을 인정받기 위하여 치열한 노력을 한다. 그러나 이들 중 많은 사람들이 목표달성에만 눈이 먼 나머지 자신에게 정말로 중요한 것을 잃어버렸음을 뒤늦게야 발견하게 된다.

만약 자신에게 참으로 중요한 것이 무엇인지를 알고, 이를 항상 유념하여 매일매일 실천으로 옮긴다면 우리의 삶은 하루하루 크게 달라질 것이다. 그러나 우리의 사다리가 올바른 벽에 기대어 있지 않다면, 계단을 빨리 올라갈수록 더욱 빨리 잘못된 곳으로 빠져버리는 꼴이 된다. 우리는 매우 바쁠 수도 있고 효율적(efficient)일 수도 있다. 그러나 목표를 확립하고 행동할 때라야만 참으로 효과적(effective)이 될 것이다.

만약 앞에 소개된 장례식장 경험에서 자신에 대해 어떤 평가가 나오는지를 신중하게 생각했다면, 당신은 성공에 대한 정의를 찾았을 것이다. 그것은 당신이 지금까지 생각해오던 성공에 대한 정의와 다를지도 모른다. 우리가 추구하는 명예, 업적, 돈 혹은 다른 것들은 아마도 사다리의 올바른 벽, 즉 인생의 진정한 목표가 아닐지도 모른다.

인생 목표를 확립하게 되면 지금까지와는 전혀 다른 관점을 갖게 된다. 어떤 친구의 장례식장에서 한 친구가 다른 친구에게 "그는 얼마나 남기고 떠났나?" 하고 물었다. 그 친구는 대답했다. "모두 다 남기고 떠났네."

모든 것은 두 번 창조된다

"끝을 생각하며 시작하라"는 말은 모든 것은 두 번 창조된다는 원칙에 기초한다. 이때 첫 번째 창조는 마음속에서 하는 것을 말하며 두 번째 창조는 행동으로 옮기는 것을 말한다.

집을 짓는 경우를 생각해보자. 우리는 못질을 시작하기 전에 원하는 집의 형태에 대해 마음속에 구체적으로 설계를 한다. 만약 가족 중심의 집을 원한다면 거실의 위치를 식구들이 자연스럽게 모일 수 있는 곳에 잡을 것이다. 그리고 어린아이들이 마음대로 뛰어놀 수 있도록 미닫이 문과 테라스를 설계할 것이다. 이처럼 우리는 먼저 여러 가지 아이디어를 가지고 짓고 싶은 집의 모습을 마음속에 그려본 후 확정한다.

그다음 이 같은 생각을 설계도로 만들고 건축 계획을 세운다. 이상의 모든 것은 공사가 시작되기 전 꼭 거쳐야 할 과정으로 이렇게 하지 않으면 두 번째 실제적인 창조인 공사과정에서 비용이 두 배 이상 들거나 여러 가지 문제에 부딪힐 수 있다.

"한 번 자르기 위해 두 번을 재라." 이것은 목수들이 갖고 있는 하나의 규칙이다. 이제 우리는 자신의 삶을 건설하는 목수로서 첫 번째 창조인 설계도가 참으로 원하는 것인지, 모든 것들이 철저히 고려되었는지를 반드시 확인하여야 한다. 그런 다음에야 벽돌을 쌓고 모르타르를 바를 수 있다. 또 우리는 매일 공사 현장에 가서 설계도에 따른 그날의 작업을 지시하게 된다. 결국 이 모든 것은 우리가 세운 최종 목표를 염두에 두고 하루하루 진행해나가야 하는 것이다.

다른 예로 사업의 경우를 살펴보자. 당신이 만약 성공적인 기업 경영을 원한다면 달성하고자 하는 목표를 분명히 규명해야 한다. 이는 생산하려는 제품과 제공하려는 서비스가 목표로 하고 있는 시장을 신중하게 고려한 후 결정한다. 그다음 겨냥하는 목표에 맞도록 재정, 연구개발, 생산, 마케팅, 인사, 설비 등의 요소를 준비한다. 당신이 사전에 얼마나 철저하게 준비했느냐가 그 사업의 성패를 결정짓기도 한다.

사업이 실패하는 대부분의 경우는 첫 번째 창조가 잘못되었기 때문이다. 이에 대한 예로 불충분한 자본 공급, 시장에 대한 이해 부족, 사업계획의 부재 등을 들 수 있다. 자식을 기르는 것도 이와 마찬가지다. 자식을 책임감 있고 스스로 절제할 줄 아는 아이로 키우고자 한다면 자녀와 늘 접촉하는 일상생활에서 이 같은 목표를 마음속에 분명히 새겨 두어야 한다. 그러므로 우리는 자녀들에게 독립심이나 자존감을 키워 줄 수 있도록 자녀교육에 세심한 주의를 기울여야 한다.

정도의 차이가 있지만 많은 사람들은 여러 가지 분야에서 이 두 가지 창조의 원리를 이용하고 있다. 우리는 여행을 떠나기 전에 우선 목적지를 결정하고 그에 맞는 최적의 행로를 계획한다. 연설을 하기 전에도 원고를 미리 작성해보며, 정원에 조경 공사를 하기 전에도 조경 설계를 머릿속에 구상해본다. 마찬가지로 옷을 만들기 위해서는 바느질하기 전에 디자인을 해야 한다.

이 같은 두 가지 창조의 원리를 잘 이해해서 철저히 실행하면, 영향력이 미치는 분야에 노력을 집중하게 되어 영향력의 범위를 더욱 넓힐 수 있다. 한편 이와 반대로 창조의 원리를 제대로 따르지 않고 첫 번째 창조인 목표 확립을 등한시하면 영향력의 범위는 축소된다.

자기 설계와 다른 사람의 설계

모든 사물이 두 번 창조된다는 것은 하나의 원칙이다. 그러나 모든 첫 번째 창조물이 의식적인 설계에 의해 만들어진 것은 아니다. 우리가 개인생활의 첫 번째 창조인 인생 목표에 대해 자각하지 못하거나 이것에 대해 책임감을 갖지 않는다면, 이는 자신의 영향력의 원 밖에 있는 다른 사람이나 주변 여건으로 하여금 우리 인생의 많은 부분의 방향을 결정하도록 내버려두는 셈이 된다. 이것은 우리가 가족, 친지, 다른 사람들의 각본에 따라 반사적으로 살아가는 것이며 주위 환경에 따라 좌지우지되는 것이다.

이처럼 우리에게 영향을 주는 각본들은 원칙에서 나온 것이 아니라 다른 사람들로부터 나온다. 이것들은 우리의 나약함, 다른 사람에 대한 의타심, 수용과 사랑에 대한 욕구, 소속되려는 욕망, 자신의 중요성과 가치를 다른 사람을 통해 확인하려는 욕구, 중요한 사람이 되고 싶은 욕구 때문에 영향력을 발휘하게 된다.

이 과정을 의식했든 못했든 그리고 통제를 했든 못했든 간에 인생의 모든 부분에는 항상 첫 번째 창조가 이미 존재한다. 따라서 우리는 자신이 주도적으로 설계한 혹은 다른 사람들, 주위 환경, 과거의 습관 등에 의해 만들어진 두 번째 창조물인 것이다.

그러나 인간만이 가진 독특한 능력인 자아의식, 상상력, 양심이 우리로 하여금 첫 번째 창조를 검토해볼 수 있게 하고, 또 그 창조의 각본을 스스로 다시 쓸 수 있게 해준다. 다시 말해 습관 1은 '당신이 바로 창조자'임을 일깨워주고, 습관 2는 그 첫 번째 창조물인 것이다.

리더십과 관리능력, 두 개의 창조

습관 2는 개인적 리더십의 원칙에 그 바탕을 두고 있다. 즉 리더십이야말로 첫 번째 창조를 의미한다. 리더십은 관리하는 행위가 아니다. 관리는 두 번째 창조이다. 이에 관해서는 습관 3에서 다시 논의하기로 하고 우선 리더십에 대해 살펴보자.

관리는 내가 어떤 일을 어떤 방법으로 가장 잘 성취할 수 있을 것인가 하는 손익결과에 관심을 둔다. 그러나 리더십은 보다 중요한 문제를 다룬다. 즉, 내가 성취하려고 하는 일은 도대체 무엇인가를 다룬다. 피터 드러커와 워런 베니스*는 "관리하는 것은 어떤 일을 바르게 하는 것이지만 리더십은 바른 일을 하는 것이다"라고 했다. 관리한다는 것은 성공의 사다리를 어떻게 효율적으로 올라가느냐의 문제고, 리더십은 그 사다리가 올바른 벽에 걸쳐져 있는가를 결정하는 것과 관계된다.

* Warren Bennis, 《뉴 리더의 조건》(1993, 김영사)의 저자.— 옮긴이.

이제 관리와 리더십의 차이를 파악하기 위해 길이 없는 정글 속에서 큰 칼을 가지고 잡목이나 잡초를 쳐내어 길을 만들며 나아가는 한 집단의 사람들을 상상해보자. 그들은 문제를 해결하는 일꾼들, 곧 생산자에 해당된다. 그들은 정글 속의 잡목을 제거하며 앞으로 나아가고 있다.

그 뒤를 관리자가 따르면서 칼날을 갈아주고, 방침과 절차를 개발하고, 능률개선 프로그램을 수립하며, 새로운 기술을 도입하고, 작업 계획과 보상 프로그램을 짜고 있다.

리더는 가장 높은 나무 위에 올라가서 전체 상황을 살핀 후 "길을 잘못 들었네!"라고 외친다. 그러면 효율성을 주장하며 바쁘게 움직이는 생산자들이나 관리자들은 어떻게 반응하겠는가? "입 닥쳐! 우리의 작업은 잘 진전되고 있어."

우리는 어떤 개인, 집단 혹은 기업이 잘못 접어든 길을 가고 있는데도 그것을 모르고 앞으로만 나아가는 것을 종종 본다. 그런데 요즘같이 변화의 속도가 빠른 환경에서는 더욱 절실히 우리 모두에게 훌륭한 리더십이 절실히 요구된다. 리더십은 독립적 및 상호의존적 생활의 모든 부문에서 필요하다.

우리는 길을 알려주는 지도보다 비전, 목표, 나침반(원칙, 방향의 집합체)을 더 필요로 한다. 우리는 앞에 놓여 있는 지대의 형세를 모를 때가 많으며, 그곳을 헤쳐나가기 위해 무엇이 필요한지도 모를 때가 많다. 그래서 대부분의 경우 자신의 판단에 의존한다. 이때 우리가 가진 내면의 나침반은 항상 나아갈 방향을 제시해준다.

효과성은(경우에 따라서는 생존까지도) 얼마나 많은 노력을 기울이는가에 달려 있는 것이 아니고, 올바른 길이나 정글에 들어서 있는지 여부에 달려 있다. 따라서 항상 급변하고 있는 비지니스 세계 및 전문 업종에서는 먼저 리더십이 요구되고 그다음 관리가 요구된다.

비지니스 세계에서는 시장이 너무나 빨리 변하기 때문에 얼마 전까지만 해도 소비자들의 기호와 욕구에 잘 맞던 제품이나 서비스가 하루아침에 쓸모없게 되는 수도 있다. 그러므로 주도적이고 강력한 리더십은 반드시 기업 환경의 변화, 즉 고객의 구매 습관 및 동기를 꾸준히 조사해야 하며 이를 통해 회사의 제반 자원이 올바른 방향에서 쓰일 수 있도록 이끌어야 한다.

항공업계의 규제 해제, 의료업계의 엄청난 비용 상승, 수입되는 외제 자동차의 품질 개선과 양적 증가는 기업환경에 큰 영향을 미치고 있다. 따라서 기업이 자체의 인력 수급을 포함한 각종 환경 변화를 파악하지 못하고 올바른 방향으로 가도록 창의적인 리더십을 발휘하지 못한다면, 아무리 천재적인 경영 관리자가 있다 해도 실패를 막을 도리가 없을 것이다.

효과적인 리더십이 뒷받침되지 않는 효율적인 관리란 어떤 친구가 말한 것처럼 "침몰하는 배 위에서 갑판 의자를 정돈하고 있는 것과 같다." 이는 리더십이 제대로 기능을 발휘하지 못하면 어떤 경영관리도 실패를 막을 수 없다는 것을 뜻한다. 한편 우리는 경영관리의 패러다임에서 쉽게 벗어나지 못하기 때문에 리더십을 발휘하는 것은 매우 어렵고 중요한 일이다.

시애틀에서 1년짜리 프로그램으로 진행되는 고급경영자 양성반의 마지막 모임에서 한 정유회사 사장이 내게 다가와 다음과 같이 말했다. "스티븐, 당신이 리더십과 경영관리의 차이를 지적했을 때 사장으로서 내 자신이 해온 역할을 한번 생각해보고 내가 여태까지 리더십을 제대로 발휘하지 못했음을 깨달았습니다. 나는 날마다 밀려드는 일에 쫓겨 그 일을 관리하는 데에만 급급했어요. 그래서 난 경영 일선에서 물러나기로 결심하고 다른 사람들로 하여금 경영을 맡도록 했지요.

나는 진정한 의미의 리더가 되어 회사를 이끌고 싶었습니다. 그러나 그것은 무척이나 힘든 선택이었습니다. 경영관리에서 물러남으로 인해 생기는 고통, 일종의 허무함을 느끼게 되었기 때문입니다. 그것은 내 앞에 놓여 있는, 즉각적인 성취감을 맛보게 해주던 긴급한 일에서 벗어남으로써 느끼는 고통이었습니다. 처음에는 회사의 진로를 잡는 일, 기업문화를 정립하는 일, 각종 문제를 분석하는 일, 그리고 새로운 기회를 포착하는 일 등의 앞에서 별 만족감을 가질 수 없었습니다. 중역들도 새로운 책임에 대해 고통을 느꼈지요. 그들은 종전의 체제를 그리워했고 날마다 발생하는 문제들을 해결하는 데 내가 다시 도움을 주었으면 하고 바라는 것 같았습니다.

그러나 나는 버티었지요. 제가 리더십을 발휘할 필요가 있다고 굳게 믿었던 것입니다. 결국 최근 우리 사업은 완전히 변모되었습니다. 우리는 환경변화에 더욱 잘 적응하게 되었고 매출은 2배, 이익은 4배나 올랐죠. 나는 리더십을 발휘하고 있습니다."

나는 자식을 키우는 부모들 역시 가풍, 목적, 가족 유대보다는 자녀에 대한 통제, 효율성, 그리고 규칙 등을 생각하는 관리의 패러다임에 젖어 있다고 확신한다.

리더십은 개인의 삶에서 특히 부족하다. 우리는 가치관을 확립하기도 전에 삶의 효율관리 또는 목표설정과 달성에만 집착하고 있다.

새로운 각본을 써라, 자신에 대해 첫 번째 창조자가 되어라

앞에서 살펴보았듯이, 주도성이란 인간이 가진 천부능력인 자아의식에 바탕을 두고 있다. 그러나 인생에서 주도성을 확대해주고 리더십을 발휘하게 해주는 인간만이 가진 독특한 두 가지 능력은 바로 '상상력'과 '양심'이다.

우리는 상상력을 통해 아직은 창조되지 않았으나 우리 안에 존재하는 무한한 가능성의 세계를 마음속에 그려볼 수 있다. 그다음에 양심을 통해 독자적인 재능과 수단을 발휘함으로써 보편적인 법칙과 원칙에 접촉할 수 있다. 이같이 상상력과 양심이 자아의식과 결합하면 우리는 자신에 대한 패러다임인 각본을 쓸 수 있게 된다.

그런데 우리는 이미 주어진 수많은 각본에 따라 살고 있기 때문에, 우리 자신의 각본을 쓰는 과정은 '재각본화' 과정, 즉 패러다임의 변화라고 볼 수 있다. 다시 말하면 이미 가지고 있는 기본적인 패러다임들을 바꾸는 것이다. 비효과적인 각본과 우리 안에 있는 불완전한 패러다임들을 인식해감에 따라 우리는 주도적으로 스스로를 재각본화할 수 있다.

사다트는 어릴 때부터 이스라엘을 증오하도록 교육을 받았다. 그는 국영 TV방송에서 다음과 같이 말하곤 했다. "이스라엘이 아랍 영토의 1인치라도 점령하고 있는 한, 나는 절대로 이스라엘 사람하고는 악수하지 않겠다. 절대로, 절대로!" 그러면 전국의 국민들도 열광적으로 "절대로, 절대로, 절대로!"를 외쳤다. 그는 이러한 각본에 따라 국민을 단결시키고 그들의 뜻을 한곳에 집중시켰다.

사다트의 각본은 매우 독립적이고 민족주의적이었으며 국민들에게 대단한 공감을 불러일으켰다. 그러나 그것은 동시에 매우 어리석은 것이기도 했다. 사다트 역시 이 사실을 잘 알고 있었다. 왜냐하면 이 각본은 상호의존적인 현실을 간과하고 있었기 때문이다. 그래서 그는 각본을 다시 썼다.

그는 젊었을 때 이집트의 화로크 왕 모반 음모 사건에 연루됐다는 이유로 카이로 중앙교도소 독방에 갇혔었다. 그때 사다트는 각본을 다시 쓰는 과정에 대해 깨달았다. 그는 현재 심정을 떠나 자신에게 있는 각본이 적절하고 지혜로운 것인지를 판단하는 방법을 알게 되었다. 그는 일단 마음을 비우고 깊은 명상을 통해 자기에게 있는 각본을 점검해 보고 기도를 통해 새로운 각본을 작성했다.

사다트는 사실 그 감옥에서 나오기를 주저했다고 기록하고 있다. 바로 그 감옥에서, 진정한 성공이란 자신을 제대로 파악하는 데서 온다는 사실을 깨달았기 때문이다. 진정한 성공이란 물질을 소유하는 데 있는 것이 아니고 자신과의 싸움에서 이기는 데 있다.

나세르 대통령이 통치하던 기간 동안 사다트는 비교적 중요하지 않은 직책으로 좌천되었다. 사람들은 그의 뜻이 꺾이고 좌절되었다고 느꼈지만 사실 그렇지 않았다. 사람들이 그들의 시각에서 그를 바라보았기 때문에 상황을 이해할 수 없었던 것이다. 사다트는 자기 시대가 오기를 기다렸다.

마침내 사다트의 시대가 도래하였다. 그는 이집트의 대통령이 되어 이스라엘에 대해 새로운 각본을 썼다. 그리고 예루살렘에 있는 이스라엘 국회를 방문하여 세계 역사상 획기적인 평화정착 발언을 하였으며 마침내 캠프 데이비드 평화협정을 체결하는 성과를 이루어냈다.

사다트는 자아의식, 상상력, 그리고 양심을 활용하여 개인적 리더십을 행사하고 본질적인 패러다임을 변화시키며 상황을 보는 방식을 바꿀 수 있었다. 그는 이러한 일을 자신의 '영향력의 원' 안에서 훌륭하게 해냈다. 그는 새로 쓴 각본인 패러다임의 변화를 통해 행동과 태도 등을 변화시킬 수 있었고 이것은 더 넓은 '관심의 원'에 있던 수많은 양국 국민들에게 엄청난 영향을 미쳤다.

자아의식을 발전시키다 보면 대부분의 사람들은 자신이 얼마나 가치 없는 습관, 즉 비효과적인 각본에 따라 살고 있는지 또한 삶에서 진정으로 가치 있는 것과는 얼마나 무관하게 살고 있는지를 알게 된다. 습관 2는 우리에게 그러한 각본에 따라 살 필요가 없다고 말하고 있다. 우리는 자신의 상상력과 창의력을 이용하여 새로운 각본을 쓸 책임이 있다. 새 각본은 삶을 사는 데 좀더 효과적이고 우리가 가장 가치 있게 생각하는 것에 좀 더 일치할 것이다. 나아가 우리의 가치를 더욱 의미 있게 해주는 올바른 원칙에 좀더 가깝게 해줄 것이다.

예를 들어 내가 자녀에게 지나친 반응을 하는 부모라고 가정해보자. 즉, 내가 좋지 않다고 생각하는 일들을 아이들이 할 때마다 몹시 성질이 난다고 가정해보자. 그러면 나는 벼르고 벼르다가 한번 호되게 혼낼 준비를 한다. 이때 나는 아이들의 성장에 대해 장기적 안목을 가지고 주의를 기울이는 게 아니라 당장 내 신경에 거슬리는 행동에만 관심을 가지는 것이다. 이는 마치 전쟁에서 승리하려고 하는 것이 아니라 단지 지역 전투에서 이기려고 하는 것과 같다.

나는 아이들과 전투를 시작한다. 나는 그들보다 키도 크고 권위도 있기 때문에 고함을 치고 겁을 주며 벌을 주기까지 한다. 그리고 마침내 내가 승리한다. 그러나 아이들은 겉으로는 순종하는 척하지만 속으로는 반항심을 키우게 되고 언젠가는 부정적으로 표출되고야 말 감정을 억누르게 되며 여기서 우리의 관계는 깨어지게 된다.

자, 앞에서 경험했던 장례식 장면을 다시 한 번 생각해보자. 내 아이들 중 어느 하나가 막 추도사를 읽으려고 한다. 나는 이 아이가 가능하면 '우리 아버지는 소소하게 작은 데만 신경을 쓰는 그런 사람이 아니었고, 사랑으로 우리를 가르치고 교육했던 훌륭한 분이셨다'라고 얘기해주기를 바란다. 또 '나의 머릿속에는 아버지와 함께 보낸 즐겁고 행복했던 추억들이 가득 차 있습니다'라고 말하기를 바란다. 아니면 '나의 아버지는 사랑이 많으셔서 기쁠 때나 슬플 때나 늘 항상 우리와 함께하셨다' 혹은 '어떤 문제나 고민거리가 있을 때 맨 먼저 아버지께 달려갈 수 있을 만큼 자상한 분이셨다'라고 기억해주기를 바란다. 나아가 '아버지는 완벽하진 않으셨지만 항상 최선을 다하신 분으로, 나는 이 세상의 어느 누구보다 아버지를 사랑하였다'라고 회상해주기를 바란다.

내가 이런 얘기들을 듣고 싶은 이유는 진실로 자식들을 소중하게 생각하며 사랑하고 그들이 힘들 때 도와줄 수 있는 아버지가 되고 싶기 때문이다. 나는 아이들의 아버지 역할을 매우 소중하게 생각한다. 그러나 나 역시 이 같은 가치와 중요성을 망각할 때가 있다. '하찮은 바쁜 일' 때문에 정신이 없을 때가 많기 때문이다. 급박한 일들, 당장의 관심사, 그리고 외적인 문제들 때문에 내가 가장 소중하게 생각하는 문제가 등한시되거나 묻혀버리게 된다. 그 때문에 반사적으로 행동하게 되고 속마음과는 달리 형식적으로 아이들을 대하게 된다.

그러나 나는 자아의식, 상상력, 양심을 가지고 있기 때문에 내가 가장 가치 있게 생각하는 것을 검토해볼 수 있다. 그러면 지금 따르고 있는 각본들은 내가 가치 있다고 생각하는 것과는 다르며, 내 자신의 주도적인 설계에서 나온 것도 아니며, 단지 환경이나 다른 사람들의 영향을 받아 만들어진 첫 번째 창조의 결과라는 것을 깨닫게 된다. 나는 변화할 수 있다. 나는 과거를 잊고 밝은 미래를 상상하며 살 수 있다. 또한 과거의 편협한 생각들로부터 해방되어 무한한 잠재능력을 발휘할 수 있다. 즉, 내 자신을 첫 번째로 창조한 설계자가 될 수 있다.

끝을 생각하며 시작하라는 것은, 부모 역할과 같이 인생에서 해야 하는 여러 역할을 가치관과 목표에 따라 수행함을 의미한다. 이것은 자기 자신이 첫 번째 창조에 대해 책임진다는 것을 뜻한다. 또 이것은 나의 행동과 태도의 원천이 되는 패러다임이 자신이 진실로 가치 있다고 생각하는 것에 일치하도록 하며 올바른 원칙과 전혀 위배되지 않도록 각본을 다시 쓰는 것을 의미한다. 그리고 이것은 우리가 가치 있다고 생각하는 것들을 매일 마음속에 깊이 새기고 살아가는 것을 의미하기도 한다.

그러면 어떠한 인생의 부침이나 도전에도 흔들리지 않고 가치기준에 따라 판단하고 행동할 수 있다. 나는 언제나 성실하고 정직하게 행동할 수 있다. 나는 어떤 상황에도 감정적이 되거나 반사적인 반응을 하지 않는다. 이처럼 가치 기준이 분명하게 자리잡으면 진정한 의미에서 주도적으로 그리고 가치중심적으로 될 수 있다.

자기 사명서

목표를 확립하고 행동하는 가장 좋은 방법은 자기 사명, 즉 자신의 인생철학 내지 신조를 작성하는 것이다. 자기 사명서는 우리가 어떤 사람이 되기를 원하는가(성품), 무엇을 하기를 원하는가(공헌 및 업적)를 기술하고, 자신의 존재와 행동이 바탕을 두고 있는 가치와 원칙에 초점을 맞춘다. 그러나 사람은 누구나 나름대로 특성이 다르기 때문에 자기 사명서의 형태나 내용 역시 각자의 독특함을 반영한다. 나의 친구인 롤페 커(Rolfe Kerr)는 자신의 신조를 다음과 같이 표현하고 있다.

우선 가정에서 성공하라.
신의 도움을 갈구하라.
정직함을 결코 타협의 대상으로 삼지 말라.
인간관계를 맺고 있는 사람들을 늘 기억하라.
판단을 내리기 전에 우선 양측의 말을 다 들어라.
다른 사람의 충고를 귀담아들어라.
그 자리에 없는 사람을 옹호하라.
성실하되 결단력을 가져라.
능숙하게 할 수 있는 무언가를 1년에 하나 정도 계발하라.
내일의 계획을 오늘 세워라.

기다리는 동안 시간을 낭비하지 말고 무엇인가를 하라.

적극적인 태도를 가져라.

유머 감각을 잃지 마라.

몸소 정돈된 생활을 하고 정연하게 일하라.

실수를 두려워하지 마라. 대신 그러한 실수에 대한 창의적이고 건설적인 대책의 부재를 두려워하라.

부하들이 성공할 수 있도록 이끌어 주라.

두 번 듣고 한 번 말하라.

현재 하고 있는 일에 최선을 다하라. 다음 일이나 승진에 대해 미리 걱정하지 마라.

가정일과 직장일 사이의 균형을 유지하고자 하는 어떤 부인은 자신의 사명을 다음과 같이 피력하고 있다.

가정과 직장 모두 나에게 중요하기 때문에 나는 이 두 가지의 임무 사이의 균형을 유지할 수 있도록 노력하겠다.

가정은 나를 포함한 가족, 친구, 손님 들이 늘 기쁨과 평화, 안정과 행복을 누릴 수 있는 장소가 될 것이다. 우리 가정을 활기차고 안락하게 하고 집을 깨끗하게 하며 잘 정돈하겠다. 나는 가족을 위하여 먹고 읽고 보고 행동하는 것들을 고를 때 지혜롭게 선택할 것이다. 특히 우리 아이들이 서로 사랑하고 무엇이든 열심히 배우며 항상 웃으며 살도록 가르칠 것이다. 또한 그들이 자신만이 가진 독특한 능력을 계발할 수 있도록 도와줄 것이다.

나는 민주사회의 권리와 자유, 의무를 소중하게 여긴다. 나는 정치적인 일에도 관심을 갖고 투표권을 행사함은 물론, 여러 사회 문제들에 밝은 여성이 되어 정치권에 의견을 제시하는 국민이 될 것이다.

나는 인생 목표를 달성하는 데 있어서 자발적이고 적극적인 사람이 될 것이다. 가만히 앉아서 좋은 여건이나 기회를 기다리지 않고 적극적으로 찾아 나서는 사람이 되겠다.

나는 중독성이 있고 건강에 해로운 습관은 멀리하도록 노력할 것이다. 과거에 나를 얽매었던 습관에서 벗어나 나의 역량과 장래성을 키워주는 새로운 습관들을 만들어나가겠다.

나는 금전과 재산의 노예가 아닌 주인이 되어 점차 경제적인 자립을 추구할 것이다. 그러기 위해 지출을 절제하고 꼭 필요한 것만 살 것이다. 주택자금, 승용차 구입을 위한 융자 외에는 어떤 빚도 지지 않을 것이다. 수입보다 적게 지출하고 그 차액의 일부를 정기적으로 저축하고 투자할 것이다. 나아가 소외된 사람들을 위해 틈틈이 봉사활동을 할 것이다.

자기 사명서를 '개인 헌법'이라고 불러도 좋다. 이것 또한 헌법처럼 근본은 바뀌지 않기 때문이다. 미국 헌법은 근 2백 년 동안 26번의 수정밖에 없었으며, 그중 10번의 수정은 원래의 권리장전에 들어 있는 내용이었다. 미국 헌법은 모든 다른 법률의 토대가 되는 기본법이다. 대통령은 취임할 때 '충성의 맹세'를 통해 이 헌법을 지키고 보호할 것을 맹세한다. 외국인이 시민권을 취득할 때도 이것을 서약한다. 헌법에 바탕을 두고 확고한 정신을 세웠기 때문에 미국 국민들은 남북전쟁, 베트남전쟁, 워터게이트 사건 등과 같은 커다란 충격도 잘 극복해낼 수 있었다. 이처럼 헌법이야말로 모든 것의 판단 기준이 되고 방향을 잡아주는 성문화된 문서이다.

헌법은 올바른 원칙, 즉 독립 선언서에 담겨 있는 자명한 진리에 바탕을 두고 있기 때문에 사회가 아무리 혼란스러워지고 격변하여도 이 헌법으로 하여금 강력한 힘을 끊임없이 발휘할 수 있게 해준다. 토머스 제퍼슨은 "우리가 특히 안전한 이유는 바로 성문화된 헌법을 갖고 있기 때문이다"라고 하였다.

올바른 원칙에 기초를 둔 자기 서명서는 헌법이 국가에 대해 갖는 기능과 같은 역할을 개인에 대해 한다. 이것이 바로 개인 헌법으로, 우리가 자신의 생활에 큰 영향을 미치는 어려운 상황이나 혼란스러운 감정 속에서 주요한 결정을 할 때 혹은 순간순간 일어나는 일들을 판단할 때 하나의 기준체계를 제공해준다. 나아가 격변하는 환경 속에 살고 있는 우리에게 강력한 힘을 끊임없이 제공한다.

만일 우리가 내면 깊이 불변하는 준거체계, 즉 인생 지침을 갖고 있지 않다면 오늘날처럼 급변하는 환경에서 도저히 살아갈 수 없다. 격변의 상황에 대처하는 능력은 나는 누구이고 무엇을 하며 가장 가치 있게 어떤 것을 생각하느냐에 대한 불변하는 인생의 지침에 달려 있다.

확고한 자기 사명서가 있다면 우리는 어떤 변화도 헤쳐나갈 수 있다. 또 편견이나 선입견에 따라 모든 대상 그리고 모든 사람을 경솔하게 단정해버리는 실수를 범하지 않게 된다.

우리 주위의 환경은 끊임없이 급속도로 변화하고 있다. 변화의 속도에 밀려 지쳐버린 사람들은 급변하는 환경에 적응할 수도 극복할 수도 없다고 한탄한다. 그 결과 이들은 모든 일에 반사적이 되며 실제 모든 것을 운명에 맡겨버리고 포기한다.

그러나 우리가 이렇게 될 필요가 없다. 빅터 프랭클은 죽음의 나치 수용소에서도 주도성의 원칙을 체득하였고 인생의 목적과 의의가 얼마나 중요한가를 파악하였다. 그가 발전시킨 '의미(언어)치료법(logo-therapy)'은 상당수의 정신 및 정서적 병이 주로 공허감이나 무의미하다고 느끼는 심리적 상태에서 오는 증상이라는 판단 아래 환자가 인생의 목적과 사명을 찾을 수 있도록 도와주는 방법이다.

우리가 일단 이 같은 사명을 가지게 되면, 주도적인 행동의 본질을 갖게 되고 삶의 방향을 제시해주는 비전과 가치관도 생긴다. 나아가 자신의 장·단기적인 목표를 세워줄 기본방침을 가지는 셈이다. 또 올바른 원칙에 바탕을 두고 있는 성문화된 헌법을 갖고 있는 까닭에 자신의 시간, 재능, 에너지를 쓰는 모든 행동이 과연 최대한으로 효과적인가를 평가해볼 수 있다.

삶의 네 가지 요소

자기 사명서를 작성하기 위해서는 반드시 '영향력의 원', 그 핵심에서부터 출발해야 한다. 이때 핵심은 우리가 세상을 보고 이해하는 시각 렌즈와 같은 것이며 가장 기본적인 패러다임으로 구성되어 있다.

우리는 바로 이 핵심에서 자기 자신의 비전과 가치를 다루게 되며 천부적 능력인 자아의식을 사용하여 자신의 시각 지도, 즉 패러다임을 검토한다. 말하자면 우리가 올바른 원칙에 가치를 부여하는지, 우리가 가진 지도가 해당 지역이나 땅을 정확히 기술하고 있는지, 우리의 패러다임이 원칙과 진리에 기반을 두는지 등을 확인한다.

여기에서 양심이란 천부적 힘이 자신의 독특한 재능과 최적의 공헌 분야를 찾아내는 데 도움을 주는 나침반 역할을 한다. 또한 우리가 원하는 인생 목표를 확립할 때 천부능력인 상상력을 활용하는데, 이 상상력은 삶의 방향과 목적을 부여하며 자기 사명서의 내용을 제시한다.

영향력의 원의 핵심에 노력을 기울이면 큰 성과를 얻을 수 있다. 우리는 바로 이 핵심에서 시작하여 그 범위를 점차 확대해나간다. 과정은 인생의 모든 국면을 대단히 효과성 있게 해주며, 최상의 결과를 낳아주는 생산능력에 대한 투자가 된다. 삶의 핵심에 있는 모든 것은 우리 자신의 안정감, 지침, 지혜, 역량의 원천이 될 것이다.

'안정감'이란 가치의식, 자기 정체성, 정서적 안정, 자존의식, 강직한 성품에서부터 나온다.

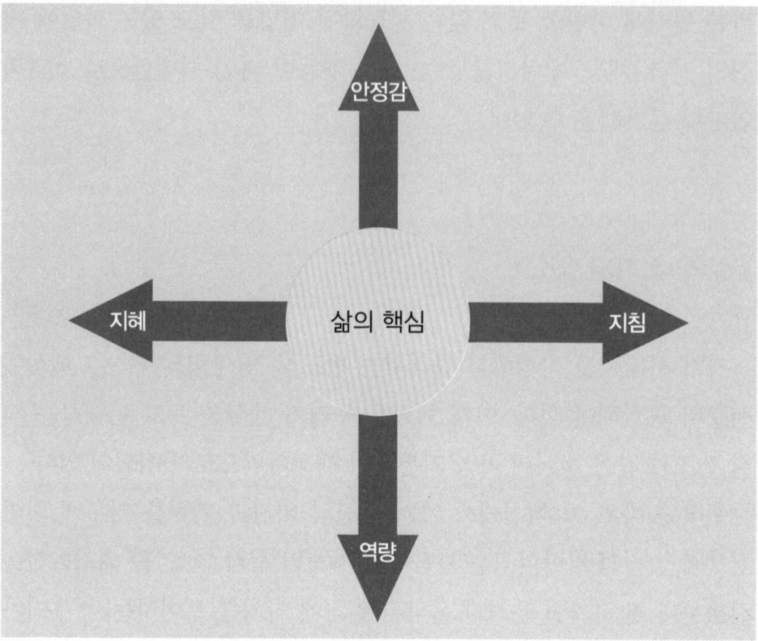

'지침'이란 인생의 방향을 인도해주는 길잡이를 뜻한다. 이는 일상생활에서 일어나는 일을 해석하는 우리 내부의 준거틀인 패러다임이며 매 순간의 의사 결정과 행동을 다스리는 표준이자 원칙, 그리고 내재하는 기준이다.

'지혜'는 인생을 보는 시각과 균형유지의 감각에서 나오며, 다양한 개체와 원칙이 어떻게 상호 관련되고 적용되는지에 대한 이해력이다. 지혜는 판단하고, 분별하고, 이해하는 능력을 모두 포함한다. 즉 지혜는 하나의 게슈탈트*요, 하나됨(oneness)이며, 통합된 총체(wholeness)이다.

'역량'이란 어떤 것을 성취하는 잠재력 및 정신력, 행동하는 능력과

* Gestalt, 지각의 대상을 형성하는 통일적 구조, 형태.—옮긴이.

자질을 의미한다. 역량은 선택과 결정을 하기 위한 필수 불가결의 수단이다. 버릇이 되어버린 습관을 개선하여 더 좋고 효과적인 새로운 습관을 개발하는 능력 역시 역량에 포함된다.

안정감·지침·지혜·역량, 이상의 네 가지 요소는 상호의존적이다. 안정감과 명확한 지침은 참된 지혜를 낳고, 지혜는 역량에 불을 붙이는 스파크이자 촉매가 된다. 이 네 요소가 조화되고 활성화될 때 이것은 멋진 성격, 균형잡힌 성품, 매우 성실한 개인을 만드는 훌륭한 도구가 된다.

이렇게 우리 삶의 도구가 되는 요소들은 인생의 모든 다른 차원에 대해서도 그 바탕이 되어 큰 영향을 미친다. 그러나 누구에게나 이 네 요소의 개발 정도는 완벽하지도 않고 전혀 개발되지 않은 것도 아니다. 우리는 모두 자신이 이들 각 요소를 어느 정도 발전시켜왔나 하는 것을 연속선상의 어느 지점에 표시할 수 있다. 이것은 앞에서 설명한 성숙연속선과 비슷하다.

개발 정도가 이 연속선상의 하단 끝에 있다면 이들 요소는 약한 상태이다. 이때는 우리가 직접적인 통제능력을 갖지 못한 주변 여건과 다른 사람에게 의존하게 된다. 그러나 정도가 연속선상의 상단 끝에 있으면 자신이 상황을 지배한다. 즉 독립적인 능력과 상호의존적이고 원만한 대인관계를 위한 튼튼한 기초를 갖게 된다.

예컨대 당신의 '안정감'이 연속선상 양극단 사이의 어느 한 지점에 놓여 있다고 하자. 이때 하단 끝은 극단적으로 불안정한 경우로 변덕스러운 외부세력에 시달리게 된다. 반면에 당신의 '안정감'이 상단 끝에 위치할 경우 고도의 본질적인 가치의식과 개인적인 안정감을 갖게 된다.

당신의 '지침'도 연속선상에 위치할 수 있다. 그것은 불안정하고 변동하는 사회적 거울에 의존하는 하단 끝에서부터 안정적이고 분명한 내면적 방향을 갖는 상단 끝 사이의 어디엔가 위치한다.

당신의 '지혜'는 모든 것이 왜곡되고 불완전하고 부정확한 인생의 지도와 모든 개체와 원칙이 이상적으로 연관되어 있는 완전하고 정확한 인생의 지도 그 사이 어디쯤에 놓여 있다.

당신의 '역량'은 다른 사람에게 조종되어 끌려다니는 꼭두각시 혹은 움직이지 못하는 불구자 상태의 하단 끝과 다른 사람이나 상황을 따르지 않고 가치관에 따라 주도적으로 행동하는 상단 끝 사이의 어디엔가 위치하게 될 것이다.

네 가지 요소가 연속선상에서 놓인 위치, 또 이러한 요소들이 우리 삶의 모든 국면에서 얼마나 통합되고, 조화되고, 균형되고, 긍정적인 영향을 끼쳤나 하는 것은 삶의 핵심, 즉 내면의 가장 중심에 위치한 여러 가지 기본적 패러다임의 기능에 달려 있다.

각종 생활 중심

우리는 의식하지 못한 채 살고 있지만 누구나 하나의 생활 중심을 갖고 있다. 그리고 이 생활 중심은 우리 삶의 모든 국면에 막대한 영향을 미치고 있다.

이제 사람들이 가지고 있는 전형적인 주요 패러다임들, 즉 몇 가지 대표적인 생활 중심들을 간략히 검토해보자. 이를 통해 이 패러다임들이 앞에서 말한 네 가지 요소와 거기에서 결과되는 전체적인 삶에 어떤 영향을 미치는가를 이해할 수 있다.

배우자 중심: 결혼은 가장 친밀하고 만족을 주며 가장 오래 지속되고 성숙을 낳는 인간관계이다. 따라서 자신의 배우자인 남편이나 부인

에게 생활 중심을 두는 것은 자연스럽고 좋은 것이다.

그러나 경험과 관찰에 비추어보면 그렇지 않다. 내가 문제 있는 부부들을 도와주는 일에 여러 해 동안 관여하면서 카운슬링한 모든 배우자 중심의 관계는 하나의 공통점을 가지고 있었는데, 바로 감정적으로 너무 강하게 상대방에게 의존한다는 것이다.

만일 우리의 감정적 가치의식이 각자의 사유에 의한 합리적인 것이 아니고 오직 결혼생활에서부터 나온다면, 배우자와의 관계에 지나치게 집착하게 된다. 예컨대 배우자의 일시적 기분과 감정, 행동과 처신에 쉽게 상처를 받으며 부부관계에 영향을 미치는 외적인 사건들, 예를들면 새로 태어나는 아기, 처가 및 시집 식구들, 경제적 문제, 사회적 성공 등에 대해서도 취약해진다.

결혼생활에서의 책임이 증가함에 따라 거기서 받는 스트레스가 점차 커지면 우리는 결혼 전의 각본으로 되돌아가려 한다. 그러나 배우자 역시 똑같은 경향을 보인다. 보통은 부부간에 이 같은 각본이 서로 다르다. 경제적 문제, 자녀양육, 처가 및 시댁과의 관계 등에서도 입장의 차이가 나타난다. 그런데 내면 깊숙이 자리잡은 이러한 차이점들이 배우자에 대한 감정적 의존과 결합하게 되면 배우자 중심의 관계는 마침내 각종 문제점을 드러낸다.

상호간에 갈등을 빚고 있는 사람과 의존적 관계를 맺는 경우에는 욕구와 갈등이 증폭되게 마련이다. 따라서 사랑과 미움의 과민 반응, 싸우거나 도피하려는 경향, 허탈감, 공격성, 혹독함, 증오감, 냉담함, 경쟁심 등이 통상적인 결과로 나타난다. 이러한 일들이 일어나면 결혼 전의 습관과 각본의 사고방식으로 되돌아가 자신의 행동을 정당화하고 배우자의 행동을 공격하려고 한다.

공격을 당해낼 수 없을 때는 더 큰 피해를 막기 위해 자기 방어의 필요성을 느낄 때가 있다. 이때 우리는 빈정거림, 가시 돋힌 농담, 흠잡기 등, 자신의 내적 취약성을 감추는 말만 골라서 표현한다. 우리는 상대방이 먼저 반성하고 사랑해주기를 바라지만 결과는 단지 상대방에 대한 실망뿐이며 상대방의 문제점에 대한 재확인뿐이다.

이 같은 부부관계는 겉보기에는 원만한 것처럼 보일 수 있다. 그러나 그 결과 인생 지침은 그때그때의 감정에 기초하게 되고 지혜와 역량은 반의존적이고 부정적인 상호작용 때문에 사라지고 만다.

가족 중심: 또 다른 전형적인 생활 중심은 가족이다. 이 역시 자연스럽고 타당하게 보일 수 있다. 가족은 많은 관심과 정신적인 노력을 들여야 하는 생활 영역으로 깊은 관계와 사랑 그리고 삶을 나눌 수 있고 인생을 가치 있게 해주는 곳이다. 그러나 가족 중심의 패러다임은 아이러니컬하게도 성공적인 가족관계에 필수적인 것들을 파괴한다.

가족 중심의 가치관을 가진 사람은 자신의 안정감과 가치의식을 가족의 자랑스러운 전통이나 분위기 또는 명성을 통해 얻는다. 그 결과 이들은 가족의 전통이나 분위기에 변화가 오면 상처를 받게 되고 가족의 명성에 영향을 주는 요소들에 취약하게 된다.

가족 중심의 부모는 그들의 자녀를 복지와 진정한 행복을 위한 최선의 방법대로 기르지 못하고 자기의 소신대로 할 자유를 가지지 못한다. 만약 부모들이 자녀에게서의 좋은 평판을 통해 자신들의 안정감을 얻고자 한다면, 자녀에게 인기 있는 부모가 되기 위한 욕구 때문에 자녀의 성장과 발달에 필요한 장기적인 안목(버릇 들이기 등)을 갖지 못하게 만들 것이다. 혹은 또 다른 유형의 가족 중심적인 부모는 매 순간순간 자식의 일거일동이 적절하고 올바른지에만 관심의 초점을 둘 수도 있다.

이들은 부적절하다고 여기는 자녀의 행동을 볼 때마다 불안을 느끼고, 자녀의 장기적 성장과 발달보다는 순간의 기분대로 즉흥적으로 반응함으로써 크게 화를 낸다. 이때 부모들은 야단을 치거나 소리를 지르기도 하며 화를 못 참고 과잉반응을 하거나 심한 벌을 주기도 한다. 이 같은 부모들은 자녀를 조건적으로 사랑함으로써 자녀로 하여금 눈치를 보게 하거나 아니면 지나치게 독립적이고 반항적으로 만드는 경향이 있다.

금전 중심: 또 다른 논리적이고 흔히 볼 수 있는 생활 중심은 돈과 재산이다. 물론 경제적 안정은 다른 필수조건보다 더 중요하고 기본적인 요소이다. 또 욕구의 순서를 살펴보아도 생존 요건과 경제적 안정은 가장 먼저 필요한 것이다. 따라서 다른 욕구는 이 같은 기본적 욕구가 최소한이나마 해결되기 전에는 고려의 대상도 되지 못한다.

우리들 대부분은 경제적인 걱정을 하고 있다. 이 세상의 복잡한 여건들이 경제상태에 영향을 끼치고 경우에 따라서는 생활에 혼란을 가져와 의식적이든 무의식적이든 걱정과 근심을 하게 된다.

돈을 버는 일에 집중한다는 것은 가족을 잘 부양하려는 욕구로 해석되어 때로는 아주 숭고한 이유가 된다. 사실 일은 중요하다. 그러나 돈 버는 것 자체를 삶의 중심에 둔다면 이것은 파멸을 가져올 수 있다.

삶의 네 가지 요소인 안정감·지침·지혜·역량을 다시 생각해보자. 우리가 자신의 안정감을 대부분 직업, 수입, 재산에서 얻게 된다고 생각해보자. 세상의 많은 요인이 이 같은 경제적 토대에 영향을 미친다. 따라서 우리는 영향을 주는 모든 요인에 대해서 걱정하고 불안해하고 보호적, 방어적이 된다.

만일 우리의 가치의식이 순전히 재산 가치에서만 온다면 우리는 그 재산에 영향을 끼치는 모든 것에 대해 약해지기 쉽다. 그러나 일과 돈 그 자체는 지침도 지혜도 제공하지 못하고 단지 제한된 역량과 안정만을 제공한다. 금전 중심의 패러다임이 갖는 문제는 바로 여기에 과도

하게 집착하면 이것이 자기 인생의 위기나 사랑하는 가족의 위기로 이끌리기 쉽다는 것이다.

금전을 생활 중심으로 가진 사람은 가족이나 다른 우선순위의 것을 무시하면서 사람들이 모두 경제적인 것을 가장 중요하게 생각한다고 가정한다. 내가 아는 어떤 아버지는 자녀들과 서커스 구경을 가기로 한 약속을 지키려고 막 집을 떠나려 할 때 전화가 걸려 와서 서커스 구경 대신 일할 것을 요구받은 적이 있었다. 이때 그는 이것을 거절했다. 그의 부인이 회사에 가서 일을 봐야 하는 것이 아니냐고 묻자 그는 다음과 같이 대답했다. "일은 나중에 다시 할 수 있지만 아이들의 어린 시절은 다시 오지 않는다." 자녀들은 이 작은 사건을 일생 동안 기억하면서 우선순위에 대한 아버지의 교훈으로 받아들였고 자기들에 대한 아버지의 극진한 사랑을 가슴속에 간직하게 되었다.

일 중심: 일 중심적인 패러다임을 가진 사람은 '일에 미친 사람'이라 할 수 있다. 이 같은 사람은 자신의 건강 및 친교, 그리고 삶의 다른 중요한 분야까지 희생하면서 일에 몰두한다. 이들의 근본적 자기 정체성은 자기가 하는 일에서 나온다. 즉 "나는 의사다", "나는 작가다", "나는 배우다"라고 하면서 자신을 과시한다.

이런 사람은 자신의 정체성과 가치의식이 일에 쏠려 있기 때문에 일을 하는 데 방해가 되는 것은 모두 다 자신의 안정감을 위협한다고 본다. 또 생활 지침은 일의 필요성에 관한 것이다. 나아가 그의 지혜와 역량은 일하는 분야에만 제한되어 있기 때문에 삶의 다른 분야에서는 무능한 사람이 된다.

소유 중심: 많은 사람들로 하여금 열심히 노력하게 하는 추진력은 소유욕에서 나온다. 화려한 옷, 자동차, 보트, 보석 등과 같이 손에 잡

히는 물질적인 소유물 외에도 명예나 영화, 그리고 사회적 명성 등과 같은 무형의 소유물도 있다. 우리들 대부분은 자신의 경험에 비추어 소유 중심적인 생활이 얼마나 허망한 것인가를 알고 있다. 왜냐하면 소유한 것은 금방 사라질 수 있고 많은 요인들에 의해 영향받을 수 있기 때문이다.

만일 우리의 안정감이 자신의 명성이나 소유하는 것으로부터 나온다면 살아가면서 항상 이 같은 소유물을 상실하거나 분실하거나 또는 가치가 떨어질 것을 두려워하고 불안해 할 것이다. 또 만일 자신보다 더 많은 재산, 명예 그리고 지위를 가진 사람과 같이 있다면 열등감을 느낄 것이다. 반면 자신보다 더 적은 재산, 명예, 지위를 가진 사람과 함께 있다면 우월감을 느낄 것이다. 이와 같이 우리의 가치의식은 항상 변한다. 즉 불변하고 고정되고 영속적인 자아관념을 갖지 못한다. 우리는 자신의 동산과 부동산, 주식, 지위 그리고 평판을 보호하고 확보하기 위해 끊임없이 애쓴다. 그러는 동안 주가 급락으로 재산을 날려 자살한 사람들이나 정치적 패배로 명예를 잃고 자살한 사람에 대한 이야기를 흔히 듣는다.

쾌락 중심: 소유와 밀접한 관련이 있고 주위에서 흔히 볼 수 있는 또 다른 생활 중심은 재미나 쾌락이다. 우리는 즉각적인 욕구 충족이 가능하고 장려되는 세계에 살고 있다. 텔레비전과 영화는 사람들의 기대감을 증가시키는 중요한 역할을 하고 있다. 이러한 대중매체는 다른 사람들이 즐기고 있고, 또 자신도 누릴 수 있는 안락하고도 '재미있는' 삶을 적나라하게 묘사한다.

그러나 쾌락 중심적 생활방식의 화려함은 화면에 적나라하게 묘사되는 반면 그러한 생활방식으로 인해 초래되는 결과인 내면적 인격, 생산성, 인간관계 등에 미치는 영향은 정확히 보여 주지 않는다.

유쾌하고 재미있는 오락 프로그램은 심신의 피로를 풀 수 있고 가족관계 및 다른 인간관계를 더 가깝게 할 수 있다. 그러나 쾌락 그 자체는 깊고 지속적인 만족이나 충족감을 제공하지 못한다. 쾌락 중심적인 사람은 '단계별 재미'의 각 단계에 너무나 빨리 싫증을 느끼기 때문에 더 수준 높은 쾌락을 끊임없이 갈구한다. 따라서 다음번의 새로운 쾌락은 반드시 더 즐겁고 좋으며, 더 자극적이고 신나야 한다. 결국 이러한 상태에 있는 사람은 거의 모두 자기 도취적이 되고 인생의 모든 것을 당장 자신에게 얼마나 멋진 쾌락을 줄 수 있느냐로 판단한다.

잦은 장기간의 휴가, 지나친 영화 보기와 텔레비전 시청, 지나치게 하는 비디오 게임 등과 같이 많은 여가시간을 함부로 쓰는 사람은 계속해서 쉬운 일만 찾고 점차 인생을 헛되게 만든다. 이런 삶은 개인의 능력과 재능을 잠자게 하고 정신과 영혼을 둔감하게 만들며 나아가 감정을 메마르게 한다. 안정감, 지침, 지혜, 역량은 어디에 있는가? 그것들은 앞에서 설명한 연속선상의 하단 끄트머리에 있다.

맬컴 머저리지(Malcolm Muggeridge)는 《20세기의 고백》이라는 책에서 다음과 같이 썼다.

> 요즈음 때때로 삶을 돌이켜볼 때 나에게 가장 큰 깨달음이 되는 것은 당시에는 가장 의미 있고 매력적으로 보였던 것들이 이제와서는 가장 헛되고 모순된 것으로 보인다는 것이다. 여러 가지 모습을 가진 성공, 남에게 알려지고 칭찬받는 것 등이 바로 그것이다. 또 축재한다든지 여자를 유혹하는 것, 사탄처럼 이 세상을 이리저리 여행하고 다니는 것, 나아가 〈베니티 페어*Vanity Fair*〉가 제공하는 것과 같은 외적인 향락도 우스꽝스럽게 생각된다. 돌이켜보면 자기만족을 위해 행한 모든 짓들이 순전히 환상이었다. 이를 파스칼은 '지구를 혀로 핥는 것'이라고 비유하였었다.

친구/적(敵) 중심: 젊은 사람들은 다른 연령층보다 친구 중심적이 되기 쉽다. 이들에게는 동료 그룹에 받아들여지고 소속되는 것이 더할 나위 없이 중요하기 때문이다. 이때는 왜곡되고 항상 변화하는 사회적 거울, 즉 주위의 기준과 관점(친구나 동료들의 기분, 감정, 태도, 행동 등)이 이들의 삶을 이끌어나가는 네 가지 요소의 바탕이 된다.

친구 중심의 패러다임은 오직 한 사람에게만 초점을 맞추는 경우도 있어 결혼 중심과 비슷한 몇 가지 특성을 띠기도 한다. 한 개인에 대한 지나친 감정적 의존, 증가하는 욕구/갈등의 악순환, 그리고 그 결과 나타나는 부정적 상호작용 등은 친구 중심의 생활에서도 나타난다.

그런데 적(敵)을 자기의 생활 중심으로 두는 것은 어떠한가? 아마 대부분의 사람들은 여기에 대해 생각해본 적도 없을 것이고, 또 아무도 의식적으로 그렇게 하지는 않을 것이다. 그럼에도 불구하고 적을 생활 중심에 두는 것은 흔히 있는 일이다. 특히 이것은 서로 갈등관계에 있는 사람들이 빈번하게 접촉할 때 흔히 발견된다.

예컨대 누군가가 감정적으로 또는 사회적으로 중요한 배우자나 직장 상사와 같은 사람에게 부당하게 취급받아왔다고 느낀다면 그는 이 같은 불의에 너무나 골몰한 나머지 상대방을 자기 생활의 중심으로 삼기 쉽다. 적 중심적인 사람은 스스로의 삶을 주도적으로 살기보다는 적으로 간주하고 있는 사람의 행동과 태도에 반항적으로 대응한다.

대학교수인 내 친구는 사이가 좋지 않은 대학행정을 담당하는 어떤 사람 때문에 매우 괴로워한 적이 있었다. 그는 그 사람에 대해 계속 생각하다가 나중에는 강박관념으로까지 발전하였다.

대학행정 담당자와의 문제가 그의 생활 중심이 되었고 그로 인해 자신의 가족, 교회 그리고 직장 동료들과의 친교 관계에까지도 영향이 미치게 되었다. 그는 마침내 이 대학을 떠나 다른 대학으로 가야 한다는 결론에 다다랐다. 나는 친구에게 "만일 그 사람이 여기에 없더라도 이 대학에서 떠나고 싶은가?" 하고 물어보았다. "물론 안 떠나지. 그러나 그가 여기에 있는 한, 내가 이 대학에 머무르는 것은 인생의 모든 것에 파멸을 가져올 수 있어. 난 가야만 해"라고 그는 대답했다. "그런데 자네는 왜 그 행정 담당자를 자기 생활의 중심에 두고 있나?" 하고 그에게 다시 물었다. 그는 이 질문에 무척 당황했다. 그리고 이것을 부정했다. 그러나 나는 그에게 한 개인과의 나쁜 관계 때문에 인생의 전반적인 방향이 흔들리고 신앙을 약화시키며 사랑하는 사람들과의 관계까지 손상되도록 스스로 허용하고 있다는 사실을 지적해주었다.

마침내 그는 그 행정 담당자가 자기에게 커다란 영향을 끼치고 있음을 시인하였다. 그러나 여전히 자신이 이 같은 선택을 했다는 사실을 부정하였다. 게다가 그는 이 불행한 사태에 대한 모든 책임을 그 행정 담당자에게 돌리면서 자신은 아무 책임이 없다고 주장하였다.

그러나 우리가 서로 대화하면서 그는 점차 자신에게 책임이 있다는 사실을 깨닫게 되었다. 나아가 이러한 책임을 스스로 다루지 않았기 때문에 결국 무책임한 사람이 되었다는 사실도 깨닫게 되었다.

이혼한 사람들 대부분이 이와 비슷한 유형에 해당한다. 그들은 이미 헤어진 전처나 전남편의 일로 화내고 괴로워하며 자기 정당화를 하려고 애쓴다. 아직껏 서로 미워하는 것을 보면 이들은 심리적으로 아직도 결혼상태에 있다. 이들은 자신의 비난을 정당화하기 위해 상대방이 가진 약점을 필요로 한다.

'성숙한' 많은 어린이들은 자신의 부모를 비밀리에 또는 공공연히 미워하면서 성장한다. 그들이 커서 성인이 되면 과거에 받은 학대, 무관심, 또는 편애를 이유로 부모를 비난하고, 삶의 중심을 증오에 두며 그러한 삶을 정당화하면서 반사적으로 살아간다.

친구(또는 적) 중심적인 사람은 본질적인 안정감이 전혀 없다. 또한 가치의식에 대한 관념이 확고하지 않아 다른 사람의 기분이나 행동에 쉽게 좌우된다. 이들의 인생 지침은 다른 사람들이 자신의 행동을 어떻게 생각할 것인가에 대한 감지에서 나오고 지혜는 사회적 렌즈, 즉 적을 생활 중심으로 하는 과대망상 때문에 제한될 수밖에 없다. 따라서 스스로의 역량을 발휘하지 못하고 단지 다른 사람들이 조종하는 대로 따라간다.

교회 중심: 나는 믿음이 훌륭한 대부분의 교인들은 교회에 다닌다는 것 자체가 개인적 신앙심과 별 상관이 없음을 인정할 것이라고 믿는다. 어떤 사람은 예배와 교회 일에 너무 바빠서 가족이나 주위 사람들을 돌보는 일을 등한시한다. 그런데 이것은 그들이 깊이 믿는다고 서약한 바로 그 계율을 어기는 것이다.

이와 반대로 교회에 가끔 나가거나 또는 전혀 나가지 않지만 자신의 태도와 행동은 유대교와 그리스도교의 기본 윤리관에 중심을 두는 매우 진실한 사람들도 있다. 일생 동안 교회와 사회봉사 단체에 참가했던 나는 교회에 다닌다는 것이 반드시 거기에서 배운 원칙에 따라 충실하게 사는 것을 의미하지는 않는다는 사실을 알게 되었다. 우리가 교회에는 충실할 수 있으나 그곳에서 베푸는 가르침에 대해서는 소극적일 수 있기 때문이다.

교회 중심으로 생활하는 사람은 이미지나 체면을 가장 중요하게 생각하여 위선적이 되고 자신의 안정감과 본질적인 가치의식을 훼손한다. 이들의 인생 지침은 사회적인 시각에서 나오기 때문에 다른 사람들을 "적극적이다", "소극적이다", "진보파다", "정통파다" 또는 "보수파다" 등과 같이 인위적으로 분류하고 낙인찍는 경향이 있다.

교회란 정책, 프로그램, 예배 그리고 사람들로 구성되는 공식적인 조직일 뿐이므로 교회 자체만으로는 인간에게 어떤 심오하고 항구적인 안정감이나 본질적인 가치의식을 줄 수 없다. 다시 말하면 교회에서 가르치는 원칙에 충실하게 살면 이것이 가능할 수 있지만 교회라는 조직 자체가 그렇게 할 수는 없다.

교회는 우리에게 한결같고 불변하는 생활 지침을 줄 수 없다. 교회 중심적인 사람들은 빈번히 마치 이중생활을 하는 것처럼 안식일에는 평일과는 전적으로 다르게 행동하고 생각하고 느끼는 듯이 생활한다. 그런데 이 같은 총체감, 일체성 그리고 성실성의 결여야말로 자신의 안정감에 대한 위협요소가 될 뿐만 아니라 상대방에 대한 낙인찍기와 자기정당화의 필요성을 점점 증가시킨다.

교회를 어떤 인생 목표를 성취하기 위한 수단이 아닌 목표 그 자체로 보기 때문에 사람들은 지혜와 삶의 균형감각을 잃는다. 교회가 비록 사람들에게 새로운 힘의 원천, 즉 역량에 대하여 가르친다고는 하지만 교회 자체가 힘이요 역량이라고는 주장하지 않는다. 교회는 단지 하나님의 능력이 인간의 본성에 닿을 수 있도록 하는 하나의 매체임을 주장할 뿐이다.

자기 중심: 오늘날 가장 흔한 삶의 패러다임은 아마도 자기 중심일 것이다. 이 경우 가장 확실한 형태는 이기심으로 이것은 대다수의 사람들의 가치관에 반하는 것이기도 하다. 그러나 자기성장과 자기달성을 위한 많은 인기 있는 방법과 비결을 면밀히 조사해보면 우리는 종종 그 핵심이 자기중심주의라는 것을 발견하게 된다.

자기가 생활 중심이 되면 모든 것이 제한되기 때문에 안정감, 지침, 지혜, 역량은 거의 존재하지 않는다. 또 자기 중심은 팔레스타인의 사해(死海)처럼 받아들이기만 할 뿐 결코 주는 법이 없기 때문에 흐르지 않고 고여서 탁해지고 타락하게 된다.

우리가 봉사하고 생산하고 훌륭한 일에 기여하기 위해 자신의 능력

생활 중심	안정감	지침	지혜	역량
만약 당신이 배우자 중심이라면	• 안정감은 배우자가 당신을 대하는 방법에 의해 좌우된다. • 배우자의 감정이나 기분에 의해 크게 상처받을 수도 있다. • 의사결정 기준이 배우자의 의견이나 기호에 따라 제한된다. • 배우자가 자신의 뜻에 동의하지 않거나 기대에 어긋날 때 깊은 실망에 빠질 수 있다. • 부부관계에 영향을 주는 것은 무엇이나 위협으로 생각한다.	• 행동방향은 자신과 배우자의 욕구로부터 결정된다. • 의사결정 기준이 배우자의 의견이나 기호에 따라 제한된다.	• 인생에 대한 시각은 배우자에 혹은 부부관계에 긍정적/부정적 영향을 주는 것과 관계된다.	• 행동력은 배우자 그리고 자신의 약점 때문에 제한된다.
만약 당신이 가족 중심이라면	• 안정감은 가족의 승인과 기대에 부응함으로써 이루어진다. • 안정감은 가족의 안정과 직결된다. • 자아가치에 대한 감정은 가족의 평판에 의해 이루어진다.	• 가족 위주의 생활각본이 모든 태도와 행동의 원천이 된다. • 의사결정 기준은 가족에게 유익한 것, 또 가족이 원하는 것이다.	• 모든 인생사를 가족 위주로 해석하기 때문에 세상사를 부분적으로만 이해, 지나친 가족애에 빠진다.	• 행동력은 가족의 행동 규범과 가족 전통에 의해 제한받는다.
만약 당신이 금전 중심이라면	• 개인적 가치의식은 재산에 의해 결정된다. • 경제적 안정을 위협하는 것에 상처를 받기 쉽다.	• 이익이 의사결정의 기준이다.	• 금전획득이 인생을 보고 이 해하는 렌즈이기 때문에 어긋난 판단을 하게 된다.	• 금전과 제한된 시각이 역량의 한계를 결정한다.

생활 중심	안정감	지침	지혜	역량
만약 당신이 일 중심이라면	• 직업상의 역할이 자신을 규정짓는 기준이다. • 일하고 있을 때만 마음의 평정을 느낀다.	• 일의 요구와 필요에 따라 모든 의사결정을 한다.	• 직업상의 역할에 의해 제한을 받는 경향이 있다. • 일 자체를 인생으로 여긴다.	• 행동력은 직업 역할모델, 직업 기회, 조직적 제한, 상사의 생각 특정업무에 대한 수행 능력에 의해 제한된다.
만약 당신이 소유 중심이라면	• 안정감은 자신의 평판, 사회적 지위, 재산 등에 의해 이루어진다. • 타인의 재산과 자신의 재산을 비교하는 경향이 있다.	• 무엇이 자기의 재산을 보호, 증가, 또 전시효과가 있게 하느냐에 따라서 의사결정을 한다.	• 경제력과 사회적 위치를 비교하는 차원에서만 세상을 바라본다.	• 구매능력과 달성할 수 있는 사회적 탁월성 내에서 활동 가능하다.
만약 당신이 쾌락 중심이라면	• '신나게' 즐길 때에만 안정감을 느낀다. • 안정은 일시적인 것이고 개인적 사정에 따라 다르다.	• 가장 큰 쾌감을 주는 것이 무엇인지에 따라 의사결정을 한다.	• 세상을 볼 때 자신을 위해 무엇이 좋은가를 살펴본다.	• 자신의 역량은 거의 없다.
만약 당신이 친구 중심이라면	• 안정감은 사회적 거울, 즉 주위의 기준과 관점에 달려 있다. • 타인의 견해에 크게 의존하는 편이다.	• 의사결정 기준은 '친구들이 어떻게 생각할까'에 달려 있다. • 남의 의견에 쉽게 당황한다.	• 사회적 렌즈를 통해 세상을 본다.	• 행동력은 사회적 여론과 관점에 의해 제한된다. • 행동은 견해와 마찬가지로 변덕스럽다.

생활 중심	안정감	지침	지혜	역량
만약 당신이 적 중심이라면	• 안정감은 적의 동향에 달려 있으므로 변하기 쉽다. • 항상 적이 무엇을 꾀하고 있는지 궁금해한다. • 자기와 생각이 같은 동료들로부터 자기 정당화와 확인을 추구한다.	• 적의 행동에 반항적으로 대응한다. • 적을 방해하는 방침과 방향으로 의사를 결정한다.	• 판단력은 편협하고 비뚤어지게 된다. • 방어적이고, 과민반응, 과대망상증을 종종 보인다.	• 분노, 원한, 시기, 복수 등의 부정적 에너지를 소모함으로써 무력해지고 다른 여력은 없다.
만약 당신이 교회 중심이라면	• 안정감은 교회 활동과 교회 내 권한,영향력 등으로 얻게 되는 존경에 달려 있다. • 교회의 종교적 구분과 우월감에 의해 자기 정체성과 안정감을 느낀다.	• 교회의 가르침과 기대라는 맥락에서 타인이 어떻게 평가할 것인가를 생각하면서 행동한다.	• '신자'와 '비신자', '소속된 자'와 '소속되지 않은 자'를 구분하며 세상을 살아간다.	• 역량은 교회의 지위와 역할에서 온다.
만약 당신이 자기 중심이라면	• 안정감은 항상 변화하고 유동적이다.	• 판단기준은 '만약 좋게 느껴진다면', '내가 원하는 것', '내가 필요로 하는 것' 그리고 '나를 위해 좋은 것이 있는가' 등이다.	• 세상을 볼 때 의사결정, 사건, 상황이 자신에게 미치는 영향을 중시한다.	• 행동력은 상호의존성의 도움 없이 자신만의 역량에 국한된다.

을 더 관대하고 이타적으로 개발한다면 인생의 네 가지 필수요소를 크게 증진할 수 있을 것이다.

지금까지 살펴본 것은 삶을 살아가는 데 중심이 되는 몇몇의 예이다. 그런데 이 같은 중심은 자신의 삶보다 다른 사람의 삶에서 훨씬 더 쉽게 알아볼 수 있다. 우리는 돈 버는 것을 다른 어떤 것보다 더 중요하게 여기는 사람을 알고 있을 것이다. 또한 계속되는 적대관계 속에서 자신의 입장을 정당화하는 데 온갖 정력을 낭비하고 있는 사람을 알고 있을 것이다. 그런데 유심히 살펴보면 이런 사람들이 하는 행동의 이면에는 그러한 행동을 일어나게 하는 생활 중심이 있음을 파악할 수 있다.

자기생활 중심

당신의 삶은 어디에 속하는가? 당신의 삶에서 중심이 되는 것은 무엇인가? 이것을 파악하기란 쉽지 않다.

자신의 중심을 확인할 수 있는 가장 좋은 방법은 우리 삶의 네 가지 필수요소들을 면밀히 살펴보는 일일 것이다. 다음 표에 제시된 설명을 읽어보면 자신이 속한 생활 중심을 알아볼 수 있다.

우리가 속한 생활 중심은 대체로 여러 가지 중심들이 복합된 것이다. 대부분의 사람들은 여러 가지 이유로 삶에 영향을 받는다. 내적 및 외적 요인에 따라 하나의 특정한 생활 중심이 활성화되고 내재하는 욕구가 해소될 때까지 이 특정 중심이 지속된다. 그다음에는 다른 생활 중심으로 변화한다.

하나의 생활 중심에서 다른 생활 중심으로 변화하는 것은 결국 상대적인 변동이며 이는 마치 롤러코스터를 타는 것과 같다. 즉, 한순간에는 높이 떠 있고 다음 순간에는 낮아지면서 한 가지 약점을 보충하려다가 다른 약점을 더 심하게 만든다. 이때는 일관된 방향감각도 지속적인 분별력도 꾸준한 역량의 개발이나 개인적이고 본질적인 가치의식도 나아가 자기 정체성도 없다.

물론 가장 이상적인 것은 우리가 일관되게 고도의 안정감, 지침, 지혜, 역량을 끌어낼 수 있고 자신의 주도성을 촉진하며 삶의 모든 분야에 일치와 조화를 이룰 수 있는 하나의 확실한 생활 중심을 창출하는 것이다.

원칙 중심

우리가 삶의 중심을 올바른 원칙에 둔다면 네 가지 필수적인 요소들을 개발하는 탄탄한 기초를 만들게 된다.

사람이나 사물에 기초를 둔 생활 중심은 금방 변화하지만 올바른 원칙은 절대로 변화하지 않기 때문에 우리의 안정감은 바로 여기에서 나온다. 따라서 우리는 이들 원칙에 의존할 수 있다.

원칙이 있으면 모든 일에 반사적으로 반응하지 않는다. 원칙은 우리를 불공정하게 대하거나 화나게 하지 않으며, 이혼을 하게 하거나 친한 친구로부터 멀어지게 하지 않는다. 원칙은 우리를 사로잡기 위해 나서지 않는다. 원칙은 지름길이나 임시방편을 제공해줄 수도 없다. 원칙은 다른 사람의 행동이나 환경 또는 변덕스러운 유행을 따라 변하거나 사라지지 않고 영원하다. 또 재산처럼 화재나 지진에 의해 파괴되지 않고 도둑맞을 수도 없다.

원칙이란 심오하고 근본적인 진리이고 전통적인 진리이며 보편적인 공통분모요 표준이다. 이것은 우리의 인생을 정확성, 일관성, 아름다움 그리고 능력과 같은 여러 가닥의 실로 촘촘히 짜준다.

오늘날 원칙을 무시하는 경향이 있는 사람들과 더불어 살고 있지만 원칙은 사람들의 의견이나 사회적 관행보다 훨씬 더 우위에 있음을 알고 있기 때문에 안심할 수 있다. 지난 수천 년간의 역사가 이러한 사실을 증명해주고 있다. 그러나 더욱 중요한 것은 경험을 통하여 인생에서 이 같은 원칙에 관한 진리를 확인할 수 있다는 사실이다.

우리가 전지전능하지 않으므로 올바른 원칙에 대한 지식과 이해는 제한을 받는다. 이 같은 제한은 자신의 진짜 본성에 대한 이해부족, 주위의 세계에 대한 무지, 올바른 원칙과 부합하지 않고 유행하는 철학과 이론 때문이다. 이러한 아이디어들은 한때 받아들여지겠지만 이제껏 많은 경우에서 보아왔듯이 오랫동안 지속되지 못한다. 그 이유는 이것들이 잘못된 기초 위에 세워졌기 때문이다.

우리의 원칙에 대한 지식과 이해는 제한받고 있지만 그 제한된 영역을 넓혀갈 수는 있다. 스스로가 성장해나갈 수 있다는 원칙에 대한 신

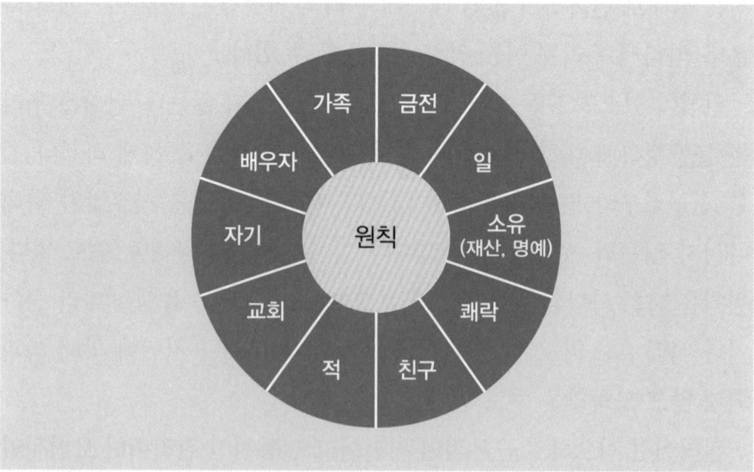

생활 중심	안정감	지침	지혜	역량
만약 당신이 원칙 중심이라면	• 안정감은 외부상황이나 환경과는 상관없이 불변하는 올바른 원칙에 근거한다. • 경험을 통해 올바름이 참다운 원칙이 자기의 인생에서 반복해서 입증되리라는 것을 알고 있다. • 올바른 원칙은 정확성, 일관성, 아름다움, 능력과 함께 작용하고자 기계발의 측정 수단이 된다. • 올바른 원칙은 자기계발을 이해하는 데 도움을 주며 배움에 대한 자신감을 줌으로써 지식과 이해를 증가시켜준다. • 안정감의 원천인 올바른 원칙은 불변하고 확고하고 성공적인 생활 중심을 제공해준다. 이 중심은, 당신이 변화를 중요한 공헌을 할 수 있는 흥미로운 도전과 기회로 보게 해준다.	• 자신의 인생 목표가 어디로 향하고 있고 어떻게 도달할 것인지를 정확하게 보여주는 나침반 같은 원칙에 의해 방향이 정해진다. • 정확한 정보를 이용하기 때문에 실천이 용이하고 의미 있는 의사결정을 한다. • 상황, 감정, 자신의 처지 등에 좌우되기 보다는 삶의 전체적인 균형을 고려한다. 결정과 행동은 장단기적 배려와 영향을 반영한다. • 어떠한 상황에서든 원칙에 입각한 분별력에 근거하여 최선의 방안을 의식적으로 또 주도적으로 결정한다.	• 판단은 광범위한 장기적 안목을 반영한다. • 반사적인 사람과는 다르게 보고 생각하고 행동한다. • 효과적이고 신중한 삶을 위해 세상을 원칙 중심의 패러다임을 통해 본다 • 타인을 돕고 가르치기 위한 주도적인 생활방식을 갖고 있다. • 모든 인생경험을 배움과 봉사를 위한 기회라는 견지에서 해석한다.	• 역량은 자연법칙과 올바른 원칙에 대한 이해와 실행력에 의해서 제한되고 원칙이 갖는 자연법칙적 결과에 의해서 제한된다. • 타인의 태도나 행동에 구속되지 않고 자아의식, 지식, 주도적인 성품을 갖추게 된다. • 행동력은 자신이 가진 재주를 능가하게 되고 상호의존성의 개발을 촉진시킨다. • 자신의 경제력이나 환경에 따른 제한에 구애받지 않는 결정과 행동을 하고 상호의존적 독립을 성취한다.

념은 우리로 하여금 더 많이 배울수록 세상을 보는 렌즈의 초점을 더 정확하게 맞출 수 있다는 사실에 확신을 가지고 올바른 원칙을 찾으려는 노력을 계속할 수 있게 해준다. 원칙이란 변하지 않는다. 사실 변화하는 것은 원칙에 대한 우리의 이해이다.

원칙 중심의 생활에 동반하는 지혜와 지침은 삶의 정확한 지도, 즉 사실에 대해 과거와 현재를 정확하게 파악하고 미래를 예측할 수 있는 능력에서 나온다. 만일 우리가 올바른 지도를 가지고 있다면 가고 싶어 하는 곳과 그곳에 도달하는 방법을 분명히 제시할 수 있다. 이러한 지도의 정확한 정보를 이용하여 의사결정을 하면 실천이 용이할 뿐만 아니라 더 좋고 의미 있는 실천이 된다.

원칙 중심의 생활을 하면 자아의식, 지식 주도성과 같은 개인적인 역량을 갖게 된다. 이러한 것들은 다른 사람의 태도, 반응, 행동에 제한을 받지 않으며 많은 주변 상황과 환경이 미치는 영향력에 의해서도 다른 사람들과는 달리 구속받지 않는다.

개인적 역량에 실제적 제한을 가하는 유일한 것은 원칙에 따른 행동으로부터 나오는 자연법칙의 결과이다. 우리는 올바른 원칙에 대한 지식을 사용하여 행동을 자유롭게 선택할 수 있다. 그러나 이 같은 행동이 수반하는 결과에 대해서는 선택할 수 없다. "만약 당신이 막대기의 한쪽 끝을 집어 올리면 다른 쪽 끝도 따라온다"는 사실을 명심하라.

원칙은 항상 자연법칙에 따른 결과를 수반한다. 우리가 원칙에 입각하여 살면 긍정적인 결과를 얻게 되며 원칙을 무시하고 살면 부정적인 결과를 얻게 된다. 또한 원칙은 그것을 의식하든 못하든 상관없이 모든 사람에게 적용되기 때문에 이 같은 결과는 보편적이다. 올바른 원칙에 대해 더 많이 알수록 현명하게 행동할 수 있는 개인적 자유는 더 커진다.

영원하고 불변하는 원칙에 삶의 중심을 둔다면 성공적인 삶을 살아가는 데 필요한 기본적인 패러다임을 창조하게 된다. 그리고 이 원칙 중심은 모든 다른 중심들을 올바른 견해로 들여다보게 해준다.

우리의 태도와 행동은 패러다임으로부터 나온다는 사실을 명심하라. 패러다임은 마치 안경과 같아서 인생에서 사물을 보는 방식에 영향을 미친다. 올바른 원칙에 입각한 패러다임을 통해 사물을 보는 것은 다른 생활 중심의 패러다임을 통해 사물을 보는 것과 완전히 다르다.

우리가 가진 생활 중심이 어떤 차이를 만드는가를 보다 쉽게 이해하기 위해서 한 가지 구체적인 사례를 가지고 각각 다른 패러다임을 가진 사람들이 이 문제를 보는 시각을 살펴보자. 다음의 내용을 읽으면서 각각의 다른 안경(중심)을 통하여 그 대상을 보도록 시도해보고 각각 다른 생활 중심에서 나올 수 있는 반응들을 상상해보자.

오늘 밤 음악회에 가기로 부인과 약속했다고 가정해보자. 그래서 이미 입장권을 준비했고 부인은 연주회에 대한 기대로 들떠 있다. 지금은 퇴근시간이 임박해오는 오후 4시이다. 그런데 갑자기 사장이 당신을 자기 사무실로 부르더니 내일 오전 9시에 중요한 회의가 있기 때문에 오늘 밤 늦게까지 당신의 도움이 필요하다고 말했다고 하자.

당신이 '배우자 중심' 혹은 '가족 중심'의 안경을 끼고 있다면, 주된 관심은 부인이 될 것이다. 이 경우 당신은 상사에게 그럴 수 없다고 말하고 부인을 기쁘게 하기 위해 그녀를 연주회에 데리고 갈 것이다. 그렇지 않다면 파면될까 두려워 남아서 일하기로 결정한 다음 불평하며 그 일을 할 것이다. 이때 당신은 부인이 보일 반응에 대해 신경을 쓰고 자신의 결정을 합리화하려고 애쓰면서 그녀의 실망과 노여움으로부터 자신을 보호하려고 궁리할 것이다.

당신이 '금전 중심'의 사고방식을 가졌다면, 시간 외 근무수당과 늦게까지 일하는 것이 봉급 인상에 미칠 영향에 대해 생각할 것이다. 또한 자신의 경제적 성취가 최우선임을 아내도 이해해줄 것으로 믿고, 못 간다는 전화만 할 것이다.

당신이 '일 중심'으로 생각한다면, 야근이야말로 아주 좋은 기회라고 받아들일 것이다. 일을 더 많이 배울 수 있고 상사로부터 좋은 점수를 딸 수 있으며 나아가 이것이 승진에도 영향을 미칠 것이라고 생각하기 때문이다. 당신은 정상근무 이상의 시간을 일하는 자신에 대해서 우쭐해질 것이고 스스로가 부지런한 일꾼이라고 평가하며 만족해할 것이다. 동시에 당신의 부인도 틀림없이 당신을 자랑스럽게 여길 것이라고 생각한다.

당신이 '소유 중심'의 사고를 가졌다면, 시간 외 수당으로 나오는 돈으로 살 수 있는 물건들을 생각할 것이다. 혹은 회사에 늦게까지 남아서 근무하는 것이 부서에서 얻을 좋은 평판에 보탬이 될 것인가를 생각할지도 모른다. 왜냐하면 내일이면 부서직원들이 당신이 얼마나 성실하고 희생적이며 헌신적인 사람인가에 대한 소문을 듣게 될 것이기 때문이다.

당신이 '쾌락 중심'의 사고방식을 가졌다면, 비록 부인이 늦게까지 근무하는 것을 바랄지라도 야근을 하지 않고 연주회에 갈 것이다. 낮에 열심히 일했으니 밤에는 즐겨야 하지 않겠는가?

당신이 '친구 중심'이라면, 결정은 연주회에 친구를 초청했는지 초청하지 않았는지에 의해 좌우될 것이다. 아니면 직장의 동료들도 늦게까지 함께 일할 것인가에 의해 좌우될 것이다.

당신이 '적 중심'이라면, 직장 내에서 자신이 가장 열심히 일한다고 생각하는 경쟁상대보다 더 많은 점수를 딸 기회이기 때문에 늦게까지 남아 있을 것이다. 당신은 그 사람의 몫과 자신의 몫까지 합하여 열심히 일할 것이다. 경쟁상대는 회사의 발전에 무관심하지만 당신은 자신의 개인적 즐거움까지 희생하면서 늦게까지 근무한다.

당신이 '교회 중심'이라면, 다른 교인들이 연주회에 가는지 함께 야근을 하는지 무슨 종류의 연주회인지에(헨델의 〈메시아〉가 록 음악보다 우선순위가 높다) 따라 결정할 것이다. 또한 당신의 결정은 '훌륭한 교인'으로서 해야 할 행동이 무엇이냐에 따라 좌우된다. 나아가 야근을 봉사라고 보는지 아니면 물질적 부의 추구라고 보는지에 따라 좌우될 것이다.

당신이 '자기 중심'이라면, 무엇이 자신에게 가장 좋을까 하는 것에 초점을 맞출 것이다. 저녁을 바깥에서 즐겁게 보내는 것이 나을까, 사장에게 잘 보임으로써 좋은 점수를 따는 것이 자신에게 유리할까? 이상의 두 가지가 자신에게 미칠 영향이 주된 관심사일 것이다.

이와 같이 우리는 하나의 사례를 보는데도 여러 가지 관점을 가진다. 앞에서 실시한 지각실험에서도 '젊은 여자/늙은 여자'라는 서로 상반된 관점을 가졌다. 당신은 자신이 가진 생활 중심이 스스로에게 얼마나 본질적인 영향을 미치는가를 알고 있는가? 또한 동기와 의욕, 일상생활에서의 의사결정, 행동(혹은 대부분의 경우 우리의 반응), 나아가 어떤 사건에 대한 해석에 어떠한 영향을 주는지 아는가? 이러한 이유들로 해서 우리가 자기 삶의 중심을 철저하게 이해하는 것은 대단히 중요하다. 만약 우리가 가진 생활 중심으로 인해 주도적인 사람이 되지 못한다면, 그렇게 해줄 수 있는 생활 중심으로 패러다임 전환하여 삶의 효과를 증진시키는 것이 중요하다.

우리가 '원칙 중심'의 사람이라면, 자신에게 영향을 미칠 감정이나 다른 요소들로부터 초연하려고 노력하면서 여러 가지 선택의 길을 검토할 것이다. 직장 요구, 가족 요구, 그리고 관련된 다른 요구들과 다양한 대안의 장단점이 전체적인 균형을 이루게 하고, 모든 요소들을 고려하면서 최선의 해결방안을 찾으려고 애쓸 것이다.

연주회에 가느냐 회사에 남아서 일을 하느냐의 선택은, 효과적인 의사 결정의 극히 작은 부분에 불과하다. 우리는 여러 가지 다른 생활 중심들을 가지고도 똑같은 결정을 내릴 수 있다. 그러나 원칙 중심의 패러다임에서 이 같은 결정을 한다면 여기에는 다음과 같은 몇 가지 중요한 차이점이 있다.

첫째, 다른 사람들이나 주변 여건 때문에 자신의 행동이 좌우되지는 않을 것이다. 또 자신이 최선이라고 생각하는 방안을 주도적으로 선택할 것이다. 그러므로 당신은 모든 결정을 철저하게 그리고 주의해서 할 것이다.

둘째, 당신은 자신의 결정이 장기적으로 확실한 결과가 보장된 원칙에 입각하여 이루어졌기 때문에 이 결정이 가장 효과적이라는 것을 안다.

셋째, 당신이 선택한 결정은 삶의 궁극적인 가치관에 기여하게 된다. 효과적인 회의를 위해 자료를 준비하고 회사의 발전에 순수하게 공헌하기 위해 늦게까지 근무하는 것은, 회사 내의 누군가보다 더 나은 점수를 따려고 늦게까지 남아 근무하는 것과는 확실히 다르다. 스스로 한 결정을 실행하는 것은 전체적인 삶의 질을 높여주고 의미를 부여해준다.

넷째, 당신은 이미 맺어둔 좋은 상호의존적 인간관계에 입각하여 사장 및 부인과 커뮤니케이션을 할 수 있을 것이다. 당신은 독립적이기 때문에 매우 효과적으로 상호의존적인 관계를 만들 수 있다. 이 경우 당신이 사장의 요청을 받았을 때 다른 사람에게 위임할 수 있는 일은 나누어서 맡기고 그 나머지 일만 다음 날 아침 일찍 출근하여 마칠 수도 있다.

마지막으로, 당신은 자신이 선택한 결정에 대해 압박감을 갖지 않고 기분 좋게 느낄 것이다. 따라서 무슨 일이든 그것을 위해 최선을 다하고 그 과정을 즐길 수 있게 될 것이다.

당신이 원칙 중심의 사람이라면 사물을 다르게 본다. 그러면 그것에 대한 견해가 달라지고 다르게 행동하게 된다. 나아가 내면의 확고부동한 핵심으로부터 생성되는 높은 수준의 안정감, 지침, 지혜, 역량이 생기기 때문에 고도로 주도적이고 성공적인 인생을 살아가는 기초를 갖게 된다.

자기 사명서 작성 및 활용방법

자신의 내면 깊숙이 들어가서 기본적인 패러다임들을 파악하고 조정하여 올바른 원칙과 조화시키려고 한다면, 효과적이고 능력을 부여해주는 생활 중심을 창조해야 할 뿐만 아니라 세상을 정확하게 볼 수 있는 깨끗한 렌즈도 함께 가져야 한다. 이렇게 되면 이 렌즈를 통하여 독특한 개체로서의 나 자신이 이 세상과 어떤 관계를 가지는가를 알아볼 수 있다.

프랭클은 자기의 인생 사명을 만들어내기보다는 찾아야 한다고 주장한다. 나는 이 표현을 좋아한다. 우리는 내면에 감시자 역할을 해주는 양심을 지니고 있는데, 이것은 자신의 독특성을 파악하게 해주고 독자적으로 무슨 공헌을 할 수 있는지를 알게 해준다.

프랭클은 다음과 같이 말했다. "사람은 누구나 자신의 삶에서 자기만의 과업 또는 사명을 가진다. 이것은 다른 사람에 의해 대체되거나 반복될 수 없다. 따라서 모든 사람이 갖는 과업이 독특한 것처럼 그것을 이행할 수 있도록 주어진 기회 또한 독특한 것이다."

이 같은 독특성을 말로 표현하려면 주도성과 '영향력의 원'의 중요성을 다시 한 번 상기해야 한다.

우리가 '관심의 원'으로부터 인생의 의미를 찾는 것은 마치 주도적인 책임을 버리는 것과 같다. 이는 자신에 대한 첫 번째 창조를 다른 사람들이나 환경에 맡기는 것과 같다.

우리들이 갖는 삶의 의미는 우리의 내면에서 나온다. 다시 프랭클의 말을 빌려보자. "사람들은 결국 자기 삶의 의미가 무엇인지를 물어서는 안 되고, 이 같은 질문을 받는 당사자는 바로 자기 자신이라는 사실을 인식해야 한다. 즉, 우리 각자는 인생에 의해 질문을 받고 있다. 따라서 자신의 삶에 대해 대답함으로써 인생에 대해 답할 수 있다. 인생에 대해 책임을 지는 것만이 그 대답이다."

개인적인 책임감 혹은 주도성은 첫 번째 창조를 위한 기본이다. 이를 다시 컴퓨터에 비유해보자. 습관 1은 "당신이 프로그래머이다"라고 말한다면, 습관 2는 당신에게 "프로그램을 짜라"고 말하는 것과 같다. 그러나 우리는 자신이 책임을 진다는 생각, 즉 자신이 프로그래머라는 생각을 수용하기 전에는 프로그램을 짜는 일에 애쓰지 않을 것이다.

우리는 주도적인 사람으로서 인생을 통하여 어떤 존재가 되고 싶고 무엇을 하고 싶은지 표현할 수 있다. 즉, 개인 헌법인 자기 사명서를 작성할 수 있다.

사명서는 하룻밤에 걸쳐 간단히 작성하는 것이 아니다. 사명서는 깊은 성찰과 주의 깊은 분석을 통한 심오한 생각의 표현이며 대부분의 작성자들은 완성할 때까지 여러 차례 고쳐 쓴다. 사명서의 내용에 진정으로 만족하고 이것이 우리 내면의 중요한 가치와 방향을 완전히 집약해서 표현했다고 느끼게 되기까지 아마 몇 주 혹은 몇 달의 작성 기간이 걸릴지도 모른다. 그런 연후에도 우리는 정기적으로 이것을 다시 살펴보고 추가된 생각이나 변화된 상황에 따라 약간의 수정을 해야 할 것이다.

사명서는 본질적으로 우리 자신의 개인 헌법이며 확고한 비전과 가치관의 표현이다. 이것은 우리가 인생을 살아가면서 모든 것을 판단하는 기준이 될 것이다.

나는 최근에 내 자신의 사명서를 다시 검토해보았다. 나는 이러한 검토를 정기적으로 하고 있다. 그날 나는 타고 간 자전거를 세워놓고 혼자 해변가에 앉아서 수첩을 꺼낸 뒤 사명서를 검토했다. 이를 하는 데 많은 시간이 걸리긴 했지만 명확함, 정돈감, 책임감, 그리고 해방과 자유의 감정을 느꼈다.

나는 과정이 결과 못지않게 중요하다는 것을 알고 있다. 사명서를 작성하거나 검토하는 일은 우리를 변화시켜준다. 왜냐하면 이것은 자신에게 무엇이 가장 중요한지를 깊고 조심스럽게 생각하게 해주며, 나아가 자신의 생각과 행동을 일치시켜주기 때문이다. 이렇게 하면 다른 사람들은 우리가 외부의 영향력에 좌지우지되지 않는 사람이라고 느끼기 시작할 것이다. 또한 우리는 자신이 하고자 하는 것에 대해 분명한 사명감을 가지고 열중하게 될 것이다.

종합적 사고를 하라

자아의식은 우리 자신의 생각을 검토하는 능력을 준다. 이것은 특히 자기 사명서를 작성하는 데 큰 도움을 준다. 우리로 하여금 습관 2를 실행 가능하도록 해주는 상상력과 양심은 인간만이 갖는 독특한 두 가지 능력으로, 오른쪽 뇌에 있는 기본적 기능이기 때문이다. 또 오른쪽 뇌의 역량을 증가시키는 방법을 아는 것은 첫 번째 창조력을 크게 향상시키는 것이다.

뇌의 특성 이론이라 불리는 이 분야에 대한 많은 연구가 지난 수십 년에 걸쳐 이루어졌다. 연구 결과, 뇌의 왼쪽과 오른쪽은 각각 상이한 기능을 수행하고 있으며 서로 다른 종류의 정보와 문제를 처리하고 있음이 밝혀졌다.

왼쪽 뇌는 논리적, 언어적 기능을 맡고 오른쪽 뇌는 보다 직관적이고 창의적인 기능을 맡는다. 따라서 왼쪽 뇌는 어휘를 다루는 반면 오른쪽 뇌는 에너지를 다룬다. 또 왼쪽 뇌는 부분과 세부적인 것을 다루는 반면 오른쪽 뇌는 전체 및 각 부분간의 관계를 다룬다.

왼쪽 뇌는 각 부분을 나누어 개별적으로 분석하고 오른쪽 뇌는 이들 부분을 함께 모으는, 즉 종합하는 일을 맡고 있다. 왼쪽 뇌는 순서에 따라 단계별로 사고를 하고 오른쪽 뇌는 동시에 전체적으로 본다. 다시 말해 왼쪽 뇌는 시간과 차례를 따르는 반면 오른쪽 뇌는 이것에 구애받지 않는다.

사람들은 양쪽 뇌를 모두 사용하고 있지만 개인에 따라 어느 한쪽이 다른 쪽보다 더 발달할 수 있다. 물론 이상적인 것은 양쪽 뇌가 가진 각각의 능력을 양성하고 계발하여 균형적인 발달을 하는 것이다. 이렇게 되면 상황에 따라 어느 쪽의 뇌 기능이 필요한가를 파악하고 그쪽의 뇌를 적절히 사용할 수 있다. 그러나 우세한 쪽을 선호하는 성향 때문에 사람들은 더 발달된 쪽의 뇌 기능에 편함을 느끼고 안주(安住)하게 되어 모든 상황을 한쪽 뇌의 사고방식대로 처리한다.

에이브러햄 매슬로는 다음과 같이 말했다. "망치를 잘 다루는 사람은 모든 것을 못이라고 생각한다." 이렇게 발달된 쪽의 선호 및 안주 현상은 앞서 한 지각실험에서 '젊은 여자/늙은 여자'를 분별하는 데 영향을 미치는 또 하나의 요소이다. 오른쪽 뇌 유형과 왼쪽 뇌 유형의 사람들은 각각 사물을 서로 상이한 방식으로 보려고 한다.

우리는 주로 왼쪽 뇌가 지배하는 세계, 즉 논쟁과 측정 그리고 논리가 중요시되는 반면 우리의 특성 중 보다 창조적이고 직관적이며 감각적이고 예술적인 측면은 종종 무시되는 세계에 살고 있다. 또 많은 사람들은 자신의 오른쪽 뇌의 능력을 활성화시키는 데 상당한 어려움을 느끼고 있다.

이상의 설명은 자세하지 않지만 새로운 연구 결과가 나오면 뇌의 기능에 대해 좀더 확실한 답을 주게 될 것이다. 그러나 여기에서 강조하고자 하는 것은 우리가 매우 많은 종류의 사고기능을 수행할 수 있음에도 불구하고 이 같은 잠재능력을 거의 계발하지 못하고 있다는 점이다. 따라서 다양한 잠재능력에 대해 파악하게 되면 보다 효과적인 방법으로 각종 문제들을 해결할 수 있도록 의식적인 노력을 할 수 있을 것이다.

오른쪽 뇌 개발을 위한 두 가지 방법

만일 우리가 뇌의 특성 이론을 모델로 사용한다면 첫 번째 창조의 질은 창의적인 오른쪽 뇌의 활용 능력에 따라 크게 좌우될 것이다. 다시 말해 우리가 뇌의 능력을 활용할수록 보다 더 생생하게 마음속에 그려 볼 수 있고, 더 완전하게 종합할 수 있고, 시간과 현재의 상황을 초월할 수 있을 것이다. 나아가 우리가 인생에서 진정으로 하고 싶은 것과 되고 싶은 것에 대해 총체적인 영상을 투사해줄 것이다.

1. 시각을 넓혀라

우리는 뜻밖의 돌발사건에 의해 때때로 왼쪽 뇌의 행동과 사고방식으로부터 벗어나서 오른쪽 뇌의 생각과 행동으로 바꾸는 경우가 있다. 사랑하는 사람의 죽음, 불치병, 파산, 심각한 재난 등을 당하면 우리는 모든 일을 중단하고 물러앉아 자신의 인생을 들여다보며 "진정 중요한 것은 무엇인가? 나는 왜 이것을 하고 있는가?" 등과 같은 어려운 질문을 스스로에게 던지게 된다.

그런데 만일 우리가 주도적이라면 돌발사건들이 우리의 시각을 넓혀줄 때까지 기다릴 필요가 없다. 왜냐하면 스스로의 노력으로 그러한 상황을 상상해볼 수 있기 때문이다.

여기에는 여러 가지 방법이 있을 수 있다. 이 장의 첫 부분에서 경험해봤듯이 상상력의 힘을 빌려 자신의 장례식을 그려볼 수 있다. 자기 자신의 추도사를 써보라. 실제로 종이에 구체적이고 상세하게 써보라.

25주년 결혼기념일인 은혼식이나 50주년 결혼기념일인 금혼식을 상상해볼 수도 있다. 이것을 배우자와 함께 해보라. 둘이서 25, 50년 동안의 결혼생활을 하면서 날마다 이루어보려고 애쓴 가족관계가 무엇인지를 생각해보라.

현재 직장에서 정년퇴직하는 것을 상상해볼 수도 있다. 현재 종사하는 분야에서 어떤 공헌과 성취를 하고 싶은가? 정년퇴직 후의 계획은 무엇인가? 새로운 직업을 구해보겠는가?

생각을 넓혀라. 자세히 그리고 구체적으로 마음속에 그려보라. 이용할 수 있는 모든 감정과 느낌을 동원하라.

나는 대학강의에서 이와 비슷한 종류의 실습을 하였다. 나는 학생들에게 이렇게 말했다. "만일 여러분들이 앞으로 한 학기밖에 살 수 없으므로 마지막 학기 동안 좋은 학생이었다는 인상을 남기기로 작정하였다면 이번 학기를 어떻게 보낼 것인지를 상상해보라."

이 실습을 통해 학생들은 모든 것을 다르게 보기 시작하였다. 과거에는 깨닫지 못한 가치 있는 것들이 갑자기 중요하게 생각되었다. 나는 학생들에게 한 주일 동안 이같이 넓혀진 시각을 가지고 생활하면서 매일의 결과를 일기에 적도록 요청했다.

결과는 아주 괄목할 만한 것이었다. 학생들은 부모님께 편지를 쓰면서 자신들이 부모님을 얼마나 사랑하고 감사하는지를 밝히기 시작하였다. 그들은 형제자매에게 잘못을 사과하고 그동안 관계가 악화되었던 친구들에게 화해를 청했다. 그런데 학생들이 이러한 행동을 하는 데 있어서 지배적이고 중심이 되는 원칙은 사랑이었다. 학생들은 자신이 앞으로 한 학기 동안만 살 것이라고 가정하자 악담을 하는 것, 나쁜 생각을 갖는 것, 깔보거나 비난하는 것 등이 모두 쓸데없는 짓이라고 생각하게 되었다. 학생 모두에게 원칙의 중요함과 가치 기준이 더욱 분명히 자리잡게 되었다.

상상력을 동원하여 자신의 가치 기준과 접할 수 있도록 하는 기법에는 여러 가지가 있다. 그런데 내가 지금까지 사용해온 여러 가지 방법들이 가져온 결과는 거의 똑같은 것이었다. 사람들은 자신의 인생에서 가장 중요하다고 생각하는 것, 즉 진정으로 되고 싶고 하고 싶은 것을 찾으려 할 때 대단히 경건해진다. 왜냐하면 그들은 오늘이나 내일의 일이 아닌 먼 장래의 일을 생각해보아야 하기 때문이다.

2. 상상하고 다짐하라

자기 삶을 올바르게 이끌 수 있는 리더십은 한 번의 실습이나 경험으로 얻을 수 있는 것이 아니며 자기 사명서를 작성하면 다 되는 것도 아니다. 이것은 우리가 설정한 비전과 가치관을 지켜나가고 자기가 가장 중요하게 생각하는 것과 일치하는 삶을 살아가는 지속적인 과정이다. 이 같은 과정에서 우리의 오른쪽 뇌 기능이 강력하면 자기 사명서를 일상생활에 적용시키는 데 커다란 도움이 된다. 이것은 '끝을 생각하며 시작하라'는 습관 2에 대한 또 하나의 적용이다.

앞에서 언급했던 예로 다시 돌아가보자. 내가 우리 아이들을 진심으로 사랑하는 부모라고 가정해보자. 또 이것이야말로 나의 사명서에 명시되어 있는 기본적이고 중요한 항목이라고 치자. 그런데 내가 아이들에 대한 과잉반응 때문에 매일 고통당하고 있다고 가정해보자. 이

때 나는 오른쪽 뇌가 가진 상상력을 이용하여 일상생활이 내가 보다 중요하게 생각하는 것과 좀더 일치하도록 도움을 주는 다짐을 할 수 있다.

훌륭한 다짐을 하는 데는 개인적, 긍정적, 현재시제, 시각적, 감정적 요소가 포함된다. 따라서 나는 앞의 경우를 다음과 같이 작성할 수 있다. "우리 아이들이 잘못할 때도 내게 있는 지혜와 사랑, 확신과 자제력을(긍정적) 가지고 반응하는(현재시제) 것이 나에게는(개인적) 가장 큰 만족을(정서적) 준다."

그다음 나는 이와 같은 경우를 상상해볼 수 있다. 우선 매일 몇 분의 시간을 내어 긴장을 풀고 편하게 쉬면서 딸이 잘못을 범하는 상황을 구체적으로 상상해본다. 내가 앉아 있는 의자와 발밑의 마룻바닥 또 내가 입고 있는 스웨터의 감촉까지도 느낄 수 있다. 딸이 입고 있는 옷과 그녀의 얼굴 표정도 그려볼 수 있다. 이처럼 내가 보다 더 자세하고 명확하게 세부적인 것까지 마음속에 그려낼수록 더 심오한 체험이 되고 더 실제적인 참여자가 될 것이다.

다음 단계로 딸아이가 나를 화나게 하고 성질을 돋우는 잘못을 구체적으로 상상한다. 그때 나는 평상시에 내가 흔히 반응하는 행동 대신 다짐에 쓰인 대로 모든 사랑과 힘, 자제력을 동원하여 상황에 대처하는 내 자신의 모습을 볼 수 있다. 나는 이처럼 가치관과 자기 사명서에 일치되는 프로그램과 각본을 작성할 수 있다. 만약 내가 이렇게 한다면 나의 행동은 나날이 변화할 것이다. 그 이유는 부모님, 사회, 유전과 환경이 준 각본에 따라 생활하는 대신 내가 선택한 가치 기준에 입각하여 작성한 각본에 의해 살아갈 것이기 때문이다.

나는 이와 같은 다짐 과정을 미식축구 선수인 아들 숀이 선수생활에 적용해보도록 도와주었다. 나는 이것을 그 애가 고등학교 미식축구 팀의 쿼터백을 맡았을 때부터 시작했고, 이 방법을 스스로 활용할 수 있도록 가르쳐주었다. 나는 숀이 심호흡과 단계적인 근육이완요법을 통하여 편안한 마음상태를 갖도록 한 다음 상상할 수 있는 가장 어려운 시합 장면을 마음속에 그려보게 했다.

이때 숀은 방어 팀의 선수가 자기를 향하여 빠른 속도로 돌진해오는 장면을 상상한다. 순간적으로 그 애는 이 같은 기습에 대응해야 한다. 그는 일단 방어 팀을 파악한 다음 대체 플레이하는 것을 상상한다. 그는 재빨리 첫 번째 리시버, 두 번째 리시버, 세 번째 리시버를 살펴보고 보통은 잘 하지 않는 여러 가지 플레이의 가능성도 상상해본다.

숀은 어느 시점부터 시합을 앞두고 자꾸만 초조감을 느낀다고 했다. 그것은 그 애가 시합 장면에 대한 초조감을 상상하고 있기 때문이라는 사실이 대화하는 도중에 판명되었다. 그래서 우리는 함께 커다란 긴장감을 주는 상황을 그리면서도 자신은 전혀 초조하게 되지 않도록 상상하는 연습을 하였다. 이때 우리는 상상하는 내용 자체가 매우 중요하다는 것을 발견했다. 만약 잘못된 경우를 상상한다면 잘못된 것을 얻게 되기 때문이다.

찰스 가필드 박사는 육상경기와 비즈니스에서 최고의 업적을 남긴 사람들에 대한 연구를 광범위하게 해왔다. 그는 나사(NASA)가 성취한 성과에 대한 연구에서 우주항공사들이 우주여행을 시작하기 전에 지상의 가상환경에서 반복 연습하는 훈련 프로그램에 매료되었다. 그는 이미 수학에서 박사학위를 받았지만 큰 성취를 이룩한 사람들의 특성을 연구하여 심리학 박사학위도 취득하였다.

그의 연구 중 중요한 것은 세계적인 운동선수들뿐만 아니라 우수한 업적을 달성한 사람들 대부분이 훌륭한 상상력을 가졌다는 사실이다. 이들은 어떠한 일을 행하기 전에 마음속에 그 결과를 그려보고, 느끼며, 경험한다. 다시 말하면 이들은 마음속에 목표를 확립한 후 행동하는 것이다.

우리는 이것을 자기 생활의 모든 분야에 적용할 수 있다. 공연발표회, 상품설명회, 어려운 담판, 어떤 목표달성을 위한 매일의 도전 등을 하기 이전에 마음속에 최종 목표를 명백하고 분명하게 그리고 반복하여 그려보라. 그리고 마음속에 어떤 상황에 대한 '안전대책'을 만들어 두라. 이렇게 하면 우리가 그 상황에 봉착할 때 상황 자체가 낯설지 않을뿐더러 겁나거나 두렵지 않게 된다.

창의적이며 상상력을 가진 오른쪽 뇌는 자기 사명서를 작성할 때나 자신의 삶에 사명서를 통합시키는 데 있어서 가장 중요한 자산 중 하나이다. 이렇게 마음속에 미리 상상해보는 것과 다짐 과정을 훈련시키는 분야와 관련하여 많은 문헌, 오디오, 그리고 비디오테이프 등이 있다.

이 분야에서 최근에 개발된 몇 가지 프로그램에는 잠재의식 프로그램, 신경언어학적 프로그램(NLP), 그리고 새로운 긴장완화 프로그램 및 자기와의 대화 프로그램 등이 있다. 이상의 프로그램들은 모두 자세한 설명과 구체적인 사례, 첫 번째 창조에 대한 기본원칙을 제시한다.

나는 성공을 다루는 문헌을 검토하면서 이 분야를 다루는 수백 권의 책을 접했다. 비록 일부는 과장된 주장을 하고 과학적인 근거보다는 경험담과 일화를 담은 내용이었지만, 대부분의 자료는 근본적으로 충실하다고 생각되었다. 또 많은 내용들은 성경연구에서 나온 것 같았다.

자기 삶을 효과적으로 이끄는 리더십에 있어서 상상과 다짐 기법은 삶의 중심이자 충분히 숙고된 목적과 원칙들로 이루어진 근본바탕에서 자연스럽게 나온다. 이 같은 기법은 자신의 마음속에 수행할 목적과 원칙들을 깊이 새기고, 각본을 다시 쓰며, 프로그램을 다시 짜는 데 매우 유용하게 쓰인다.

나는 이 사회에 존재하는 모든 종교의 중심에는 비록 언어는 서로 다르지만 동일한 원칙과 의식이 있다고 믿는다. 다시 말하면 명상, 기도, 서약, 율법, 성경공부, 경전공부, 공감, 회개, 그리고 양심과 상상력을 활용한 여러 형태의 의식은 거의 모든 종교가 사용하는 방법이다.

그런데 만일 이러한 기법들이 외적 성격 위주의 사고로 해석하고, 내적 성품과 원칙의 근본바탕을 무시한다면 이것은 다른 생활 중심이 되도록, 주로 자기 중심적 삶이 되도록 잘못 이용되고 또 남용될 것이다.

다짐 및 상상의 기법은 프로그래밍의 형태이다. 따라서 우리는 근본적인 생활 중심과 일치하지 않는 것, 예컨대 금전 중심, 자기 중심과 같이 올바른 원칙들 이외의 다른 것에 생활 중심을 두도록 프로그램되지 않도록 주의해야만 한다.

상상력은 어떤 물질적 이득 혹은 "나에게 돌아오는 이익이 있나"와 같은 계산에 중점을 두어 일시적 성공을 성취하기 위해 이용할 수도 있다. 그러나 상상력의 보다 훌륭한 용도는, 자신을 초월하고 자신의 목적과 상호의존적인 현실을 지배하는 원칙에 입각하여 헌신적인 삶을 창조하는 양심의 활용과 조화를 이룰 때만 얻을 수 있다.

역할과 목표의 확인

우리가 사명서를 작성할 때 오른쪽 뇌가 포착한 이미지, 느낌, 영상 등을 문자로 정연하게 표시하려면 논리적 언어적 기능을 가진 왼쪽 뇌의 기능 또한 중요하다. 호흡운동이 마치 심신의 융합을 도와주듯 글로 쓰는 것은 의식과 잠재의식을 연결하고 융합하는 데 도움을 주는 일종의 정신 신경적 근육활동이다. 또 글로 쓰는 것은 생각을 정리하고 구체화하고 명확케 하며 전체를 부분으로 분할해준다.

우리는 생활에서 여러 가지 역할을 맡고 있다. 다시 말하면 스스로가 책임을 지는 다양한 분야와 능력을 가지고 있다. 예를 들면 나는 한 개인, 남편, 아버지, 교사, 교회의 성도 그리고 사업가로서의 역할을 하고 있다. 그런데 이런 각각의 역할들은 모두 중요하다.

좀더 성공적인 인생을 살기 위해 노력할 때 대두되는 중요한 문제의 하나는 우리들 대부분이 크고 깊게 생각하지 못한다는 사실이다. 그 결과 우리는 효과적인 삶에 필수적인 조화, 균형, 자연 생태계의 원리를 망각하게 된다. 예컨대 우리는 일에 너무 빠져서 자신의 건강을 해칠 수도 있고 직업에서의 성공이라는 명분하에 자신의 삶 속에서 가장 소중한 인간관계를 소홀히 할 수도 있다.

만약 사명서를 자신이 인생에서 맡고 있는 구체적인 역할로 세분화하고 각 역할 분야에서 성취하고자 하는 목표들로 구분한다면, 그 사명서는 훨씬 더 균형을 이루게 될 뿐만 아니라 실천하기도 쉬울 것이다.

이제 우리가 현 직장에서 가진 역할을 살펴보자. 예컨대 우리는 세일즈맨일 수도 있고 관리자, 또는 제품개발 담당자일 수도 있다. 우리는 이 분야에서 어떤 존재인가? 우리를 이끌어주는 가치 기준은 무엇인가? 다음에는 개인적 역할들도 생각해보자. 남편, 아내, 아버지, 어머니, 이웃, 친구와 같은 역할들을 제대로 수행하고 있는가? 우리에게 중요한 것은 무엇인가? 지역사회를 위한 역할들도 생각해보자. 또 정치 분야, 공공 서비스, 자원봉사 단체에서의 역할 등도 생각해보자.

어떤 기업의 임원은 자기 사명서를 역할과 목표를 구분해서 다음과 같이 작성하였다.

나의 사명은 정직하게 살고, 다른 사람의 삶을 개선시키는 것이다.
본 사명을 수행하기 위해 나는 다음과 같이 행할 것이다.

나는 자비심을 갖는다: 나는 상대방의 처지에 관계없이 모두 사랑한다.
나는 희생한다: 나는 시간, 재능, 금전을 비롯한 각종 자원을 바친다.
나는 영감을 일으킨다: 나는 우리 모두가 하나님을 사랑하는 자녀들이 어떤 어려움도 극복할 수 있다는 것을 몸소 실천함으로써 가르쳐준다.
나는 영향력이 있다: 나는 다른 사람의 삶을 개선시킬 것이다.

다음의 역할들은 나의 사명을 수행하는 데 우선순위가 높은 것들이다.

남편: 아내는 나의 일생에서 가장 중요한 사람이다. 우리는 조화, 근면, 자비심, 검소함을 위해 함께 노력한다.
아버지: 나는 우리 아이들의 인생이 점차적으로 보다 더 기쁜 삶이 되도록 도와준다.
아들/형제: 나는 도움과 사랑을 주기 위해 부모님과 형제들을 자주 방문한다.
기독교인: 나는 하나님과의 서약을 준수하고, 다른 사람들에게 봉사한다.
이웃: 나는 다른 사람에 대한 그리스도의 사랑을 행동으로 실천할 것이다.
업무개선위원: 나는 우리 회사에서 높은 업무성과를 이룩해 내는 촉매자의 역할을 한다.
학자: 나는 매일 새롭고 중요한 것들을 공부한다.

자신의 사명을 현재 맡고 있는 주요 역할들에 따라 작성하면, 균형 있고 조화로운 삶을 영위할 수 있다. 나아가 이것은 우리에게 각각의 역할이 해야 할 임무를 명백하게 보여준다. 이러한 역할을 자주 검토하는 것은 우리가 한 가지 역할에만 치중하는 것을 방지해주는데, 이때 배제되는 다른 역할들은 똑같이 중요하거나 때로는 더 중요할 수 있다.

스스로가 맡은 여러 가지 역할을 파악한 후 각각의 역할에서 성취하길 원하는 장기적 목표를 생각할 수 있다. 우리는 이 단계에서 다시 상상력과 창의력, 양심, 그리고 영감을 얻기 위해 오른쪽 뇌를 활용한다.

그런데 만약 이러한 목표들이 올바른 원칙에 입각한 사명서를 확장한 것이라면 이는 우리가 평상시에 설정한 목표와는 근본적으로 다를 것이다. 올바른 원칙 위주의 목표는 자연법칙과도 조화를 이룰 뿐만 아니라 이 원칙들이 목표달성을 위해 커다란 힘을 제공한다. 이것은 다른 사람의 것을 조금도 모방한 것이 아닌 바로 우리 자신의 목표이며 우리가 가장 중요하게 생각하는 것, 독특한 재능, 사명감을 반영한다. 즉, 이 목표들은 우리가 인생에서 선택한 역할로부터 생겨난다.

효과적인 목표는 행동보다 결과에 주로 초점을 맞춘다. 이것은 도달하기 원하는 목표를 분명하게 해주고, 그곳에 도달하는 과정에서 우리가 어디쯤 와 있나를 알려준다. 또 도달하는 방법에 대한 중요한 정보를 제공하며 언제 그곳에 도달하게 될지도 알려준다.

목표는 우리의 노력과 에너지를 통합해주고 우리가 하는 모든 행위에 의미와 목적을 부여해준다. 우리는 목표 자체를 매일매일의 행동으로 실천함으로써 주도적으로 삶에 책임을 질 수 있게 된다. 그 결과 자기 사명서를 실현하는 일들이 매일 일어날 수 있다.

역할과 목표는 자기 사명에 대한 뼈대와 체계적인 방향을 제공한다. 만약 우리가 아직도 자기 사명서를 가지고 있지 않다면 이것이 바로 새 출발을 위해 맨 먼저 해야 할 일이다. 인생의 여러 가지 분야를 확인하고 각 분야에서 반드시 성취하고자 하는 두세 가지의 주요한 결과들을 알아봄으로써 자기 인생을 보는 전반적 시각과 방향감각을 얻을 수 있다.

우리는 습관 3에서 단기적 목표들에 관해 보다 심도 있게 다룰 것이다. 여기서의 요점은 단지 역할과 장기적 목표가 자기 사명서와 어떤 관계가 있는가를 살펴보는 것이다. 이러한 역할과 목표는 효과적인 목표수립에 기본 바탕을 제공할 것이고, 습관 3으로 넘어가서 매일의 시간 관리 및 생활 관리를 효과적으로 달성할 수 있는 기초를 제공할 것이다.

가족 사명서

습관 2는 원칙에 근거를 두고 있기 때문에 광범위한 분야에 적용 가능하다. 따라서 개인뿐만 아니라 가족, 봉사 단체, 모든 종류의 조직체들이 '궁극의 목표를 확립하고 행동하면' 매우 효과적일 수 있다.

많은 가정이 건전한 원칙이 아닌 위기, 기분, 응급처치, 일시적인 만족을 위해 생활하고 있다. 따라서 집안에 스트레스와 어려운 일이 생길 때마다 가족들은 여러 가지 증후를 보인다. 그 결과 냉소적이거나 비판적이 되고, 경우에 따라서는 말을 하지 않거나 큰 소리 치는 과민반응을 보이기도 한다. 이러한 종류의 행동을 지켜보며 자라는 자녀들은 문제해결의 유일한 방법이 회피 또는 투쟁이라고 생각하게 마련이다.

모든 가족이 가져야 할 가장 중요한 핵심은 확고부동하고 변치 않는 공유된 비전과 가치관이다. 따라서 우리가 가족 사명서를 작성하면 이는 가정의 진정한 근본 토대를 표현하게 된다.

이 같은 사명서는 가정의 헌법과 표준이 되고 가족 구성원의 가치판단과 의사결정의 기준이 된다. 또한 가족 구성원 모두를 가깝게 하고 단결시키며 나아갈 방향을 제시한다. 개별 구성원의 가치 기준이 가족 전체의 기준과 조화를 이룰 때 모든 구성원들은 공동의 목적을 향해 노력한다. 다시 강조하건대 과정은 결과만큼이나 중요하다. 사명서를 함께 쓰고 다듬는 과정 자체가 가족을 개선시키는 중요한 열쇠이다. 따라서 가족 구성원이 함께 사명서를 작성하는 과정이야말로 생산능력을 만드는 절차에 해당된다.

모든 가족 구성원의 의견을 들으면서 사명서의 초안을 작성하고, 서로 다른 의견을 토론하고 내용을 개선시킴으로써 가족 간에 중요한 것이 무엇인지에 대하여 대화를 나누고 상의하게 된다.

가장 훌륭한 사명서는 가족들이 함께 모여서 서로를 존중하는 마음으로 다른 견해를 표명하고, 한 사람이 혼자서 할 수 있는 것보다 더 좋은 것을 창조하기 위해 힘을 합치는 데서 나온다. 또 가족 사명서를 정기적으로 검토함으로써 서로의 시각을 넓히고, 강조점과 방향을 재조정하며, 현실에 맞지 않는 문구들을 수정할 수 있고, 가족이 공통된 가치 기준과 목적 아래 단합할 수 있다.

가족 사명서는 가정을 다스리는 생각과 행동의 기준이다. 가정에 큰 문제와 위기가 닥칠 때 가족 헌법이야말로 가족들에게 가장 중요하고 가치 있는 것이 무엇인지를 상기시켜주고, 올바른 원칙에 입각하여 문제해결과 의사결정을 할 수 있는 방향을 제시해준다.

우리 집에서는 가족 사명서를 거실 벽에 걸어두고 이를 매일 바라보면서 각자 하루하루의 일을 반성한다. 우리 가족들은 가정에서의 사랑, 질서, 책임 있는 자립심, 협동, 협조, 의무이행, 재능개발, 서로의 재능에 대한 관심 표시 그리고 다른 사람에 대한 봉사 등에 관한 문구를 매일 읽어본다. 이것은 우리 가족에게 가장 중요한 일이 무엇인가, 이를 실행하는 기준이 무엇인가를 알려준다.

우리는 가족의 목표나 활동을 계획할 때 다음과 같이 질문한다. "우리가 성취하려는 목표가 사명서를 잘 반영하고 있는가? 목표를 성취하고 이러한 가치 기준을 실현하고자 할 때 우리의 행동계획은 무엇인가?"

우리는 매년 두 번씩, 즉 학기 초인 9월과 학기 말인 6월에 가족 사명서를 재검토하고 목표와 과업을 재조정한다. 이를 통해 우리 가족은 사명서를 개선하며 이를 보강한다. 이것은 우리 가족의 마음가짐을 새롭게 해주고 우리가 옳다고 믿고 주장하는 것들을 위하여 새로운 서약을 할 수 있게 해준다.

조직 사명서

사명서는 성공적인 조직에 필수적이다. 여러 조직들을 대상으로 컨설팅할 때 나의 가장 중요한 임무 가운데 하나는 효과적인 조직 사명서를 작성하도록 도와주는 것이다. 효과적인 사명서는 조직 내부에서 나온다. 즉, 조직 내의 뛰어난 기획능력을 가진 사람들뿐만 아니라 모든 구성원이 이에 적극적으로 참여해야 한다. 다시 강조하면 조직 구성원 모두를 참여시키는 과정은 완성된 사명서 그 자체 못지않게 중요하고 선언의 실천을 위한 필수조건이다.

나는 IBM에서 훈련과정을 진행할 때마다 항상 흥미를 느낀다. 우선 최고경영층이 늘 교육과정에 참여하여 IBM이 추구하는 세 가지 사명을 말한다. 그것은 개인에 대한 존중, 탁월성, 서비스이다. 이상은 IBM의 3대 원칙이요 수칙이다. 따라서 다른 모든 것이 변할지라도 이 세 가지는 바뀌지 않을 것이다. 이 3대 원칙은 삼투현상과 같이 회사 전체에 스며들어 있을 뿐만 아니라 IBM에 근무하는 사람들의 개인적 안정감과 공유된 가치관에 튼튼한 기본 토대를 제공한다.

뉴욕에서 IBM 직원들을 대상으로 훈련할 때의 일이다. 약 20명의 수강생으로 구성된 작은 규모였는데 그중 한 명이 몸이 불편하였다. 그는 캘리포니아에 있는 아내에게 전화를 했다. 그의 아내는 남편의 병이 특별 치료를 요한다며 크게 걱정했다. 이 훈련과정을 책임진 IBM의 진행요원은 그 병의 전문의가 있는 부근의 일류 병원에 그를 데려가도록 조처했다.

그러나 불안한 환자의 아내는 지금까지 쭉 치료를 해준 주치의가 직접 돌봐주기를 원했기 때문에 IBM 연수담당 측은 그를 집에 보내기로 결정하였다. 공항까지 차로 가는 시간과 정기 항공기를 기다리는 것이 환자를 힘들게 할까 봐 헬리콥터로 공항까지 이송했고 그를 캘리포니아로 데려가기 위해 특별기를 전세 내었다.

나는 여기에 든 비용이 얼마인지 잘 모른다. 짐작건대 수만 달러에 달할 것이다. 이처럼 IBM은 개인의 존엄성을 존중한다. 이 회사는 바로 이것을 추구한다. 그 과정에 참가했던 사람들은 이런 일이 회사의 3대 원칙을 실천하는 것이라며 별로 놀라지도 않았다. 그러나 나는 깊은 감명을 받았다.

또 다른 시기에 나는 어느 호텔에 머무르며 175명의 쇼핑센터 지배인을 대상으로 교육을 한 적이 있었다. 그런데 나는 그곳의 서비스 수준에 놀랐다. 그것은 눈가림이 아니었다. 그 호텔에서는 감시 감독자도 없이 모든 직급의 직원들이 자발적으로 근무하고 있음을 확인할 수 있었다.

우선 나는 이 호텔에 매우 늦은 밤에 도착하여 체크인을 한 뒤 룸서비스가 되는지 물었다. 데스크의 한 남자직원이 "룸서비스가 안 됩니다, 코비 씨. 하지만 원하신다면 제가 주방에 가서 샌드위치나 샐러드 등 원하시는 것을 가져다 드리지요"라고 말했다. 그의 태도는 나의 편의에 대해 지대한 관심을 나타내는 것이었다. "회의장을 보시겠습니까? 필요한 건 없으십니까? 무엇을 도와드릴까요? 당신의 편의를 봐드리는 것이 저의 임무입니다." 거기에는 그를 감독하는 사람은 아무도 없었다. 그러나 이 직원은 성실했다.

이튿날 내가 강의를 하는 중에 꼭 필요한 필기도구인 컬러 매직펜이 없음을 알았다. 그래서 짧은 휴식시간을 이용하여 회의장 밖에 나와 보니 벨보이 한 사람이 다른 회의장으로 급히 가고 있었다. 나는 그에게 "문제가 있는데요. 나는 이 호텔에서 관리자 교육을 하고 있는데 몇 가지 색깔 있는 필기구가 필요합니다"라고 말했다. 그는 내 말에 귀를 기울이고 내 이름표를 본 뒤 "코비 씨, 제가 해결해드리죠"라고 말했다. 그는 "글쎄요. 저는 잘 모르겠습니다", 혹은 "데스크에 가서 알아보십시오"라고 말하지 않았다. 그는 내 문제를 즉시 해결해주었다. 그리고 그렇게 하는 것이야말로 자신의 영광이라고 생각하는 것 같았다.

나중에 로비 벽에 걸려 있는 미술품들을 보고 있을 때 호텔 측의 누군가가 다가와서 "코비 씨, 이 호텔에 걸려 있는 미술품 해설집을 보시겠습니까?"라고 물었다. 마치 미리 대기하고 있던 것 같은 모습이었다. 얼마나 봉사정신이 투철한가!

그다음에 나는 직원 한 사람이 로비에 있는 유리창을 닦느라고 사다리 높이 올라가 있는 것을 보았다. 그 높은 위치에서 이 직원은 목발을 짚고 약간 불편한 듯 걷고 있는 한 여자를 정원에서 발견하였다. 그 여자는 넘어지지도 않았고 주변에는 많은 사람들이 있었다. 그러나 그는 곧장 사다리를 내려와서 그녀를 로비로 모시고 들어와 다른 도움이 필요한지를 확인한 후 다시 돌아가 유리창을 닦았다.

나는 직원들에게 이처럼 훌륭한 고객봉사의 가치관을 심어준 조직문화를 이 조직이 도대체 어떻게 만들었는지 알고 싶었다. 나는 이 호텔에 근무하는 청소부, 웨이트리스, 벨보이들을 인터뷰해보았다. 그들을 통해 여기에 근무하는 모든 사람들의 마음속과 태도에 투철한 봉사정신이 배어 있음을 확인했다.

나는 뒷문을 통해 주방으로 들어가보았다. 그리고 바로 거기에서 이 호텔의 중심적인 가치관이 실천되고 있는 것을 관찰할 수 있었다. 그것은 '고객 한 명 한 명의 요구를 만족시키는 철저한 봉사'였다. 나는 결국 지배인에게 가서 "내 직업은 조직의 강력한 팀워크 정신과 팀문화를 개발하는 일을 돕는 것입니다. 이 호텔의 조직문화에 대해 놀랐습니다"라고 말했다.

"우리 호텔의 진짜 비결을 알고 싶습니까?" 그는 웃으면서 이 체인 호텔의 그룹 전체 사명서를 내놓았다.

나는 그것을 읽고 "매우 훌륭한 사명서군요. 세상에 훌륭한 사명서를 가진 회사는 많지만 그렇다고 해서 다 잘하지는 않습니다"라고 말했다.

"그러시면 우리 호텔의 사명서를 보시겠습니까?" 하고 그가 물었다.

"이 호텔만을 위해 따로 작성된 것이 있단 말씀입니까?"

"예."

"호텔 체인의 그룹 전체 사명서와는 다릅니까?"

"다르지요. 그러나 이것은 그 사명서와 조화를 이룹니다. 이것은 우리 호텔의 사정, 환경, 건립된 시기 등을 중심으로 만든 것입니다."

그는 내게 다른 종이를 한 장 보여주었다.

"누가 이것을 만들었습니까?"

"우리 모두가 만들었습니다."

"모두가요? 정말 모두입니까?"

"예."

"청소부들까지도 말입니까?"

"예."

"웨이트리스도요?"

"예."

"출납계원도요?"

"예, 어젯밤에 당신을 맞은 직원이 쓴 사명서를 보시겠습니까?"

그는 다른 사람들의 것과 섞여 있는 그 직원의 사명서를 꺼냈다. 서로 다른 직위에 있는 모든 직원이 사명서 작성에 참여한 것이다.

이 호텔의 사명서는 호텔의 원활한 경영을 위하여 중추적인 역할을 하고 있었다. 또 부서에 따라 직원들의 사려 깊고 전문화된 사명서들이 많이 작성되어 있었다. 이것은 직원들이 어떤 가치관과 목표를 가지고 있는지, 다시 말해 직원들이 고객을 어떻게 대할 것인지와 직원들 상호간에는 어떻게 대할 것인지를 분명히 보여주는 것이었다.

이것은 지배인과 관리자의 경영 스타일, 급여 및 보상체계에도 영향을 미쳤다. 나아가 직원들이 갖춰야 할 자질과 직원 교육 및 훈련 방법에도 영향을 주었다. 결국 이 조직의 모든 활동이 사명서의 직접적인 영향을 받고 있었다.

그 후 나는 같은 체인에 속한 다른 호텔을 방문하였을 때 호텔의 사명서를 볼 수 있는지 물었다. 그들은 곧 그것을 보여주었다. 그 호텔에서는 '고객 한 명 한 명의 요구를 만족시키는 철저한 봉사정신'을 좀더 잘 이해할 수 있었다. 나는 3일간 그 호텔에 머무르면서 온갖 종류의 서비스를 요청할 때 그들이 어떻게 대응하는지를 자세히 관찰하였다. 물론 서비스는 항상 인상적이고 훌륭했다. 그런데 모든 서비스는 항상 고객 각자의 편의 위주로 행해지고 있었다. 예를 들면 나는 수영장에서 근무하는 직원에게 마실 물이 어디에 있는지를 물었다. 그는 나를 그곳까지 데려다주었다.

그러나 가장 인상 깊었던 것은 직원이 상관에게 자기의 실수를 인정하는 모습이었다. 우리가 룸서비스에 부탁하여 뜨거운 코코아를 주문하자 언제쯤 방으로 가지고 오겠다고 시간을 알려주었다. 그런데 우리 방으로 오던 직원이 테이블 보에 뜨거운 코코아를 쏟았기 때문에 되돌아가서 새 코코아를 가져오느라 룸서비스가 약 15분 정도 늦어졌다. 그러나 우리에게는 별문제가 되지 않는 일이었다. 그럼에도 불구하고 그 이튿날 아침 지배인은 우리에게 사과 전화를 하면서 불편을 끼친 데 대한 보상으로 뷔페식 아침식사나 룸서비스로 방에서 하는 아침 식사 중 하나를 선택하도록 요청하였다.

직원이 남들 모르게 저지른 실수까지도 고객에게 최상의 서비스를 제공하기 위해 지배인에게 보고하는 이 호텔의 조직문화에 대해 더 무엇을 더 이야기하겠는가!

내가 처음에 갔던 호텔의 지배인과 이야기한 것처럼, 나는 훌륭한 사명서를 가지고 있는 많은 회사들을 알고 있다. 그러나 조직에 소속된 모든 사람이 함께 작성한 사명서와, 호화로운 사무실에서 몇몇 최고경영층이 작성한 사명서의 효과는 천양지차이다.

가족을 포함하여 여러 조직에서 일어나는 근본 문제 중 하나는 사람들이 다른 사람의 결의나 결심에 헌신하지 않는다는 점이다. 사람들은 남의 결의나 결심에는 방관자가 된다.

나는 많은 회사를 대상으로 컨설팅을 하면서 조직 구성원들이 가지고 있는 목표가 조직의 목표와 전혀 다른 경우를 자주 보아왔다. 또 명시된 가치체계와 전혀 일치하지 않는 보상체계도 흔히 보아왔다.

사명서가 있는 회사와 일을 시작할 때 나는 그들에게 이렇게 묻는다. "이 회사에서는 얼마나 많은 사람들이 회사에 사명서가 있다는 사실을 알고 있습니까? 거기에 어떤 내용이 적혀 있는지를 아는 사람은 얼마나 됩니까? 그것을 작성할 때 얼마나 많은 사람들이 참가했습니까? 얼마나 많은 사람이 그것을 자기 것으로 생각하고 의사결정을 할 때 참고기준으로 활용하고 있습니까?"

"자신이 참여하지 않은 결정에는 헌신하지 않는다." 이 말은 꼭 기억해야 할 중요한 사실이다. 대부분의 사람들은 조직의 문제에 참여하지 않으면 절대로 헌신하지 않는다.

사실 가정에서 자녀가 어렸을 때나 회사에서 신입사원이 들어온 초기단계에는 그들에게 목표를 쉽게 주입할 수 있고 이들도 목표를 쉽게 수용한다. 그러나 우리가 좀더 성숙해지고 독자적인 인생관을 가지게 되면 우리는 형식적이 아니라 진정으로 결정에 참여하기를 원한다. 그리고 만약 이 같은 참여가 없으면 우리는 절대로 헌신적으로 노력하지 않는다. 이렇게 되면 문제를 발생시킨 그 당시의 사고방식으로는 결코 해결할 수 없는 중대한 의욕 부족의 문제에 직면하게 된다.

이것이 바로 조직 사명서를 작성하는 데 많은 시간이 걸리고 인내와 참여, 능숙함과 공감대 형성이 필요한 이유이다. 다시 말하지만 사명서란 하루아침에 만들 수 있는 것이 아니며 충분한 시간과 신중함, 올바른 원칙을 필요로 한다. 또 이것은 공유된 비전과 가치관에다 조직 구조, 경영 스타일 등을 일치시키기 위한 용기와 성실성이 요구된다. 이러한 조직 사명서가 올바른 원칙에 근본 토대를 두고 있다면 위력을 발휘할 것이다.

조직 내의 모든 사람들이 마음속 깊이 공유하는 비전과 가치관을 진실로 반영하는 조직 사명서는 일치단결과 헌신적 참여를 창출한다. 이것은 각자의 마음속에 스스로를 지배하는 준거, 즉 기준 및 지침을 만들어준다. 사명서가 있으면 다른 사람들의 지시, 통제, 비판, 불필요한 간섭 등을 필요로 하지 않는다. 조직 사명서를 스스로 마음속에 세운 구성원들은 해당 조직이 추구하는 확고한 사명에 적극 참여한다.

습관 2의 적용을 위한 제언

1. 이 장의 처음 부분에서 실습해본 장례식 장면을 상상하면서 당신이 받은 인상을 기록해보라. 다음에 제시된 도표를 이용하여 당신의 생각을 정리하라.

2. 약간의 시간을 내어 당신이 현재 맡고 있는 역할을 모두 써보라. 당신은 생활에서 여러 역할을 제대로 수행하고 있는가?

3. 매일 하는 일상적인 활동과 완전히 격리된 상태에서 자신의 사명서를 작성하는 시간을 마련하라.

4. 자기 사명서를 작성하는 데 필요한 명언, 인용문, 아이디어 등을 수집하라.

5. 가까운 장래에 직면하게 될 상황을 하나 상상해보라. 당신이 원하는 결과를 기록하고 어떤 단계를 통해 여기에 도달할 것인지 적어보라.

6. 습관 2의 원칙을 당신의 가족 또는 회사동료들에게 설명해주고 가족 및 회사의 사명서를 작성해보는 과정을 함께 시작하자고 제안해보라.

활동 영역	특징	공헌	성과
가족			
친구			
일			
교회/지역사회 활동 등			

습관 2에 대한 새로운 통찰

– 숀 코비

내가 20회 하버드 경영대학원 동창회에 참석했을 때, 우리 시대의 가장 위대한 경영 사상가 중 한 명인 클레이튼 크리스텐슨이 기조연설을 했다. 그는 수천 명의 HBS 졸업생으로 가득한 청중에게 삶을 평가하는 방법에 대해 솔직하게 이야기했다. 그의 메시지는 본질적으로 이와 같았다. "망치지 마라."

크리스텐슨의 친구 중 많은 이들이 가족과 소원해졌고, 다른 이들은 감옥에 있었고, 또 다른 이들은 불행한 삶을 살고 있었다. 그들 중 누구도 '자식들이 나에게 말을 걸지 않는 그런 삶을 살고 싶다' '사기를 치고 싶다' '성취 따윈 하고 싶지 않다'라고 생각하며 시작하지 않았다. 하지만 무엇이 가장 중요한지 신중하게 생각하지 않았기 때문에, 그리고 오랫동안 작은 결정들을 내릴 때 적당히 타협하기를 반복했기 때문에, 그들은 자신이 의도했던 것과는 전혀 다른 삶을 살게 되었다.

클레이튼은 졸업 후 첫 직장이었던 일류 컨설팅 회사에 대한 이야기를 들려주었다. 젊은 컨설턴트로서 그는 월요일부터 금요일까지 오랜 시간 열심히 일했고, 동료들과 고객들에게 헌신했다. 그러나 일과 생활을 양립하기가 힘들어졌다. 어느 날 한 매니저가 팀이 월요일에 있을 중요한 고객 회의를 준비할 수 있도록 클레이튼에게 일요일에 시간을 비워놓으라고 말했다. 클레이튼은 잠시 머뭇거리다가 매니저에게 그렇게 할 수 없다고 말했다. 그는 설명했다. "죄송합니다. 전 일요일에는 일을 하지 않아요. 그날은 제 신앙을 위해 남겨둔 날이에요." 매니저는 투덜거리며 나가더니 잠시 후에 돌아왔다. "알겠어요, 좋아요. 전부 토요일로 옮겼어요. 그때 준비 회의를 하도록 하죠." 클레이튼은 잠시 망설였다가 다시 설명했다. "정말 죄송해요. 전 토요일에도 일하지 않아요. 토요일에는 가족을 우선하기로 아내와 함께 오래전에 결정해서, 토요일은 가족과 함께 보냅니다." 그의 동료는 또다시 뛰쳐나갔다가 돌아와서 물었다. "혹시 금요일에는 일을 하세요?"

클레이튼은 자신의 삶을 더 좋게 만들고, 자신의 경력을 뒷받침하고, 가족과 신앙에 가까이 있게 한 많은 결정의 시작을 어떻게 밀고 나갔는지 설명했다. 그는 "이번 한 번만" 야근을 하거나 주말에 일하는 것을 타협한다면, 구렁텅이에 빠지게 되리라는 것을 감지했다. 그는 수년에 걸쳐 자신의 원칙에 98퍼센트보다는 100퍼센트 충실하는 것이 더 쉽다는 것을 배웠고, 이렇게 말했다. "어느 쪽으로 나아갈지 결정하세요. 그러고 나서 쭉 밀고 나가세요."

클레이튼의 연설이 끝나자 강연장에는 이례적인 기립 박수가 터져 나왔다. 말 그대로 아무도 앉지 않고 박수만 계속 쳤다. 클레이튼은 사업을 구축하고 세상을 바꾸려는 이 모든 A유형 성격(Type A personality)의 사람들에게 자신만의 방식으로 도전했다. 진정으로 성공을 만드는 것이 무엇인지 이전보다 더 깊게 생각하고 '끝을 생각하며 시작'하도록 말이다.

이 이야기가 잘 보여주듯이, 성공의 사다리를 오르다가 꼭대기에 도착할 때가 되어서야 사다리가 엉뚱한 벽에 기대고 있다는 것을 깨닫고 싶지는 않을 것이다.

나의 아버지가 목적과 사명의 힘을 얼마나 강하게 느끼고 있었는지 알아주길 바란다. 아버지의 할아버지, 스티븐 맥 코비는 젊은 시절에 양들을 돌보았는데, 와이오밍 평원에서 겨울 폭풍에 갇힌 적이 있었다. 영하 30도의 혹한 속에서 자신이 죽을 것이라고 생각한 그는 기도 했다. "신이시여, 오늘 밤 저를 구해 주신다면, 저는 언젠가 바로 이 자리에, 다른 지친 여행자들을 보호하기 위한 피난처를 만들 것을 약속합니다." 그는 그 밤을 견뎌냈고, 수년 후에 와이오밍 평원의 바로 그 자리에 코비스리틀아메리카(Covey's Little America)라고 불리는 호텔을 세웠다. 나중에 그는 성공적으로 사업을 확장하여 솔트레이크시티에 두 번째 호텔을 세웠다. 그의 아들은 그 사업을 이어받았고, 나의 아버지는 어린 나이에 가족 호텔 차기 운영자가 되기 위해 훈련을 받았다.

하지만 아버지는 경영대학원에 다닐 때 교육에 대한 열정을 깨닫고는 결국 호텔을 운영하지 않기로 결정했다. 당신의 아버지에게 말하기가 너무 두려웠지만, 마침내 용기를 내어 말했다. "아버지, 저는 가업을 이어받고 싶지 않아요." 놀랍게도 나의 할아버지는 이렇게 말씀하셨다. "사실 나도 사업을 그렇게 좋아하지 않았단다. 네 뜻대로 밀고 나가 선생님이 되렴." 그리고 아버지는 정확히 그렇게 하셨다.

아버지는 심지어 젊은 시절에도 항상 사명감이 넘치셨다. 짧은 글로 작성된 자기 사명서를 가지고 계셨는데, 평생 그것을 다듬으셨다. 아버지는 내가 정확한 내용을 공개하기를 원치 않으시겠지만, 기본적으로 그 글은 인간의 잠재력을 풀어내고 원칙 중심의 리더십으로 세상을 가득 채우는 것이었다. 그는 스스로를 길잡이, 개척자, 패러다임의 파괴자로 보았다. 원칙 중심의 리더십을 세상에 가져오고 인간의 잠재력을 불러일으키는 것, 그것이 아버지가 구상한 역할이었다.

아버지는 또한 '모든' 사람은 뚜렷한 사명을 가졌거나 독특한 기여를 할 수 있다는 것도 알았다. 그리고 이것을 항상 사람들에게 전달했다. 나는 종종 아버지가 "당신은 훌륭한 사업가가 될 것 같아요" 혹은 "당신은 가정에서 중재자로서 정말 큰 변화를 만들고 있어요" 혹은 "당신은 언젠가 훌륭한 부모가 될 겁니다"라고 말하는 것을 자주 엿듣곤 했다. 그러다 아버지에게 리더십을 어떻게 정의하시는지 대뜸 물어본 적이 있다. 아버지는 잠시 생각한 후 말했다. "리더십은 다른 사람에게 그들의 가치와 잠재력을 매우 분명하게 전달하여 그들로 하여금 자신의 내면을 보도록 영감을 주는 것이란다." 듣고 보니 너무나 진실된 말이라 눈물이 났다. 내가 나의 내면을 보지 않을 때도, 아버지는 항상 나의 가치와 잠재력을 알려주셨다.

사명서를 작성하는 방법

끝을 생각하며 시작하는 가장 좋은 방법은 자기 사명서, 즉 인생철학 혹은 신조를 쓰는 것이다. 이 장을 읽은 후 많은 사람이 사명서를 쓸 생각에 흥분하지만, 이내 바빠지고 이런저런 사정이 생기면서 그 흥분은 사라진다. 중요한 사실은 사명서를 쓰지 않을 수는 없다는 것이다. 너무 많은 것이 위태로워진다. 삶을 안내하고 일상적인 결정의 방향을 알려 줄 자기 사명서, 말하자면 개인 헌법에는 믿을 수 없을 정도로 강력한 무언가가 있다. 자기 사명서를 완성하는 열쇠는 너무 많이 생각하지 않는 것이다. 완벽할 필요가 없다는 걸 기억해라. 일단 시작하고 시간을 두고 천천히 다듬어라. 여기, 자기 사명서를 쓰기 위한 몇 가지 방법이 있다.

• **자유롭게 써라.** 앉아서 15분 동안 펜을 움직여보라. 자신이 가장 잘하는 것(자아의식), 해야 한다고 느끼는 것(양심), 한계가 없다면 하고자 하는 것(상상력)에 대해 생각나는 모든 것을 적어라. 시간이 다 될 때까지 계속 쓰는 것이 핵심이다. 다 썼으면 자기 사명서 초안을 만들기 위해 약간의 편집을 해라.

• **휴양을 계획하라.** 해변이든, 산이든, 공원이든 영감을 주는 장소로 떠날 수 있는 날을 잡아라. 당신에게 가장 중요한 것이 무엇인지 곰곰이 생각해보라. 아이디어를 짜내고 싶다면 스스로에게 다음과 같은 질문을 던지고 그 답을 적어보라. 그런 다음 초안이 만들어질 때까지 조합하고 편집해라.

- 삶에 긍정적인 변화를 만들어준 사람을 생각해보라. 그 사람이 가지고 있는 자질 가운데 당신도 발전시키고 싶은 자질은 무엇인가?
- 깊은 영감을 받았던 때를 묘사하라.
- 만약 당신이 그랜드 캐니언을 가로질러 들보를 설치한다면, 무엇을 위해 혹은 누구를 위해 기꺼이 그곳을 건너겠는가?
- 만약 훌륭한 도서관에서 원하는 것을 공부하며 하루를 보낼 수 있다면, 무엇을 공부할 것인가?
- 당신이 정말로 확실히 좋아하는 열 가지 일은 무엇인가?
- 동물이든, 노래든, 자동차든, 장소든 당신을 대표하는 무언가를 생각해보라. 그것이 어떻게 당신의 독특함을 표현하는가?

• **다각화하라.** 단어든, 음악이든, 시든 좋아하는 인용구를 사용해라. 정석 같은 건 없다. 나는 항상 십대들의 자기 사명서 작성을 돕는데, 십대들은 종종 말로 표현하는 대신 콜라주나 비전 보드를 만드는 것을 좋아한다. 이는 자신의 사명을 담아내는 시각적인 방법이다.

• **템플릿을 사용하라.** 추가 도움이 필요한 경우를 위해, https://msb.franklincovey.com에 사명서 작성기(프랭클린코비 웹사이트에서 방문자가 가장 많은 페이지)를 만들었다. 사명서를 만드는 방법을 차근차근 안내해줄 것이다. 몇 가지 질문에 답하고 "인쇄(print)"를 누르면 끝난

다. 즉시 사명서가 생길 것이다.

나는 대학에 다닐 때 처음으로 사명서를 썼고, 지금은 아마 스무 번째 버전을 가지고 있을 것이다. 나의 사명서는 점차 짧아져서 이제는 한 문장으로 줄었지만, 수많은 의미를 함축하고 있다.

사명서를 통해 자신의 삶이 무엇인지 명확히 하는 것은 인생에 극적인 영향을 끼칠 수 있다. 엘리자베스 마크스는 어렸을 때 군인이 되는 것을 꿈꿨고, 17세에 입대했다. 이라크에 파병된 그녀는 심각한 부상을 입었고, 의병제대를 하게 될까 봐 몹시 두려웠다. 마크스 병장은 자기 사명, '임무 적합'을 종이에 써서 힘든 회복 기간에 가지고 다녔다. 결국 그녀는 신기록을 세운 장애인 수영 선수가 되었고, 미 육군 월드 클래스 애슬릿 프로그램(U.S. Army World Class Athlete Program)에 참가해 2012년 7월에 임무 적합 판정을 받았다.[1]

내가 십대였을 때, 아버지가 가족회의를 소집하셨던 것이 기억난다. 아버지가 선언하셨다. "좋아, 애들아! 가족 사명서를 쓰자꾸나!" 투덜거리는 소리와 앓는 소리가 이어졌다. 아버지는 아랑곳하지 않고 계속했다. "우리만의 가족 헌법을 만들려는 거란다. 모두의 의견을 듣고 싶구나."

내 차례가 되었을 때, 나는 빈정대듯이 말했다. "이렇게 써야 할 것 같아요. 우리는 엄청난 가족이고, 우리는 끝내준다고요." 그것은 채택되지 못했다. 하지만 우리는 몇 차례 더 가족회의를 거쳐 사명서를 다듬었다. "우리의 집은 재미, 휴식, 배움, 친구, 성장, 질서의 장소이며, 세상에 기여할 수 있는 사람으로 자기를 개발하는 곳이다."

철없는 십대였음에도 불구하고, 가족 사명서를 쓰고 올리는 과정이 어떤 느낌을 주었는지 기억한다. 나는 우리 가족의 중요한 일원이었고, 우리에게는 목적이 있었다. 우리는 무언가 중요한 사람들이었다.

그리고 모든 가족이 그러하듯이, 우리에게는 많은 문제가 있었고 많이 싸우기도 했지만, 가족 사명서는 우리가 함께 있는 것을 즐기고 모두가 기꺼이 사과하고 다시 시도하는 그런 회복력 좋고 즐거운 가족 문화를 만드는 데 도움을 주었다.

그 이후로, 나는 거창한 가족 사명서를 수도 없이 보았다. 네 명의 자녀를 둔 내 절친의 집에는 약 2,000개의 단어로 된 가족 사명서가 벽에 걸려 있는데, 거대한 헌법처럼 보인다. 맙소사! 반면에 나의 숙모네는 세 단어로 된 사명서를 가지고 있다. 바로 "항상 가족과 함께하기"이다. 덴마크 친구도 한 명 있는데, 그 가족은 한 단어로 된 사명서를 가지고 있다. 그들의 가족 오두막의 이름인 헬시포어(Helsifor)인데, 그들에게는 그것이 모든 것을 의미한다.

조직 사명서는 벽에 걸린 말 이상이다

조직 사명서는 때때로 많은 비난을 받는다. 대체로 아무도 지키지 않는 진부한 말이거나, 회사에 있는 몇 명의 사람들이 만들어 동의도 없이 조직에 강요하는 말이기 때문이다. 하지만 팀으로서 사명을 만들고, 그것을 올바르게 수행하는 것의 힘을 과소평가해서는 안 된다. 어떤 조직 사명서는 너무나 진실해서 그 직원들, 제품, 서비스에서 뿜어져 나오는 그들의 사명을 느낄 수 있다. 내 눈에 띄는 두 회사는 이케아(IKEA)와 아메리칸걸(American Girl)이다. 나는 이케아에서 많은 가구를 구입했고, 아메리칸걸에서는 많은 인형을 구입했는데, 그들의 사명서는 두 곳에서의 내 경험을 완벽하게 담아냈다.

이케아 많은 사람을 위한 더 좋은 생활을 만듭니다. 가능한 한 많은 사람이 살 수 있을 정도로 저렴한 가격으로 좋은 디자인에 기능적인 홈 퍼니싱 제품을 다양하게 제공합니다.

아메리칸걸 놀이의 즐거움과 위대한 책의 경이로움을 통해 소녀들이 자아감을 발견할 수 있도록 시대를 초월한 이야기와 기억에 남는 캐릭터를 만듭니다. 우리의 캐릭터는 정직, 용기, 친절, 연민 같은 중요한 가치를 심어줍니다.

아마도 조직 사명서의 실천에서 내가 본 중 가장 기억에 남는 변화는 A.B. 콤즈 초등학교의 변화이다. A.B. 콤즈 초등학교는 노스캐롤라이나 주 랄리에 있는 공립학교로, 학생들의 약 절반이 빈곤층 또는 차상위 계층의 자녀들이었다.

2000년, 이 마그넷 스쿨*은 큰 어려움을 겪고 있었고, 뮤리엘 서머스는 막 교장으로 부임했다. 학생 수도 유난히 적었다. 학교의 수용 정원은 800명이었는데, 입학한 학생 수는 300명이었다. 건물은 지저분했고, 학부모의 참여도 없었다. 교사들도 그곳에서 일하는 것을 즐기지 않았고, 아이들은 이것을 알 수 있었다. 결국 교육감이 말했다. "뮤리엘, 당신이 충분히 학생들을 끌어들이지 못하기 때문에 우리는 이 마그넷 스쿨을 폐쇄할 겁니다." 뮤리엘은 절망했고 어떻게 해야 할지 몰랐다. "1년만 더 해볼 수 있을까요?" "새로운 아이디어를 낼 수 있도록 일주일의 시간을 드리겠습니다."

뮤리엘은 학교 직원들에게 물었다. "우리가 밖으로 나가서, 학교가 아이들에게 무엇을 가르치기를 바라는지 지역 사회와 이야기해보는 건 어떨까요?" 그녀는 직원들과 팀을 짜서 부모들, 고용주들을 만나

* 특정 교과에 대한 집중 교육 과정을 운영하는 학교로 한국의 거점 학교와 비슷하다.—옮긴이.

이야기를 나누었다. 그들은 말했다. "우리는 아이들이 자기주도적이길 원해요. 목표를 세우고, 문제를 해결하고, 삶의 균형을 잡고, 시간을 잘 지키고, 갈등을 해결하고, 공원에서 노는 방법을 배우는 등 다른 사람들과 잘 어울리길 바랍니다." 그들이 말한 것은 우리가 리더십 기술 또는 21세기형 삶의 기술이라고 부를 수 있는 것들이다. 더 높은 시험 성적 같은 것을 말하는 사람은 아무도 없었다.

이런 곤경에 처하기 전, 뮤리엘은 워싱턴 D.C.에서 나의 아버지가 가르치신 7가지 습관 워크숍에 참석했다. 아버지가 가르치는 동안, 그녀는 계속해서 생각했다. "이런 강력한 아이디어를 배우기 위해 왜 어른이 될 때까지 기다려야 할까? 왜 아이들은 배울 수 없을까?"

휴식 시간에 그녀는 용기를 내어 아버지에게 다가가서 물었다. "코비 박사님, 이 습관들을 어린아이들한테도 가르칠 수 있을까요?"

"얼마나 어린데요?"

"다섯 살 정도요."

아버지는 곰곰이 생각한 다음 미소를 지으며 말했다. "안 될 이유를 모르겠네요. 만약 당신이 그 일을 하게 된다면, 나에게도 어떻게 되어 가는지 알려주세요."

이 모든 경험을 종합한 후, 뮤리엘 서머스와 직원들은 학교가 가장 필요로 하는 것이 '리더십'이라는 것을 느꼈다. 교육감은 그 아이디어를 마음에 들어 했고, 그들의 새 사명서는 학교 건물 정중앙에 게시되었다. "우리의 사명은 한 번에 한 아이씩 리더로 키우는 것이다." 그 사명은 학생들을 미래에 CEO로 만들기 위한 것이 아니라 학생들이 그들의 인생과 학교에서 리더가 되도록 돕기 위한 것이었다.

교사들은 7가지 습관을 기존 수업에 통합하기 시작했다. 그들은 곧 학생들의 자신감이 크게 향상되고 규율 문제가 감소하는 것을 알아차렸다. 아이들의 행동이 집에서도 바뀌기 시작하자 부모들도 눈치를 챘다.

리더십에 대한 고무적인 명언들도 복도에 게시되었다. 조회 때나 다른 행사들에서도 리더십이 주제가 되었다. 운동장에서도 7가지 습관에 대한 이야기를 나누었다. 학생들은 저마다 시험 점수를 기록하고 목표를 설정해 추적하는 데이터 공책을 가지고 다녔고, 학교에서 해야 하는 리더십 역할이 있었다. 예를 들어 수업에 들어오는 친구를 맞이하고, 아침 방송을 하고, 방문객을 맞이하고, 운동장을 감시할 때 '리더'가 될 수 있었다. 요컨대 모두가 저마다 다른 리더였다. 리더십은 더 이상 소수 아이만의 영역이 아니라 모든 학생을 위한 것이었다.

몇 년 만에 학업 성적이 평균 84퍼센트에서 97퍼센트로 올랐다. 사기도 치솟았다. 학부모도 학교 일에 참여했고, 입학생 수는 300명에서 800명으로 늘어났으며, 엄청난 입학 대기자 명단도 생겼다. 학교 주변의 집값도 올랐다. 그리고 2005년과 2014년에는, 50퍼센트가 빈곤층 또는 차상위 계층 자녀인 데다, 28개 언어를 쓰는 학생들이 다니는 공립학교 A.B. 콤즈가 미국 최고의 마그넷 스쿨에 선정되었다!

오늘날 50여 개국 5,000개 이상의 학교가 '리더 인 미(Leader in Me)'라고 부르는 A.B. 콤즈 리더십 모델을 채택해 200만 명 이상의 학생들과 그 가족들의 삶을 바꾸고 있다. 전 세계에서 수천 명의 교육자가 A.B. 콤즈가 만들어낸 것을 경험하고자 학교에 방문했다.

뮤리엘 서머스와 학생들, 직원들, 학부모들, 그리고 지역 사회 지도자들이 학교 사명서에 걸맞은 강력한 '끝을 생각하며 시작하기'를 중심으로 함께 모였을 때, 그들은 자신들이 세상에 얼마나 큰 영향을 미칠지 전혀 몰랐다.

여기서 내가 당신에게 제기하는 도전은 다음과 같다. 자기 사명서 없이 이 장을 마치지 마라. 자기 사명서가 길 수도 있고 짧을 수도 있다. 노래일 수도, 비전 보드일 수도 있다. 자신에게 잘 맞는 방법이라면 형식은 상관없다. 자기 사명서는 당신 안에 있는 최고와 최상의 것을 나타낸다. 가정이 있는 사람이라면, 당신이 어떤 사람인지 이해하고 정의해라. 직장에서 영향력 있는 위치에 있는 사람이라면, 사명서를 작성하거나 이미 가지고 있는 사명서를 다듬기 위해 할 수 있는 것을 해라. 그런 다음 앉아서 사명서가 무엇을 할 수 있는지 지켜보라.

습관 3

소중한 것을 먼저 하라

| 개인 관리의 원칙 |

가장 중요한 일들이 별로 중요하지 않은
일들에 의해 좌우되어서는 안 된다.
– 괴테 –

잠시 시간을 내어 다음의 두 가지 질문에 대해 간단히 답해보라. 여기에서 당신이 하는 대답은 이제부터 볼 습관 3을 이해하는 데 매우 중요하다.

질문 1: 당신이 지금 하고 있지는 않지만 만일 규칙적으로 행할 경우 자신의 삶에 좋은 결과를 가져다줄 수 있는 것이 한 가지 있다면 그것은 무엇인가?

질문 2: 당신이 하는 사업이나 직장생활에서 이와 비슷한 결과를 가져다줄 수 있는 것이 한 가지 있다면 그것은 무엇인가?

여기에 대한 답은 나중에 논의하기로 하고 우선 습관 3에 대해 살펴보기로 하자.

습관 3은 개인적 성과로서 습관 1과 2를 실질적으로 완성하는 것을 의미한다.

습관 1은 "당신은 창조자이다. 당신은 스스로에 대해 책임을 지고 있다"고 말한다. 이는 인간의 독특한 네 가지 천부적 자질인 상상력, 양심, 독립의지 그리고 특히 자아의식에 근거하고 있다. 습관 1은 당신이 다음과 같이 말할 수 있도록 한다. "이 각본은 내가 태어나면서부터 부여받은, 사회적 반영에 의해 만들어진 불건전한 프로그램이다. 나는 이렇게 비효과적인 각본을 좋아하지 않는다. 나는 변화할 수 있다."

습관 2는 첫 번째, 마음속으로 한 창조에 해당된다. 이것은 상상력과 양심에 기초를 두고 있다. 상상력은 비전을 수립하는 능력, 잠재성을 찾아내는 능력, 현재의 눈으로 볼 수 없는 것을 마음속에 창조할 수 있는 능력을 말한다. 양심은 자신의 개성을 알아내는 능력, 즐겁고 기쁘게 목표실현을 할 수 있는 개인적, 도덕적, 윤리적 지침을 알아내는 능력을 의미한다. 습관 2는 우리가 가진 기본적 패러다임과 가치관, 우리가 실현할 수 있는 비전과의 가깝고 깊은 접촉이다.

이에 비해 습관 3은 두 번째 창조이며 실제적 창조이다. 습관 3은 습관 1과 습관 2의 완성이고 실현이며 두 습관으로부터 자연스럽게 파생되어 나오는 것이다. 습관 3은 원칙 중심적으로 되기 위한 독립의지의 실천으로 하루하루 그리고 매 순간의 행동을 지배한다. 습관 1과 2는 습관 3에 절대적으로 필요한 전제조건이다.

우선 자신이 주도성의 본질을 미리 알고 개발하지 않고서는 원칙 중심적으로 될 수 없다. 자신의 패러다임을 파악하고 이것을 어떻게 전환시켜 원칙과 일치시키는지를 알지 못한다면 원칙 중심적으로 될 수 없다. 또 비전이 없다거나 자신만이 할 수 있는 공헌에 초점을 맞추지 않고서는 원칙 중심적으로 될 수 없다. 이러한 기초 위에서 습관 3에 입각하여 효과적인 자기관리를 하면서 하루하루 매 순간을 보내면 원칙 중심적으로 될 수 있다.

관리는 리더십과는 분명히 다르다는 사실을 기억하라. 리더십은 본질적으로 커다란 능력을 발휘하는 오른쪽 뇌의 활동이다. 이것은 기술 이상의 의미를 가지며 하나의 철학에 기초한다. 따라서 우리가 개인의 리더십이란 문제를 다룰 때에는 인생에 대해 궁극적인 질문을 던질 수밖에 없다.

일단 이러한 질문들을 하고 여기에 대해 어떤 해답을 얻었다면 자신의 해답과 일치하는 삶을 살기 위하여 스스로를 효과적으로 관리하여야 한다. 그런데 만일 '올바른 밀림'에 들어가지 못했다면 잘 관리한다는 능력 자체는 별 의미가 없다. 그러나 만약 '올바른 밀림'에 들어갔다면 관리야말로 현격한 차이를 낼 것이다.

이때의 관리능력은 두 번째 창조의 질과 그 존재 유무까지도 결정한다. 관리란 문제를 분해하고 분석하고 순서를 정하고 구체적인 적용방법을 다루고 시간의 제약 속에서 효과적으로 자기를 지배하기 위한 왼쪽 뇌의 활동이다. 효과적인 사람이 되기 위한 우리들의 신조는 다음과 같다. "오른쪽 뇌로 리드하고 왼쪽 뇌로 관리하라."

독립의지의 힘

자아의식, 상상력, 양심에 더하여 우리가 가진 네 번째 천부능력인 독립의지야말로 효과적인 자기관리를 가능케 한다. 독립의지는 결정하고 선택하며 나아가 여기에 일치되도록 행동하는 능력이다. 독립의지는 다른 사람에 의해 영향을 받는 것이 아니라 자기가 주체가 되는 것이다. 또 이것은 우리가 다른 세 가지 천부능력을 통해 개발한 것을 주도적으로 실천하게 하는 능력이다.

인간의 의지는 놀라운 면을 가지고 있다. 인간의 의지는 절망적인 상황을 극복하고 수많은 기적을 이룩해왔다. 헬렌 켈러와 같은 사람은 독립의지의 가치와 위력을 극적으로 입증해주는 대표적인 사례이다.

독립의지를 효과적인 자기관리 면에서 살펴보면 극적이거나 가시적인 것이 아니며 성공을 일시에 성취하기 위해 일생에 꼭 한 번 사용하는 것도 아니다. 그러나 우리가 이 천부능력을 일상생활에서 활용하는 방법을 배우게 되면 대단한 위력을 발휘한다.

일상생활에서 자신의 독립의지를 얼마나 개발했는지는 성실성과 언행일치의 정도를 보면 알 수 있다. 성실함이란 본질적으로 자기 자신에게 부여하는 가치이다. 그것은'언행일치'를 가능케 하는 자질이고 자신에게 약속을 하며 그 약속을 지키는 능력이다. 그것은 자신에 대한 존엄성이고 내적 성품 위주의 사고의 기초 가운데 일부이며 나아가 주도적 자기발전의 핵심이 된다.

효과적 관리란, 소중한 것을 먼저 하는 것이다. 리더십은 소중한 것이 무엇인가를 결정하는 것인데 비해 관리란 이 소중한 것들을 항상 우선적으로 실천하는 것이다. 즉, 관리란 가장 소중한 것을 실제로 수행해나갈 수 있는 자기훈련 혹은 버릇 들이기인 것이다. 버릇 들이기(discipline)란 말은 문하생(disciple) 또는 추종자라는 말에서 나왔다. 다시 말하면 철학에 대한 추종, 원칙에 대한 추종, 일련의 가치를 따르는 것, 중요한 목적을 따르는 것, 나아가 위대한 목표 또는 이것을 상징하는 사람에 대한 추종 등으로 이해할 수 있다.

만약 우리가 스스로에 대한 효과적인 관리자라면 버릇 들이기는 자신의 마음먹기에 달려 있다. 즉, 이것은 독립의지에 달려 있다. 이때 우리는 자기 자신의 중요한 가치관과 이것의 원천에 따르는 추종자이다. 그러면 우리는 의지 및 언행일치의 성실성을 갖출 뿐만 아니라 이러한 가치 있는 자질을 가지고 자신의 감정과 충동, 기분을 통제할 수 있게 된다.

내가 좋아하는 수필 중 하나로 그레이(E. M. Gray)가 쓴 《성공의 공통분모*The Common Denominator of Success*》라는 글이 있다. 그는 성공적인 삶을 산 사람들이 갖고 있는 공통분모를 찾고자 일생 동안 노력하였다. 그가 발견한 결과에 의하면, 열심히 일한다거나 운이 좋다거나 인간관계가 좋다거나 하는 특징이 중요하긴 하지만 그것이 성공비결은 아니었다. 그 대신 다른 요인들보다 두드러지게 나타난 한 가지 성공비결은 습관 3을 요약한 '소중한 것을 먼저 행하는 것'이었다.

그는 "성공적인 인간은 실패자들이 싫어하는 일을 기꺼이 하는 습관을 가지고 있다. 그들도 그것이 좋아서 하는 것은 아니다. 그들의 분명한 목적의식이 좋고 싫은 감정을 뒤로 밀어내는 것뿐이다"라고 밝히고 있다.

싫어하는 일을 수행하려면 분명한 목적과 사명이 필요하다. 또 이것은 "끝을 생각하며 시작하라"는 습관 2의 가치관과 방향감각을 필요로 하고, 소중한 일에 열렬히 찬동하고 다른 것들을 거절할 수 있는 용기를 필요로 한다. 나아가 순간적인 충동이나 욕구에 의해 행동하는 것이 아니라 가치관에 입각해서 행동하도록 하는 독립의지와 자신이 하고 싶지 않을 때도 필요한 것이라면 그 일을 해내는 강한 의지를 필요로 한다. 이 강한 의지가 우리의 주도로 만들어진 첫 번째 창조, 즉 인생 목표를 성실하게 따르도록 해준다.

시간관리의 네 가지 세대

습관 3에서 우리는 생활관리 및 시간관리와 관련된 많은 질문을 다룬다. 이러한 흥미로운 분야를 오랜 기간 연구해온 학자로서 나는 시간관리 분야에서 가장 훌륭한 견해의 핵심은 '우선순위에 따라 계획하고 실행하라'라는 문구라고 생각한다. 이 문구는 시간관리 이론이 제3세대까지 발전하고 있음을 보여준다. 이 문구를 실천하는 최선책들이 현재 시간관리 분야의 여러 가지 다양한 접근법과 보조자료 등에 의해 다루어지고 있다.

자기관리는 인간이 노력해온 많은 분야들과 비슷한 형태로 진화되고 발전되었다. 역사상 주요한 혁명적 단계들, 즉 앨빈 토플러가 '물결'이라고 지칭한 것들은 단계별로 더 중요하고 새로운 차원으로 연결되었다. 예컨대 사회발전을 살펴보면 농업혁명 다음에 산업혁명이 뒤따랐고 다시 정보혁명이 뒤따랐다. 이러한 혁명은 사회적, 개인적인 면에서 대약진을 가능케 하였다.

시간관리 분야에서도 각 세대는 이전 세대보다 더 발전되어왔다. 즉 각 시간관리 세대는 우리가 자기 생활을 더 잘 관리할 수 있도록 만들어주었다.

시간관리의 제1세대, 즉 최초의 물결은 메모지에 기록을 하고 목록표를 이용하는 것이다. 다시 말해 시간과 에너지가 많이 요구되는 여러 가지 일들을 표시하여 인식하고 총괄하려는 시도라고 할 수 있다.

시간관리의 제2세대는 달력과 약속기록부라고 할 수 있다. 제2세대는 우리가 앞일을 계획할 수 있도록 미래에 있을 일과 활동에 대해 스케줄을 작성하는 것이다.

시간관리의 제3세대는 현재 널리 사용되고 있는 시간관리 방법이다. 제3세대에 와서는 이전 세대의 시간관리에 우선순위 개념을 추가하였고 가치 있고 중요한 것들을 명확하게 밝혔으며 이들의 가치를 참작하여 각 활동으로부터 얻은 이익을 서로 비교하는 새로운 아이디어를 추가하였다.

또 제3세대 시간관리는 목표설정에 초점을 맞춘다. 여기에는 구체적으로 장기, 중기, 단기적 목표가 있는데 우리는 이 같은 목표를 향해 가치 기준과 일치되도록 하면서 시간과 에너지를 투입한다. 이것은 매일매일의 계획수립과 최대의 이익을 가져올 수 있는 목표와 활동을 수행하는 구체적인 계획도 포함한다.

제3세대 시간관리가 중대한 공헌을 해왔음에도 불구하고 사람들은 '효율적'인 스케줄 작성과 시간 통제가 자주 역효과를 가져온다는 사실을 깨닫기 시작하였다. 왜냐하면 효율성을 중시하는 것은 좋은 인간관계의 형성을 저해하고 인간 욕구를 충족하지 못하며 각자가 얽매이지 않고 자연스러운 순간을 즐길 수 없기 때문이다.

그 결과 많은 사람들은 시간관리 프로그램과 시간관리 책임자들이 자신을 너무나 스케줄에 얽매이게 할 뿐만 아니라 제한한다고 느끼게 되었다. 마치 마르틴 루터의 "목욕물과 함께 목욕시키는 아기도 버리는 격"이라는 말처럼 된 것이다. 그 결과 많은 사람들이 좋은 인간관계를 유지하며 얽매이지 않고 자진해서 일하고 삶의 질을 보전하기 위하여 제3세대 시간관리 테크닉을 버리고 제1 및 제2세대로 되돌아가게 된 것이다.

여기서 새롭게 등장한 것이 바로 제4세대 시간관리이다. 제4세대에서는 '시간관리'란 표현 자체가 진정한 의미에서 보면 잘못된 것이라고 생각한다. 왜냐하면 우리는 시간을 관리하는 것이 아니라 자신을 관리해야 하기 때문이다. 만족이란 기대와 실현에 좌우된다. 그런데 기대(곧 만족)는 우리 영향력의 원 안에 놓여 있다.

따라서 제4세대 시간관리는 대상과 시간에 초점을 맞추기보다 인간관계의 유지와 증진, 결과의 달성을 강조한다. 간단히 말하면 생산/생산능력의 균형 유지에 더 중점을 두고 있는 것이다.

제2사분면

제4세대 시간관리의 근본적 초점은 다음에 제시된 시간관리 매트릭스에서 파악할 수 있다. 기본적으로 우리가 시간을 쓰는 활동이나 일의 종류는 네 가지 사분면 중 하나에 속한다.

표에서 보는 바와 같이 어떤 활동을 결정하는 두 가지 요소는 바로 '긴급성'과 '중요성'이다. 긴급한 일은 즉각적인 행동이 요구되고 영향을 주기 때문에 '지금 당장!' 해야 하는 것이다. 예컨대 전화벨이 계속 울릴 때는 급하다. 따라서 대부분의 사람들은 전화가 계속 울리도록 내버려두지 못한다.

우리가 어떤 자료를 준비하느라 여러 시간을 보내고 특정 문제를 논의하기 위해 옷을 정장으로 갈아입고 누군가의 사무실에 막 가려 한다고 하자. 그런데 그 순간 전화벨이 계속 울린다면 사무실로 가는 것을 멈추고 우선 전화를 받을 것이다. "15분 내로 전화 받을 테니, 끊지 말

시간관리 매트릭스

	긴급함	긴급하지 않음
중요함	**Ⅰ 활동** • 위기 • 급박한 문제 • 기간이 정해진 프로젝트	**Ⅱ 활동** • 예방, 생산능력 활동 • 인간관계 구축 • 새로운 기회 발굴 • 중장기 계획, 오락
중요하지 않음	**Ⅲ 활동** • 작업의 흐름을 방해하는 사소한 일들 • 일부 전화·우편물·보고서 • 일부 회의 • 눈앞의 급박한 상황 • 인기 있는 활동	**Ⅳ 활동** • 바쁜 일, 하찮은 일 • 일부 우편물 • 일부 전화 • 시간 낭비거리 • 즐거운 활동

고 기다려"라고 말하는 사람은 없다. 그러나 누군가와 전화통화를 하면서, 방문객을 15분이나 사무실에서 기다리게 하는 경우는 흔하다.

긴급한 일들은 보통 눈앞에 보인다. 따라서 이것들은 우리에게 압박감을 주고 행동하도록 졸라댄다. 긴급한 일은 대개 바로 우리 코앞에 있다. 이 같은 일은 종종 즐겁고 쉽고 재미있다. 그러나 이런 긴급한 일은 대부분의 경우 중요하지 않다!

반면 '중요성'은 결과와 관계된다. 우리의 사명, 가치관, 우선순위가 높은 목표에 기여하는 일이 중요한 일이다.

우리는 급한 일에 즉각적으로 '반응한다.' 그러나 급하지는 않지만 중요한 일은 더 큰 자발성과 더 많은 주도성을 요구한다. 어떤 일을 성사하기 위해서는 기회를 포착해야 한다. 그런데 만약 우리가 습관 2를 실천하지 않아서 인생 목표가 무엇인지를 알지 못한다면 급한 일을 처리하는 데만 주로 시간을 보내게 된다.

이제부터 시간관리 매트릭스의 네 가지 사분면에 대해 각각 살펴보자. 제1사분면에 속하는 것은 모두 급하고 중요한 것들이다. 이것은 즉각적인 처리가 요구되고 또 결과도 중대한 사안들을 다룬다. 따라서 보통 제1사분면의 활동들을 '위기' 혹은 '문제'라고 부른다. 우리는 모

두 인생을 살아가면서 제1사분면에 속하는 활동을 경험하고 있으며 상당수는 많은 시간을 빼앗기고 피로해진다. 여기에 속하는 사람들은 위기관리자이고 문제해결사들이며 나아가 기한 달성 전문가들이다.

우리가 제1사분면의 활동에만 관심을 둔다면 이것은 점점 더 늘어나서 마침내 우리를 지배하게 된다. 이것은 마치 거대한 파도와 같다. 엄청나게 큰 문제가 다가와서 우리를 쓰러뜨리고 겨우 휘청거리며 다시 일어서면 더 큰 문제가 나타나 우리를 파괴한다.

어떤 사람은 문자 그대로 매일매일을 문제에 둘러싸여 괴로워하고 있다. 이들에게 유일한 탈출구는 중요하지 않고 급하지도 않은 제4사분면으로 도피하는 것이다. 따라서 이러한 사람들이 활용하는 시간관리 매트릭스를 살펴보면 시간의 90%는 제1사분면에, 나머지 10%는 제4사분면의 활동에 투입한다. 그리고 제2사분면과 제3사분면에 속하는 활동에는 거의 시간을 쓰지 않는다. 이것이 바로 위기 중심의 삶을 사는 사람의 시간관리 방법이다.

어떤 사람들은 제1사분면에 속하는 일이라고 생각하지만 사실은 제3사분면에 속하는 '급하지만 중요하지 않은' 일에 시간의 대부분을 투입한다. 이들은 대부분의 시간을 급한 일에 투입하면서 스스로 이 일

Ⅰ	Ⅱ
Ⅲ 결과 • 단기 성과 위주 • 위기 관리 • 평판 – 경박한 성격 • 목표와 계획을 무시함 • 피해 의식, 자제력 부족 • 피상적이거나 단절된 인간관계	Ⅳ

이 중요하다고 생각한다. 그러나 자세히 살펴보면 이들이 이 같은 일을 급하다고 보는 이유는 종종 다른 사람이 설정하는 우선순위와 기대에 근거를 두고 있기 때문이다.

한편, 자신의 시간을 거의 전적으로 제3사분면과 제4사분면에 해당하는 일로 보내는 사람은 근본적으로 책임감이 없는 사람이다.

성공적인 삶을 사는 사람은 제3 및 제4사분면에 대한 시간 투입을 삼가한다. 여기에 속하는 일은 중요하지 않기 때문이다. 그 대신 제2사분면에 속하는 일에 더 많은 시간을 투입함으로써 제1사분면에 속하는 활동을 줄인다.

제2사분면은 효과적인 자기관리의 심장부이다. 여기에는 급하지는 않으나 중요한 사안들이 포함된다. 예컨대 인간관계 구축, 자기 사명서 작성, 장기 계획수립, 신체적 운동, 예방적 정비, 사전 준비 등이 그것이다. 우리 모두는 이런 종류의 일들을 반드시 해야 하는 것은 알고 있으나 긴급하지 않기 때문에 하지 않는 경우가 많다.

피터 드러커의 말을 빌리면, 성공적인 사람은 당면 문제 위주가 아니라 미래 기회 위주로 생각한다. 이들은 기회를 증가시키고 문제는 감소시킨다. 또 이들은 예방 위주로 생각한다. 이들도 역시 제1사분면

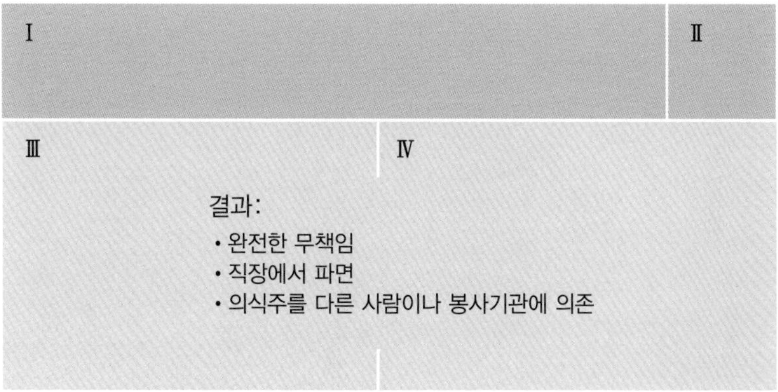

에 속하는 위기와 긴급사태에 직면하지만 그 빈도는 상대적으로 낮다. 그러나 중요하지만 급하지 않은, 즉 제2사분면에 속하고 매우 효과적인 능률 및 자질 향상을 위한 각종 활동에 초점을 맞춤으로써 생산과 생산능력 간의 균형을 유지한다.

시간관리 매트릭스를 염두에 두고 이제 잠시 시간을 내어 앞에서 제시했던 질문들에 대해 당신이 어떻게 대답했는가를 살펴보자. 대답은 어떤 사분면에 해당하는 활동인가? 중요한 것인가? 긴급한 것인가?

나는 당신이 대답한 것들이 제2사분면에 속하기를 바란다. 이것들은 매우 중요하지만 급하지는 않다. 그리고 급하지 않기 때문에 그것들을 실행하지 않는다.

이제 다시 이 질문의 본질을 살펴보자. 만약 당신이 규칙적으로 행할 경우 삶에 놀랍도록 긍정적인 변화를 가져다줄 수 있는, 개인생활과 직장생활에서 할 수 있는 한 가지 행동은 무엇일까? 바로 제2사분면의 활동들에 그 답이 있다. 이러한 일을 할 때 우리의 효과성은 엄청나게 커진다.

나는 이와 비슷한 질문을 쇼핑센터 관리자들에게 한 적이 있다. "여러분이 직장에서 하는 일 중에서, 여러분의 직장생활 자체를 틀림없이

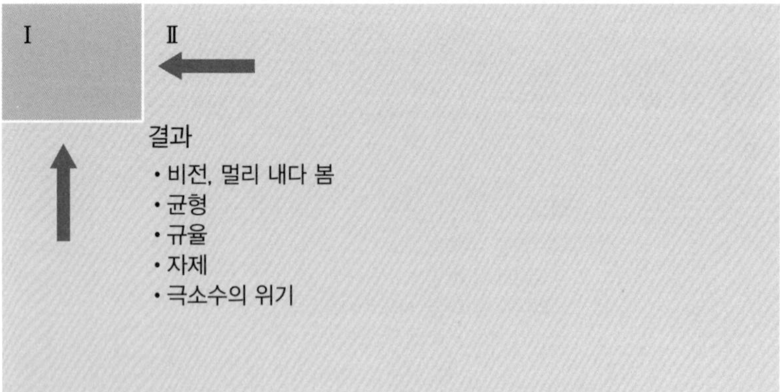

좋은 결과로 이끌어줄 어떤 한 가지가 있을 겁니다. 그 한 가지 일은 무엇입니까?" 그들이 만장일치로 한 대답은 쇼핑센터 내 임차인들과의 인간관계를 개선하는 일이었다. 이것이야말로 제2사분면에 속하는 활동을 지적한 것이었다.

우리는 쇼핑센터 관리자들이 이러한 활동을 위해 투입하는 시간을 분석해보았다. 그런데 여기에 투입하는 시간이 차지하는 비율은 전체 근무시간의 5% 이하였다. 물론 그들에게는 그만한 이유가 있었다. 즉 이들은 해결해야 할 문제들이 너무 많았다. 이들은 보고서를 작성해야 하고 회의에 참석해야 하고, 서신 회답을 해야 하고, 전화를 해야 하고, 불쑥불쑥 해대는 동료들의 인사나 질문에 응해주어야 했다.

이들은 제1사분면의 활동에 너무나 지쳐 있었다. 임차인들을 위해서 매우 적은 시간을 보냈으며 그 시간조차도 화기애애하거나 좋은 일이 아니었다. 이들이 임차인들을 만나는 유일한 때는 그들과 체결한 계약조건을 집행하고자 할 때였다. 즉, 임대료를 받는다든지 광고비나 쇼핑센터 지침에 어긋나는 관행을 지적한다든지 기타 이와 비슷한 행위를 하기 위한 것이었다.

임차인들은 사업이 잘되기는커녕 불경기에서 살아남기 위해 허덕이고 있는 상황이었다. 그들은 직원 채용 문제, 비용 문제, 재고 문제 등 수도 없는 문제들을 가지고 있었다. 그들 대부분은 경영관리 교육을 받은 적이 한번도 없었다. 몇몇은 훌륭한 상인이었지만 그래도 도움이 필요했다. 점포를 임차한 사람들은 쇼핑센터 소유주와 만나기 싫어했다.

그를 만나는 것은 골치만 아플 뿐인 또 하나의 문제였기 때문이었다.

그래서 쇼핑센터 관리자들은 주도적인 행동을 취하기로 결정하였다. 그들은 자신의 목적, 가치관, 소중한 것들의 우선순위를 재검토하였다. 그리고 이러한 우선순위에 맞춰 자기 시간의 3분의 1 정도를 점포주와의 관계개선에 활용하였다.

내가 이 조직을 약 1년 반 정도 컨설팅하는 동안 이들이 관계개선에 할애한 시간은 20% 정도 증가하였다. 과거에 비해 4배 이상의 시간이 증가한 것이다. 게다가 그들은 자신의 역할을 바꾸어 임차인들의 이야기를 경청하고 그들을 훈련시키고 또 컨설팅해주었다. 그 결과 상호간의 관계는 건설적이고 가깝게 되었다.

관계개선의 효과 역시 극적이고 막대한 것이었다. 시간과 방법의 효율보다 인간관계와 성과에 중점을 둠으로써 임차인들은 새로운 아이디어와 판매기법을 개발하고 이를 통해 증가된 경제수치에 감동받았다. 쇼핑센터 관리자들은 임대해준 점포의 매출액이 증가했기 때문에 임대료 수익이 커졌고 점포 임차 희망자가 증가함으로써 보다 효과적이고 만족스러운 경영관리자가 되었다. 이제 이들은 더 이상 단속 경찰관이나 감독자가 아니라 문제 해결사가 되었고 도움을 주는 사람이 되었다.

여러분이 대학생이든 조립 라인에 근무하는 노동자든 가정 주부든 패션 디자이너든 회사의 사장이든 관계없이, 제2사분면에 해당하는 일을 찾아내어 이를 주도적으로 실행한다면 역시 이 같은 성과를 얻을 수 있을 것이다. 여러분의 효과성은 극적으로 증대될 것이다. 또 여러분이 직면한 골치 아픈 문제와 위기는 감당할 수 있을 정도로 줄어들 것이다. 왜냐하면 위기로 번져나갈 상황을 사전에 생각하여 방지하고 문제의 근원을 해결하고 나아가 예방 차원의 행동을 하기 때문이다.

이를 시간관리 용어로는 '파레토* 원칙(Pareto Principle)'이라 부른다.

즉, 80%의 결과는 20%의 활동에서 나온다.

* Vilfredo Pareto(1848~1923), 이탈리아의 경제학자, 사회학자, 엔지니어.— 옮긴이.

"못 한다"라고 말할 수 있는 용기

제2사분면에 필요한 시간을 끌어올 수 있는 곳은 처음에는 제3사분면과 제4사분면뿐이다. 제2사분면의 예방과 준비활동에 보다 많은 시간을 투입함으로써 제1사분면의 크기를 줄일 수 있지만 여기에 속하는 긴급하고 중요한 활동들을 처음부터 무시할 수는 없다. 그러므로 제2사분면을 위해 투입할 시간은 처음에는 반드시 제3사분면과 제4사분면에서 나와야 한다.

제1사분면과 제3사분면에 속하는 일들이 우리의 마음을 끄는 반면 제2사분면에 속하는 일에는 우리의 결심과 주도성이 필요하다. 따라서 이처럼 중요하고 우선순위가 높은 제2사분면에 속하는 활동에 대해 "하겠다"라고 답하기 위해서는 때로 긴급하게 보이는 다른 활동에 대해서 "못 한다(No)"라고 할 수 있어야 한다.

얼마 전 나의 아내는 지역사회 활동을 하는 어떤 위원회에서 위원장으로 일하도록 요청받은 적이 있다. 그녀는 해야 할 중요한 일들이 많았기 때문에 그 일을 정말로 맡고 싶지 않았다. 그러나 그녀는 은근한 압력 때문에 거절하지 못하고 마침내 그 일을 맡겠다고 수락하였다.

그 후 아내는 절친한 친구에게 전화를 걸어 위원회 일을 도와달라고 요청하였다. 그녀의 친구는 오랫동안 경청하고 나서 "샌드라, 그 일은 정말 좋은 일인 것 같구나. 그 일에 참여하도록 초청해줘서 진심으로 고마워. 그런데 여러 가지 이유 때문에 내가 그 일에 참여하기는 어려울 것 같아. 하지만 항상 나를 생각해주는 너의 마음에 대해 내가 얼마나 고맙게 생각하는지 알아주기 바란다"고 말했다.

아내는 그 친구가 좋은 말로 "못 한다"고 하자 당황했다. 그녀는 나에게 와서 한숨을 쉬며 말했다. "나도 그렇게 말했어야 했는데."

여기서 말하고자 하는 것이 중요한 봉사활동을 하지 말아야 한다는 의미는 아니다. 사실 이러한 일들은 매우 중요하다. 그러나 우리는 자신의 삶에서 가장 소중하고 우선순위가 높은 것이 무엇인가를 결정한 다음 다른 일들에 대해서 좋은 말로, 그러나 변명이 되지 않게 "못 한다"고 말할 용기도 가져야 한다. 그런 용기는 '우선순위가 높은 것부터 하겠다'라는 내면의 강한 결심에서 나온다. '최선'에 대한 훼방꾼은 종종 '무난함'인 것이다.

우리는 어떤 일에 대해서 항상 "못 한다"고 말하고 있다는 사실을 명심해야 한다. "못 한다"고 말하는 그 일이 우리의 삶에서 눈앞에 닥친 긴급한 것은 아닐지라도 무엇보다 기본적이고 대단히 중요한 것일 수도 있다. 비록 긴급한 일부터 처리하는 것이 '무난한' 방침이라고 할지라도 이 '무난함'이 자신의 '최선'을 방해하고 자신만이 할 수 있는 독특한 공헌을 수행하지 못하게 한다.

내가 어떤 큰 종합대학에서 홍보처장의 일을 맡고 있을 때 매우 재능 있고 주도적이며 창의적인 문필가를 한 사람 채용한 적이 있었다. 그가 일을 시작한 지 몇 개월이 지난 어느 날, 나는 그의 사무실에 찾아가서 골칫거리가 되고 있는 긴급한 문제를 처리해달라고 요청하였다.

그는 다음과 같이 말했다. "스티븐, 나는 당신이 부탁하는 일은 무엇이든지 해주고 싶습니다. 그러나 우선 제 사정을 들어보시죠."

그러고 나서 나를 자신의 스케줄이 적혀 있는 벽 칠판으로 데리고 갔다. 거기에는 이미 사전에 확정된 실행 목표와 완료 날짜까지 적혀 있는 24개 이상의 프로젝트들이 나열되어 있었다. 그는 대단히 독립적이고 자제력이 있는 사람이었기에 그를 제일 먼저 찾아간 것이었다. 나는 "어떤 일이 성취되도록 하려면 바쁜 사람에게 맡겨라"라는 격언을 따른 것이었다.

그는 말을 계속했다. "스티븐, 당신이 지금 원하는 일을 잘하기 위해서 며칠은 걸릴 겁니다. 제가 당신의 일을 해주기 위해 여기 일들 중 어떤 일을 연기하거나 취소하면 좋겠습니까?"

나는 물론 그의 일 중에 어떤 것을 취소하거나 연기하는 데 대해 책임지고 싶지 않았다. 또 내가 처한 위기상황을 해결하기 위해 스태프 중 가장 유능한 사람의 업무를 방해하고 싶지도 않았다. 사실 그 문제는 긴급하기는 했지만 중요한 것은 아니었다. 그래서 나는 다른 사람을 찾아서 그에게 이 일을 맡겼다.

우리는 하루에 수도 없이 "하겠다" 혹은 "못 한다"라는 대답을 한다. 이때 올바른 원칙을 생활 중심으로 삼고 자기 사명서에 초점을 두면 이러한 대답을 효과적으로 할 수 있는 지혜를 얻을 수 있다.

나는 다양한 집단을 대상으로 교육을 할 때 효과적인 시간관리와 생활관리의 핵심은 삶에서 소중한 것들의 우선순위를 균형 있게 설정하고 이에 따라 실천하는 것이라고 설명한다. 그러고 나서 나는 다음의 질문을 던진다. 만약 당신들이 다음의 세 가지 능력 중 가장 부족한 것이 있다면 그것은 어떤 것인가?

1. 우선순위 결정능력
2. 우선순위에 따라 준비하고 계획하는 능력
3. 우선순위의 실행계획을 수행하는 실천력과 자제력

대부분의 사람들은 자신의 실천력과 자제력이 부족하다고 말한다.

그러나 깊이 분석해보면 그런 것 같지는 않다. 근본적인 문제는 자기가 만든 삶의 우선순위가 마음과 정신 속에 깊이 뿌리내리지 못한 데에 있다. 즉, 진정한 의미에서 습관 2를 내면화하지 않은 것이다.

많은 사람들이 제2사분면에 속하는 활동들이 생활에 필수적이라고 믿는지 여부에는 차이가 있지만, 이 활동들이 갖는 가치는 인정하고 있다. 그래서 사람들은 제2사분면의 활동들을 우선적으로 해보려고 시도하면서 결심과 자제력만을 믿고 이를 자신의 생활에서 실천해보고자 한다.

그러나 만일 사람들에게 중심적인 원칙과 자기 사명서가 없다면 이러한 시도를 실천하는 데 필요한 근본 바탕이 없는 것과 마찬가지다.

이는 마치 밑바탕인 뿌리에 해당되는 태도와 행동을 규제하는 기본적인 패러다임은 그대로 두고 나뭇잎에 해당되는 자기 절제의 태도와 행동만 다루는 셈이다.

제2사분면에 초점을 두는 삶은 원칙 중심에서 나오는 하나의 패러다임이다. 만약 배우자, 금전, 친구, 쾌락 그리고 기타 본질적이지 않은 외적 요소에 중심을 둔다면 자신의 삶이 외부세력에 의해 영향받기 때문에 제1사분면이나 제3사분면으로 되돌아가게 된다. 또 자신에게 중심을 두는 경우에도 일순간의 이기적인 충동에 영향을 받아 결국 제1사분면과 제3사분면으로 되돌아가게 된다. 결국 독립의지만 가지고는 생활 중심의 영향력을 극복할 정도로 효과적인 자기자제를 할 수 없다.

건축학에서 쓰는 격언을 빌려보자. 기능은 모양에 우선한다. 이와 마찬가지로 리더십은 관리에 우선한다. 시간을 사용하는 방법은 시간의 중요성을 어떻게 보는가와 삶의 우선순위를 실제 어떻게 생각하느냐에 따라 달라진다. 만약 삶의 우선순위가 원칙 중심과 자기 사명서에 입각한 것이라면, 또 이것이 마음속에 깊이 뿌리내리고 있다면 우리는 제2사분면의 활동들이야말로 시간을 투입하기에 너무나 당연하고 훌륭한 것들임을 인식하게 될 것이다.

만일 마음속에 '우선순위가 높은 것부터 하겠다'라는 강한 결심이서 있지 않다면 제3사분면에 속하는 인기 있는 일과 제4사분면에 속하는 즐거움을 추구하는 일에 "못 한다"라고 대답하는 것은 거의 불가능하다.

결국 자신의 인생 프로그램을 검토할 수 있는 자아의식을 가지고 "하겠다"라고 결심할 수 있는 새롭고 독특한 원칙 중심의 인생 프로그램을 만들 수 있는 양심과 상상력을 가질 때만이, 중요하지 않은 일은 "못 한다"라고 순수한 미소를 띠고 거절할 수 있는 충분한 독립의지를 가질 수 있을 것이다.

제2사분면으로의 이동

만약 제2사분면에 속하는 활동들이 효과적인 자기관리의 핵심이고 '먼저 해야 할 소중한 것'이라면 우리는 어떻게 이러한 활동들을 계획하고 실행할 수 있을까?

제1세대 시간관리는 우선순위에 대한 개념을 인식조차 하지 못했다. 제1세대의 작업은 일이 끝나면 하나씩 줄을 그어 지워버리는 노트와 '해야 할 일'에 대한 목록 작성이었다. 이것을 하나씩 지워나갈 때마다 순간적인 성취감을 맛볼 수는 있으나 그 목록에는 아무런 우선순위가 없다. 말하자면 목록에 있는 것과 삶의 궁극적 가치 및 목적 사이에는 아무런 상관관계가 없다. 결국 단순히 우리의 주의를 끌게 하는 것과 명백히 해야 할 필요가 있는 사안에 대해서만 대처한다.

많은 사람들은 제1세대의 패러다임에 입각해서 일을 처리한다. 이 방법은 저항이 가장 적고 고통과 긴장이 없다. 다시 말해서 '흐름대로 따라가면' 고생스럽지 않고 재미있다. 게다가 마음속에서 우러나온 자기 절제와 일정 계획이 아니므로 결과에 대한 책임을 별로 느끼지 않는다.

제1세대에 입각해서 시간관리를 하는 사람은 효과적이지 못하다. 이들은 비생산적이고 생활 스타일도 생산능력을 구축하는 데 아무 도움을 주지 못한다. 또 뿌리가 깊지 못해 외부세력에 시달리게 됨으로써 신망 없고 무책임해 보이며 자제력과 자존심을 갖지 못한다.

제2세대 시간관리자는 제1세대에 비하면 조금 더 자기 통제력이 있다. 이들은 사전에 일을 계획하고 일정을 세우며 참석해야 될 자리에 '나타나기' 때문에 좀더 책임감 있게 보인다.

그러나 스케줄에 따라 하는 활동 역시 우선순위가 없고 소중하고 가치 있는 것과 인생 목표에 인정할 만한 상관관계를 갖지 못한다. 따라서 이들도 큰 성과를 달성하는 경우는 드물고 단지 스케줄을 중심으로 생활하는 경향이 있다.

제3세대 시간관리는 크게 진전하여 한 단계 더 나아간 것이다. 이에 입각하여 시간관리를 하는 사람은 가치 기준을 명확히 하고 목표를 설정한다. 이들은 매일을 계획하고 자신이 하는 활동에 대해 그날의 우선순위를 설정한다.

이미 언급했듯이 이 제3세대가 오늘날 활용되고 있는 시간관리 기법이다. 그런데 이것조차 몇 가지 결정적 한계점을 가지고 있다.

첫째, 이것은 비전을 제한한다. 하루를 기준으로 한 계획수립은 넓은 관점에서만 볼 수 있는 소중한 것들을 놓칠 수 있기 때문이다. '당일 계획수립'이란 말은 오늘 긴급한 것, 즉 '오늘'에 초점을 맞춘 것이다.

둘째, 제3세대에 입각한 우선순위 설정방식은 활동에 순서를 제시해주긴 하지만 활동 자체가 근본적으로 중요한 것인지에 대해서는 질문을 제기하지 않는다. 나아가 이것은 원칙, 개인적 사명, 역할, 그리고 목표를 고려해서 활동을 계획하는 것도 아니다. 제3세대의 당일 계획수립은 근본적으로 제1사분면과 제3사분면의 급한 문제들과 그날그날 발생하는 위기를 우선적으로 처리하는 시간관리 방식이다.

마지막으로 제3세대 시간관리는 여러 가지 역할을 균형있게 관리해줄 준비가 되어 있지 않다. 이것은 현실성을 결여하고 있다. 다시 말해서 하루 계획을 수립할 때 너무 무리하게 계획함으로써 좌절감을 맛보게 되고 때로 계획 자체를 포기하며 제4사분면으로 도피하게 된다. 게다가 이 같은 실적 위주의 시간관리는 좋은 인간관계를 구축하기보다 이를 약화시키는 경향이 있다.

지금까지 살펴본 세 가지 세대의 시간관리는 어느 정도까지는 시간관리 도구로서의 가치를 가진다. 그러나 그중 어느 것도 우리에게 원칙 중심적인, 즉 제2사분면에 입각하여 생활할 수 있게 해주진 못한다. 제1세대의 메모 수첩과 '해야 할 일' 목록은 그것을 잊지 않도록 상기해주는 역할만 할 따름이다. 제2세대의 약속 수첩과 달력은 우리가 약속 시간에 약속 장소에 갈 수 있도록 미래의 약속과 언질을 기록할 뿐이다.

또한 제3세대의 시간관리조차도 그렇게 많은 종류의 시간관리 수첩과 보조 자료가 있음에도 불구하고, 주로 제1사분면 및 제3사분면의 활동을 우선적으로 실행하고, 계획수립하는 데만 도움을 준다. 시간관리를 가르치는 많은 트레이너와 컨설턴트들이 제2사분면에 속하는 활동의 가치를 인정하고 있지만 제3세대에 속하는 시간관리 책자와 자료들은 제2사분면의 활동을 계획하고 실행하는 데 도움을 주지 못하고 있다.

시간관리의 각 세대가 이전에 선행한 시간관리 세대를 바탕으로 하여 발전된 것과 같이 제4세대도 앞의 세 가지 세대가 가진 모든 장점과 일부 도구들을 기본적인 토대로 하고 있다. 그러나 원칙 중심적으로 되기 위해, 또 진정 가장 소중한 것을 중심으로 시간관리를 하기 위해, 새로운 차원이 추가적으로 필요하다. 여기서 새로운 차원이란 우리가 제2사분면의 활동 위주로 생활할 수 있도록 해줄 패러다임과 실행방법을 의미한다.

제2사분면의 도구

제2사분면을 중심으로 시간을 관리하는 목적은 우리가 인생을 효과적으로 관리하는 데 있다. 즉, 건전한 원칙과 자기 사명서를 따르면서 중요한 일에 초점을 맞추고 생산과 생산능력을 동시에 증가시켜 균형을 유지하는 것이다.

이것은 분명히 제3사분면과 제4사분면의 하찮은 일들에 둘러싸여 있는 사람들에게는 거창하고 야심적인 목표가 될 것이다. 그러나 이 목표를 달성하기만 하면 개인의 효과성에 엄청난 영향을 미칠 것이다.

제2사분면을 중심으로 시간을 관리할 수 있는 도구는 다음 여섯 가지의 중요한 기준을 충족해야 한다.

• **일치성:** 일치성은 비전과 사명, 역할과 목표, 우선순위와 계획, 욕망과 자기절제 사이의 조화, 통일, 통합이다. 따라서 우리의 시간관리 수첩에는 반드시 반복하여 참조할 수 있는, 자기 사명서를 기록할 장소가 있어야 한다. 나아가 여기에는 자신의 역할과 장단기 목표를 기록할 공간이 있어야 한다.

• **균형 유지:** 시간관리 도구는 생활에서 균형을 유지하고 여러 가지 역할을 확인하고 나아가 이것을 잊어버리지 않도록 도와주는 것이어야 한다. 이를 통해 우리는 주요 영역인 건강, 가정, 직장 업무 그리고

자기계발 등을 망각하지 않게 된다.

대부분의 사람들은 한 분야에서의 성공이 다른 분야에서의 실패를 보상할 수 있는 것처럼 생각한다. 정말 그러한가? 어떤 분야에서는 제한된 기간 동안 가능할지 모른다. 그러나 당신이 가진 직업에서의 성공이 파괴된 결혼생활과 나빠진 건강, 인격적 약점을 보상할 수 있는가? 진정으로 효과적인 사람이 되기 위해서는 균형 유지가 필요하기 때문에 시간관리 도구도 우리가 균형을 만들어내고 유지하는 것을 도와주는 것이어야 한다.

• **제2사분면 위주:** 우리는 자신에게 용기를 북돋아주고 의욕을 자극하며 제2사분면의 활동에 입각해 시간을 보내도록 도와주는 도구가 필요하다. 이것은 위기만을 우선적으로 해결하는 것이 아닌, 위기를 예방하는 활동이다. 이러한 활동을 위해서는 일주일을 단위로 생활계획을 조직하는 것이 최선이다. 물론 하루를 단위로 우선순위를 정하여 융통성 있게 조정할 수도 있으나 기본적으로는 주 단위로 계획하여야 한다.

일주일 단위로 계획을 수립하면 하루 단위로 하는 것보다 앞뒤 연결과 균형 유지가 더 좋아진다. 세계적으로도 이미 일주일을 이상적인 시간 단위로 인정하는 것 같다. 실제로 사업, 교육, 기타 사회에서 일어나는 많은 일들이 일주일이라는 틀 속에서 운용된다. 또 이것은 집중적인 시간과 에너지를 투입해야 하는 날과 휴식과 영감을 얻기 위해 필요한 날로 구성되어 있다. 유대교나 기독교인들의 기본 윤리는 안식일을 준수하는 것으로 일주일 중 하루를 영적인 목적으로 사용한다.

대부분의 사람들은 일주일을 단위로 생활한다. 그러나 제3세대에 속하는 대부분의 시간 계획 도구들은 하루 중심의 계획수립에 주어진 것들이다. 하루 중심의 도구가 활동에 대한 우선순위를 결정하는 데 도움을 줄지는 모르지만 본질적으로는 위기와 바쁜 일들을 계획하는 것에 불과하다. 문제의 핵심은 스케줄상에 있는 것이 아닌 소중하게 생각하는 것 중에서 우선순위를 매기고 일정을 계획하는 것이다. 이것은 일주일이라는 시간 단위로 가장 훌륭히 달성될 수 있다.

- **'사람' 위주:** 단지 일정만 다루는 것이 아닌 사람을 위주로 하는 시간관리 도구가 필요하다. 시간만을 다룰 때는 효율성을 생각하게 되지만 원칙 중심적인 사람이 다른 사람을 다룰 때는 효과성을 생각하게 된다. 제2사분면의 원칙 중심적인 생활은 일정을 강행하는 것보다 인간관계를 더 중요하게 생각한다. 시간관리 도구는 우리가 일정대로 일을 진행하지 못할 때 죄의식을 갖기보다는 그 진행을 촉진해주는 인간관계의 중요한 가치를 반영해야 한다.

- **융통성:** 시간관리 도구는 우리의 하인이 되어야 하며 주인이 되어서는 안 된다. 또 우리를 위해서 존재하기 때문에 우리의 스타일, 필요성, 특수한 사정에 따라 조종할 수 있는 융통성이 있어야 한다.

- **휴대 가능성:** 시간관리 도구는 휴대 가능하여 항상 가지고 다닐 수 있어야 한다. 버스를 타고 있는 동안에도 자기 사명서를 검토할 수 있고 이미 수립한 것과 새롭게 떠오른 아이디어의 가치를 비교 검토할 수 있어야 한다. 시간관리 수첩이 휴대 가능하면 우리는 중요한 정보를 항상 가지고 다니면서 언제나 정보에 접근할 수 있다.

제2사분면이야말로 효과적인 자기관리의 핵심이기 때문에 제2사분면으로 이동하려면 시간관리 도구가 필요하다. 필자가 개발한 제4세대에 속하는 시간관리 도구는 앞에서 나열한 기준에 따라 특별하게 설계되었다. 그러나 제3세대에 속하는 상당수의 우수한 시간관리 도구들도 쉽게 조정해서 사용할 수 있다. 말하자면 이 같은 시간관리 도구들이 갖는 원칙은 건전하기 때문에 활용 방안이나 적용방법도 각 개인의 필요에 따라 적절히 조정할 수 있다.

제2사분면의 자기관리자

이 책에서 다루는 내용은 효과성의 실제 적용이 아닌 원칙을 가르치는 것이지만, 만약 우리가 실제로 원칙 중심적인 제2사분면의 활동을 위주로 일주일을 계획하는 경험을 갖는다면 원칙에 대한 이해와 제4세대 시간관리가 갖는 본질에 대해 좀 더 잘 파악하게 될 것이다.

제2사분면 중심의 시간관리는 다음의 네 가지 주요 활동을 포함한다.

• **역할 규명:** 첫 번째 할 일은 여러 가지 주요 역할을 기록하는 것이다. 만약 인생에서 맡은 역할에 대해 깊이 생각해본 적이 없었다면 당장 마음에 떠오르는 대로 여러 가지 역할을 적어보라. 우리는 개인으로서의 역할을 갖고 있다. 또 가족의 구성원으로서, 남편 또는 부인, 엄마 또는 아빠, 아들 또는 딸, 그리고 친척 관계에서 이모, 삼촌, 사촌 등 하나 혹은 그 이상의 역할을 적을 수 있다. 직장인으로서의 몇 가지 역할, 즉 정기적으로 시간과 에너지를 투입하는 각각 다른 임무에 대해 그 역할을 적을 수 있다. 또 종교단체나 지역단체에서의 역할도 적을 수 있다.

여생에서 해야 할 역할에 대해 신경 쓸 필요는 없다. 오직 다가오는 한 주일을 고려하고 앞으로 7일 동안 어떻게 시간을 보낼 것인가만 기록하면 충분하다.

다음 두 가지 사례는 사람들이 자신의 다양한 역할을 적어놓은 것이다.

1. 개인 2. 남편/아빠 3. 신제품 개발업무 책임자 4. 연구업무 책임자 5. 인력개발업무 책임자 6. 행정업무 책임자 7. 자선기금 모금위원	1. 자기계발 담당자 2. 아내 3. 어머니 4. 부동산 중개인 5. 주일학교 교사 6. 교향악단 멤버

• **목표 선택:** 두 번째 단계는 당신이 각 역할에 있어서 다음 7일 동안 성취하고 싶은 두세 가지 결과를 생각해내는 것이다. 이것을 목표란에 기록하라.(다음 페이지의 그림을 참조할 것)

이 목표 중 적어도 몇 개는 제2사분면의 활동을 반영하여야 한다. 이것이 개인적 사명과 연관된 장기목표와 연결된다면 대단히 이상적이다. 비록 아직 자기 사명서를 작성하지 않았다 해도 각각의 역할 중 어떤 것이 중요한가 그리고 각 역할에 대해 두세 개의 중요한 목표가 무엇인가를 느낌이나 직감으로 알 수 있을 것이다.

• **일정 계획:** 이제 우리는 목표를 염두에 두고 앞으로 올 일주일을 전망하면서 목표를 달성하는 시간 계획을 수립할 수 있게 되었다. 예를 들어 우리의 목표가 자기 사명서의 초안을 작성하는 것이라면 이 일을 수행하기 위하여 일요일에 2시간을 할애할 수 있을 것이다. 일요일(신앙이나 사정에 따라 자신에게 특별한 의미를 주는 다른 날도 관계없다)은 일주일의 계획을 수립하는 것을 포함하여 보다 개인적이고 영적인 활동을 계획하는 데 이상적인 시간이다. 또 일요일은 지난날을 회고하고

개인(자기계발)	자기 사명서 초안 작성 세미나 등록 프랭크(Frank) 병문안
남편/아빠	가정 강좌/칼라(Karla)의 강의 팀(Tim)의 과학 프로젝트 돕기 세라(Sarah)의 자전거 수리
신제품 개발 업무 책임자	시장 조사 항목 결정 부서직원 채용 인터뷰 소비자 보고서 검토
연구 업무 책임자	지난번 실험결과 검토 접착 문제 연구 켄(Ken), 피터(Peter)와 협력관계 타진
인력 개발 업무 책임자	제니(Janie)의 근무 평가 인터뷰 새뮤얼(Samuel) 가족 방문
행정 업무 책임자	월말 보고서 급여 조정 보고서
자선기금 모금위원장	회의 의제 결정 콘클린(Conklin)과 광고 문제 협의 내년도 계획 작성 시작

주간계획표

역할	목표
자기 계발	자기 사명서 초안 작성 ①
	세미나 등록 ②
	프랭크 병문안 ③
남편/아빠	가정 강좌/칼라의 강의 ④
	팀의 과학 프로젝트 돕기 ⑤
	세라의 자전거 수리 ⑥
신제품개발 업무 책임자	시장 조사 항목 결정 ⑦
	부서직원 채용 인터뷰 ⑧
	소비자 보고서 검토 ⑨
연구 업무 책임자	지난번 실험결과 검토 ⑩
	접착 문제 연구 ⑪
	켄, 피터와 협력관계 타진 ⑫
인력개발 업무 책임자	제니의 근무평가 인터뷰 ⑬
	새뮤얼 가족 방문 ⑭
행정 업무 책임자	월말 보고서 ⑮
	급여 조정 보고서 ⑯
유나이티드웨이 기금모금위원장	회의 의제 결정 ⑱
	콘클린과 광고문제협의 ⑰
	내년도 계획작성 시작 ⑲

끊임없이 쇄신하라

신체적 ____________

정신적/지적 ____________

영적 ____________

사회/감정적 ____________

주일	일	월
금주의 주요활동	오늘의 주요활동	
		⑯ 급여 조정 보고서

약속 및 실천사항

일	월
8 ① 자기	8
9 사명서 작성	9
10	10
11	11 ⑧ 부서직원
12	12 채용 인터뷰
1	1
2	2
3	3
4	4 ③ 프랭크
5	5 병문안
6	6
7	7 ⑥ 세라의
8	8 자전거 수리
저녁	저녁

화	수	목	금	토
오늘의 주요활동				
② 세미나 등록	⑫ 켄, 피터와		⑭ 새뮤얼 가족 방문	
	협력관계 타진			
약속 및 실천사항				
8	8	8	8	8 ④ 가정 강좌/
9	9 ⑦ 시장 조사	9 ⑪ 접착 문제 연구	9 ⑩ 실험결과 검토	9 칼라의 강의
10	10 항목 결정	10	10	10
11	11	11	11	11
12	12	12	12 ⑱ 콘클린	12
1 ⑨ 소비자	1	1	1	1
2 보고서 검토	2	2	2	2
3	3	3 ⑬ 제니의	3 ⑮ 월말 보고서	3
4	4	4 근무평가	4	4
5	5	5	5	5
6 ⑤ 팀의 과학	6	6 ⑰ 회의 의제	6	6
7 프로젝트	7	7	7	7
8	8	8 ⑲ 내년도 계획	8	8
저녁	**저녁**	**저녁**	**저녁**	**저녁** 7:00 극장 브라운 가족과 함께

영감을 얻고 원칙과 가치 기준의 관점에서 자신의 삶을 들여다보기에 좋은 시간이기도 하다.

만약 운동을 통해 육체적인 컨디션을 좋게 하는 것을 목표로 설정한다면 목표달성을 위해 일주일 중 3~4일에 각각 한 시간씩, 또는 일주일 내내 매일 한 시간씩 할애해야 할 것이다. 목표에 따라서는 근무시간에만 달성할 수 있는 것이 있고, 또 어떤 것은 아이들이 집에 있는 토요일에만 이루어질 수 있는 것이 있다. 이제 하루가 아닌 일주일 계획에 이점이 있음을 알 수 있겠는가?

역할규명과 목표수립이 이루어지고 나면 각각의 목표를 수행할 요일과 시간을 결정하고 그날의 주요 활동란이나 약속 및 실천사항란에 옮겨 써서 계획수립을 할 수 있다. 또 이전에 약속했던 일들을 연간 달력이나 월간 달력에서 확인한 다음 약속이 목표와 어떤 맥락에서 중요성을 갖는지 평가하고 이를 스케줄에 포함할 것인지 취소할 것인지를 결정할 수 있다.

이제 앞의 주간 계획표에서 대부분 제2사분면에 속하는 열아홉 가지의 중요한 목표가 각각 어떻게 스케줄로 나뉘고 구체적 실행 계획으로 옮겨지는지를 살펴보자. 좌측 하단에 있는 '끊임없이 쇄신하라'란을 살펴보라. 이것은 습관 7에서 설명할 제2사분면을 새롭게 재활성화하는 네 가지 차원 각각에 대한 계획을 써 넣는 난이다.

일주일 동안 열아홉 가지의 중요한 목표들을 수행하기 위한 시간을 할애한 것 외에 계획표상에 계획하지 않고 비어 있는 공간이 있다는 사실에 주목하라! 제2사분면에 입각한 주간 계획수립은 우리로 하여금 중요한 일부터 먼저 하도록 해줄 뿐 아니라 예상치 못한 일들에 대비하고 다른 사람과의 인간관계 및 교제를 원활히 하며 얽매이지 않고 자연스러운 순간들을 충분히 즐길 수 있게 한다. 나아가 자신이 필요하면 약속시간을 조정할 수 있도록 계획의 자유로운 이동과 융통성을

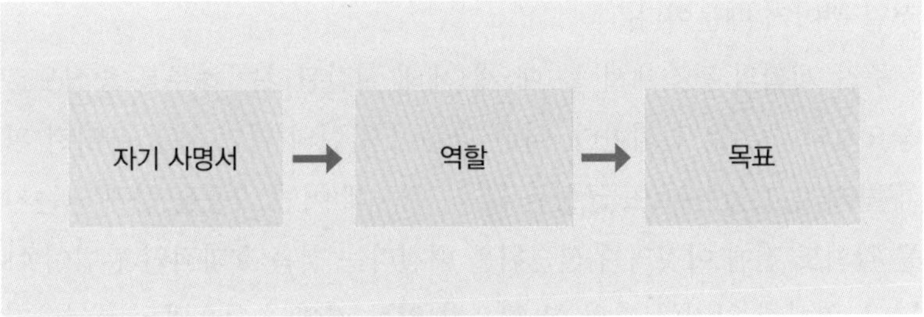

장기 계획 조직화

허용한다. 이를 통해 우리는 한 주 단위로 생활의 핵심 목표를 주도적으로 계획할 수 있다.

• **매일의 적용:** 제2사분면을 중심으로 일주일 계획을 수립하면 매일 계획을 우선순위에 따라 해당 날짜에 배당하고 예기치 않은 일, 인간관계, 감동적인 경험 등에 따라 조정해서 실행한다.

매일 아침 몇 분의 시간을 내어 자신의 일과표를 점검하면 갑자기 닥쳐올 예기치 않은 일들도 대비할 수 있고 일주일을 계획할 때 고려하였던 결정의 배경도 상기해볼 수 있다. 또 하루 일정을 검토하면서 자신의 역할과 목표의 우선순위가 내면적 균형감각에서 자연스럽게 나오고 있음을 알 수 있을 것이다. 이것은 결국 자기 사명서에서 나오는 보다 유연하고 좀 더 오른쪽 뇌에 의존한 우선순위 설정이다.

아직도 제3세대의 시간관리에서 통상 이용하는 A, B, C 혹은 1, 2, 3으로 우선순위를 매기는 방식이 매일의 활동에 필요한 계획을 세워준다고 생각할 수도 있다. 그러나 이처럼 특정한 활동들을 중요하다거나 중요하지 않다고 결정하는 것은 잘못된 흑백 논리이다. 이러한 활동의 중요성은 분명히 연속선상의 어느 지점에 있는 것이며, 우리가 중요하다고 생각하는 몇몇 활동들은 다른 것들에 비해 상대적으로 더 중요한 것일 뿐이기 때문이다.

주간 계획의 관점에서 볼 때 제3세대 시간관리는 하루를 중심으로 중요성의 순위를 결정한다. 어떤 활동이 자신의 자기 사명과 어떤 관계를 가지고 있는지 또 균형된 삶을 사는 데 어떤 작용을 하게 되는지를 알기도 전에 이것의 우선순위를 매긴다는 것은 효과적인 방법이 아니다. 원하지 않거나 전혀 할 필요가 없는 것에 우선순위를 부여하거나 달성하려고 노력할 수 있기 때문이다.

이제 당신은 원칙 중심적인 제2사분면의 관리자로서 자신의 일주일을 계획하는 것과 개인 중심적이거나 다른 어떤 것에 생활 중심을 두고 하루를 계획하는 것 사이의 차이점을 이해할 수 있겠는가? 제2사분면에 중점을 두게 되면 현재의 효과성을 엄청나게 개선할 수 있다는 것을 깨닫기 시작하였는가?

나는 원칙 중심적인 제2사분면의 시간관리가 갖는 위력을 체험하였고 수백 명의 다른 사람들도 똑같은 효과를 얻고 있음을 확인하였다.

이 방법이야말로 과거 방법과는 크게 다른 차이, 엄청나게 긍정적 차이를 만들어낸다. 주간 목표가 올바른 원칙 및 자기 사명서에 기반을 둔다면 효과성은 더욱 증대될 것이다.

실행방법

컴퓨터에서 사용되는 용어로 다시 한 번 비유해보자. 만약 습관 1이 "당신은 프로그래머다"라고 말한다면 습관 2는 "프로그램을 짜라"이고 습관 3은 "프로그램을 실행하라"라고 말할 수 있다. 이것을 실행하기 위해서는 독립의지와 자기절제, 언행일치, 건전한 몰입이 필요하

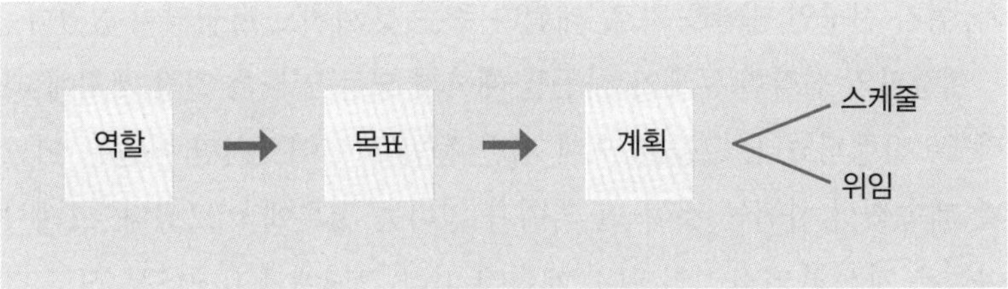

주간 계획 조직화

다. 말하자면 단기적인 목표나 스케줄, 순간적인 충동에 몰입하는 것이 아니라 삶과 목표, 스케줄에 존재 의미와 배경을 부여하는 올바른 원칙과 소중하고 가치 있는 것에 몰입하는 것이다.

한 주일을 보내면서 언행일치의 실천이 힘들 때가 가끔씩 있을 것이다. 즉, 다른 사람들처럼 제3사분면의 긴급하지만 중요치 않은 일을 우선적으로 처리하고 싶거나 쾌락 추구적인 제4사분면으로 도피하고 싶은 유혹은 우리가 계획한 제2사분면의 중요한 활동을 위협할 수도 있다. 그러나 자신에게 있는 원칙 중심, 자아의식, 양심은 독립의지를 사용할 수 있게 하고 진정으로 중요한 것에 대한 언행일치를 지킬 수 있게 하는 높은 수준의 내면적 안정, 지침, 지혜를 제공해준다.

그러나 우리는 전지전능하지 않기 때문에 중요한 것을 미리 알 수 없다. 따라서 일주일을 계획할 때와 똑같은 주의와 조심을 가지고, 예기치 못했던 중요한 것을 위하여 스케줄을 무시해야 할 경우도 있을 것이다. 우리는 원칙 중심적이기 때문에 내면적 평온을 가지고 이러한 결정을 할 수 있다.

언젠가 우리 아이 중 하나가 일정 계획수립과 효율성의 성과에 대해 깊이 빠진 적이 있었다. 어느 날 그 애는 모든 활동을 분 단위까지 할당하는 아주 빡빡한 일정 계획을 세웠다. 여기에는 '책을 선택하는 것', 세차, 여자 친구인 캐럴을 차로 '태워다 주는 것'까지도 포함되어 있었다.

캐럴과의 심각한 문제가 대두될 때까지 모든 일들은 일정 계획에 따라 잘 진행되었다. 그들은 오랜 기간 동안 사귀어왔지만 아들은 어느 날 계속해서 사귀는 것이 별 의미가 없다는 결론에 이르렀다. 그래서 아들은 자신의 효율적인 일정 계획에 따라 그녀에게 10~15분 정도 전화를 하기로 계획하였다.

그러나 이제 그만 사귀자는 얘기는 그녀에게 큰 상처를 주는 것이어서 1시간 반 이상을 통화했으나 대화는 더욱 심각해지고 있었다. 이 상황은 두 사람 모두에게 큰 좌절감을 주었으며 직접 만나서 얘기해도 충분치 않을 그런 경우였다.

우리는 사람들과의 관계에서 단순히 효율성만 생각할 수는 없다. 사람에 대해서는 효과성을, 일에 대해서는 효율성을 생각해야 한다. 나도 의견을 달리하거나 까다로운 사람과의 관계에서 효율적으로 되기 위해 노력해보았지만 쉽지 않았다. 또 말썽이 되는 문제를 해결하기 위해 아이들이나 혹은 회사 직원에게 10분이란 '상담 시간'을 할당하여 효율을 높이려 해보았다. 그러나 '효율적'이 된다는 것은 단지 새로운 문제만 야기할 뿐 근원적 문제는 해결하지 못한다는 결론을 얻었다.

많은 부모들, 특히 자녀를 둔 어머니들은 하루 종일 아이들을 돌보는 데만 매달리게 되어 많은 것을 성취하고 싶은 욕망을 충족하지 못하고 좌절감에 빠진다. 좌절감은 지나친 기대에서 나온다는 사실을 기억하라. 또 기대나 희망은 대개 자신에게 가치 있고 소중한 것이 아니고 종종 사회적 거울이 반영하는 것, 즉 주변 사람들이 원하는 것이다.

그러나 만약 우리가 마음속 깊이 습관 2를 새긴다면 더 높은 가치가 삶을 이끌어나갈 것이다. 우리는 높은 가치에 대한 성실성을 위해 일정 계획을 덜 중요하게 여길 수 있다. 우리는 일정을 조정할 수 있고 나아가 융통성 있는 태도를 가질 수 있다. 이렇게 되면 일정대로 따르지 못할 때나 일정 계획을 바꾸어야 할 때 죄의식을 느끼지 않아도 된다.

제4세대 시간관리

사람들이 제3세대 시간관리 도구의 사용을 꺼리는 이유 중 하나는 그 도구들이 개인의 자발성과 자연스러움을 빼앗기 때문이다. 즉, 도구들은 경직되고 융통성이 없어서 일정표에 얽매이게 만든다. 이는 제3세대 시간관리가 기초하고 있는 효율성 패러다임이 '사람이 일보다 중요하다'라는 원칙과 일치하지 않는 데서 비롯된다.

제4세대 도구는 사람 위주의 원칙을 인정한다. 이것은 효율성이 아닌 효과성 면에서 개선해야 할 첫 번째 대상이 바로 자신임을 인식시켜준다. 이것은 우리가 제2사분면에서 시간을 보내도록 해주고 삶의 의미를 깨닫고 원칙 중심으로 살게 해주며 목적과 가치관을 명확하게 하여 매일 하는 의사결정의 방향으로 살도록 도와준다.

이 도구는 우리가 인생에서 균형된 삶을 살 수 있도록 도와주고 일일 계획의 한계를 벗어날 수 있도록 일주일을 단위로 계획하게끔 해준다.

또 우리가 추구하는 소중한 가치와 계획이 일치하지 않을 때 자아의식과 양심을 사용하여 자신이 가장 중요하다고 결정했던 원칙과 목적을 따르도록 도와준다. 이는 우리가 도로 지도를 사용하는 대신 나침반을 사용하는 것과 같다.

자기관리, 즉 시간관리의 제4세대를 제3세대와 비교하면 다음과 같은 다섯 가지 측면에서 개선된 형태라는 것을 알 수 있다.

첫째, 원칙 중심적이다. 제4세대는 제2사분면의 중요성에 대해 말로

만 떠들기보다는 원칙 중심의 패러다임을 만들어 진정으로 중요하고 효과적인 것에 시간을 쓰도록 해준다.

둘째, 양심 지향적이다. 이것은 우리가 가장 소중하게 여기는 가치를 따르면서 자기가 가진 최대한의 능력을 발휘할 수 있도록 해준다.

또한 소중하고 가치 있는 것들을 위해서라면 일정 계획을 때에 따라 무시할 수 있는 자유를 주기도 한다.

셋째, 가치관과 장기 목표를 포함하여 자신만의 독특한 사명을 정해준다. 이것은 우리가 하루하루를 어떻게 보내야 하는지 그 방법에 대한 방향과 목적을 제공한다.

넷째, 역할을 규명함으로써 생활을 균형 있게 해준다. 그리고 매주의 중요한 역할에 대해 목표설정과 활동계획을 밝혀준다.

다섯째, 주간 단위의 계획을 세움으로써 전후관계를 더욱 자세히 설명해준다.(필요에 따른 매일의 조정과 함께) 이는 하루 중심의 제한된 시각에서 벗어나 자신의 주요 역할을 검토함으로써 가장 소중하고 가치있는 것들을 생각할 수 있도록 도와준다.

이상의 다섯 가지 개선점을 통해 제4세대는 시간관리 자체보다 인간관계와 결과를 훨씬 더 중요시한다는 것을 실질적으로 알 수 있다.

위임: 생산/생산능력 활동의 증대

우리는 위임을 통해 원하는 것을 더욱 많이 성취할 수 있다. 여기에는 시간에 대한 위임과 사람에 대한 위임이 있다. 만약 시간을 위임한다면 '효율성'을 꾀하게 되고 다른 사람에게 어떤 일을 위임한다면 '효과성'을 기대할 수 있다.

사람들은 어떤 일을 다른 사람에게 위임하는 것 그 자체에 너무 많은 시간과 노력이 들고, 또 자신이 하면 직무를 더 잘할 수 있다고 믿기 때문에 다른 사람에게 위임하기를 꺼린다. 그러나 다른 사람에게 효과적으로 위임하는 것은 지렛대 효과처럼 강력하고 최상의 성과를 올릴 수 있는 방법이다.

숙련되고 훈련된 사람에게 권한과 책임을 양도함으로써 자신의 에너지를 다른 높은 성과를 가져오는 활동에 사용할 수 있다. 위임은 개인과 조직 모두에게 성장을 의미한다. 페니 백화점을 창설한 페니(Penney)는 그가 했던 가장 현명한 결정은 더 이상 모든 것을 혼자 힘으로 할 수 없다는 것을 깨닫고 남들에게 '양도한 것'이었다고 하였다. 그의 이 같은 결정은 이 백화점이 수백 개의 점포로 발전하는 것 외에도 수천 명에 이르는 사람들의 자기 성장을 가능케 하였다.

다른 사람에게 위임하였기 때문에 그것은 '대인관계의 승리'이고 습관 4에 포함될 수 있다. 그러나 우리가 여기에서 개인관리의 원칙에 초점을 맞추고 있고 다른 사람에게 역할을 위임하는 능력이 관리자와 독립 생산자의 주요한 차이임으로 나는 개인관리 기술의 관점에서 이 위임 문제를 다루고자 한다.

생산자는 황금알을 얻기 위해 바람직한 성과 달성에 필요한 것이라면 무엇이든 하게 된다. 접시를 닦는 부모, 설계도면을 손수 그리는 건

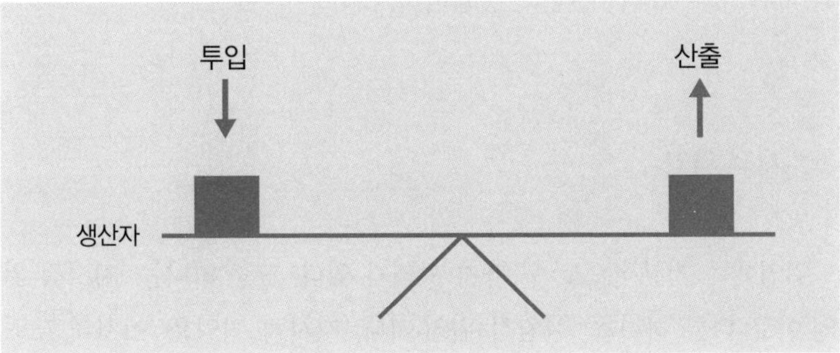

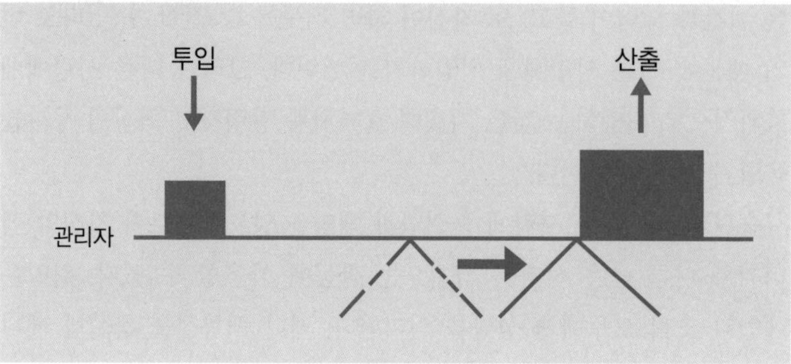

축가, 타이핑하는 비서 등이 모두 생산자이다.

그러나 어떤 사람이 황금알을 생산하기 위하여 다른 사람들을 서로 연결하고 시스템을 활용하여 작업한다면 이 사람이야말로 상호의존적인 의미에서 관리자가 된다. 접시 닦는 일을 아이에게 위임한 부모는 관리자이다. 다른 건축가들을 지휘하여 일을 해내는 건축가는 관리자이다. 비서들과 사무실 직원들을 감독하는 비서는 사무관리자이다.

생산자는 효율의 손실이 없다고 가정할 때 한 시간을 노력하여 한 개의 결과를 얻는다. 그러나 관리자는 한 시간을 투입하지만 효과적 위임을 통해 10개, 50개, 100개를 생산해낼 수 있다.

관리는 본질적으로 지레의 받침점을 이동시키는 것이다. 따라서 효과적 관리의 핵심은 권한의 위임이다.

지시적 위임

위임에는 기본적으로 두 가지 형태가 있다. 그중 하나는 '지시적 위임'이고 다른 하나는 '신임적 위임'이다. 지시적 위임은 '이것에 노력을 집중하라, 저것을 해결하라, 이것을 하라, 저것을 하라, 끝나면 말하라' 등과 같이 심부름꾼 역할을 위임하는 것이다. 대부분의 생산자는 지시적 위임의 패러다임을 갖는다.

밀림에서 큰 칼을 휘두르며 길을 내고 있던 사람들을 기억하는가? 그들이 바로 생산자이다. 그들은 소매를 걷어붙이고 직무를 수행한다. 그들이 감독자 혹은 관리자의 직위를 부여받는다 해도 여전히 생산자의 사고방식을 유지할 것이다. 그들은 결과를 달성하는 데 필요한 임무 위임을 어떻게 해야 하는지 알지 못한다. 또 방법에 초점을 맞추고 있기 때문에 결과에 대한 책임까지 지게 된다.

나는 우리 가족이 수상 스키를 타러 갔을 때 지시적 위임을 한 경험이 있다. 수상 스키를 잘 타는 우리 아들이 스키를 타고 있었고 내가 보트를 운전하였다. 나는 카메라를 아내에게 건네주면서 사진을 찍으라고 말했다. 처음에 나는 그녀에게 필름이 별로 없기 때문에 사진을 함부로 찍지 말라고 하였다. 나는 그녀가 사진을 잘 찍지 못한다는 것을 알고 있었기 때문에 해가 보트 전면에 있을 때나 아이가 점프하거나 회전할 때, 또는 팔꿈치를 모으는 순간에 사진을 찍으라고 말하였다.

그러나 한정된 필름과 그녀의 솜씨가 미숙하다는 점에 대해 생각하면 할수록 걱정이 되었다. 나는 마지막으로 다음과 같이 말하였다.

"자, 여보, 내가 당신에게 신호할 때 사진을 찍어요. 알겠소?" 그리고 나는 그 후 몇 분 동안 "지금! 지금이오! 아니 찍지 마시오! 찍지 마시오!"라고 소리를 질러댔다. 나는 매 순간 매 장면마다 아내에게 지시하지 않으면 일이 잘못될 것이라고 걱정하였다.

수행 방법을 일일이 감독한다면 이것은 순수한 지시적 위임이다. 많은 사람들은 항상 이러한 방식의 위임을 한다. 그러나 이를 통해 얼마나 많은 것을 달성할 수 있는가? 그리고 일일이 관여해야 한다면 얼마나 많은 사람을 관리·감독할 수 있겠는가?

다른 사람에게 보다 효과적으로 위임할 수 있는 더 나은 방법이 있다. 이것은 다른 사람의 자아의식, 상상력, 양심, 자유의지를 존중하는 데서 비롯된다.

신임적 위임

신임적 위임은 방법이 아닌 결과에 초점을 둔다. 이것은 위임받은 사람이 방법을 선택하고 결과에 대해서 책임지도록 하는 것이다. 이렇게 하면 물론 시작 단계에서 더 많은 시간이 걸리지만 이것은 꼭 필요한 시간이다. 우리는 신임적 위임을 통해 지레 받침을 이동할 수 있으며 성과를 크게 증가시킬 수 있다.

신임적 위임을 위해서는 다음과 같은 다섯 가지 사항에서 기대치, 즉 달성 목표에 대해 사전에 서로 이해하고 명확하게 해둘 필요가 있다.

• **기대 성과:** '어떻게'가 아닌 '무엇'에 대해, 즉 방법이 아닌 결과에 중점을 두고 어떠한 성과가 기대되는지를 명확하게 서로 이해하도록 하라. 서두르지 말라. 인내심을 가져라. 예상 성과를 상상해보라.

사람들이 그것을 알 수 있게 기술하고 언제까지 완성되어야 하는지 그리고 어떤 질적 결과가 기대되는지 품질명세서를 작성하라.

• **실행 지침:** 위임받은 사람이 어떤 제약 조건 내에서 일해야 하는지를 반드시 밝혀라. 실행방법을 위임하는 잘못을 피하기 위해 제약 조건의 수는 가능한 한 적어야 한다. 그러나 중요한 제약 조건은 반드시 포함해야 한다. 예를 들면 우리는 위임받는 사람이 목표완수에 필

요하다면 전통적 관행이나 가치 있는 것도 무시할 수 있다는 생각을 하지 못하도록 막아야 한다. 이러한 무시의 결과로 실수를 하게 되면 의욕을 잃고 지시적 위임만을 원하는 잔심부름꾼의 신조로 되돌아가기 때문이다. "당신이 원하는 것이 무엇인지 말만 해주십시오. 그대로 하겠습니다."

만약 위임하는 직무가 실패하는 경로를 알고 있다면 이를 밝혀라. 솔직하게 공개하라. 그 사람에게 덫이 어디 있는지를 알려주고 맹수가 어디 있는지도 알려주라. 우리는 매일 바퀴를 재발명하는 노력을 원하지 않는다. 사람들이 다른 사람의 실수로부터 배우도록 하라. 잠재적 실패 경로를 지적하라. 즉 무엇을 해야 하는지보다는 무엇을 하지 말아야 하는지를 말하라. 또 그들에게 지침 내에서라면 모든 수단을 동원해서 일을 수행하도록 하되 그 결과에 대해 책임지도록 하라.

• **가용자원:** 위임받은 사람이 소기의 성과를 얻을 수 있도록 하는 여러 가지 자원, 즉 인적 자원, 재정적 자원, 기술적 자원 그리고 조직이 가진 자원 등을 밝혀라.

• **책무 확인:** 성과 평가에 사용할 평가기준을 수립하고 보고와 평가를 실시하는 시기도 정하라.

• **손익 결과:** 평가의 결과로 무슨 손익이 있을 것인가를 밝혀라. 여기에는 재정적 보상, 심리적 보상, 승진이나 좌천 등의 직무 조정, 조직 전체의 사명에 영향을 끼치게 될 귀결 등이 포함된다.

몇 년 전 나는 우리 아이 하나와 위임에 관한 흥미로운 경험을 하였다. 우리는 가족회의를 하는 중이었고 여러 계획이 가족의 가치 있는 것들과 일치하는가를 확인하기 위해 벽에 가족 사명서를 붙여두었다.

커다란 칠판을 꺼내놓고 우리가 원하는 목표들을 적어 내려갔다. 목표달성을 위해 필요한 업무들도 기록하였다. 그다음에 이 업무를 수행할 자원자를 모집하였다.

"누가 주택 월부금을 내겠니?" 내가 물었다. 나는 나 혼자 손을 들고 있음을 알았다.

"누가 보험료를 지불할까? 식품 비용은? 자동차 비용은?"

손드는 것을 나 혼자 독차지하는 것처럼 보였다.

"누가 갓난아기에게 먹을 것과 우유를 줄까?" 여기에는 좀더 많은 자원자가 있었지만 이 일에 적절한 자격을 가진 사람은 아내뿐이었다.

목록을 업무별로 써내려감에 따라 나와 아내가 일주일에 60시간 이상 일해야 한다는 사실을 발견하였다. 우리는 이러한 패러다임에 입각하여 모두가 집안일에 참여해야 함을 알게 되었다.

7살 난 아이는 정원 돌보는 일을 하겠다고 자원하였다. 아이에게 훈련을 시키기로 한 나는 잘 정돈된 정원이 어떤 것인가를 마음에 심어주기 위해 그를 이웃집으로 데리고 갔다.

"잘 보아라. 정원이 푸른 잔디로 잘 정리되어 있는 게 보이지? 우리의 목표가 저런 정원이야. 깨끗하고 푸른 잔디! 자, 이제 우리 정원의 잔디를 보자. 마구 섞여 있는 색깔들이 보이지? 저건 푸른색이 아냐. 우리가 원하는 건 깨끗하고 푸른 잔디야. 이제 네가 정원을 어떻게 그렇게 만들지 알아서 해라. 네 마음대로 그것을 할 수 있다. 단 페인트로 색칠하는 것만 빼놓고. 그러나 만일 나라면 어떻게 할지 네게 말해줄게"라고 말했다.

"아빠는 어떻게 할 건데요?"

"나는 우선 스프링클러를 틀어 물을 줄 생각이다. 그러나 너는 물통이나 호스를 써도 될 거야. 그것은 네 마음대로 해도 좋다. 우리가 관심있는 것은 정원 잔디를 푸르게 하는 거니까. 알겠니?"

"알았어요."

"자, 이제 깨끗함에 대해 얘기하자꾸나. 깨끗함은 휴지, 노끈, 막대기 같은, 주변을 어지럽히는 쓰레기가 없는 것을 말한다. 네가 무엇을 해야 할지 말해줄게. 자, 지금부터 우리 둘이서 이 정원의 반을 깨끗이 청소하고 그 차이를 살펴보자."

그래서 우리는 두 개의 종이봉투를 가지고 정원 한쪽을 치웠다. "자, 우선 정원의 이쪽 편을 보아라. 그리고 저쪽 편도 보아라. 차이를 알 수 있겠니? 이것을 깨끗함이라고 부른단다."

"잠깐! 풀 속에 종이들이 보여요"라고 아이가 소리쳤다.

"오, 그래! 거기에 신문지가 있는 걸 못 봤구나. 너는 눈이 참 좋구나."

"자, 이제 네가 이 일을 해야 할지 안 해야 할지를 결정하기 전에 좀 더 얘기를 해 줘야겠구나. 일단 네가 일을 맡게 되면 아빠는 더 이상 이 일을 하지 않을 거야. 그것은 너의 일이니까. 이것을 신임적 위임이라고 부르는데 믿으면서 일을 맡기는 것을 말하지. 나는 네가 이 일을 해낼 것으로 믿는다. 자, 이제 누가 너의 상관이 되는 거지?"

"아빠죠?"

"아니, 내가 아냐. 네가 상관이다. 이제부터 네가 스스로를 감독한다. 너는 엄마 아빠가 잔소리하면 좋으니?"

"싫어요."

"우리도 그렇게 하는 건 싫단다. 그렇게 하면 서로 기분 상하게 되지. 그렇지 않니? 그래서 너 자신을 스스로 감독하는 거야. 자, 누가 너를 도와줄 조력자라고 생각하니?"

"누구죠?"

"아빠야, 네가 나를 마음대로 부릴 수 있단다."

"제가 아빠를 부릴 수 있어요?"

"그래, 그러나 내가 너를 도울 수 있는 시간은 한정되어 있단다. 때로는 아빠가 멀리 여행을 하잖니. 하지만 내가 집에 있을 때는 무슨 도움이 필요한지 이야기해라. 나는 네가 지시하는 대로 일을 할 테니까."

"잘 알았어요."

"그런데 누가 너를 평가하지?"

"누구죠?"

"네가 스스로 판단하지."

"제가요?"

"맞았어. 일주일에 두 번씩 우리 둘이 이 정원의 잔디 위를 걸을 거야. 그때 일의 진행상태를 내게 설명해주렴. 그때 평가기준은 무엇일까?"

"깨끗하고 푸른 잔디."

"맞았어!"

나는 아이가 일을 할 준비가 되었다고 생각될 때까지 2주일 동안 '깨끗하고 푸른'이라는 두 단어를 교육했다. 드디어 그날이 왔다.

"자, 이제 결정했니?"

"네."

"할 일은 무엇이지?"

"깨끗하고 푸른 잔디."

"잔디 색깔은 어떤 것이지?"

아이는 이제 조금씩 좋아지기 시작한 우리 집 정원의 잔디를 보았다.

그러고 나서 옆집을 가리켰다.

"저 집의 잔디 색깔이에요."

"깨끗함이란 무엇이지?"

"쓰레기가 없는 것."

"누가 상관이지?"

"저요."

"누가 너를 도와줄 조력자이지?"

"아빠요. 아빠가 시간 날 때."

"누가 평가하지?"

"저요. 일주일에 두 번씩 함께 걸으면서 제가 아빠에게 일의 진행상태를 설명해줄 거예요."

"그때 우리는 무엇을 살펴보지?"

"깨끗하고 푸른 잔디." 그 당시 나는 용돈에 대해서 언급하지 않았다. 그러나 그러한 임무에 용돈을 기꺼이 지급할 수도 있었다.

나는 아이가 2주일의 훈련과 두 단어의 교육으로 준비가 되었다고 생각하였다.

그날은 토요일이었다. 아이는 아무 일도 하지 않았다. 일요일에도 월요일에도 아무것도 하지 않았다. 나는 화요일에 직장으로 나갈 때 누렇게 시들고 지저분한 잔디밭을 보았다. 뜨거운 7월의 햇살이 그 위에 쏟아지고 있었다. 나는 '우리 아이는 분명히 오늘 잔디밭 일을 할 것이다'라고 생각했다.

나는 토요일은 임무를 받은 당일이기 때문에 안 했고 일요일은 여러 가지 다른 일들이 있었기 때문이라고 나름대로 합리화했다. 그러나 월요일의 경우는 이해할 수 없었다. 그리고 오늘은 화요일이었다. 분명히 오늘은 잔디밭 일을 할 것이다. 여름방학 중이었는데 무슨 다른 할 일이 있겠는가?

나는 하루 종일 집의 정원일을 궁금해하며 귀가시간을 고대하였다. 드디어 내가 차를 몰고 집 모퉁이를 돌아올 때, 아침에 집을 떠날 때와 똑같은 광경과 마주쳤다. 그리고 길 건너 공원에서 놀고 있는 우리 아이를 보았다.

도저히 이해할 수 없었다. 나는 화가 났고 2주일간의 교육과 온갖 약속 끝에 나타난 결과에 대해 실망하였다. 우리가 잔디밭에 투자한 많은 노력과 자존심, 또 돈을 들인 것이 헛되이 돼버리고 있었다. 게다가 이웃의 잔디밭은 짧고 가지런히 깎인 채 아름답게 정돈되어 있었다. 그래서 나는 더 창피하게 느꼈다.

나는 지시적 위임으로 되돌아갈 준비가 되어 있었다. '이 녀석, 이리 와서 당장 휴지를 줍지 못해!' 나는 이러한 방법으로 황금알을 얻을 수 있다는 것을 알고 있었다. 그러나 거위는 어떻게 될 것인가? 아이의 책임의식에는 어떤 영향이 있을까?

그래서 나는 억지웃음을 띤 채 큰 소리로 말했다. "얘야, 별일 없니?"

"좋아요!" 그는 대답했다.

"잔디밭 일은 잘 되어가고 있니?" 나는 내가 약속을 어기고 있음을 알았다. 그렇게 묻는 것은 합의한 사항이 아니었다.

그래서 그 애 역시 적당히 답변해버리는 것이 정당하다고 느꼈다.

"잘 되어가고 있어요. 아빠."

나는 저녁식사가 끝날 때까지 꾹 참고 기다렸다. 그러고 나서 말했다. "얘야, 우리가 서로 약속한 대로 해보자꾸나. 함께 정원에 나가서 네가 맡은 임무가 어떻게 진행되고 있는지 나에게 보여주렴."

문을 나설 때 아이의 턱은 떨리고 있었다. 눈에는 눈물이 고여 있었으며 잔디밭 중간쯤에 도착하자 울먹이며 말했다.

"너무 어려워요. 아빠!"

무엇이 어려운 일인가? 나는 속으로 생각하였다. 너는 아직 일을 시작도 안 했다! 나는 무엇이 어려운지 곧 알았다. 자기관리, 즉 자기 의지력을 감독하는 일이었다. "내가 도울 수 있는 일이 있니?" 하고 물었다.

"아빠가 도와주시겠어요?" 아이는 훌쩍이며 물었다.

"우리가 서로 합의한 게 뭐였지?"

"아빠가 시간이 있으면 도와주겠다고 했어요."

"나는 지금 시간이 있단다."

그러자 아이는 집으로 뛰어 들어가서는 쓰레기 수거용 자루를 두 개 들고 왔다. 아이는 하나를 내게 주며 말했다. "저것을 주워주세요" 그는 토요일 밤에 먹은 바비큐 음식에서 나온 쓰레기 더미를 가리켰다. "저게 골칫거리예요!"

나는 그것을 주웠다. 그리고 아이가 시키는 대로 행동했다. 이제 그 합의사항이 아이의 마음속에 심어진 것이다. 드디어 정원은 아이의 것이 되었고 그 애의 임무가 되었다.

그 이후 우리 아이는 여름 동안 단지 두세 번만 도움을 요청하였다. 아이는 정원을 잘 돌보았다. 또 내가 정원을 관리했을 때보다 더 푸르고 깨끗하게 잔디밭을 가꾸었다. 심지어 그 애는 누이와 형제들이 잔디밭에 껌종이 같은 것을 버릴 때마다 호되게 꾸짖었다.

신뢰는 인간에게 동기를 유발하는 최고의 형태이다. 신뢰는 사람들에게서 최선의 결과를 이끌어낸다. 그러나 그렇게 되는 데에는 시간과 인내가 필요하며 당사자의 능력이 신뢰할 수준에 다다를 때까지 그를 훈련하고 성장시킬 필요가 있다.

나는 신임적 위임이 올바로 이루어진다면 양 당사자에게 이익을 줄 것이며, 또한 보다 적은 시간에 더 많은 것을 이룰 수 있다고 확신한다. 잘 결속된 가정에서는 각자의 임무가 효과적으로 위임되어 식구들이 하루에 한 시간씩 일하는 것만으로도 집안의 모든 일이 완결될 수 있다. 그러나 여기에는 단지 생산하는 능력만이 아니라 관리하는 내적 능력도 요구된다. 중요한 것은 효율성이 아니라 효과성이다.

우리는 분명히 아이들보다 방을 더 잘 치울 수 있다. 그러나 아이들이 손수 일을 하도록 도와주는 편이 훨씬 더 바람직하다. 여기에는 시간이 필요하다. 따라서 훈련과 계발에 힘을 쏟아야 한다. 이렇게 하는 데에는 시간이 걸리겠지만 장래를 생각해볼 때 얼마나 가치 있는 일인가! 장기적으로 보았을 때 그렇게 하는 것이 더 많은 일을 덜어준다.

이러한 접근방법은 완전히 새로운 패러다임에 입각한 위임이다. 실제로 이것은 인간관계의 본질을 변화시킨다. 위임을 받은 사람은 스스로가 책임자가 되어 소기의 성과에 대한 마음속의 서약을 포함하여 양심에 따라 행동한다. 이 접근방법은 올바른 원칙에 일치되는 최선의 방법으로 소기의 성과를 달성할 수 있도록 창의적 에너지를 분출시켜준다.

신임적 위임에 관한 원칙들은 사람과 상황을 고려하여 적용해야 한다. 아직 미숙한 사람에게는 적은 수의 희망 결과를 제시하고 더 자세한 지침을 주고 보다 많은 가용자원을 알려주어야 한다. 또 보다 빈번히 책무 확인에 대해 면담하고 즉각적인 손익결과를 적용하는 것이 바람직하다. 성숙한 사람일 경우 도전적인 초기의 성과를 제시하면서도 지침은 간략하게 하며 성과 확인은 최소한으로 하고 판단하기는 어렵지만 식별 가능한 여러 가지 기준을 제공해준다. 효과적 위임은 효과적 관리의 최고 지표이다. 이것은 개인의 성장과 조직 성장의 기본이 된다.

제2사분면의 패러다임

위임을 통한 자기 혹은 타인에 대한 효과적 관리의 핵심은 어떤 기법이나 도구 혹은 외적 요소에 있지 않다. 이것은 긴급성보다는 중요성이란 렌즈를 통해 볼 수 있도록 하는, 제2사분면의 패러다임에 내재되어 있는 것이다.

나는 여러분이 회사의 사무실 근무에서 이러한 패러다임을 갖는 것이 효과성에 얼마나 강력한 영향을 주는지 이해할 수 있도록 부록에 '제2사분면의 사무실 일정 계획'이라는 사례를 제시하였다.

우리가 제2사분면의 패러다임을 개발하기 위하여 노력하면 자신의 삶에 가장 소중한 것 위주로 매주의 활동을 계획, 실행하는 능력을 증대시키고 언행 일치를 더욱 철저히 하게 된다. 이렇게 되면 삶을 효과적으로 관리하는 데 다른 사람이나 사물에 의존하지 않을 것이다.

흥미롭게도 7가지 습관은 모두 제2사분면에 있는 것들이다. 우리가 근본적으로 중요한 습관을 규칙적으로 실행한다면 인생에 커다란 긍정적 영향을 미치게 될 것이다.

습관 3의 적용을 위한 제언

1. 당신의 생활에서 제2사분면의 활동이 무시되었던 사례를 기억해 보라. 만약 무시되지 않고 수행되었다면 개인적인 생활이나 현재 직업에 미칠 수 있었던 중요한 영향을 기록하라. 그리고 그것을 보충하기 위해 노력하라.

2. 시간관리 매트릭스를, 그리고 당신의 시간 중 몇 퍼센트가 각 사분면에 속하는지를 추정하라. 그다음에 15분 간격으로 3일 동안의 활동일지를 만들어 각 사분면의 시간을 정확하게 기록하여 계산해보라. 당신의 추정치는 얼마나 정확한가? 변화할 필요가 있는 부분은 어디인가?

3. 당신이 위임할 수 있는 업무 목록들과 이러한 업무를 책임질 수 있는 사람의 명단을 작성하라. 위임과 훈련의 과정을 시작하기 위해 필요한 것이 무엇인지 결정하라.

4. 다음 주를 계획하라. 일주일 동안 해야 할 역할과 목표를 기록하고 목표를 구체적인 행동계획으로 전환하라. 일주일의 끝에 이 계획이 자신의 가치와 목적을 일상생활에 잘 반영하고 있는지, 또 가치와 목적을 실천하는 데 성실하였는지 평가하라.

5. 일주일 단위의 계획표를 사용하기로 결심하고 이것을 만들기 위해 일정한 시간을 설정하라.

6. 당신의 현재 시간관리 도구를 제4세대 도구로 바꾸든지 제4세대 시간관리 도구를 새로 마련하라.

7. 제2사분면 패러다임의 영향을 이해하기 위하여 부록 '제2사분면의 사무실 일정 계획'을 직접 실천해보라.

주간계획표

역할	목표

끊임없이 쇄신하라

신체적 ____________________

정신적/지적 ____________________

영적 ____________________

사회/감정적 ____________________

역할	일	월
금주의 주요활동	오늘의 주요활동	
	약속 및 실천사항	
	8	8
	9	9
	10	10
	11	11
	12	12
	1	1
	2	2
	3	3
	4	4
	5	5
	6	6
	7	7
	8	8
	저녁	저녁

화	수	목	금	토
오늘의 주요활동				
약속 및 실천사항				
8	8	8	8	8
9	9	9	9	9
10	10	10	10	10
11	11	11	11	11
12	12	12	12	12
1	1	1	1	1
2	2	2	2	2
3	3	3	3	3
4	4	4	4	4
5	5	5	5	5
6	6	6	6	6
7	7	7	7	7
8	8	8	8	8
저녁	저녁	저녁	저녁	저녁

습관 3에 대한 새로운 통찰

– 숀 코비

오래전 가족 모임에서 아버지는 이렇게 말씀하셨다. "내가 최고로 멋진 여행을 계획했다. 준비됐니? 우리는 독일로 갈 거다!" 내 형제자매들과 나는 모두 흥분해서 물었다. "언제요?" 그리고 아버지가 대답했다. "3년 안에!" 우리는 각자 플래너(아직 스마트폰을 가지고 있지 않았다)를 꺼냈고, 우리 중 누구도 캘린더에 그렇게 먼 계획까지 세워두지 않았다는 것을 깨달았다!

아버지의 힘든 일정에도 불구하고, 우리는 아버지와 많은 것을 함께 했다. 이는 아버지가 소중한 것을 먼저 하고, 시간을 미리 관리하는 데에 통달한 덕분이었다. "사람들은 미리 계획을 세우지 않기 때문에 가족끼리 뭔가 함께 할 수 없는 것이다." 아버지는 말씀하곤 했다. 그리고 몇 주, 몇 달, 몇 년, 심지어 수십 년 전에 계획을 세웠다. 나도 이 한 가지 실천 때문에 모든 형제자매와 정말 친한 거라고 해도 무방하다.

이 습관은 모든 사람에게 저절로 생기는 것이 아니다. 나의 형 스티븐은《신뢰의 속도》의 저자이자 세계적으로 유명한 강연가다. 그는 또한 항상 준비되어 있고, 그가 강연하게 될 조직에 대해 충분히 연구하지 않고는 강연을 하지 않는다. 하지만 어렸을 때, 그는 역대 최악의 '미루는 사람'이었다. 중요한 시험이나 논문 마감 전날 밤에는 새벽까지 자지 않고 밤을 새우고는 한두 시간 눈을 붙이려고 했다. 그럴 때면 온 집 안의 불을 켜놓은 채 말 그대로 부엌 식탁에 누워 잠을 잤다. 누군가 아침 식사로 토스트를 만드는 동안 필연적으로 그를 보게 될 것이라는 걸 알고 있었기 때문이다. 형은 수업시간에 자는 모험을 감행할 수도 없었고, 아침에 일어날 수 있는 다른 방법도 없었다. 그러나 이 생활방식은 그가 한 학기 내내 수학 숙제를 미루었던 어느 날 결국 그의 발목을 잡았다. 시험 전날 밤, 형은 처음으로 교과서를 펴서 밤새도록 공부했다. 그리고 다음 날, 시험을 보는 동안 "완전히 정신을 잃었다"며 단 한 가지도 기억할 수 없었다고 말했다. 말할 필요도 없이, 그 시험 성적은 엉망이었다. 나는 속으로 고소해했다.

긴급성 중독

'소중한 것을 먼저 하는' 방법은 배우기 어렵다. 사실, 이것은 일반적으로 사람들이 가장 어려워하는 습관이다. 아버지가 《성공하는 사람들의 7가지 습관》을 완성한 직후 《소중한 것을 먼저 하라》를 써야 한다고 느낀 이유도 여기에 있다.

습관 3은 왜 그렇게 어려울까? 이유는 간단하고 단순하다. 긴급성 때문이다. 우리 대부분이 긴급성에 중독되어 있다. 다음에 제시하는 간단한 긴급성 지수 체크를 통해 당신은 어떤지 알아보라.

긴급성 지수

각 문장을 읽고, 0에서 4까지 당신의 행동을 가장 잘 설명하는 점수를 매겨라(0=전혀 아니다, 2=가끔 그렇다, 4=항상 그렇다).

1. 나는 압박을 받을 때 최선을 다하는 것 같다.
2. 나는 종종 깊은 자아 성찰의 시간을 보내지 못한 것에 대해 긴박하고 압력적인 외부 상황을 탓한다.

3. 나는 종종 주변 사람들과 사물들의 느린 속도에 좌절하고, 기다리거나 줄을 서는 것을 싫어한다.
4. 나는 일을 쉴 때 죄책감을 느낀다.
5. 나는 항상 여기저기서 많은 일을 하느라 정신이 없다.
6. 나는 종종 프로젝트를 끝내기 위해 사람들을 압박한다.
7. 몇 분 이상 사무실과 연락이 되지 않으면 불안하다.
8. 나는 하던 일을 마치지 않은 상태로 종종 새로운 일을 시작한다.
9. 나는 위기 상황을 처리할 때가 최상의 상태다.
10. 장기적인 결과의 꾸준한 성취보다 새로운 위기에서 오는 아드레날린의 급증이 더 만족스럽다.
11. 나는 종종 위기 상황을 처리하기 위해 인생에서 중요한 사람들과의 좋은 시간을 포기한다.
12. 내가 위기를 처리하기 위해 사람들을 실망하게 하거나 모든 걸 포기해버려도 사람들은 당연히 이해할 것이다.
13. 나는 내 하루에 의미와 목적의식을 부여하기 위해 위기를 해결하는 데 매달린다.
14. 나는 종종 일하면서 점심을 먹거나 끼니를 때운다.
15. 언젠가는 정말 하고 싶은 일을 할 수 있을 거라고 생각한다.
16. 많은 일을 해낼수록 내가 정말 생산적이었다고 느낀다.

이제 지수를 체크해보았으니 각 항목의 점수를 합산하여 당신이 다음 세 가지 등급 중에 어디에 해당하는지 알아보라.

0-25: 약한 긴급성 사고 경향
26-45: 강한 긴급성 사고 경향
46+: 긴급성 중독

어떻게 되었는가? 대부분 사람과 같다면 당신은 긴급성 중독자이거나, 중독의 조짐이 있을 것이다. 그것은 자기 파괴적인 행동이다.

실비아 벨레자, 니루 파하리아, 아나트 카이난 교수의 연구에 따르면, 바쁨이 지위의 상징이 되었다는 사실도 이런 상황에 도움이 되지 않는다. 역사적으로 지위는 당신이 얼마나 많은 여가 시간을 가졌느냐로 평가되어왔다.[2] 그러나 이젠 아니다.

작가 브리짓 슐테가 쓴 것처럼, "미국인들이 여가 시간을 통해 지위를 보여주던 한 세기 전과 달리, 바쁨은 새로운 명예 배지가 되었다. 우리는 모든 사람이 바쁘고 아무도 생산적이지 않은 일터를 한탄하지만, 바쁘다는 것은 실제로 그 일에 대한 헌신과 리더십의 잠재력을 알리는 신호가 되었다. 그 이유 중 하나는 공장이나 농장에서는 생산성을 비교적 측정하기 쉽지만, 지식 노동자의 생산성을 측정하기 위한 좋은 지표는 아직 개발되지 않았기 때문이다. 그래서 우리는 주로 업무 시간과 사무실에서의 대면 시간을 노력의 지표로 삼고 있고, 기술 출현과 원격 근무 기능으로 인해 항상 연결되고 즉각 응답하는 것이 새로운 대면 시간이 되었다."[3]

패러다임을 전환하라

긴급성 중독을 극복하는 해결책은 '긴급성'에서 '중요성'으로 패러다임을 전환하는 것이다.

우리가 시간관리 매트릭스에 대해 알게 된 것이 있다. 스마트폰, 소셜 미디어 등 덕분에 제1사분면과 제3사분면에서 벗어나기가 점점 더 어려워지고 있다. 실제로 데이터를 보면, 우리 시간의 51.2퍼센트는 긴급한 일에 대응하는 데 사용된다.('우리가 시간을 보내는 사분면' 이미지 참조)

우리가 시간을 보내는 사분면

	긴급함	긴급하지 않음
중요함	I **27.6%**	II **30.8%**
중요하지 않음	III **23.6%**	IV **17.9%**

나는 가장 중요한 특징을 따서 각 사분면의 이름을 지었다. 제1사분면에 사는 사람들은 '미루는 사람'이라고 부른다. 여기서 너무 많은 시간을 보내면 스트레스와 불안, 소진된 느낌, 그저 그런 성과 등을 겪는다.

'예스맨'은 제3사분면에 사는 사람들에게 사용하는 용어다. 그들은 급하거나 인기 있는 것들을 거절하지 못해 결과적으로 중요한 것은 하나도 얻지 못한 채 엄청나게 바쁜 상태를 유지한다.

제4사분면은 많은 사람, 바로 '게으름뱅이'가 사는 곳이다. 과도한 행위는 제4사분면에 해당한다. 그렇다, 긴장을 풀고 좋은 영화를 보는 것은 건강한 생활 방식의 일부다. 단, 영화 한 편이 두 편, 세 편이 될 때, 그것은 시간 낭비가 되고 죄책감과 무감각으로 이어진다.

제2사분면은 우수한 사분면이다. 여기는 '우선순위 결정자'가 사는 곳인데, 유감스럽게도 우리가 여기서 보내는 시간이 평균적으로 30.8퍼센트밖에 되지 않는다.

	긴급함	긴급하지 않음
중요함	Ⅰ 미루는 사람 • 위기 • 긴급회의 • 마감 임박 • 긴급한 문제 • 예측할 수 없는 이벤트	Ⅱ 우선순위 결정자 • 주도적 근무 • 영향력이 큰 목표 • 창의적 사고 • 계획과 예방 • 관계 구축 • 학습과 쇄신
중요하지 않음	Ⅲ 예스맨 • 불필요한 중단 • 불필요한 보고서 • 관련 없는 회의 • 다른 사람의 사소한 문제 • 중요하지 않은 이메일, 업무, 전화, SNS 게시물 등	Ⅳ 게으름뱅이 • 하찮은 일 • 회피 활동 • 과도한 휴식, 텔레비전, 게임, 인터넷 • 시간 낭비 • 가십

제2사분면에서의 시간은 관계 개선, 높은 성과, 균형으로 이어진다. 이곳에서 우리는 계속해서 파리채나 휘두르고 있는 게 아니라 화면을 고칠 시간을 갖는다. 운동, 자동차 오일 교환, 일주일 계획, 동료와의 점심 식사, 주도적인 일(중요하지만 아직 긴급하지 않은 일)을 하면서, 독일로 떠나는 가족 여행을 3년 전에 미리 계획하는 것이 바로 제2사분면 활동이다.

제2사분면에서 보내는 시간과 에너지에 대한 수익은 기하급수적인 반면, 제1사분면에서는 오직 투자하는 만큼만 수익을 얻을 수 있고, 제3, 4사분면에 대한 수익은 사실상 전무하다.

제2사분면에서 더 많은 시간을 보내는 비결은 허상의 사분면인 제3사분면에서 보내는 시간을 줄이는 것이다. 제3사분면은 긴급하기 때문에 중요해 보이고, 우리는 여기에 속는다. 시간이 부족할 때 우리는 심리학자들이 '터널 시야'라고 부르는 현상을 겪는데, 이것은 우리가

가장 즉각적이고 종종 가치가 낮은 업무에만 집중하는 현상을 의미한다. 이 긴급성 모드는 우리의 IQ를 13점가량 떨어뜨린다.[4] 당신은 어떨지 몰라도 나는 IQ를 더 잃을 수가 없다!

제3사분면에 대한 해결책은 '거절'하는 것이다. 당신을 방해하는 모든 이메일이나 메시지에 대해 즉시 응답하기를 거절하라. 당신이 가족이나 자신의 건강이 소홀해질 것 같을 때, 커뮤니티 위원회에서 일해 달라는 요청을 거절하라. 아무도 읽지 않는 보고서를 작성하라는 지시도 거절하라. 거절의 핵심은 당신 내면에 있는 '허용'을 깊이 갈망하는 것이다. 당신이 잘하는 몇 가지 일들을 명확히 하고, 다른 모든 것에 대해서는 거절하기 시작하라. '적당히' 하는 것은 '최고'가 되는 데 장애물이 된다는 것을 기억하라. 에머슨은 "여기저기 일을 벌이고 다니느라 주된 목적에서 벗어나는 것은 사람과 국가를 파산시키는 범죄다"라고 말했다.

나는《성공하는 10대들의 7가지 습관》책을 쓰기로 결심했을 때를 기억한다. 그 당시 나는 정규직으로 일하고 있었고, 집에는 자식들이 있었다. 그래서 어떻게 해야 할지 확신이 서지 않았다. 하지만 나는 청소년들에게 7가지 습관을 생기게 하는 것에 큰 책임감을 느꼈기 때문에 방법을 찾아야만 했다. 해결책은 간단했다. 내 가족과 내 직업, 이 책을 제외한 다른 모든 것을 거절하면 되는 것이었다. 말이야 쉬웠지만 실천은 어려웠다. 몇 주 후에, 나는 내가 정말로 하고 싶었던 지역사회의 중요한 리더 역할을 맡아달라는 요청을 받았다. 요청한 사람은 내가 대단히 존경하고, 또 기쁘게 해드리고 싶은 나의 멘토였다. 나는 갈피를 잡지 못했다. 어떻게 해야 하지? 하지만 나의 더 깊은 갈망을 생각하니 상황이 분명해졌다. 나는 괴로운 마음으로 멘토에게 전화를 걸어 거절했다. 내가 얼마나 책을 쓰고 싶은지 그에게 이야기했지만, 그는 이해하지 못한 것 같다.

이후 3년 동안, 나는 토요일 아침 늦잠과 가족 휴가, 다른 백 가지 재미있고 좋은 일들을 거절해야 했다. 하지만 내 계획은 결국 효과가 있었고, 나는 직장과 가정을 병행하면서 책 쓰기도 마칠 수 있었다. 진정으로, '적당히'는 '최고'의 적이다.

시간을 미리 스케치하라

전 세계 수백만 명의 사람들과 함께 일한 이후 프랭클린코비사에서 시간 관리에 대해 알게 된 모든 것 중에서 주요한 것 하나를 꼽으라면 나는 이것을 꼽겠다. 바로 매주 30분씩 한 주를 계획하고 그것이 삶을 어떻게 바꾸는지 지켜보라는 것이다. 나는 아버지가 반복해서 이렇게 말씀하시는 걸 듣곤 했다. "하루 일과를 계획하는 것은 위기관리만 하는 것이다." "30분의 주간 계획이 한 주 168시간에 큰 영향을 미칠 수 있다는 걸 안다면, 왜 그렇게 하지 않니?"

나는 아버지가 주로 일요일 밤에 주간 계획을 세우시는 것을 지켜봤다. 아버지는 앉아서 다양한 자신의 역할들을 적고, 그 주 동안 당신이 각각의 역할에서 무엇을 성취하고 싶은지 곰곰이 생각하곤 했다. 아버지는 자신의 양심에 열심히 귀를 기울이고 질문을 던졌다. "이번 주 이 역할에서 내가 할 수 있는 가장 중요한 일은 무엇인가?"

또한, 아버지는 대인관계는 삶을 구성하는 것이며, 성공하는 사람들은 사물보다 사람을, 일정보다는 관계를 우선시한다고 믿었다. 내 동료, 수 다테-더글러스가 그녀의 특별한 친구이자 바로 이 '관계 우선'을 실천하고 있는, 유나이티드 항공의 데니 플래너건 기장에 대해 이야기해주었다.

> 소중한 것(이 경우에는 그의 승객들)을 먼저 할 줄 아는 사람이 있다면, 그건 데니 플래너건이에요. 항공 여행이 시련이 되는 일이 허다한 요즘 세상에서, 그 사람처럼 승객들을 대하는 사람은 없어요. 제가 알아요.
>
> 시카고 공항의 북적대는 게이트에서 괴로운 20시간을 보내고, 그날 밤 공항이 폐쇄되기 전에 그가 기장으로서 우리를 로스앤젤레스로 데려다줄지 아닐지 모르는 상황이었어요. 시간이 정말 촉박했고 일분일초가 중요했죠. 그가 마이크를 잡고 모든 승객을 한곳에 모이도록 했을 때 나는 그에게 매료되었습니다. 그는 우리가 엄청난 지연으로 인해 끔찍한 하루를 보냈다는 것을 알고 있고, 우리를 캘리포니아에 데려다주겠다는 항공사의 약속을 지키고 싶지만, 그러기 위해 우리 모두의 도움이 필요하다고 말했어요.
>
> 그 다음 내가 본 것은 승객들이 줄을 서서 아이들, 유모차, 보행 보조기

를 쓰는 사람들을 챙기며 돕는 모습이었어요. 승객들은 내가 그전까지 본 것보다 더 효율적으로, 즐겁게 탑승했고요. 승무원들은 기장이 아기를 안고, 승객들을 태우고, 승객들의 짐을 싣는 모습을 보고 따라 했어요. 비행기를 탄 지 두 시간쯤 지났을 때, 나는 그로부터 나의 고객 충성도에 감사하는 개인적인 메모를 받았습니다. 아직도 간직하고 있죠. 수년간의 비행과 수백만 마일의 여정 동안, 나는 그날 밤의 플래너건 기장처럼 하는 다른 항공사 조종사를 본 적이 없어요.

나중에야 이것이 데니 플래너건의 전형적인 모습이라는 것을 알았어요. 회항이나 지연이 생기면, 그는 비행기에 탑승한 모든 사람을 위해 피자나 맥도날드를 주문해요. 그들이 식사하는 동안, 사람들에게 지연 이유를 자세히 설명하고 농담을 하죠. "참, 이게 제 첫 비행이에요." 이렇게 말하고 나서, 승객들이 불안해하면 이렇게 덧붙여요. "오늘은 말이죠."

플래너건 기장은 승객들을 위해 경품 추첨도 해요. 동행자가 없는 아이들이 안전하게 도착했다는 것을 알리기 위해 그 아이들의 부모에게 전화를 하고요. 휴대전화로 화물 구역에 있는 반려동물의 사진을 찍어서, 동물들이 안전하고 편안하게 있다는 것을 알 수 있도록 주인들에게 보여줍니다. 그는 휠체어를 탄 승객들이 비행기에 탑승하는 것을 직접 나서서 돕지요. 유나이티드 항공을 자주 이용하는 탑승객에게는 손으로 쓴 감사 인사와 함께 자신의 명함을 나누어줍니다. 아무도 그에게 이런 일을 하라고 요구하지 않아요. 하지만 그는 진정 주도적인 모습으로 말하죠. "나는 매일 진심을 다해 일하고 이렇게 하는 걸 좋아해요."

비행기의 기장에게는 반려동물 사진을 찍는 것보다 더 중요한 일들이 있다고 생각할 수도 있다. 하지만 플래너건 기장에게는 이것이 소중한 것을 먼저 하는 것이다. 긴급 상황을 막고, 사전 계획을 세우고, 대인관계를 구축하는 등, 그는 대부분 시간을 제2사분면에서 보내는 것이 우정, 고객 충성도 및 개인적인 기쁨에 대한 큰 보상으로 이어진다고 확신한다.

나는 당신이 더 자주 거절하는 데 성공하기를 바란다. 그래서 당신에게 가장 소중한 사람과 일들에 "예"라고 말할 수 있길 바란다.

3

대인관계의 승리

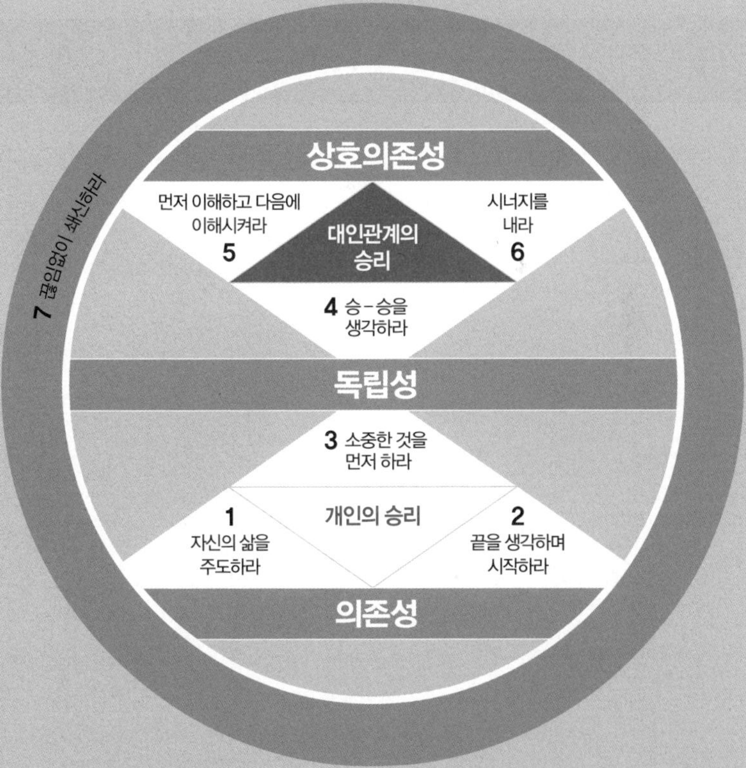
상호의존성
먼저 이해하고 다음에 이해시켜라
5
대인관계의 승리
시너지를 내라
6
4 승-승을 생각하라
7 끊임없이 쇄신하라
독립성
3 소중한 것을 먼저 하라
개인의 승리
1
자신의 삶을 주도하라
2
끝을 생각하며 시작하라
의존성

THE 7 HABITS OF
HIGHLY EFFECTIVE PEOPLE

상호의존의 패러다임

신뢰 없는 우정은 있을 수 없고,
언행일치 없는 신뢰란 있을 수 없다.
– 새뮤얼 존슨 –

'대인관계의 승리'라는 분야에 들어가기 전에, 우리가 기억해야 할 것이 있다. 효과적인 상호의존성은 오직 진정한 독립성의 기반 위에서만 이루어질 수 있다는 점이다. 즉, 개인의 승리가 대인관계의 승리에 선행한다. 그것은 마치 대수가 미적분을 선행하는 것과 같은 이치이다.

우리가 과거에 걸어왔던 인간관계의 길을 돌이켜보고 나아갈 방향을 내다보면서 현재의 상황을 헤아려볼 때, 분명한 것은 이 길로 왔기 때문에 현재의 위치에 있다는 점이다. 여기에는 다른 길도 없었고 지름길도 없었다. 현재 위치에 다다르는 데 하늘에서 낙하산식으로 떨어지는 법이란 없다. 그런데 우리들 눈앞에 펼쳐진 풍경은 낙하산식의 지름길을 찾다가 산산이 깨어진 인간관계의 파편들로 가득 차 있다. 사람들이 성숙함, 즉 내적 성품의 강점을 미리 갖추지 않고 효과적인 인간관계를 형성하려다 그렇게 된 것이다.

그러나 성숙하지 않고서는 그것을 이룰 수 없다. 당신은 그 과정을 반드시 거쳐야 한다. 다시 말해 자기 자신을 먼저 계발해야 대인관계에서 성공할 수 있다.

몇 년 전 내가 오리건 주의 해변가에서 세미나를 개최했을 때의 일이다. 한 수강자가 내게 다가와서 다음과 같이 말했다. "코비 씨, 저는 이런 세미나에 오기가 정말 싫습니다." 그의 심각한 말은 나의 주의를 끌었다.

"여기에 온 행복한 사람들을 보세요. 저 밖에 보이는 아름다운 해안선과 바다 그리고 거기에서 일어나는 광경들을 보십시오. 그런데 나는 그저 쭈그리고 앉아서 오늘 저녁 아내가 전화로 할 잔소리를 걱정하고 있답니다.

그녀는 내가 출장 나올 때마다 나를 볶아댑니다. 아침은 어디서 먹었느냐? 누구와 같이 있었느냐? 오전 내내 회의를 했느냐? 몇 시에 점심을 먹었느냐? 점심 먹는 동안 무엇을 했느냐? 오후 시간은 어떻게 보냈느냐? 저녁에는 무슨 여가 활동을 했느냐? 그때 누구와 있었고, 무슨 얘기를 했느냐? 그런데 그녀가 묻지는 않지만 정작 원하는 것이 뭔 줄 아십니까? 그것은 내가 말한 모든 사실들을 입증할 만한 사람들의 전화번호랍니다. 그녀는 정말 나를 성가시게 하고 내가 밖에 나와 있을 때의 모든 일을 알려고 한답니다. 이런 고민이 여기에서의 모든 흥미를 잃게 만듭니다. 난 정말 괴로워요."

그는 정말 불쌍해 보였다. 우리는 잠시 동안 얘기했는데 그는 매우 흥미로운 말을 덧붙였다. "그런데 그녀는 내게 할 질문거리를 뻔히 다 알고 있어요." 그는 약간 수줍어하면서 말했다. "실은 제가 그녀를 만난 곳이 바로 이번과 같은 세미나였죠. 그때는 제가 다른 사람과 결혼해 있을 때였는데….”

나는 그의 말속에 숨겨진 뜻을 잠시 생각한 뒤 물었다. “당신은 응급 처치식 해결방법을 좋아하는 타입이군요.”

“무슨 소리죠?” 그가 물었다.

“그러니까 당신은 드라이버라도 집어들고 아내의 머리에 있는 나사를 조여 그녀의 그런 태도를 당장 바꾸고 싶다 이거죠?”

“물론이죠. 저는 아내가 빨리 변했으면 좋겠어요.”라고 그는 큰 소리로 말했다. “그녀가 계속 이런 식으로 심문하는 것은 옳지 않다고 봐요.”

“여보세요.” 나는 말했다. “당신의 행동 때문에 일어난 신뢰 문제를 말 몇 마디로 해결하려 해도 소용이 없어요.”

우리는 여기서 매우 극적이고 본질적인 패러다임 전환을 다루고 있다. 당신이 외적 성격 중심의 기교나 기술로 사회생활의 대인관계에 윤활유를 치고자 할 때 그 과정에서 가장 중요한 내적 성품의 기초를 손상할 수 있다. 뿌리가 없으면 열매를 거둘 수 없는 법이다. 이것이 바로 ‘개인의 승리’가 ‘대인관계 승리’에 선행하는 이유이다. 자기수양, 자기절제야말로 다른 사람과 좋은 인간관계를 맺는 기초가 된다.

어떤 사람들은 다른 사람을 좋아하기 전에 반드시 자기애(自己愛)를 가져야 한다고 말한다. 일리가 있다고 생각한다. 그러나 만약 당신이 자기 자신을 잘 모르고 자신을 통제하지 못하며 자신을 정복하지 못했다면 단기적인 심리조작과 같은 피상적인 경우를 제외하고는 스스로를 좋아하기 어렵다.

진정한 자기 존중은 스스로에 대한 지배와 독립성으로부터 나온다. 그리고 이것이야말로 습관 1, 2, 3의 초점이다. 독립이란 하나의 성취다. 그런데 상호의존성은 독립적인 사람만이 선택할 수 있다. 따라서 만일 진정한 독립심을 갖고자 하는 의지가 없다면 대인관계의 기술을 계발한다는 자체가 어리석은 일이다. 독립성이 자리잡지 못한 사람도 인생의 날씨가 좋은 동안에는 어느 정도 성공을 거둘 수 있다. 그러나 어려운 일이 닥치면 우리는 모든 것을 지탱해줄 기초를 찾지 못해 쉽게 무너져버린다.

인간관계를 형성할 때 가장 중요한 요소는 무엇을 말하느냐, 어떻게 행동하느냐보다 우리의 사람됨이다. 만약 우리의 말이나 행동이 깊은 내면(내적 성품 위주의 사고)에서가 아니라 피상적인 인간관계 기법(외적 성격 위주의 사고)에서 나온다면 상대방도 곧 우리의 이중성을 감지할 것이다. 말하자면 우리는 효과적인 상호의존성을 위해 필요한 기초를 만들 수도 유지할 수도 없다.

대인관계에 있어서 정말로 중요한 기법이나 기술은 독립적인 성품으로부터 자연스럽게 나오는 것이어야 한다. 다른 사람과 인간관계를 형성하기 시작하는 출발점은 자신의 내면이고, 자신의 영향력의 원의 내부이며 우리 자신의 내적 성품이다. 우리가 독립적이 될 때, 즉 주도적이고 올바른 원칙에 중심을 두며 가치 지향적이고 생활에서 소중한 것부터 우선적으로 계획하고 성실하게 실행할 때에야 비로소 다른 사람들과의 관계를 풍부하고 지속적이며 생산적으로 만들 수 있다. 이때에야 상호의존적이 될 수 있는 자격이 생긴다.

앞으로 알게 되겠지만 우리는 이제 완전히 새로운 차원으로 진입하고 있다. 상호의존성은 깊고 풍부하며 정감 있는 교제와 기하급수적인 생산력의 증가를 가져오며 나아가서는 봉사, 공헌, 배움과 성장의 기회를 제공한다. 그러나 상호의존성은 우리에게 커다란 고통이나 엄청난 좌절감 혹은 성공과 행복에 도달하는 데 가장 큰 방해물로 느껴지는 경우가 많다. 우리는 이 같은 고통이 급성이기 때문에 그 심각성과 아픔을 잘 알 수 있다.

우리는 흔히 자신의 생활에서 비전, 리더십, 또는 개인 관리의 부족 때문에 오는 만성적인 고통을 수년 동안 겪고 있다. 이때 뭔지 모를 어려움과 불편함을 느끼기 때문에 처음 한동안은 그 고통을 덜기 위해 가끔 조처를 취해본다. 그러나 대부분의 경우, 이러한 고통은 만성적이어서 이것에 곧 익숙해지며 적응하며 사는 것을 배우게 된다.

반면 대인관계의 문제에 직면하면 거기서 야기되는 고통은 급성이며 아주 심각하다. 그래서 우리는 그 고통을 없애려고 애쓰게 된다.

바로 이때 우리는 응급처치 방법으로 증상을 치료하게 되며 이는 외적 성격 위주의 반창고식 응급처치와도 같다. 우리는 대부분의 경우 이 같은 급성적 고통이 더 깊고 만성적인 문제에서 나온다는 사실을 알지 못한다. 따라서 증상을 응급처치하려는 노력을 중지하고 문제 자체를 해결하고자 할 때까지, 우리의 노력은 단지 비생산적인 결과만 초래하며 만성적 고통을 단지 더 어렴풋하고 불확실하게 하는 데만 성공할 뿐이다.

자, 그러면 이제부터 효과적인 대인관계를 생각해보기 위해 앞에서 다룬 효과성에 대한 정의를 다시 한 번 살펴보자. 이미 앞에서 거위와 황금알에 대한 우화를 소개하면서 기본개념인 생산/생산능력에 대해 말한 적이 있다.

상호의존적인 상황에서 황금알은 효과성이고 멋진 시너지이며 개방적 커뮤니케이션과 긍정적 대인관계를 통해 달성하는 좋은 성과들이다. 그런데 우리가 일상생활적인 황금알을 정기적으로 얻으려면 반드시 거위를 돌보아야 한다. 다시 말해 그 같은 성과들을 실현하기 위해서는 반드시 인간관계를 구축하고 이를 돌보기 위해 노력해야 한다.

따라서 서론을 끝내고 본격적으로 습관 4, 5, 6을 살펴보기 전에 나는 상호의존적인 상황에서 생산/생산능력의 균형을 이해시켜주고 인간관계를 설명해주는 데 가장 적합한 은유를 통해 이를 살펴보고자 한다.

감정은행계좌

우리 모두는 은행계좌가 무엇인지 잘 알고 있다. 우리는 은행에 계좌를 만들고 이를 통해 예입을 하며 필요할 때 인출할 수 있도록 잔고를 남긴다. 감정은행계좌란 인간관계에서 구축하는 신뢰의 정도를 은유적으로 표현한 것이다. 다시 말해 이것은 우리가 다른 사람에 대해 가지는 안정감이다.

만약 우리가 다른 사람에 대해 공손하고 친절하며, 정직하고 약속을 지킨다면 우리는 감정을 저축하는 셈이 된다. 그러면 그 사람이 우리에 대해 갖는 신뢰가 높아지기 때문에 우리는 필요할 때마다 그러한 신뢰에 의지할 수 있다. 또 우리가 실수를 한다 해도 감정 잔고인 신뢰 수준이 높기 때문에 이것이 실수를 상쇄할 수 있다. 신뢰가 높은 경우 커뮤니케이션이 분명치 않아도 상대방은 우리가 전달하는 의미를 알아챌 것이다. 이들 역시 우리에게 '말 때문에 화를 내지는' 않을 것이다. 이처럼 신뢰의 정도가 높아지면, 즉 감정 잔고가 많으면 의사소통은 쉽고 즉각적이며 효과적이 된다.

그러나 다른 사람에게 불친절하고, 무례하고, 말을 막고, 과민반응하고, 무시하고, 독단적이며, 신용 없고, 위협하고, 나아가 실력 없이 뽐낸다면 우리의 감정은행계좌는 잔고가 바닥나거나 적자가 된다. 이렇듯 신뢰 수준이 매우 낮아질 경우 우리는 어느 정도의 여유와 융통성을 가질 수 있을까?

상호간에 신뢰가 없을 때 융통성이란 전혀 없다. 마치 지뢰밭을 걷는 것과 같아서 말을 할 때마다 사소한 것까지 모두 조심해야 한다. 우리는 하는 말마다 재면서 해야 한다. 따라서 늘 긴장해야 하고 모든 것을 메모로 남겨 자신을 보호해야 하며 등 뒤에서 일어나는 술수를 방어해야 한다. 그런데 사실 많은 조직이, 가정이, 부부관계가, 이러한 상태로 유지되고 있다.

만일 신뢰의 잔고가 지속적인 예입에 의해 뒷받침되지 않는다면 결혼생활은 악화될 것이다. 이렇게 되면 두 사람 사이가 어쩔 수 없이 함께 사는 동상이몽의 독립적 생활 스타일을 갖게 되고 그 관계가 더 심화되면 부부 사이에는 적대감과 방어책만 등장한다. 결국 투쟁 아니면 도피식 대응인 말다툼, '쾅'하고 문을 닫는 것, 대화 거절, 감정적 위축, 신세 타령 등이 계속된다.

이렇게 되면 집안에는 냉전이 시작되고 부부관계는 단지 아이들, 섹스, 사회적 압력, 그리고 주위 체면 때문에 지탱될 뿐이다. 이 같은 관계는 법정에서의 공개적 싸움으로 이어질 수도 있다. 법정에서 끊임없이 자기 배우자의 죄악을 털어놓음으로써 수년 동안 자존심 상하는 쓰라린 싸움이 계속될 수도 있다.

그런데 사실은 부부 사이야말로 이 세상에서 가장 친밀하고, 풍요롭고, 즐겁고, 만족스럽고, 나아가 생산적인 인간관계를 맺을 수 있는 관계이다. 생산/생산능력이라는 등대 같은 움직이지 않는 원칙이 바로 부부 사이에 있기 때문이다. 우리는 스스로를 이 등대에 부딪쳐 파괴할 수도 있고 이 등대가 우리를 안내하고 유도해주도록 활용할 수도 있다.

결혼과 같은 지속적 인간관계는 무엇보다도 지속적인 예입을 필요로 한다. 계속되는 실망은 과거에 저축했던 잔고를 소진한다. 오랫동안 만나지 못했던 고등학교 친구를 갑자기 만난 경우 당신은 이전에 해두었던 예입이 남아 있기 때문에 이것을 활용할 수 있을 것이다. 그러나 일상적으로 접촉하는 사람들과 구축하는 감정은행계좌는 좀더 규칙적인 예입을 요구한다. 매일 하는 상호작용이나 우리에 대한 상대방의 오해에서 자신도 모르는 사이에 자동인출이 발생하기 때문이다. 이 같은 예는 십대 청소년을 자녀로 둔 경우에 특히 그러하다.

당신이 십대 아들을 두고 있고 일상적인 대화가 다음과 같다고 하자. "네 방을 깨끗이 해라. 셔츠의 단추를 잘 잠가라. 라디오 소리를 줄여라. 이발을 해라. 쓰레기 버리는 것을 잊지 마라." 이러한 대화만이 오갈 경우 인출은 이미 비축 잔고를 훨씬 초과한 적자 잔고가 되게 마련이다.

자, 이제 그 아들이 자기 인생에 영향을 미칠 중대한 결정을 하려고 한다고 가정해보자. 그때 아들은 당신에 대한 신뢰 수준이 너무나 낮고 의사소통의 통로가 거의 막혀 있을 뿐만 아니라 기계적이고 마음에 안 드는 대화뿐이기 때문에 당신에게 조언을 구하지 않을 것이다. 부모인 당신은 그를 도울 지혜와 지식을 가지고 있을지 모른다. 그러나 당신의 감정은행계좌에 잔고가 없기 때문에 자녀는 장기적으로 보아 많은 부정적 결과를 초래할지도 모르는 단기적이고 감정적인 관점에서 의사결정을 하게 될 것이다.

이 같은 민감한 문제에 대해 상의할 수 있으려면 아들과의 감정은행계좌에 상당한 잔고를 가지고 있어야 한다. 그렇다면 당신은 어떻게 해야 하는가?

만약 당신이 아들과의 관계에 예입을 시작하기로 했다면 어떻게 해야 되겠는가? 아마 약간의 친절을 베풀 수도 있을 것이다. 아들의 취미가 스케이트보드 타기라면 이에 관련된 잡지를 사다 줄 수도 있고 그가 어떤 일을 할 때 뭐 도와줄 것이 없는가 물어볼 수도 있다. 그 밖에 아이를 데리고 영화를 보러 가든가 아이스크림을 사줄 수도 있다.

그러나 당신이 할 수 있는 가장 중요한 예입은 아들이 말을 할 때 미리 판단해서 충고하지 말고 아들이 하는 말을 경청하는 것이다. 단지 경청하고 이해하도록 노력하라. 당신이 관심을 가진다는 것과 아들을 한 사람의 인격체로 받아들이고 있음을 느끼게 하라.

당신 아들은 처음에는 아무 반응이 없을지 모른다. 오히려 아버지에 대해 의아해할 수도 있다. “아빠가 오늘은 이상한데? 엄마는 도대체 나에게 무슨 수법을 써보려고 이러는 것일까?” 그러나 당신이 진심에서 우러난 예입을 계속하면 신뢰가 싹트기 시작한다. 이렇게 되면 적자 잔고가 점차 줄어든다.

응급처치식 접근법은 허망한 신기루임을 명심하라. 인간관계를 구축하고 회복시키는 데는 시간이 걸린다. 만약 아들의 무응답이나 배은망덕한 행동에 다음과 같이 참을성을 잃고 화를 낸다면 감정은행계좌에서 막대한 인출이 생길 뿐만 아니라 지금까지 공들인 것이 쓸모 없게 될 것이다. “우리는 너를 위해 온갖 노력과 희생을 다했는데 어쩌면 그렇게도 은혜를 모를 수 있니? 우리는 너에게 잘해주려고 노력했는데 너는 이처럼 행동하는구나. 나는 도무지 너를 이해할 수 없구나!”

인내하는 것은 쉬운 일이 아니다. 이를 위해서는 내적 성품이 주도적이 되어야 하고 자신이 가진 영향력의 원에 초점을 두어야 한다. 뿐만 아니라 꽃나무에 영양분을 공급할 수 있어야 하며 ‘뿌리가 잘 자라고 있나를 보기 위해 꽃나무를 뽑는 행위’를 하지 말아야 한다.

이처럼 응급처치식 인간관계란 존재하지 않는다. 그 대신 인간관계의 정립과 회복에는 장기간의 투자가 필요하다.

여섯 가지 주요 예입 수단

이제부터 감정은행계좌를 적립하기 위한 여섯 가지 주요 예입 수단을 살펴보기로 하자.

1. 상대방에 대한 이해심

다른 사람을 진정으로 이해하기 위해 노력하는 것이야말로 우리가 할 수 있는 가장 중요한 예입 수단 가운데 하나가 될 것이다. 그것은 모든 다른 예입 수단의 핵심에 해당된다. 왜냐하면 우리는 그 사람을 이해하기 전에는 그 사람을 위해 어떤 행위를 해야 예입이 될 것인가를 모르기 때문이다.

당신에게는 예입으로 생각될 수 있는 일들, 예컨대 산책하면서 얘기를 나누는 일, 함께 아이스크림을 사러 나가거나 함께 어떤 일을 하는 것 등이 어떤 사람에게는 전혀 예입될 만한 효과가 없는 경우도 있다. 따라서 만일 상대방의 깊은 관심과 욕구를 파악하지 못한다면 그러한 행위는 오히려 악영향을 끼치거나 감정이 인출될지도 모른다.

한 사람에게 중요한 일이 다른 사람에게는 사소한 일일 수 있다. 예입을 하기 위해서는 그 사람이 당신에게 중요한 만큼 그 사람이 중요하게 생각하는 것을 당신도 중요하게 생각해야 한다. 예컨대 당신이 급하고 중요한 일을 할 때 여섯 살 난 아들이 사소해 보이는 행동을 하면서 방해할 수도 있다. 그런데 아들이 하는 행동이 아이의 관점에서는 매우 중요한 것일 수도 있다. 소중하고 가치 있는 것, 즉 아들을 돌보기로 작정하는 것은 습관 2에 해당하고 당신의 스케줄을 중단하고 소중한 아들을 돌보는 것은 습관 3에 해당한다. 상대방의 관점과 가치를 이해해주는 것은 그 사람에 대해 막대한 예입행동을 하는 셈이 된다.

야구를 매우 좋아하는 아들을 둔 친구가 있었다. 그러나 이 친구는 야구에 전혀 관심이 없었다. 어느 해 여름, 그는 아들을 데리고 메이저리그를 보기 위해 여러 도시를 다녔다. 야구 구경은 6주일 이상이 걸렸고 비용 역시 엄청나게 많이 들었다. 그러나 이 여행이 부자간의 인간관계를 강력하게 결속시키는 계기가 되었다.

내 친구에게 "자넨 그 정도로 야구를 좋아하나?"라고 물었더니 그는 "아니, 그렇지만 내 아들을 그만큼 좋아하지"라고 대답했다.

대학교수인 다른 친구는 십대인 자기 아들과 사이가 매우 나빴다. 이 친구의 모든 생활은 오로지 학문 위주였고 자기 아들이 지능계발에는 소홀한 채 손재주만을 익히는 쓸데없는 일에 시간을 낭비하고 있다고 생각하였다. 결국 그는 항상 아들을 괴롭히다 나중에 이를 후회한 뒤 아이에게 감정 저축을 해보려고 시도하였으나 먹혀 들지 않았다. 아들은 아버지의 이 같은 제스처를 새로운 형태의 자신에 대한 거부, 비교, 판단이라고 생각한 것이다. 그 결과 부자 사이에는 막대한 감정 인출 상태가 초래되었다. 부자관계는 냉담해졌고 그 친구는 아버지로서 마음에 큰 상처를 받게 되었다.

어느 날 나는 이 친구에게 '다른 사람이 당신에게 소중한 것과 똑같은 정도로 그 사람이 중요하게 생각하는 것을 당신도 중요하게 생각해야 한다'는 원리를 알려주었다. 그는 이 말을 깊이 명심하였다. 그는 집 주변에 축소판 만리장성을 아들과 함께 쌓기로 하였다. 이 일은 시간이 많이 걸렸으므로 부자는 거의 1년 반 이상 함께 시간을 보냈다.

이처럼 서로를 결속하는 경험을 통해 아들은 인생발달 단계의 새로운 국면에 접어들게 되었고 자신의 지능을 계발하려는 욕구로 가득 차게 되었다. 그러나 이들이 얻은 실질적인 이득은 서로간에 깊은 인간관계가 생긴 것이다. 즉, 부자간에 불편한 관계 대신 즐겁고 든든한 유대관계가 형성되었다.

우리는 자신이 겪은 경험과 체험을 다른 사람도 원하고 필요로 하는 것으로 생각하여 상대방에게 투사하려는 경향이 있다. 다시 말해 우리가 의도하는 바를 다른 사람의 행동에 투사한다. 우리는 무엇이 다른 사람의 감정은행계좌에 예입될 수 있는가를 자신의 욕구나 바람에 기초하여 판단한다. 이때 우리의 생각은 현재의 사고기준일 수도 있고 상대방과 비슷한 연령일 때 체험한 것일 수도 있다. 만약 상대방이 우리가 하는 노력을 예입으로 받아들이지 않는다면 우리는 상대방이 우리의 선의의 노력을 거절하는 것으로 간주하고 포기해버리는 경향이 있다.

성서의 황금률*은 "남에게 대접을 받고자 하는 대로 너희도 남을 대접하라"고 가르친다. 표면상으로 보면 당신이 원하는 것을 상대방에게 해주라는 의미로 해석된다. 그러나 내가 생각하는 좀더 본질적인 의미는 상대방을 한 사람의 인격체로 깊이 이해해주고 자신이 이해받고 싶은 것과 똑같은 방법으로 이해해주며 그러한 충분한 이해에 입각해서 상대방을 대하라는 것이다.

여러 자녀들을 훌륭하게 키운 어떤 부모는 자녀양육에 대해 다음과 같이 말한다. "자식들을 서로 다르게 이해하고 다른 방법을 적용함으로써 모든 자식을 똑같이 대하라."

2. 사소한 일에 대한 관심

약간의 친절과 공손함은 매우 중요하다. 이와 반대로 작은 불손, 작은 불친절, 하찮은 무례 등은 막대한 인출을 가져온다. 인간관계에서의 커다란 손실은 사소한 것으로부터 비롯된다.

나는 몇 년 전에 두 아들과 함께 저녁시간을 보낸 적이 있다. 체조와 레슬링을 구경하고, 핫도그와 오렌지 주스로 배를 채운 뒤, 마지막에는 영화를 관람하는 완전한 프로그램이었다.

영화를 보던 중 당시 네 살이던 숀이 잠들어버렸다. 여섯 살이던 스

* 마태복음 7장 12절.— 옮긴이.

티븐과 나는 영화의 나머지 부분을 함께 보았다. 영화가 끝났을 때 나는 숀을 품에 안고 승용차로 되돌아와서 뒷좌석에 눕혔다. 그날 밤은 몹시 추웠기 때문에 나는 코트를 벗어서 아이를 덮어주었다.

집에 도착하자마자 나는 재빨리 숀을 안고 집에 들어와 침대에 눕혔다. 스티븐이 잠옷을 입고 양치질을 한 뒤 나는 그 옆에 누워 함께 보낸 저녁시간에 대해 얘기하였다.

"어땠니, 스티븐?"

"좋았어요." 아이는 시큰둥하게 대답했다.

"재미있었니?"

"예."

"뭐가 제일 좋았니?"

"잘 모르겠어요. 트램펄린*이 그냥 약간이요."

"공중에서 재주 넘고 묘기 부리는 게 정말 대단하더라. 그렇지?"

그는 더 이상 반응이 없었고 나 혼자 말하고 있음을 알았다. 그래서 나는 왜 스티븐이 나와 말하고 싶지 않은지 궁금해졌다. 그는 보통 재미있는 일이 있으면 수다스러운 편이다. 나는 무언가 잘못되었다고 느꼈다. 스티븐은 집에 돌아오는 길에도 계속 입을 다물고 있었고 돌아와서는 곧장 잠자리에 들 채비를 하였다.

갑자기 스티븐이 벽 쪽으로 얼굴을 돌렸다. 그 행동이 이상해서 일어나 아이의 얼굴을 보니 눈물을 글썽이고 있었다.

"얘야, 무슨 일이니? 왜 그래?"

스티븐은 고개를 돌렸고 나는 그 애의 떨리는 눈과 입술 그리고 턱을 보며 그 애가 약간 창피함을 느끼고 있음을 눈치챘다.

"아빠, 내가 추울 때 나에게도 코트를 덮어줄 거예요?"

* 그물의 탄성을 이용하여 뛰어오르는 놀이.— 옮긴이.

그날 밤의 여러 프로그램 중 가장 중요한 것은 바로 그 사소한 친절 행위였다. 어린 동생에게만 보여준 순간적이고 무의식적인 애정이 문제였던 것이다.

그날의 경험은 나에게 그때나 지금이나 큰 교훈으로 남아 있다. 사람들은 매우 상처받기 쉽고 내적으로 민감하다. 이 점은 나이나 경험과는 별 상관이 없는 것 같다. 비록 외적으로 대단히 거칠고 냉담하게 보이는 사람도 내적으로는 민감한 느낌과 감정을 갖고 있다.

3. 약속의 이행

책임을 지고 약속을 지키는 것은 중요한 감정 예입 행위이며 약속을 어기는 것은 중대한 인출 행위이다. 사실 어떤 사람에게 대단히 중요한 약속을 해놓고 어기는 일보다 더 큰 인출 행위는 없다. 그러한 인출 행위가 발생하고 나면 다음에 약속을 해도 상대가 믿지 않는다. 사람들은 대개 약속에 대한 기대가 크게 마련이다. 그리고 약속이 기본 생계와 연관되는 경우는 더욱 그렇다.

나는 지키지 못할 약속은 절대로 하지 않는 부모가 되겠다는 철학을 가지고 이를 지키기 위해 노력해왔다. 그래서 나는 아이들과 약속을 할 때 아주 드물게 할 뿐만 아니라 여러 요인과 상황을 고려해 가능한 한 조심스럽게 한다.

그러나 이 같은 노력에도 불구하고 약속을 지키지 못하게 되는 예기치 않은 일이 발생한다. 그럼에도 불구하고 나는 약속을 중요시하기 때문에 어떻게 해서든지 그 약속을 지키든가, 그렇지 않으면 상대방에게 나의 상황을 충분히 설명해 연기한다.

만약 당신이 스스로 한 약속을 항상 지키는 습관을 갖는다면 당신과 자녀 사이에 이해의 간격을 이어주는 신뢰의 다리를 놓게 될 것이다. 일단 신뢰의 다리가 놓이고 나면 자녀들이 해서는 안 될 행동을 하려고 할 때 당신은 자신의 경험으로부터 자녀들은 볼 수 없는 결과를 이미 알고 있기 때문에 다음과 같이 말할 수 있다. "얘야, 만약 네가 그러한 행동을 하면 그 결과가 어떻게 될 것인지 말해주마." 이때 자녀가 당신의 말과 약속을 신뢰하고 있다면 이 충고를 받아들일 것이다.

4. 기대의 명확화

당신의 업무설명서를 작성하는 것이 당신과 상사 중 누구의 역할인지에 대해 의견차이가 있을 경우를 생각해보자.

"언제 저는 업무설명서를 받을 수 있습니까?" 당신이 묻는다.

"나는 자네가 그것을 가지고 와서 나와 토의할 것을 기다리고 있었네." 당신의 상사가 대답한다.

"제 업무를 규명해주는 것은 상사의 역할이라고 생각하는데요."

"그건 내 역할이 아니지. 기억나지 않나? 나는 처음부터 자네의 업무수행방식은 전적으로 자네 손에 달렸다고 말했었네."

"저는 그 말씀을 제가 하는 업무의 질에 관한 것이라고 생각했습니다. 그러나 저는 제 업무가 실제 무엇인지 알지 못합니다."

목표에 대한 불분명한 기대 역시 의사소통과 신뢰를 손상시킨다.

"저는 당신이 지시한 대로 정확하게 일을 했고 여기에 보고서가 있습니다."

"나는 보고서를 원하지 않았네. 수행목표는 문제의 해결이었네. 분석해서 보고하라는 것이 아니었네."

"저는 저의 목표가 문제를 분석하는 것이고 그 뒤 이것을 다른 사람에게 위임하는 것으로 생각했습니다."

우리는 이러한 종류의 대화를 얼마나 빈번히 해왔던가?

"당신이 말하기를…."

"아니오. 당신이 틀렸소! 내 말은…."

"그렇지 않소. 당신은 내가 하기로 되어 있다는 말은 결코 하지 않았소…."

"나는 그렇게 말했어요! 나는 분명히 말하기를…."

"당신이 전혀 말하지 않은 것은…."

"그러나 우리가 합의한 것은…."

거의 모든 대인관계에서 나타나는 어려움은 역할과 목표에 대한 갈등과 애매한 기대 때문에 발생한다. 누가 어떤 일을 해야 하는지의 문제를 다룰 때, 예를 들어 딸에게 방 청소를 시키거나 대화를 어떻게 해야 하는지, 누가 물고기에게 먹이를 주고 쓰레기를 내놓아야 하는지 등의 문제를 다룰 때, 우리는 불분명한 기대가 오해와 실망을 불러오고 신뢰가 인출될 수도 있음을 잘 알고 있다.

대부분의 기대는 노골적이 아니다. 따라서 기대는 분명하게 언급되거나 공표되지 않는다. 그럼에도 불구하고 이러한 기대는 특수한 상황을 초래한다. 예를 들면 결혼을 할 때 남녀는 서로 상대방의 역할을 은연중에 기대한다. 비록 이 같은 기대들이 논의되지도 않고 심지어 있다는 것조차도 모르고 있지만 기대에 부응하는 것은 감정은행계좌에 크게 예입하는 것이고, 기대를 어기는 것은 신뢰의 감정을 인출하는 것이다.

따라서 우리는 새로운 상황에 직면할 때마다 자기에게 부과되는 기대를 파악하여야 한다. 사람들은 기대를 통해서 상대방을 판단하려고 한다. 만약 상대방에 대한 기본적인 기대가 어긋났다고 느낀다면 실망하게 되고 신뢰의 잔고도 감소할 것이다. 우리는 자신이 갖는 기대가 자명하고 다른 사람에 의해 분명히 이해되고 공유된다고 가정하기 때문에 많은 부정적 상황을 야기한다.

신뢰의 예입은 처음부터 기대를 분명히 해야 가능하다. 이렇게 하는 데는 많은 시간과 노력을 미리 투자해야 하지만 시간이 흐르면 막대한 양의 시간과 노력을 절약할 수 있다. 기대가 분명치 않고 서로 공유되지 않는다면 사람들은 감정적이 되기 쉽다. 결국 단순한 오해로 의견의 불일치와 의사소통의 단절을 초래할 것이다.

기대를 분명히 하는 것은 때때로 많은 용기를 필요로 한다. 왜냐하면 사전에 의견 차이를 해결하고 서로 협력하여 납득할 만한 기대치에 도달하는 것보다는 마치 의견 차이가 없는 것처럼 행동하고 일이 저절로 해결될 것이라고 생각하는 편이 훨씬 쉽기 때문이다.

5. 언행일치

개인의 언행일치는 신뢰를 가져오고 감정은행계좌에 많은 종류의 예입을 가능케 하는 기초가 된다.

언행일치의 부재는 높은 수준의 신뢰 계좌를 만들려는 여러 가지 노력을 크게 손상시킨다. 우리가 상대방을 이해하고 사소한 것에도 관심을 보이고 약속을 지키고 기대를 명확히 하더라도, 내적으로 이중적인 인격을 가졌다면 신뢰를 저축할 수 없을 것이다.

언행일치는 정직 그 이상의 의미를 갖는다. 정직은 사실대로 말하는 것으로 우리가 하는 말을 사실과 일치시키는 것이다. 언행일치는 사실을 우리의 말에 일치, 즉 실현시키는 것으로 약속을 지키고 기대를 충족시키는 것이다. 이는 기본적으로 자아, 삶과 하나가 된 완전한 성품을 요구한다.

언행일치, 즉 성실성이 드러나는 가장 단적인 예가 현재 자리에 없는 사람에게 충실한 것이다. 그렇게 함으로써 우리는 바로 앞에 있는 사람의 신뢰를 얻게 된다. 자리에 없는 사람을 공격한다면 현재 함께 있는 사람의 신뢰도 잃게 마련이다.

당신과 내가 단둘이 있을 때 만일 앞에 있으면 비난할 수 없는 상사를 비난한다고 하자. 당신과 내가 사이가 나빠진 후에는 어떤 일들이 벌어질까? 당신은 내가 누군가에게 당신의 약점을 이야기하리라고 생각한다. 그 이유는 당신과 내가 상사의 등 뒤에서 그렇게 했기 때문이다. 당신은 나의 본성을 파악하고 있다. 당신은 나에 대해 앞에서는 좋은 말을 하지만 돌아서면 악담을 늘어놓는 사람이라고 인식한다. 당신은 이러한 나를 이미 보았다.

이 같은 행동이 이중성의 실체이다. 이러한 상황에서 당신의 감정은행계좌에 나에 대한 신뢰의 잔고가 쌓일 수 있겠는가?

한편 당신이 상사를 비난할 때 나도 비난의 몇몇 내용에 대해 기본적으로 동의하지만 우리 두 사람이 직접 상사에게 개선되어야 할 내용을 건의해보자고 제안했다고 하자. 그러면 당신이 없을 때 누군가 당신을 비난한다면 내가 어떻게 행동할지 알게 되지 않겠는가?

또 다른 예로 당신과 좋은 관계를 형성하기 위하여 내가 어떤 사람의 비밀을 당신에게 얘기했다고 하자. "내가 이 말을 당신에게 해서는 안 되는데 그렇지만 당신은 내 친구니까…." 이런 식으로 말하면 다른 사람에 대한 나의 배반이 당신과의 신뢰를 증가시키겠는가? 당신은 나를 믿고 얘기한 비밀이 다른 사람에게 전해질까 두려워하지 않겠는가?

이 같은 이중성이 신뢰의 예입을 하는 것처럼 보일지 모르지만 사실 언행 불일치가 드러나기 때문에 실제로는 신뢰가 인출된다. 누군가를 비난하고 특별한 비밀을 다른 사람에게 전달함으로써 순간적 기쁨이라는 황금알을 얻을는지 모르지만, 이러한 행위는 궁극에는 거위를 죽이고 있는 것이다. 즉, 당신은 지속적인 즐거움을 주는 인간관계를 약화시키고 있는 것이다.

상호의존성의 현실 속에서 언행일치는 다음과 같이 단순한 한마디로 표현된다. "모든 사람에게 똑같은 원칙을 가지고 대하라." 그렇게 하면 사람들은 당신을 신뢰할 것이다. 상대방이 처음에는 언행일치와 정직함에서 초래되는 대항적 태도를 좋아하지 않을지 모른다. 정직함을 위한 대항은 커다란 용기를 요구한다. 그래서 많은 사람들은 최소의 저항, 비하와 비난, 배반을 선호하고 다른 사람들의 등 뒤에서 험담하는 것을 좋아할지도 모른다.

그러나 만약 당신이 상대방에게 솔직하고 개방적이고 친절하다면 상대방은 당신을 신뢰하고 존경할 것이다. 신뢰를 얻는 것이 사랑받는 것보다 더 가치 있다. 나는 장기적인 안목으로 볼 때 신뢰를 얻는 것이 사랑받는 것임을 확신하고 있다.

우리 아들 조슈아가 아주 어렸을 때 의미심장한 질문을 자주 했다. 상처받기 쉽고 정직하고 나를 무척이나 따르던 이 아이는 내가 다른 사람에게 지나치게 대하거나, 화를 내거나, 불친절할 때마다 나에게 이렇게 묻곤 하였다. "아빠, 아직도 나를 사랑해?" 내가 다른 누군가에 대해 인생의 기본원칙을 깨고 있다고 생각할 때마다 그는 내가 자기와의 관계 역시 깨지 않을까 걱정하였다.

부모로서 교수로서, 나는 99명의 사람을 대하는 중요한 열쇠는 바로 '한 사람'이라는 사실을 발견하였다. 바로 이 한 사람이 나의 일관적 태도와 사랑하는 마음을 테스트하는 것이다. 여러 사람에게 사랑을 전파하는 것은 한 학생 또는 한 아이에 대한 사랑과 지도에서부터 비롯된다. 궁극적으로 보면 모든 사람은 각각 한 사람이므로 당신이 99명의 사람을 어떻게 대하는가는 한 사람을 대하는 태도를 보면 알 수 있다.

언행일치라 하는 것은 다른 사람을 기만하는 것, 교활하게 대하는 것, 인간의 존엄성을 비하시키는 것과 같은 커뮤니케이션을 전혀 하지 않는 것을 의미한다. "속이기 위한 의도를 품고 하는 모든 커뮤니케이션은 거짓말이다." 따라서 의사소통을 할 때 언행이 일치된다면 우리의 참뜻은 그대로 전해진다.

6. 진지한 사과

우리가 감정은행계좌에서 인출을 하였다면 반드시 사과를 해야 한다. 이때 우리는 진지하게 해야 한다. 신뢰의 감정에 대한 커다란 예입은 진지한 말로부터 나온다.

"제 잘못이었습니다."

"저의 불친절이었습니다."

"불경스러운 행동을 했습니다."

"무례를 범해서 죄송합니다."

"제가 전혀 그럴 필요가 없었는데 친구들 앞에서 당신을 난처하게 한 것 같습니다. 비록 제가 의견을 제시하고자 했더라도 그러한 행동은 하지 말았어야 했습니다. 진심으로 사과드립니다."

동정심 때문이 아니라 마음에서 우러나는 사과를 하려면 대단한 용기가 필요하다. 또 진심으로 사과하기 위해서는 자기 자신의 감정을 지배해야 할 뿐만 아니라 기본적인 원칙과 가치관에 대해 깊은 안정감을 가지고 있어야 한다.

내적인 안정감을 가지지 못한 사람들은 사과를 할 수 없다. 그들은 사과를 하는 것 때문에 상처받게 된다. 이 같은 사람이 사과를 하게 되면 자기가 연약하게 보일 뿐만 아니라 다른 사람이 자신의 약점을 이용할지 모른다고 두려워한다. 이들의 안정감은 다른 사람의 견해에 달려 있기 때문에 다른 사람이 어떻게 생각할지를 걱정한다. 또한 이들은 자신의 모든 행동을 정당화하고자 하는데, 즉 다른 사람의 잘못 때문에 자기가 잘못을 저질렀다고 합리화한다. 따라서 만일 이들이 사과한다면 그것은 피상적인 사과일 뿐이다.

동양 속담에 "만약 그대가 절을 하려면 머리를 더 낮추라"라는 말이 있다. 기독교 윤리에는 "보상을 하려면 최대한으로 하라"는 말이 있다. 감정은행계좌에 예입되기 위해서는 진지하게 사과해야 한다. 그러면 상대방 역시 사과를 진지하게 받아들일 것이다.

로스킨(Leo Roskin)은 다음과 같이 말했다. "잔인한 사람이 가장 약하다. 부드러움은 강한 사람으로부터만 기대될 수 있다."

어느 날 오후, 나는 서재에서 인내심에 대한 글을 쓰고 있었다. 아이들이 시끄럽게 떠들면서 복도를 이리저리 뛰어다니는 소리가 들렸다. 나의 참을성이 점점 더 한계에 달하고 있었다.

갑자기 우리 아들 데이비드가 욕실문을 쾅쾅 치면서 "문 좀 열어줘!"라고 목청껏 소리쳤다.

나는 서재 밖으로 뛰어나가 강한 어조로 그를 야단쳤다. "데이비드, 그렇게 떠들면 아빠에게 얼마나 방해가 되는지 모르니? 정신을 집중해서 새로운 문장을 쓴다는 게 얼마나 힘든 일인 줄 알아? 당장 방에 들어가서 반성할 때까지 문 닫고 있어." 그러자 아이는 기가 죽은 채 자기 방으로 들어갔다.

그런데 주변을 돌아보고서야 문제가 생겼음을 알 수 있었다. 아이들은 4피트 넓이의 복도에서 미식 축구의 태클을 하고 있었는데 그중 한 아이가 팔꿈치에 부딪혀 입을 다쳤다. 그는 복도에 누워 있었고 입에서는 피가 흐르고 있었다. 데이비드는 그에게 수건을 갖다 주기 위해 욕실로 들어가려 했으나 누이인 마리아가 목욕 중이어서 문을 열 수 없었던 것이다.

나는 상황을 잘못 파악하여 지나치게 행동했음을 깨닫고 즉시 데이비드에게 사과하러 갔다. 문을 열자 그는 "아빠를 용서할 수 없어요"라고 말했다.

"얘야, 그 이유가 뭐니?"라고 물었다. "솔직히 말해서 나는 네가 동생을 도와주려는 것을 알지 못했단다. 왜 나를 용서할 수 없지?"

"왜냐하면 아빠는 똑같은 행동을 지난주에도 했기 때문이에요"라고 그 애가 대답했다. 결국 데이비드의 말은 '아빠의 감정은행계좌에서는 인출이 너무 많이 됐어요. 이제 아빠가 자신의 행동 때문에 일어난 신뢰 문제를 말 몇 마디로 해결하려 해도 소용없어요'라는 뜻을 의미하고 있었다.

진지한 사과는 감정은행계좌에 신뢰를 예입하는 것이다. 그러나 반복되는 사과는 불성실한 사과와 마찬가지로 받아들여져 신용에 대한 인출이 된다. 또한 평소 어떤 관계였는가에 따라 사과는 예입이 될 수도 있고 인출이 될 수도 있다.

실수를 저지르는 것과 그것을 인정하지 않는 것과는 완전히 별개의 문제이다. 사람들은 실수를 기꺼이 용서하려고 한다. 왜냐하면 실수란 보통 순간적인 판단 착오로 빚어지기 때문이다. 그러나 사람들은 의도적인 실수, 즉 나쁜 취지나 나쁜 동기 혹은 처음의 실수를 덮어버리려는 오만한 정당화 등에 대해서는 쉽게 용서하려 들지 않는다.

사랑의 법칙과 인생의 법칙

조건 없는 사랑으로 감정은행계좌에 예입하면서 사랑의 기본법칙을 따르며 살면 상대방도 인생의 기본법칙에 입각해 살도록 고무하는 것이 된다. 다시 말해 우리가 진정으로 조건 없이 사랑할 때 다른 사람들은 안전함과 안정감을 느끼고 자신들의 근본적인 가치의식, 자기 정체성, 성실성에 대해 확신할 수 있게 된다. 그렇게 되면 자연법칙적 성장과정을 따를 수 있는 용기도 갖게 된다. 또 인생의 법칙인 협동, 기여, 자제, 성실성에 입각한 생활을 좀 더 쉽게 할 수 있고 자기 자신에게 무엇이 최선인가를 발견하고 진실하게 살 수 있다.

우리는 이들이 외부 환경이나 제약에 대응하기보다는 자신의 내적 규범에 의해 자연스럽게 행동하는 사람이 되도록 할 수 있다. 이는 지나치게 허용하게 되거나 연약하게 되는 것을 의미하는 것이 아니다. 과잉 허용과 연약함은 그 자체가 커다란 인출이다. 우리는 조언하고 간청하고 제약 조건을 설정하고 기대 성과를 말해준다. 그러나 가장 중요한 것은 조건 없이 사랑하는 것이다.

우리가 사랑의 기본법칙을 위반하면, 즉 사랑이라는 천부능력에 부대조건과 제한을 부과하게 되면 다른 사람들로 하여금 인생의 기본법칙을 위반하도록 고무하는 것과 같다. 이는 다른 사람들로 하여금 "나는 당신과는 별도의 중요하고 독립적인 존재다"라는 사실을 입증해야겠다고 느끼게 할 뿐만 아니라 반사적이고 방어적으로 되게 한다.

그런데 실제로 보면 그들은 독립적이지 않다. 그들은 반항적 심리, 즉 의존성의 또 하나의 다른 형태를 가지고 있을 뿐이다. 이것은 성숙의 연속선상에서 가장 낮은 위치에 속한다. 이들은 반항적으로 되어 거의 적 중심의 패러다임을 가진다. 또 자기 자신의 내면적 규범에 주도적으로 귀 기울이고 따르기보다 자신의 '권리'를 옹호하고 개성을 표출하는 데 더 큰 관심을 가진다. 반항은 이성적 문제가 아니라 감정적 문제다. 이때 중요한 것은 감정은행계좌에 예입하는 것, 특히 조건 없는 사랑을 지속적으로 예입하는 것이다.

매우 유명한 대학에서 학장으로 근무하던 친구가 있었다.* 그는 자기 아들을 이 대학에 입학시키기 위하여 오랫동안 계획하고 저축도 하

* 이 이야기의 내용 중 일부는 등장 인물의 사생활을 보호하기 위해 고쳐 썼다.

였다. 그런데 대학을 결정할 때 아들은 그 대학에 입학하기를 거부하였다.

이로 인해 아버지인 이 친구는 심각한 고민에 빠졌다. 이유는 이 대학을 졸업하는 것이 자기 아들의 장래에 큰 도움이 될 것이고, 또 이 대학에 진학하는 것이 집안의 전통이었기 때문이다. 아버지는 사정도 하고 간청하기도 하고 또 달래기도 하였다. 나아가 아들의 말을 경청하고 이해하려고 노력하면서 대화로 아이의 마음을 돌릴 수 있을 것으로 기대하였다.

이러한 대화를 통하여 아들에게 전달되는 미묘한 감정은 일종의 조건적 사랑이었다. 아들은 아버지가 자신을 하나의 인간 혹은 아들로서 소중하게 여기기보다 진학에만 관심을 두고 있다고 느꼈고 이를 못마땅하게 생각하였다. 그 결과 그는 자신의 정체성과 자주성을 찾고 이를 지키고자 애썼으며 그 대학에 가지 않겠다는 결심을 더욱 공고히 하고 합리화하였던 것이다.

내 친구는 진지하게 자기분석을 한 후 자신이 희생할 것을 결정하였다. 자신의 조건적 사랑을 포기한 것이다. 그는 아들이 부모의 소원과 다르게 선택할 것이라는 사실을 알고 있었다. 그럼에도 불구하고 그들 부부는 아들의 선택과는 무관하게 조건 없이 사랑할 것을 결심하였다. 그는 교육에 관한 중요성을 잘 알고 있었을 뿐만 아니라 아들의 대학 진학은 그가 태어날 때부터 계획하고 준비해왔던 것이기 때문에 이것은 매우 힘든 결정이었다.

아버지와 어머니는 조건 없는 사랑의 본질을 진정으로 이해하도록 노력하면서 자신들의 생각을 바꾸는 대단히 어려운 과정을 겪었다. 그들은 아들에게 자신들의 과거 행동과 왜 그렇게 했는지를 고백했다. 또한 아들이 하는 어떤 결정도 그에 대한 부모의 조건 없는 사랑의 감정에 절대 영향을 주지 않을 것을 솔직하게 말하였다. 이들은 아들에게 영향을 미치기 위해, 즉 그를 '변화'시키기 위해 이 고백을 하지 않았다. 그들이 이와 같이 하게 된 것은 자신들의 정신적 성장과 성품을 자연스럽게 나타내는 과정이었다.

아들은 큰 반응을 보이지 않았다. 그러나 부모는 조건 없는 사랑이란 패러다임을 가졌기 때문에 아들의 결정이 부부에게 더 이상 큰 아픔을 주지 않게 되었다. 약 일주일이 지났을 때, 아들은 부모에게 자신이 그 학교에 가지 않기로 결정했다고 말했다. 부모는 이미 그의 대답을 짐작하고 있었기 때문에 계속하여 조건 없는 사랑을 아들에게 보여주었다. 그 후 모든 것이 일단락되고 평온한 가정이 되었다.

얼마 후 흥미로운 일이 발생하였다. 이제 아들은 더 이상 자신의 입장을 방어해야 할 필요가 없음을 느끼고 스스로 깊고 이성적인 사색을 하기 시작하였다. 그 결과 자신도 실제 이 대학에서 공부하기를 진정으로 원하고 있다는 사실을 깨달았다. 그는 입학허가를 신청하고 이 사실을 아버지에게 알렸다. 이제 조건 없는 사랑을 하기로 한 아버지는 아들의 결정을 전적으로 수용하였다. 친구는 행복하였다. 그러나 그것은 아들의 진학에 의한 행복만은 아니었다. 그가 행복한 이유는 조건 없는 사랑에 대해 배웠기 때문이었다.

유엔에서 사무총장을 지낸 함마르셸드(Hammarskjöld)는 생전에 의미심장한 말을 하였다. "대중을 구원하려고 노력하는 것보다 문제가 있는 한 사람에게 전념하는 것이 보다 고귀한 일이다."

이 말은 우리가 수천 명의 '외부' 사람들을 돕고 많은 프로젝트를 수행하는 데는 하루에 8시간, 10시간 혹은 12시간, 또 일주일에 5일, 6일, 경우에 따라서는 7일을 할애하면서도 정작 자신의 배우자나 십대의 아들, 가까운 동료들과는 깊고 의미 있는 인간관계를 형성하지 못할 수 있음을 지적한 것이다. 그런데 내가 가족 또는 주변의 문제가 있는 '한 사람'과 바람직한 관계를 형성하기 위해서는 외부에 있는 사람들을 돕고 봉사하는 것보다 더 고귀한 성품인 겸손, 용기, 의지가 필요하다.

나는 25년 이상 조직체에 관한 컨설팅을 하면서 이 같은 사실을 반복하여 체험하였다. 조직 내 많은 문제들은 최고경영층에 있는 사람들 간의 관계에서 발생한다. 함께 기업을 하는 두 사람의 동업자, 기업주와 전문경영인 사장, 그리고 사장과 부사장 간의 갈등 등이 그 예이다. 따라서 외부 사람들을 다루고 수많은 프로젝트를 열심히 하는 것도 중요하지만 가까운 주위의 문제에 직면하여 해결할 수 있는 인품이 훨씬 더 중요하다.

함마르셸드의 말을 처음 접했을 당시 나는 근무하던 회사에서 나의 오른팔 역할을 하는 사람과 미묘한 견해 차이로 인해 문제가 있었다. 우리의 역할과 목표에 대한 기대, 가치관, 특히 관리방법에 있어 서로의 견해차가 심각했지만 나는 그것을 직면할 용기가 없었다. 따라서 나는 심하게 다투게 될지도 모르는 상황을 피하기 위해 수개월간 적당히 절충해가며 지냈다. 그러나 둘 사이의 불편한 감정은 더욱 심화되었다.

대중의 구제를 위해 열심히 노력하는 것보다 '한 개인'에게 완전히 전념하는 것이 보다 고귀하다는 글을 읽은 후, 나는 우리의 관계를 바로잡아야겠다는 생각을 깊이 하게 되었다.

나는 앞으로 벌어질 일에 대비해 단단히 마음먹었다. 왜냐하면 우리가 문제점들을 끄집어내 깊이 있고 공통적인 이해와 관심을 가진다는 것은 참으로 어려운 일임을 알고 있었기 때문이다. 그와 만나려 할 때 실제로 많이 긴장되었다. 그는 까다로워서 자신만의 방식과 관점에 따라 행동하는 사람이었지만 나는 그가 가진 강점과 능력이 필요하였다.

나는 그와의 만남이 관계를 위태롭게 할지 모르고, 또 다툼으로 인해 그와 헤어져야 하는 결과를 불러올지도 모른다고 걱정하였다. 그와의 만남에 앞서 '정신적인 리허설'을 한 후 마침내 나는 그를 만나 상투적인 말이나 행동보다 여러 가지 원칙들에 입각해 대할 것을 결정하였다. 드디어 나는 마음의 평정을 얻었고 대화하려는 용기도 얻게 되었다.

우리가 서로 만났을 때 나는 그 사람도 나와의 대화를 바라왔고 비슷한 고민을 해온 사실을 발견하고는 깜짝 놀랐다. 그는 전혀 까다롭거나 방어적으로 행동하지 않았다.

사실 우리의 관리 스타일은 서로 심각한 차이가 있었고 전체 조직은 이 때문에 큰 영향을 받고 있었다. 우리는 서로의 불화가 야기한 문제를 인식하였다. 몇 번의 만남을 통해 보다 근본적인 문제가 무엇인지 알게 되었고 테이블에 마주 앉아 그것을 모두 끄집어내놓고 서로를 존중하는 자세에서 하나씩 해결하였다. 마침내 우리는 강력한 상호보완적 팀을 만들었다. 나아가 서로의 능력을 효과적으로 결집시킬 수 있는 인간적인 호감을 깊이 느낄 수 있었다.

기업, 가정, 결혼생활을 효과적으로 운영하는 데 필요한 일체감을 조성하기 위해서는 개인적 능력과 용기가 필요하다. 어떤 기술적인 관리 테크닉도 인간관계를 발전시키는 데 꼭 필요한 고상한 개인적 성품을 대신할 수는 없다. 사랑과 인생의 기본법칙에 입각해 사는 것은 가장 근본적인 개인 대 개인 관계에서 이루어진다.

'생산'문제는 '생산능력'의 기회이다

이 경험은 상호의존성이라는 또 하나의 강력한 패러다임을 내게 가르쳐주었다. 이것은 문제를 보는 방식과 관계된다. 나는 몇 달 동안 이 문제를 회피해왔고 그것을 골칫거리나 장애물로 인식하였으며 저절로 사라지기만을 바라고 있었다. 그러나 오히려 이 같은 문제가 우리로 하여금 강력한 보완적 팀으로 일할 수 있는 좋은 기회를 부여한 셈이었다.

나는 상호의존적 상황이라면 '생산'에 관계되는 모든 문제들은 '생산능력'에 대한 좋은 기회라고 생각한다. 여기서 '기회'란 상호의존적으로 이루어지는 생산에 중대한 영향을 미치는 감정은행계좌를 구축할 수 있는 기회를 의미한다.

부모가 자녀의 문제를 부정적이고 부담되며 성가신 일로 보지 않고 오히려 가까운 관계를 구축하는 기회로 생각할 때, 부모 자식 간의 상호작용도 완전히 바뀌게 된다. 이렇게 되면 부모는 자녀를 깊이 이해하고 도움을 주는 데 있어서 더 자발적이 될 뿐 아니라 진지한 관심을 갖게 된다. 자녀가 문제를 가지고 부모에게 왔을 때 "또 골치 아픈 문제구나!"라고 생각하는 대신 "우리 아이를 돕고 서로간의 관계를 개선할 수 있는 좋은 기회가 왔구나"라는 패러다임을 가져야 한다. 그러면 수많은 상호작용은 정 없는 교류가 아닌 변혁적인 관계개선이 될 것이다. 부모가 자식의 문제를 진심으로 함께 걱정하고 자녀를 한 사람의 인격체로 대한다는 사실을 자녀가 알게 되면 부모 자식 간에는 강력한 사랑과 신뢰가 형성된다.

이 같은 패러다임은 '기업'에도 적용된다. 한 체인 백화점은 이러한 패러다임을 적용하여 '고객'들을 단골손님으로 만들었다. 고객이 문제를 가지고 백화점에 올 때마다 그 문제가 크건 작건 점원들은 고객과의 만남을 단골을 만들 수 있는 기회로 보았다. 그들은 고객의 문제를 적극적이고 열성적으로 해결하여 고객들이 만족할 수 있게 해주었다. 이들은 언제나 고객을 존중하는 태도로 대하였고 부수적인 서비스까지 제공하였다. 따라서 많은 고객들은 다른 백화점을 이용할 생각조차 하지 않았다.

상호의존적인 현실에 있어 생산/생산능력의 균형이 효과성에 필요하다는 것을 인식함으로써 우리는 여러 가지 문제들을 생산능력을 증가시키는 기회로 만들 수 있다.

상호의존성의 습관

마음속에 감정은행계좌라는 패러다임을 확실하게 갖고 있다면, '대인관계의 승리', 즉 다른 사람들과 성공적으로 함께 일하는 법을 다루는 습관들을 학습할 준비가 된 것이다. 우리는 앞으로 이 같은 습관들이 효과적인 상호의존성을 어떻게 만들어내는가를 살펴볼 것이다. 또 우리 스스로가 지금까지 다른 유형의 사고와 행동에 얼마나 강하게 영향받아왔는가도 파악하게 될 것이다.

여기에 추가하여 효과적인 상호의존성은 독립적인 사람에 의해서만 달성될 수 있다는 사실도 더 깊이 깨닫게 될 것이다. 그러나 외적 성격에만 초점을 두어 절대적으로 중요한 내적 성품의 기초는 무시한 채 '나도 이기고 너도 이기는 협상' 기법, '반영적 경청' 기법, '창의적인 문제 해결' 기법 등만 활용한다면 대인관계의 승리를 얻는 것은 불가능하다.

이제부터 대인관계의 승리를 가져오는 습관들을 좀 더 깊이 있게 다루어보기로 하자.

습관 4

승-승을 생각하라

| 대인관계 리더십의 원칙 |

우리는 황금률을 충분히 마음 깊이 새겼으므로
이제는 이것을 생활에 적용해보자.
– 에드윈 마크햄* –

나는 언젠가 한 회사를 컨설팅해줄 것을 요청받은 적이 있다. 이 회사의 사장은 직원들 간에 협동심이 부족한 것을 매우 걱정하고 있었다.

"코비 씨, 우리 회사의 근본적인 문제는 사람들이 너무나 이기적이라는 것입니다. 사람들은 서로 협력하지 않습니다. 만일 서로 협력만 한다면 우리 회사는 훨씬 더 생산성을 높일 수 있을 텐데요. 당신이 이 문제를 해결할 인간관계 개선 프로그램을 개발해주실 수 있겠습니까?"

"당신이 생각하는 문제는 사람입니까, 아니면 패러다임입니까?"라고 내가 물었다.

"당신이 한번 찾아내보십시오"라고 그는 대답하였다.

* Edwin Markham(1852~1940), 미국 오리건 주 출신의 시인.– 옮긴이.

그래서 나는 조사해보았다. 그 결과 이기주의, 협력에 대한 자발성 부재, 권위에 대한 반항 그리고 방어적인 커뮤니케이션 등이 이 회사에 도사리고 있다는 사실을 찾아냈다. 나아가 나는 완전히 적자 잔고의 감정은행계좌가 이 회사에 상호불신의 문화를 만들고 있음을 알 수 있었다.

그러나 나는 다음과 같이 말했다.

"이제부터 좀더 심층적으로 살펴봅시다. 왜 당신 회사의 사람들은 서로 협력하지 않지요? 협력하지 않는 데서 얻는 대가는 무엇입니까?"

"협력을 하지 않는 데 대한 대가는 물론 없지요. 그렇지만 그들이 협력한다면 많은 보상이 있습니다."

"그래요?" 하고 내가 다시 물었다. 사장실 한쪽 벽 커튼 뒤에는 큰 차트가 하나 걸려 있었다. 그 차트에는 경마장에서 경주를 하는 여러 명의 기수들이 표시되어 있었다. 각 말들의 얼굴 위치에는 이 회사에 근무하는 관리자의 사진이 하나씩 붙어 있었다. 그 경마장 트랙의 결승점에는 아름다운 버뮤다 섬의 관광 포스터가 하나 걸려 있었다. 그림에는 푸른 하늘과 양털 같은 구름, 낭만적인 연인들이 서로 손을 잡고 하얀 모래사장을 거니는 모습이 담겨 있었다.

사장은 관리자들을 모두 일주일에 한 번씩 자기 사무실에 집합시키고 협력에 대해 강조하였다. "서로 협력합시다. 협력하면 더 많은 돈을 벌 수 있을 겁니다." 그런 다음 그는 커튼을 열어 벽에 있는 차트를 보여주었다. "자, 여러분 가운데 누가 버뮤다로 여행하는 행운을 얻겠습니까?"

이것은 마치 "사기가 높아질 때까지 계속해서 해고시킬 것입니다" 라고 말하는 것과 같았고 어떤 꽃나무에게 빨리 자라라고 말하면서 다른 꽃나무에 물을 주는 것과 같았다. 사장은 직원들이 협력하기를 원했다. 그는 직원들이 함께 일하고 아이디어를 나누고 이런 노력에서 나오는 모든 이익을 함께 나누기를 원했다.

그러나 실제로는 이들을 경쟁시킴으로써 서로를 갈라놓고 있었다. 왜냐하면 한 관리자의 성공은 다른 관리자의 실패를 의미하기 때문이다.

사업상의 관계, 가족 간의 관계 그리고 기타 인간관계에서 너무나 빈번하게 나타나는 많은 문제들처럼 이 회사의 문제 역시 잘못된 패러다임의 결과로 나타난 것이었다. 사장은 경쟁이란 패러다임으로부터 협동이란 열매를 얻으려고 노력했던 것이다. 그리고 이것이 잘 안 되자 사람들을 협력하도록 할 수 있는 어떤 기법, 훈련 프로그램, 신속하게 효과가 나타나는 응급처치용 해열제 같은 것을 원했다.

그렇지만 뿌리를 바꾸어야 열매가 바뀌는 법이다. 근본을 변화시키지 않고서는 결과를 바꿀 수 없다. 우리가 태도나 행동만 바꾸려고 한다면 이는 마치 나뭇잎만 잘라내는 것과 같다. 따라서 우리는 이 회사가 지금까지 해온 방법과는 달리 개인적인 탁월성 및 조직의 우수성을 개발하는 데 초점을 맞추기로 하였다. 협력할 가치를 강화해주는 정보 시스템과 보상 시스템을 개발하였던 것이다.

사장이건 수위건 관계없이 독립성의 단계에서 벗어나 상호의존성의 단계로 올라가는 순간부터 우리는 하나의 리더십 역할을 맡게 된다. 다시 말해 이때부터 다른 사람에게 영향을 미치는 위치에 서게 되는 것이다. 이때 필요한 효과적인 대인관계 리더십의 습관은 '나도 이기고 상대도 이기는' 사고방식으로부터 나온다.

인간관계의 여섯 가지 패러다임

승-승(Win-Win)이란 사실, 기법이 아니다. 이것은 인간관계에 대한

승-승 (나도 이기고, 상대방도 이기는)	**패-패** (나도 지고, 상대방도 지는)
승-패 (나는 이기고, 상대방은 지는)	**승** (나는 이기는)
패-승 (나는 지고, 상대방은 이기는)	**승-승 아니면 무거래** (모두 이기지 못하면 거래를 하지 않는 것)

총체적인 철학이며 상호작용에 대한 여섯 가지 패러다임 중 하나이다. 여기에는 승-승, 승-패, 패-승, 패-패, 승, 승-승 혹은 무거래(거래를 하지 않는 것) 등이 있다.

'승-승'적 사고

'나도 이기고, 상대방도 이기는' 승-승의 패러다임은 모든 대인관계에서 서로의 이익을 추구하는 사고방식이다. 승-승이라는 것은 합의나 해결책이 양쪽 모두에게 유익하고 만족을 주는 것을 의미한다. 이 승-승의 해결 방안을 갖게 되면 모든 이해 당사자들이 결정에 대해 기분 좋게 느낄 뿐만 아니라 결정된 활동 계획에도 헌신하게 된다. 이 같은 사고는 인생을 경쟁이 아닌 협력의 장으로 보는 데서 나온다.

그러나 대부분의 사람들은 이분법적 관점에서 사물을 보는 경향이 있다. 즉, 강하냐 약하냐, 하드볼이냐 소프트볼이냐, 이기느냐 지느냐 하는 식으로 모든 것을 보는 것이다. 그런데 이런 종류의 사고방식은 근본적인 결함을 가지고 있다. 그러한 판단이 원칙보다 권력이나 지위에 기초한 것이기 때문이다.

이에 반해 승-승적 사고방식은 모든 사람에게 돌아갈 만큼 모든 것이 넉넉하게 있다고 보는 패러다임에 기초를 두고 있다. 즉, 한 사람의 성공이 다른 사람의 실패를 초래하거나 다른 사람의 성공 기회를 박탈하지 않고 이루어진다는 원칙에 바탕을 두는 것이다.

승-승의 사고는 제3의 대안이 있다고 믿는 데서 나온다. 다시 말하면 당신이 하는 방식이나 내가 하는 방식이 아닌 더 나은 방식, 더 높은 차원의 방식이 반드시 있다고 믿는 데서 출발한다.

'승-패'적 사고

승-승의 사고에 대한 하나의 대안은 승-패적 사고방식이다. 버뮤다 여행 티켓을 걸고 경쟁을 시키는 패러다임이 바로 여기에 해당된다. 이것은 "내가 이기면, 당신은 진다"는 사고방식이다.

리더십 스타일에서 승-패적 사고는 권위주의적 접근방식이다. "나는 내 마음대로 한다. 당신은 내 방식대로 따라와야 한다"라는 것이다. 승-패의 사고방식을 가진 사람은 자기 방식대로 하기 위해 지위나 권력, 자격, 재산, 배경 등을 동원하는 경향이 있다.

대부분의 사람들은 나면서부터 승-패적 사고에 깊이 물들게 된다. 그렇게 되는 데 가장 큰 영향력을 행사하는 것이 바로 가족이다. 어린이가 서로 비교를 당할 때, 예컨대 부모가 그러한 비교를 바탕으로 이해심과 사랑을 베풀기도 하고 거두어들이기도 할 때 어린이는 승-패적 사고방식에 물들기 시작한다. 이처럼 사랑을 조건적으로 준다면, 즉 사랑이란 것이 노력해서 획득해야 하는 것으로 인식된다면 아이에게는 자신이 본질적으로 소중하거나 또는 사랑스럽지 않다는 메시지가 전달되게 된다. 이 경우 가치는 자신의 내부에 있는 것이 아니라 외부에 있다. 다시 말해 가치는 다른 누군가와 비교되거나 어떤 기대치와의 비교를 통해서만 결정되는 셈이다.

아주 연약하며 상처받기 쉽고, 또 부모가 주는 관심과 감정의 확인에만 심하게 의존하는 어린 마음이 조건적인 사랑에 직면하면 어떻게 느낄까? 이런 조건에서 자란 어린이는 승-패의 사고방식만 갖도록 조건화되고 프로그램될 수밖에 없다.

"만일 내가 형보다 더 낫다면 부모님은 나를 더 사랑할 거야."

"우리 부모님은 나를 여동생만큼 사랑하지 않아. 난 그 애만큼 소중하지 않은가 봐"라는 식으로 말이다.

또 다른 강력한 영향력은 또래집단으로부터 온다. 어린이는 우선 부모로부터 인정받기를 원하고, 그다음으로 자기의 형이나 친구 등 함께 어울리는 또래집단에서 인정받기를 원한다. 우리는 동료나 또래가 때에 따라서 얼마나 냉혹해질 수 있는지 잘 안다. 그들은 자기들이 가진 견해나 기준에 일치하는지 여부에 따라 받아들여주기도 하고 거부하기도 한다. 그런데 이것이 어린이에게는 승-패적 사고 각본을 더욱 깊이 새긴다.

학교 교육은 승-패의 각본을 더욱 강화시킨다. '정규 분포곡선'은 기본적으로 누군가가 'C'학점을 얻었기 때문에 당신이 'A'학점을 얻었다는 것을 나타낸다. 이 같은 방식은 한 사람의 인간가치를 다른 모든 사람과 비교함으로써 해석하는 것이다. 따라서 이러한 사고방식에 따르면 개인의 내재적 가치는 아무런 인정을 받지 못하고 모든 사람은 외부적인 기준에 따라 평가받는다.

"학부모회에서 당신을 만나니 반갑군요. 당신의 딸 캐럴라인이 얼마나 자랑스럽습니까? 그 애는 상위 10%에 들어 있지 않습니까?"

"그 말을 들으니 기쁘군요."

"그렇지만 당신의 아들 조니 말인데요. 그 애는 좀 문제가 있네요.

그 애는 아주 하위권에 있으니 말입니다.”

“그래요? 큰일이군요! 그럼 그걸 어떻게 해야 하지요?”

그런데 이런 종류의 서로 비교하는 정보가 우리에게 알려주지 못하는 것이 있을 수 있다. 캐럴라인은 몇 과목에만 주력하는 반면 조니는 다방면에서 실력을 쌓아가고 있을 수도 있다는 점이다. 그러나 우리는 사람들이 잠재능력이나 현재능력을 최대한 발휘하고 있는지를 보고 평가하지 않고 사람들을 다른 사람과 비교하여 평가한다. 그렇게 매겨진 성적이 사회적 가치의 증명서가 되며 우리는 이를 통해 좋은 기회를 얻을 수도 있고 놓칠 수도 있다. 이처럼 협동이 아닌 경쟁이 교육과정의 핵심을 구성하고 있다. 더욱 안타까운 것은 협동이 통상적으로 부정행위와 연관되어 있다는 사실이다.

승-패 사고에 강력한 영향을 미치는 또 하나의 주체는 운동시합이다. 특히 고등학교나 대학에서 하는 운동시합이야말로 이러한 사고를 강화시킨다. 여기에서 사람들은 인생을 하나의 커다란 게임으로 보는 패러다임을 배우게 되고 누군가가 승리하면 누군가는 반드시 패한다는 제로섬 게임(Zero-Sum Game)의 사고를 터득한다. 즉, ‘승리’란 경기장에서 상대를 ‘패배’시키는 것이다.

각종 법률 또한 이 같은 사고를 강화시킨다. 우리는 소송하기를 좋아하는 사회에 살고 있다. 많은 사람들이 어떤 문제 때문에 곤경에 처하게 되면 상대방을 고소하는 방법을 생각한다. 즉, 법정에서 상대방과 싸워 이기고 소송비용까지 부담시키는 것이다. 이 경우 소송당한 사람은 건설적일 수도 협력적일 수도 없다.

물론 법은 절대적으로 필요하다. 만일 법이 없다면 사회는 붕괴될 것이다. 그러나 법이 우리의 생존에 기여하고 있는 것은 사실이지만 시너지 효과를 창조하지는 못한다. 법은 기껏해야 타협을 가져올 뿐이다. 법은 서로 적대적인 개념에 입각하고 있다. 최근에 와서 변호사들과 여러 법과대학에서 평화적인 협상, 승-승의 기술, 사설 법정의 이용 등을 강조하는 고무적인 움직임은 궁극적인 해결책은 아니지만 문제점에 대한 인식이 증가하고 있음을 반영한다.

물론 경쟁이 심하고 신뢰감이 결여된 상황에서는 승-패식 사고방식이 지배적일 수도 있다. 그러나 인생살이는 경쟁이 아니다. 매일매일을 배우자, 자녀, 동료 및 이웃, 친구들과 경쟁을 하면서 살 필요는 없다. 따라서 "부부 사이에 누가 이기고 있습니까?"라는 질문은 어리석기 짝이 없는 것이다. 결혼생활에서 둘 다 이기지 않는다면 둘 다 지는 결과가 되기 때문이다.

인생의 대부분은 독립적이 아닌 상호의존적인 실체이다. 원하는 성과를 달성하는 것은 대부분의 경우 자기 자신과 다른 사람들의 협력에 달려 있다. 이 경우 승-패의 사고방식은 협력의 역기능적인 요소가 된다.

'패-승'적 사고

어떤 사람들은 또 다른 '패-승'적 사고방식에 프로그램되어 있다.

"나는 지고, 네가 이겼다."

"계속해라. 나를 네 마음대로 해봐."

"나를 밟고 올라서렴. 모두 다 그렇게 해."

"난 실패자야. 난 항상 실패만 해왔어."

"난 평화를 좋아해. 평화를 위해서는 수단 방법을 가리지 않을 거야."

패-승의 사고는 승-패적 사고보다 더 나쁘다. 여기에는 아무런 기준이 없기 때문이다. 여기에는 요구도, 기대도, 비전도 없다. 패-승으로 생각하는 사람들은 보통 남을 기쁘게 하거나 양보하기 바쁘다. 이들은 대중적인 인기나 다른 사람으로부터 인정받는 것에서 만족감을 얻으려 한다. 이런 유형의 사람은 자신의 감정이나 신념을 용기 있게 표현하지 못한다. 또한 다른 사람들의 자만심에 쉽게 희생당한다.

패-승식 사고방식은, 협상에서 상대방에게 양보하거나 포기하는 항복으로 보이게 되며 리더십 스타일에서 과잉 허용이나 방관으로 비쳐진다. 한편 이 같은 사고 유형은 인정 많은 사람이라고도 비쳐진다. 승-패의 사고 유형을 가진 사람들은 패-승식 사람을 좋아한다. 후자가 전자에게 희생당해주기 때문이다. 승-패적 유형의 사람은 패-승적 유형의 사람이 가진 약점을 이용할 수 있기 때문에 좋아한다. 이들의 약점은 승-패적 사고를 하는 사람의 강점과 보완적인 관계가 된다.

패-승적 유형의 사람이 갖는 문제는 자신의 많은 감정을 그대로 묻어둔다는 사실이다. 그런데 이처럼 표현되지 않는 감정은 결코 사라지지 않는다. 이러한 감정은 살아 있는 채로 묻혀 있다가 나중에 더 나쁜 형태로 나타나게 마련이다. 정신이나 신체적 질병들, 특히 호흡기나 신경 계통, 순환기 계통의 병들은 패-승적 사고방식에 의해 억제되고 축적된 분노, 실망, 환멸 등에 의해 나타나는 경우가 많다. 또 과도한 분노, 사소한 자극에 대한 과민반응, 냉소주의 등은 억눌렸던 감정이 다른 형태로 재현된 것이다.

자신을 끝없이 억누르기만 하고 감정을 더 높은 것으로 승화시키지 못하는 사람은 이것이 자기 자존심에 영향을 미치고 대인관계에도 영향을 미친다는 사실을 발견하게 된다.

승-패나 패-승적 사고방식을 가진 사람은 둘 다 개인적 불안정감에 그 바탕을 두고 있기 때문에 강하지 못하다. 단기적으로 보면 승-패적 사고방식은 더 많은 것을 얻을지 모른다. 정상이나 높은 지위에 있는 사람들은 이기기 위해 그들의 모든 강점과 재능을 이용하기 때문이다. 여기에 비해 패-승적 사고는 처음부터 취약하고 문제투성이이다.

많은 경영자, 관리자, 부모 들은 승-패의 경솔함과 패-승의 방만함 사이를 마치 시계추처럼 왔다 갔다 한다. 그들은 혼란스러움을 견딜 수 없거나 조직체계, 방향감각, 기대성과, 절제의 부재를 더는 참을 수 없을 때 승-패적 사고방식으로 기운다. 그리고 죄책감이 자신의 결의를 와해시키면 패-승의 사고방식이 된다. 그다음에는 또다시 분노와 좌절이 이들을 승-패의 사고방식으로 되돌아가게 한다.

'패-패'적 사고

승-패적 사고방식을 지닌 두 사람이 함께 있을 때, 즉 단호하고 완고하며 자존심이 강한 두 사람이 서로 만난다면 그 결과는 패-패로 끝날 것이다. 둘 다 패배하는 것이다. 이들은 다른 사람을 죽이는 것이 자살 행위이고 복수는 양날의 칼이라는 사실을 알지 못하며 둘 다 원한을 품고 '복수하기'만 원한다.

어느 이혼 사례에서, 남편은 판사로부터 모든 재산을 팔아서 그 절반을 부인에게 주라는 명령을 받았다. 이에 따라 그 남편은 1만 달러짜리 자동차를 50달러에 팔아 그 절반인 25달러를 부인에게 주었다. 그러자 부인이 항의를 했고, 법원에서 상황을 조사하자 남편이 재산을 모두 이와 똑같은 방식으로 계획적으로 처분했음이 드러났다.

어떤 사람은 적 중심의 패러다임, 다시 말해 다른 사람의 행동에 너무 집착하기 때문에 자신을 망치더라도 어떻게 하면 상대방을 패배시킬까 하는 욕망 외에는 아무것도 볼 수 없게 된다.

패-패의 사고방식은 적대적인 갈등의 철학, 즉 전쟁의 철학이다.

패-패의 사고방식은 내면에 아무런 방향을 갖지 못하는 매우 의존적인 사람들이 갖는 철학이다. 이들은 스스로 비참하게 느끼며 다른 모든 사람들도 그래야 마땅하다고 생각한다. 즉 "아무도 이기지 못한다면 패자가 되는 것도 별로 나쁘진 않다"라고 생각한다.

'승'적 사고

또 다른 사고방식으로 단지 이기는 것만 생각하는 사람이 있다. 이런 정신을 가진 사람은 다른 누군가가 반드시 패배해야 한다고 생각하지는 않는다. 이들에게 남의 일은 관심 밖이다. 이들이 중요하게 생각하는 것은 자신이 원하는 것을 얻는 것이다.

경합이나 경쟁심리가 전혀 없는 경우라면 승의 사고방식은 매일 일어나는 협상 행위에서 가장 흔히 나타나는 접근방식일 것이다. 승의 사고방식을 갖고 사는 사람은 자기 목적에 입각하여 모든 일을 생각하고 다른 사람도 그렇게 하도록 내버려둔다.

어떤 것이 최적의 선택인가?

지금까지 설명한 다섯 가지의 철학, 즉 승-승, 승-패, 패-승, 패-패 그리고 승의 철학 가운데 어떤 것이 가장 효과적인 것일까? 대답은 "그때그때의 상황에 따라 다르다"는 것이다. 당신이 미식 축구시합에서 이겼다면, 이는 곧 상대 팀은 패배했다는 것을 의미한다. 만일 당신이 어떤 지역의 영업소에 근무하고 있고, 다른 지역을 담당하는 영업소는 수마일 떨어져 있지만 서로 업무적 관계가 없다면 당신은 사업을 키우기 위해 승-패의 상황에서 경쟁할 수도 있다. 그러나 당신이 최대의 성공을 성취하기 위해 사람들 간이나 그룹 간의 협력을 필요로 하는 경우 회사 내에서 '버뮤다행 티켓' 시합과 같은 승-패의 상황이 만들어지는 것을 원하지 않을 것이다.

어떤 사람과의 관계 자체를 아주 소중히 여기고 현재의 안건은 그다지 중요한 것이 아니라면 패-승의 상황으로 이끌어가는 경우도 있을 것이다. "내가 원하는 방식이 나와 당신과의 관계만큼 중요하지 않습니다. 따라서 이번에는 당신 방식대로 합시다." 혹은 당신이 어떤 것에 이기기 위해 투입해야 하는 시간과 노력 때문에 다른 더 가치 있는 것을 희생해야 한다고 판단한다면 패-승의 상황으로 끌어갈지도 모른다. 왜냐하면 이기는 것은 그만한 가치가 없기 때문이다.

당신이 이기기를 원하고, 이것이 다른 사람들과의 관계에 미치는 영향에 대해 별로 관심을 두지 않는 상황도 있다. 예컨대 당신 아이의 생명이 위험에 처해 있다면 다른 사람이나 상황에는 거의 관심이 없을 것이다. 이때는 오로지 아이의 생명을 구하는 것만이 가장 중요한 문제가 된다.

그렇다면 최선의 선택이란 주어진 실제적인 상황에 달려 있다. 중요한 것은 실제 상황을 정확하게 파악해 승-패적 사고나 그 밖의 고정된 사고방식을 모든 상황에 일률적으로 적용하지 않는 것이다.

사실 대부분의 상황은 상호의존적 현실의 일부분이다. 따라서 승-승의 대안이야말로 다섯 가지 중에서 항상 활용할 수 있는 유일한 것이다.

승-패의 사고는 좋은 대안이 아니다. 나와 당신과의 대결에서 내가 일단은 승리한 것처럼 보일지 모르지만, 나에 대한 당신의 감정과 태도 그리고 우리의 관계는 큰 영향을 받는다. 예컨대 내가 당신 회사의 원자재 공급자이고 협상에 이겨서 당장은 내가 원하는 것을 얻었다고 하자. 그러나 이때 당신 회사는 다음번에도 나와 거래를 하겠는가? 만일 내가 당신 회사와 계속적인 사업을 하지 못한다면 단기적인 승리가 장기적인 면에서는 손실이 된다. 따라서 상호의존적인 관계에서 승-패적 대안은 장기적으로는 패-패가 된다.

만일 패-승의 대안을 택했다면, 당장에는 당신이 원하는 것을 얻은 것처럼 보일지 모른다. 그러나 이것이 당신과 함께 사업하고 계약을 이행하는 나의 태도에 어떤 영향을 미칠 것인가? 나는 더 이상 당신을 기쁘게 해주고 싶어 하지 않을지도 모른다. 또 협상에서 얻은 상처를 앞으로 있을 협상에서 기억할지도 모른다. 나는 당신과 당신 회사에 대한 의견을 당신 산업 분야의 다른 회사들에게 퍼뜨릴지 모른다. 이렇게 되면 다시 패-패의 관계로 돌아간다. 패-패의 결과는 분명히 어떤 상황에서도 바람직하지 못하다.

만일 내가 승리에만 집중하여 상대방의 관점 같은 것은 고려조차 하지 않는다면 풍요로운 인간관계는 생각도 할 수 없게 된다.

장기적으로 보았을 때 어떤 대안이 서로에게 승리를 주는 것이 아니라면 결국 둘 다 패배자가 될 것이다. 이것이 바로 승-승적 사고방식만이 상호의존적인 현실에서 유일하고 바람직한 대안인 이유이다.

언젠가 대형 소매 체인점 회사를 컨설팅한 적이 있는데 이 회사의 사장은 다음과 같이 말했다. "코비 씨, 이 승-승의 대안이란 게 좋아 보이긴 하지만 너무 이상적인 것 같아요. 거친 사업계의 현실과는 동떨어진 이야기 같습니다. 이 세상에는 승-패의 사고방식만 있기 때문에 만일 우리가 이 같은 방식으로 계속하지 않는다면 사업에서 성공할 수 없습니다."

"좋아요. 당신이 고객을 승-패의 사고방식으로 대한다고 합시다. 그러면 이건 현실적인 겁니까?" 내가 말했다.

"물론 그건 아니지요"라고 그는 대답했다.

"왜 안 되지요?"

"그러면 나는 고객들을 잃을 테니까요."

"그렇다면 패-승의 상황으로 만들어봅시다. 사업에 있어 고객들만

재미 보게 운영하는 겁니다. 이것은 현실적인 겁니까?"

"아뇨. 그럼 이익도 없고 회사는 망하게 되지요."

여러 가지 대안들을 고려해본 결과 승-승의 대안만이 유일하고 현실적인 해결방안인 것 같았다.

"아마도 그게 고객들에게 적용될 방안이겠어요"라고 그도 인정했다. "그러나 공급자들에게는 해당되지 않는 방안입니다."

"당신은 공급자들의 고객이잖습니까?" 하고 내가 물었다. "왜 똑같은 원칙이 그들에게는 적용되지 않는다는 거죠?"

"우린 최근에 점포 소유주 및 점포 운영자들과 임대 재계약을 체결했습니다. 물론 우리는 승-승의 사고방식으로 일을 처리하려고 했지요. 즉 개방적이고 합리적이고 화합적으로 일을 처리하려고 했습니다. 그랬더니 상대방은 우리의 태도를 연약하게 간주하고 우리에게 큰 손해를 끼쳤어요"라고 그는 말했다.

"달리 말해서, 당신이 졌다는 말이지요?"

"그렇습니다."

"그리고 그들은 이겼고요?"

"그래요!"

"그럼 그걸 뭐라고 부르죠?"

이때 사장은 자신이 승-승이라고 생각했던 것이 실제로는 패-승이라는 사실을 깨닫고 큰 충격을 받았다. 우리는 패-승이 초래하는 장기적인 영향을 함께 검토하였다. 이것은 억눌린 감정, 짓밟힌 가치, 인간관계 이면의 끓어오르는 분노 등으로 결국 양측 모두에게 손해라는 데 의견을 같이했다.

만일 사장이 진정으로 승-승적 태도를 가졌다면 그는 대화 시간을 좀더 길게 잡고 점포 소유자들의 말에 귀를 기울였어야 했다. 그다음에 용기를 갖고 자신의 견해를 표명했어야 했다. 그런 뒤 양측이 모두 유익하다고 여겨지는 해결책이 나올 때까지 승-승의 정신으로 계속 임했어야만 했다. 그러면 시너지적인 제3의 대안을 찾을 수 있었을 것이고 그 결과 아마 어느 쪽도 혼자서는 생각해낼 수 없었던 성과를 가져왔을 것이다.

'승-승 아니면 무거래' 사고

만일 이들 각자가 시너지적 해결책인 서로 동의할 수 있는 해결방안에 도달할 수 없다면 승-승보다 차원이 더 높은 승-승 아니면 무거래를 목표로 할 수도 있었다.

기본적으로 무거래는 양자에게 이익이 되는 해결방안을 찾아내지 못한다면 서로의 의견이 다르다는 점에 동의한다는 것을 의미한다. 즉, 거래를 하지 않는 것을 의미한다. 이렇게 되면 어떤 기대도 생기지 않게 되고 어떤 계약도 성립되지 않는다. 또 내가 당신을 채용한다거나 특정한 과업을 함께 수행하지도 않는다. 그 이유는 우리가 가진 가치 혹은 목표가 서로 다르다는 사실이 분명하기 때문이다. 서로 기대를 갖기 때문에 두 당사자가 환상에서 깨어날 때 받게 되는 실망을 고려한다면 차라리 미리 이 사실을 분명하게 확인하는 것이 훨씬 낫다.

무거래를 마음속에 아예 하나의 대안으로 결정한다면 오히려 자유로움을 느낄 것이다. 왜냐하면 상대방을 설득해야 하거나 자신의 계획을 강요하거나 자신이 원하는 방향으로 상대방을 몰고 갈 필요가 없기 때문이다. 또 우리는 개방적으로 이 같은 피차의 입장 밑바닥에 깔려 있는 보다 심각한 문제점을 이해해보려고 시도할 수 있다.

무거래를 선택하는 경우, 당신은 다음과 같이 정직하게 말할 수 있다.

"난 오직 승-승의 결과를 목표로 하고 있다. 나는 이기기를 원하고 당신도 이기게 하고 싶다. 나는 내 방식을 고집하여 당신을 불쾌하게 만들고 싶지 않다. 왜냐하면 그것은 결국 표면화되고 허탈감을 가져올지도 모르니 말이다. 반면에 내가 당신의 방안대로 따름으로써 굴복하게 되는 것을 당신도 기뻐하지는 않으리라 생각한다. 그러니 승-승의 결과를 얻도록 함께 힘써보자. 만일 둘 다 이기는 해결책을 찾아낼 수 없다면 전혀 없었던 일로 하는 데 합의하자. 우리 모두에게 좋지 않은 결정을 받아들이기보다 아예 거래를 하지 않는 것이 더 나을 것이다. 그러고 나서 다시 만날 수 있는 다음 기회를 기다려보자."

승-승 아니면 무거래라는 개념을 학습한 어떤 소규모 컴퓨터 소프트웨어 회사의 사장으로부터 언젠가 다음과 같은 경험담을 들었다.

"우리 회사는 새로운 소프트웨어 프로그램을 개발하여 은행에 5년간 대여하기로 계약을 체결하였습니다. 은행장은 우리 소프트웨어를 보고 아주 흡족해했지만 다른 간부들은 그 결정을 별로 탐탁지 않게 생각했습니다. 그로부터 약 한 달 후 은행장이 바뀌었습니다. 새 은행장이 나한테 찾아와 이렇게 말하는 것이었어요. '난 기존 시스템을 이 소프트웨어로 바꾸는 것이 불만입니다. 또 직원들 모두가 이 프로그램을 익힐 수 없다고 말하고 있기 때문에 현재로서는 일을 더 이상 추진할 수 없을 것 같습니다.'

우리 회사는 그때 심각한 재정난에 처해 있었습니다. 나는 우리 회사가 그 계약을 강제로라도 이행시킬 합법적인 권리를 갖고 있다는 걸 알고 있었어요. 그러나 승-승의 원칙이 갖는 가치를 확신하고 있었습니다. 그래서 난 은행장을 만나 '여기 계약서가 있습니다. 귀 은행은 우리 회사의 제품으로 프로그램을 바꾸기로 약정했습니다. 그러나 저는 은행 측이 프로그램 변환을 싫어한다는 사실을 알고 있습니다. 하니 계약서를 돌려드리고 보증금도 돌려드리겠습니다. 그러나 만일 앞으로도 소프트웨어와 관련하여 필요한 것이 있으면 우리를 찾아주십시오'라고 말했습니다.

우리는 8만 4천 달러짜리 계약을 고스란히 포기해버린 것입니다. 이건 재정적으로 보면 자살행위나 다름없었지요. 그러나 만일 이 원칙이 옳다면 장기적으로 기회가 다시 올 것이고 더 큰 이익이 될 것이라고 판단했습니다. 석 달 후 그 신임 은행장이 전화를 걸어왔습니다.

'지금 우리 은행의 데이터 처리 시스템을 바꾸려고 하는데 당신 회사와 거래를 하고 싶습니다.' 그 후 우리는 24만 달러짜리 계약서에 서명했습니다."

상호의존적인 상황에서 승-승이 아닌 차선책은 장기적인 대인관계에 나쁜 영향을 미치게 된다. 이때는 그 영향 때문에 치르게 되는 대가도 신중하게 고려해볼 필요가 있다. 따라서 만일 진정한 승-승의 해결책에 도달하지 못한다면 무거래 방식을 선택하는 것이 더 나을 수도 있다.

승-승 아니면 무거래 방식은, 가족관계를 감정적으로 굉장히 자유롭게 만든다. 예컨대 전 가족이 즐길 수 있는 한 가지 비디오 프로그램에 동의할 수 없다면 다른 가족 성원들을 제쳐놓고 몇몇 가족만 보고 즐기기보다 차라리 그것 자체를 포기하고 다른 것을 함께하기로 결정하는 '무거래'를 택할 수도 있다는 뜻이다.

내가 아는 한 친구의 가족은 여러 해 동안 함께 노래를 불렀다. 아이들이 어렸을 때는 부인이 음악을 편곡하고 의상을 만들고 가족들의 피아노 반주와 지휘도 맡았다.

그러나 아이들이 성장함에 따라 음악에 대한 취향도 달라지기 시작하였다. 아이들은 부르는 곡과 입는 의상 등에 대해 여러 가지 더 많은 발언을 하기 시작했다. 그리고 어머니의 지시에도 덜 순종하였다.

그녀는 오랫동안 연주를 해온 경험이 있었고 가족이 함께 노래를 부르는 장소인 양로원의 노인들이 좋아하는 유형을 알고 있었기 때문에 아이들이 내놓은 제안 중 많은 것이 적절하지 못하다고 생각하였다. 그러나 그녀는 이와 동시에 아이들도 자신의 의견을 내놓고 의사결정 과정에도 참여하고 싶어 한다는 사실을 인식하였다.

따라서 그녀는 '승-승 아니면 무거래'의 입장에서 이에 임하기로 했다. 자신은 모두가 좋다고 생각하는 합의안을 얻기 원하고 있으며 만일 그렇지 않다면 각자 자기의 재능을 즐길 수 있는 독자적인 방법을 찾아야 할 것이라고 아이들에게 이야기했다. 그 결과 아이들도 주저 없이 자신의 느낌과 아이디어를 표현하였다. 왜냐하면 아이들도 승-승 합의안의 도달 여부에 관계없이 감정적으로 자유로워졌기 때문이다.

'승-승 아니면 무거래'적인 접근방법은 어떤 사업관계나 기업의 초기 단계에서 가장 현실적인 방안이다. 그러나 계속적인 사업관계에서는 무거래가 바람직하지 않을 수도 있다. 특히 가족회사나 우정을 바탕으로 시작한 사업의 경우 심각한 문제를 가져올 수 있다.

이러한 회사나 사업체는 좋은 인간관계를 유지하기 위해 오랫동안 계속해서 타협하게 된다. 이때 사람들은 승-승을 말하지만 사실은 승-패 혹은 패-승을 실행하고 있는 것이다. 이것은 당사자들과의 비즈니스에서 심각한 문제를 야기할 수 있으며 특히 경쟁 상대가 승-승 및 시너지의 사고방식으로 경영할 때는 더욱 심하다.

만일 무거래라는 방식이 없다면 많은 기업은 경영이 악화되어 파산하거나 전문경영자의 손에 넘어갈 것이다. 경험에 비추어볼 때 가족회사나 친구 간의 동업인 경우 장차 무거래 방식을 채택할 가능성에 대비하여 일종의 구매/판매 합의서 같은 것을 작성해둠으로써 인간관계는 영구적으로 유지하면서도 사업은 계속 번창할 수 있도록 하는 것이 좋다.

물론 무거래가 바람직하지 않은 인간관계도 있다. 나는 자식들이나 아내를 포기하면서까지 무거래 방식을 추구하지는 않을 것이다.(만약 필요하다면 타협을 하는 것이 더 나을지도 모른다. 물론 이는 승-승 전략보다는 못한 형태이지만) 그러나 많은 경우 완전한 승-승 아니면 무거래의 태도로 협상에 임하는 것이 가능하고, 이러한 태도를 취할 때 얻는 자유는 엄청나다.

승-승의 다섯 차원

'승-승을 생각하라'라는 말은 대인관계 리더십 습관에 관한 것이다. 이것은 우리가 대인관계에서 자아의식, 상상력, 양심, 독립의지와 같은 인간만이 가진 천부능력을 행사하게 한다. 더불어 상호간의 이해, 상호간의 영향력, 상호이익을 가져온다.

그러나 상호이익을 얻기 위해서는 많은 용기와 배려가 필요하다. 특히 승-패적 사고에 빠져 있는 사람들과 상호작용할 때는 더욱 그러하다. 이것이 바로 이 습관이 대인관계 리더십의 원칙을 포함하고 있는 이유이다. 효과적인 대인관계 리더십은 원칙 중심에 입각한 개인 리더십에서 나오는 비전, 주도적인 자발성, 안정감, 지침, 지혜, 역량을 필요로 한다.

승-승의 원칙은 우리가 모든 상호작용에서 성공하기 위한 근본이다. 여기에는 인생의 다섯 가지 상호의존적 차원이 포함되어 있다. 이것은 '내적 성품'에서 시작되어 '인간관계'로 옮겨가고 여기에서 '합의'가 자연적으로 도출된다. 이는 '지원 시스템' 자체가 승-승적 사고에 바탕을 두고 있는 환경에서만 육성된다. 또 여기에는 '과정'이 포함된다. 승-패나 패-승의 수단을 가지고는 결코 승-승의 결과를 얻을 수 없기 때문이다.

다음 그림은 다섯 가지 차원이 어떠한 상호관계를 가지고 있는지를 보여주고 있다. 이 다섯 차원에 대해 차례로 살펴보기로 하자.

내적 성품

내적 성품은 승-승적 사고의 토대로서 모든 것이 이 바탕 위에 세워진다. 다음의 세 가지 요소가 승-승적 패러다임에 필수적인 내적 성품의 특성이다.

• **성실성:** 우리는 앞에서 성실성을 자신에게 부여하는 가치라고 정의하였다. 습관 1, 2, 3은 성실성을 개발하고 유지할 수 있도록 도와준다. 자신의 가치관을 확실하게 정립하고 그 가치관에 입각하여 일상생활을 주도적으로 계획하여 행동으로 옮김으로써 자아의식과 독립의지를 개발할 수 있다. 이러한 개발은 약속과 결의를 하고 이를 지킴으로써만 가능하다.

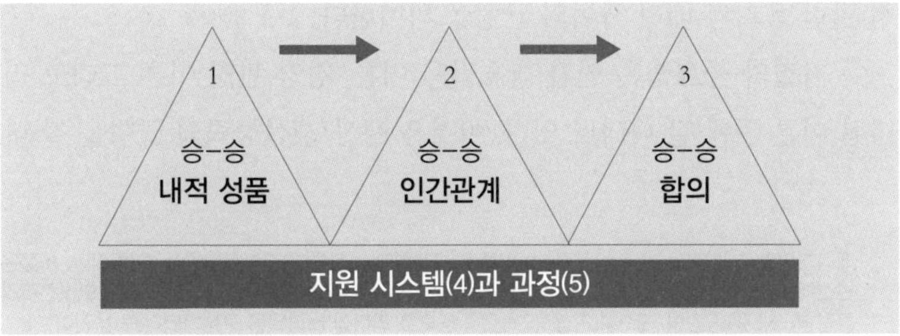

그러나 만일 깊은 의미에서 무엇이 '승'을 구성하는지, 즉 실제로 무엇이 깊숙한 내면의 가치와 일치하는 것인지를 알지 못한다면 일상생활에서 '승'을 얻는 방법을 찾을 수 없다. 그리고 다른 사람에 대한 약속뿐만 아니라 자신에 대한 약속도 지키지 못한다면 우리가 한 약속은 모두 의미 없는 것이 되고 만다. 그때는 우리뿐만 아니라 다른 사람들도 이 사실을 알게 된다. 이때 다른 사람들은 우리의 이중성을 감지할 것이며 우리를 경계하게 된다. 결국 신뢰라는 바탕이 없으면 승-승적 사고는 비효과적이며 피상적인 기법이 되고 만다. 성실성이야말로 신뢰를 쌓는 기반이고 초석이다.

• **성숙도:** 성숙도란 '용기와 배려 간의 균형'을 말한다. 다른 사람의 감정과 신념을 배려하면서 자기의 감정과 신념을 용기 있게 표현할 때 사람은 성숙해진다. 특히 두 당사자 모두에게 매우 중요한 문제를 다룰 때는 더욱 그렇다.

채용, 승진, 훈련 목적으로 사용하는 수많은 종류의 심리검사들을 검토해보면 모두 성숙도를 평가하기 위해 개발된 것이라는 사실을 발견할 것이다. 심리검사의 명칭인 자기 주장/공감의 균형, 자신감/타인 존중의 균형, 사람에 대한 관심/작업에 대한 관심 간의 균형, 교류 분석 용어인 '나도 OK, 당신도 OK', 매니지리얼 그리드*의 9.1형, 1.9형, 5.5형, 9.9형 등 어떤 것이든 관계없이 여기서 추구하는 자질은 앞에서 말한 용기와 배려 사이의 균형을 의미한다.

이 자질의 중요성은 인간 상호작용 이론, 경영 관리 이론 그리고 리더십 이론 등에 잘 나타나 있다. 이것은 생산/생산능력의 균형을 잘 나

* 매니지리얼 그리드(Managerial Grid) 이론은 블레이크와 모튼이 주창한 리더십 이론이다. 이들은 인간에 대한 관심과 생산에 대한 관심을 중심으로 1.1형(무기력형), 9.1(과업지향형), 1.9형(컨트리클럽형), 5.5형(중간형), 9.9형(이상적인 팀형) 등으로 리더십 스타일을 구분하였다.— 옮긴이.

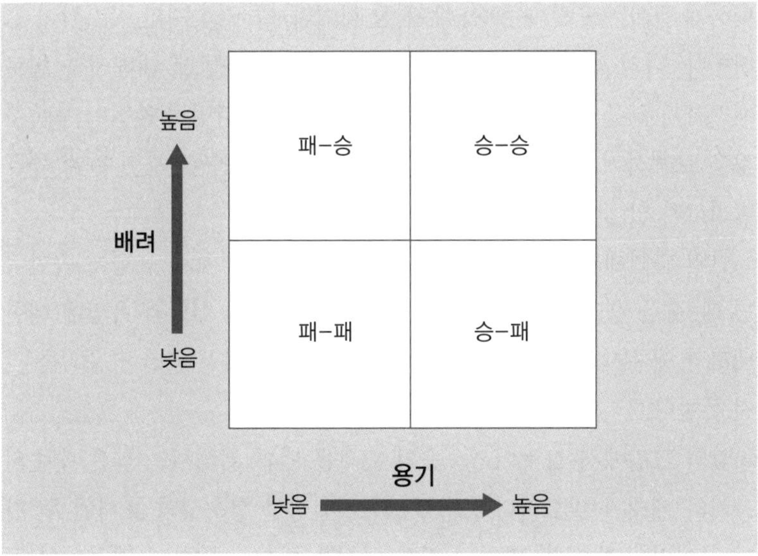

타낸 것이기도 하다. 용기는 황금알을 얻는 것에 초점을 맞추고 있지만 배려는 다른 이해 당사자들과의 장기적인 이익과 관련된 문제를 다룬다. 나아가 리더십의 기본적 과제는 모든 이해 당사자들의 생활 수준 및 삶의 질을 향상시키는 데 있다.

많은 사람들은 이것 아니면 저것이라는 이분법적 관점을 갖고 있다. 즉 사람들은 당신이 관대하다면 강인한 사람은 아니라고 생각한다. 그러나 승-승적 사고방식은 관대하면서도 강인한 것이다. 이것은 승-패적 사고보다 두 배나 강인하다.

승-승적으로 되기 위해서는 타인에 대해 관대하면서도 용기가 있어야 하며 공감적이면서도 자신감을 갖고 있어야 한다. 또한 사려 깊고 분별력이 있어야 하며 용감해야 한다. 이렇게 용기와 배려 간에 균형을 이루는 것이 진정한 성숙의 본질이 되고 승-승의 바탕이 된다.

만일 용기는 많지만 타인에 대한 배려가 부족하다면 어떤 대안을 선택하게 될까? 그 결과는 승-패가 될 것이다. 즉, 강하지만 이기적이 될 것이다. 나의 소신을 용기 있게 단행하지만 상대방에 대해서는 별로 배려하지 않을 것이다. 따라서 내적인 성숙성과 감정적 안정이 부족한 것을 보충하기 위해 자신의 지위나 권력, 자격, 연공, 친분 관계 등을 빌리고자 할 것이다.

만일 타인에게 배려는 충분히 하는데 용기가 부족한 유형에 속한다면 패-승을 생각하게 될 것이다. 게다가 상대방의 신념과 욕망에 대한 배려만 해주기 때문에 자신의 견해를 표현하고 실천할 만한 용기를 갖지 못한다.

앞의 그림에서 보듯이 승-승의 결과를 얻기 위해서는 높은 수준의 용기와 배려가 필요하다. 그것은 바로 진정한 성숙성의 표시인 두 가지 사이의 균형이다. 만일 이러한 균형을 이루고 있다면 경청하고 공감하고 이해하면서도 용기 있게 대결할 수 있다.

• **풍요의 심리:** 승-승적이 되기 위해 세 번째로 중요한 성품 특성은 풍요의 심리이다. 즉, 이 세상에는 사람들을 위해서 모든 것이 풍부하게 존재한다는 패러다임을 마음에 갖는 것이다.

대부분의 사람들은 내가 '부족의 심리'라고 부르는 패러다임에 깊이 물들어 있다. 이들은 인생이란 모든 것이 부족한 생활이라고 본다. 이 세상에는 오직 한 개의 파이만 있어서 만일 누군가가 큰 조각을 얻으면 다른 사람들은 그만큼 덜 갖게 된다는 생각이다. 이러한 생각은 인생을 제로섬의 패러다임으로 보는 것이다.

'부족의 심리'를 가진 사람들은 치하나 공적, 권력이나 이익을 나누어 갖기 힘들다. 심지어 이를 성취하는 데 도움을 준 사람들과도 함께 나누기 어렵다. 이들은 다른 사람들의 성공에 진정으로 기뻐해주기 어렵다. 심한 경우 가족이나 친구, 동료에 대해서도 마찬가지의 반응을 보인다. 이들은 누군가 다른 사람이 특별한 표창을 받는다든가 우연한 행운을 잡는다든가 탁월한 성과를 달성하는 것을 마치 자기로부터 이것들을 빼앗아간 것처럼 생각한다.

비록 말로는 당사자의 성공을 축하하며 기뻐해준다 하더라도 속으로는 마음을 썩이고 있는 것이다. 이들은 남과 비교함으로써 자신의 가치를 평가하기 때문에 다른 사람의 성공은 어느 정도 자기 자신의 실패를 의미한다고 본다. 소수의 사람들만이 'A' 학점을 받을 수 있고, '일등'은 단 한 사람만이 될 수 있다. 따라서 이들에게 '이긴다'는 것은 오직 다른 사람을 '패배시키는 것'을 의미한다.

이러한 '부족의 심리'를 가진 사람은 다른 사람들이 불행을 당하기를 은근히 희망한다. 이때 그들이 원하는 불행은 가혹한 것이라기보다 어느 정도 견딜 만해서 그들이 그냥 '제자리'를 지키고 있는 정도의 것이다. 이들은 항상 자신을 남과 견주어보며 경쟁의식을 갖고 있다. 나아가 자신의 가치를 높이기 위해 물건을 소유하거나 사람들을 주변에 모으는 데 자신의 모든 에너지를 소비한다.

이들은 다른 사람들이 자기가 원하는 방식대로 따라주기를 원한다. 그래서 다른 사람들의 나약한 사고방식을 은근히 부추기며 자기에게 도전하지 않고 자기보다 약한 '예스맨'들이 자신의 주위를 에워싸도록 한다.

'부족의 심리'를 가진 사람들을 상호보완적인 팀의 구성원으로 만들기란 어려운 일이다. 이들은 각자의 다른 의견을 불복과 불충의 표시로 보기 때문이다.

이와 반대로 '풍요의 심리'는 내면 깊숙이 있는 개인적인 가치의식과 안정감에서 나온다. 이 심리는 세상은 풍요로우며 모든 사람이 나누어 가질 만큼 충분하다고 생각하는 패러다임을 말한다. 이 패러다임은 명예, 치하, 이익, 의사결정 등을 다 같이 나누어 갖게 만든다. 또한 가능성, 선택의 기회, 여러 가지 대안 그리고 창의성에 문을 열어준다.

이 같은 '풍요의 심리'는 개인적 즐거움과 만족감, 습관 1, 2, 3의 실천을 통하여 외부적으로 나타나게 된 것으로, 다른 사람들의 독특한 개성, 내면적 지침, 주도적인 본질 등을 인정하게 한다. 또 풍요의 심리는 새로운 제3의 대안을 만들어내고 서로에게 긍정적인 성장과 발전의 무한한 가능성이 있음을 깨닫게 해준다.

대인관계의 승리는 다른 사람들을 이기는 것을 의미하지 않는다. 이것은 관계되는 모든 사람에게 유익한 결과를 가져다주는 효과적인 상호작용을 의미한다. 대인관계의 승리는 함께 일하고 함께 대화하는 것을 말하며 개별적인 힘으로는 하지 못할 일도 힘을 합하여 해내는 것이다. 결국 대인관계의 승리는 풍요의 심리란 패러다임이 낳은 부산물이다.

성실성과 성숙함, '풍요의 심리'로 가득 찬 성품을 지닌 사람은 다른 사람과의 상호작용에서 임기응변식 처방을 훨씬 능가하는 진지함을 갖고 있다.

승-패적 사고를 가진 사람들이 승-승의 성품을 가지도록 만들 때 필자가 발견한 유익한 방법은 진정으로 승-승식으로 생각하는 모델이나 조언자와 접촉하도록 해주는 것이다. 왜냐하면 사람들이 승-패나 이와 비슷한 철학에 깊이 빠져 있고 정기적으로 이러한 유형의 사람들하고만 접촉할 경우 승-승의 철학을 보거나 실제로 경험할 기회가 없기 때문이다.

그래서 나는 우리에게 영감을 불어넣어 주는 안와르 사다트(Anwar Sadat)의 자서전인 《정체성의 추구 *In Search of Identity*》를 읽을 것을 권한다. 또 〈불마차 *Chariots of Fire*〉와 같은 영화를 보거나 〈레미제라블 *Les Miserables*〉과 같은 연극을 감상할 것을 추천한다. 이상은 우리에게 승-승의 전형적인 모습을 보여줄 것이다.

그러나 여기에서 기억해야 할 점이 있다. 만일 자신의 내면을 깊이 들여다보면 다시 말해 고정화된 관념을 벗어나 잘못 체득된 태도와 행동들을 초월해보면 승-승적 사고방식은 다른 모든 올바른 원칙과 마찬가지로 바로 우리 자신 속에 있다는 사실을 확인할 수 있을 것이다.

인간관계

우리는 내적 성품의 기초 위에 승-승의 인간관계를 구축하고 유지해나간다. 신뢰, 즉 감정은행계좌야말로 승-승적 사고의 본질이다. 신뢰 없이 할 수 있는 최선의 것이란 단지 타협에 지나지 않는다. 다시 말해 신뢰가 없다면 공개적으로 서로 배우고 의사소통하며 참다운 창의성을 발휘하기 위한 믿음이 있을 수 없다.

그러나 만일 우리의 감정은행계좌가 가득 차 있다면 신뢰성은 더 이상 문제될 여지가 없다. 충분한 신뢰의 예입은 당신과 내가 서로를 깊이 존중하고 있다는 것을 알게 해준다. 그러면 이제부터 성격이나 태도가 아닌 문제에 초점을 맞출 수 있게 된다.

우리는 서로를 신뢰하기 때문에 마음의 문을 연다. 그리고 각자의 의도를 밝히거나 계획을 공개한다. 앞에서 예로 든 지각실험의 경우처럼 설사 어떤 것을 서로 다르게 보고 있다 하더라도, 다시 말해 내가 그 그림을 젊은 여자로 지각하고 설명을 해도 당신은 내 말을 존중하고 나 역시 당신이 경청할 것임을 안다. 당신이 늙은 여자라고 지각하고 주장해도 마찬가지의 존중심을 갖고 당신의 의견을 경청한다. 그 이유는 서로의 관점을 깊이 이해하려고 애쓸 자세가 되어 있을 뿐만 아니라 서로를 위해 더 나은 방안이나 시너지적 해결책인 제3의 대안을 찾기 위해 노력하고 있기 때문이다.

감정은행계좌가 충분하고 두 당사자가 승-승적 사고에 깊이 젖어 있는 인간관계는 막대한 시너지(습관 6)를 가져올 수 있는 이상적인 출발점이 된다. 이러한 인간관계는 문제를 보다 현실적이고 중요하게 다룰 수 있으며 지속적인 견해의 차이도 가질 수 있도록 해준다.

그러면서도 각자의 성격과 태도의 차이에 초점을 맞춤으로써 나타나는 통상적인 부정적 에너지를 제거해준다. 또 문제를 철저히 이해한 다음 상호 유익한 방식으로 그 문제를 해결하는 데 초점을 맞추는 긍정적이고 협동적인 에너지를 창조해준다.

그러나 만일 그 같은 종류의 인간관계가 없는 경우는 어떠한가? 또 승-승적 사고에 대해서 들어본 적도 없고 승-패적 사고나 기타 다른 사고방식에 물들어 있는 사람들과 합의를 이루어야 한다면 어떻게 하겠는가?

승-패적 사고방식을 가진 사람을 상대하는 것은 승-승적 사고를 테스트해볼 수 있는 기회가 된다. 어떤 상황에서든 승-승의 결과는 쉽게 성취할 수 있는 것이 아니다. 따라서 심각하게 토론하면서 근본적인 차이점을 해결해야 한다. 그런데 두 당사자들이 이 사실을 알고 있고, 여기에 몰입하고 있으며 인간관계의 감정은행계좌가 풍부할 경우에는 이것이 훨씬 더 쉬워진다.

승-패적 패러다임을 가진 사람을 다룰 때에도 인간관계는 여전히 중요하다. 이때는 당신이 가진 영향력의 원에 중점을 두어야 한다. 당신은 그 사람과, 그가 가진 다른 관점을 존중해주고 인정해줌으로써 감정은행계좌에 예입하게 된다. 이를 위해 좀 더 긴 시간 동안 대화과정을 갖도록 한다.

좀더 많이 경청하고 좀더 깊이 경청하라. 더 큰 용기를 가지고 자신의 견해를 피력하라. 반발적으로 대응해서는 안 된다. 성품이 강력하게 주도적으로 될 수 있도록 자신의 내면 세계로 들어가라. 모두에게 이익을 줄 해결책을 당신이 진정으로 원하고 있음을 상대방이 깨달을 때까지 계속 노력하라. 바로 이러한 과정이야말로 감정은행계좌에 막대한 예입을 하는 것이다.

당신이 더욱 강해질수록 상대방에 대한 당신의 영향력은 더욱 커진다. 여기서 더욱 강해진다는 것은 당신의 성품이 더욱 순수해지고 주도적 수준이 더욱 높아지며 진정으로 승-승의 사고에 몰입하는 것을 의미한다. 이것이야말로 대인관계 리더십을 시험해볼 수 있는 방법이다. 이는 업무처리형 리더십을 초월하여 변혁추구형 리더십으로 바뀌는 것이다. 따라서 대인관계뿐만 아니라 관계하는 당사자까지도 변화시킨다.

승-승의 사고방식은 자신의 생활 속에서도 확인할 수 있는 원칙이다. 이 원칙에 입각하면 당신은 쌍방이 함께 원하는 것을 추구함으로써 각자가 얻을 수 있는 것보다 더 많은 것을 얻을 수 있다는 사실을 사람들이 깨닫도록 할 수 있다. 그러나 어떤 사람들은 너무나 깊이 승-패적 사고방식에 물들어 있기 때문에 승-승적으로 사고하지 못한다. 따라서 이에 대한 하나의 대안으로 무거래가 있다는 점을 항상 기억하라. 그렇지 않으면 당신은 가끔 승-승보다 차원이 낮은 타협을 선택하게 될 것이다.

모든 의사결정이 항상 승-승일 필요는 없다. 이것은 설사 감정은행계좌의 잔고가 많은 경우라 하더라도 그러하다. 중요한 것은 인간관계이다. 예컨대 당신과 내가 함께 어떤 일을 하고 있는 경우, 당신이 내게 와서 다음과 같이 말할 수도 있다. "코비 씨, 난 당신이 이 결정을 좋아하지 않으리라는 것을 압니다. 그런데 난 당신에게 이 결정에 대해 설명할 시간이 없어요. 또 당신이 이 결정을 잘못된 것이라고 생각할 가능성도 많아요. 그렇더라도 저를 도와 이 일을 해주시겠지요?"

당신이 나와의 관계에서 잔고가 많은 감정은행계좌를 가지고 있다면 나는 물론 당신을 도와줄 것이다. 나는 당신의 결정이 옳고 내가 틀렸기를 희망할 것이다. 그리고 당신의 결정을 성공적으로 수행할 것이다.

그러나 만일 감정은행계좌에 잔고가 없고 당신에 대해 반발적이라면 나는 일을 돕지 않을 것이다. 혹은 당신의 면전에서는 돕겠다고 했어도 등 뒤에서는 그렇게 열정적으로 일해주지 않을 것이다. 뿐만 아니라 그 일을 성공시키는 데 필요한 투자도 하지 않을 것이다. 그러고 나서 "그건 잘 되지 않던데요"라고 말하고는 "이제 또 무엇을 해야 되죠?"라고 물을 것이다.

만일 내가 갖는 반발 정도가 아주 심하다면 나는 당신의 의사결정을 무력하게 만들 뿐만 아니라 다른 사람들도 그렇게 하도록 유도할 것이다. 만일 그렇지 않다면 나는 '악의 있는 복종'을 하며 당신이 내게 시키는 대로만 하고 결과에 대해서는 아무런 책임도 지지 않을 것이다.

나는 5년 동안 영국에 살면서 열차 기관사들이 문서화된 모든 규칙과 절차는 준수하면서도 '악의 있는 복종'으로 행동하여 영국 정부가 두 번이나 무릎을 꿇는 것을 보았다.

두 사람이 하는 형식상의 합의는 정신적으로 이것을 뒷받침해주는 내적 성품이나 인간관계가 없으면 아무 소용이 없다. 따라서 우리는 이것을 가능하게 해주는 인간관계에 투자하고자 하는 진심에서 우러난 바람을 가져야 할 뿐만 아니라 바로 이 바람을 가지고 승-승의 해결책에 접근할 필요가 있다.

합의

승-승에 대한 명확한 한계와 방침을 알려주는 합의는 인간관계에서 나온다. 이것은 때때로 이행합의 혹은 협력합의라고 불린다. 이것은 종속관계로부터 대등관계로, 순시하면서 감독하는 것으로부터 스스로를 감독하는 것으로, 지위를 내세우기보다 성공적인 동업자가 되는 것으로 바뀌는, 즉 생산적인 상호작용의 패러다임으로 전환되는 것을 의미한다.

승-승의 합의는 광범위한 상호의존적 작용을 포괄한다. 앞서 습관 3을 논하면서 내가 우리 꼬마와 한 '깨끗하고 푸른 잔디' 사례를 통해 우리 집 꼬마에게 정원 돌보는 일을 위임한 이야기를 한 적 있다.

거기에서 열거한 신임적 위임을 위한 다섯 가지 사항들은 승-승적 합의의 골격이 되는 것이다. 즉 이 다섯 가지 사항들은 고용인과 고용주 간, 어떤 프로젝트를 함께하는 개별적인 사람들 간, 공동의 목표를 가지고 협동적으로 일하는 사람들로 구성된 집단 간, 회사와 공급자들 간 등 어떤 특정한 목적을 달성하기 위해 서로 상호작용할 필요가 있는 모든 사람들 간의 승-승적 합의를 위한 골격이 된다. 나아가 이 같은 다섯 가지 요소는 상호의존적인 과업에 관여하는 사람들 간의 기대치를 분명하게 해주고 이를 관리해나갈 효과적인 방법도 제시해준다.

승-승의 합의에는 아래의 다섯 가지 요소들이 명시되어야 한다.

1. 기대성과: 방법이 아닌 '원하는 결과'로 언제 무엇이 이루어져야 하는가를 명백히 한다.
2. 실행지침: 달성해야 할 성과의 기준(원칙, 정책 등) 및 범위를 명시한다.
3. 가용자원: 결과를 달성하도록 도와주는 활용 가능한 인적, 재정적, 기술적, 조직적 자원을 밝혀준다.
4. 책무확인: 평가기준과 평가시기를 설정한다.
5. 손익결과: 평가를 통해 좋다 나쁘다 또는 자연적이다 논리적이다 등으로 구체화하여 어떠한 손익이 있을 것인가를 명시한다.

이 다섯 가지 요소가 승-승의 합의에 생명력을 불어넣는다. 우리는 처음부터 앞의 각 요소에 대해 서로 확실하게 이해하고 동의함으로써, 맡은 일의 성공 여부를 평가할 수 있는 기준을 만들 수 있다.

전통적인 권위주의적 감독방법이야말로 바로 승-패의 패러다임이다. 이것은 또한 감정은행계좌가 고갈된 결과이기도 하다. 만일 신뢰를 갖지 못하거나 기대성과에 대해 공정한 시각을 유지할 수 없을 때, 우리는 이리저리 돌아다니며 감독하고 검사하고 지시하게 될 것이다. 또 신뢰가 없기 때문에 사람들을 반드시 통제해야 하는 것으로 생각한다.

그러나 만일 신뢰 계좌의 잔고가 많다면 우리는 어떻게 하겠는가? 사람들이 스스로 하도록 비켜 설 것이다. 사전에 승-승의 합의를 하고 상대방이 기대성과를 정확히 알고 있는 한, 우리는 도움을 주는 원천이 되고 그들이 수행한 성과에 대해 확인하는 역할만 맡는다.

사람들이 자신을 스스로 평가하게 만드는 것이 남에게 평가받게 하는 것보다 훨씬 그들의 품위를 높여주고 자존심을 세워준다. 신뢰가 높은 분위기에서는 이 방법이 훨씬 정확도가 높다. 대부분의 경우 사람들은 측정 기록이 보여주는 일의 진행 성과보다 마음속으로 그것을 훨씬 더 잘 알고 있다. 자기 자신에 의한 평가가 간접적인 관찰이나 측정보다 훨씬 더 정확할 때가 많다.

승-승의 관리자 훈련

몇 년 전, 나는 전국에 수십 개의 지점망을 가지고 있는 대형 금융기관의 컨설팅 프로젝트에 간접적으로 참여한 적이 있었다. 이 은행은 우리에게 은행 자체에서 연간 75만 달러를 들여 실시하고 있는 관리자 훈련 프로그램을 평가하고 개선해달라고 부탁하였다.

이 은행의 기존 프로그램에는 선발된 대학 졸업자들을 대상으로 6개월에 걸쳐 2주씩 12개의 부서에서 각각 근무하게 함으로써 금융산업 전반에 관한 감각을 익히는 과정이 포함되어 있었다. 프로그램에 따르면 2주일은 대출 부서에서, 2주일은 산업여신 부서에서, 2주일은 마케팅 부서에서, 2주일은 영업 부서에서 근무하는 등, 각 부서를 돌며 2주일씩을 보내야 했다. 그 후 6개월이 지나 과정이 끝나면 대졸 신입 행원들은 각 지점에 대리로 발령받았다.

우리가 맡은 임무는 6개월간의 공식적인 훈련기간에 대해 평가하는 것이었다. 이 일을 시작했을 때 가장 어려운 부분은 소기의 성과를 명료하고 분명하게 파악하는 일이었다. 우리는 최고경영자에게 다음과 같은 핵심적인 질문을 던졌다. "신입 행원들이 이 과정을 마쳤을 때 무엇을 할 수 있어야 합니까?" 이 질문에 대해 우리가 얻은 대답은 막연한 것이었고 가끔은 서로 모순되는 것이기도 했다.

이 은행의 훈련 프로그램은 성과를 다루는 것이 아니라 방법을 다루고 있었다. 따라서 우리는 이 금융기관에 '자율적 훈련진행'이라고 부르는, 새로운 패러다임에 근거를 둔 실험적인 훈련 프로그램을 개설해 볼 것을 제안하였다.

이것은 그들의 성취도를 보여주는 구체적인 목표와 기준을 명시하고 실행지침과 가용자원과 책목확인 그리고 목표가 달성되었을 때 나타날 손익결과 등을 분명히 밝힌 하나의 승-승 합의였다. 이 경우 손익결과란 대리로의 승진 및 현장부서에서 받는 훈련, 상당한 봉급인상 등을 들 수 있었다.

우리는 목표를 확정하기 위하여 정말 애를 써야만 했다. "당신들이 신입 행원들에게 회계학을 이해시켜야 하는 이유는 무엇입니까? 마케팅에 대해서는? 또 신입 행원들이 부동산 관련 대출에 대해 무엇을 이해하기를 원합니까?" 이 같은 절차를 통해 백여 개에 달하는 목표들을 만들었다. 우리는 목록을 몇 가지 기준에 근거하여 39개의 구체적인 행동 목표로 줄일 때까지 단순화하고 압축하는 작업을 계속하였다.

신입 행원들은 가능한 한 빨리 목표와 기준에 도달하여 승진 기회를 얻고 봉급을 인상받고자 했으므로 고도로 동기부여가 되어 있었다. 이것은 신입 행원들에게 커다란 '승'이 될 수 있었다. 또 은행으로서도 단순히 12개의 여러 가지 다른 업무에 대해 수박 겉핥기식으로 훈련을 시키는 대신 결과지향적 기준을 충족하는 유능한 대리가 되게끔 훈련시키는 '승'이 될 수 있었다.

우리는 피교육자들에게 자율적 훈련진행과 시스템 훈련진행 간의 차이점을 설명해주었다. "여기에 목표와 기준이 있습니다. 여기에는 상호 학습을 포함한 여러 가지 가용자원들이 있습니다. 자, 그럼 일에 착수하십시오. 이 기준을 빨리 달성할수록 대리로의 승진도 빠를 것입니다." 그들은 3주일 반 만에 그 일을 해냈다. 훈련 패러다임의 전환이 믿을 수 없을 정도의 동기 부여와 창의성을 가져온 것이었다.

대부분의 패러다임 전환이 그러하듯이 여기에도 물론 저항은 있었다. 최고경영층에 있는 거의 모든 중역들은 이처럼 빠른 성과를 도무지 믿으려 하지 않았다. 그래서 우리가 기준이 달성되었음을 입증하는 자료를 보여주었을 때, 그들은 이렇게 말했다. "이 피교육자들은 경험이 없어요. 그들은 대리로서 가져야 하는 판단력을 갖는 데 필수적인 노력이 결여되어 있습니다."

나중에 이들 최고경영층과 대화를 하면서 많은 사람들이 속으로 다음과 같이 생각하고 있음을 알았다. '우리도 약 오르고 힘든 연수기간을 견디어냈지요. 그런데 이들은 왜 그렇게 하지 않는다는 말입니까?' 임원들이 물론 이런 식으로 말할 수는 없었을 것이다. 임원들에게는 "신입 행원들은 노력이 부족하다"라고 말하는 것이 훨씬 더 모양새 있는 표현이었던 셈이다. 여기에 추가하여 몇 가지 분명한 이유 때문에 (6개월짜리 프로그램을 위한 75만 달러의 예산이 삭감될 수 있다는 것도 포함하여) 인사부도 반대하고 나섰다.

그래서 우리는 이렇게 말했다. "좋습니다. 그러면 좀더 많은 목표들과 그것에 대한 기준을 개발합시다. 그렇지만 자율적 훈련진행의 원칙은 지킵시다." 우리는 중역들에게 이 사람들이 지점 대리가 될 충분한 준비가 되어 있고 현장 부서에서 훈련을 계속할 수 있는 자격을 갖추었다는 확신을 심어주기 위해 매우 도달하기 힘든 8개의 추가적인 목표를 고안해냈다. 이 기준을 개발하기 위하여 여러 차례 회의에 참석한 중역들은 신입 행원들이 이렇게 힘겨운 기준도 충족시킬 수만 있다면 6개월 과정 프로그램을 전부 마친 어떤 사람들보다 더 준비가 잘 되어 있을 것이라고 했다.

우리는 피교육자들의 저항을 예상하고 준비하였다. 그래서 이들에게 추가적인 목표와 기준을 제시하면서 다음과 같이 말했다. "우리가 예상했던 것처럼 경영층은 여러분들이 이전보다 훨씬 더 어려운 몇 가지 추가적인 목표를 달성해주기를 원하고 있습니다. 만일 여러분이 이 기준을 충족시킨다면 그들은 여러분을 대리로 승진시켜줄 것을 이번에는 분명히 약속했습니다."

그러자 이들은 믿기 어려울 정도로 열심히 했다. 이들은 회계 담당 부서의 부장에게 직접 찾아가 다음과 같이 말했다. "저는 자율적 훈련 진행이라고 불리는 새로운 실험 프로그램의 참가자입니다. 그리고 저는 부장님께서 그 목표와 기준을 개발하는 데 참여하셨다고 알고 있습니다. 저는 이 부서에서 달성해야 할 6개의 목표가 있습니다. 그중 3개는 대학에서 배운 지식으로 해낼 수 있습니다. 그리고 다른 하나는 책을 참고해서 할 수 있습니다. 다섯 번째 것은 부장님이 지난주에 훈련시킨 동료 친구로부터 배워서 알고 있습니다. 이제 달성해야 할 단 한 가지의 목표가 남았는데 부장님이나 이 부서의 누군가가 제게 이것을 어떻게 하는지 보여주기 위해 몇 시간 정도 할애해주실 수 있으신지요?" 이런 식으로 이들은 한 부서에서 두 주일을 허비하는 대신 반나절만 소비했다.

피교육자들은 서로 협조하고 브레인스토밍하여 일주일 반 만에 추가목표들도 모두 달성했다. 그 결과 6개월짜리 프로그램은 5주로 단축되었고 그 성과 역시 놀라울 정도로 향상되었다.

사람들이 자신이 가진 패러다임을 검토하고 승-승적인 것으로 전환시킬 용기만 있다면 조직생활의 모든 영역에서 이와 비슷한 성과를 이룰 수 있을 것이다. 나는 책임감 있고 주도적이며 자발적인 사람이 자율적으로 과업을 수행했을 때 자기 자신이나 조직에 엄청나게 좋은 결과를 가져오는 것을 보고 깜짝 놀라곤 한다.

승-승의 이행합의

상호이익이 되는 승-승의 이행합의를 도출하는 데는 패러다임 전환이 필수적이다. 이때는 방법이 아닌 성과에 초점을 맞춘다. 우리는 대부분 방법을 감독하고자 하는 경향이 있다. 이때 습관 3에서 논의했던 '지시적 위임'을 사용한다. 이것은 내가 아내에게 아들이 수상 스키를 타는 모습을 사진으로 찍어주도록 요청했을 때 썼던 방법이다.

그러나 승-승의 합의는 성과에 초점을 맞춘다. 따라서 이것은 개인이 가진 엄청난 잠재능력을 계발하여 더 큰 시너지를 창출하고, 생산에만 초점을 맞추는 대신 생산능력을 구축하는 데에 중점을 둔다.

승-승의 성과는 자기 스스로 평가한다. 타인이 자신을 평가하는 전통적인 방법은 서로 거북한 느낌을 갖게 하고 감정적 소모가 상당하다. 그러나 승-승적 사고에서는 사전에 함께 설정하였던 기준을 사용해서 스스로 평가한다. 따라서 그 기준을 정확하게만 설정한다면 자기 자신이 평가할 수 있다. 다시 말해 승-승식 위임에 대한 합의가 있다면 7살짜리 어린애라도 자기가 얼마나 '깨끗하고 푸른 잔디'의 정원을 가꾸고 있는지 평가할 수 있다.

내가 대학에서 교수를 하던 시절 가장 멋진 경험은 학생들과 목표에 대해 승-승의 공유된 이해를 만들어냈을 때였다. "이것이 우리가 지금 달성하려고 하는 것입니다. 나의 목표는 여러분 모두가 A학점을 얻도록 도와주는 것입니다. 여러분들은 이제부터 이 조건을 가지고 분석해 보고 각자의 사정에 따라 달성하고 싶은 점수가 몇 점인지를 생각해보세요. 그다음에 여러분이 원하는 학점과 또 그것을 얻기 위해 계획하고 있는 것에 대해 상담하고 합의합시다."

경영철학자이자 컨설턴트인 피터 드러커는 관리자와 직원 간의 이행합의에 대한 요점을 파악하기 위해 '관리자 서신'을 이용할 것을 추천한다. 직원들은 자신이 조직의 여러 목표와 일치하고 있는지를 확인하기 위해 기대성과, 실행지침, 가용자원 등에 관해 심도 있는 토론을 실시한다. 그런 다음 직원들이 관리자에게 토론 내용을 요약해주고 다음의 이행 계획이나 평가 토의가 언제 있을지를 편지로 쓴다.

그러한 승-승의 이행합의를 개발하는 것은 관리자가 해야 할 주요한 활동이다. 적절한 합의만 있으면 직원들은 합의된 틀 내에서 자신을 관리할 수 있다. 이렇게 되면 관리자는 마라톤 경기에서의 선도자처럼 그들을 도와줄 수 있으며 일을 정상으로 가동하게 해놓고 물러설 수도 있다. 그 후부터 관리자는 장애물을 제거해주기만 하면 된다.

만일 어떤 관리자가 부하직원 각자에게 첫 번째 조력자가 된다면 그는 자신의 통제 범위를 엄청나게 증대시킬 수 있다. 게다가 이 관리자는 전반적인 관리에 드는 수고와 간접 경비도 절약할 수 있다. 또한

6명에서 8명 정도만 관리하는 대신 20명, 30명, 50명, 그 이상도 관리할 수 있다.

승-승의 이행합의를 하는 경우 손익결과란 감독자가 자의적으로 결정하는 보상이나 처벌이 아니고 성과에서 나오는 자연법칙적 또는 논리적인 귀결이 된다.

관리자나 부모들이 통제할 수 있는 손익결과에는 기본적으로 다음의 네 가지가 있다. 여기에는 금전적 결과, 정신적 결과, 기회, 책임 등이 있다. 금전적인 결과에는 소득, 주식 배분, 수당 혹은 벌금 등이 포함된다. 정신적 혹은 심리적 결과에는 표창, 승인, 존경, 신임 혹은 이들의 상실이 포함된다. 사람들은 흔히 생존과 직결되는 심각한 상황이 아닌 한 금전적인 보상보다 정신적인 보상에 더 큰 동기 부여를 받는다. 기회에는 교육훈련, 자기계발, 각종 혜택, 기타 복지가 포함된다. 책임은 담당 범위 및 권한과 관계되는 것으로 확대되기도 하고 줄어들기도 한다.

승-승의 합의는 이들 여러 가지 손익 가운데 하나 또는 몇 가지로 손익결과를 확실히 하기 때문에 관련된 사람들은 처음부터 이것을 안다. 따라서 사람들은 무책임한 짓을 하지 않는다. 왜냐하면 모든 것이 시작부터 분명하기 때문이다.

이와 같이 개인적으로 얻는 논리적인 결과뿐만 아니라 조직이 자연적으로 어떤 결과를 얻게 될 것인지 분명하게 밝히는 것도 중요하다. 예를 들어 만일 내가 근무시간에 지각을 하면 어떤 일이 일어날까? 내가 다른 사람들과 협조하지 않는다면, 부하들과 함께 훌륭한 승-승의 이행합의를 하지 않는다면, 소기의 성과를 부하들로 하여금 책임지게 할 수 없다면, 또 내가 부하들을 키워주지 않고 이들의 경력 개발을 추진하지 않는다면 무슨 일이 일어나게 될 것인가?

딸이 16세가 되던 해에, 우리는 그 애가 가족용 승용차를 운전하는 것에 대해 승-승의 합의를 했다. 우리는 딸아이가 교통법규를 준수하고 차를 깨끗이 유지하고 적절하게 정비한다는 내용에 합의를 했다. 또 딸아이가 오직 책임질 수 있는 목적에서만 승용차를 운전하고 적절한 한도에서 아내와 나를 위해 운전사 역할을 맡을 것에 합의하였다. 일일이 지적하지 않아도 딸이 기꺼이 그리고 기쁜 마음으로 자기가 맡은 모든 일을 한다는 데 대해서도 동의하였다.

나는 딸아이에게 다음과 같은 가용자원을 제공하는 데 대해 동의하였다. 예를 들면 내가 자동차, 휘발유, 보험 등에 대한 비용을 책임지기로 한 것이다. 또 매주 1회, 즉 일요일 오후에 딸아이가 합의한 사항을 잘 지키고 있는지를 평가하기 위해 정기적으로 만나기로 합의하였다.

우리는 평가의 결과를 분명하게 했다. 합의한 내용 중 자기의 책임 사항을 잘 지키면 딸아이는 이 차를 이용할 수 있었다. 그러나 만일 합의한 내용을 지키지 않으면 약속을 지키기로 결정할 때까지 차를 이용할 권리를 잃게 되었다.

이 승-승의 합의는 처음부터 우리 모두에게 기대성과를 분명히 해주었다. 즉, 딸아이에게 돌아가는 이익은 차를 사용할 수 있는 것이고 그것은 아내와 나에게도 이익을 주는 것이었다. 이제 딸아이는 자기 볼일을 위해 운전을 할 수 있게 되었고 가끔은 부모를 위해서도 운전하게 되었다. 반면 우리 부부는 더 이상 차를 정비하거나 세차하는 것에 대해 걱정할 필요가 없어졌다.

딸아이 스스로 모든 것에 대해 성과를 확인하게 되었다. 이것은 내가 딸이 하는 방식을 일일이 감독할 필요가 없어지게 되었음을 의미한다. 딸아이의 성실성, 양심, 분별력 그리고 잔고가 많은 우리의 감정은행계좌가 그애 자신을 훨씬 더 잘 관리했던 것이다. 우리 부부는 신경과민이 될 필요도 없어졌고 딸아이의 모든 행동을 감독하려고 노력할 필요도 없어졌다. 우리가 기대하는 방식으로 딸아이가 하지 않는다고 현장에서 처벌을 가하거나 보상할 필요도 없어졌다. 우리는 승-승의 합의를 했고 이것이 우리 모두를 자유롭게 해주었다.

승-승의 합의는 무한한 자유를 주는 힘이 있다. 그러나 이것이 하나의 기법으로 분리되어 사용되면 제 효과를 발휘하지 못한다. 설사 우리가 이러한 합의사항을 만드는 데까지는 도달할 수 있다고 하더라도, 개인적인 성실성과 신뢰관계가 없다면 합의사항을 지켜나갈 방법이 없다.

진정한 승-승의 합의는 패러다임과 성품, 인간관계의 산물이다. 만들어진 합의는 이 같은 배경에서만 상호의존적인 작용을 정의해주고 가능케 해준다.

시스템

승-승의 전략은 조직 내의 여러 가지 제도인 시스템이 이를 지지해줄 때만 가능하다. 말로는 승-승을 외치면서 승-패적 방식으로 보상한다면 이 전략이 실패할 것은 분명하다.

기본적으로 무엇을 보상해주느냐에 따라 어떤 결과를 얻게 될지가 결정된다. 만일 자기 사명서에 있는 어떤 목표를 달성하기 원하고 그 가치를 반영하고 싶다면 그 목표와 가치, 보상 시스템을 일관성 있게 정렬할 필요가 있다. 이것이 체계적으로 정렬되지 않았다면 언행이 일치되지 않을 것이다. 이때 우리는 앞에서 이야기했던 '버뮤다행 티켓' 타기 경진대회를 만들어냄으로써 입으로는 협조를 말하고 있지만 실제로는 경쟁을 유발하고 있는 경영자와 똑같이 된다.

나는 지난 몇 년 동안 미국 중서부에 있는 큰 부동산 회사를 컨설팅한 적이 있다. 이 회사에서는 매년 우수사원 시상대회를 개최하고 있었다. 여기에는 매년 8백여 명이 넘는 판매 사원들이 참가하였다. 열광적인 함성이 뒤덮이고 고등학교 밴드도 동원되며 응원단이 고함을 지르는 등 아주 요란스럽게 진행되었다.

8백여 명 가운데 약 40명이 뛰어난 매출 성적으로 포상을 받았다. 여기에는 최고 판매, 최다 판매, 최대 커미션 수입 및 최다 매물 목록 등 여러 가지 명목이 있었다. 상이 수여될 때마다 흥분과 갈채, 환호가 뒤섞인 요란한 소동이 한 차례씩 일어났다. 이들 40명이 승자라는 사실은 의심의 여지가 없었다. 그러나 여기에 참가한 나머지 760명은 자신이 패배자라고 느끼고 있었다.

우리는 이 회사가 승-승의 패러다임을 지향하도록 시스템과 조직구조를 정렬하는 교육 및 조직개발 프로그램 작업에 즉각 착수했다. 이 회사에 근무하는 평사원들을 참여시키고 이들의 근무 동기를 높여주는 시스템을 개발하였다. 또한 이들이 서로 협조하고 시너지를 창출하도록 고무했을 뿐만 아니라, 가능한 한 많은 사람들이 자신에게 맞도록 설계된 이행합의에 따라 기대되는 성과를 달성할 수 있도록 만들었다.

1년 후에 열린 다음 시상대회에서는 1천여 명이 넘는 판매 사원들이 참가했고 그들 중 약 8백여 명이 포상을 받았다. 이번에는 다른 사람들과의 비교에 근거한 개인적인 승자들은 별로 없었다. 그 대신 포상의 초점은 주로 자기 스스로 설정한 성과 목표를 달성한 사람들과 팀 목표를 달성한 집단에 맞추어져 있었다. 따라서 인위적으로 팡파르를 울리고 응원을 하고 열기를 고조시키기 위해 고등학교 밴드를 불러올 필요도 없어졌다. 모두가 같이 기쁨을 나눌 수 있었고 전체 부서가 함께 가는 휴가여행을 포함하여 팀이 공동포상을 받았기 때문에 자연스럽게 커다란 흥분과 흥미가 일어났다.

주목할 만한 일은 그해에 상을 받았던 8백여 명 거의 전원이 매출 규모와 이익 면에 있어 그 전해에 수상한 40명의 개인별 실적 수준을 달성했다는 사실이다. 이처럼 승-승의 정신은 황금알의 수를 엄청나게 증대시켰고 거위도 잘 사육시켜 마침내 굉장한 인적 에너지와 재능을 발휘하게 했다. 이 결과 생긴 시너지 효과는 여기에 참가했던 모든 사람들을 깜짝 놀라게 하였다.

경쟁의 개념은 판매시장에서 혹은 지난해의 성과와 비교할 경우 도입할 수 있다. 또 특별한 상호의존성이 없거나 협력할 필요가 없는 영업소나 개인 사이에서는 경쟁을 할 수도 있다. 그러나 근무처에서의 협력은 자유기업이 판매시장에서 하는 경쟁만큼이나 중요하다. 승-승의 정신은 경쟁과 시합을 조장하는 조직환경에서는 발붙이기 힘들다.

승-승의 정신을 활성화하려면 제도가 반드시 뒷받침되어야 한다. 훈련제도, 기획제도, 커뮤니케이션 제도, 예산제도, 정보제도, 보상제도 등, 모든 것이 반드시 승-승의 원칙에 입각해서 만들어져야 한다.

나는 직원들에게 인간관계 훈련을 시키기 원하는 어떤 회사를 컨설팅한 적이 있다. 그때 이 회사가 가진 기본적인 가정은 바로 직원들이 문제라는 것이었다. 그 회사의 사장은 이렇게 말했다. "어떤 점포든지 마음대로 가보시고 점원들이 당신을 어떻게 대하는지 한번 보십시요. 이들은 단순히 돈만 받는 사람에 불과합니다. 이들은 고객에게 어떻게 접근해야 할지 잘 알지 못합니다. 다루는 상품에 대해서도 알지 못하고 상품과 고객의 욕구를 결합시킬 수 있는 판매 지식이나 기술도 없습니다." 그래서 나는 여러 점포에 가보았다. 역시 사장의 말이 옳았다. 그러나 마음속에 여전히 남아 있는 질문에 대해서는 답을 얻지 못했다. 자, 도대체 무엇이 이런 태도를 갖게 한 원인일까?

"우리 회사가 안고 있는 문제는 다음과 같습니다"라고 사장이 말했다. "우리는 모범적으로 일하고 있는 관리자를 데리고 있습니다. 관리자가 맡은 직무의 3분의 2는 판매이고 나머지 3분의 1은 관리 업무입니다. 이들은 어느 누구보다 많은 매출을 올리고 있습니다. 따라서 우리가 원하는 것은 당신이 판매원들을 대상으로 필요한 훈련을 시키는 것입니다."

이 말은 내게 위험신호로 들렸다. "좀 더 많은 자료를 모아봅시다"라고 나는 말했다. 사장은 이 말을 달가워하지 않았다. 그는 문제점을 이미 '알고 있었고', 따라서 바로 훈련에 착수해주기를 원했다. 그러나 나는 내 입장을 고수했고 결국 이틀 내에 실제 문제점을 발견했다. 직무규정과 보상제도 때문에 관리자들은 판매원들로부터 '좋은 것만을 취하고' 있었다.

관리자들은 영업이 잘 안 되는 시간에는 금전등록기 뒤에 서서 직원들의 매출실적을 빼앗고 있었다. 이 회사의 소매영업 시간 중 절반은 한가했고 나머지 절반은 정신없이 바빴다. 관리자들은 한가한 시간에는 직원들에게 힘든 재고정리, 보관 업무, 청소 등을 시키고 있었고 자신들은 금전등록기 뒤에 서서 매출실적을 올리고 있었다. 이것이 바로 관리자들의 판매실적이 높은 이유였다.

따라서 우리는 한 가지 시스템, 즉 보상제도를 바꾸어보기로 하였다. 그러자 문제는 하룻밤 사이에 해결되었다. 우리는 판매원들이 영업실적을 올릴 때만 관리자들도 실적을 올릴 수 있는 시스템을 만들었다. 관리자들의 욕구와 목표를 판매원들의 그것과 중복되게 만든 것이다. 그 결과 인간관계 훈련의 필요성은 갑자기 사라져버렸다. 문제의 핵심은 진정한 승-승의 보상제도를 개발함으로써 완전히 해결된 것이다.

또 다른 예로, 공식적인 업무평가에 대한 컨설팅을 요청한 어떤 회사의 경영자를 도와준 적이 있다. 그는 자신이 특정 관리자에게 준 고

과점수 때문에 깊은 고민에 빠져 있었다.

"그는 3등급을 받아야 했는데 난 1등급을 주었습니다."(1등급은 곧 탁월함을 의미하고 승진대상이 될 수 있음을 의미했다)

"무슨 이유로 그 사람에게 1등급을 주었습니까?"

"실적을 올렸기 때문입니다."

"그럼 왜 그 사람이 3등급을 받아야 한다고 생각하는 거지요?"

"그 사람이 실적을 올리는 방식 때문입니다. 그는 다른 사람들을 희생시키는 말썽꾸러기입니다."

"그 말은 그 사람이 완전히 '생산'에만 집중하고 있는 사람같이 들리는군요. 그것이 바로 그가 보상을 받는 이유이기도 하고요. 그런데 만일 당신이 이 문제에 대하여 그 사람과 이야기를 했다면, 즉 '생산능력'의 중요성을 그 사람에게 이해시켜주었다면 결과가 어떻게 되었을까요?"

그는 그렇게 해보았지만 아무 성과가 없었다고 말했다.

"그럼 만일 당신이 그 사람과 승-승 계약을 하면 어떨까요. 그가 받는 보상의 3분의 2는 그가 해내는 성과인 '생산'에서, 나머지 3분의 1은 '생산능력', 예컨대 다른 사람들이 그를 어떻게 인식하는가, 그가 어떤 종류의 리더인가, 인재를 육성하는가, 팀을 잘 구축하는가 등에 따라 결정하면 말입니다."

"그 제안에 대해서는 그 사람도 관심을 보일 것입니다"라고 그가 대답했다.

문제는 사람 때문이 아니라 제도 때문에 생기는 경우가 많다. 만일 유능한 사람들을 나쁜 제도 아래서 일하게 한다면 나쁜 결과를 얻게 될 것이다. 유능한 인재의 꽃을 얻고 싶으면 그 꽃나무에 좋은 제도라는 물을 주어야 한다.

사람들로 하여금 진정으로 승-승의 사고를 배우게 만들려면 그러한 사고의 활성화 방법을 창조할 수 있고 강화할 수 있는 시스템을 만들어야 한다. 그러면 사람들은 불필요한 경쟁적 상황을 협력적 상황으로 변혁할 수 있고 생산과 생산능력을 모두 구축함으로써 그들의 효과성에 큰 영향을 미칠 수 있다.

기업 경영자들은 성과기준에 맞서 경쟁하기 위해 고도로 생산적인 사람들로 구성된 팀 중심으로 조직을 개편할 수 있다. 교육에서도 교사들은 각 학생들과 사전에 합의된 기준에 입각하여 그들이 얻은 성적을 평가하는 제도를 수립할 수 있다. 이것은 학생들로 하여금 생산적인 방식으로 서로 배우며 좋은 성적을 얻을 수 있게 협조하도록 초점을 바꿔준다. 예컨대 볼링 같은 운동의 경우 가족이 공동으로 정한 점수를 놓고 이 점수를 깨뜨리는 데 게임의 목표를 둘 수 있다. 집에서 가족들이 승-승의 합의에 입각하여 집안일에 대한 책임을 나눌 수도 있다. 이것은 끊임없이 잔소리해야 할 필요성을 없애줄 뿐만 아니라 부모들이 해야 할 일에만 신경을 쓰게끔 해준다.

언젠가 한 친구는 내게 자기가 본 만화에 대해 이야기해주었다. 이 만화에서 어린이 둘이 다음과 같이 말했다고 한다. "만일 엄마가 우리를 일찍 깨워주시지 않으면 학교에 지각할 거야." 이 말은 가족 구성원이 책임감 있는 승-승적 기초 위에 조직화되지 않을 경우 일어나는 문제의 본질을 다루고 있었기에 유독 그 친구의 주의를 끈 것이었다.

승-승의 원칙은 분명한 실행지침과 가용자원을 가지고 구체적인 성과를 달성하도록 개인에게 책임을 부여한다. 이것은 개인으로 하여금 수행성과를 확인하고 결과를 평가하게 한다. 나아가 승-승적 시스템은 승-승의 이행합의를 지지하고 강화하는 환경을 만든다.

과정

승-패 또는 패-승의 수단을 가지고 승-승의 결과를 얻을 수는 없다. 따라서 다음과 같이 말할 수 없다. "당신이 좋아하든 싫어하든 무조건 승-승식으로 생각하라." 문제는 어떻게 하면 승-승의 결과, 즉 해결방안에 도달하느냐 하는 것이다.

하버드 법대 교수인 로저 피셔(Roger Fisher)와 윌리엄 우리(William Ury)는 《협상 비결 *Getting to Yes*》이라는 아주 유용하고 통찰력 있는 저서를 발간하였다. 이들은 이 책에서 '원칙 중심' 접근방법 대 '입장 중심' 접근방법이라고 부르는 훌륭한 협상방법을 제시하고 있다. 비록 저자들이 승-승이란 단어는 사용하고 있지 않지만, 그 바탕을 이루는 기본정신과 철학은 승-승적 접근방법과 일치하고 있다.

그들은 원칙에 입각한 협상의 가장 중요한 핵심은 사람을 문제로부터 분리시키는 것이라고 설명한다. 아울러 입장을 주장하기보다는 이해관계에 초점을 맞추고 쌍방이 득을 볼 수 있는 대안을 찾아내고 객관적인 기준을 강조해야 한다고 말한다. 여기서 말하는 객관적 기준은 쌍방이 수용할 수 있는 외부적 기준이나 원칙이다.

승-승의 해결방안을 추구하는 많은 사람들과 조직을 대상으로 지금까지 컨설팅을 해온 나의 경험에 입각하여 다음과 같은 4단계 협상 과정을 제안하고 싶다.

첫째, 상대방의 관점에서 문제를 바라보라. 자신보다 상대방의 욕구와 관심을 진정으로 이해하려고 애쓰고 또 그렇게 자기 감정을 표현하라.

둘째, 관련 문제의 핵심적인 쟁점과 관심사항(입장이 아닌)을 파악하라.

셋째, 어떤 결과가 완전히 수용 가능한 해결방안이 되는가를 결정하라.

넷째, 이 같은 결과를 얻도록 해주는 새로운 대안들을 찾아보라.

습관 5와 6은 이러한 과정에서 나타나는 두 가지 요소를 직접 다룬다. 그리고 우리는 이 문제를 다음의 두 장(章)에 걸쳐 심도 있게 살펴볼 것이다. 나는 여기에서 다시 한 번 승-승의 해결방식 자체가 갖는 본질과 승-승 과정이 갖는 특성이 서로 깊이 관련되어 있다는 점을 강조하고자 한다. 우리는 승-승의 과정을 통해서만 승-승의 해결방식을 얻을 수 있다. 다시 말하면 수단과 결과가 동일한 것이다.

승-승의 전략은 외적 성격에 근거한 기법이 아니다. 이것은 인간 상호작용의 총체적 패러다임으로 성실성, 성숙, 풍요의 심리에서 나온다. 이 전략은 신뢰가 깊은 인간관계에서 가능한 것이며 기대와 성취를 효과적으로 명시하고 관리하는 합의에 유용하게 사용한다. 나아가 이것은 지원 시스템이 있을 때 더욱 유용하며 우리가 습관 5와 6에서 자세히 검토할 과정을 통해서 달성할 수 있다.

습관 4의 적용을 위한 제언

1. 합의와 해결방안에 도출하고자 할 때 상호작용을 생각해보라. 자신의 용기와 타인에 대한 배려 사이에 균형을 유지하도록 최선을 다해보라.

2. 승-승의 패러다임을 좀 더 빈번히 적용하는 것을 방해하는 장애물이 무엇인지 목록을 작성하라. 그다음 이 같은 장애물을 제거하기 위해 당신이 영향력의 원에서 무엇을 할 수 있는지 살펴보라.

3. 승-승의 합의를 개발하고 싶을 때 먼저 대상으로 할 사람을 선택하라. 자신을 그 사람의 입장에 놓고 그의 해결방안이 무엇이 될

것인지 생각해보고 자세히 기록하라. 그다음에 자신이 보는 관점에서 어떤 결과가 당신에게 승리를 가져다주는지 명세를 작성하라. 이제 상대방을 만나서 합의점에 도달하고 상호이익이 되는 해결방안을 찾을 때까지 대화할 준비가 되어 있는지 물어보라.

4. 당신의 일상생활에서 주요한 인간관계를 형성하는 세 사람을 들어보라. 그다음에 이들과 형성하는 감정은행계좌의 잔고가 각각 어떤지를 구체적으로 기술하라. 그리고 세 사람 각자의 계좌에 당신이 예입을 할 수 있는 구체적인 방법 몇 가지를 기록하라.

5. 자신이 갖는 패러다임, 즉 각본을 깊이 숙고하라. 그것은 승-패의 각본인가? 당신의 각본이 대인관계에는 어떤 영향을 미치는가? 이 각본이 어떤 원천에서 나왔는지 파악할 수 있는가? 나아가 당신의 각본이 현재 생활에 잘 맞는지 아닌지를 결정하라.

6. 힘든 상황에서도 진정으로 상호간의 이익을 추구하고자 노력하는 대표적인 승-승 모델을 보여주는 사람을 생각해보라. 그 사람이 보여주는 예를 자세하게 살펴보고 그로부터 무엇을 배울 것인가를 생각해보라.

습관 4에 대한 새로운 통찰

– 숀 코비

수년 전, 우리 프랭클린코비사는 자사의 지적 재산(IP)을 작은 기술 회사가 그들의 제품에 사용할 수 있도록 허가해주었다. 그것은 승-승 파트너십처럼 보였다. 그들은 우리의 IP를 사용했고, 우리는 금전적인 보수를 받았다. 처음에는 모든 것이 좋았다. 하지만 몇 년 후, 그들이 우리의 브랜드를 손상시키고 우리가 처음 합의했던 내용과는 상반되는 식으로 광고를 하고 있다는 생각이 들었다.

그래서 나는 우리의 파트너와 이야기를 나누었고, 광고를 바꾸지 않으면 우리가 제공한 라이선스를 잃게 될 것이라고 말했다. 그는 이렇게 반박했다. "광고 방식은 바꿀 수 없어요. 우리는 잘못한 것이 없으니까요. 사실, 계약을 위반하고 있는 것은 당신의 회사예요."

나는 그의 뻔뻔함이 믿기지 않았다. 우리 회사의 경영진과 이야기를 나누었고, 경영진은 파트너십을 지속하는 것이 너무 위험하니 우리가 IP를 되찾아와야 한다고 생각했다. 나는 그 회사와 협상하려 했지만, 논의는 빠르게 결렬되었고, 신뢰는 무너졌다. 우리는 항상 법정에 가는 것을 피하려 하고 거의 법정 싸움을 한 적이 없지만, 이번에는 법적 수순을 밟는 길밖엔 없었다. 우리 법무팀은 우리가 옳고, 소송에서 이길 거라고 믿었다.

마지막으로 대화할 때, 이 기술 회사의 사장 중 한 사람이 말했다. "저는 수년 동안 당신 가족을 알고 지냈고, 존경해왔어요. 그리고 당신 삼촌을 좋은 친구로 생각하고 있죠. 당신도 좋은 사람이라고 생각했어요. 어제까지는요."

그의 말은 나의 폐부를 찔렀고, 나는 생각하기 시작했다. '법정으로 가면 양쪽 다 수십만 달러의 비용이 들 거야. 분명 더 나은 방법이 있어.' 그 사람이 내 말에 대꾸도 안 할지 모르지만 나는 며칠 후 그에게 연락을 취했고 용기 내어 말했다. "들어보세요. 법정까지 가면, 양쪽 다 많은 돈이 들 거예요. 저랑 개인적으로 만나 다른 방법을 찾아보면 어떻겠습니까? 변호사 없이 우리끼리만요." 그는 마지못해 동의했다. (이로써 나는 이 만남 때문에 우리가 법정에서 불리해질 수도 있다는 우리 법률 고문의 뜻을 거슬렀다. 나는 이 만남이 위험을 감수할 가치가 있다고 느꼈다.)

다음날, 내 사무실로 찾아온 그에게 말했다. "제 의도는 우리 둘 다 만족할 수 있는 승-승적 해결책을 찾는 거예요. 만약 우리가 합의를 보지 못하면, 그때는 법정에서 싸우게 될 수 있어요. 그래도 저는 시도해보고 싶은데, 해보시겠습니까?"

"될지는 모르겠지만 좋아요, 해보죠."

나는 말했다. "당신이 상황을 어떻게 보는지 제게 말씀해주세요." 그리고 화이트보드 앞으로 가서 15개 정도의 목록으로 만들어질 때까지 그가 말하는 모든 의견을 하나하나 적었다. "다른 것은 없나요?" 그는 몇 가지 의견을 더 주었다. 그 다음 나는 말했다. "당신의 관점을 확실히 이해할 수 있도록 이 의견들을 설명해보겠습니다." 그러고는 그가 우려하는 부분을 하나씩 읽었다. 그것들을 함께 검토한 후에는 물었다.

"내가 당신을 제대로 이해한 것 같나요?"

"네, 그래요."

그 순간, 방 안의 분위기가 달라졌다. 그는 처음으로 이해받았다고 느꼈고, 나도 크게 감화되었다. 이제는 그가 왜 그렇게 느꼈었는지, 그리고 우리 회사가 왜 계약을 위반하고 있다고 생각했는지 그 이유를 분명하게 알 수 있었다.

"우리 쪽에서는 상황을 어떻게 보는지 말씀드려도 될까요?" 나는 화이트보드의 나머지 절반에 우리 쪽 의견들을 모두 적었다. 그는 열심히 들었고, 나는 알 수 있었다. 우리가 어쩌다 이런 입장이 되었는지 그가 이해했고, 그 또한 크게 감화되었다는 것을 말이다. 에너지가 갑자기 긍정적이고 희망적으로 변했고, 서로 상대에게 가졌던 생각이 달라져 완전히 서로를 이해하게 되었다.

"이제 우리는 서로를 이해했네요. 당신은 어떻게 하고 싶나요?" 우리는 브레인스토밍을 시작했고, 대단한 창의력을 발휘했으며, 약 30분 만에 양쪽 다 만족할 만한 해결책, 긴 이전 기간을 보장하는 적정한 가격에서의 인수를 생각해냈다. 브레인스토밍을 하는 동안, 우리가 어떻게 서로를 옹호하기 시작했는지 보니 우스웠다. 그것은 변혁적인 경험이었다. 두 시간도 안 되어 양쪽 다 엄청난 돈을 절약하게 되었다. 더 이상 소송에 대한 논의는 없었다. 우리는 악수를 나누고 헤어졌다. 일주일 후 그가 전화했고, 우리는 함께 점심식사를 하러 가서 즐거운 시간을 보냈다. 그는 나에게 말했다. "당신이 좋은 가정에서 자랐다는 걸 알고 있었어요."

우리 법무팀조차도 이 결과에 만족스러워했다.

풍요의 심리, 인간의 행복을 위한 열쇠

법조계 얘기가 나와서 말인데, 펜실베이니아대학교의 심리학자 마틴 셀리그만은 변호사는 꾸준히 가장 높은 연봉을 받는 전문직 중 하나로 꼽히고, 심지어 의사의 연봉도 능가하지만, 가장 슬픈 사람으로 꼽히기도 한다고 지적했다. 셀리그만은 52퍼센트의 변호사가 자신의 직업에 만족하지 않는다고 말했다.

홍미로운 것은 셀리그만이 지목한 이 현상의 주요 원인이다. "변호사들을 불행하게 만드는 모든 심리적 요인 중 가장 심각한 것은 미국 법이 점차 승자와 패자의 게임이 되어 왔다는 것이다." 그는 미국 법이 "정의와 공정에 대한 훌륭한 변호가 일차적인 역할이었던 관행에서 이제는 청구 가능한 시간, 수감자가 없는 승리, 그리고 합의금이 주된 결말이 되는 거대 사업이 됐다"라고 덧붙였다.

나는 지금 건강하고 행복한 변호사들을 많이 알고 있고, 승-승의 패러다임으로 일하는 변호사들도 많이 알고 있다. 그러니 변호사들을 헐뜯으려는 것이 아니다. 요점은 그저 우리가 적대적인 혹은 승-패적 패러다임을 취하기 시작할 때마다, 그로 인한 부정적 에너지가 실제로 피해를 줄 수 있다는 것이다.

'승-승을 생각하라'는 "나는 이길 수 있고 당신 또한 그렇다"고 말하는 삶에 대한 태도다. 나 아니면 당신이 아니라 우리 모두 말이다. 승-승을 생각하라는 다른 사람들과 잘 지내기 위한 기반이다. 우리 모두 동등하고, 그 누구도 다른 사람보다 열등하거나 우월하지 않으며, 그럴 필요 또한 없다는 믿음에서 시작하기 때문이다.

아버지는 풍요의 심리, 즉 모두에게 두루 성공의 기회가 충분히 있고, 타인의 성공의 나의 성공을 빼앗지 않는다는 믿음의 중요성에 대해 종종 말씀하셨다. 그는 이 심리가 진정한 재능이자 대인관계의 승리를 달성하기 위한 기반이라고 생각했다. 대학교수인 아버지의 강의는 농구 경기장에서 해야 할 정도로 인기가 많아졌다. 아버지는 동료들의 질투, 옹졸함, 결핍에 직면했다. 하지만 나는 아버지가 동료들, 심지어 질투하는 그 사람들까지도 폄하하는 것을 들어본 적이 없다. 그는 항상 결핍을 풍요로써 대했다. 아버지가 코비리더십센터 회사를 시작했을 때 설립 파트너 중 한 명은 쿠데타를 시도했고, 아버지가 설립한 회사에서 아버지를 쫓아내려고 했다. 쿠데타는 역효과를 낳았다. 하지만 내 눈에 띈 것은, 모든 사람이 당신을 지구에서 추방하고 싶어 하는 데도 아버지가 어떻게 자신을 끌어내리려던 사람을 기꺼이 용서했는가 하는 것이었다. 아버지는 모든 종류의 부정적인 에너지를 싫어하셨고, 마치 역병인 양 피하셨는데, 늘 "그런 것에 신경 쓰고 싶지 않다"라고 말하며 사람과 상황에 대해 긍정적으로 생각할 방법을 찾으셨다.

나는 아버지와 그의 남동생인 존 삼촌이 어울리는 모습을 보며 풍요의 심리가 무엇인지 배웠다. 어린 시절부터 그들은 서로에게 대단히 충성스러웠고, 서로의 가장 친한 친구였다. 아버지는 대학에 다닐 때 교내 권투선수였다. 한 번은 경기 중에 상대가 너무 세게 때리는 바람에 아버지의 어깨가 탈구되었는데, 상대가 계속해서 아버지에게 펀치를 날렸다. 존 삼촌은 링에 뛰어들어 상대를 끌어내리며 소리쳤다. "그만 때려! 어깨 부러진 거 안 보여?"

그들이 자라 자식들을 키우는 동안, 나에게 아버지가 진짜 아버지와 존 삼촌, 두 분인 것 같았다. 내 사촌들도 나의 아버지에 대해 똑같이 생각했다. 나는 두 사람 중 누구도 서로에 대해 부정적인 말을 하는 걸 들어본 적이 없다. 나의 아버지는 전 세계적으로 칭송을 받았는데, 그것은 존 삼촌에게 가혹한 일일 수도 있었다. 하지만 존 삼촌은 질투나 위협을 느끼는 대신 진심으로 아버지의 성공에 행복해했고, 그의 성공을 자신의 것으로 여겼다. 두 형제의 풍요로운 관계에서 뿜어져 나와 자식들과 손주들에게 전달된 긍정적 에너지는 온 도시를 밝히고도 남았다.

승-승은 유일한 대안이다

승-패는 비생산적이고, 경쟁적이며, 자만으로 가득 차 있다. 루이스(C. S. Lewis)의 말을 빌리면 "자만은 무언가를 갖는 것에서 기쁨을 얻지 않고, 단지 다음 사람보다 더 많이 갖는 것에서 기쁨을 얻는 것이다. … 당신을 자랑스럽게 만드는 것은 비교이다. 다른 이들보다 위에 있다는 기쁨을 느끼는 것이다."

패-승은 효과가 없다. 그건 도어매트증후군(doormat syndrome)이고, 이런 메시지를 줄 뿐이다. "나에게 발을 닦아. 다른 사람들도 다 그래."

승-승은 유일한 현실적 대안이다.

하지만 어떤 사람들은 승-승은 너무 물러서 사업이 어려울 때 시도하면 혼쭐나게 될 것이라 말할 것이다. 앞서 나의 IP 이야기가 보여주었듯이, 나의 경험은 그렇지 않았다. 몇 년 전, 프랭클린코비사는 미국 전역의 도시에 케이블을 설치하느라 바빴던 한 통신회사와 일하고 있었다. 대부분 도시는 설치 작업으로 인한 일시적인 혼란에도 불구하고 케이블 설치를 간절히 원했다.

하지만 한 주요 도시는 이 아이디어를 달가워하지 않았다. 그들은 한 케이블 회사에게 도시를 파헤치도록 허락한다면, 앞으로 모든 케이블 회사에게도 그런 일을 허락해야 할 것임을 알고 있었다. 그들은 도시가 반복적으로 파헤쳐지는 것을 원치 않았다.

결국 협상은 교착 상태에 빠졌다. 시는 회사가 비용을 지불하지 않는 한 작업을 진행하려 하지 않았다. 그렇게 되면 시민들은 케이블 접속이 불가능할 것이고(시의 손해), 수천 명의 고객을 얻는 것도 불가능할 것이었다(회사의 손해). 그들은 패-패로 향하고 있었다.

통신회사의 협상가 중 한 명이 막 7가지 습관 교육을 받고 생각했다. "어떻게 하면 이 일을 승-승으로 만들 수 있을까?"

그의 지휘하에 회사는 다시 시의 책임자를 찾아가 말했다. "저희가 케이블을 설치할 때, 향후 서비스 공급 업체 두세 곳을 위한 케이블도 같이 설치하면 어떻겠습니까? 일반적인 비용보다 더 적은 비용으로 그들에게 케이블 접속권을 넘겨주겠습니다. 그러면 공사는 단 한 번으로 끝날 겁니다."

시는 이 아이디어를 마음에 들어 했고, 도시에 케이블이 설치되었다. 경쟁사들이 이 도시에 왔을 때도, 그들은 케이블이 이미 땅에 묻혀 있고, 비용 또한 훨씬 더 저렴하다는 것을 알고 기뻐했다. 그렇게 해서 거리를 지속적으로 파헤치지 않고도 케이블을 얻은 도시와 시민들은 승리했고, 케이블을 더 낮은 비용으로 설치할 수 있게 된 경쟁사들도 승리했다. 하지만 가장 큰 승리를 거둔 것은 최초로 케이블을 설치한 회사였다. 두 경쟁사가 그들에게 설치하는 데 들어간 비용보다 더 많은 돈을 지불했기 때문이다! 그들은 케이블을 공짜로 깔고, 덤으로 약간의 용돈을 챙겼다.

모두가 궁극적으로 승리하기 위해서는 한 사람만 승-승을 생각하기 시작하면 된다. 승-승을 생각하는 것은 언제나 더 나은 선택이다. 스탠퍼드대학교의 니르 할레비와 L. T. 필립스는 MBA 학생들을 대상으로 1,200만 회 이상의 게임 시나리오를 사용하여 연구를 진행했고, 협력 전략이 경쟁 전략보다 훨씬 더 많은 이익을 창출한다는 것을 분명하게 보여주었다.[5] 나는 이와 똑같은 결론을 내리는 연구들을 계속 인용할 수도 있지만, 그럴 필요가 없다. 이미 우리 모두 이것이 사실이라는 것을 직감적으로 알기 때문이다.

그러니 승-승을 생각하라. 당신이 원하는 것과 다른 사람이 원하는 것 사이에서 균형을 잡아라. 용기를 내라. 그리고 배려해라. 집에서 배우자, 파트너, 혹은 십대 자녀와 승-승을 생각해라. 직장에서 보스, 상사, 그리고 동료들과 실천해라. 공급업체, 파트너사, 하청업체, 고객과 함께 승-승해라. 만약 이것이 어렵다는 생각이 들면, 습관 1, 2, 3으로 돌아가라. 동기를 분명히 하고, 개인의 승리를 먼저 쟁취해라. 이것은 당신에게 승-승을 생각하는 힘을 줄 것이다.

습관 5

먼저 이해하고 다음에 이해시켜라

| 공감적 커뮤니케이션의 원칙 |

사람들의 마음속에는 이유들이 존재한다.
그 이유들은 이성적으로 판단하기 어렵다.
– 파스칼 –

다음과 같은 상황을 가정해보자. 당신은 시력이 나빠서 고생을 하고 있으며 그래서 친척이 경영하는 안경점에 도움을 청하기로 했다.

이 안경점에 근무하는 사람은 당신의 이야기를 간단히 듣고 난 뒤에 자신이 쓰고 있던 안경을 벗어주면서 다음과 같이 말한다.

"자, 이걸 끼어보세요. 지금까지 10여 년간 이 안경을 썼는데 정말 도움이 되었죠. 집에 한 개가 더 있으니 이건 당신이 써도 좋습니다."

그래서 당신은 그 안경을 써본다. 그러나 문제는 더욱 악화될 뿐이다.

"이런, 도수가 너무 높군요. 아무것도 안 보이는데요" 하고 당신은 큰 소리로 외친다. "왜 그렇지요? 나한테는 잘 맞았는데. 자, 다시 한번 잘 써봐요."

"쓰고 있잖아요. 그렇지만 모든 게 희미하게 보일 뿐인데요." 당신은 항의한다.

"무슨 소리예요? 좀더 적극적으로 사고해보세요."

"도대체 사물을 잘 볼 수가 없어요."

"이런, 당신은 감사할 줄 모르는 사람이군요. 나는 당신을 도와주려고 최선을 다하고 있는데" 하며 그가 나무란다.

후에 당신이 다시 도움이 필요할 때 과연 이 안경점에 찾아갈 가능성이 있을까? 거의 없을 것이다. 어떤 처방을 내리기 전에 진단과정을 거치지 않는 사람을 별로 신뢰하지 않을 테니까 말이다.

우리가 커뮤니케이션할 때 진단하기 전에 처방부터 하는 사례는 얼마나 흔한 일인가?

"자, 얘야. 네 속사정을 좀 얘기해봐라. 복잡하겠지만 이해해보도록 노력할게."

"모르겠어요, 엄마. 엄마는 내가 바보라고 생각하실 거예요."

"물론 그렇지 않다. 얘야, 얘기해보렴. 나만큼 널 생각하는 사람은 없단다. 나의 관심은 너의 행복뿐이란다. 무엇이 널 그렇게 불행하게 만들고 있니?"

"잘 모르겠어요."

"어서, 얘야, 그게 뭐지?"

"저, 사실은 이제 더 이상 학교에 다니고 싶지 않아요."

"뭐라고?" 당신은 믿을 수 없다는 듯이 반문한다.

"우리는 네 교육을 위해 모든 희생을 감수하고 있는데! 교육은 네 장래의 기초야. 너도 네 언니처럼 공부에 전념하면 성적이 오를 거고 그러면 학교도 좋아하게 될 거다. 거듭 얘기하지만 공부에 전념해보아라. 넌 그럴 능력이 있는데 노력을 하지 않고 있는 거야. 좀더 열심히 해 봐. 학교에 대해 적극적인 사고방식을 가져보렴."

침묵이 흐른다.

"이제 말해봐. 네 생각은 어떤지."

우리는 상대방의 고민에 대해 깊이 있게 생각하고 그를 이해하려는 시간은 갖지 않은 채 자신의 관점에서만 문제점을 지적하고 해결책을 제시한다.

대인관계 분야에서 내가 터득한 한 가지 중요한 원칙은 바로 다음과 같다. 먼저 상대방을 이해하려고 노력한 다음 자기를 이해시켜라. 이 원칙이야말로 효과적인 대인관계 커뮤니케이션의 열쇠이다.

내적 성품과 커뮤니케이션

당신은 지금 내가 쓴 책을 읽고 있다. 읽고 쓰는 것은 둘 다 커뮤니케이션의 형태이다. 마찬가지로 말하는 것과 듣는 것 역시 커뮤니케이션의 다른 형태이다.

사실 이것들은 커뮤니케이션의 네 가지 기본유형에 속한다. 우리는 네 가지 중 적어도 한 가지를 하면서 시간을 보내고 있다. 이 네 가지를 잘할 수 있는 능력은 효과성을 높이는 데 절대적으로 중요하다.

커뮤니케이션은 일상생활에서 가장 중요한 기술이다. 우리는 깨어 있는 대부분의 시간 동안 커뮤니케이션을 하면서 보낸다. 그러나 이 점을 생각해보자. 당신은 읽고 쓰는 방법을 배우는 데 수년을 보냈고, 말하는 법을 배우는 데도 여러 해를 보냈다. 그러나 듣기에 대해서는 어떤가? 당신은 상대방을 진정으로 이해하기 위해 경청하는 능력을 발달시키는 어떤 훈련이나 교육을 받아 보았는가?

비교적 극소수의 사람들만이 경청하는 훈련을 받고 있다. 그리고 대부분의 경우 이들이 받는 훈련은 경청하는 기법만을 중시하는 외적 성격 위주의 사고에서 출발한다. 따라서 이 같은 경청 훈련은 다른 사람을 진정으로 이해하는 데 절대적으로 중요한 내적 성품이나 인간관계에 바탕을 두지 않는다.

만일 당신이 나를 비롯하여 당신의 배우자, 자녀, 이웃, 직장상사, 직장동료, 친구 등과 효과적으로 교제하고 영향력을 미치기를 원한다면 우선 영향을 주고 싶은 사람들을 이해할 필요가 있다. 테크닉만 가지고는 그렇게 할 수 없다. 만일 당신이 어떤 테크닉을 사용하고 있다는 것을 내가 알아챈다면 나는 당신의 이중성과 가식에 실망할 것이다. 또 나는 당신이 왜 그렇게 행동하는지 당신의 동기에 대해 의심하게 되어 속마음을 열 수 없게 된다.

내게 진정한 영향력을 미칠 수 있는가는 실제로 보여주는 당신의 행동에 달려 있다. 당신이 보여주는 실제 행동은 당신의 성품, 즉 진정 당신이 어떤 종류의 사람인가로부터 자연스럽게 나오는 것이다. 이것은 다른 사람의 평판이나 당신이 나로부터 받고 싶은 평판에서 나오는 것이 아니다. 그 영향력은 내가 당신을 실제로 어떻게 경험했는가에 따라 확실히 달라진다.

당신의 성품은 계속해서 표출되고 또 전달된다. 결국 이처럼 표출되는 당신의 성품을 통하여 나는 당신이 나에게 행하는 것과 당신 자체를 본능적으로 신뢰하거나 불신하게 된다.

만일 당신의 일상생활이 변덕스럽다면, 혹은 냉소적이면서 동시에 친절하다면, 무엇보다도 당신의 개인적인 행동이 공적인 행동과 일치하지 않는다면, 나는 당신에게 마음을 열기가 매우 어려울 것이다. 그렇게 되면 내가 당신의 애정과 관심을 받기 원하고 또 필요로 한다 해도 나는 내 생각과 경험을 당신에게 드러내는 것을 꺼리게 된다. 무슨 일이 일어날지 누가 안단 말인가?

내가 당신에게 마음을 열지 않는다면, 그래서 당신이 나의 독특한 상황과 감정을 이해하지 못한다면 당신은 내게 어떻게 충고하고 조언해야 할지 모를 것이다. 당신이 하는 말이 좋고 훌륭한 것일지는 몰라도 그것이 나의 생활에 꼭 적절하다고는 볼 수 없다.

당신은 나를 염려하며 내 심경을 헤아린다고 말할지도 모른다. 나 역시 그 말을 믿고 싶다. 그러나 나를 이해조차 못하는데 어떻게 내 마음을 파악할 수 있단 말인가? 그리고 내가 아는 것은 당신의 말뿐인데 어떻게 그 말을 신뢰할 수 있단 말인가?

설사 나의 내면에서 당신이 해주는 충고를 필요로 한다고 해도 그 충고를 받아들이기에는 나의 마음이 너무 감정적이고 방어적이며, 어쩌면 죄의식과 두려움마저 가지고 있는지 모른다.

당신이 나만이 갖는 독특성을 인정하지 않는 한 나는 당신의 충고를 인정하지 않을 것이다. 따라서 당신이 진정으로 대인 간의 커뮤니케이션을 효과적으로 하고 싶다면 테크닉만 가지고는 결코 성공할 수 없다는 것을 깨달아야 한다. 당신은 솔직함과 신뢰를 고무시키는 내적 성품에 바탕을 둔, 공감하며 경청을 할 수 있는 기술을 반드시 배워야 한다. 그래야만 마음과 마음 사이의 교감을 창출할 수 있을 것이다.

공감적 경청

"먼저 이해하고 다음에 이해시켜라"라는 말은 매우 심오한 패러다임의 전환을 가져온다. 우리는 보통 남에게 먼저 이야기하여 이해받고 싶어 한다. 또한 대부분의 사람들은 이해하려는 의도를 갖고 듣는 게 아니라 대답할 의도를 갖고 듣는다. 따라서 사람들은 대개의 경우 말을 하고 있거나 말할 준비만 하고 있다. 그들은 자신이 갖고 있는 패러다임을 통해 모든 것을 여과시키고, 다른 사람들의 생활 속에 자신의 경험을 심어주고자 한다.

"예, 나는 당신이 어떤 기분인지 잘 압니다."

"나도 똑같은 일을 경험했어요. 자, 내 얘기를 들어봐요."

사람들은 다른 사람들의 행동에 자기 자신이 겪은 일을 다룬 영화를 계속 투사해준다. 자신이 접촉하는 모든 사람에게 자신의 안경을 쓰라고 처방해주고 있는 셈이다. 만일 그들이 아들이나 딸, 배우자, 직원 들로 인해 골치를 앓고 있다면 그들의 태도는 통상 이러하다. "그 사람은 날 이해하지 못해요."

어떤 아버지가 언젠가 내게 이렇게 말했다. "난 우리 애를 이해할 수 없어요. 그 애는 도대체 내 말에 귀를 기울이려 하지 않아요."

"당신이 방금 말한 것을 제가 다시 한번 말해볼까요? 아들이 당신의 말을 듣지 않기 때문에 아들을 이해하지 못한다는 겁니까?" 하고 내가 대답했다.

"그렇습니다" 하고 그가 대답했다.

"다시 한 번 확인하죠. 당신은 그 애가 당신에게 귀를 기울이지 않기 때문에 그를 이해하지 못합니까?" 내가 말했다.

"그게 내가 말하려는 겁니다." 그는 불쾌하다는 듯이 대답했다. "다른 사람을 이해하기 위해서는 당신이 먼저 그에게 귀를 기울여야 하지 않을까요?" 하고 내가 넌지시 말했다.

"그렇네요!"라고 그가 대답했고 그다음에는 긴 침묵이 흘렀다. "정말 그렇네요!" 하고 그가 다시 말했을 때 그의 얼굴에는 어떤 빛이 비치기 시작하고 있었다. "그래요. 맞습니다. 하지만 난 벌써 그 애를 이해하고 있어요. 난 그 애가 겪고 있는 심정을 잘 압니다. 왜냐하면 나도 똑같은 과정을 경험했거든요. 그런데 내가 이해하지 못하는 것은 왜 그 애가 내 말을 들으려 하지 않는가입니다."

사실 이 아버지는 자기 아들이 마음속으로 어떤 생각을 하고 있는가를 조금도 알지 못했다. 그는 자기 자신의 마음만을 들여다보고는 자기 아들의 생각을 이해했다고 간주한 것이다.

이것은 우리들 대부분에게 해당되는 이야기다. 우리는 나름의 논리로 가득 차 있고 모든 것을 자신의 경험에 비추어 이해하려고 한다. 그러면서도 이해받기를 원한다. 우리가 나누는 대화는 각자의 독백을 모아놓은 것에 지나지 않는다. 그래서 다른 사람의 내면에서 무엇이 진행되고 있는지 조금도 이해할 수 없다.

다른 사람의 말을 듣는 우리의 태도는 보통 다음의 다섯 가지 수준 중 어느 하나에 속한다. 첫 번째는 그 사람의 말을 무시하는 경우로, 이것은 실제로 전혀 듣지 않는 것이다. 두 번째는 "응, 그래, 그렇지, 맞아" 등의 맞장구를 치면서 듣는 체하는 것이다. 세 번째는 선택적 청취로, 대화에서 어떤 특정한 부분만 듣는 경우이다. 어린아이들이 끊임없이 재잘댈 때 우리는 곧잘 이러한 방식으로 듣는다. 네 번째는 집중적 경청으로, 상대가 하는 이야기에 주의를 기울이고 그 말에 총력을 집중하여 듣는 것이다. 다섯 번째는 가장 고차원적인 '공감적 경청'으로 극히 소수만이 이러한 태도로 듣는다.

여기서 말하는 공감적 경청이란, 다른 사람이 말하는 것을 기본적으로 흉내내는 '적극적' 경청이나 '반영적' 경청과는 전혀 다르다. 그러한 종류의 경청 기법은 내적 성품이나 인간관계와는 관계가 먼, 단순히 기술에 바탕을 두는 기법이다. 따라서 이 같은 기법은 '상대방'을 모욕하는 것이기도 하다. 이것은 본질적으로 자서전적, 즉 자기 경험 중심적인 것이다. 우리가 이러한 기법을 사용한다면 실제 상호작용에서 자신의 경험을 투사하지는 않을지 모르지만 청취하는 동기는 항상 자기 중심적이다. 비록 반영적 경청기법으로 듣고 있지만 청취하는 의도는 대답하고 통제하고 조종할 목적에 있는 것이다.

여기서 말하는 공감적 경청이란 '이해'하려는 의도를 가지고 경청하는 것을 말한다. 내가 먼저 상대방을 이해하는 것, 즉 진정한 이해를 추구하는 것이다. 그런데 이것은 지금까지 우리가 해온 것과는 완전히 다른 패러다임이다.

공감적 경청이란, 다른 사람이 가진 준거틀의 내면에 들어가는 것을 말한다. 다른 사람의 관점을 통해서 사물을 보는 것, 즉 그들이 세상을 보는 방식에 입각하여 세상을 보는 것이다. 이때 우리는 그들의 패러다임과 감정을 이해하게 된다.

공감이란 동감을 말하는 것이 아니다. 동감은 합의의 한 형태이며 판단의 한 형태이다. 그리고 이것은 때때로 분위기에 맞춰 표현된 감정과 반응이다. 사람들은 곧잘 동감에 의지하게 되는데, 이는 사람들을 서로 종속적으로 만든다. 공감적 경청의 본질은 우리가 누군가에게 동의하는 것을 의미하는 것이 아니다. 그것은 어떤 사람을 감정적으로는 물론 지적으로도 완전하고 깊게 이해하는 것을 말한다.

공감적 경청은 말하는 내용을 마음속에 새기고 반응하고 이해하는 것보다 훨씬 더 많은 것을 포함하고 있다. 전문가의 추정에 의하면 커뮤니케이션 중 불과 10%만이 우리가 말하는 내용에 의해 전달되고 있다고 한다. 다른 30%는 우리가 내는 소리에 의해, 나머지 60%는 우리의 신체언어를 통해 전달된다.

그러나 공감적 경청을 하는 경우 우리는 귀로 말을 들을 뿐만 아니라 동시에 더욱 중요한 눈과 가슴으로 듣는다. 이때 우리는 감정과 의미, 행동까지도 경청한다. 이것은 오른쪽 뇌는 물론 왼쪽 뇌까지도 사용하는 것이다. 말하자면 감지하고 직관하고 느끼는 것이다.

공감적 경청은 막강한 힘을 가지고 있다. 이것은 우리가 필요로 하는 정확한 데이터를 제공하기 때문이다. 공감적 경청은 자기 자신의 자전적 경험을 투사하고 생각, 느낌, 동기, 해석 등을 말하는 것이 아니라 상대방의 머리와 가슴 내부에 어떤 실체가 들어 있는지를 이해하는 것이다. 우리는 이해하기 위해 경청한다. 상대방의 깊은 영적 커뮤니케이션까지도 수신하는 데 초점을 둔다.

여기에 추가하여 공감적 경청은 감정은행계좌에 예입을 시켜주는 비결이 된다. 다른 사람이 우리의 순수한 의도를 지각하지 않는다면 당신이 어떤 행동을 한다 해도 감정은행계좌에 예입되지 못하기 때문이다. 따라서 감정은행계좌에 예입시키기 위해 최선을 다한다고 해도 다른 사람이 우리의 노력을 속임수에 불과하며 이기적이고 위협적이고 위장된 친절이라 간주할 때에는 완전히 수포로 돌아가 인출이 되어버린다. 왜냐하면 이 같은 경우 우리는 상대방의 문제가 무엇인지를 진정으로 이해하지 못하기 때문이다.

공감적 경청은 그 자체만으로 감정은행계좌에 막대한 예입이 될 수 있다. 또 이것은 상대방에게 '심리적 공기'를 제공해주기 때문에 상당한 치료 효과도 가지고 있다.

만일 지금 있는 바로 이 방의 모든 공기가 갑자기 밖으로 빨려나간다면 당신은 이 책에 얼마나 관심을 가질 수 있을까? 아마 더 이상 관심을 가지지 않을 것이다. 그리고 공기를 마시는 일 외에는 아무것에도 관심이 없을 것이다. 생존만이 유일한 욕구가 될 것이다.

그러나 지금 당신은 공기를 마시고 있기 때문에 이것이 욕구를 유발시키지 못한다. 이것이야말로 인간 욕구 분야에서 발견한 가장 중요한 통찰의 하나라고 할 수 있다. 즉, 만족하여 부족함이 없으면 더 이상 욕구가 유발되지 않는다. 육체적 생존 다음으로 인간에게 가장 큰 욕구는 심리적 만족이다. 이는 곧 타인으로부터 이해받고 신뢰받고 인정받으며 존경받는 것을 의미한다.

당신이 다른 사람의 말을 공감적으로 경청할 때 그 사람에게 심리적 공기를 주게 된다. 이같이 절대적인 욕구를 충족시키고 난 다음에야 비로소 당신은 다른 사람에게 영향을 미치거나 문제를 해결하는 일에 착수할 수 있다.

이러한 심리적 공기에 대한 욕구는 우리 생활의 모든 분야에서 이루어지는 커뮤니케이션에 큰 영향을 미친다.

나는 언젠가 시카고에서 있었던 한 세미나에서 이 개념을 가르쳤다. 그리고 그 세미나의 참가자들에게 그날 저녁에 공감적 경청을 한번 실행에 옮겨보라고 부탁했다. 다음 날 한 사람이 숨가쁘게 달려와 자신에게 일어난 일을 들려주었다.

"어젯밤에 무슨 일이 있었는지 말씀드릴게요. 시카고에 있는 동안 저는 큰 부동산 거래를 한 건 처리하려고 애쓰고 있었어요. 어젯밤에 계약 당사자, 양측 변호사, 그리고 다른 대안을 가지고 우리 사이에 막 끼어든 다른 부동산 중개업자 등과 만났습니다.

저는 자칫하면 이 거래를 놓칠 것 같아 불안했습니다. 전 지난 6개월간 이 거래에 매달려왔고, 사실 이 거래에 제 사업의 모든 운명을 걸고 있었습니다. 전부를요. 그러니 당황할 수밖에요. 저는 할 수 있는 모든 노력을 다했습니다. 제가 할 수 있는 모든 판매기술도 다 발휘했지요. 어제 상담에서 마지막으로 하려고 준비한 말은 '결정을 좀더 후에 내리도록 미룰 수 있을까요?'라는 것이었습니다. 그러나 이 일을 너무 오랫동안 끌어왔기 때문에 모두가 지쳐 있었고 분위기가 갑자기 다른 중개업자의 대안을 택하는 쪽으로 기울고 있었습니다.

그래서 전 속으로 이렇게 말했지요. '자, 왜 오늘 배운 내용, 먼저 경청한 다음에 이해를 구하라는 원칙을 적용해보지 않는 거지? 밑져야 본전 아닌가.' 저는 고객에게 이렇게 말했습니다. '당신의 입장을 내가 올바로 이해하고 있는지, 또 나의 제안에 대한 당신의 우려를 내가 정말 제대로 이해하고 있는지 한번 살펴봅시다. 만일 당신이 내가 그것을 이해했다고 느낀다면 우리는 내 제안이 적절한 것인지 여부도 파악할 수 있게 될 것입니다.'

저는 정말로 그의 입장이 되려고 노력했어요. 그가 원하는 내용을 말로 표현하려고 노력했습니다. 그랬더니 그도 차츰 마음을 열기 시작하더군요. 제가 그 사람이 우려하고 있는 것, 또 그가 예상하고 있던 결과에 대해 더 많이 파악하고 더 정확하게 표현할수록 그는 마음을 더욱 활짝 열기 시작했습니다.

마침내 그는 대화 도중 자리에서 일어나 자기 부인에게 전화 다이얼을 돌리더군요. 전화기를 놓으면서 그는 이렇게 말했습니다. '당신이 이 계약을 성사시켰소.' 전 완전히 어안이 벙벙한 기분이었어요. 오늘 아침까지도 여전히 그렇습니다."

그는 상대방에게 심리적 공기를 불어넣어줌으로써 감정은행계좌에 막대한 예입을 시켰던 것이다. 다른 모든 여건이 상대적으로 비슷할 때 바로 이 심리적 공기가 서로 통하게 되면 여기에 나타나는 인간적 역학이 그 어떤 기술적 차원보다 더욱 중요한 것이 된다.

먼저 이해하는 것, 즉 처방을 내리기 전에 진단하는 것은 어려운 일이다. 단기적인 안목으로 보면 자기에게 오랫동안 잘 맞던 안경을 다른 사람에게 권하는 것이 훨씬 더 쉬운 일이다.

그러나 장기적으로 보면 이것은 생산과 생산능력 모두를 엄청나게 고갈시킨다. 다른 사람에 대해 정확하게 이해하지 못한다면 우리는 최대한의 상호의존적 생산을 달성할 수 없다. 그리고 대화하고 있는 상대방이 자신이 충분히 이해되고 있다고 느끼지 못한다면 우리는 대인관계의 생산능력, 즉 높은 잔고의 감정은행계좌를 가질 수 없다.

공감적 경청은 위험부담도 안고 있다. 사실 심오한 경청의 경험세계로 들어가는 데에는 상당한 안정감이 필요하다. 당신이 영향을 받기 위해서는 먼저 스스로를 열어 보여야 하기 때문이다. 이때 당신은 상처를 받을 수도 있다. 어떤 의미에서 이것은 역설이다. 그 이유는 영향을 미치기 위해서는 반드시 먼저 영향을 받아야 하기 때문이다. 이것은 진정으로 상대를 이해해야 한다는 것을 의미한다.

이상과 같은 사실이 바로 습관 1, 2, 3이 공감적 경청의 바탕이 되어야 하는 이유이다. 이 세 가지 습관은 당신에게 불변하는 내면적인 안정감을 제공해준다. 즉, 원칙 중심적으로 되게 만들어주는 것이다. 그렇게 되면 당신은 외부 세계로부터 상처받기 쉬운 취약점을 마음의 평화와 힘으로 다스릴 수 있게 된다.

처방하기 전에 진단하라

먼저 경청하고 이해하는 것, 또 처방을 내리기 전에 진단하는 것은 위험성도 있고 쉽지 않은 일이다. 그러나 이것은 우리 생활의 많은 분야에 적용되는 올바른 원칙이며 모든 전문 직업인들에게 적용되는 중요한 지침이다. 안경점의 검안사에게도 중요하고 의사에게도 중요하다. 왜냐하면 우리가 진단을 신뢰하지 않는 한 의사의 처방에 대해서도 신뢰하지 않을 것이기 때문이다.

우리 딸 제니가 태어난 지 두 달쯤 되던 무렵, 어느 토요일에 병이 났다. 그날은 우리가 사는 도시에 미식축구 시합이 있던 날이어서 거의 모든 사람들이 여기에 정신을 빼앗기고 있었다. 이 시합은 아주 중요했기 때문에 6만여 명이나 경기를 관람하러 갔다. 아내와 나도 경기를 보러 가고 싶었지만 어린 제니를 혼자 두고 갈 수 없었다. 아이의 구토와 설사로 우리는 몹시 당황했다.

우리가 아는 의사도 시합을 관람하고 있었다. 그는 우리 집의 주치의는 아니었으나 그날의 당번 의사였다. 제니의 상태가 더 악화되었을 때 우리는 의사의 도움이 필요하다고 생각했다.

아내는 경기장으로 전화를 걸어 그 의사를 불러달라고 부탁했다. 때마침 시합은 중요한 순간을 맞고 있었지만, 아내는 "여보세요?" 하는 그의 친절한 목소리를 들었다. "무슨 일이지요?" 하고 그 의사는 상냥하게 물었다.

"의사 선생님, 전 코비 부인입니다. 우리 딸 제니가 아파요."

"어디가 아픕니까?" 하고 그가 물었다.

아내는 딸아이의 증세를 설명했고 의사는 다음과 같이 말했다. "좋습니다. 제가 처방해드리지요. 어느 약국으로 할까요?"

아내는 전화를 끊고 나서 너무 서두르느라 의사에게 정보를 완전하게 주지 못한 것 같다고 말했다.

"당신은 제니가 신생아라는 사실을 그 의사가 안다고 생각하오?" 하고 내가 아내에게 물었다.

"그럴 거예요." 아내가 대답했다.

"그러나 그 사람은 우리 집 주치의가 아니지 않소. 제니를 진찰해본 적이 한 번도 없단 말이오."

"글쎄요. 난 그가 알고 있다고 생각하는데요."

"그 의사가 제니에 대해 알고 있는지 확인하지 않고서 처방한 약을 제니에게 줄 생각은 아니겠지요?"

아내는 말이 없었다. "그러면 어떻게 하지요?" 마침내 아내가 말했다. "그 사람에게 다시 전화를 걸어요" 하고 내가 말했다.

"당신이 거세요" 하고 아내는 대답했다.

그래서 내가 전화를 걸었다. 의사는 다시 전화를 받으러 불려 나왔다.

"의사 선생님, 선생님이 처방하실 때 우리 제니가 이제 겨우 2개월 된 아기라는 사실을 알고 계셨습니까?"

"저런, 아니오" 하고 그가 외쳤다. "그 사실은 전혀 몰랐습니다. 다시 전화 주시길 잘했습니다. 즉시 다른 처방을 해드리지요."

만일 당신이 진단에 확신을 갖지 못한다면, 처방에 대해서도 신뢰하지 않을 것이다. 이 원칙은 판매에도 적용된다. 유능한 세일즈맨은 제일 먼저 고객의 욕구와 관심 그리고 고객이 처한 사정을 이해하려고 한다. 아마추어 세일즈맨이라면 제품을 팔지만, 전문적인 세일즈맨은 고객의 욕구와 문제점에 대한 해결책을 판매한다. 이 두 사람의 접근방법은 서로 완전히 다르다. 전문적인 세일즈맨은 진단하는 방법과 이해하는 방법을 배운다. 그는 사람들의 욕구를 자기가 판매하는 제품과 서비스에 연관시키는 방법을 배운다. 만약 고객의 욕구를 만족시킬 수 없다면 "제가 판매하는 제품이나 서비스는 당신의 욕구를 충족시키지 못할 것입니다"라고 말할 수 있는 성실성도 반드시 가지고 있어야 한다.

처방을 내리기 전에 진단을 해야 한다는 기본원칙은 법에도 적용된다. 전문적인 변호사는 소송을 준비하기에 앞서 사건의 상황 및 관련된 법과 선례들을 이해하기 위해 우선 자료부터 수집한다. 유능한 변호사는 변론을 작성하기 전에 반대 입장인 검사의 기소문안을 먼저 작성해본다.

이 원칙은 제품을 디자인하는 데도 적용된다. 어떤 회사에서 "이 소비자 연구자료는 쓸데없는 것입니다. 제품이나 설계합시다"라고 말하는 경우를 상상해보라. 이를 바꾸어 말하면 고객의 구매습관과 구매동기를 이해하는 것은 무시하고 제품설계만 하자는 것이다. 이렇게 만든 상품을 소비자들이 찾을 리 만무하다.

훌륭한 토목 엔지니어는 교량을 설계하기 전에 거기에 작용하는 힘과 압력을 이해하려고 할 것이다. 훌륭한 교사는 가르치기 전에 학급의 수준을 평가할 것이다. 영리한 학생은 응용하기 전에 이해부터 할 것이다. 훌륭한 부모는 아이를 평가하거나 판단하기 전에 이해하려 할 것이다.

훌륭한 판단을 위한 열쇠는 이해하는 것이다. 판단부터 하는 사람은 결코 완전히 이해하지 못한다.

먼저 이해를 하는 것이야말로 생활의 모든 분야에 적용되는 분명하고도 올바른 원칙이다. 이것은 보편적이고도 공통적인 원칙으로 특히 대인관계 분야에서는 가장 큰 힘을 발휘한다.

네 가지 자서전적 반응

우리는 타인의 말을 자기의 경험에 비추어 듣는다. 이것은 자서전적 경청으로 다음에 제시되는 네 가지 유형 중 어느 하나로 반응하는 경향을 말한다. 첫째, 우리는 판단한다. 이것은 동의하거나 동의하지 않는 것이다. 둘째, 우리는 탐색한다. 이것은 자신이 가진 준거틀에 입각하여 질문하는 것이다. 셋째, 우리는 충고한다. 이는 자신의 경험에 따라 조언을 하는 것이다. 넷째, 우리는 해석한다. 이때 우리는 자신의 동기와 행동에 근거하여 사람들의 동기와 행동을 유추하고 설명한다.

이 같은 반응 유형들은 자연스럽게 일어난다. 그 이유는 우리가 이런 방식에 이미 깊숙이 젖어 있고 항상 이런 모델에 둘러싸여 있기 때문이다. 그러면 이러한 반응들은 우리의 진정한 이해력에 어떤 영향을 미치는가?

예를 들어 내가 우리 아들과 대화한다고 하자. 이때 아들이 어떤 일에 대해 설명하기 전에 내가 미리 판단해버린다면 아이가 모든 것을 솔직히 자유롭게 털어놓을 수 있겠는가? 이때 나는 아들에게 심리적 공기를 불어넣어주고 있는 것일까?

내가 우리 아이에 대해 탐색을 한다면 아이가 어떻게 느끼겠는가? 여기서 탐색한다는 것은 스무고개 게임을 하는 것과 같다. 이때 내가 아이에게 하는 질문은 나의 과거 경험에 근거하는 자서전적이며 감독적이고 사생활 침해적인 질문이다.

물론 이것은 논리적이다. 그러나 논리의 언어는 감정이나 정서적 언어와는 다르다. 당신은 하루 종일 여러 가지 질문을 해도 무엇이 아이의 문제인지를 결코 찾아내지 못한다. 끊임없는 탐색이야말로 많은 부모들이 자녀들에게 다가가지 못하는 중요한 이유의 하나이다.

"얘야, 요즘 어떻게 지내니?"

"네, 좋아요."

"그런데 요즈음 무슨 일이 있는 거지?"

"아무 일도 없어요."

"학교에선 뭐가 가장 재미있니?"

"별로 재미없어요."

"그럼 너의 주말계획은 뭐니?"

"나도 잘 모르겠어요."

친구와 전화할 때는 중단시키기 어려울 정도로 많은 얘기를 늘어놓는 아들이 당신에게는 고작 한두 마디의 대답만 할 뿐이다. 당신의 집은 아들이 밥 먹고 잠이나 자는 하숙집에 불과하고, 아들은 부모님에게 마음을 터놓지 못하고 생각을 나누지 않는다.

당신이 이 문제에 대해 곰곰이 생각해본다면 아이가 왜 그러는지 알게 될 것이다. 아마도 당신은 아들이 자신의 가벼운 약점을 털어놓을 때마다 자서전적인 경험에 근거한 잔소리와 함께 "그것 봐! 내가 그렇게 충고했잖아?"라고 소리를 지르면서 아들의 감정을 짓밟아버렸는지도 모른다.

우리는 이러한 반응방식에 너무나 익숙해 있기 때문에 그렇게 행동하는 것조차 깨닫지 못한다.

나는 이 개념을 여러 세미나에서 수천 명의 사람들을 대상으로 가르쳐왔다. 우리가 공감적 경청 상황에 대해 역할 연기를 보여주고, 참가자들이 자기 자신이 하는 전형적인 반응을 마침내 파악하기 시작하면, 이들은 대개 큰 쇼크를 받는다. 참가자들은 자신이 보통 때 하는 반응이 어떤지를 깨닫기 시작했고, 공감적 경청을 하는 방법을 학습하면서 커뮤니케이션에서 극적일 만큼 좋은 성과를 거둘 수 있었다. 대부분의 경우 '먼저 이해하라'는 명제는 7가지 습관 가운데 제일 먼저 적용해 볼 수 있는 원칙이다.

이제 아버지와 십대 아들 사이에 이루어지는 전형적인 대화를 한번 살펴보기로 하자. 방금 기술한 네 가지 반응유형을 염두에 두고 아버지가 하는 말을 살펴보자.

"아빠, 난 지쳤어요. 학교는 지루하고 따분해요."

"무슨 일이 있니?"〈탐색〉

"학교는 도대체 실용적이지 않다고요. 난 거기서 얻는 것이 하나도 없어요."

"글쎄, 넌 아직 학교의 좋은 점을 몰라서 그러는 거야. 나도 너만 할 때는 그렇게 생각했단다. 몇몇 과목들은 아무 쓸모없는 것으로 생각했던 기억이 나는구나. 그러나 나중에는 바로 그 과목들이 내게 가장 큰 도움을 주는 것을 알게 되었지. 꾹 참고 조금만 더 기다려보렴."〈충고〉

"저는 제 인생의 10년을 학교에 바쳤어요. 아빠는 'x+y'를 배우는 게 앞으로 자동차 정비사가 되려는 제게 무슨 도움이 될 것인지 말해

줄 수 있나요?"

"자동차 정비사라고? 지금 한 말은 농담이겠지?"〈판단〉

"아뇨. 농담이 아니에요. 조를 보세요. 그 애는 학교를 그만두고 자동차를 수리하고 있어요. 돈도 많이 벌고 있다고요. 그게 실용적인 거죠."

"지금은 그렇게 보일지도 모른단다. 하지만 몇 년 더 지나면 조는 자기가 공부를 계속 했었으면, 하고 후회하게 될 거야. 너는 자동차 정비공이 되고 싶지 않을 거야. 네게는 그것보다 더 나은 직업을 준비하기 위한 교육이 필요해."〈충고〉

"난 모르겠어요. 조는 아주 잘 살고 있어요."

"얘야, 너 정말로 공부에 열중해보았니?"〈탐색, 판단〉

"물론이지요. 전 지금 고등학교를 2년째 다니고 있어요. 그리고 또 분명히 노력해보았어요. 하지만 모든 것이 헛수고예요."

"얘야, 네 학교는 아주 훌륭한 학교란다. 좀더 학교를 믿어보렴."〈충고, 판단〉

"다른 아이들도 저와 마찬가지로 생각하고 있어요."

"네 엄마와 내가 너를 교육시키기 위해 얼마나 많은 희생을 해왔는지 알고 있니? 여기까지 와서 학교를 그만둘 수는 없어."〈판단〉

"부모님이 저를 위해 희생하신다는 건 저도 잘 알아요. 아빠, 하지만 그건 소용없는 일이에요."

"자, 얘야. 만일 네가 TV 보는 시간을 조금 줄이고 공부하는 데 좀더 시간을 투자한다면…."〈충고, 판단〉

"아빠, 소용없어요. 신경쓰지 마세요. 더 이상 이 문제에 대해 얘기하고 싶지 않아요."

아버지의 의도는 분명히 좋았다. 그는 아들을 도와주고자 했다. 그러나 그가 아들에 대해 진정한 이해를 시작이라도 했는가?

이제 아들에 대해 좀더 주의깊게 살펴보자. 그가 하는 말만이 아닌 그의 사고와 느낌(아래의 대화과정에서 괄호로 표시되어 있음), 그리고 아버지가 자서전적으로, 즉 자기경험 중심으로 하는 반응들이 아들에게 주는 효과를 살펴보자.

"아빠, 난 지쳤어요. 학교는 지루하고 따분해요."(난 아빠에게 이야기하고 싶고 아빠의 관심을 끌고 싶어요.)

"얘야, 무슨 일이 있니?"(관심을 가져주는군. 됐다.)

"학교는 도대체 실용적이지 않다고요. 난 거기서 얻는 것이 하나도 없어요."(난 학교 공부에 문제가 있어서 심리적으로 큰 고민이 되고 있어요.)

"글쎄, 넌 아직 학교의 좋은 점을 몰라서 그러는 거야. 나도 너만 할 때는 그렇게 생각했단다."(오, 그게 아닌데! 아빠의 자서전 제3장이 또 나오는구나. 내가 얘기하고 싶은 것은 이게 아닌데. 아빠가 장화도 없이 먼길을 걸으면서 혹은 눈길에 푹푹 빠지면서 학교에 다녔던 건 정말 관심없는데. 내 문제를 얘기하고 싶을 뿐인데.)

"몇몇 과목들은 아무 쓸모없는 것들이라고 생각했던 것이 기억나는구나. 그러나 나중에는 바로 그 과목들이 내게 가장 큰 도움을 주는 것을 알게 되었지. 꾹 참고 조금만 더 기다려보렴."(시간이 내 문제를 해결해 줄 순 없어. 아빠에게 말해버리면 좋겠는데. 그 문제를 서슴없이 털어놓을 수 있으면 좋으련만.)

"저는 제 인생의 10년을 학교에 바쳤어요. 아빠는 'x+y'를 배우는 게 앞으로 자동차 정비사가 되려는 제게 무슨 도움이 될 것인지 말해 줄 수 있나요?"

"자동차 정비사라고? 지금 한 말은 농담이겠지?"(아버지는 내가 자동차 정비사가 되는 것을 좋아하지 않을 거야. 내가 학교를 그만둔다고 하면 펄쩍 뛰시겠지. 그러나 난 내가 한 말을 정당화해야 돼.)

"아뇨. 농담이 아니에요. 조를 보세요. 그 애는 학교를 그만두고 자동차를 수리하고 있어요. 돈도 많이 벌고 있다고요. 그게 실용적인 거죠."

"지금은 그렇게 보이겠지. 하지만 몇 년 더 지나면 조는 자기가 공부를 했었으면, 하고 후회하게 될 거야. (어이구! 교육의 가치에 대한 제16장이 나오는구나.) 너는 자동차 정비공이 되고 싶지 않을 거야. (아빠가 그걸 어떻게 아시죠? 아빠는 정말로 내가 원하는 것에 대해 알기나 하세요?) 네게는 그것보다 더 나은 직업을 준비하기 위한 교육이 필요해."

"난 모르겠어요. 조는 아주 잘 살고 있어요."(그 애는 실패하지 않았어요.)

"얘야, 너 정말로 공부에 열중해보았니?"(우린 지금 핵심은 건드리지 않고 있어요. 만일 아빠가 단지 듣기만 한다면 난 정말로 중요한 것을 얘기할 수 있을 텐데.)

"물론이지요. 전 지금 고등학교를 2년째 다니고 있어요. 그리고 분명히 노력해보았어요. 하지만 모든 것이 헛수고예요."

"얘야, 네 학교는 아주 훌륭한 학교란다. 좀더 학교를 믿어보렴."(오, 맙소사. 지금 우린 신뢰감에 대해 얘기하고 있구나. 난 내가 이야기하고 싶은 것에 대해 이야기할 수 있기를 원하고 있는데.)

"다른 아이들도 저와 마찬가지로 생각하고 있어요."(저 역시 어느 정도는 학교에 대한 신뢰감이 있어요. 저도 멍청이는 아니란 말이에요.)

"네 엄마와 내가 너를 교육시키기 위해 얼마나 많은 희생을 해왔는지 알고 있니?"(응, 그렇지. 이제 죄의식을 느끼게 하는구나. 내가 멍청이겠지. 학교는 훌륭하고 어머니와 아버지도 훌륭하니 멍청한 건 나야.) 여기까지 와서 학교를 그만둘 수는 없어."

"부모님이 저를 위해 희생하신다는 건 저도 잘 알아요. 아빠, 하지만 그것은 소용없는 일이에요."(아빠는 정말 전혀 이해 못하시는군요.)

"자, 얘야. 만일 네가 TV 보는 시간을 조금 줄이고 공부하는 데 좀더 시간을 투자한다면…." (그게 문제가 아니에요, 아빠! 전혀 그 문제가 아니란 말이에요. 난 결코 아빠한테 내 사정을 얘기할 수 없을 거야. 말하려고 한 내가 바보였지.)

"아빠, 소용없어요. 신경쓰지 마세요. 더 이상 이 문제에 대해 얘기하고 싶지 않아요."

우리가 다른 사람을 단지 말만으로 이해하려고 노력하는 것, 특히 자신의 안경, 즉 관점을 통해 상대방을 보는 것이 얼마나 제한적인지 알 수 있겠는가? 또한 상대가 자신을 우리에게 이해시켜려고 애쓸 때 자기 경험 중심의 자서전적 반응이 어떤 제한을 가하는지 알 수 있겠는가?

우리가 진정한 욕구, 강한 내적 성품, 잔고가 많은 감정은행계좌, 공감적 경청기술 등을 개발하기 전에는 다른 사람의 내면에 진정으로 들어가 그가 보는 방식으로 세상을 볼 수 없다.

경청기술은 공감적 경청의 빙산의 일각에 불과할 뿐이지만 다음과 같은 네 가지 발달 단계가 있다.

첫 번째 단계로, 효과 면에서는 가장 약하지만 '내용을 흉내내는 것'이 있다. 이것은 '적극적' 경청, 혹은 '반영적' 경청에서 가르치는 기술이다. 그런데 내적 성품 및 인간관계적 바탕이 없다면 이 기법은 종종 다른 사람을 모욕하고 나아가 마음의 문을 닫게 하는 원인이 되기도 한다. 그러나 이것은 우리로 하여금 최소한 말하는 것이 무슨 얘기인지 듣게 해주기 때문에 초기 단계의 기술에 해당된다.

내용을 흉내내는 것은 쉬운 일이다. 상대방의 입에서 나오는 말을 듣고 반복만 하면 된다. 이때 우리는 거의 머리를 쓰지 않는다.

"아빠, 난 지쳤어요. 이제 학교는 지루하고 따분해요."

"너, 지쳤다구? 학교가 지루하고 따분하다고 생각하는구나."

당신은 아들이 말하는 내용을 그대로 다시 반복했다. 판단하거나, 탐색하거나, 충고하거나, 해석하지 않았다. 적어도 아들이 하는 말에 귀를 귀울이고 있다는 사실을 보여주었다. 그러나 상대방을 이해하기 위해서는 반드시 그 이상의 것을 해야 한다.

공감적 경청의 두 번째 단계는 '내용을 재구성하는 것'이다. 이 단계는 물론 약간은 더 효과적이지만 그래도 여전히 언어적 커뮤니케이션에 머문다.

"아빠, 난 지쳤어요. 학교는 지루하고 따분해요."

"더 이상 학교에 가고 싶지 않은 모양이구나."

이번에는 아들이 하는 말의 의미를 자신의 말로 바꾸어 말했다. 이때 당신은 주로 왼쪽 뇌의 기능인 이성적이고 논리적인 사고를 이용하여 아들이 말하고 있는 내용을 생각해보고 있는 것이다.

세 번째 단계는 오른쪽 뇌를 작동하는 것이다. 즉 '감정을 나타내는 것'이다.

"아빠, 난 지쳤어요. 학교는 지루하고 따분해요."

"너는 정말 좌절감을 느끼고 있는 모양이구나."

이때 당신은 아들이 느끼고 있는 것에 대해 주의를 기울이지만 말하고 있는 내용에 대해서는 많은 주의를 기울이지 않는다.

네 번째 단계는 둘째, 셋째 단계를 모두 포함한다. 당신은 '내용을 재구성하고 감정을 나타낸다.'

"아빠, 난 지쳤어요. 학교는 지루하고 따분해요."

"너 정말로 학교에 대해 좌절감을 느끼고 있구나."

이 경우 좌절감은 감정이고 학교는 그 내용이다. 당신은 아들이 말하는 내용의 두 가지 측면 모두를 이해하기 위해 오른쪽 뇌와 왼쪽 뇌를 동시에 작동하고 있다.

이제 당신은 제4단계의 공감적 경청기술을 사용할 때 일어나는 결과에 대해 믿기지 않을 정도로 놀라워할 것이다. 당신이 아들에 대해 진정으로 이해를 추구할수록, 내용을 재구성하고 감정을 나타낼수록, 아들에게는 심리적 공기를 불어넣어주는 것이 된다. 이것은 아들로 하여금 자신의 사고력과 감정을 통해 문제에 직면하도록 도와준다.

그가 당신이 진정으로 경청하고 이해하고 싶은 진지한 욕구를 가지고 있다는 사실에 대한 믿음을 갖게 되면, 아들의 마음속에 있는 생각과 당신에게 이야기하는 내용 사이의 장벽은 사라지게 된다. 이것은 마음과 마음의 교류에 물꼬를 터주는 것이다. 아들은 이제 더 이상 자기가 생각하고 있는 것이 아닌 엉뚱한 말을 하지 않는다. 아들은 내면 깊숙이 있는 민감한 감정과 사고력으로 당신을 신뢰하기 시작한다.

"아빠, 난 지쳤어요. 학교는 지루하고 따분해요!"(난 아빠에게 이야기하고 싶고 아빠의 관심을 끌고 싶어요.)

"너 정말로 학교에 대해 좌절감을 느끼고 있구나."(됐어요! 그게 바로 내가 느끼는 거예요.)

"확실히 그렇게 생각해요. 학교는 도대체 실용적이지 않다고요. 난 거기서 얻는 것이 하나도 없어요."

"너는 학교가 아무 도움이 되지 않는다고 느끼고 있구나."(자, 생각해 보자. 이게 내가 말하려고 하는 것인가?)

"그럼요. 나는 내게 도움이 되는 것을 하나도 배우지 못하고 있어요. 그러나 조를 보세요. 그 애는 학교를 그만두고 자동차를 수리하고 있어요. 돈도 벌고 있고요. 그게 실용적인 거예요."

"너는 조가 정말로 잘 생각했다고 여기는구나."(글쎄.)

"아마 자기 나름대로는 그렇게 생각하고 있는 것 같아요. 그렇지만 몇 년이 지나면 후회하게 될 게 확실해요."

"너는 조가 잘못 결정한 것을 후회하게 될 거라고 생각하는구나."

"그래요. 그 애가 포기해버린 것이 뭔가를 보세요. 제 얘기는, 만일 교육을 받지 않는다면 이 세상에서 성공할 수 없다는 거예요."

"교육은 정말로 중요하지."

"예, 그래요. 졸업장이 없어서 직장도 못 얻고 대학교도 못 가면 어떻게 되겠어요? 교육은 반드시 받아야 해요."

"그래, 교육은 너의 장래를 위해 중요하지."

"그래요. 그런데 뭔지 아세요? 전 정말 큰 걱정이 있어요. 들어보세요. 엄마한테는 얘기 안 하시는 거지요?"

"엄마에게는 비밀로 하고 싶은 얘기구나."

"반드시 그렇지만은 않아요. 어쨌든 아시게 될 테니까요. 보세요, 아빠. 전 오늘 시험을 봤어요. 독해력 시험이요. 그런데 아빠, 선생님이 제가 초등학교 4학년 수준밖에 안 된다고 하잖아요. 4학년이라구요? 난 고등학교 2학년인데요!"

진정한 이해가 얼마나 큰 차이를 가져오는가! 세상의 그 어떤 훌륭한 충고도 실제 문제를 파악하지 못한다면 쓸모없는 것이 되고 만다. 그리고 우리가 자서전적 경험, 즉 자기의 패러다임에 집착해 있다면 다시 말해 안경을 벗고 다른 사람의 관점에서 세계를 보지 않는다면, 결코 문제를 파악하지 못할 것이다.

"아빠, 난 낙제를 할 판이에요. 낙제할 바에야 학교를 차라리 그만두고 싶어요. 그렇지만 사실은 학교를 그만두고 싶지는 않거든요."

"너 괴로워하고 있구나. 넌 지금 곤경에 처해 있어."

"아빠는 내가 어떻게 해야 한다고 생각해요?"

아버지는 먼저 이해하려고 애씀으로써 대화의 기회를 변화의 기회로 바꾸어놓았다. 그는 단지 피상적인 상호작용, 즉 일상업무 처리 수준의 커뮤니케이션 대신 아들의 문제뿐만 아니라 아들과의 인간관계에까지 영향력을 미칠 수 있는 상황을 만들어낸 것이다. 그는 자신의 자서전적 접근방식에서 벗어나 진정한 이해를 추구함으로써 감정은행계좌에 막대한 예입을 했다. 나아가 아들로 하여금 점차 마음을 열도록 만들어 그가 가진 실제적인 문제를 파악하게 되었다.

이제 부자는 서로 반대편에 앉아서 문제점을 바라보는 대신 같은 쪽에 앉아서 문제를 함께 생각해보게 된 것이다. 그 결과 아들은 아버지의 자서전적 체험을 경청하고자 마음을 열고 충고를 요청한다.

그러나 아버지는 조언을 시작할 때도 아들의 말에 반드시 민감하게 반응해야 한다. 아들의 대답이 논리적이면 아버지는 효과적으로 질문하고 조언할 수 있다. 그러나 아들의 반응이 감정적이면 아버지는 다시 공감적 경청 상태로 돌아가야 한다.

"자, 네가 고려해볼 만한 몇 가지 방법이 있다."

"그게, 뭐죠. 아빠?"

"너의 독해력 공부를 도와줄 어떤 특별한 프로그램 같은 거야. 아마 기술학교 같은 데는 이런 개인지도 프로그램이 있을 거다."

"저도 이미 그것에 대해 알아봤어요. 평일 야간에 이틀 수업하고 토요일에는 온종일 수업을 한다는데요. 수업시간이 너무 많아요."

그 대답에서 불만 섞인 아들의 감정을 느끼기 때문에 아버지는 다시 공감상태로 돌아간다.

"그래, 치러야 할 대가가 너무 크구나."

"게다가 저는 6학년생들에게 운동 코치가 되어주기로 벌써 약속했단 말예요."

"넌 그 애들을 실망시키면 안 되지?"

"그렇지만 이 점은 아빠한테 말씀드릴 수 있어요. 그 특별지도 과정이 정말로 도움이 될 거라는 생각이 들면 매일 밤이라도 가겠어요. 운동 코치는 다시 구하면 되겠죠."

"넌 진정으로 도움을 받고 싶어 하지만 그 프로그램이 효과가 있을지 걱정하는구나."

"아빠는 그 과정이 효과가 있을 거라 생각하세요?"

아들은 이제 좀 더 마음을 열고 논리적으로 된다. 또 아버지의 자서전적 얘기도 다시 원하고 있다. 이제 아버지는 아들에게 영향을 미치고 변혁시킬 수 있는 또 다른 기회를 갖게 되었다.

외부의 조언이 없이도 변혁이 일어나는 경우는 많다. 사람들은 마음을 열 수 있는 기회가 주어질 경우 자신의 문제를 찾아내고 그 과정에서 해결방안을 분명하게 인식하기도 한다.

어떤 경우에는 사람들이 다른 관점과 도움을 필요로 할 때가 있다. 이때 문제를 풀 수 있는 열쇠는 진정으로 개인의 행복을 추구하고 공감하며 경청해서, 당사자가 시간을 들여 스스로 문제를 찾아내어 자신의 페이스를 찾고 문제의 해답을 얻게 하는 것이다. 이처럼 하나하나 껍질을 벗겨가는 과정은 마치 양파껍질을 벗겨서 부드러운 내면의 핵심을 찾아내는 것과 같다.

사람들이 상처받고 있을 때 그를 진정으로 이해하려는 순수한 욕구에서 진실로 경청해주면 이들이 얼마나 마음을 빨리 여는지 놀라게 될 것이다. 사람들은 마음을 열고 싶어 한다. 아이들은 친구보다도 부모에게 마음을 더 열어 보이고 싶어 한다. 부모들이 자신을 조건 없이 사랑하고 계속해서 신뢰하며, 결코 판단하거나 비웃지 않는다고 느낀다면 아이들은 마음을 열 것이다.

당신이 위선이나 기만 없이 상대를 진정으로 이해하고자 노력할 때,

그로부터 자신에게 무언으로 유입되는 순수한 인식과 이해를 발견하고 깜짝 놀라게 되는 경우가 있을 것이다. 그러나 공감하기 위해서 항상 대화가 필요한 것은 아니다. 사실 말이란 때로는 방해에 불과한 경우가 많다. 이것이 바로 테크닉, 즉 기술 자체만 가지고는 효과를 얻지 못하는 중요한 이유 중의 하나이다. 앞에서 말한 종류의 이해는 이 같은 기술을 초월한 것이다. 만일 기술만 분리되어 사용한다면 효과는커녕 방해만 될 것이다.

지금까지 우리가 공감적 기술을 다룬 것은 모든 습관에 있어서 기술이 하나의 중요한 부분이기 때문이다. 우리는 이러한 기술을 가질 필요가 있다. 그러나 만일 공감적 기술들이 상대를 이해하려고 하는 진지한 욕망에서 나온 것이 아니라면 기술 자체만 가지고는 아무런 효과도 얻지 못한다. 사람들은 누가 자신을 교묘하게 조종하고자 시도하면 크게 분개한다. 따라서 친하거나 가까운 사람을 대할 때 당신이 하고자 하는 바를 사실대로 이야기해주는 것이 좋다.

"나는 이 책에서 경청과 공감에 대해 읽으면서 당신과 나의 관계에 대해 생각해보았습니다. 그리고 지금까지는 당신의 말을 올바르게 경청하지 못했다는 사실을 깨달았습니다. 그래서 앞으로 노력하고 싶습니다. 아마 여러 번 실패할지도 모르지만 그래도 해보려고 합니다. 난 진정으로 당신에게 관심을 갖고 있고 또 이해하고 싶습니다. 앞으로 나를 도와주시기 바랍니다." 이처럼 당신의 동기를 설명해주는 것은 감정은행계좌에 막대한 예입을 하는 것이다.

그러나 만일 당신이 진지하지 못하다면 시도조차 해서는 안 된다. 듣는 기술은 상대방의 마음을 열 수 있다. 그러나 당신이 정말로 주의를 기울이는 게 아니거나 진정으로 듣고자 하는 마음이 없다면, 그래서 상대방이 자신만 노출하여 해를 입게 되었다고 느끼게 되면, 당신에게 큰 손해가 되어 돌아올 것이다. 따라서 빙산의 일각인 기술은 반드시 수면 아래에 있는, 거대한 빙산 몸체에 해당하는 성품 저 밑바닥에서 나와야 한다.

공감적 경청이 너무나 많은 시간을 필요로 한다고 불평하는 사람도 있을 것이다. 물론 처음에는 많은 시간이 걸릴지 모른다. 그러나 얼마 후면 많은 시간을 절약할 수 있다. 당신이 의사로서 현명한 처방을 내리길 원한다면 우선 정확한 진단부터 해야 한다. 의사가 이렇게 말할 수는 없지 않은가? "난 지금 너무 바빠요. 진단할 시간이 없으니 이 처방이나 받아가시오."

나는 언젠가 하와이 오아후(Oahu)의 북부 해변 어떤 방에서 책을 집필했었다. 방을 시원하게 하려고 창문 두 개를 열어놓았는데 하나는 그 방의 앞쪽에, 또 다른 하나는 옆쪽에 있었다. 나는 커다란 책상 위에 많은 원고를 각 장별로 늘어놓고 있었다.

이때 갑자기 바람이 세게 불어와 원고가 사방으로 날아가버렸다. 나는 원고를 주우러 온 방을 뛰어다니는 낭패를 겪었다. 마침내 나는 차라리 몇 초가 더 걸렸더라도 창문 한 개를 닫았더라면 문제가 쉽게 해결되었을 것이라는 사실을 깨달았다.

공감적 경청은 시간을 필요로 한다. 그러나 여기에 걸리는 시간은 우리가 인생 길을 잘못 들어 수킬로를 간 뒤에 되돌아가는 데 걸리는 시간, 혹은 드러나지 않고 해결되지도 않은 문제들을 가지고 살아가는 데 걸리는 시간, 나아가 사람들에게 심리적 공기를 주지 않아 나타나는 결과를 처리하는 데 걸리는 시간 등에 비교하면 아무것도 아니다.

분별력 있는 공감적 경청자는 다른 사람의 내면 깊숙이 일어나는 현상을 재빨리 알아차릴 수 있다. 그리고 다른 사람들이 실제 문제가 있는 내면 중심부에 도달할 때까지 한 겹씩 껍질을 벗겨내는 것을 안전하게 느끼도록 수용과 이해를 보여줄 수 있다.

사람들은 이해받기를 원한다. 그들을 이해하기 위해 투자하는 시간은 우리가 문제점을 정확히 파악하고 이해할 수 있게 함으로써, 또한 높은 감정은행계좌를 갖도록 함으로써 나중에 그보다 훨씬 많은 양의 시간을 절약할 수 있도록 해준다.

이해와 지각

다른 사람이 하는 말을 깊이 있게 경청하는 법을 학습하면 자신의 지각에 엄청난 차이가 나타난다는 사실을 발견하게 될 것이다. 또한 사람들이 상호의존적인 환경에서 함께 일하려 할 때 이러한 지각의 차이가 미칠 수 있는 영향력을 절감하기 시작할 것이다.

앞에서 소개한 지각실험에서 당신은 제시된 그림을 젊은 부인으로 보고 있고 반대로 나는 늙은 부인으로 보고 있다. 그러나 우리 두 사람은 모두 옳을 수 있다.

당신은 배우자 중심의 관점에서 세상을 바라볼지 모른다. 그러나 나는 경제적 관점인 금전 중심적으로 세상을 볼 수도 있다.

당신은 풍요의 심리를 패러다임으로 가지고 있으나 나는 부족의 심리를 패러다임으로 가질 수도 있다.

당신은 시각적이고 직관적이며 종합적인 오른쪽 뇌의 패러다임으로 문제에 접근하는 반면에, 나는 왼쪽 뇌를 사용하여 순차적이고 분석적이며 언어적인 패러다임에서 접근할 수도 있다.

우리들의 지각은 크게 다를 수 있다. 우리 두 사람은 각자의 패러다임을 가지고 오랫동안 살아왔다. 각자 자신의 패러다임을 '사실'이라고 생각하면서 '사실을 보지 못하는' 사람이 있으면 그 사람의 성품이나 정신적 능력에 의문을 가지기도 했다.

그러나 이 같은 모든 차이점에도 불구하고, 우리는 자원을 관리하고 목표를 달성하기 위해 함께 일하고자 노력하고 있다. 그러한 목표는 결혼생활일 수도 있고 직장이나 지역사회의 봉사활동일 수도 있다. 그렇다면 우리는 이 문제를 어떻게 해결할 수 있는가? 어떻게 하면 깊숙한 내면의 대화를 나누고 문제를 협력하여 처리함으로써 우리 모두가 승리자가 되는 해결책에 이를 수 있을까? 어떠한 방법으로 우리들이 갖고 있는 개인적인 지각의 한계를 뛰어넘을 수 있을까?

그 대답이 바로 습관 5이다. 이것은 모두가 이기는 승-승 과정의 첫 단계에 해당한다. 설사 다른 사람이 이 패러다임에 동의하지 않는다 하더라도(특히 이런 경우에) 우선 그 사람을 이해하려고 애써보자.

승-승의 원칙은 다음과 같은 경험을 나에게 들려준 어떤 중역에게 매우 강하게 적용되었다.

"나는 전국에 지점망을 거느린 대형 금융회사와의 계약을 두고 협상하던 어느 조그만 회사에 근무하고 있었습니다. 이 금융회사는 샌프란시스코에서 변호사를 데려오고 오하이오에서는 협상 전문가를 초빙해왔으며 자기 그룹에서도 행장 2명을 데려오는 등, 총 8명으로 구성된 협상 팀을 만들었습니다. 내가 일하고 있던 회사는 승-승 아니면 무거래 원칙을 지키도록 결정했지요. 우리 회사는 서비스 수준을 높이고 그에 따라 비용을 대폭 인상하려고 했지만 이 거대한 금융기관의 요구에 거의 압도되고 있었습니다.

우리 회사의 사장은 협상 테이블에 마주 앉아 있는 상대방에게 이렇게 말했습니다. '우리는 당신들이 원하는 방식대로 계약서를 작성하고 싶습니다. 그렇게 함으로써 여러분의 요구와 관심사항이 무엇인지를 확실히 이해하고 싶습니다. 그리고 답변을 하겠습니다. 그다음에 우리는 여기에 대해 이야기할 수 있을 것 같습니다.' 이 말에 상대방 협상 팀의 구성원들은 적잖이 압도된 눈치였습니다. 자신들이 계약서를 작성할 기회를 갖게 된다는 것에 대해 깜짝 놀라는 것이었어요. 사실 이들은 3일이나 걸려 그 계약서를 만들었습니다.

이들이 계약서를 제시했을 때 사장은 다음과 같이 말했습니다. '자, 당신들이 원하는 것을 우리가 제대로 이해했는지 확인해봅시다.' 그리고 사장은 계약서를 검토했습니다. 그는 계약서 내용을 하나하나 짚어가면서 상대방에게 중요한 것을 자신도 이해했다는 점을 자기 자신과 상대방이 확신할 때까지 내용을 재구성하여 말해보고 느낌도 반영하였습니다. '네, 됐습니다. 여기서 우리가 의미하는 건 정확히 그게 아니고…. 자, 이제 됐습니다.'

이렇게 해서 사장이 이 사람들의 관점을 철두철미하게 이해했을 때, 그는 자신의 관점에서 몇 가지 관심사항을 설명했습니다. 그렇게 하자 이들은 듣고 있었지요. 이 사람들은 경청할 준비가 되어 있었습니다. 이들은 심리적 공기를 얻기 위해 싸우고 있지 않았어요. 처음에 매우 공식적이고 신뢰감도 없고 적대적이기조차 했던 분위기에서 시작된 협상은 이제 시너지를 얻을 수 있는 훌륭한 분위기로 바뀌어 있었습니다.

협상이 종결되는 말미에 협상 팀의 구성원들은 이렇게 말했습니다. '우리는 귀사와 일하기를 원합니다. 우린 이 계약을 하고 싶습니다. 가격이 얼마인지만 말씀해주십시오. 서명할 테니까요.'"

그다음에 이해를 구하라

먼저 상대방을 이해하도록 노력하라. 그런 다음 상대방에게 스스로의 입장에 대해 이해를 구하라. 이해를 구하는 방법을 아는 것은 습관 5의 나머지 부분이다. 승-승의 해결책에 이르기 위해서는 이것도 중요하다.

앞에서 성숙성을 정의하기를, 용기와 배려 간의 균형상태라고 말하였다. 이해는 배려를 필요로 한다. 반면에 이해를 구하는 것은 용기를 필요로 한다. 승-승의 해결책은 이상의 두 가지가 모두 높은 수준에 있어야만 얻을 수 있다. 따라서 이해를 구한다는 것은 상호의존적인 상황에서 매우 중요하다.

일찍이 그리스인들은 에토스(ethos), 파토스(pathos), 로고스(logos)라는 단계적인 세 가지 단어를 통하여 훌륭한 철학을 구체적으로 표현했다. 나는 이들 세 단어가 우선 이해하려고 노력하고 그다음에 효과적으로 표현한다는 의미를 포함하고 있다고 생각한다.

에토스는 당신이 가지고 있는 개인적인 신용이다. 즉, 사람들이 당신의 성실성과 능력에 대해 갖는 신뢰감이다. 이것은 당신이 감정은행계좌에 적립해놓은 신용이다. 파토스는 공감적 측면이다. 이것은 인간적 감정이라 할 수 있다. 즉, 다른 사람들과의 대화에서 감정을 함께 느끼는 것을 의미한다. 그리고 로고스는 논리적인 측면으로 설득할 때의 이성적 부분이다.

이제 세 어휘인 에토스, 파토스, 로고스의 단계적 진행에 대해 주목해보자. 이것은 성품, 인간관계, 설득의 논리성을 말한다. 나아가 또 하나의 중대한 패러다임 전환을 의미한다. 대부분의 사람들은 상대방을 설득할 때 아이디어를 갖는 로고스, 즉 왼쪽 뇌의 논리를 활용한다. 이처럼 사람들은 에토스와 파토스는 전혀 고려하지 않은 채 논리의 타당성만 다른 사람에게 설득하려고 노력한다.

나는 상사의 비생산적인 리더십 스타일 때문에 매우 낙담해 있던 한 사람을 알고 있다.

"왜 우리 상사는 아무런 노력도 하지 않을까요?" 그는 내게 물었다. "내가 상사에게 그 점에 대해 얘기했고 그도 문제점을 알고 있는데 전혀 고치려고 하지 않습니다."

"그렇다면 당신은 왜 효과적으로 설득하지 않았습니까?" 하고 내가 물었다.

"난 했어요." 그는 대답했다.

"당신은 '효과적'이라는 말을 어떻게 정의합니까? 세일즈맨이 판매를 잘하지 못하면 회사에서 누구를 훈련과정으로 보냅니까? 고객을 보냅니까? 효과적이란 말은, 일이 제대로 됨을 의미합니다. 이것은 생산-생산능력을 의미하는 것이지요. 당신은 원했던 변화를 만들어냈습니까? 그 과정에서 상사와의 인간관계를 구축했나요? 당신의 설득이 가져온 결과는 무엇입니까?"

"그가 아무 시정도 하지 않았다고 말했잖습니까? 그는 내 말을 듣지도 않았어요."

"그렇다면 효과적으로 설득해보세요. 상사와의 대화에서 공감을 얻으세요. 먼저 그의 사고방식으로 생각해보세요. 또 당신이 이야기하고자 하는 바를 간단하고 알기 쉽게 설명해보세요. 물론 사전에 상당한 연구와 준비가 필요합니다. 그렇게 할 수 있겠습니까?"

"왜 내가 그렇게 해야 하는 거죠?" 그가 물었다.

"바꿔 말해서, 당신은 상사의 리더십 스타일을 바꾸고는 싶은데 자기 자신의 설득하는 방식은 바꿀 의향이 없다는 말입니까?"

"글쎄, 별로요"라고 그가 대답했다.

"자, 그렇다면" 하고 나는 말했다. "그의 스타일에 적응하며 웃고 지내는 방법밖에 없군요."

"그렇게 살 수는 없습니다"라고 그는 말했다. "그건 내 인격을 손상하는 것입니다."

"좋아요. 그렇다면 효과적으로 설득하는 방법을 배워서 이용하세요. 그것이 바로 당신이 영향력을 끼칠 수 있는 부분입니다."

결국 그는 그렇게 하지 않았다. 거기에 노력을 투자한다는 것이 그에게는 너무나 힘들었던 모양이다.

또 다른 사람은 대학교수였는데 그 대가를 지불할 용의가 있었다. 어느 날 그가 내게 와서 말했다. "스티븐, 내 연구에 필요한 연구비를 얻어내야겠는데 그 첫 관문을 통과할 수가 없네. 왜냐하면 내 연구가 우리 학과의 주요 관심 분야와는 좀 거리가 있기 때문이야."

그의 처지에 대해서 오래 얘기해본 다음, 나는 그에게 에토스와 파토스 그리고 로고스를 사용해서 효과적인 프레젠테이션을 해보라고 권했다. "나는 자네의 마음이 진실하며 자네가 하고자 하는 연구도 대학에 큰 이익을 가져올 것으로 생각하네. 그 사람들이 지지하는 방침에 대해서 그들 자신이 할 수 있는 것보다 훨씬 더 훌륭하게 설명해주게. 자네가 그들의 입장을 깊이 이해하고 있음을 그들에게 보여주란 말일세. 그다음에 신중하게 자네가 요청하는 논리를 설명하게."

"그래, 해보겠네"라고 그는 말했다.

"자네, 나와 한번 연습해보고 싶나?" 하고 내가 물었다. 그는 그것을 원했고 우리는 그의 접근방식을 미리 한번 연습해보았다.

그러고 나서 실제로 프레젠테이션을 할 때 그는 다음과 같이 시작했다. "저는 우선 제가 할 발표와 제안이 여러분이 갖는 목표와 관심을 정확하게 반영하고 있는지부터 살펴보고 싶습니다."

그는 시간을 들여 차근차근 그리고 천천히 설명해나갔다. 그가 다른 교수들에 대해 깊이 이해하고, 또 그들의 관점을 존중해주는 발표를 해나가는 도중 한 노교수는 다른 교수들을 향해 머리를 끄덕였고 다시 이 친구에게 고개를 돌리며 이렇게 말했다. "연구비를 지원하겠소."

자신의 생각을 분명하고 상세하게, 시각적으로 그리고 상대방의 패러다임과 관심에 대한 깊은 이해를 바탕으로 설명할 수 있으면, 자기 생각에 대한 신빙성을 훨씬 더 높일 수 있다. 당신은 이때 '자기 스타일'에만 집착하여 가두연설식의 수식어로 설명해서는 안 된다. 당신은 철저히 이해해야 한다. 당신의 설명은 원래 생각했던 것과 다를 수도 있다. 왜냐하면 당신 자신이 이해하려고 노력하면서 학습했기 때문이다.

습관 5는 프레젠테이션을 하는 데 정확성을 높여주고 나아가 당신의 말과 행동이 더욱 일치되도록 해준다. 그러면 사람들은 당신이 진정으로 믿고 있는 생각을 제시하고 있다는 점과 당신의 생각이 모든 사람들에게 이익을 줄 것이란 사실을 알게 된다.

일대일의 대화

습관 5는 우리가 가진 '영향력의 원' 바로 그 중심부에 위치하고 있기 때문에 강력하다. 상호의존적인 상황에서는 많은 요인들이 우리가 가진 '관심의 원' 내에 들어 있다. 말하자면 여러 가지 문제점, 견해의 불일치, 제반 여건, 다른 사람들의 행동 같은 요인들이 그것이다. 그런데 만일 자신의 에너지를 이 같은 '관심의 원'에 집중한다면 바람직하지 못한 결과를 가져오는 데에 에너지를 소모하게 된다.

그러나 우리는 항상 상대방을 먼저 이해하려고 노력할 수 있다. 이것은 우리가 통제할 수 있는 '영향력의 원' 내에 있는 것이다. 이 '영향력의 원'에 에너지를 집중하면 다른 사람들을 깊이 이해하게 된다. 이렇게 되면 함께 일하는 데 필요한 정확한 정보를 갖게 되고, 문제의 핵심을 재빨리 파악하게 되고, 감정은행계좌에 예입하게 될 뿐만 아니라 다른 사람들과 더불어 효과적으로 일하는 데 필요한 심리적 공기를 불어넣어 줄 수 있게 된다.

이것은 내면의 세계에서부터 출발하는 접근방법이다. 이것을 실행하면서 자신의 영향력의 원 내에 무슨 현상이 일어나는가를 살펴보자. 우리는 진정으로 상대의 말을 경청하고 있기 때문에 상대방에게 영향을 줄 수 있는 상태가 된다. 그리고 영향을 줄 수 있는 상태가 되었기에 상대방에게 영향력을 가질 수 있게 된다. 이때 우리의 영향력의 원은 점차 더 확대되기 시작한다. 결과적으로 우리 자신의 관심의 원 내에 있는 많은 일들에 대해 영향을 미칠 수 있는 능력을 점점 더 많이 얻게 된다.

이제 우리에게 어떤 현상이 일어나는가를 살펴보자. 우리가 다른 사람들을 깊이 이해할수록 그들의 진가를 이해하게 되고 더 큰 존경심을 느끼게 될 것이다. 이처럼 다른 인간의 영혼과 접촉한다는 것은 마치 성지(聖地)를 걸을 때 느끼는 것 같은 경외심을 갖게 한다.

습관 5는 우리가 지금 당장 실행해볼 수 있는 것이다. 자신의 자서전적 이야기는 일단 저만치 밀어놓고 상대방을 진정으로 이해하도록 애쓸 수 있다. 비록 사람들이 자신의 문제점에 대해 털어놓기를 꺼린다고 할지라도 우리는 그 사람에 대해 공감할 수 있다. 즉, 상대방의 마음을 감지하고 그가 가진 상처를 공감하여 "오늘은 별로 좋은 일이 없나 보군요"라고 말할 수 있다. 상대방은 아무런 얘기도 하지 않을지 모른다. 그래도 좋다. 상대방에 대한 이해와 존중심을 보여주었으니 말이다.

성급히 서둘러서는 안 된다. 인내심을 갖고 상대를 존중하는 마음을 가져야 한다. 우리가 공감하기 전에 사람들은 마음을 열고 말하지 않는다. 또한 우리는 항상 사람들이 하는 행동에 대해 공감할 수 있다. 우리는 분별력 있고 민감하게 알아차리고 필요할 때에는 자서전적인 과거를 말하려는 태도를 벗어나서 행동할 수 있다.

만일 우리가 고도로 주도적인 사람이라면 예방 차원의 일을 할 기회를 만들 수도 있다. 그러면 아들이나 딸이 학교에서 문제를 일으킬 때까지 기다릴 필요가 없으며 사업관계의 협상에서도 상대방을 먼저 이해하기 위하여 노력할 것이다.

이제 자녀들과 일대일로 시간을 가져보라. 자녀의 말에 귀를 기울이고 이해하라. 자녀들의 시각을 통해 가정, 학교생활 그리고 이들이 직면하는 도전과 문제를 바라보라. 감정은행계좌에 예입하라. 자녀들에게 심리적 공기를 불어넣어주어라.

당신의 배우자와 정기적으로 외출하라. 함께 저녁식사를 하든지 같이 즐길 수 있는 일을 해보라. 상대방의 얘기를 경청하고 마음을 이해하기 위해 노력하라. 상대방의 눈을 통해 인생을 바라보라.

나에게는 아내와 함께 보내는 일상적인 시간이 어떤 것과도 바꿀 수 없는 소중한 것이다. 우리는 서로를 이해하기 위해 노력할 뿐만 아니라 종종 아이들의 대화에 도움이 될 공감적 경청 기술을 실제로 연습해본다.

우리는 주어진 상황에 대해서 서로 바라보는 다른 관점을 함께 나눈다. 그리고 가정에서 일어나는 어려운 가족 문제에 대해서 좀더 효과적인 접근을 하기 위한 역할 연기를 해보기도 한다.

아직 가정에 대해 기본적인 책임을 다하지 못했음에도 불구하고 어떤 특별한 권리를 요구하고 있는 아들이나 딸의 역할을 내가 맡고 아내는 어머니의 역할을 맡는다.

우리는 이런저런 상호작용을 해보고 아주 현실적인 방식으로 그 상황을 상상해보려고 노력한다. 이를 통해 시종일관 아이들에게 올바른 원칙을 모델링*하고 가르치도록 우리 스스로를 훈련할 수 있기 때문이다. 우리에게 가장 도움이 되는 역할 연기는 우리가 '실수한' 과거의 어려웠던 시기나 긴장됐던 순간을 재연하는 것이다.

사랑하는 사람을 깊이 이해하기 위하여 시간을 투자하는 것은 서로 마음을 열고 대화하는 데 엄청난 도움이 된다. 이런 경우 가족과 결혼생활을 괴롭히는 많은 문제들이 곪고 악화될 여지가 생기지 않는다. 또 서로 마음을 터놓고 대화하기 때문에 잠재적인 문제들도 미연에 방지할 수 있다. 나아가 감정은행계좌에 많은 예입이 되기 때문에 어쩔 수 없이 일어나는 문제들도 쉽게 다루어질 수 있다.

기업에서도 직원들과 일대일로 대화하는 시간을 가져보라. 그들의 말을 경청하고 이해하라. 회사 내의 모든 계층에서 정직하고 정확한 의견을 수렴할수록 인적자원 계정과 이해관계자 정보 시스템을 만들어라. 여기에는 고객, 공급자, 직원 등이 포함될 수 있다. 재무적 요소나 기술적 요소만큼 인간적 요소를 중요하게 생각하라. 당신이 회사의 모든 계층의 인적자원에 신경쓴다면 시간, 에너지, 돈을 무한히 절약하게 될 것이다. 당신이 경청하면, 당신은 배우게 된다. 그리고 이것은 함께 일하는 또 당신을 위해 일하는 사람들에게 심리적 공기를 제공한다. 당신은 이들로부터 오전 8시부터 오후 5시까지 규정된 근무만 하겠다는 생각을 뛰어넘는 애사심을 불러일으킬 수 있을 것이다.

먼저 상대방을 이해하도록 노력하라. 문제가 생기기 전에, 진단하고 처방하기 전에, 자신의 생각이나 아이디어를 제시하기 전에 이해하도록 노력하라. 그것이야말로 효과적인 상호의존성에 대한 훌륭한 습관이다.

우리가 서로를 진정으로 깊이 이해할 때, 창의적인 해결방법과 제3의

* Modeling, 모델을 보면서 저절로 그 언행을 모방하는 것.— 옮긴이.

대안에 접근하는 문을 열게 된다. 그렇게 되면 우리들이 갖고 있는 차이점은 더 이상 커뮤니케이션과 발전에 걸림돌이 되지 않는다. 오히려 이 같은 차이점은 시너지 효과를 얻기 위한 디딤돌이 된다.

습관 5의 적용을 위한 제언

1. 감정은행계좌가 적자라고 느껴지는 어떤 사람과의 관계를 하나 선택하라. 이 사람의 관점에서 상황을 이해하도록 노력하고 이를 작성해보라. 이 사람과 다음번에 만날 때 당신이 작성한 것을 당신이 직접 듣고 있는 것과 비교하면서 그를 이해하기 위해 경청하라. 당신이 세운 가정들은 얼마나 유용한가? 당신은 진정으로 이 사람의 관점을 이해했는가?

2. 매우 가까운 누군가와 공감이란 무엇인지에 대해 의견을 나누어 보라. 진정으로 그의 말을 경청하기를 원한다고 얘기하라. 그리고 일주일 후에 이에 대한 피드백을 받고 싶다고 말하라. 당신이 노력한 결과가 어떠하였는가? 당신이 한 행동이 그를 어떻게 느끼도록 만들었는가?

3. 사람들이 하는 커뮤니케이션을 지켜볼 기회를 갖고 몇 분 동안 귀를 막고 그저 관찰만 하라. 말만으로 교감하지 못하는 어떤 감정이 전달되고 있는가?

4. 당신 스스로 하는 자서전적인 반응 중의 하나—탐색, 판단, 충고, 해석—를 부적절하게 사용하는 순간을 잡아보라. 그리고 그 잘못

을 인정하고 사과하여 신뢰를 예입하는 기회로 바꾸어보라.("죄송합니다. 제가 진정으로 이해하려고 노력하지 않았다는 점을 이제 알았습니다. 다시 시작할 수 있을까요?")

5. 프레젠테이션을 할 때는 공감에 기초를 두라. 상대방의 관점을 그 사람보다 더 잘 설명해보라. 그러고 난 후 상대방이 가진 준거틀로 당신의 관점이 이해되도록 노력하라.

습관 5에 대한 새로운 통찰

– 숀 코비

경영대학원을 졸업한 후 나는 어려운 결정을 내려야 했다. 올랜도에 있는 디즈니의 어트랙션 기획 부서에 입사 제안을 받았는데, 이는 세상에서 가장 멋진 직업일 수도 있었다. 한편, 나는 아버지가 10년 전에 시작한 회사인 코비리더십센터의 입사 제안도 받았다.

이 무렵 나는 200명의 고위 관리자들에게 습관 5를 가르치고 있던 아버지의 강연에 따라갔다. 그는 공감의 기술, 즉 다른 사람이 하는 말의 느낌을 반영하여 내용을 고쳐 말하는 방법에 대해 이야기하고 있었다. 강연의 요점은 공감적 경청을 배울 수 있다면, 10배 더 효과적으로 사람들을 대할 수 있다는 것이었다. 이를 증명하기 위해 아버지는 학교를 자퇴하고 싶어 하는 십대 역할(이 장, 421페이지에서 아버지가 하는 것과 동일한 역할 연기)을 했고, 다양한 참석자들에게 아버지 역할을 부탁했다. 그리고 그가 전달하려는 것을 공감적으로 경청하려고 노력해달라고 부탁했다.

하지만 이들은 그것을 이해하지 못했고, 계속해서 역할 연기를 망쳤다. 이들은 캐묻거나, 충고하거나, 자신의 자서전을 공유했다. 그래도 아버지는 연기를 계속했다. 참석자들은 답답해하기 시작했고, "이 사람은 누구고, 무엇을 증명하려고 하는 걸까?" 하는 의문을 제기하며 요점을 궁금해하기 시작했다. 분위기는 거의 혼돈 그 자체였다. 마침내, 누군가가 공감적으로 반응했고, 아버지(아직 아들 역할)는 마음을 터놓았다. 그리고 나서 또 다른 누군가가 새로운 공감적 반응을 나타냈고, 그들은 공감적 경청을 이해하기 시작했다.

아버지 역할을 하는 그들이 조금씩 공감적으로 반응하자, 아들 역할을 하는 아버지는 계속해서 마음을 터놓았다. 결국 아들의 진짜 문제가 드러나고 해결되었다. 그것은 변혁적인 경험이었다. 하나같이 유능하고 성공한 사람들인 이 관리자들은, 생애 처음으로 공감과 그 중요성을 이해했다! 방의 분위기는 혼돈에서 깨달음으로 바뀌었다. 이 관리자들은 절대 이전 같지 않을 것이었다. 나는 의자에 등을 기대며 생각했다. 여기서 일하리라고.

습관 5의 세부 사항에 대한 질문이 아주 많은 것 같아, 이 장에서는 질의응답 형식으로 나의 통찰을 공유하려 한다.

습관 5를 항상 사용해야 하나?

아니다. 공감적 경청이 필요한 때와 장소가 있다. 동료가 진로에 대한 조언을 필요로 하거나 사랑하는 사람과 의사소통에 문제가 있는 경우처럼, 주제가 중요하거나, 민감하거나, 정말 개인적인 경우에 공감적 경청을 사용하라. 이런 대화들은 시간이 걸리고, 서둘러서는 안 된다. 일반적으로 좋은 방법은 감정이 고조될 때마다 공감하는 것이다. 격의 없이 나누는 대화나 일상적인 잡담에서는 그렇게 할 필요가 없다. 만약 누군가가 당신에게 다가와 "화장실이 어디에 있어요? 제가 정말 급해서요"라고 말할 때, "제가 올바르게 이해하고 있다면, 당신은 정말 화장실에 가야 하는군요"라고 할 필요는 없는 것이다.

이 습관은 왜 그렇게 어려운가?

이 습관에 애를 먹고 있다고 해도, 당신은 걱정할 필요가 없다. 아버지도 모든 습관 중에서 이것을 가장 어려워하셨다. 그는 "내가 옳다는 걸 알고 있을 땐 경청하기 어렵다"고 농담하곤 했다.

습관 5는 대부분 사람이 스스로 잘하고 있다고 생각하지만, 실제로는 가장 못하는 습관이다. 그들은 말한다. "맞아요, 저는 남의 말을 잘 들어 주는 편인 것 같아요." 하지만 사실 그들은 상대방의 기준이 아닌 자신의 기준으로 듣고 있다. 이해하려는 게 아니라 하나의 의견을 가지고 대꾸하려는 의도로 경청한다. 그들은 결코 다른 사람의 입장을 이해하지 않는다. 그리고 핵심 문제를 알아내지 못하고 사람들의 마음을 완전히 사로잡지 못하는 등 너무나 많은 것을 놓치고 있다.

리더의 위치에 있을 때는 공감적으로 듣는 것이 더욱 어려워진다. 사람들은 권위에 따르는 경향이 있기 때문이다. 그렇기 때문에 많은 고위 관리자들이 듣는 것을 못 하고, 거의 혼자서만 말한다. 캘리포니아대학교의 대처 켈트너 교수는 리더들이 공감과 타인을 돕는 다른 실천들을 통해 영향력을 얻었다가, 영향력과 권력을 얻으면 그러한 기술들을 잃어버리는 현상을 설명하기 위해 '권력 역설(power paradox)'이라는 용어를 만들었다. 실제로 더 높이 올라갈수록, 리더들은 더 적은 공감력을 갖는 경향이 있다.[6] 만약 당신이 리더 역할을 하고 있다면, 스스로 판단해보라. 다음 번 팀 회의 때, 스스로에게 물어보라. "오늘 회의에서 나온 말 중 몇 퍼센트가 내 입에서 나왔을까?" 만약 그 방에 6명의 사람들이 있었고 80퍼센트의 말이 당신 입에서 나왔다면, 그것은 문제다.

나의 동료 제이 허드슨은 자전적 시점을 통해 듣는 것이 어떻게 심각한 오해를 야기할 수 있는지 알아냈다.

> 콜로라도 교정청에서 근무했을 때, 저희 사동 중 한 곳에서 교위와 재소자 사이에 일어난 사고에 대해 알게 되었어요. 이 재소자는 다른 시설로 이송될 예정이었고, 이감 전에 정례적인 소지품 검사를 거쳐야 했습니다. 소지품 목록을 작성하던 교위는 말을 더듬는 장애가 있었어요. 그것은 임

무에 결코 영향을 미치지 않았고, 오히려 그는 장애에도 불구하고 의사소통에 뛰어난 사람이었죠. 그런데 제가 사동에 도착했을 때, 그는 극도로 화가 나 있었어요. 재소자가 교위의 말더듬이 흉내를 내며 그를 조롱하고 있었거든요.

저는 이 재소자를 찬찬히 살펴보다가 그 또한 아주 화가 났다는 것을 알았어요. 소지품 목록을 작성하던 교위가 '이 재소자의' 말더듬이 흉내를 냈기 때문이었죠. 그제야 알았어요! 교위와 재소자, 두 사람 다 말을 더듬는 언어 장애를 가지고 있었던 거예요! 두 사람은 상대방이 자신의 말더듬이 흉내를 내고 있다고 생각했고, 서로 같은 장애로 고통받고 있다는 것을 몰랐어요. 교위는 일의 전말을 깨닫고, 이 재소자에게 가서 악수하며 오해한 것을 사과했습니다.

교정 환경에 익숙한 사람이라면, 오해가 아주 빠르게 불안정한 상황을 만들 수 있다는 것을 알아요. 모든 상황에서 먼저 이해하는 것이 안전과 보안을 유지하는 열쇠죠.

당신도 이 습관으로 애를 먹는가?

그렇다, 나도 애를 먹는다. 나도 내 입장에서 벗어나 다른 사람의 입장을 생각해보라고 계속해서 스스로에게 상기시켜야 한다.

대학 시절, 나는 내 꿈이었던 브리검영대학교 쿼터백 선발 선수가 되었다. 내가 브리검영에 갔던 이유는 그 당시 그 학교가 여느 학교들보다 많은 경기에 출장했고, 나는 많은 경기에 나가 활약하고 싶었기 때문이다. 하지만 선발 선수가 된 지 2년 후 4학년이 되기 직전, 전방십자인대가 파열되어 무릎 재건 수술을 받아야 했다. 내 미식축구 경력은 사실상 끝나고 말았다. 나는 낙담했다.

그래서 결혼하고 아들이 생겼을 때, 나는 쿼터백이 되는 것에 대해 내가 아는 모든 것을 아들에게 가르쳐주기로 결심했다. 심지어 이름도 내 이름을 따서 마이클 숀으로 지었다. 나는 허들을 지휘하는 방법, 수비를 읽는 방법, 평정을 유지하는 방법, 장거리 패스를 던지는 방법을 가르쳤다. 초등학교부터 중학교까지 그가 있던 팀을 전부 지도하는 데 셀 수 없이 많은 시간을 보냈다. 그는 매우 훌륭한 쿼터백이 되었다. 사람들이 "당신 아들이 오늘 멋진 경기를 했어요!"라고 말하면, 나는 너무나 뿌듯했다.

하지만 9학년이 되기 전 여름, 마이클 숀이 오더니 갑자기 말했다. "아빠, 저 이번 시즌에는 미식축구를 하고 싶지 않아요."

내 입에서 가장 먼저 나온 말은 이러했다. "진심이야? 내가 널 훈련시키는 데 얼마나 많은 시간을 보냈는지 알아?"

"알아요. 감사하게 생각하지만, 그냥 경기를 하고 싶지 않아요."

상상할 수 있겠지만, 나는 죄책감을 유발하는 등 그 애를 설득하기 위해 할 수 있는 모든 걸 했다. "그래서 이 모든 기술을 익혀 놓고, 그냥 전부 버리고 싶다고?" 하지만 내가 어떤 말을 해도 그는 요지부동이었다.

불과 며칠 후에, 나는 회사에서 팀원들과 공감적 경청에 관한 워크숍 행사를 기획하다가 불현듯 이 생각이 떠올랐다. '맙소사, 난 공감적 경청을 전혀 안 하고 있었구나!' 나는 이 내용과 함께 자랐고, 이것에 대해 책까지 썼는데 이 습관대로 사는 걸 잊고 있었다.

나는 처음으로 돌아가 개인의 승리를 쟁취해야 했다. 나는 습관 1의 자아의식을 이용해 내 실수를 깨닫고, 내 반응을 선택할 수 있는 마음의 여유를 만들었다. 그러면서 내 자아가 아들의 성공에 얼마나 매여 있었는지 깨달았다. 아들을 위해 최선을 다한다고 생각했지만, 실제로는 아들을 통해 내가 이루지 못한 욕망을 실현하려고 애쓰고 있었다.

나는 습관 2로 넘어가서, 아들을 키우고 싶은 것인지, 쿼터백을 키우고 싶은 것인지 생각했다. 그거 아는가? 나는 진심으로 고민해야 했다.

아들이 주 대표 쿼터백이 되기를 바라며 지금껏 10년을 보냈으니까 말이다.

그러다 화들짝 놀라며 생각했다. '당연히 아들을 키우고 싶은 거지!' 나는 아들과 가까이 있고 싶었고, 그가 내 꿈이 아닌 본인의 꿈을 이루기를 원했다.

며칠 뒤, 자연스럽게 대화가 시작되었다. "마이클 숀, 이번 시즌에 뛰고 싶지 않은 이유를 자세히 말해주렴." 이번에는 반박하려는 의견 같은 건 없었다. 단지 그 애를 이해하고 싶었다.

"그냥 작년에 좋은 경험을 하지 못해서요."

"힘든 한 해였니?"

"장난 아니었어요. 살인적인 태클을 당했다고요. 아빠는 항상 또래에 비해 덩치가 컸으니까 이해하지 못하겠지만 전 다른 애들보다 한참 작잖아요."

"살인적인 태클을 당하는 게 어떤 건지 내가 이해하지 못할 거라고 생각하는 이유가, 나는 네 나이에 덩치가 컸는데 넌 작다고 생각하기 때문이야?"

"맞아요, 아빠. 이번 여름에 다른 애들이 얼마나 자랐는지 보세요. 그런데 전 하나도 자라지 않았어요. 다른 애들보다 30파운드는 더 가볍다고요. 올해는 더 심하게 당할 거예요."

"그래서 네가 다른 애들보다 훨씬 작기 때문에 경기와 부상이 두렵다는 거야?"

이 대화는 약 10분 동안 계속되었다. 나는 그 애가 그렇게 느끼는 줄 모르고 있었다. 작은 편이라는 것은 알고 있었지만, 작년에 얼마나 호되게 당했다고 느꼈는지, 그리고 다음 해 경기를 얼마나 두려워하는지 전혀 알지 못했다.

그러고 나서 아들은 말했다. "아빠, 제가 어떻게 해야 한다고 생각하세요?"

며칠이나 아들을 설득하려고 노력해도 효과가 없었는데, 공감적 의사소통을 시작한 지 10분도 채 되지 않아 아들은 나의 권유에 마음을 열었다.

"난 네가 하고 싶은 대로 해야 한다고 생각해, 마이클 숀. 네가 경기하고 싶다면 그것도 괜찮고, 만약 하고 싶지 않더라도 그것도 그것대로 괜찮단다."

"정말요?" 그는 흥분해서 말했다.

"정말이야."

며칠 후 그는 나에게 와서 말했다. "아빠, 아빠가 어느 쪽이든 괜찮다고 했지만, 저 올해 경기에 출전하려고요."

그래서 마이클 숀은 그 해와 그 다음 해에 경기를 했다. 하지만 그러다 발목에 문제가 생겨 많은 수술을 받았고, 경기를 계속할 수 없게 되었다. 그의 미식축구 경력이 끝난 것은 나에게 큰 문제가 아니었다. 내가 진심으로 신경 쓴 것은 그가 멋진 청년으로 꽃을 피웠다는 것이다. 십대 자녀와 가까이 지내는 것은 어려울 수 있지만, 우리는 그걸 해냈다. 고등학교, 대학교, 그리고 그 이후에도 말이다. 그리고 그가 큰 문제, 그러니까 "여자 친구와 결혼을 해야 할까요?" 정도의 큰일에 직면했을 때, 그는 나를 찾아왔다. 그 순간은 우리 관계에서 나쁜 분기점이 될 수도 있었지만, 고맙게도, 언제까지나 소중히 여길 만한 좋은 분기점이 되었다.

게다가 나의 조카 브리튼 코비가 전국적인 미식축구 선수가 되었다. 그러니까 난 그를 통해 대리만족할 수 있다.

우리는 갈수록 더 문자메시지와 이메일로 의사소통을 하고 있다. 그게 이 습관에 영향을 주는가?

그렇다, 확실히 그렇다. 나는 우리 팀에 이런 일이 일어나는 것을 항상 봐왔다. 누군가가 화가 나서 날이 선 이메일을 보낸다. 다른 사람은 구구절절 답장을 쓴다. 그러고 나서 그들은 이메일을 복사해서 사람들에게 보내기 시작한다. 점점 더 많은 사람에게… 그러면 나는 "맙소사, 그냥 전화해서 직접 얘기해요"라고 하게 된다.

기술의 사용은 공감을 도와주는 목소리 톤과 표정을 완전히 제거한다. 그러므로 언제든 중요하고 감정적인 문제를 다룰 때는 이메일이나 문자메시지로 의견을 보내지 마라. 어느 시점에든, 얼굴을 마주하거나 적어도 전화로 이야기해라. 이모티콘으로는 충분하지 않을 것이다.

만약 공감적 경청을 통해 해결책을 얻지 못하면 어떻게 해야 할까?

갈등 해결은 사실 공감적 경청의 목표가 아니다. 이해하는 것이 목표다. 내가 열네 살쯤 되었을 때 나는 가족들과 영화를 보러 갔는데, 그러다 정말 화가 났다. 아홉 아이 중 하나였지만 그저 한낱 숫자로 취급받으며 차에 태워지는 게 싫었다. 나는 못된 말을 해서 모두에게 상처를 주었고, 아버지는 화를 내는 대신 집에 돌아왔을 때 나를 따로 데리고 가서 뭐가 문제인지 물었다. 나는 무책임하게 대답했다. "아빠는 아무한테도 신경 쓰지 않아요. 전 이 가족의 그 누구와도 같지 않으니까, 날 그런 식으로 대하지 말아요."

아버지는 이 일로 큰 소란을 일으킬 수도 있었다. 화를 내거나 모두에게 사과하라고 강요할 수도 있었다. 대신에, 그저 듣고, 되돌아보고, 이해하려고 노력했다. 아버지는 내 말에 동의하지 않았다. 그저 이해했다. 나는 절대 고집을 꺾지 않았지만, 아버지도 나에게 절대 화를 내지 않았다. 그저 나의 화를 풀어줄 뿐이었다. 엄밀히 말하면 우리는 아무것도 해결하지 못했지만, 아버지가 내 마음을 알아주었기 때문에 나는 더 이상 반항할 필요를 느끼지 못했다. 돌이켜 보면, 아버지는 참 현명하셨다.

이와 관련해서, 아버지는 이렇게 말씀하시곤 했다. "부정적인 에너지는 열린 창문으로 날아가게 두고, 마음에 받아들이지 마라." 때때로 자녀, 배우자, 혹은 동료들이 부정적이거나 무책임한 소리를 하겠지만, 그것을 받아들이고 해결하려고 노력하는 대신 그것이 언급되었다는 사실조차 무시해라. 그런 말을 받아들이는 것은, 순간적으로 흥분해서 하는 말에 대해 사람들에게 무임승차권을 주는 것과 같다. 창문을 닫은 채 부정적인 에너지가 온 방 안에 돌아다니게 하지 말고, 열린 창문으로 날아가게 하라. 그렇지 않으면 당신과 상대방 모두 상처를 받을 것이다.

습관 4부터 6은 겹치는 것 같다. 차이가 무엇인가?

습관 4, 5, 6은 다르지만 함께 작용한다. 우리는 수년 동안 학생들에게 '뿌리(root), 경로(route), 과일(fruit)' 기억법을 가르쳤다. '습관 4: 승-승을 생각하라'는 효과적인 대인관계의 토대 또는 '뿌리'이고, 거기에 도달하는 '경로'는 '습관 5: 먼저 이해하고 나서 이해시켜라'를 실천하는 것이며, 습관 4와 5를 실천함으로써 만들어지는 '과일'은 습관 6, 시너지이다.

가끔 공감적 경청을 시도할 때, 상대방이 내가 심리 테크닉을 사용하는 것처럼 느낀다.

공감적 경청에 진심이 없다면 사람들은 즉각 눈치를 챌 것이다. 당신은 기술뿐만 아니라 좋은 의도까지 가져야 한다.

인간관계의 갈등에 직면하면, 대부분 사람은 대인관계의 승리에 애를 쓴다. 예를 들면, "저는 배우자와 사이가 안 좋아요. 저희는 습관 5를 할 필요가 있어요." 그렇다, 그럴 수도 있다. 하지만 아직 습관 5를 위한 준비가 되지 않았을 수도 있다. 내가 아들 마이클 숀과 함께 배운 것처럼, 많은 인간관계의 갈등은 개인의 승리를 먼저 쟁취해야만 해결할 수 있다. 습관 1로 돌아가서 자아의식, 양심, 상상력, 독립의지를 사용해 당신의 동기를 분명히 해야 한다. 무엇을 다르게 하고 싶은지 상상하기 위해 습관 2를 활용하라. 그러고 나서 습관 3을 통해 그것을 실현시켜라. 다른 사람을 먼저 이해하는 것은 당신을 취약하게 만든다. 당신에게 위협이 되는 것들을 알게 될 수도 있기 때문이다. 습관 5를 진정으로 실천하기 위해서는 개인적인 승리를 먼저 쟁취하는 데서 오는 정서적 안정이 필요할 수 있다.

습관 6

시너지를 내라

| 공감적 커뮤니케이션의 원칙 |

나는 한 성인(聖人)의 소망을 지침으로 삼고 있다.
어려운 일에는 단합을, 중요한 일에는 다양성을,
모든 일에는 관용을.
– 조지 부시 대통령의 취임사 –

윈스턴 처칠은 영국을 위해 전쟁을 지휘해줄 것을 요청받자 자신의 전 생애는 바로 이 순간을 위해 준비해온 것이라고 말했다. 이와 마찬가지로 지금까지 우리가 다룬 모든 습관들은 바로 시너지(synergy)를 창출하기 위해 준비해온 것이다. 시너지야말로 올바로 이해하기만 하면 모든 생활에서 가장 높은 차원의 활동이다. 즉, 다른 다섯 가지 습관의 진정한 시험이요 표현이다.

시너지의 가장 고차원적인 형태는 인간만이 가진 네 가지 천부능력(자아의식, 상상력, 양심, 독립의지)과 승-승을 하려는 동기, 그리고 공감적 경청기술을 가지고 우리가 일상생활에서 직면하는 가장 어려운 문제에 도전하는 것이다. 시너지가 가져오는 결과는 거의 기적에 가까운 것이다. 이를 통해 이전에는 전혀 존재하지 않던 새로운 대안들을 창조할 수 있기 때문이다.

시너지야말로 원칙 중심적 리더십의 본질이다. 또한 원칙 중심적인 부모 역할의 본질이기도 하다. 시너지는 사람 내면의 가장 큰 힘을 더욱 증가시키고 그 힘을 통합해주며 또한 폭발시킨다. 우리가 지금까지 다룬 모든 습관들은 시너지란 기적을 창조하기 위한 준비라고 할 수 있다.

그러면 시너지란 무엇인가? 간단히 정의하면 시너지는 전체가 각 부분들의 합보다 더 크다는 것을 의미한다. 다시 말해 각 부분들 상호간에 갖는 관계는 전체의 일부분이고, 그 자체가 전체의 역할을 한다는 것을 의미한다. 따라서 이것은 한 부분이기도 하지만 동시에 최대의 촉매작용을 하고 최고의 역량이 있으며 가장 큰 통합을 이루게 하는 가장 멋진 부분이기도 하다.

이런 창조적인 과정은 가장 두려운 것이기도 하다. 이 과정에서 정확히 무슨 일이 일어날지 결과가 어떻게 될지 우리는 아무것도 알 수 없기 때문이다. 또한 앞으로 부딪히게 될 위험과 도전들이 무엇인지도 모른다.

모험정신, 탐구정신, 창조정신을 발휘하기 위해서는 내면적 안정이 절대적으로 필요하다. 의심할 여지없이 우리는 반드시 베이스캠프라는 안락한 지대에서 나와 낯선 미지의 황야에 직면해야 한다. 우리는 개척자이며 새로운 길을 찾는 탐험가이다. 우리는 다른 사람들이 뒤따라올 수 있도록 새로운 가능성, 새로운 영토, 새로운 대륙을 개척해야 한다.

시너지는 자연 어느 곳에나 존재한다. 두 개의 식물을 서로 가까이 심어놓으면 그 뿌리들이 얽혀서 주위의 토양을 더욱 비옥하게 하기 때문에 이를 각각의 판자가 심을 때보다 훨씬 더 잘 자라게 할 수 있다. 또 두 개의 판자를 함께 포개면 각각 따로 지탱할 수 있는 무게보다 훨씬 더 큰 무게를 지탱할 수 있다. 이것은 전체가 각 부분의 합보다 더 크기 때문이다. 즉 하나 더하기 하나는 셋 혹은 그 이상이 되는 것을 의미한다.

자연으로부터 배운 이러한 창의적인 협력의 원칙을 사회적 상호작용에 적용해보는 것은 결코 쉬운 일이 아니다. 가족생활은 시너지를 관찰하고 이것을 실행해볼 수 있는 좋은 기회를 제공한다.

한 남자와 한 여자가 서로 힘을 합해 아기를 낳아 세 식구를 만드는 것이 바로 시너지이다. 시너지의 본질은 차이점을 인정하는 것, 서로의 차이점을 존중하고 강점을 활용하며, 나아가 약점에 대해 서로 보완을 하는 데서 나온다.

우리는 분명히 남자와 여자 그리고 남편과 부인이 갖고 있는 신체적 차이를 가치 있게 생각한다.

그러나 남자와 여자가 가진 사회적, 정신적, 감정적 차이점에 대해서는 어떠한가? 이러한 차이도 신나는 인생을 창조하는 멋진 원천이 될 수는 없을까? 서로가 진정으로 자기 성취를 하고 자기 존중의식과 가치의식을 육성하며 독립적으로 성숙하여 점차 상호의존적으로 되는 기회를 제공해줄 수는 없을까? 우리의 다음 세대를 위하여 시너지가 중심이 되는 새로운 패러다임을 창조할 수는 없을까? 자기 보호적인 측면은 더 적어지고 적대감은 줄어들고 이기심도 더 적어지면서 봉사와 헌신을 하는 패러다임을 만들 수는 없을까? 지금보다 덜 방어적이고 덜 보호적이고 덜 정치적이면서도 좀더 개방적이고 더 큰 신뢰를 주고 많은 것을 베푸는 패러다임을 가질 수는 없을까? 나아가 지금보다 소유욕이나 비판적인 사고는 줄이면서 더 큰 사랑, 더 많은 보살핌의 패러다임을 가질 수는 없는가?

시너지적인 커뮤니케이션

우리가 시너지적인 커뮤니케이션을 한다면 새로운 가능성, 새로운 대안, 새로운 선택 등에 대해 자신의 마음과 가슴을 열고 받아들이게 된다. 이것은 얼핏 보면 습관 2(끝을 생각하며 시작하라)를 버리는 것처럼 보일 수도 있다. 그러나 사실은 그 반대로 습관 2를 실천하는 것이다.

시너지적인 커뮤니케이션을 할 때 일이 어떻게 될지 또 어떠한 결과가 나타날지에 대해서는 잘 모른다. 그럼에도 불구하고 우리는 일이 과거보다는 훨씬 더 잘될 것이라고 믿는 내적인 흥분, 안정, 모험심을 가지고 있다. 이것이 바로 우리가 마음속에 확립한 목표이다.

우리는 이것에 참여하는 당사자들이 더 큰 통찰력을 얻게 될 것이라는 믿음을 가지고 시작한다. 또한 이 같은 상호학습의 흥분과 통찰이 점차 더 큰 통찰, 학습, 그리고 성장을 향한 추진력을 만들 것이라고 믿는다.

많은 사람이 자신의 가정생활이나 사회생활에서 아주 작은 시너지조차도 경험하지 못하고 있다. 사람들은 방어적이고 보호적인 커뮤니케이션을 하도록 훈련되어 있고, 다른 사람이나 인생을 신뢰하면 안 된다는 각본에 물들어 있다. 그 결과 사람들은 습관 6과 여기에서 제시하는 원칙에 마음을 열지 않는다.

이는 인생에서 가장 큰 비극인 동시에 낭비이다. 왜냐하면 엄청난 잠재력이 완전히 매장되어 개발되지 못하기 때문이다. 비효과적인 사람은 잠재력이 사장(死葬)된 채 하루하루를 살아간다. 그들은 자신의 생활에서 작고 대수롭지 않은 시너지를 경험할 뿐이다.

그러나 이러한 사람들도 아마 운동 팀 같은 곳에 소속되어 일시적이나마 진정한 팀 정신에 몰입한, 약간 이례적이고 창조적인 경험을 한 적이 있을 것이다. 누군가의 생명을 건지기 위하여 혹은 위기에서 해결책을 찾기 위하여 자신의 이기심과 자존심을 버리고 대단히 높은 수준의 협동을 했던 긴급한 상황을 체험했을 수도 있다.

이러한 사건들은 일상적인 생활과는 달리 아주 예외적인 것으로 생각되고 기적적인 것으로 보일지 모른다. 그러나 사실은 그렇지 않다. 이러한 일들은 사람들의 일상생활에서 규칙적이고 지속적으로 일어날 수 있다. 하지만 이것은 매우 큰 개인적 안정성, 개방성, 모험심을 필요로 한다.

거의 모든 창조적인 시도는 다분히 예측 불가능하다. 창조적 시도는 애매모호하고 요행을 바라는 것 같고 시행착오적인 것처럼 보이기도 한다. 게다가 사람들이 애매모호함에 대해 많은 아량을 갖지 않고 원칙과 내면적인 가치에 대한 언행일치를 통해 안정을 얻지 않는 한, 사람들은 창조적인 일에 참여하는 것이 힘에 부치고 유쾌하지 못한 것이라고 생각한다. 사람들은 잘 짜여 있고 확실하며 예측 가능한 것에 대한 욕구가 너무나 크기 때문이다.

강의실에서의 시너지 효과

교수로서 나는, 진정으로 훌륭한 강좌는 혼돈의 상태에 가까운 것이라고 믿게 되었다. 시너지는 교수와 학생 모두가 전체는 각 부분의 합보다 크다는 원칙을 마음을 열고 받아들이는가에 달려 있다.

시너지를 시도할 때 교수나 학생 모두 앞으로 무슨 일이 일어날 것인지를 확실히 모르는 경우가 있다. 그러나 시너지가 작용하면 초기에는 다른 사람에게 진정으로 마음을 열고 서로의 아이디어에 대하여 배우고 경청하는 안심할 수 있는 분위기가 나타난다. 그다음에 브레인스토밍이 일어난다. 이때는 평가와 비판 정신보다는 창의적 정신, 상상력, 지적인 교류 등이 나타난다.

그다음에는 완전히 예외적인 현상이 일어나기 시작한다. 확실히 규명하기는 어렵지만 참여한 모든 사람이 뚜렷이 볼 수 있는 새롭게 추진하는 것, 새로운 아이디어, 새로운 방향에 대한 흥분을 갖고 큰 변화가 일어난다.

시너지는 한 집단이 낡은 패러다임의 각본을 버리고 새로운 각본을 쓰자고 모두가 동의하는 것과 같다.

나는 리더십 철학과 스타일을 가르쳤던 한 대학 강좌를 결코 잊지 못한다. 학기 시작 후 3주째 수업을 하고 있었는데 발표시간 중에 어떤 학생이 매우 인상적이고 통찰력 있는 자신의 경험을 이야기했다.

이를 통해 겸손과 존경의 마음이 온 강의실에 퍼졌다. 이때 나타난 존경심은 그 학생과 그의 용기에 대한 찬사였다.

이러한 마음은 시너지적이고 뜻있는 일을 하는 비옥한 토양이 되었다. 다른 사람들도 이 분위기에 고무되어 자신의 경험과 견해, 심지어는 자기회의(自己懷疑)까지도 나누게 되었다. 신뢰의 정신과 안전의 느낌이 사람들로 하여금 마음의 문을 활짝 열게 하였다. 이들은 각자 준비한 것을 발표하는 대신 서로의 관점과 생각을 나누고, 그 강좌의 진행에 대해 완전히 새로운 시나리오를 창조해내기 시작하였다.

나는 이 과정에 깊이 관여하였다. 사실 나는 이 과정에 거의 매료되었다. 이것이 너무나 매력적이고 창조적으로 보였기 때문이다. 그 결과 이 강좌의 본래 내용에 관한 의무를 점차 잊어버리고 전혀 새로운 가능성을 감지하게 되었다. 이는 단지 상상의 비약이 아니었다. 여기에는 성숙성과 안정감이 있었고 지금까지 해온 강의 구성과 계획을 훨씬 능가하는 실질적인 것이 있었다.

그래서 우리는 지금까지의 강의 계획표, 강의용으로 구입한 교재, 발표계획 등을 모두 버리고 새로운 목적과 계획, 과제를 설정하였다.

우리는 앞으로 남은 약 3주일 동안 일어날 일에 대해 너무나 흥분해 있었기 때문에 향후의 일을 다른 사람들과 공유하려는 압도적인 열망으로 가득 찼다.

우리는 리더십의 원칙이라는 학습주제에 대하여 지금까지 연구했던 학습내용과 통찰을 정리해 한 권의 책을 펴내기로 결정하였다. 그 결과 과제가 바뀌었고 새로운 연구계획이 배정되고 팀이 구성되었다. 학생들은 원래의 강좌계획으로 수업을 할 때보다 훨씬 더 열심히 참여했다. 그들은 완전히 다른 마음가짐을 가지고 있었다.

이 같은 경험으로 이 과정에서 독특하고 응집력이 있고 시너지가 있는 분위기가 형성되었다. 이 분위기는 그 학기가 끝나도 계속되었으며 과정에 참가했던 동기생들은 몇 년 동안 계속 모임을 가졌다. 수년이 지난 오늘날까지도 서로 만나면 그때 일에 대해 이야기하고 무슨 일이 일어났으며 왜 그런 일이 일어났는지에 대해 대화를 나눈다.

내가 흥미롭게 생각하는 것 중 하나는, 시너지를 창조해내는 데 필요한 상호간의 충분한 신뢰가 아주 짧은 시간에 형성됐다는 점이다. 나는 그 주된 이유가 사람들이 비교적 성숙했기 때문이라고 생각한다. 이들은 졸업반으로 마지막 학기를 수강하고 있었다. 또한 이들이 하나의 훌륭한 강의를 듣는 것 이상의 경험을 원했기 때문이었다. 그들은 새롭고 흥미로운 것, 진정으로 의미 있는 것의 창조에 굶주려 있었다. 그것이 이들에게는 '때가 왔다'라는 생각을 갖게 했던 것이다.

나아가 서로의 마음이 통했다. 나는 시너지를 직접 경험하는 것이 단지 이것에 대해 토론하는 것보다 더욱 감동적이라고 느꼈으며 무엇인가 새로운 것을 창조하는 것이 단순히 옛것을 읽는 것보다 더욱 효과적이라는 사실도 깨달았다.

나 자신도 체험했지만 대부분의 사람들은 누구나 거의 시너지가 작용할 뻔했던 경험이 있을 것이다. 이때는 혼돈의 가장자리에서 맴돌다가 무슨 이유인지 그 속에 빠져서 실패해버린다. 딱하게도 이런 쓰라린 경험을 한 사람들은 다음에 새로운 경험을 할 때도 이전의 실패를 염두에 두고 시작한다. 따라서 이들은 새로운 경험에 대해 방어적이 되고 시너지로부터 자신을 차단하게 된다.

이것은 마치 몇몇 사람들이 법규와 규정을 악용하기 때문에 새로운 법규와 규정을 만들어서 많은 사람들의 자유와 창의적 가능성을 제한하는 것과 같으며, 일어날 수 있는 최악의 상황을 상상하고 그에 대해 온갖 법률용어로 상세히 규정해놓음으로써 자체 조직의 창의성, 진취성, 시너지의 가능성을 모두 없애버리는 사업 파트너들과 같다.

내가 해온 많은 컨설팅 활동과 경영자 교육을 돌이켜 생각해보면 이들의 하이라이트는 거의 대부분 시너지적인 것이었다. 이 경우 보통 처음 단계에는 솔직하게 사적인 얘기들을 털어놓는 데 상당한 용기가 필요했다. 얘기할 필요가 있는 개인이나 가족 혹은 조직의 내면적 사정을 인정하고 직면한 문제들을 솔직하게 토론의 자리에 꺼내놓는 데는 상당한 용기와 서로에 대한 진정한 사랑이 요구되었다. 그랬을 때 다른 사람들도 더욱 진실하게 되었고 개방적이고 정직하게 되어 마침내 시너지적인 커뮤니케이션 과정이 시작되었다. 결국 이것은 더욱 의의 있는 것이 되었고 처음에는 예상하지 못했던 통찰력과 계획들을 얻어냄으로써 좋은 성과를 거둘 수 있었다.

칼 로저스*는 "가장 개인적인 것이 가장 보편적인 것이다"라고 가르쳤다. 당신이 진실할수록, 특히 개인적 경험과 심지어 자신에 대한 회의까지도 포함하여 솔직할수록 다른 사람도 당신의 말에 더욱 동조할 수 있게 되고 안심하고 자기 자신에 관한 이야기를 할 수 있게 된

* Carl Rogers(1902~1987), 미국 일리노이 출신의 심리학자, 교수.— 옮긴이.

다. 솔직한 표현은 다른 사람의 마음에 스며들어 진정한 공감을 불러일으킨다. 나아가 새로운 통찰과 학습을 가져오며 이 과정을 계속하게 만드는 흥분과 모험심을 불러일으킨다.

그 후에는 서로 불완전한 문장이나 조리에 맞지 않는 말로 이야기해도 상대가 전달하고자 하는 의미를 금방 알아차리게 된다. 이렇게 되면 완전히 새로운 통찰력의 세계, 새로운 관점, 선택이 보장되는 새로운 패러다임, 새로운 대안이 활짝 열리고 여기에 입각하여 사고하게 된다. 이 새로운 아이디어들은 가끔 실행되지 못하기도 하지만 보통은 실제적이고 유용한 결실을 가져온다.

기업에서의 시너지 효과

회사의 동료들과 회사 사명서를 만들기 위해 자리를 함께했을 때 나는 매우 의미 있는 시너지적 경험을 했다. 그날 우리 회사의 거의 모든 사원들은 자연의 신비로 가득한 산에 올라갔다. 거기서 우리는 훌륭한 사명서라고 여겨졌던 초안을 가지고 작업에 착수하였다.

처음에는 서로 예측가능한 범주 내에서 예의를 갖추고 조심스럽게 대화가 진행되었다. 그러나 앞으로 당면할 여러 가지 대안과 가능성, 기회에 대하여 이야기를 나누기 시작하자 사람들은 개방적이고 진솔하게 자신이 생각하고 있는 것을 말하기 시작했다. 그리고 사명서의 안건은 제쳐놓고 단체적인 자유연상의 상태로 들어가 자연스럽게 이야기하면서 새로 추가한 아이디어들을 토론하게 되었다. 사람들은 진정으로 공감하였고 용기를 얻게 되었을 뿐만 아니라 상호간의 존중과 이해로부터 의미 있고 시너지적인 커뮤니케이션으로 옮겨가게 되었다.

자리에 참석한 모든 사람이 이를 느낄 수 있었다. 그것은 흥분되는 일이었다. 분위기가 무르익어감에 따라 우리는 떠오른 집합적 비전을 단어로 표현하는 작업에 들어갔다. 단어 하나하나는 각 참여자들에게 구체적인 의미를 부여하였고 자발적이고 성실한 실천의 마음을 불러일으킬 수 있는 것이었다.

이런 과정으로 만들어진 우리 회사 사명서에는 다음과 같은 내용이 담겨 있다.

> 우리의 사명은 개인과 조직이 원칙 중심의 리더십의 이해와 실천을 통해 가치 있는 목적을 달성할 수 있도록 그들의 업무수행 능력을 현저하게 증가시켜주는 것이다.

사명서를 창조하도록 이끌어간 시너지적인 과정은 그 장소에 있던 모든 사람의 마음과 가슴속에 그 의미를 심어주었으며 우리가 추구하고자 하는 것과 추구하려고 하지 않는 것에 대한 준거를 제공하였다.

또 하나의 대단히 감명 깊었던 시너지 경험은 내가 대형 보험회사의 연례 기획회의의 토론 진행자 및 아이디어 제공자 역할을 맡았을 때 일어났다. 회사의 최고경영층이 모두 참가하는 이틀간의 회합이 있기 몇 달 전에 나는 회합 준비를 책임지고 있는 위원들을 만나보았다. 그들은 내게 회의가 진행되어온 전통적인 방식은 설문조사와 인터뷰를 통해 네댓 개의 문제점을 찾아내고, 중역들은 여기에 대해 선택할 수 있는 몇 가지 제안을 발표하는 것이라고 말해주었다. 지금까지의 회의는 일반적으로 서로 존중하는 분위기였지만 때로는 방어적인 승-패의 자존심 경쟁으로까지 악화된 적도 있다는 말도 하였다. 이 회의는 보통 예측 가능했고 별 의의가 없었으며 지루하기까지 했다.

내가 준비위원들과 시너지의 영향력에 대해 이야기했을 때 이들은 시너지가 가져오는 잠재적인 영향력을 이해할 수 있게 되었다. 이들은 상당한 우려를 표명했지만 그래도 이 회의의 방식을 바꾸는 데 동의하였다. 준비위원들은 중역들에게 우선순위가 높다고 생각하는 문제점들을 백지에 익명으로 적어달라고 부탁하였다. 그다음 모든 중역에게 회의 시작 전에 다른 중역들이 지적한 문제점과 다른 관점을 이해하기 위해 이 내용들을 진지하게 읽도록 했다. 그렇게 함으로써 중역들이 회의에 의견을 제시하기보다는 경청하게 하고, 자기 자신을 방어하고 보호하기보다는 시너지를 창출하는 자세로 참가하도록 유도하였다. 우리는 회의 첫날의 반나절을 습관 4, 5, 6에 대한 원칙과 실습에 할애하였다. 그리고 나머지 시간은 창조적인 시너지를 만드는 데 사용하였다.

창조적 활력이 넘치는 분위기는 믿을 수 없을 정도였다. 회의는 지루함 대신 흥분으로 가득 찼다. 사람들은 서로의 의견을 교환하고 새로운 통찰력과 선택을 창출해냈다. 회의가 끝날 무렵 본사가 도전하는 새로운 목표설정 및 완전한 합의가 이루어졌다. 이제 백지에 적은 문제점들은 쓸모없는 것이 되었다. 서로가 가진 차이점이 소중하게 인정되었고 더 높은 차원으로 승화되었다. 새로운 공통 비전이 생기기 시작하였다.

사람들이 일단 진정한 시너지를 경험하고 나면 과거와는 완전히 달라진다. 또한 앞으로 마음을 넓혀가는 좋은 체험을 할 가능성을 인식한다.

사람들은 때때로 특별한 시너지 경험을 다시 해보고자 시도하지만 성공할 가능성은 희박하다. 그렇지만 이처럼 의의 있는 과업 뒤에 숨은 본질적인 목적은 다시 추구할 수 있다. 동양 철학에 "우리는 스승을 모방하려고 애쓰지 않는다. 그것보다는 스승이 추구한 것을 찾고자 한다"라는 말이 있다. 이처럼 우리는 과거에 의의 있던 시너지 경험을 다시 한 번 흉내내려고 노력하기보다 새롭고 신선하고 보다 고차원적인 목적을 지닌 시너지 경험을 추구하는 것이 더 낫다.

시너지와 커뮤니케이션

시너지는 멋진 것이다. 창의력 또한 놀라운 것이다. 그런데 이것은 열린 마음과 커뮤니케이션이 만들어낼 수 있는 현상들이다. 시너지와 창의력이 가져다주는 엄청난 이득과 개선은, 마음을 여는 일이 비록 힘들기는 해도 해볼 만하다는 사실을 가르쳐준다.

제2차 세계대전이 끝난 후 미국 정부는 새로 신설한 원자력위원회의 책임자로 데이비드 릴리엔탈을 임명하였다. 릴리엔탈은 각계의 영향력이 큰 명사들을 위원으로 초빙하였다. 이들은 모두 뛰어나고 소신이 뚜렷한 사람들이었다.

이처럼 다양한 사람들로 구성된 위원회는 거창한 의제들을 가지고 있었고 그것들을 다루는 데 조급해하고 있었다. 더구나 언론이 재촉하고 있었다.

그러나 릴리엔탈은 감정은행계좌를 높이는 데 여러 주일을 보냈다. 그는 우선 위원들이 서로 친숙해지도록 만들었다. 즉, 각자의 취미, 희망, 목표, 관심, 배경, 가치관, 패러다임 등을 서로 파악하게끔 도와주었다. 그는 위원들간의 결속력을 다져주는 인간적인 상호작용을 촉진시켰는데, 주위에서는 그가 이런 것들에 많은 시간을 들이는 것을 '비효율적'이라고 맹렬히 비난했다.

그러나 이 집단은 서로 아주 가까워지게 되었고, 매우 개방적이 되었을 뿐만 아니라 더 나아가 생산적이고 시너지적으로 변화되었다. 위원회의 위원들 간의 상호 존중심은 매우 높아서 견해상의 불일치가 생길 때 반대하고 방어적인 태도를 갖기보다는 서로 이해하려고 노력하였다. 이들의 태도는 "당신과 같은 지식과 능력, 사명감을 가진 사람이 나와 의견이 불일치하는 부분이 있다면 내가 이해하지 못하는 무언가 다른 이유가 있음이 틀림없다. 그러므로 나는 반드시 그것을 이해해야만 한다"라는 식이었다. 이 같은 수용적 상호작용은 마침내 이상적인 집단 문화를 탄생시켰다.

다음 페이지에 제시하는 도표는 서로 다른 수준의 커뮤니케이션이 신뢰와 얼마나 밀접하게 관련되어 있는가를 보여준다.

신뢰 수준이 낮은 상황에서 이루어지는 가장 낮은 수준의 커뮤니케이션은 방어적이고 보호적이며 법률적인 용어들이 사용되는 것으로 특징지을 수 있다. 이러한 커뮤니케이션은 일이 잘못되었을 경우를 대비하여 자기보호 조항, 제한 조건, 면책 조항을 분명하게 한다. 또 승-패나 패-패의 결과만 만들어낸다. 이것은 생산/생산능력 간의 균형을 이루지 못하기 때문에 비효과적이므로 자기 방어와 보호를 해야 하는 더 큰 이유가 된다.

신뢰 수준이 중간인 경우에는 상호존중하는 커뮤니케이션이 이루어진다. 이것은 어느 정도 성숙한 사람들이 교제하는 수준이다. 이들은 서로에 대해 존중하지만 심한 충돌이 일어날 가능성은 피하고 싶어 한다. 따라서 공손하게 대화하지만 진지하게 공감하는 것은 아니다. 또 서로를 지적으로 이해할 수는 있지만 상대방이 견지하는 입장의 배후에 있는 패러다임과 의향을 깊이 들여다볼 수 없기 때문에 새로운 가능성을 발견하지 못한다.

상대를 존중하는 이러한 커뮤니케이션은 독립적인 상황이나 상호의존적 상황에서 효과를 낼 수는 있다. 그러나 창의적인 해결책이 나올 가능성은 없다. 상호의존적 상황에서도 보통 서로의 입장에 대한 절충만 이루어진다. 그런데 절충이란 $1+1=1\frac{1}{2}$을 의미한다. 즉 이것은 쌍방이 서로 주고받는 관계이다. 이때 이루어지는 커뮤니케이션은 방어적이거나 보호적이지 않고 화를 낸다든가 기만적이지도 않다. 다시 말해 이 커뮤니케이션은 정직하고 순수하며 상대방을 존중한다. 물론 창의적이거나 시너지를 내는 것은 아니다. 이것은 낮은 수준의 승-승적 형태만 만들어낼 뿐이다. 시너지는 1 더하기 1이 8이나 16, 심지어는 1,600도 될 수 있음을 의미한다.

신뢰 수준이 높은 경우에 시너지가 작용하면 원래 제안된 것보다 훨씬 더 나은 해결방안을 만들어낸다. 관련된 모든 이해 당사자들이 그것을 느낄 수 있으며 사람들은 그러한 창조적인 과정을 즐기게 된다. 나아가 그 자체만으로 기쁨과 만족을 주는 작은 문화가 저절로 형성된다. 이 작은 문화가 설사 단기간 존속되다가 사라진다 해도 생산/생산능력의 균형은 그대로 남는다.

시너지를 얻을 수 없고 무거래도 할 수 없는 다른 상황도 있다. 그러나 이러한 상황에서도 진지하게 노력하는 정신이야말로 좀더 효과적인 타협 결과를 가져올 수 있다.

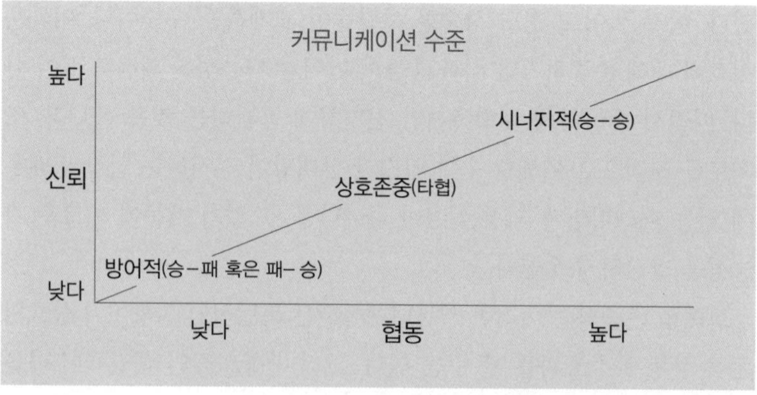

제3의 대안을 찾아서

커뮤니케이션 수준이 상호의존적인 효과성에 어떤 영향을 미치는지에 대해 좀 더 잘 이해하기 위해 다음과 같은 시나리오를 상상해보자.

휴가철이 되어 남편은 가족들을 데리고 호수가 많은 지방에 가서 캠핑과 낚시를 즐기고 싶어 한다. 이 휴가는 남편에게 아주 중요한 의미가 있는 것으로 1년 내내 계획한 일이다.

그러나 그의 부인은 이번 휴가를 이용해서 250마일쯤 떨어져 살고 있는 병든 어머니를 방문하고 싶어 한다. 그녀는 어머니를 자주 찾아볼 기회가 없으므로 이번 기회는 그녀에게 중요하다.

이들 부부의 생각이 갖는 차이는 엄청나게 부정적인 결과를 가져올 수 있다.

"계획을 이미 세웠소. 아이들이 저렇게 기뻐하고 있지 않소. 우린 호수로 낚시 휴가를 가야 해요"라고 남편은 말한다.

"그렇지만 어머니가 앞으로 얼마나 더 살아 계실지 몰라요. 그리고 난 어머니 곁에 있고 싶어요"라고 부인은 대답한다. "이번 휴가야말로 우리가 어머니 곁에 충분히 있을 수 있는 유일한 기회란 말이에요."

"우리는 1년 내내 이번 휴가를 기다려왔어요. 아이들이 일주일 동안 할머니 집에서 빈둥대며 지낸다면 비참하게 느낄 거요. 그 애들을 모두 미치게 하고 말 거야. 또 당신 어머니도 그렇게 아프지는 않아요. 게다가 당신의 동생이 1마일도 안 되는 곳에 살면서 도와드리고 있잖아요."

"나한테도 역시 어머니예요. 난 어머니와 같이 있고 싶어요."

"당신은 매일 저녁 어머니한테 전화를 걸 수 있어요. 그리고 우리는 크리스마스 때 온 가족이 모여 어머니와 함께 지내기로 계획하고 있잖소. 기억 안 나요?"

"그건 다섯 달 뒤의 얘기예요. 그때까지 어머니가 살아 계시리라고 누가 장담하겠어요. 게다가 어머니는 나를 필요로 하고 있고, 날 보고 싶어 한단 말이에요."

"어머니는 보살핌을 잘 받고 있어요. 게다가 나와 애들도 당신을 필요로 하기는 마찬가지죠."

"나는 어머니가 낚시보다 더 중요해요."

"당신의 남편과 아이들이 당신의 어머니보다 더 중요하오."

이렇게 의견이 달라 옥신각신하다가 마침내 그들은 어떤 타협점에 이른다. 그들은 서로 행동을 달리하기로 결정할 수도 있다. 즉, 남편은 아이들을 데리고 호수로 낚시를 가고 그동안 부인은 어머니를 방문한다. 그렇지만 이들 둘 다 죄책감과 행복하지 못한 마음에 젖게 된다. 아이들도 그것을 느끼고, 이 기분은 즐거워야 할 휴가에 내내 영향을 미친다.

남편이 아내에게 양보할 수도 있다. 그러나 그건 마지못해 하는 행위이다. 남편은 의식적으로든 무의식적으로든 이 한 주일이 모든 가족에게 대단히 비참할 거라는 자성예언이 들어맞을 수 있도록 무슨 증거라도 찾아낼 것이다.

반대로 부인이 양보할 수도 있다. 그러나 그녀는 위축될 것이고 어머니의 건강상태에 어떤 변화라도 있게 되면 즉시 과민하게 반응할 것이다. 만일 그녀의 어머니가 더 심각하게 악화되거나 죽기라도 한다면 남편은 스스로 용서하지 못할 것이다.

이 부부가 마침내 동의하게 된 절충안이 무엇이든 그것은 그 후 오랫동안 무감각, 무관심, 또는 잘못된 우선순위 결정의 증거로 계속해서 들먹여질 것이다. 이것은 다툼의 원인이 될 수도 있고 이들 가족을 갈라놓는 불화의 씨가 될 수도 있다. 사실 한때는 그렇게 아름답고 부드럽고 자발적이며 사랑으로 맺어졌던 많은 결혼생활이 이와 같이 작은 일련의 사건들 때문에 적대적인 수준으로까지 악화된다.

남편과 아내가 서로 상황을 다르게 보기 때문에 그 차이가 이들을 반대편에 서게 하고 갈라놓고, 이들 사이에 쐐기를 박는다. 하지만 이런 상황이 부부를 오히려 훨씬 더 친밀한 관계로 만들 수도 있다. 만일 이들 부부가 효과적으로 상호의존하는 습관을 가졌다면 완전히 다른 패러다임으로 사고하며 서로의 차이점에 접근할 수 있을 것이다. 이들의 커뮤니케이션은 높은 수준에서 이루어질 것이다.

이 경우 이들은 감정은행계좌의 잔고가 많기 때문에 결혼생활에서 서로 신뢰하며 마음을 열고 대화할 수 있다. 이들은 승-승의 사고방식을 가지고 있기 때문에 제3의 대안이 있음을 믿는다. 이 대안은 서로에게 이익이 될 뿐만 아니라 각자가 애초에 생각했던 방안보다 더 나은 것이라고 생각한다. 또 서로 공감적으로 경청하고 먼저 상대방을 이해하려고 노력하기 때문에 의사결정을 할 때 서로가 고려해야 할 가치 있는 것과 관심사항에 대한 전체적인 윤곽을 내면에 갖게 된다.

많은 잔고의 감정은행계좌, 승-승의 사고, 먼저 상대방을 이해하려고 애쓰는 것 등의 요소들이 결합하면 시너지를 얻을 수 있는 이상적인 환경이 만들어진다.

불교에서는 이것을 '중도(中道)'라고 부른다. 여기에서 '중(中)'이 갖는 의미는 타협이 아니다. 이것은 것 삼각형의 정점과 같은 더 높은 것을 의미한다.

이처럼 '중도' 혹은 보다 더 높은 차원의 방안을 찾음으로써, 여기서 예로 든 남편과 부인은 둘 사이의 사랑과 그들의 관계가 서로가 만드는 시너지의 일부분이라는 사실을 깨닫는다. 그들이 대화를 나눌 때 남편은 부인의 소망, 즉 자기 어머니와 함께 있고 싶어 하는 그녀의 염원을 진정으로 깊이 느끼게 된다. 그는 부인이 장모의 간호에 주된 책임을 지고 있는 자기 동생을 도와주기 원한다는 사실을 이해한다. 또 그는 장모가 앞으로 얼마나 더 오래 살지 모르기 때문에 장모가 낚시보다 더 중요하다는 사실도 이해한다.

부인도 남편이 가족들과 함께 있고 싶어 하고 아이들에게 멋진 경험을 심어주고 싶어 한다는 소망을 깊이 이해한다. 그녀는 이 낚시 휴가를 위해 남편이 미리 교육을 받고 낚시도구를 마련하는 데 투자했던 것들을 기억하고 가족들과 좋은 추억을 남긴다는 것이 중요하다는 사실을 깨닫는다.

이렇게 되면 이들은 소망을 서로 공유하게 되는 것이다. 이제 이들은 더 이상 문제를 사이에 놓고 서로 대립하지 않는다. 이들은 같은 편에 함께 있으면서 문제점을 바라보고 서로의 소망들을 이해하며 또 서로를 만족시켜줄 제3의 대안을 찾아내기 위해 노력한다.

"아마 우린 이달 내에 당신이 어머니를 방문할 수 있는 다른 주간을 마련할 수 있을 거요" 하고 남편이 제안한다. "주말에는 내가 가사를 돌보고 주초에 파출부를 부르면 당신이 어머니를 방문할 수 있게 될 거요. 난 장모님을 돌보는 것이 중요하다는 것을 알아요."

"그렇지 않다면 우린 당신 어머니 집 근처에서 캠핑과 낚시를 할 수 있는 장소를 발견할 수 있을 거요. 장소가 아마 그만큼 좋지는 않겠지만 그래도 야외고 다른 활동도 할 수 있을 거요. 아이들도 방구석에서 장난치며 소일할 필요 없을 테고 거기 있는 친척들과 같이 놀 수 있기 때문에 또 다른 즐거움이 있을 거요."

마침내 시너지 작용을 시작한 것이다. 둘 다 만족스럽다고 여겨지는 해결책을 찾아낼 때까지 서로 대화를 주고받는다. 이렇게 만들어낸 해결책은 그들 원래 제안했던 방법보다 훨씬 더 낫다. 그리고 이것은 단순한 절충 이상의 것이다. 이것은 생산과 생산능력을 구축하는 시너지적 해결책이다.

시너지는 거래가 아니라 하나의 변혁이다. 이들은 둘 다 정말로 원하는 것을 얻게 되고 그 과정에서 부부관계도 더욱 가깝게 된다.

부정적 시너지

제3의 대안을 찾는다는 건, 이분법적인 '이것 아니면 저것'이라는 사고방식에서의 중대한 패러다임 전환을 의미한다. 그 결과가 가져오는 차이점을 보라.

사람들이 상호의존적인 현실에서 어떤 문제를 해결하거나 의사결정을 하려 할 때 보통 얼마나 많은 부정적인 에너지를 소모하는가? 다른 사람의 죄악, 정치 술수, 라이벌 관계, 상호간의 갈등 등에 관해 수근거리고 뒷공작, 배후조종, 지레짐작 등을 하느라 얼마나 쓸데없는 시간을 소모하는가? 그것은 마치 한쪽 발은 자동차의 액셀러레이터에 놓고 다른 한 발은 브레이크 위에 놓고서 내리막길을 운전하는 것과 똑같은 이치이다.

대부분의 사람들은 한쪽 발을 브레이크에서 떼는 대신 액셀러레이터에만 힘을 준다. 그들은 자신의 입장을 강화하기 위해 더 많은 압력, 더 유창한 언변, 더 논리적인 이론을 동원하려고 애쓴다.

문제는 이처럼 고도로 의존적인 사람들은 상호의존적인 현실에서 성공하려고 노력한다는 점이다. 그들은 권력에 의존하여 승-패의 결과를 얻으려 하거나 다른 사람들의 인기를 염두에 두는 사람이라면 패-승의 결과로 이끌기도 한다. 자신들은 승-승의 기법을 이야기할지 모르나 실제로는 상대방의 이야기를 경청하지 않는다. 남을 조종하고 싶은 것이다. 그런 상황에서는 시너지가 결코 가능하지 않다.

불안정한 사람은 모든 현실이 자신이 가진 패러다임에 맞추어져야 한다고 생각한다. 그들은 다른 사람을 자기처럼 만들고자 하는 강력한 욕구를 가지며 자신의 사고방식을 주입시킬 필요성을 강하게 느낀다. 그러나 그들은 인간관계의 강점은 다른 관점을 접하는 데 있다는 사실을 깨닫지 못한다. 조화와 하나됨은 서로 보충하는 것이지 동일한 것이 아니다. 동일성은 창의성이 없고 싫증나게 한다. 시너지의 본질은 서로의 차이점을 가치 있게 여기는 데 있다.

나는 대인간 시너지의 열쇠는 개인 내면의 시너지, 즉 자신 속에서 시너지를 창출하는 것이라고 믿는다. 자신의 내면적 시너지의 본질은 처음 세 가지 습관의 원칙에 포함된다. 이것들은 우리가 마음을 열었을 때의 위험에 대처할 수 있는 충분한 내면적 안정감을 제공해준다. 우리는 이 원칙들을 내면화함으로써 승-승, 즉 나도 이기고 상대도 이기는 풍요의 심리를 개발하고 습관 5의 확실함을 믿게 된다.

원칙 중심적이 될 때 얻게 되는 실질적인 결과는, 우리를 하나의 전체, 즉 진정으로 통합된 하나로 만든다는 점이다. 논리적이고 언어적인 왼쪽 뇌의 사고방식에 깊이 물든 사람은 높은 창의성을 요구하는 문제에 왼쪽 뇌의 사고가 매우 부적절하다는 사실을 알게 될 것이다. 이들은 자신의 오른쪽 뇌 내부에 있는 새로운 사고방식을 자각하게 되고 그것에 대해 마음을 열기 시작한다. 오른쪽 뇌가 없어진 것이 아니고 다만 잠자고 있었을 뿐이다. 아마 오른쪽 뇌의 신경이 발달되지 않았거나 어린 시절부터 받아온 학교 교육이나 사회적인 각본이 지나치게 왼쪽 뇌를 강조하다 보니 위축되었을지도 모른다.

직관적이고 창조적이며 시각적인 오른쪽 뇌와 분석적이고 논리적이며 언어적인 왼쪽 뇌를 함께 사용할 수 있다면, 우리는 우리의 뇌 전체를 활용하는 게 된다. 다시 말해서 이때 우리의 머리에는 정신적인 시너지가 나타난다. 그리고 바로 이것이야말로 인생이란 실체에 가장 적합한 도구가 된다. 왜냐하면 인생은 논리적인 면뿐만 아니라 감정적인 면도 있기 때문이다.

어느 날 나는 "오른쪽 뇌로 리드하고 왼쪽 뇌로 관리하라"라는 주제로 플로리다 주의 올랜도에 있는 어느 회사에서 세미나를 열고 있었다. 휴식시간 중에 그 회사의 사장이 내게 와서 말했다. "코비 씨, 흥미로운 내용입니다. 그렇지만 나는 이 주제를 내 사업보다 나의 결혼생활에 적용하는 데 더 관심이 많이 가네요. 아내와 나는 커뮤니케이션에서 심각한 문제가 있거든요. 당신이 우리 두 사람과 점심을 같이하면서 우리가 어떻게 이야기하고 있는지 관찰해주실 수 있을까요?"

"그렇게 합시다"라고 나는 흔쾌히 대답했다.

우리는 함께 앉아서 몇 가지 농담을 나누었다. 그는 부인에게 몸을 돌려 이렇게 말했다. "자, 여보. 코비 씨에게 우리의 대화를 보고 도와달라고 부탁했소. 당신이 내가 좀 더 민감하고 사려 깊은 남편이 되어야 한다고 생각한다는 것을 알고 있소. 내가 고쳐야 할 점을 구체적으로 이야기해줄 수 있겠소?" 그를 지배하고 있는 왼쪽 뇌는 사실과 구체적인 것, 그리고 부분적인 것을 원하고 있었다.

"글쎄요. 내가 전부터 얘기해왔다시피 구체적인 것은 없어요. 내가 중요하게 생각하는 것은 좀 더 전반적인 것이에요." 그녀를 지배하는 오른쪽 뇌는 감각, 게슈탈트, 전체, 부분들 간의 관계 등을 다루고 있었다.

"당신이 말하는 '전반적인 것'이란 무엇을 의미하는 거요? 당신은 내가 어떤 점을 고쳤으면 좋겠소? 내가 이해할 수 있도록 구체적으로 말해줘요."

"글쎄, 그것은 그저 하나의 느낌이에요." 그녀의 오른쪽 뇌는 이미지와 직관적인 느낌을 말하고 있었다. "제 느낌엔 제게 말로 표현하는 만큼 당신이 우리의 결혼생활을 중요하다고 생각하는 것 같지 않아요."

"그럼 우리의 생활을 중요하게 만들기 위해 내가 어떻게 하면 되겠소? 자세하게 구체적으로 말해봐요."

"그건 말로 하기 어려운 일이에요."

그때 그는 눈을 부라리며 나를 바라보았는데 마치 이렇게 말하는 듯했다. '코비 씨, 당신은 이처럼 어리석고 답답한 상황을 참을 수 있겠소?'

"그건 단지 느낌이에요. 아주 강한 느낌요"라고 그녀는 거듭 말했다.

"여보, 그건 당신의 문제요. 당신 어머니도 그런 문제가 있었소. 사실 그것은 내가 아는 모든 여자들이 가지고 있는 문제요"라고 그가 말했다.

그다음에 그는 아내에게 질문하기 시작했는데, 그것은 마치 법정에서 심문하는 것처럼 들렸다.

"당신은 마음에 드는 집에 살고 있소?"

"그런 문제가 아니에요." 그녀는 한숨짓듯이 대답했다.

"알아요." 남편은 애써 참을성을 갖고 대답했다. "그러나 당신이 문제점을 정확하게 말하지 않기 때문에 문제가 아닌 것부터 알아보는 것이 그 문제점을 찾아내는 최선의 방법이라고 생각하고 있소. 당신은 집이 마음에 드는 거요?"

"그렇다고 생각해요."

"여보, 지금 코비 씨는 우리를 도우려고 잠깐만 여기 같이 있는 거요. 그러니까 가능한 한 빨리 '예' 또는 '아니요'로 대답해줘요. 당신은 마음에 드는 집에 살고 있어요?"

"예."

"좋아요. 그럼 그건 해결되었소. 당신은 갖고 싶어 하는 모든 것을 갖고 있어요?"

"예."

"좋아요. 당신은 하고 싶은 일을 하고 있소?"

잠깐 동안 이런 식의 대화가 계속되었는데 나는 이들을 전혀 도와주지 못하고 있었다. 그래서 중간에 끼어들어 말했다. "당신들의 관계는 늘 이런 식입니까?"

"매일요. 코비 씨"라고 그가 대답했다.

"이게 우리의 결혼생활이에요"라고 아내가 탄식하듯 말했다.

나는 그들 두 사람을 바라보면서 각각 대뇌의 반쪽씩만 가진 사람들이 함께 살고 있다는 생각을 했다. "이 댁에 자녀가 있나요?"라고 나는 물었다.

"네, 둘이요."

"그래요?" 하고 나는 믿을 수 없다는 듯이 반문했다. "당신들은 어떻게 아이를 낳았지요?"

"어떻게 낳았느냐니, 그게 무슨 뜻이죠?"

"당신들은 시너지를 경험해본 사람들이에요"라고 나는 말했다. "하나에다 하나를 더하면 보통 둘이 되지요. 그렇지만 당신들은 하나 더하기 하나를 넷으로 만들었어요. 자, 그것이 시너지예요. 하나의 전체가 부분을 합한 것보다 더 많고 훌륭하다는 말입니다. 그래, 당신들은 어떻게 그것을 했지요?"

"우리가 어떻게 했는지 알잖아요." 그는 대답했다.

"당신들은 남녀의 차이점이 갖는 가치를 소중하게 여겼던 겁니다"라고 나는 힘주어 말했다.

차이점을 소중히 여기는 것

사람들간의 정신적, 감정적, 심리적 차이점을 소중히 여기는 것이 시너지의 본질이다. 그리고 이러한 차이점을 소중히 여기는 관건은 모든 사람들이 세상을 있는 그대로가 아니라 자신의 관점을 통하여 본다는 사실을 깨닫는 것이다.

만일 내가 세상을 있는 그대로 본다고 생각한다면 왜 내가 그 차이점들을 소중히 할 필요가 있겠는가? 왜 내가 '비정상적인' 사람에 대해 걱정할 필요가 있겠는가? 내가 가진 패러다임은 나는 객관적이어서 세상을 있는 그대로 보고 있다는 것이다. 모든 사람들이 사소한 일들에 파묻혀 있지만 나는 더 큰 그림을 보고 있다. 이것이 사람들이 나를 수퍼바이저(supervisor)라 부르는 이유이다. 왜냐하면 나는 큰 비전(super vision)을 갖고 있기 때문이다.

만일 이상이 우리가 가진 패러다임이라면 이 문제에 관한 한 우리는 효과적으로 상호의존적이 되지 못하고 심지어 효과적으로 독립적이 되지도 못할 것이다. 왜냐하면 우리는 자기 자신의 조건화(conditioning)된 패러다임에 의해 제약받기 때문이다.

정말로 효과적인 사람은 자신의 지각적 한계를 인식하는 겸손과 타인에 대한 경외심을 가지고 있다. 그리하여 다른 사람들의 마음과 접촉하고 나눔으로써 얻은 많은 지식과 감정이 소중하다는 사실을 인정한다. 이러한 사람은 차이를 소중히 여긴다. 왜냐하면 차이가 현실에 대한 지식과 이해를 더해주기 때문이다. 우리가 자신의 경험밖에 이용할 수가 없다면, 우리는 늘 정보의 부족으로 허덕이게 될 것이다.

두 사람의 의견이 일치하지 않을 때 두 사람이 모두 옳을 수 있다는 것이 논리적으로 가능한가? 이것은 논리가 아니다. 심리적인 것이다. 그리고 이것이야말로 아주 현실적인 것이다.

당신은 그림에서 젊은 여자를 본다. 그런데 나는 그녀를 늙은 여자로 본다. 우리는 모두 동일한 그림을 보고 있고, 또 둘 다 옳다. 우리는 동일한 검은 선과 동일한 흰 여백을 보고 있다. 그러나 우리는 그것을 각각 다르게 해석한다. 왜냐하면 우리는 그 그림을 다르게 보고 해석하도록 조건화되어 있기 때문이다.

만일 우리가 지각상의 차이점을 소중히 여기지 않는다면, 우리가 서로의 지각을 존중하여 우리 둘 모두가 옳을 수 있다는 가능성을 인정하지 않는다면, 인생이란 항상 이것 아니면 저것이라는 이분법적인 것이 아니고 거의 항상 제3의 대안이 있다는 사실을 믿지 않는다면, 우리는 이러한 조건화의 한계를 결코 극복하지 못할 것이다.

내 눈에 보이는 것은 늙은 여자뿐이다. 그러나 나는 당신이 무엇인가 다른 것을 보고 있음을 인식한다. 그리고 나는 당신의 다른 시각을 존중한다. 나는 당신의 지각을 존중한다. 나는 당신을 이해하길 원한다.

이렇게 우리들이 지각상의 차이를 깨닫게 될 때 나는 "좋아요! 당신은 그것을 다르게 보고 있군요! 나도 당신이 보는 것을 볼 수 있게 도와주세요"라고 말할 수 있다.

만일 두 사람이 모두 똑같은 견해를 갖고 있다면 한 사람은 불필요하다. 마찬가지로 나와 똑같이 늙은 여자만 보고 있는 누군가와 대화하는 것은 내게 전혀 도움을 주지 못한다. 나는 나와 의견을 같이하는 사람과 대화하거나 이야기하기를 원하지 않는다. 즉, 당신이 그것을 나와 다르게 보기 때문에 당신과 대화를 나누고 싶다. 나는 차이점을 소중히 여긴다.

그렇게 함으로써 나는 나 자신의 지각능력을 증대시킬 뿐만 아니라 당신에게도 확신을 준다. 내가 당신에게 심리적 공기를 주는 것이다. 내 발을 브레이크에서 떼고, 당신이 자신의 입장을 방어하기 위해 소모할지도 모를 부정적인 에너지가 필요 없게 해준다. 나는 시너지를 만들어낼 수 있는 환경을 조성한다.

차이점을 소중히 여기는 것이 얼마나 중요한가는 교육자였던 리브스(R. H. Reeves) 박사가 쓴 《동물학교 *The Animal School*》라는 우화에 잘 표현되어 있다.

옛날에 동물들이 '신세계'에서 직면하게 될 문제들을 해결하기 위해 어떤 훌륭한 일을 해야겠다고 결정하고 학교를 만들었다. 그들은 달리기, 오르기, 수영, 날기 등으로 짜인 교과목을 채택하였다. 또 이 학교의 행정을 좀더 쉽게 하기 위해 동물들 모두가 똑같은 과목을 수강하게 했다.

오리는 수영을 교사보다도 잘했고 날기에서도 꽤 훌륭한 점수를 받았다. 그렇지만 달리기에서는 매우 부진했다. 오리는 달리기에서 낮은 점수를 받았기 때문에 학교가 끝난 후에도 남아야 했고 달리기를 연습하느라 수영 수업을 빠지게 되었다. 이렇게 달리기 연습에 열중하다 보니 물갈퀴는 닳아서 약해졌고, 이제는 수영에서조차 겨우 평균점수밖에 못 받게 되었다. 그러나 학교에서는 평균성적만 받으면 괜찮았으므로 오리 외에는 아무도 그것에 대해 걱정하지 않았다.

토끼는 달리기는 가장 잘했지만 수영 연습에 많은 시간을 할애하느라 신경쇠약에 걸렸다.

다람쥐는 오르기에는 뛰어났지만 날기 과목의 교사가 나무 위에서 날아서 내리는 대신 땅에서 위로 날아오르게 했기 때문에 좌절감에 빠졌다. 또 그는 지나친 연습으로 경련이 생기는 바람에 오르기에서는 C를 받았고 달리기에서는 D를 받았다.

독수리는 문제아였다. 그래서 그는 심하게 훈계를 받아야 했다. 오르기 수업에서는 독수리가 나무 꼭대기에 오르는 데 다른 모든 동물들을 제쳤지만 거기에 도달하는 데 있어 자기 방식대로 할 것을 고집하였다.

학년 말에 수영은 아주 잘하고, 달리기, 오르기, 날기는 약간만 하는 이상하게 생긴 뱀장어가 가장 높은 평균점수를 받아 졸업생 대표가 되었다.

프레리 도그*들은 학교당국이 교과과정에 땅파기와 굴파기를 추가하지 않는다고 학교에 가지 않고 교육세 징수 반대투쟁을 벌였다. 이들은 새

* Prairie Dog, 북미 초원 땅굴 속에 서식하는 마못의 일종이다.— 옮긴이.

끼들을 오소리의 제자로 보냈고, 나중에는 성공적인 사립학교를 시작하기 위해 그라운드호그*와 들쥐들의 손을 잡았다.

추진세력과 저지세력

상호의존적인 상황에서 시너지는 특히 성장과 변화에 장애가 되는 부정적인 힘을 다루는 데 강력한 효과를 발휘한다.

사회심리학자인 쿠르트 레빈(Kurt Lewin)은 '세력 분석'이란 모델을 개발했다. 이 모델에서 그는 상향적 이동을 촉진하는 추진세력과 그것을 위축시키는 저지세력 사이에 현재의 수행 수준, 즉 평형상태가 존재한다고 설명하고 있다.

추진세력은 일반적으로 긍정적이고 이성적이고 논리적이고 의식적이고 경제적이다. 추진세력에 대치하는 저지세력은 흔히 부정적이고 감정적이고 비논리적이고 무의식적이고 사회심리적인 경우가 많다. 그런데 이 힘 모두가 매우 현실적인 요소이므로 변화를 다룰 때는 반드시 고려해야 한다.

예를 들면 우리의 가정에는 어떤 '분위기'가 있다. 이 분위기는 가족 간의 긍정적 혹은 부정적인 상호작용에 대한 어떤 수준일 수도 있고, 느낌을 표현하거나 관심사에 대해 자기의 감정을 표현할 때 안심하거나 불안하게 느끼는 정도일 수도 있다. 가족 구성원 사이의 커뮤니케이션에서 나타나는 존중 또는 무시의 경향도 여기에 해당된다.

누구나 이 같은 '가정 분위기'를 진정으로 개선하고 싶어 할 것이다. 좀더 긍정적으로 서로를 존중하며 개방적이고 서로 신뢰하는 분위기

* Groundhog, 북미산으로 마못의 일종이다.— 옮긴이.

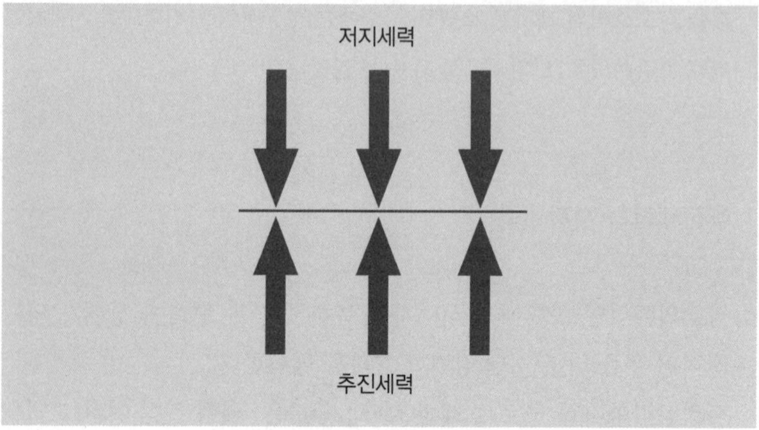

를 만들고 싶어 할 것이다. 우리가 이렇게 하는 논리적 이유들이 바로 이 분위기 수준을 높이기 위해 작용하는 추진세력에 해당된다.

그러나 추진세력을 증가시키는 것만 가지고는 충분하지 못하다. 왜냐하면 우리의 노력은 때때로 저지세력에 직면하기 때문이다. 예컨대 가정에서 아이들 간에 갖는 경쟁심, 부부관계에서 가정생활을 보는 서로 다른 시각, 가정에서 길들여진 우리의 습관, 우리에게 시간과 에너지를 요구하는 일 등이 있다.

추진세력을 증가시키는 것이 잠정적인 효과를 가져올 수는 있다. 그러나 저지세력이 있는 한 성장하는 것은 점점 더 힘들어진다. 이것은 마치 스프링에 압력을 가하는 것과 같다. 즉, 힘껏 누를수록 스프링의 저항력은 더욱 커지고 결국 이 스프링은 갑자기 이전 수준보다 더 강하게 튀어 오르게 마련이다. 누르면 튕겨 나오는 스프링 작동을 몇 번 하고 나면 "사람이란 현재 그대로 있고 싶어 하기 때문에 변화시키기란 너무나 힘이 든다"라고 느끼기 시작한다.

그러나 시너지를 도입한다면 습관 4의 동기, 습관 5의 기술, 습관 6의 상호작용을 활용하여 저지세력에 직접 작용하도록 할 수 있다. 이 습관들은 우선 사람들이 이들 세력에 대해 마음 놓고 이야기할 수 있는 분위기를 만들어낸다. 또 이들 저지세력을 용해시키고 느슨하게 만들어 추진세력으로 변형시키는 새로운 통찰력을 창조하게 된다. 사람들을 문제에 참여시키고 몰두하게 하여 문제점을 깊이 이해하면서 자신의 것으로 느끼게 한다면 사람들은 해결책을 찾는 데 중요한 역할을 할 것이다.

그 결과로 공유된 목표가 새롭게 만들어지면 아무도 예상치 못한 방식으로 전체 조직은 상향적으로 움직이기 시작한다. 이 같은 조직의 상향적 이동이 가져오는 기쁨은 조직에 새로운 분위기를 창조한다. 나아가 여기에 참여한 사람들은 서로서로 인간미로 엮이고 새롭고 신선한 사고 및 건설적인 대안과 기회들에 의해 힘을 얻게 된다.

나는 변호사를 고용하여 자신들의 입장을 주장하는 협상과정에 여러 차례 참가해보았다. 이 경우 결과는 문제를 더욱 악화시킬 따름이다. 왜냐하면 법적인 절차를 통한 대화란 더욱 악화될 뿐이기 때문이다. 그렇지만 각 당사자들은 신뢰 수준이 너무 낮았기 때문에 문제를 법정으로 가져가는 길밖에는 다른 대안이 없다고 느끼고 있었다.

"당신들은 실제로 둘 다 기꺼이 찬성할 수 있는 승-승의 해결책을 찾아보고 싶습니까?"라고 내가 묻는다.

이 경우 대답은 거의 "그렇다"이다. 그러나 대부분의 사람들은 이것이 진정으로 가능하다고 생각하지 않는다.

"만일 내가 상대방으로 하여금 동의하게 하면 당신은 진심으로 상대방과 대화를 시작할 용의가 있습니까?"

이에 대한 대답 역시 보통 "예"이다.

거의 모든 경우에 있어 결과는 놀라운 것이었다. 법적으로 심리적으로 몇 달 동안을 다투어왔던 대부분의 문제들이 단 몇 시간 혹은 며칠만에 해결되었기 때문이다. 그 해결책의 대부분은 법원이 하는 타협적 해결이 아니라 시너지적인 해결책이었으며 어느 한쪽이 독자적으로 제안한 해결책보다 더 훌륭한 것이었다. 그리고 대부분의 경우 초기에는 신뢰 수준이 아주 낮아서 인간관계가 돌이킬 수 없을 정도로 악화된 것처럼 보였던 것조차도 다시 좋은 관계로 회복되었다.

우리가 실시하고 있던 조직개발 프로그램에서 한 임원이 다음과 같은 상황을 설명하였다. 어떤 제조업자가 오랜 거래관계를 가지고 있던 고객회사로부터 계약 불이행으로 고소를 당했다. 두 당사자는 전적으로 자신의 입장이 정당하다고 믿고 있었고 서로에 대해 비윤리적이고 전혀 믿지 못할 사람들이라고 느끼고 있었다.

습관 5를 실행하기 시작하자 두 가지가 분명해졌다. 첫째는 초기의 커뮤니케이션 문제가 오해를 낳았고, 이것이 소송과 이에 맞서는 맞고소로 악화되었다는 점이다.

둘째는 두 회사 모두 처음에는 선의로 행동했고, 법적 소송에 드는 비용과 충돌을 좋아하지 않았지만 별다른 해결책을 발견하지 못했다는 점이다. 일단 이상의 두 가지가 문제의 원인으로 파악되자 습관 4와 5, 습관 6의 정신을 적용함으로써 문제는 급속히 해결되었다. 그리고 두 회사의 관계도 회복되었다.

또 다른 상황으로 한번은 내가 아침 일찍 전화를 받은 일이 있었다. 전화를 건 사람은 급박하게 도움을 청하는 토지개발업자였다. 예정된 날짜에 원금과 이자를 상환하지 못하자 은행은 저당권을 행사하려 했고, 그는 저당권 행사를 저지하기 위해 은행을 상대로 소송을 걸고 있었다.

게다가 그가 토지개발을 마치고 이를 매각하여 은행빚을 갚는 데는 추가적인 자금이 필요하였다. 그러나 은행 측은 이미 대출된 자금을 예정대로 상환하기 전까지는 추가 대출을 해주지 않으려고 했다. 마치

닭이 먼저냐 달걀이 먼저냐와 같은 문제가 된 것이다.

이러는 동안 토지개발사업은 자연히 지지부진하게 되었다. 개발된 지역의 거리는 황무지처럼 보이기 시작하였고, 몇 채 안 되는 개발 주택 소유자들은 자기들 집값이 떨어지는 것을 보면서 분개하고 있었다. 시당국 역시 계획보다 훨씬 지연되는 '금싸라기 땅' 개발사업에 당혹해하면서 이를 눈엣가시처럼 보고 있었다. 은행 측과 개발업자는 둘 다 이미 수만 달러나 되는 소송 비용을 지불하고 있었고, 소송은 여러 달 동안 심의 날짜조차 정하지 못하고 있었다.

절망에 빠진 이 개발업자는 마지못해 습관 4, 5, 6의 원칙을 시도해 보는 데 동의하였다. 그는 자기보다 훨씬 더 내켜 하지 않는 은행 간부들과 회의를 마련하였다.

회의는 은행에 있는 회의실에서 오전 8시부터 시작되었다. 긴장과 불신의 분위기가 회의장을 가득 채웠다. 은행 측 변호사는 은행 측 간부들에게 아무것도 말하지 말라고 요청했다. 그들은 오직 듣기만 하였고 변호사 혼자 이야기했다. 그는 법정에서 은행의 입장을 불리하게 할 어떤 일도 일어나지 않기를 원하고 있었다.

처음 한 시간 반 동안 나는 습관 4, 5, 6을 가르쳤다. 9시 30분에 나는 칠판으로 가서 우리가 사전에 이해하고 있는 사항에 입각해 은행 측이 관심을 두고 있는 사항들을 적었다. 은행 간부들은 처음에는 아무 말도 하지 않았다. 그러나 우리가 점점 더 승-승의 의향으로 대화하면서 먼저 이해하려고 애쓰자 그들도 점차 설명을 해주면서 관심사를 확인해주기 위해 말문을 열었다.

이들이 이해받고 있다고 느끼기 시작했을 때 전체적인 분위기는 변했고 문제를 평화적으로 해결할 수 있다는 전망으로 흥분감이 감돌았다. 변호사의 반대에도 불구하고 은행 간부들은 점차 더 마음을 열어갔고 개인적인 우려까지도 털어놓았다. "우리가 은행에 돌아가면 은

행장의 첫마디는 '그래, 우리 돈은 받았습니까?'가 될 거요. 우리가 뭐라고 대답해야 할까요?"

11시까지 은행 간부들은 여전히 자신들의 정당성을 주장하고 있었다. 그러나 자신들이 이해받고 있다고 느꼈기 때문에 더 이상 딱딱하거나 방어적이지는 않았다. 이쯤 되자 이들은 그 개발업자의 관심사에 대해 충분히 경청할 입장이 되었고, 나는 칠판의 한편에 이것을 써 내려갔다. 이 과정을 통하여 쌍방은 초기의 불충분한 커뮤니케이션이 얼마나 큰 오해와 비현실적인 기대를 낳았는가를 깨닫게 되었다. 나아가 승-승의 정신에 입각한 지속적인 커뮤니케이션을 통해 더 커질 수 있었던 문제를 막았다는 것에 대해 서로가 깊이 이해하는 결과를 가져왔다.

진전이 되고 있다는 느낌을 갖고 만성적, 급성적 고통에 대한 공감대가 형성되면서 회의에 참가한 모든 사람들은 계속해서 대화를 나누다. 참석한 사람들은 긍정적이고 건설적이고 시너지적으로 변화되어 회의가 끝나기로 되어 있던 정오가 지나도 계속 대화를 하고 싶어 했다.

모든 사람은 이 개발업자가 제안한 첫 번째 건의 사항을 승-승적 접근방법의 시작으로 보았다. 이것은 서로를 유익하게 하는 시너지의 힘을 가진 것이었고 또 개선된 것이었다.

12시 45분쯤에 이 개발업자와 두 명의 은행 간부는 주택소유자협회와 시당국에 제출할 계획서를 가지고 함께 자리를 떴다. 몇 가지 복잡한 처리가 남아 있긴 했지만 결국 법정 싸움은 피할 수 있었고 그 건설 사업은 계속 진행되어 마침내 성공적으로 마무리되었다.

내가 사람들에게 법적인 절차를 사용하지 말라고 주장하는 것은 아니다. 법적 절차가 절대적으로 필요한 경우도 있게 마련이다. 그러나 나는 법적 해결이란 최후에 의지해야 할 수단이라고 본다. 만일 법적 절차를 너무 일찍 사용한다면 그것이 설사 예방적인 차원에서 행해진 것이라 할지라도 때로는 불안을 야기하고 법 중심의 패러다임을 만들어 전혀 시너지적으로 되지 못하는 생각과 행동을 초래하기 때문이다.

모든 자연은 시너지적이다

생태학이란 기본적으로 자연에서의 시너지즘(synergism)을 나타내는 어휘이다. 즉, 이 세상 만물은 다른 모든 것과 서로 연결되어 있다는 것이다. 생산성을 극대화시키는 것은 서로의 관계에서 이루어진다. 이는 마치 7가지 습관의 진정한 힘은 개별 습관에서 나오는 것이 아니라 이들 습관이 서로 결합될 때 나오는 것과 같다.

부분들을 연결시키는 관계는 가족이나 조직 내부에 시너지적인 문화를 창조하는 힘이 된다. 각자가 진정하게 몰입할수록 또 문제점을 분석하고 해결하는 데에 더욱 진지하게 참여할수록 각자의 창의성은 더욱 커지고 창조적으로 생산해내는 것에 대한 책임감도 커지기 때문이다. 나는 이것이야말로 세계시장의 판도를 바꾸어놓은, 비즈니스에 대한 일본식 접근방법의 핵심이라고 확신한다.

시너지는 효과적이다. 또 올바른 원칙이기도 하다. 이것은 앞에서 다룬 모든 습관들이 궁극적으로 달성하는 최고의 성취이기도 하다. 시너지는 상호의존적인 현실에서 작용하는 효과성이다. 즉 이것은 팀워크이고 팀빌딩이며, 나아가 다른 사람들과 융화하여 뜻있는 일을 하는 것이다.

다른 사람과의 상호작용에서 비록 그들의 패러다임이나 시너지 과정 자체는 통제할 수 없다 하더라도 상당한 양의 시너지는 자신의 '영향력의 원' 안에 있다.

자신이 가진 내적 시너지는 전적으로 우리의 영향력의 원 안에 있는 것이다. 우리는 자기가 가진 분석적 측면과 창의적 측면 모두를 존중할 수 있다. 우리는 이들의 차이점을 소중히 여길 수 있고 그 차이점들이 창조력을 발휘하도록 사용할 수 있다. 적대감으로 가득한 여건에서도 자신의 내면은 시너지적으로 될 수 있다. 개인적으로 인격적인 모욕을 느낄 필요는 없다. 우리는 부정적인 에너지를 회피할 수 있다. 나아가 우리는 의견의 차이가 아무리 커도 다른 사람이 가진 좋은 점을 찾아 이를 자신의 견해를 개선하고 관점을 넓히는 데 활용할 수 있다.

우리는 상호의존적인 상황에서 마음을 여는 용기를 낼 수 있다. 이 용기는 우리가 가진 아이디어와 느낌을 표현하게 하고 경험을 털어놓게 함으로써 다른 사람들도 똑같이 마음을 열 수 있도록 한다.

우리는 다른 사람들이 가진 차이점을 소중히 여길 수 있다. 의견이 맞지 않을 때도 다음과 같이 말할 수 있다. "좋습니다. 당신은 그것을 다르게 보고 있군요." 다른 사람에게 동의할 필요는 없다. 그 대신 그들을 지지해주기만 하면 된다. 그런 다음 상대방을 이해하려고 노력할 수 있을 것이다.

자신의 대안과 '잘못된' 대안, 이 두 개의 대안만 보일 때도 시너지적인 제3의 대안을 찾아볼 수 있다. 제3의 대안은 항상 존재하게 마련이다. 우리가 승-승의 철학을 가지고 상대방을 진정으로 이해하려 한다면 모든 관련자들에게 더 훌륭한 해결책을 찾을 수 있을 것이다.

습관 6의 적용을 위한 제언

1. 당신과 견해 차이가 있는 한 사람을 생각해보라. 그 사람과의 관점의 차이가 제3의 해결책에 대한 징검다리로 활용될 수 있는 방안을 생각해보라. 당신은 아마 그 사람에게서 현재의 프로젝트나 당면 문제에 대해 다른 견해를 얻을 수 있을 것이고 그 견해를 존중할 수 있을 것이다.

2. 당신을 화나게 하는 사람들의 명단을 작성해보라. 만일 당신이 더 큰 내적 안정감을 가지고 있고 차이점을 존중한다면 그들과의 견해차이가 시너지 효과를 가져올 수 있겠는가?

3. 당신이 보다 잘된 팀워크와 시너지 효과를 원하게 되는 상황을 규명해보라. 이 같은 시너지를 만들어내는 데 어떤 조건들이 필요한가? 그러한 조건들을 조성하기 위해 당신은 무엇을 할 수 있는가?

4. 당신이 누군가와 의견이 일치하지 않거나 또는 적대적 상황에 처할 때 그 사람의 입장에서 그가 우려하는 바를 이해하도록 시도해보라. 이제 그가 우려하는 문제를 서로에게 생산적이고 혜택을 가져다주는 방식으로 다루어보라.

습관 6에 대한 새로운 통찰

– 숀 코비

스탠퍼드대학교에서 2년째 컴퓨터과학을 공부하던 세르게이는 봄 오리엔테이션에서 신입생들을 돕는 일을 맡게 되었다. 그날 아침, 그는 래리라는 학생에게 캠퍼스 주변을 안내할 계획이었다.

그들은 만나자마자 죽이 맞는 것도 아니었고, 서로에게 상당한 불쾌감을 느꼈다. 거의 모든 것에 대해 의견이 달랐다. 하지만 모든 주제에 대해 서로 반박하는 것이 너무 재미있어서 결국 친구가 되었다.

세르게이와 래리는 둘 다 컴퓨터를 좋아했지만, 성향은 완전히 반대였다. 세르게이는 파티를 즐기는 사람이었고, 래리는 조용하고 내성적이었다. 세르게이는 가만히 앉아 있지 못하는 사람이었지만, 래리는 언젠가 레고 블록을 가지고 공을 들여 프린터를 만들기도 했다.

나중에 두 사람이 래리의 논문 작업을 위해 함께 연구를 진행했을 때 그들은 인터넷을 검색하는 새로운 방법을 실험했다. 당시에는 컴퓨터에 단어를 입력하면 그 단어가 얼마나 많이, 어디에서 나타났는지 그 결과를 뱉어내듯 알려 주었다.

래리는 단어가 아닌 링크를 검색하면 재미있을 거라는 생각이 들었다. 그는 한 웹사이트가 다른 웹사이트들에 자주 연결되어 있을수록 더 중요한 웹사이트라고 생각했다. 이 접근법을 사용하면, 검색 결과가 중요한 순서대로 화면에 표시될 것이었다.

세르게이와 래리는 이 새로운 프로그램을 백럽(BackRub)이라고 불렀는데, 원래의 웹사이트로 돌아가는(back) 링크 수를 세는 프로그램이기 때문이었다. 프로그램을 실행하려고 래리의 방을 싸구려 컴퓨터로 채우는 바람에 대학의 네트워크가 거의 먹통이 되기도 했다. 그래서 그들은 프로젝트를 친구의 차고로 옮겼다.

수년이 지난 지금 10억 명 이상의 사람들이 백럽을 사용한다. 래리 페이지와 세르게이 브린이 기숙사에서 시작하여 현재는 구글이라 불리는 회사다.

구글을 설립한 두 대학생은 의견이 맞을 때가 거의 없었다. 만약 그들의 의견이 항상 일치했다면 어떻게 됐을까? 정확히 같은 재능을 가지고 있었다면? 내향적이든 외향적이든, 두 사람의 성향이 비슷했더라면? 그들은 세계 최고로 꼽히는 회사를 세우기 위해 서로의 강점이 필요했다. 둘 중 누구도 혼자서는 해낼 수 없었을 것이다.

제3의 대안을 믿어라

수천 개의 조직과 일한 이후, 우리는 프랭클린코비사에서 시너지가 정말 효과가 있다는 것을 알게 되었다. 시너지는 단지 좋은 이론이나 이상이 아니다. 인생은 팀 스포츠이며, 올바른 태도와 기술을 통해 복잡한 문제에 대한 시너지적인 해답을 찾을 수 있다. 항상 그렇지는 않지만, 대부분 그렇다. 제3의 대안을 찾으려면 그 존재를 믿어야 한다. 함께 일함으로써 혼자 생각하는 것보다 더 나은 해결책을 찾을 수 있다는 걸 믿어야 한다. 만약 이걸 믿지 않으면, 시너지가 비현실적이고 그것이 내 방식 아니면 네 방식 둘 중 하나라고 생각한다면, 당신은 결코 시너지에 통달하지 못할 것이다.

제3의 대안 찾기의 핵심 요소는 자존심을 접어두고, 최상의 해결책을 찾는 데 모든 관계자의 집단 지성이 필요하다는 점을 인정하는 것이다. 모든 사람은 각기 다른 방식으로 똑똑하고, 모든 사람은 기여할 수 있다. 과학은 지능이 얼마나 복잡한 것인지 우리에게 가르쳐준다. 하버드 교육대학원의 심리학자 하워드 가드너는 지능에 아홉 가지 유형이 있으며, 누구나 다음과 같은 속성을 하나 이상 가지고 있다고 주장한다.

1. 공간적 지능: 크고 작은 공간에서 자신을 찾는 능력
2. 언어적 지능: 글을 쓰고 말하는 능력
3. 논리수학적 지능: 논리, 숫자, 추론을 다루는 능력
4. 운동감각 지능: 조정력, 타이밍 감각, 좋은 반사 신경, 손재주
5. 음악적 지능: 소리, 음조, 리듬, 음정에 대한 민감도
6. 인간친화적 지능: 다른 사람의 기분과 의도에 대한 민감성, 협력하고, 어울리고, '팀 플레이어'가 되는 능력
7. 자기성찰 지능: 자아를 성찰하고 자신의 감정을 읽는 능력
8. 자연주의적 지능: 자연계에서 동물, 식물, 구름, 다른 형태들의 중요한 차이를 구별하는 능력
9. 실존적 지능: 삶에 대한 큰 의문을 제기하고 답을 찾는 경향[7]

그러나 제3의 대안 찾기의 또 다른 요소는 대화이다. 우리는 다른 사람과 서로 의사소통하는 법을 배워야만 한다. 그것도 아주 많이 배워야 한다. 우리는 브레인스토밍을 하고, 쟁점을 이야기하고, 아이디어를 주고받고, 처음으로 돌아가 다시 시작하고, 몇 번이고 그렇게 해야 한다. 윌버와 오빌 라이트가 서로의 차이를 소중히 여기면서 많은 토론을 하지 않았다면, 그들은 결코 비행기를 발명하지 못했을 것이다. 윌버는 임종 직전에 이렇게 말했다. "우리의 삶에서 행해진 거의 모든 것들은 우리 두 사람이 나눈 대화, 제안, 토론의 결과였다."

지방 방송국에서는 뉴스와 영업 부서가 충돌하는 경우가 종종 있다. 기상학자 트래비스 코시코의 경우가 그랬다. 그는 자신의 방송국이 건강한 소통과 브레인스토밍을 통해 갈등에 대한 제3의 대안을 찾았던 일화를 내게 들려주었다.

수년 동안, 저희 방송국은 부정확한 기온 예측을 보상하는 '3도 보장' 콘테스트를 개최했어요. 전날 제가 예측한 기온이 3도 이상 빗나갈 때마다, 해당 코너의 스폰서가 제공하는 소정의 경품을 나눠주곤 했죠.

거의 10년 동안 진행하고 나니, 확실히 콘테스트가 진부해지고 참가하는 시청자 수도 계속해서 감소하더군요. 큰 차이로 예보가 빗나가는 일은 흔하지 않았고, 덕분에 일기 예보의 평판은 훌륭했지만, 그건 저희가 아무런 경품도 주지 않았다는 뜻이기도 했어요. 콘테스트 참가자 수는 결국 거의 제로가 되었고, 스폰서 노출과 시청자 관심 측면에서 콘테스트는 실패한 것 같았습니다. 코너 자체를 취소해야 할지 고민했지만, 광고 기획자인 조세핀은 방송국의 수익 유지를 위해 코너를 계속하길 원했죠. 저희는 갈등을 겪었고, 변화가 필요했어요.

그래서 제가 조세핀에게 새로운 아이디어를 제안했습니다. 콘테스트를 '복권' 형식으로 재구성하는 게 어떻겠냐고 말이죠. 작은 당첨금, 그러니까 방송국 채널 번호에 걸맞은 19달러로 시작해 매일 3도 이내의 차이로 예측하면 당첨금에 5달러를 추가하고, 3도 이상 빗나갈 때는 모인 당첨금을 준 뒤 19달러에서부터 다시 모으는 방식이었습니다. 이렇게 하면 당첨금이 증가할수록 우리는 정확한 예보를 하고, 사람들은 콘테스트에 참가하는 동기가 생기는 거죠.

가장 먼저 알게 된 것은 조세핀이 제 권유에 완전히 개방적이었다는 거예요. 제 아이디어를 정말 좋아했지요. 저희는 모든 사람, 그러니까 저와 조세핀, 스폰서, 방송국의 니즈를 충족시키기 위해 아이디어를 고치고 다

들었습니다. 콘테스트가 큰 성공을 거두는 데는 오래 걸리지 않았어요. 참가자 수도 급증했고요. 한때 41일 연속 정확한 예보를 했을 때는 사상 최대 당첨금이 쌓이기도 했습니다. 그것은 소셜 미디어에서 많은 화제를 불러일으켰고, 밖에 나가면 많은 사람이 저를 붙들고 당첨금에 대해 이야기하곤 했어요. 스폰서도 개편된 콘테스트에 매우 만족했죠.

콘테스트가 내리막을 걷다가 귀중한 기회를 놓치도록 내버려두는 편이 쉬웠겠지만, 조세핀과 저는 기꺼이 새로운 대안을 만들었고, 그로 인해 모든 관계자가 승자가 되었어요. 저는 정확한 기상학자로서의 명성을 유지했고, 조세핀은 방송국의 수익을 늘렸으며, 시청자들은 많은 돈을 땄지요.

상호보완적 팀들

언젠가 상사에 대해 불평을 했던 기억이 난다. 아버지는 이렇게 반응했다. "분명히 그 사람에게도 너처럼 약점이 있단다. 다른 사람의 약점으로 네 기분을 결정하지 마라. 대신에 그의 장점을 이용해서 그의 약점을 상쇄하려고 해보렴. 그를 보완해봐라."

아버지는 스스로 이것을 실행에 옮기셨다. 그는 코비리더십센터를 시작했을 때 CEO의 역할을 맡았다가, 매우 빠르게 깨달았다. "난 이런 거 잘 못 해. 나는 가르치는 사람이야." 그래서 아버지는 자신을 보완할 수 있는, 경영 리더십 기술을 가진 훌륭한 사람들을 고용했다. 아버지의 자존심은 위협받지 않았다.

하지만 아버지의 인생에서 시너지에 대한 가장 훌륭한 예는 아버지와 어머니의 사이였다. 두 분은 자라온 배경과 삶에 대한 접근 방식이 매우 달랐다. 어머니는 변변찮은 환경에서 자랐다. 외할머니는 제2차 세계대전 동안 모든 것을 뒤로한 채 독일에서 이주해 오셨다. 새집에서 차마 독일어를 할 엄두도 내지 않으셨고, 억양을 지우려고 노력하셨다. 외할아버지는 고등학교 역사 선생님이셨기 때문에 항상 돈이 빠듯하셨다. 반면 나의 아버지는 더 넉넉한 환경에서 자랐다. 가끔 이러한 차이 때문에 검소함이 논쟁거리가 되었다. 어머니는 이런 말을 하시곤 했다. "아이스크림 두 스쿱짜릴 먹겠다고? 우리에겐 그런 돈이 없어!"

수년 동안, 나는 아버지가 어떻게 어머니의 세계관을 이해했는지, 그리고 어머니의 세계관이 어떻게 아버지의 세계관과 대립하는 대신 그것을 보완했는지 보았다. 그 경험은 각자 따로 생각하는 것보다 더 나은 중간 지대가 있다는 것을, 그리고 두 분이 잘 소통하면 그 중간 지대에 도달할 수 있다는 것을 아버지에게 가르쳐주었다. 어머니가 없었더라면 아버지는 시너지를 이해하지 못하셨을 것이다.

아버지의 명성이 높아지면서, 어머니는 아버지에게 솔직한 피드백을 주는 유일한 사람이 되었다. 한 번은 아버지가 켄 블랜차드와 다른 유명한 연사들과 함께 많은 청중 앞에서 강연한 적이 있다. 강연이 끝나고 모두가 아버지를 칭찬했지만, 어머니는 말했다. "최고의 강연은 아니었어요, 스티븐. 너무 진지하고 도표도 너무 많았죠. 사람들은 이야기를 듣고 싶어 해요. 켄처럼 더 많은 이야기를 해보는 게 어때요?" 어머니는 항상 아버지가 덜 복잡하고, 더 많이 웃고, 더 인간적일 수 있도록 격려했다. 아버지는 다른 사람들의 의견보다 어머니의 의견을 더 중요하게 생각하게 되었다. 어머니가 사물을 다르게 보고, 항상 있는 그대로 말했기 때문이었다.

고객과의 시너지

대인관계 시너지 외에도 산업, 이해관계자, 고객 간 창의적 협업의 힘을 보여주는 놀라운 사례들을 찾아볼 수 있다. 개인적으로 나는 레고를 좋아하고, 레고 회사는 항상 나를 매료시켰다. 이 회사는 세계에서 가장 신뢰받는 회사로 꼽을 수 있고, 이들의 핵심 강점 중 하나는 고객과의 시너지다.

1949년 이래 레고는 필요 부품이 미리 포장된 패키지 팔레트(인기 있는 스타워즈 컬렉션 등)를 만들고 출시해 많은 사랑을 받았다. 그런데 많은 고객, 대부분 마음은 아이였던 어른들이 직접 레고 디자인을 만들어보고 필요한 부품을 온라인으로 주문할 수 있게 해달라고 회사에 간청했다. 2005년, 그 요구에 부응하여 레고는 레고 디지털 디자이너(LEGO Digital Designer)라는 무료 소프트웨어 제품을 만들었다.

그러자 이상한 일이 일어나기 시작했다. 사용자들은 레고의 컴퓨터 시스템을 해킹하기 위한 소프트웨어를 만들었고, 프로그램 코드를 몰래 다시 작성했다. 그리고 필요한 부품이 들어있는 팔레트를 주문하는 대신, 각 팔레트의 전체 부품을 미리 확인하고 불필요한 부품을 적게 구입함으로써 비용을 절약했다.

레고는 빠르게 해킹을 확인했지만, 예상과 달리 매출에 영향을 받을 때 회사가 취할 법한 행동을 하지 않았다. 그들은 고객이 각자 필요에 맞게 소프트웨어를 개조하도록 하는 것의 가치를 깨달았다. 그리고 고객들이 소프트웨어를 그렇게 빨리 해킹할 수 있었다는 데에 놀라긴 했지만, 해커들이 수정한 프로그램을 받아들였고 충성스러운 팬들이 무엇을 원하는지 확인한 뒤 원하는 대로 하도록 허락했다. 그게 궁극적으로 레고의 더 큰 계획에 잘 맞았기 때문이었다. 레고는 팬들이 직접 디자인을 만들고, 심지어 레고가 사용할 수 있을 만한 아이디어를 떠

올리길 바랐다. 그리고 팬들은 그렇게 했다.

시너지 정신에 입각해, 레고는 한발 물러서서 해커들의 말에 귀를 기울이고, 먼저 이해하고, 의견 차이를 중시하는 쪽을 추구했다. 잠재적으로 안 좋은 상황이 시너지적 사고로써 기분 좋은 결과로 끝맺은 것이다.

시너지에 도달하기

시너지는 그냥 일어나는 것이 아니다. 얻으려 노력해야 한다. 어디서부터 시작해야 할지 잘 모르겠으면, 다음의 간단한 다섯 단계 프로세스를 따라 하라.

1. 문제 또는 기회를 정의한다
2. 그들의 방식: 다른 사람의 생각을 먼저 이해하라
3. 나의 방식: 당신의 생각을 공유함으로써 남을 이해시켜라
4. 브레인스토밍: 새로운 방안과 아이디어를 창출하라
5. 최고의 방법: 최적의 해결책을 찾아라

내 동료는 토요일을 보내는 방법에 대해 가족들과 시너지를 낸 일화를 공유해주었다. 이 다섯 단계가 어떻게 수행되었는지 주목하라.

"토요일은 함께 시간을 보내며 가족 관계를 다지는 날이에요." 토요일이 왜 있는지 묻는다면, 제 남편은 저렇게 답할 거예요. 제 대답은 아주 달라요. "토요일은 청소와 밀린 집안일을 하는 시간이에요. 기본적으로, 해야 할 일을 끝내는 날이죠!" 아이들은 제 생각을 좋아하지 않아요. 저희는 거

의 토요일마다 싸웠어요. 남편은 나가서 공원에 가고 싶어 하고, 저는 마당의 잡초를 뽑고 싶어 하니까요.

누가 이겼을까요? 매일, 매번, 매 순간.

남편이요.

과연 어떤 애들이 정말로 마당의 잡초를 뽑고 싶어 할까요? 제 자식들은 아니에요. 인정할게요, 전 프로젝트를 할 때 약간 터널 시야를 갖게 돼요. 할 만큼 하고 그만두는 게 어려워요. 주방 청소를 시작하면 거실, 욕실, 서재, 계단, 세탁실, 침실 등으로 이어지죠. 어느 금요일 밤 함께 TV를 보고 있을 때, 사랑하는 남편과 저 사이에 다음과 같은 대화가 오갔어요.

남편: 저기, 내일 아침에 맨 먼저 밖에 나가서 뭐 좀 하는 게 어때?

저: 밀린 집안일이 많아서 일찍 시작해야 해.

남편: 실제로 꼭 해야 하는 일을 목록으로 만들어서 살펴보자.

저: (화가 난 상태로 하나도 빼먹지 않게 해달라고 기도하면서 목록을 작성한 후 남편에게 건넨다.)

남편: 좋아, 몇 시간이면 절반 정도는 할 수 있겠다. 애들이 실제로 도움이 될 만큼 오래 버틸까?

저: 아니, 다른 계획이 필요하지 않아?

남편: 그래, 아침에 더 시원하니까(저희가 사는 곳은 여름에 40도가 넘습니다), 시간 내서 공원에 갔다가 음료수라도 마시고, 그다음 집에 와서 당신이 가장 중요하다고 생각하는 집안일을 하면 어떨까?

저: 한번 그렇게 해보자.

그래서 저희는 토요일 아침에 일어나 공원에 갈 준비를 했어요. 아이들은 날씨가 너무 더워지기 전에 간다는 데에 흥분했고요. 아이들은 족히 한 시간은 놀았어요. 제 남편과 저는 공원 산책로를 걷고, 아이들과 놀기도 했죠. 날씨가 더워질 때쯤 저희는 모두 지쳐 있었고, 더위를 식히기 위해 저희가 가장 좋아하는 가게에 들러 음료수를 마셨어요. 그러고 나서 해야 할 집안일을 하기 위해 집으로 갔습니다. 제가 아이들에게 할 일 목록을 보여줬을 때, 실제로 아이들은 불평을 거의 하지 않았어요.

남편과 저는 이제 이런 토요일을 '시너지 토요일'이라 부르며 만족하고 있어요.

시너지는 궁극적인 습관이다. 이전에 나온 모든 습관의 정점이자, 효과적인 삶에 대한 보상, 또는 맛있는 과일이다. 그러니 다음번에 회의에 참석했는데 누군가가 당신이 완전히 틀렸다는 식으로 이야기하면 큰 소리로 말하라. "좋아요. 당신은 다르게 보는군요!"

4

자기쇄신

상호의존성
먼저 이해하고 다음에 이해시켜라
5
대인관계의 승리
시너지를 내라
6
4 승-승을 생각하라
독립성
3 소중한 것을 먼저 하라
1
자신의 삶을 주도하라
개인의 승리
2
끝을 생각하며 시작하라
의존성
7 끊임없이 쇄신하라

THE 7 HABITS OF
HIGHLY EFFECTIVE PEOPLE

습관 7

끊임없이 쇄신하라

| 균형적인 자기쇄신의 원칙 |

때때로 사소한 일이 위대한 결과를 가져옴을 볼 때
나는 사소한 일이란 없다는 생각이 든다.
– 브루스 바턴 *–

당신이 산에서 열심히 나무를 베고 있는 사람을 우연히 만났다고 하자.

"무엇을 하고 계십니까?" 당신이 묻는다.

"보면 모르오? 이 나무를 베려고 톱질하고 있는 중이오"라고 그 사람이 대답한다.

"매우 지쳐 보이는군요. 얼마나 오랫동안 나무를 베었습니까?" 당신이 큰 소리로 묻는다.

그가 대답하기를 "다섯 시간 이상 이 일을 했소. 나는 지쳤소. 무척 힘든 일이오."

* Bruce Barton(1935~), 미국 아이오와 출신 작가, 미술 교수.— 옮긴이.

"그러면 잠시 시간을 내서 톱날을 가는 것이 어떻습니까?"라고 당신이 묻는다. "그게 일을 훨씬 빠르게 할 겁니다."

"내겐 톱날을 갈 시간이 없어요." 그 사람은 단호하게 말한다. "왜냐하면 나는 톱질하는 데 너무 바쁘기 때문이지요."

습관 7은 자기쇄신, 즉 재충전을 위해 톱날 가는 시간을 할애하는 것이다. 이것은 다른 습관들을 실천할 수 있게 해주기 때문에 다른 여섯 가지 습관들을 둘러싸고 있다.

쇄신의 네 가지 차원

습관 7은 개인적 생산능력이다. 이것은 우리가 가진 최대의 자산인 '자기 자신'을 유지하고 향상시키는 역할을 한다. 우리가 가진 본질의 네 가지 차원, 즉 신체적, 영적, 정신적/지적, 사회적/감정적 차원을 쇄신하는 것을 의미한다.

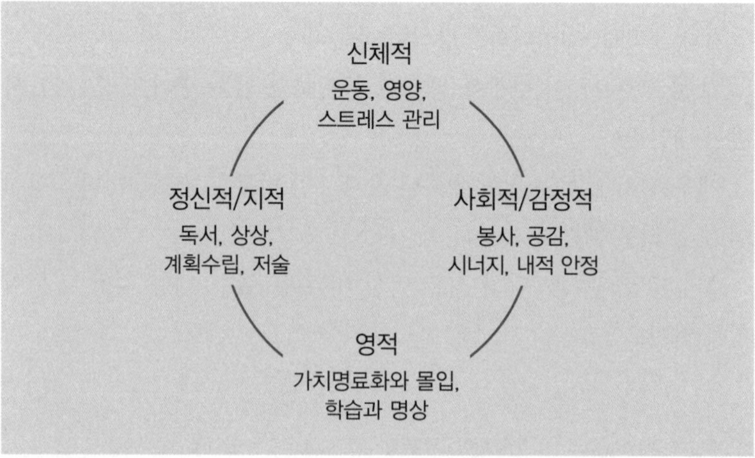

인생에 관한 대부분의 철학들은 비록 서로 다른 용어를 사용하고 있지만 이 네 가지 차원에 대해 다음과 같이 명백하게 함축적으로 다루고 있다. 철학자 셰퍼드는 네 가지 가치를 중심으로 건강하고 균형적인 삶을 기술했는데 관조(영적), 자율성(정신적/지적), 관계성(사회적/감정적), 건강한 상태(신체적) 등을 말한다.

유명한 정신적 지도자인 조지 시핸(George Sheehan)도 네 가지 역할을 지적하였다. 여기에는 훌륭한 동물이 되는 것(신체적), 훌륭한 장인(匠人)이 되는 것(정신적/지적), 좋은 친구가 되는 것(사회적/감정적), 성자(聖者)가 되는 것(영적) 등이 포함된다.

나아가 정통적인 동기이론과 조직이론도 이 같은 네 가지 차원 또는 동기를 포함하고 있다. 예컨대 경제적 차원(신체적), 사람을 다루는 방법(사회적/감정적), 사람의 능력을 개발하고 활용하는 방법(정신적/지적) 그리고 조직이 제공하는 서비스, 역할 및 공헌(영적) 등이 여기에 포함된다.

"톱날을 갈아라"라는 것은 기본적으로 이상의 네 가지 동기를 표현하는 것이다. 이것은 우리가 현명하고 균형적인 방법을 사용하여 규칙적이고 일관되게 본질에 해당하는 네 가지 차원 모두를 단련함을 의미한다.

그런데 이를 행하기 위해서는 반드시 주도적으로 되어야 한다. 톱날을 가는 데 시간을 보내는 것, 즉 심신을 단련하는 것은 명백히 제2사분면에 속하는 활동이며 제2사분면의 활동들은 내적 의지를 요구한다. 긴급성을 이유로 제1사분면 위주로 활동하는 것은 우리의 생활을 끊임없이 압박하는 원인이 된다.

개인적 생산능력은 이것이 제2의 천성, 즉 습관이 되어 자연스럽게 행할 수 있을 때까지 그리고 건전한 의미에서 중독이 될 때까지 노력해야 한다. 게다가 이것은 우리의 영향력의 원 한가운데 있기 때문에 다른 사람 어느 누구도 우리 대신 단련해줄 수 없다. 우리는 이를 반드시 혼자 힘으로 해야 한다.

이 습관은 우리가 인생에서 할 수 있는 가장 훌륭한 투자이다. 이것이야말로 스스로에 대한 투자이며 삶을 살아가면서 자신만의 독특한 공헌을 가능하게 해주는 도구에 대한 투자이다. 일을 수행하는 도구는 바로 자기 자신이다. 따라서 우리는 네 가지 차원에 대해 규칙적으로 톱날을 가는, 즉 심신을 단련하는 시간이 가지는 중요성을 인식해야만 비로소 효과적으로 생산능력을 키울 수 있다.

신체적 차원

신체적 차원은 우리 몸을 효과적으로 돌보는 활동으로 영양가 있는 음식의 섭취, 충분한 휴식과 긴장 이완, 규칙적인 운동 등을 포함한다.

운동은 제2사분면에 속하는 활동의 하나로 긴급하지 않다는 이유 때문에 우리들 대부분이 꾸준히 하지 않는 활동이다. 그런데 우리가 운동을 하지 않기 때문에 조만간 제1사분면의 문제에 직면하게 된다. 운동을 무시한 결과 생기는 건강 문제와 위기상황을 해결해야 하기 때문이다.

우리들 대부분은 운동할 만큼 충분한 시간이 없다고 생각한다. 이 얼마나 왜곡된 패러다임인가! 운동할 시간은 있다. 일주일에 세 시간에서 여섯 시간만 내면 된다. 다시 말해 하루에 30분 또는 적어도 이틀에 30분만 하면 된다. 그런데 이 운동 시간이 일주일의 다른 162~165시간에 대해 미치는 영향으로 얻을 수 있는 커다란 이익을 고려할 때, 과도한 시간이라고 보기 어렵다.

운동을 하기 위해 특별한 장비를 마련할 필요는 없다. 만약 우리가 장비를 사용하거나 테니스나 라켓볼과 같은 운동을 즐기기 위해 체육관이나 사우나에 간다면 물론 대단히 좋은 일이다. 하지만 신체적 단련을 위해서 이러한 장비들이 반드시 필요한 것은 아니다.

훌륭한 운동 프로그램은 집에서도 할 수 있다. 운동은 다음과 같은 세 가지 측면에서 우리의 몸을 튼튼하게 해줄 수 있다.

지구력: 지구력은 에어로빅 운동과 심장혈관 효율—심장에서 몸 전체로 피를 보내는 힘—운동을 함으로써 생기는 것이다.

심장이 근육이긴 하지만 심장을 직접적으로 운동시킬 수는 없다. 그 대신 우리는 거대한 근육체를 통해 특히 다리 근육을 통해 운동시킬 수 있다. 속보, 달리기, 자전거 타기, 수영, 크로스 컨트리, 스키, 조깅 등이 심장에 좋은 이유가 바로 여기에 있다.

만약 당신이 적어도 분당 심장 박동수를 100으로 증가시키고 그 수준을 30분 정도 유지할 수 있다면, 당신의 몸에 관한 최소한의 상태는 유지된 것으로 간주할 수 있다.

이상적인 상태가 되려면 적어도 몸 전체에 혈액을 공급하는 최대 박동수의 60%까지 심장 박동률을 증가시키기 위해 노력해야 한다. 최대 심장 박동률은 일반적으로 220에서 자신의 나이를 뺀 수로 계산한다. 따라서 만약 당신의 나이가 40살이라면 108(220－40＝180×0.6＝108)의 심장 박동률을 목표로 삼으면 된다. 또한 '운동효과'는 일반적으로 개인의 최대 심장 박동률의 72% 내지 87% 사이에 위치하는 것으로 판단된다.

신축성: 신축성은 스트레칭(근육신장) 운동을 통해 달성된다. 많은 전문가들은 에어로빅을 시작하기 전에는 준비를 위해, 끝난 다음에는 가라앉히기 위해 스트레칭 운동을 추천한다. 스트레칭 운동은 더 격렬한

운동을 준비하기 위해서 근육을 풀고 부드럽게 하며 운동 후에는 근육이 아프거나 경직되지 않도록 젖산을 소모해준다.

힘: 힘은 간단한 유연체조, 팔굽혀펴기, 윗몸 일으키기, 역기 들기 등 근육 발달 운동을 통해 기를 수 있다. 힘을 강화하는 데 얼마나 중점을 두는가는 우리의 건강상태와 직업에 달려 있다. 만약 우리가 육체노동 혹은 운동경기를 한다면 힘을 강화하는 것이 바로 역량을 향상하는 것이다. 그런데 만약 우리가 주로 앉아서 하는 일에 종사하고 일을 할 때 커다란 힘을 필요로 하지 않는다면, 에어로빅이나 스트레칭 운동을 포함한 유연체조를 통해 정상적인 신체상태를 유지할 수 있다.

얼마 전 나는 운동생리학 박사인 친구와 함께 체육관에 갔었다. 그는 힘을 강화하는 데 중점을 두고 운동을 하였다. 그는 벤치 프레스* 에서 운동을 하는 동안 나에게 '보조원' 역할을 부탁하며 자신이 요청할 때 중량을 덜어줄 것을 청하였다. 그는 "내가 말할 때까지 절대로 중량을 덜지 말게" 하고 단호히 말했다.

그래서 나는 그가 운동하는 광경을 지켜보면서 중량을 덜어줄 준비를 하였다. 무거운 것이 올라갔다 내려갔다 하였다. 나는 그의 팔에서 점점 힘이 빠지고 그가 힘들어하는 것을 알았다. 그러나 그는 계속했다. 그가 더 무거운 것을 들어올리려 했을 때 나는 생각했다. '저것을 들어올릴 수 없을 것이다.' 그러나 그는 기어이 들어올렸다. 그러고 나서 천천히 내리고는 다시 올렸다. 그 후에도 그는 계속 이 동작을 반복하였다.

그는 매우 힘들어 보였고 혈관도 피부 표면에 불거져 나와 있었다. 나는 '저 무거운 것이 가슴에 떨어지면 그는 다칠 것이다. 지금 중량을

* Bench Press, 역기와 같이 무거운 것을 들어서 근육을 운동시키는 체육관 장비.— 옮긴이.

덜어주어야 한다. 그는 저 무게를 감당할 수 없고 지금 자기가 무엇을 하고 있는지 모르고 있다'라고 생각했다. 그러나 그는 그 무거운 것을 안전하게 내려놓았고 다시 들어올렸다. 도저히 믿을 수 없었다.

마침내 그가 중량을 덜어달라고 말했을 때, 내가 물었다. "왜 그렇게도 힘들게 오랫동안 운동하는가?"

그는 다음과 같이 말했다. "스티븐, 운동의 효과는 맨 마지막 시점에서 나타난다네. 나는 힘을 강화하는 운동을 하네. 근육질이 파열되고 신경섬유가 아프기 시작할 때 비로소 힘이 강화된다네. 자연의 보상원리에 따라 48시간 이내에 근육은 보다 강하게 되는 걸세."

나는 그가 말하는 요점을 알 수 있었다. 그의 말은 인내심과 같은 감정의 근육(emotional muscles)에도 그대로 해당되는 원리였다. 왜냐하면 우리가 과거에 가졌던 한계를 능가하는 인내심을 연습한다면 감정의 근육질은 파열되지만, 자연이 이를 보상해주기 때문에 다음에는 더욱 강해진다.

내 친구는 그다음에 근력(筋力)을 강화하는 운동을 하였는데 그 방법 역시 잘 알고 있었다. 하지만 효과적으로 운동하기 위해 우리들 모두가 그런 방법으로 힘을 기를 필요는 없다. "고통 없이는 소득도 없다"라는 것은 어떤 상황하에서는 맞는 말이지만 효과적인 운동 프로그램의 경우에는 해당되지 않을 수도 있다.

신체적 차원을 쇄신하는 활동의 핵심은 톱날을 가는 것이다. 즉 일하고 적응하는 능력을 유지하고 확장시키며 삶을 즐길 수 있도록 우리의 몸을 규칙적으로 운동하는 것이다.

운동 프로그램을 개발할 때는 현명해야 한다. 전혀 운동을 하지 않던 사람이 갑자기 지나친 운동을 시작하는 경우가 있다. 이렇게 하면 불필요한 고통, 부상, 나아가 영구적인 손상을 입을 수도 있다. 따라서 최선책은 적절한 강도로 운동을 시작하는 것이다. 모든 운동 프로그램은 가장 최근의 연구결과와 의사의 추천 그리고 몸 상태에 대한 자각과 조화를 이루는 것이라야 한다.

만약 당신이 꾸준히 운동을 해오지 않았다면 당신의 몸은 분명히 지금까지의 내리막 컨디션과 편안함 때문에 이러한 변화에 저항할 것이다. 당신도 처음에는 별로 내키지 않을 것이고 심지어 아주 싫어할지도 모른다. 그러나 주도적으로 행동하라. 어떤 경우에도 그것을 실행하라. 조깅하려 계획했는데 아침에 비가 온다면 그래도 조깅을 하라. '좋아! 비가 오는구나! 신체뿐만 아니라 나의 의지력도 개발해야지!' 라고 생각하라.

응급처치식으로 임해서는 안 된다. 운동을 하는 것은 장기적으로 큰 성과를 가져오는 제2사분면의 활동을 행동으로 실천하는 것이다. 운동을 꾸준히 하고 있는 사람에게 결과를 물어보라. 심장과 산소 처리 시스템이 보다 효율적으로 기능함으로써 평상시 심장 박동수는 조금씩 줄어들 것이다. 당신의 몸이 더 어려운 상황을 이겨낼 수 있도록 체력을 증진하면 일상의 활동이 더 편안하고 즐거워질 것이다. 당신은 보다 활기찬 오후를 보낼 것이고 과거에는 '너무 피곤해서' 운동을 할 수 없다고 느꼈지만 이제는 모든 활동을 정열적으로 할 수 있는 에너지도 갖게 된다.

운동을 함으로써 얻을 수 있는 가장 큰 혜택은 주도성이라는 습관의 강점을 개발하는 것이다. 운동하는 것을 방해하는 저지세력에 반사적으로 반응하는 대신 신체적 건강이 갖는 가치에 입각하여 행동한다면 자신에 대한 패러다임, 자부심, 자신감, 성실성 등에 대단한 영향을 미칠 수 있을 것이다.

영적 차원

영적 차원을 재충전하고 쇄신하는 것은 자신의 인생에 리더십을 제공한다. 이는 습관 2와 매우 밀접하게 관련되어 있다.

영적 차원은 우리가 가진 가치체계의 핵심이고 중심이며 약속이다. 이것은 우리 인생에서 대단히 개인적인 영역으로 가장 중요하다. 이것은 우리에게 영감을 주고, 우리 자신을 향상시키는 원천이며, 우리로 하여금 모든 인류의 영원한 진리들을 믿도록 해준다. 그런데 사람들은 이 같은 영적 쇄신을 제각기 다른 방법으로 하고 있다.

나는 성서가 나의 가치체계를 대표하기 때문에 성서를 읽고 묵상하면서 매일 신앙생활을 통해 영적 쇄신을 한다. 성서를 읽고 묵상할 때 나는 재충전되고, 강해지고, 중심이 잡히고, 봉사를 서약하게 된다.

위대한 문학이나 음악에 심취하는 것 역시 이와 비슷한 영적 쇄신을 제공한다. 어떤 사람은 자연과 대화하는 방식을 통해 영적 쇄신을 찾는다. 자연에 빠지고 몰두하는 사람들은 자연으로부터 축복을 받는다. 도시의 소음과 복잡함을 떠나 자연의 조화와 리듬에 빠지게 되면 우리는 원기를 회복한다. 그리고 얼마 동안 평정을 되찾고 침착할 수 있지만 또다시 밖의 소음과 복잡함 때문에 내면의 평화로움이 깨지기 시작할 것이다.

아서 고든*은《형세일변 *The Turn of the Tide*》이라는 책에서 그의 영적 쇄신에 대해 아름답고도 심오한 이야기를 하고 있다. 이것은 그가 자신의 인생에서 모든 것이 진부하고 시시하다고 느끼기 시작하던 시절의 이야기이다. 이때 그의 열정은 점차 시들해졌고 창작에 대한 노

* Arthur Gordon(1912~), 미국 작가, 잡지편집인.— 옮긴이.

력도 결실이 없었다. 게다가 이러한 상황은 날이 갈수록 점차 악화되고 있었다.

마침내 그는 의사에게 도움을 청하기로 결정하였다. 신체적으로 아무 이상이 없다는 진단을 내리면서 의사는 자신의 지시를 하루 동안만 따를 수 있겠는가를 고든에게 물었다.

고든이 그렇게 하겠다고 대답하자 의사는 고든에게 어렸을 때 가장 행복했던 장소에서 그다음 날 하루를 보내라고 권하였다. 음식을 먹을 수는 있지만 누구와 얘기할 수 없으며 책을 읽거나 쓰지도 말고 라디오도 듣지 말라고 했다. 의사는 그에게 네 가지 처방전을 써주면서 9시, 12시, 3시, 6시에 각각 하나씩 읽어보라고 하였다.

"진담입니까?"라고 고든이 물었다.

"내가 보내는 치료비 청구서를 받으면 지금 농담하고 있다고 생각하지 않을 겁니다"라고 의사가 말했다.

다음 날 아침, 고든은 어린 시절에 즐겨 찾던 해변가로 갔다. 첫 처방전을 펼쳐보았을 때 거기에는 "주의깊게 귀 기울이시오"라고 쓰여 있었다. 그는 의사가 약간 돌았다고 생각했다. 어떻게 3시간 동안이나 자연을 주의깊게 들을 수 있단 말인가? 그러나 그는 의사의 지시를 따르기로 이미 약속을 하였기 때문에 그대로 귀를 기울이기 시작하였다. 그는 바다와 새들이 내는 일상적인 소리를 들었다. 그런데 잠시 후부터 처음에는 분명하지 않았던 여러 가지 다른 소리들을 들을 수 있었다. 그는 이러한 소리를 들으면서 어렸을 때 바다가 가르쳐주던 교훈들—인내, 존중, 만물의 상호의존성 등을 생각하기 시작했다. 그는 자연의 소리와 침묵 속에서 점차 평온을 느꼈다.

정오에 그는 두 번째 종이를 펴서 읽었다. "과거로 되돌아가보시오"라고 쓰여 있었다. "과거의 무엇으로 돌아간단 말인가?" 그는 의아해했다. 아마도 어린 시절의 행복했던 기억으로 돌아가라는 것이리라.

그는 자신의 과거를 생각했고 즐거웠던 순간들을 기억해냈다. 그는 정확하게 기억하려고 노력하였다. 이러한 노력을 하는 동안 마음이 점차 따스해짐을 느꼈다.

3시에 그는 세 번째 처방전을 펼쳤다. 지금까지 펴본 처방전들은 따르기가 쉬웠다. 그러나 이번에는 그렇지 않았다. 거기에는 "당신의 동기를 재검토하시오"라고 적혀 있었다. 처음에 그는 이 지시에 방어적이 되었다. 그는 자기가 원하는 것들(성공, 인정, 안정)에 대해 생각해보았고 이 모든 것들을 정당화했다. 하지만 곧 이러한 욕구들이 그렇게 훌륭한 것이 아니라는 생각이 들었고 여기에 자신이 현재 겪고 있는 정체상태의 원인에 대한 해답이 있다고 생각되었다.

그는 자신이 추구하고자 하는 욕구들을 곰곰이 생각하였다. 그리고 과거에 느꼈던 행복에 대해 생각하였다. 마침내 그는 결론을 얻었다. 그는 자신의 글에서 다음과 같이 표현하였다. "그때 순간적으로 떠오른 것은 만일 욕구나 동기가 잘못되었다면 아무것도 옳을 수 없다는 생각이었다. 당신이 우편 배달부이건 미용사이건 보험외판원이건 주부이건, 또 다른 어떤 직업을 가지고 있건 그것은 아무런 상관이 없다. 당신이 다른 사람에게 봉사하고 있다고 느끼는 한 그 직업을 잘 수행하고 있는 것이다. 만일 자신만을 돌보는 데 집착한다면 당신은 자기 직업을 잘 수행하고 있다고 할 수 없다. 이는 만유인력처럼 결코 변하지 않는 법칙이다."

6시가 되었을 때 마지막 처방전을 펴보았다. 거기에는 "당신의 문제를 모래 위에 쓰시오"라고 적혀 있었다. 그는 무릎을 꿇고 깨진 조개껍질 조각으로 몇 글자를 적었다. 그러고 나서 그 장소를 떠났다. 그는 뒤돌아보지 않았다. 왜냐하면 파도가 이미 글자를 지워버렸을 테니까.

영적 재충전과 쇄신은 시간투자를 요구한다. 그러나 그것은 우리가 시간이 없다고 해서 무시할 수 없는 제2사분면에 속하는 활동이다.

위대한 종교 개혁자인 루터(Martin Luther)는 다음과 같이 말하였다. "나는 오늘 할 일이 너무 많기 때문에 그만큼 더 많은 기도를 해야 한다." 그에게 기도는 기계적인 의무가 아니라 자신의 에너지를 방출하고 증가시켜주는 능력의 원천이었다.

아무리 큰 곤경에 직면해도 절대적인 평온과 침착을 유지하는 선(禪)의 대가에게 어떤 사람이 물었다. "당신은 어떻게 그러한 평온과 침착을 유지할 수 있습니까?" 그가 대답했다. "나는 항상 명상상태에 있습니다." 그는 아침 일찍 명상을 시작해서 하루 종일 계속한다. 그는 마음과 가슴속에 그러한 평온의 순간들을 계속 지니고 다닌다.

이 이야기가 주는 아이디어는 만일 우리가 시간을 가지고 삶에 중심이 되는 개인적 리더십을 살펴본다면, 즉 인생이 궁극적으로 무엇인가를 생각해본다면 이 같은 인생 목표는 마치 우산처럼 우리 마음속에 활짝 펴진다는 것이다. 특히 우리가 이 목표를 재확인하게 되면 이것은 마음을 새롭고 신선하게 만들어준다.

이것이야말로 내가 자기 사명서가 중요하다고 믿는 구체적인 이유이다. 만일 우리가 삶의 중심과 목적을 깊이 이해하고 있다면 사명서를 자주 재확인하고 검토해야 한다. 그러면 매일 영적 쇄신을 하면서 그날의 사건들이 자신의 가치와 일치할 수 있도록 상상해보고 그대로 '헤쳐나갈 수' 있게 된다.

종교 지도자인 멕케이(David O. Mckay)의 가르침은 다음과 같다. "인생의 가장 치열한 전쟁은 영혼이란 고요한 방에서 매일매일 이루어진다." 만약 당신이 그 전쟁에서 승리한다면, 즉 내면에서 갈등을 일으키는 문제들을 해결한다면 평온함을 느낄 것이고 삶의 의의도 확실해질 것이다.

당신은 이를 통해 '대인관계의 승리'에 자연스럽게 도달할 수 있는 길을 발견할 수 있을 것이다. 다시 말해 이것은 다른 사람과 협조적으로 생각하는 것이고 다른 사람의 복지와 행복을 소중하게 여기는 것을 의미한다. 나아가 당신은 다른 사람의 성공을 진정으로 기쁘게 생각하는 대인관계의 승리를 성취할 수 있을 것이다.

정신적/지적 차원

우리는 지금까지 정신개발과 학습에 관계되는 대부분의 훈련을 학교에서 하는 정규교육을 통해 받아왔다. 그러나 학교 교육이 일단 끝나면 우리들 대부분은 학습 의욕이 떨어지는 것을 경험한다. 우리는 더 이상 진지한 독서를 하지 않고, 종사하고 있는 분야 밖의 새로운 것에 관해 깊이 있는 탐구를 하지 않으며, 분석적인 사고도 하지 않고, 글도 잘 쓰지 않는다. 따라서 우리는 비평적인 글을 쓰지도 못할 뿐만 아니라 세련되고 명료하며 간결한 문장을 쓰지 못한다. 대신 텔레비전이나 보면서 시간을 보낼 뿐이다.

계속해서 시행된 여러 조사에 의하면 대부분의 가정에서 텔레비전을 시청하는 시간은 일주일에 약 35시간 내지 45시간 정도이다. 이 시간은 많은 사람들이 직장에서 근무하는 시간과 맞먹으며 학교의 수업 시간보다도 많다. 텔레비전 시청은 강력한 사회적 영향력을 행사한다. 우리는 텔레비전에서 제시하는 모든 가치에 쉽게 영향을 받는다. 즉 매우 미묘하고 지각할 수 없는 방법을 통해 강력한 영향을 받는 것이다.

텔레비전을 지혜롭게 시청하기 위해서는 습관 3이 제시하는 효과적인 자기관리가 필요하다. 습관 3은 우리의 목적과 가치에 가장 잘 부합되며 이를 보여주는 바람직한 프로그램, 즉 정보를 제공하고 영감을 주며, 즐거움을 주는 프로그램을 구별하고 선택할 능력을 준다.

우리 집에서는 텔레비전 시청을 일주일에 7시간, 다시 말해 하루에 한 시간으로 제한하고 있다. 우리는 가족모임을 통해 텔레비전 때문에 생기는 사회문제에 관한 통계를 검토하고 시청문제에 대하여 토의하였다. 토의는 자기 변명적이거나 논쟁적이 아닌 가족 차원에서 진행되었기 때문에 가족들은 연속극이나 특정 프로그램에 의한 중독의 심각성을 파악할 수 있었다.

나는 텔레비전과 이를 통해 시청할 수 있는 수준 높은 교육 프로그램, 오락 프로그램에 대해 항상 고마운 마음을 가지고 있다. 이러한 프로그램들은 우리 인생을 살찌우고 삶의 목적과 목표를 의미 있게 한다. 반면 많은 프로그램은 우리의 시간과 주의력을 낭비하게 한다. 그러한 프로그램들은 우리의 삶에 부정적인 영향을 미칠 수도 있다. 육체와 마찬가지로 텔레비전 역시 삶의 훌륭한 하인일 뿐, 주인이 되어서는 안 된다. 우리가 자신이 설정한 사명을 달성하기 위해 여러 가지 자원을 최대한으로 활용하고자 한다면 습관 3을 실천하여 자신을 효과적으로 관리할 필요가 있다.

교육, 특히 마음을 수양하고 확장시키는 성인 교육*은 정신의 쇄신을 위해 필수적이다. 우리는 때때로 외부에서 강좌를 택하거나 체계적인 훈련 프로그램에 참가하기도 하지만 대부분의 경우는 그렇게 하지 않는다. 주도적인 사람은 자기 스스로를 교육시키기 위하여 여러 가지 방법을 생각해낼 수 있다.

자기 자신의 목표와 계획에 대해 약간의 거리를 두고 객관적으로 살펴보고 검토하는 것은 대단히 가치 있는 일이다. 나는 인생계획을 더 큰 질문과 목적, 기존의 패러다임과 비교해서 검토할 수 있는 능력이 교양교육의 정의라고 생각한다. 교양교육의 바탕 없이 훈련만 실시하

* Continuing Education, 주부대학이나 교양강좌 등과 같이 학위나 학점이 없고, 지적 계발이나 취미생활을 위한 교육과정.— 옮긴이.

면 편협하고 폐쇄적이 되어 훈련 자체의 기본적인 동기조차 검토하지 못하게 된다. 이것이 바로 광범위한 독서를 하고 위대한 사상을 접하는 일이 중요한 이유이다.

여러 가지 정보를 얻고 마음을 넓히기 위해 규칙적으로 좋은 책을 읽는 습관보다 더 좋은 방법은 없다. 이것은 대단한 성과를 가져올 수 있는 제2사분면에 속하는 활동이다. 독서를 통해 오늘날 살아 있는 가장 위대한 사상가뿐만 아니라 과거에 살았던 위대한 사상가도 만날 수 있다. 나는 우선 한 달에 한 권의 책을 읽는 것을 목표로 삼으라고 권하고 싶다. 그다음 단계로 2주일에 한 권, 더 나아가서는 일주일에 한 권의 책을 읽는 것을 목표로 하라. "독서하지 않는 사람은 문맹보다 나을 바가 없다."

양서전집, 하버드 고전선집, 자서전, 문화적 지식을 확장해주는 내셔널 지오그래픽과 다른 질 높은 출판물들, 그리고 다양한 분야의 최근 문헌들은 우리의 패러다임을 확장해주며 정신적인 톱날을 갈게 해준다. 특히 습관 5를 실천하면서 이러한 독서를 하게 되면 먼저 이해하려고 노력하게 된다. 다시 말해서 만약 우리가 저자가 말하려는 바를 이해하기 전에 자신의 경험에 기초해서 미리 판단해버린다면 독서경험으로부터 얻을 수 있는 혜택을 제한하는 결과만 가져온다.

글을 쓰는 것은 정신적인 톱날을 날카롭게 가는 또 하나의 훌륭한 방법이다. 우리의 생각, 경험, 통찰, 그리고 배운 것을 일기장에 기록하는 것은 정신적 명료성, 정확성, 상황파악 등에 큰 도움을 준다. 훌륭한 편지를 쓰는 것은 어떤 일에 대해 얕고 피상적인 것만을 표현하기보다 사고, 감정, 아이디어 등 보다 깊은 수준에서 의사소통을 하는 것이다. 따라서 편지를 쓰는 것은 우리로 하여금 분명하게 생각하고 정확하게 판단하며 아울러 남을 효과적으로 이해시키는 능력을 향상시킨다.

준비와 계획수립은 습관 2와 습관 3이 관련되는 정신적 쇄신의 또 다른 형태이다. 이것은 인생 목표를 확립하고 시작하는 것이며 목표달성을 위한 계획을 정신적으로 해낼 수 있음을 의미한다. 이는 우리가 일찍부터 인생 목표를 마음속에 그려보고 상상하면서 삶의 긴 여정을 계획하는 것을 말한다. 이때 우리는 세부적인 매 단계에 대해 구체적이지는 않더라도 원칙에 대해서는 구체화하게 된다.

전쟁의 승패는 흔히 자신의 진영에 있는 장군의 막사 안에서 결정된다고 한다. 처음 세 가지 차원, 즉 신체적, 영적, 정신적/지적 차원에서 톱날을 가는 것은 '매일의 개인적 승리'를 실천으로 옮기는 것이다. 나는 우리 모두가 이 단순한 것을 앞으로 남은 인생 동안 매일 한 시간씩 실천할 것을 권한다.

가치와 성과 면에서 '매일의 개인적 승리'를 위해 한 시간씩 투자하는 것은 어느 무엇보다 중요하다. 이것은 모든 의사결정과 대인관계에도 영향을 줄 것이다. 또 깊고 편안한 잠을 잘 수 있게 해주며 하루 일과에 투입하는 시간의 질과 효과성을 크게 증진해줄 것이다. 나아가 이것은 우리가 인생을 살아가면서 직면하게 될 어려운 도전을 다룰 수 있는 신체적, 영적, 정신적/지적 능력을 장기적으로 제공해줄 것이다. 브룩스*는 다음과 같은 말을 남겼다.

> 앞으로 닥쳐올 미래의 어느 날, 당신은 커다란 유혹에 대항하여 싸우거나 인생의 비참한 슬픔을 맛보게 될 것이다. 그러나 진정한 싸움은 현재, 여기에 있다. 현재야말로 당신이 커다란 슬픔이나 유혹을 경험하게 될 미래의 어느 날 그 어려움을 멋지게 극복할 것인지, 아니면 불행하게도 실패할 것인지를 결정하는 순간이다. 왜냐하면 성품은 지속적이고 또 장기적인 과정 없이는 결코 형성될 수 없기 때문이다.

* Phillips Brooks(1835~1893), 미국 보스턴 출신 성공회 신부, 유명 설교자.— 옮긴이.

사회적/감정적 차원

신체적, 영적, 정신적/지적 차원이 습관 1, 2, 3(개인 비전, 리더십, 관리에 관한 원칙)과 관련된 반면 사회적/감정적 차원은 습관 4, 5, 6(대인관계 리더십, 공감적 커뮤니케이션, 창조적 협력에 관한 원칙)에 초점을 두고 있다.

삶의 사회적 차원과 감정적 차원은 서로 밀접하게 연결되어 있다. 우리의 감정적 삶은 주로 사회에서의 대인관계를 통해 개발되고 드러나기 때문이다.

사회적/감정적 차원을 쇄신하는 데는 다른 차원들과 비교하여 많은 시간을 요구하지 않는다. 일상적인 대인관계를 통하여 이를 실천으로 옮길 수 있기 때문이다. 그러나 이것은 반드시 연습을 필요로 한다. 특별한 노력이 없으면 개인적 승리의 수준에 도달하지 못하고, 대인관계의 승리를 위한 여러 가지 기술, 즉 다른 사람과의 일상적인 상호작용에서 습관 4, 5, 6을 자연스럽게 실천할 수 있는 기술도 갖추지 못한다.

당신이 내 생활에서 중요한 사람이라고 가정해보자. 당신은 나의 상사일 수도 있고 부하, 동료, 친구, 이웃, 배우자, 자식, 친척 등 내가 상호작용하기를 원하고 그럴 필요가 있는 사람이다. 또 우리는 함께 의사소통하고, 함께 일하고, 핵심문제를 논의하고, 나아가 어떤 목적을 달성하거나 문제를 함께 해결해야 할 필요가 있는 사이라고 가정하자. 그런데 우리는 서로 다른 시각을 가지고 있다. 즉, 서로 다른 안경을 통해 문제를 보고 있다. 같은 여자를 보고 있으면서도 당신은 젊은 여자로 보지만 나는 늙은 여자로 본다.

이때 습관 4를 실천에 옮긴다. 나는 당신에게 다가가 이렇게 말한다. "우리가 이 상황을 서로 다르게 접근하고 있다는 것을 알고 있습니다. 자, 서로가 기분 좋게 느낄 수 있는 해결책을 발견할 때까지 대화를 하기로 합시다. 그렇게 하시겠습니까?" 이 경우 대부분의 사람들은 기꺼이 "예"라고 대답한다.

그러고 나서 습관 5를 실행한다. "우선 당신의 이야기를 들어봅시다." 이때는 반박하려는 의도를 가지고 듣는 것이 아니라 깊고 철저하게 당신의 패러다임을 이해하기 위하여 주의깊게 경청한다. 당신의 관점을 당신 자신만큼 잘 설명할 수 있는 정도가 되었을 때 당신이 이해할 수 있도록 내가 가진 관점을 말한다.

우리가 모두 기분 좋게 느끼는 해결방안을 찾고 상대방의 견해를 충분히 그리고 깊이 이해하기로 작정을 하고 나서, 다음 단계인 습관 6으로 옮겨간다. 즉 당신이나 내가 처음에 제안했던 것보다 더 훌륭하다는 사실을 쌍방이 인정할 수 있고 서로의 차이를 고려한 제3의 해결안을 만들어낼 수 있다.

습관 4, 5, 6에서 얻을 수 있는 성공의 여부는 주로 지적 수준이 아니라 감정 문제에 달려 있다. 이것은 우리의 개인적 안정감과 깊은 관계가 있다. 만약 개인적 안정이 자신의 내면에 있는 원천에서 나온다면 대인관계의 승리에 필요한 습관을 실행할 수 있는 역량을 갖고 있는 셈이다. 그러나 우리가 지적으로 아주 높은 수준에 있다 할지라도 감정적으로 불안정하다면, 인생의 중대한 문제에 대해 다른 생각을 가진 사람을 대상으로 습관 4, 5, 6을 실행하는 것은 대단히 위험한 일이다.

그렇다면 내면적 안정은 어디서부터 오는 것일까? 이것은 다른 사람이 우리를 어떻게 생각하는가 또는 우리를 어떻게 대우하는가로부터 나오지 않는다. 또한 다른 사람이 우리에게 건네주는 각본이나 우리가 처한 상황과 입장으로부터도 나오지 않는다.

내면적 안정은 자신의 내부에서, 마음과 가슴에 깊이 자리 잡고 있는 정확한 패러다임과 올바른 원칙에서 나온다. 이것은 내면에서 우러나와 외부에서 일치시키는 행동을 함으로써 나오며 매일의 습관은 우리의 심오한 가치관을 반영해주는 언행일치의 생활에서 나온다.

언행일치의 삶이야말로 개인적 가치의 가장 중요한 기초가 된다고 확신한다. 나는 성공의 비결에 관한 인기 있는 책들이 "자부심이란 원래 마음먹기와 태도 여하에 달려 있다. 우리는 심리적인 비법으로 마음의 안정을 가져올 수 있다"라고 주장하는 것에 대해 동의할 수 없다. 마음의 안정은 우리의 삶이 올바른 원칙 및 가치관과 일치할 때라야 비로소 이루어지기 때문이다.

또한 효과적인 상호의존적 삶의 결과로서 달성되는 내면적 안정이 있다. 서로가 함께 승리하는 해결책이 있다는 사실을 인식하고 인생이란 이것 아니면 저것이라는 선택과정이 아니라 상호이익을 가져오는 제3의 대안이 존재함을 인식할 때라야 비로소 내면적 안정은 이루어진다. 자신이 가진 준거틀을 포기하지 않고 이것을 출발점으로 한 발 나아가 다른 사람을 진정으로 깊이 이해할 수 있을 때 내면적 안정이 이루어진다. 우리가 다른 사람과 상호작용을 할 때 진지하게, 생산적으로 그리고 협조적인 상호의존적 습관을 경험할 때에야 비로소 내면적 안정이 나타난다.

다른 사람을 위해 봉사하고 도와줌으로써 갖게 되는 내면적 안정이 있다. 이와 관련된 하나의 중요한 자부심의 원천은 바로 자신이 하는 일이다. 우리는 일을 통해 기여하고 건설적으로 공헌하며 나아가 진정으로 개선했을 때 자부심을 느낀다.

또 다른 하나는 익명의 봉사이다. 아무도 그 봉사활동을 알지 못하고 알게 되지도 않을 것이다. 왜냐하면 이것은 중요하지 않기 때문이다. 중요한 것은 다른 사람의 삶을 위해 도와주는 것이다. 인정받음이 아닌 영향이 동기가 되는 것이다.

빅터 프랭클은 삶이 갖는 의미와 목적에 연구의 초점을 맞추었다. 그의 연구는 스스로 삶을 초월할 수 있게 해주고 우리 안의 에너지를 최대한 발휘할 수 있게 해주었다. 스트레스에 대한 연구로 크게 공헌했던 셀리에(Hans Selye) 박사는 건강하고 행복한 인생은 개인적으로 흥미롭고 타인의 삶에 기여하며 축복을 주는 의미 있는 활동을 통해 얻을 수 있다고 말하였다. 그의 도덕론은 "이웃의 사랑을 얻으라"는 것이었다.

버나드 쇼(George Bernard Shaw)는 다음과 같이 말하였다.

> 인생에서 진정한 기쁨은 자신이 가장 중요하다고 생각하는 목적을 위해 공헌하는 것이다. 세상이 자신을 행복하게 해주지 않음을 불평하고 배 아파하며 열병을 앓고 있는 이기적인 고깃덩어리는 진정한 기쁨을 얻을 수 없다.
>
> 나는, 나의 삶이 사회에 속해 있으며 살아 있는 동안 사회를 위해 무엇인가 할 수 있다는 것이 나의 특권이라고 생각한다. 나는 죽을 때 내 자신이 완전하게 소진된 상태이기를 원한다. 내가 더 열심히 봉사할수록 나는 더 오래 살아남기 때문이다. 나는 이러한 목적을 가지고 인생을 즐긴다. 나에게 인생은 곧 꺼져버릴 촛불이 아니라 일종의 찬란한 횃불이다. 이 횃불을 다음 세대에 넘겨주기 전에 내가 들고 있는 순간만은 가능한 한 최대로 밝게 빛나게 하고 싶다.

엘든 태너*는 "봉사는 내가 지구상에 사는 특권에 대해 지불해야 하는 일종의 세금이다"라고 말하였다. 봉사의 방법과 기회는 얼마든지 있다. 우리가 교회에 나가는지, 봉사기관에 다니는지, 혹은 뜻있는 봉사의 기회를 제공하는 직업을 가졌는지는 상관할 바가 아니다. 그 대신 조건 없는 사랑으로 어떤 사람을 도와주지 않고 보내는 날은 단 하루도 없어야 한다.

* N. Eldon Tanner(1898~1982), 캐나다 교육자, 종교 지도자.— 옮긴이.

다른 사람의 각본화

대부분의 사람들은 자기 주위에 있는 사람들의 견해, 지각, 패러다임에 의해 새겨지는 각본인 사회적 거울에 영향을 받는다. 상호의존적 관계에 있는 우리는 사회적 거울을 따르며 살아야 된다는 사실을 강조하는 패러다임을 가지고 살고 있다.

우리는 마음먹기에 따라서 다른 사람에게 명확하고 왜곡되지 않게 그들의 모습을 반영해줄 수 있다. 또한 다른 사람이 가진 주도적 본성을 확신시켜줄 수 있고 그들을 책임감 있는 사람으로 대할 수 있다. 우리는 다른 사람들이 자신을 원칙 중심적이고, 가치 기준적이며, 독립적이고, 가치 있는 개인으로 각본화하는 것을 도와줄 수 있으며 풍요의 심리를 가지고 다른 사람에게 긍정적인 평을 해주는 것이 우리 자신을 조금도 위축시키지 않는다는 것을 알고 있다. 그렇게 해주면 다른 주도적인 사람과 효과적으로 상호작용할 수 있는 기회가 증대되기 때문에 우리 자신도 발전할 수 있다.

인생을 살아오면서 자신도 스스로를 믿지 못하는데 다른 사람이 우리 자신을 믿어주는 경우가 있었을 것이다. 이는 다른 사람이 우리에 대한 각본을 써준 셈이다. 그런데 이것이 우리의 인생에 얼마나 커다란 영향을 미쳤는가?

만일 우리가 다른 사람에 대한 긍정적인 각본 집필자 또는 지지자였다면 어떤 영향을 미쳤겠는가? 다른 사람이 사회적 거울 때문에 잘못된 인생행로를 가고 있다면 우리는 그들의 사람됨을 믿고 보다 나은 인생행로를 가도록 격려해줄 수 있을 것이다. 우리는 그들의 말을 경청하고 그들과 공감할 수 있다. 나아가 그들의 책임을 박탈하지 않고 주도적으로 되도록 용기를 북돋아줄 수 있다.

여러분은 〈라만차의 기사*Man of La Mancha*〉라는 유명한 뮤지컬을 알고 있을 것이다. 이 뮤지컬은 중세 기사와 매춘부 사이에 일어난 아름다운 이야기를 다룬 것이다. 매춘부인 여자 주인공이 인생을 살아가는 방식은 이미 세상 사람들에 의해 나쁘게 낙인찍힌 상태였다.

그러나 시인이자 기사인 남자 주인공은 그녀로부터 무엇인가 다른 것, 즉 내면의 아름다움과 사랑스러움을 발견한다. 그는 그녀의 덕성을 발견하고 반복해서 그녀에게 확신을 준다. 기사는 그녀에게 둘시니아(Dulcinea)라는 새로운 이름을 지어 그녀의 삶을 새로운 패러다임과 연관시켜준다.

그녀는 처음에 이러한 기사의 노력을 전혀 받아들이지 않았다. 그녀가 가진 오래된 인생 각본이 너무나 강했기 때문이다. 그리고 그녀는 기사를 터무니없는 공상가로 여겼다. 그러나 그는 끈질겼다. 그는 계속해서 조건 없는 사랑을 쏟아부었고 마침내 그녀의 각본에 조금씩 침투하기 시작하였다.

그의 노력은 그녀의 본성과 잠재성에 영향을 미쳐 마침내 그녀 역시 이에 반응하기 시작하였다. 그녀는 자신의 생활 스타일을 조금씩 변화시켰다. 그녀는 초기에 주위의 모든 사람들을 실망시키면서도 새로운 패러다임을 믿고 이에 따라 행동하기 시작했다.

후일 그녀가 과거의 패러다임으로 되돌아가기 시작할 무렵, 기사는 임종의 자리에 그녀를 불러 〈이룰 수 없는 꿈〉이라는 아름다운 노래를 부르고 그녀의 눈을 바라보며 이렇게 속삭인다. "절대로 잊지 마라. 너의 이름은 둘시니아이다."

영국에서 자성예언과 관련하여 우연히 잘못 프로그램된 컴퓨터 때문에 발생한 일화가 있다. 어떤 학교에서 학기 초에 '우수한' 아이들로 편성된 학급이 '우둔한' 학급으로, '우둔한' 학급은 '우수한' 학급으로 컴퓨터에 잘못 입력되었다. 그런데 이 컴퓨터 보고서는 교사들이 학기

초에 학생들에 대한 패러다임을 갖게 한 주요 기준이었다.

5개월 반이 지난 후 학사관리가 잘못되었다는 사실이 발견되었다. 당황한 학교 측은 컴퓨터의 착오에 대해 아무에게도 말하지 않은 채 학생들에게 시험을 다시 치르도록 하였다. 그런데 놀라운 시험결과가 나왔다. 원래 '우수한' 학생들의 IQ점수가 크게 떨어진 것이다. 이들은 학기 내내 선생님들에 의해 지능적으로 한계가 있고, 비협조적이고 학습할 능력이 부족하다고 여겨졌고 또 그렇게 다루어져왔다. 다시 말해서 교사들의 패러다임은 자성예언이 돼버린 셈이었다.

한편 원래 '우둔한' 학급의 IQ점수는 놀라울 정도로 상승하였다. 선생님들이 학생들을 대단히 우수한 아이들로 여기고 교육하였고 이들의 정열적이고 희망적이고 낙관적이며 활기찬 심취 태도가 학생들로 하여금 높은 기대감과 가치 의식을 느끼게 해주었기 때문이었다.

'우둔한' 학급을 지도한 교사들에게 학기 초 처음 몇 주 동안 학생들이 어떠했느냐고 물어보았다. "무슨 이유에선지 우리의 지도방법은 잘 맞아들어가지 않았습니다. 따라서 방법을 바꾸어야 했습니다"라고 대답하였다. 컴퓨터 보고서가 학생들을 우수하다고 했기 때문에 교사들은 학습효과가 잘 나타나지 않자 자신의 교수방법에 문제가 있다고 판단한 것이었다. 따라서 이들은 교수방법을 개선하려고 노력하였다. 교사들은 주도적으로 되어 그들이 가진 영향력의 원 내에 있는 것을 해보려고 애썼다. 이 일화는 학생의 학습 능력은 교사들의 고정관념에 큰 영향을 받는다는 사실을 역력히 보여준다.

그렇다면 우리는 다른 사람들에게 그들 자신을 어떻게 반영해줄 수 있을까? 또 이 같은 반영이 다른 사람의 삶에 얼마나 많은 영향을 미칠 것인가? 우리는 다른 사람에게 이러한 노력을 투자함으로써 그들의 감정은행계좌에 많은 것을 예입할 수 있다. 우리가 다른 사람의 잠재력을 인정하고 이들을 바라볼수록 이들에 대한 과거 기억보다는 장차 더욱 많은 가능성에 대해 상상해보고 기대해볼 수 있다.

이것은 배우자, 자녀, 동료, 직원뿐 아니라 그 상대방이 누구이든 똑같이 해당된다. 즉 우리는 이들을 '이러 이러한 사람'으로 낙인찍는 것이 아니라 선입견 없이 순간마다 새롭게 보는 것이다. 우리는 이들이 독립적이고 다른 사람들과 보다 만족스럽고 생산적인 관계를 형성할 능력이 있는 성취자가 되도록 도와줄 수 있다.

괴테는 다음과 같이 가르치고 있다. "상대방을 현재의 모습 그대로 대해주면 그 사람은 현재의 모습대로 머물 것이다. 상대방의 잠재능력을 인정해주면 그는 인정받은 대로 성취해낼 것이다."

쇄신의 균형

자기쇄신 과정은 네 가지 측면, 즉 신체적, 영적, 정신적/지적, 사회적/감정적 차원이 반드시 균형 있게 쇄신되고 재충전되어야 한다.

각 차원의 쇄신은 개별적으로도 중요하지만 네 가지 차원 모두를 현명하고 균형된 방법으로 다루어야 비로소 가장 적합하고 효과적이다. 따라서 우리가 어느 한 분야라도 무시한다면 이것은 나머지 분야에도 부정적인 영향을 미치게 된다.

나는 이 점이 개인뿐만 아니라 조직 내의 쇄신에도 적용된다는 사실을 발견하였다. 신체적 차원은 조직에서는 경제적인 측면에 해당된다. 정신적 또는 심리적 차원은 조직 구성원의 재능에 대한 인정, 계발 그리고 활용에 해당된다. 사회적/감정적 차원은 사람들을 어떻게 대해주는가, 즉 인간관계와 관련이 있다. 그리고 영적 차원은 목적과 공헌, 조직의 성실성을 통해 의미를 발견하는 것에 해당된다.

조직이 이들 각 분야 중 어느 하나를 간과한다면 전체 조직에 부정적 영향을 미치게 될 것이다. 무한하고도 긍정적인 시너지 효과를 가져올 수 있는 생산적 에너지가 오히려 조직에 저항하고 투쟁하는 데 사용될 수 있을 뿐만 아니라 성장과 생산성에 대한 저지력으로 작용할 수 있기 때문이다.

나는 오로지 경제적인 측면, 즉 돈을 버는 것만 강조하는 조직들을 많이 보아왔다. 이들은 보통 이 같은 목적을 대외적으로 공표하지 않고 심지어 다른 무언가를 선전한다. 그러나 실제 이 조직이 갖는 바람은 오직 돈만 버는 것이다.

이처럼 영리만 추구하는 조직을 발견할 때마다 나는 그 조직이 가진 문화에 수많은 부정적 시너지 현상들이 나타나는 것을 보아왔다. 예컨대 부서 간 경쟁, 방어적이고 보호적인 의사소통, 정치공작, 배후조종 등의 현상이 그 대표적 사례이다. 물론 조직이 돈을 벌지 못하면 효과적인 번영을 기할 수 없다. 그러나 이것만이 조직이 존재하는 충분한 이유가 될 수는 없다. 우리는 먹지 않고 살 수 없지만 그렇다고 먹기 위해서 사는 것도 아니기 때문이다.

정반대의 경우로 나는 조직의 목적이 전적으로 사회적/감정적 차원에만 초점을 두고 있는 경우를 보아왔다. 이 같은 조직은 일종의 사회주의적 실험을 하는 것으로 가치체계에 경제적인 판단 기준이 없다. 또 효과성에 대한 측정이나 평가가 없기 때문에 결국 모든 효율성과 시장에서의 생존능력을 상실한다.

나는 기껏해야 3개 정도의 차원에만 노력하는 많은 조직들을 알고 있다. 이들 조직은 훌륭한 서비스 기준, 바람직한 경제적 기준, 좋은 인간관계 기준을 가지고 있지만, 조직 구성원들의 역량과 재능을 찾아내 개발하며 이것을 인정해주는 데는 소홀하다. 그런데 만약 이러한 심리적 차원이 고려되지 않는다면 조직경영 스타일은 자선적 전제주의가 될 것이다. 그 결과 나타나는 조직문화는 집단 저항, 적대감, 이직률 증가, 깊고 만성적인 조직 문화적 문제 등을 발생시키게 된다.

개인적 효과성과 마찬가지로 조직의 효과성 역시 현명하고 균형 있는 방식으로 네 가지 차원 모두를 개발하고 쇄신하는 것이 필요하다. 따라서 만일 어느 한 차원이라도 무시한다면 효과성과 성장을 방해하는 부정적인 저항을 유발할 것이다. 조직과 개인이 사명선언서에 이들 네 가지 차원 각각에 대한 인식을 확실히 해주면 균형적 쇄신을 위한 강력한 빼대가 마련될 것이다.

이러한 지속적 개선과정이야말로 전사적 품질운동(Total Quality Movement)을 보장해주는 것이며 일본이 경제적으로 부상하게 된 비결이기도 하다.

쇄신의 시너지 효과

균형적 쇄신은 최적의 시너지 효과를 낼 수 있다. 우리가 어느 한 차원에서 톱날을 갈면 서로 간에 밀접한 관계를 가지고 있는 다른 차원에도 긍정적 영향을 미친다. 신체적 건강은 정신건강에 영향을 주고 영적 능력은 사회적/감정적 능력에 영향을 준다. 따라서 우리가 한 가지 차원을 향상시키면 다른 차원에서도 우리의 능력은 향상된다.

성공적인 삶을 위한 7가지 습관은 이들 네 가지 차원 사이에서 최적의 시너지 효과를 만들어낸다. 어느 한 차원에서의 쇄신은 7가지 습관 중 적어도 한 가지 습관의 실천 능력을 증가시킨다. 이 습관들은 서로 순차적으로 연속된 관계에 놓여 있기 때문에 한 가지 습관의 개선은 시너지 효과에 의해 나머지 다른 습관들도 실천할 수 있는 능력을 증가시켜줄 것이다.

우리가 더욱 주도적일수록(습관 1) 생활에서 개인적 리더십 발휘(습관 2)와 관리(습관 3)를 좀 더 효과적으로 할 수 있을 것이다. 자기 생활을 보다 효과적으로 관리할수록(습관 3), 제2사분면에 속하는 쇄신 활동을 더 많이 수행할 수 있을 것이다.(습관 7) 먼저 상대방을 이해하고자 노력할수록(습관 5), 상대방과 함께 승리하는 시너지적인 해결책을 성공적으로 얻을 수 있을 것이다.(습관 4, 6) 독립성을 가져오는 습관들을 개발할수록(습관 1, 2, 3) 상호의존적 상황에서 좀더 효과적으로 될 것이다.(습관 4, 5, 6) 끝으로 쇄신(습관 7)이야말로 여기서 다룬 모든 습관을 새롭게 만드는 과정이다.

우리가 신체적 차원을 재충전하고 쇄신한다면 이것은 개인적 비전(습관 1)을 강화하게 될 것이다. 이는 남에 의해 좌지우지되는 것이 아니라 모든 자극에 대해 우리 자신이 주체가 되어 반응하는 것을 말한다. 또 이것은 우리가 주도성을 가진 자아의식과 자유의지의 패러다임을 갖는 것을 의미한다. 이는 아마 신체적 운동이 가져다주는 가장 큰 이득일 것이다. '매일의 개인적 승리'는 우리의 내면적 안정 계좌에 예입하는 것을 의미한다.

우리가 영적 차원을 쇄신하면 개인적 리더십(습관 2)이 강화된다. 이것은 과거의 기억에만 집착하는 대신 미래를 위한 상상력을 발휘하고 우리의 내면 깊숙이 있는 패러다임과 가치관을 인식할 수 있는 능력을 증진시켜준다. 또한 영적 차원의 쇄신은 자신만이 갖는 인생의 고유한 사명을 규명해주며 삶의 중심을 올바른 원칙에 둘 수 있는 능력도 증진해준다. 그리고 우리가 올바른 원칙에 일치하는 삶을 살고 이 원칙이 개인적인 역량의 원천이 될 수 있도록 인생 각본을 다시 쓸 수 있는 능력도 증진해준다. 영적 쇄신을 통해 창조하는 뜻있는 생활은 개인적 안정감 계좌에 엄청난 예입을 하는 것이다.

우리가 정신적/지적 차원을 쇄신하면 자기관리 능력이 강화된다.(습관 3) 다시 말하면 계획을 수립할 때 큰 성과를 가져오는 제2사분면의 활동과 우선순위가 높은 목표를 인지하게 된다. 또 우리가 가진 시간과 에너지를 최대한으로 활용하기 위한 활동들도 인식하게 되고 우선순위에 입각하여 이 활동들을 계획하고 수행하게 된다.

우리가 계속적으로 교육에 참여하면 지식이 증대될 뿐만 아니라 선택할 수 있는 대안 역시 더 많이 생긴다. 경제적 안정은 현재 다니고 있는 직장에만 달려 있는 것이 아니다. 이것은 우리의 생산능력에 달려 있다. 다시 말하면 사고하고, 학습하고, 창조하고, 적응하는 능력에 달려 있다. 이것이야말로 진정한 재정적 독립을 의미한다. 따라서 이것은 부를 가지는 것이 아니라 부를 창출할 수 있는 능력을 가지는 것이며 우리는 이 능력을 내면화하여 간직할 수 있다.

매일의 개인적 승리(하루에 최소한 한 시간 정도를 신체적, 영적, 정신적/지적 차원의 쇄신을 위해 투입하는 것)는 7가지 습관을 개발하는 열쇠가 되며 이는 전적으로 자신의 '영향력의 원' 안에 있다. 또 이러한 쇄신의 시간은 7가지 습관을 우리의 삶에 통합하고 원칙 중심적이 되도록 하는 데 필요한 것이며 제2사분면에 초점을 둔 것이다.

매일의 개인적 승리, 즉 쇄신의 시간은 '매일의 대인관계의 승리'를 위한 기초이자 사회적/감정적 차원에서 톱날을 가는 데 필요한 내면적 안정의 원천이다. 이것은 우리가 상호의존적 상황에서 자신이 가진 '영향력의 원'에 초점을 두고 행동할 수 있는 개인적인 용기를 갖게 한다.

말하자면 쇄신의 시간은 우리로 하여금 '풍요의 심리'란 패러다임을 통해 다른 사람들을 대하고 사람들 사이에 존재하는 차이를 진정으로 소중하게 생각할 뿐만 아니라 이들의 성공도 진심으로 기뻐할 수 있는 개인적인 지혜를 갖게 해준다. 나아가 우리로 하여금 상대방을 진정으로 이해하고 시너지적이게 하며 상호의존적 상황에서 습관 4, 5, 6을 실천할 수 있는 기틀을 마련해준다.

나선형 상승

자기쇄신이란 원칙이며 과정이다. 자기쇄신은 계속적인 개선과 나선형의 성장을 추진할 수 있는 힘을 부여한다.

나선형을 따라 의미 있고 일관된 발전을 하기 위해서는 자기쇄신에 관한 다른 한 가지 측면도 반드시 고려해야 한다. 이것은 바로 우리가 상향적으로 이동하도록 이끄는 인간만이 가진 천부능력인 양심이다. 스타엘*의 말을 빌려보자. "양심의 소리는 매우 가냘퍼서 짓눌러버리기 쉽다. 그러나 너무나 분명하여 결코 잘못 들을 수 없다."

양심은 우리가 올바른 원칙과 일치하는지를 파악하게 하며 우리로 하여금 올바른 원칙을 지향하도록 한다. 이 천부능력이 정상적으로 발휘하고 있을 때에는 그렇다.

훌륭한 운동선수에게는 정신훈련과 근육훈련이 필수이고 학자에게는 지적 훈련이 중요한 것처럼, 진정한 의미에서 주도적이고 성공적인 사람에게는 양심에 대한 훈련이 절대적으로 필요하다. 그런데 양심을 훈련하고 교육하는 데는 보다 큰 집중력과 균형된 훈련, 보다 지속적인 정직한 삶이 필요하다. 이것은 규칙적으로 영감을 주는 문학작품을 읽고 숭고한 이상을 품으며 무엇보다도 양심의 소리에 따르는 삶을 사는 것이다.

영양가 없는 음식과 운동 부족이 운동선수의 컨디션을 해칠 수 있는 것처럼, 음란하고 외설적인 것들은 우리의 내면을 어둡게 하여 감수성을 둔하게 만든다. 뿐만 아니라 이 경우 "무엇이 옳고 무엇이 그른가?"라는 신성한 양심의 소리가 "나의 잘못이 발견될 것인가?"라는 사회적 양심으로 대체되어버린다.

* Madame De Stael(1766~1817), 스위스의 여류 작가.— 옮긴이.

함마르셸드는 다음과 같이 말한다.

> 당신이 완전한 동물이 되지 않고서는 동물처럼 행동할 수 없고, 거짓말쟁이가 되지 않고서는 기만적인 행동을 할 수 없으며, 마음의 감수성을 잃지 않고서는 잔인한 행동을 할 수 없다. 예쁜 정원을 갖고자 하는 사람은 잡초가 자랄 자리를 남겨두지 않는 법이다.

일단 자아의식이 생기면 우리는 살아갈 목적과 원칙을 선택해야 한다. 그렇지 않으면 정신이 공허함으로 가득 차게 되고 자아의식을 잃게 되기 때문에 단지 생존과 번식을 주된 목적으로 사는 천한 짐승과 다를 바가 없게 된다. 이렇게 짐승처럼 사는 사람들은 사는 것이 아니라 '살아지는' 것이다. 그들은 자신의 내부에서 개발되지 않은 채 잠자고 있는 인간만이 갖는 독특한 천부능력을 인식하지 못하고 단지 그때그때의 상황에 대응하며 살 뿐이다.

이 능력들을 개발하는 데는 지름길이 없다. 여기에는 추수의 법칙이

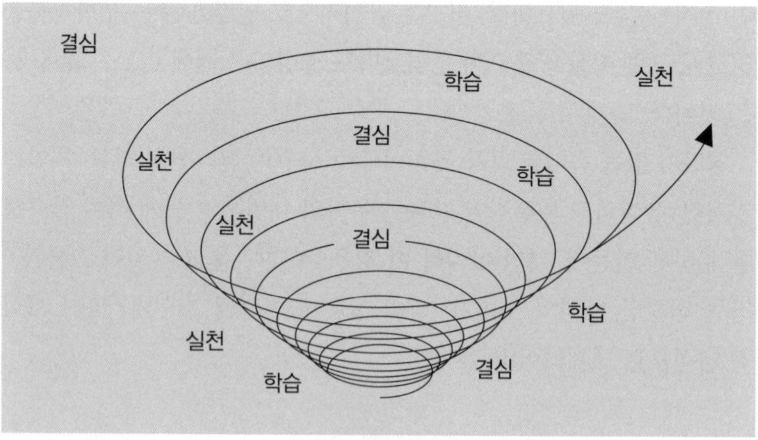

상향적 나선형

지배한다. 즉, 뿌린 대로 수확을 거둔다. 옳고 그름의 법칙은 변할 수 없다. 올바른 원칙을 더 잘 따르며 살수록 세상일에 대한 판단력은 점차 나아질 것이고 우리가 가진 패러다임, 즉, 지역의 지도는 더욱 정확해질 것이다. 나선형 상승에 따라 성장하고 발전하기 위해서는 양심을 교육시키고 그에 순종함으로써 자기쇄신의 과정을 부지런히 실행해야 한다. 교육을 통해 키워 가는 우리의 양심은 개인적 자유, 안정, 지혜, 역량의 인생항로를 따라 우리를 안내해 줄 것이다.

나선형 상승을 하기 위해서는 점차 보다 높은 수준에 있는 것을 학습하고 결심하고 실천해야 한다. 만약 우리가 이미 모두 충분하다고 생각한다면 이것은 우리 자신을 기만하는 것이다. 이러한 발전을 꾸준히 지속하려면 학습, 결심, 실천을 반복해야 한다.

습관 7의 적용을 위한 제언

1. 자기의 생활 스타일에 맞고 계속해서 즐길 수 있으며 자신을 건강하게 하기 위해 꼭 필요한 운동이 무엇인지 목록을 작성하라.

2. 목록 중 하나를 선택하여 다음주 동안 반드시 해야 할 개인역할 영역의 할 일 중 한 가지 목표로 기입하라. 주말에 그 성과를 평가하라. 당신이 목표를 달성하지 못했다면 더 중요한 다른 일 때문에 그것을 못했는가, 아니면 그 일을 하는 데 불성실했기 때문인가?

3. 영적, 정신적/지적 차원에서 자기쇄신을 할 수 있는 활동에 대해 이와 비슷한 목록을 작성하라. 사회적/감정적 차원에서 개선할

필요가 있는 인간관계의 목록을 작성하라. 또한 대인관계의 승리가 더 큰 효과성을 가지고 올 수 있는 구체적인 상황 목록을 작성하라. 일주일의 목표를 결정하기 위하여 각 차원에서 한 가지씩 선택하라. 그다음에 이를 실천하고 평가하라.

4. 매주 네 가지 차원 모두에 대해 '톱날을 가는', 즉 자기쇄신을 위한 구체적인 활동을 기록하고 이를 실천하는 약속을 하라. 그리고 이를 실천한 성과에 대해 평가하라.

습관 7에 대한 새로운 통찰

– 숀 코비

내가 가장 좋아하는 공연은 〈해밀턴*Hamilton*〉인데, 처음 보고 난 후에 나는 그 뮤지컬의 창작자인 린-마누엘 미란다에 대한 모든 것을 찾아보았다. 그리고 미란다가 끊임없이 쇄신하지 않았다면 해밀턴이 존재하지 않았을 거란 사실을 발견하고 흥미를 느꼈다.

2008년, 미란다는 그의 첫 번째 뮤지컬 〈인 더 하이츠*In the Heights*〉를 브로드웨이 무대에 올렸다. 그러기 위해 7년 동안 쉬지 않고 일한 참이었다. 데뷔작으로 토니상 4개 부문을 수상한 후, 그는 마침내 멕시코로 휴가를 떠날 시간을 냈다. 그리고 해변에서 읽기 위한 "약간 가벼운 책"으로 론 처노의 《알렉산더 해밀턴*Alexander Hamilton*》, 거의 잊힌 건국의 아버지를 심층적으로 다룬 전기를 챙겼다.[8] 미란다는 아리아나 허핑턴과의 인터뷰에서 말했다. "내 뇌가 잠시 휴식을 취하는 순간, 해밀턴이 내 안으로 걸어 들어왔어요. 내 인생 최고의 아이디어가 휴가 중에 떠오른 것은 우연이 아니죠."[9]

하나의 아이디어가 씨를 뿌린 이후로 해밀턴은 계속해서 기록을 깼고, 문화적 현상이 되었으며, 미란다에게 퓰리처상, 에미상, 그래미상, 그리고 토니상 11개 부문을 안겨주었다!

알렉산더 해밀턴은 미란다와는 달리 쇄신의 원칙을 지지하지 않아서 그 대가를 치렀다고 말하는 게 타당한 것 같다. 뮤지컬에서 해밀턴의 아내 일라이자는 〈잠시 쉬어요*Take a Break*〉라는 노래에서 그에게 휴식을 청하지만, 해밀턴은 거절한다. 아리아나 허핑턴은 피로, 특히 수면 부족이 대통령직에 대한 해밀턴의 희망을 파괴하고, 그의 결혼생활을 위협했으며, 결과적으로 그의 목숨을 앗아갔다고 믿는다. 그녀는 이렇게 썼다. "해밀턴은 … 과로와 피로 덕분에 성공한 것이 아니라, 과로와 피로에도 불구하고 성공한 것이다. 그리고 아마 그가 '잠시 쉬라'는 일라이자의 충고를 들었다면, 그가 그토록 전념하던 나라를 건국할 시간이 더 있었을 것이다."[10]

해밀턴에 대한 미란다의 경고성 이야기와는 달리, 유명한 대통령 역사학자 도리스 컨스 굿윈은 프랭클린 델러노 루스벨트가 제2차 세계대전에서 가장 중요한 시기에 10일간 낚시 여행을 떠났다고 말했다. 그러나 루스벨트는 그 여행에서 무기대여법을 떠올렸는데, 이 법은 미국이 전쟁 중 동맹국에게 전쟁 물자를 빌려줄 수 있는 수단을 제공했다. 도리스 컨스 굿윈은 에이브러햄 링컨이 남북전쟁 때 100번이나 극장에 갔다고도 말한다. "불이 꺼지고 셰익스피어 연극이 시작될 때, 링컨은 전쟁을 잊고 몇 시간 동안 정신을 맑게 할 수 있었다. 그리고 테디 루스벨트는 매일 오후 백악관에서 2시간씩 소리를 지르며 테니스를 치거나, 록크리크 공원의 나무가 우거진 절벽에서 하이킹을 하고, 권투나 레슬링 시합을 하기도 했다."[11]

우리의 문화는 이 교훈들을 마음에 새기지 않았다. 피로가 증가하고, 외로움이 증가하고, 사람들이 스마트폰을 들여다보며 보내는 시간이 증가하고 있다.

일상에서 개인의 승리를 거두어라

나도 이 함정에 빠졌던 적이 있지만, 끊임없이 쇄신하지 않을 수 없다는 것을 깨달았다. 정신없이 바빴던 시기 중 어느 날, 직장에서 집으로 돌아왔는데 아내와 딸이 나한테 한마디 상의 없이 식탁만 한 케이지에 들어 있는 3피트 크기의 금강앵무를 데려온 걸 발견했다. 나는 이 거대한 앵무새가 내지르는 지축이 흔들리는 듯한 울음소리를 듣고 나서, 새들이 공룡으로부터 진화했다는 이론을 믿게 되었다. 첫날 밤, 울음소리가 너무 커서 이웃집 두 곳이 전화를 걸어 별일이 없는지 확인했다! 새로운 반려동물을 키우기에는 우리 모두 너무 바빴다. "왜 나에게 상의하지 않았어?" 나는 화를 냈고, 그 모든 것에 당황한 나머지 그날 밤 결국 아내 레베카에게 무례한 말을 하고 말았다.

다음 날 아침, 나는 피곤한 상태로 일어났고, 너무 바빠서 쇄신할 수 없을 것 같은 기분이 들었다. 하지만 때마침 내 머리 한구석에서 아버지의 목소리가 들려왔다. "운전하기 너무 바빠서 기름 넣을 시간이 없었던 적이 있니?" 나는 침대에서 일어나 아래층으로 내려갔고, 30분 동안 운동을 했다. 그러고 나서 책을 읽고 그날 하루 계획을 세웠다. 사명서와 개인적 목표를 검토하는 동안, 전날 밤 레베카에게 무례한 말을 내뱉은 것에 양심의 가책을 느꼈다. 그래서 출근 준비를 마치고, 아내와 함께 자리에 앉아 사과를 했다. 사과를 한 건 잘한 일이라고 그녀는 분명히 못 박았다. 그리고 결국 나를 용서하고 포옹으로 배웅해 주었다.

나는 마음의 준비를 하고 상쾌한 컨디션으로 사무실에 도착했다. 그날 내내 수백만 달러가 걸린 몇 가지 중요한 사업 결정을 내려야 했기 때문에 나의 상태가 중요했다. 운 좋게도 나는 컨디션이 좋았고, 현명한 결정을 내렸다. 그날 아침 일상에서 거둔 개인의 승리는 모든 것을 바꾸었고, 이는 단 한 시간밖에 걸리지 않았다. 궁금할까 봐 이야기하지만, 금강앵무는 몇 주 뒤에 해적처럼 생긴 남자에게 넘겼다.

아버지는 이 쇄신의 습관을 믿고 실천하셨다. 언제까지고 책과 잡지를 읽으면서 실내 자전거를 탈 것처럼 보였다. 많은 상상과 아이디어가 새벽에 떠올랐기 때문에 아버지는 새벽 시간을 신성하게 여겼다. 열심히 일하고 출장이 잦았지만 항상 휴식 시간을 계획하셨고, 특히 몬태나에 있는 오두막으로 가족 휴가를 떠나는 걸 좋아하셨다. 그곳에 있는 동안 아버지는 일찍 일어나 오랜 시간 산악자전거를 탔는데, 잠깐씩 멈추어 책을 읽고 생각을 했다. 어린 시절, 지금도 잊지 못하는 인상적인 장면 중 하나는 아버지가 열정과 확신에 찬 모습으로 아침 운동에서 돌아와 "오늘 아침 나에게 최고의 아이디어가 떠올랐다!"와 같은 말을 하는 모습이었다. 아버지의 에너지에는 전염성이 있었다.

가족들이 늦게까지 함께 시간을 보내자고 요구해도 아버지는 일찍 일어나고 일찍 잠자리에 들었다. 주말과 가족 모임에서 아버지를 제외한 우리는 영화를 보러 가고, 정크 푸드를 먹고, 늦게까지 수다를 떨곤 했다. 우리가 주위를 둘러보며 "아빠는 어디 있지?" 하고 찾으면, 그는 이미 잠자리에 든 상태였다. 다른 사람들은 모두 늦잠을 자는데, 아버지는 새벽같이 일어나 운동하고, 생각하고, 읽고, 썼다.

아버지는 이렇게 말하곤 했다. "애들아, 너희는 책을 더 많이 읽어야 한다. 난 일주일에 10권의 책을 읽고 있단다." 그러면 우리는 대꾸하곤 했다. "아니요, 그렇지 않아요. 아빠는 책을 대충 훑어보시는 거지, 읽지 않잖아요. 그런 건 읽는 거라고 할 수 없어요."

또한, 아버지는 어머니와 함께 소형 오토바이를 타고 오랫동안 동네 주변을 돌면서 둘이 이야기를 나누며 시간 보내는 것을 좋아했다. 진정으로, 아버지가 누렸던 대중적인 성공과 탄탄한 인간관계의 많은 부분은 매일 자신을 중심에 두고, 일상으로부터 개인의 승리를 쟁취하는 데에서 비롯되었다.

우리 인간은 몸, 마음, 정신, 영혼 네 개의 부분으로 구성되어 있고, 이 네 부분은 모두 상호의존적이며, 지속적인 양분을 필요로 한다. 마치 자동차 타이어처럼, 한 개의 타이어에 공기압이 낮으면 네 개의 타이어 모두 불균일하게 마모된다. 당신(몸)이 지쳐 있을 때는 사랑(마음)을 베풀기가 어렵지만, 당신이 의욕적이고 자기 자신(영혼)과 잘 조화되면 더 나은 판단력(정신)을 갖게 될 것이고, 다른 사람들을 존중(마음)으로 대하기가 더 쉬워질 것이다.

끊임없이 쇄신하는 것은 제2사분면 활동이다. 중요하지만 긴급하지는 않기 때문에 저절로 되지는 않는다. 그것을 우선순위로 삼고, 하려고 해야만 한다. 하지만 모든 제2사분면 활동과 마찬가지로, 쇄신하는 데 소비하는 시간과 에너지에 대한 수익은 기하급수적이다. 자기 자신을 위한 시간을 갖는 것에 절대 죄책감을 느끼지 마라. 비행기에서 기내 압력이 떨어지면, 다른 사람들을 돕기 전에 자신의 산소마스크를 먼저 착용해야 한다고 한다. 만약 당신이 산소 부족으로 의식을 잃는다면, 당신의 세 살배기 아이나 가장 친한 친구에게 크게 도움이 되지 않을 것이다.

기술에 지배되지 말고, 기술을 지배하라

기술은 우리의 시간과 에너지를 빨아들이고, 사상 초유의 방법으로 우리의 톱날을 무뎌지게 하고 있다.

최근에 자식들이 다니고 있는 중학교에서 십대들이 기술을 잘 관리하도록 돕는 것에 대한 강연에 참석했다. 강당은 조언을 간절히 바라는 부모들로 가득 차서 나는 통로에 앉아야 했다. 강연자는 십대들이 일주일에 35시간을 화면 앞에서 보내고 있으며, 화면이 그들의 두뇌를 개조하고 있다고 말했다. 또 과도한 소셜 미디어가 종종 우울증과 불안증으로 이어지고, 인기 사이트 중 상당수가 폭력과 포르노를 조장하며, 약탈자들로 가득 차 있다고 말했다. 정신이 번쩍 들었다! 요점은 이러했다. 만약 집에서 기술이 어떻게 사용되는지 당신이 통제하지 않으면, 그 기술은 해로운 방식으로 당신의 집을 통제할 것이다. 그는 자녀들과 '가족 데이터 계약'을 만들어보라고 권했다. 기술 사용에 관한 승-승의 합의를 맺는 것이다.

그래서 아내와 나는 우리 집 세 아이와 함께 앉아 '코비 가족 기술 계약'이라는 것을 만들었다. 아이들에게 우리가 그들의 통신 요금을 지불하고 있음을 상기시킨 후, 많은 것에 대해 합의했다. 우리는 일일 스크린 타임을 3시간으로 제한했다. 매일 밤 휴대전화는 주방에 있는 충전기에서 충전하고, 휴대전화를 침대로 가져가는 것은 아무에게도 허용하지 않기로 했다. 아이들은 식사 시간이나 차 안에서 기기를 사용하지 않는 데에도 마지못해 동의했다.

"하지만 지루하잖아요." 아들이 불평했다.

나는 대답했다. "지루한 건 뇌에 좋은 거야. 게다가 너희들은 서로 대화하는 법을 배울 필요가 있어."

우리는 계약을 완벽하게 이행하지 못했다. 때때로 아이들의 침대에서 휴대전화를 발견하기도 했다. 하지만 전반적으로 우리 가족은 계약에 잘 따랐고, 그것은 커다란 변화를 가져왔다. 코비 가족 기술 계약을 만들기 전, 열한 살 난 아들 와이엇은 비디오 게임에 중독되어 있었다. 그 애가 약속한 게임 시간을 지키지 못했기 때문에, 어느 순간에 우리는 그가 게임을 끊도록 해야 했다. 와이엇은 말 그대로 몸을 떨며 금단 현상을 겪었다. 무서웠지만 그는 이겨냈다. 일주일 후, 그 애는 실제로 내게 고마워하며 말했다. "비디오 게임을 그만둔 이후로 전 훨씬 더 행복해요, 아빠."

이 조언은 아이들에게만 적용되는 것이 아니다. 우리 모두에게 적용 가능하다.

예를 들면 나는 밤새 휴대전화로 뉴스를 읽는 취미와 싸워야 한다.

가정에서 기술을 관리하는 데에 정답은 없지만, 가족 간에 합의된 계획이 없다면 그저 문제만 일어날 뿐이다. 만약 당신에게 아이가 있다면, 일종의 가족 데이터 계약을 만들어볼 것을 권한다. 우리의 쇄신과 정신 건강에 대한 역사상 가장 큰 위협을 해결하는 데 도움이 될지 모른다. 화면이 우리를 사로잡게 두지 말자. '아무것도 과하지 말라'는 고대 그리스의 유명한 속담은 우리의 기술을 포함해 모든 것이 적당한 수준에서 이루어져야 함을 잘 상기시켜 준다.

한 나무꾼이 이런 말을 했다. "나무를 베라고 6시간을 주면, 처음 4시간은 도끼를 가는 데에 쓸 것이다." 도끼든 톱이든 요점은 같다. 오늘날, 지식 노동자 시대의 많은 일은 현명한 결정과 좋은 판단에 의존한다. 행복의 아주 많은 부분은 인간관계의 질에 달려있다. 운동을 하거나, 친구와 점심을 먹으러 가거나, 책을 읽거나, 일기를 쓰거나, 회의에 참석하거나, 휴식을 취하거나, 가족 휴가를 갈 시간이 없다고 생각할 수도 있다. 그러나 사실 당신은 그걸 하지 않을 시간이 없다.

내면으로부터의 변화를 다시 강조하며

하느님은 인간의 내면을 바꿈으로써 외부가 개선되게 하신다.
그러나 세상은 외부를 바꾸어 내면을 개선시키려고 한다.
사람들을 빈민굴에서 끌어내기만 하면 된다는 것이다.
예수는 사람들로 하여금 마음의 가난함으로부터 벗어나게 함으로써
스스로 빈민굴에서 빠져나올 수 있도록 해준다.
세상은 환경을 변화시킴으로써 사람을 바꾸려 하지만
예수는 사람을 변화시킴으로써 그들 스스로 환경을 바꾸게 한다.
– 에즈라 태프트 벤슨* –

나는 독자들에게 이 책의 본질을 설명해줄 수 있는 개인적 이야기를 하나 해주고 싶다. 독자들이 이 이야기를 책 속에 있는 주요원칙들과 결부시킬 수 있기를 바란다.

몇 년 전 나는 강의하던 대학으로부터 안식년 연가를 받아 가족과 함께 하와이에 있는 오아후라는 섬의 북쪽 해변에 위치한 래이(Laie)라는 곳으로 갔다.

도착 후 안정이 되자마자 우리 가족은 매우 생산적이고 즐거운 일상 계획에 따라 생활하게 되었다.

아침 일찍 모래사장을 달리고 난 다음 우리는 두 아이를 맨발에 반

* Ezra Taft Benson(1899~1994), 미국 농무성 장관, 종교 지도자.— 옮긴이.

바지 차림으로 유치원에 보냈다. 그리고 나는 집필을 위해 사탕수수 밭 옆에 있는 외딴 건물로 출근하였다. 전화도 없고 회의도 없고 급한 일도 없는, 매우 조용하고 아름답고 평온한 분위기였다.

내 사무실이 있는 건물은 대학의 중심부에서 떨어진 한쪽 끝에 있었다. 하루는 대학 도서관 뒤켠의 서가에서 이 책 저 책의 제목을 들춰 보고 있는데 책 하나가 관심을 끌었다. 그리고 그 책을 빼내어 읽게 된 한 구절이 내 인생을 완전히 바꾸어놓았다.

나는 그 구절을 몇 번이고 읽었다. 그것은 자극과 반응 사이에는 간격, 즉 공간이 있다는 것과 우리의 성장과 행복의 열쇠는 우리가 이 공간을 어떻게 이용하느냐에 달려 있다는 아주 단순한 아이디어였다.

이 아이디어가 내게 미친 영향은 어떻게 설명해야 할지 모를 정도로 엄청난 것이었다. 나는 이 아이디어, 즉 자기결정론을 믿고 살아왔지만 '자극과 반응 사이의 간격'이라는 표현이 믿을 수 없을 만큼 강하게 나의 마음을 사로잡았다. 이것은 마치 '생전 처음으로 알게 된 것' 같은 느낌이었고 정신적인 대혁명 같았으며 때를 만난 좋은 아이디어 같았다.

나는 이 아이디어를 몇 번이고 곰곰이 생각하게 되었고 그때부터 그것은 내 인생의 패러다임에 커다란 영향을 미치기 시작하였다. 마치 내가 이 간격의 틈 사이에 서서 밖에 있는 수많은 자극들을 내다보며 이 아이디어를 어떻게 적용하고 있나를 관찰하고 있는 것 같았다. 나는 스스로 반응을 선택할 수 있다는 정신적인 해방감을 느끼게 되었다. 또 자신이 자극도 될 수 있고 영향력을 행사할 수도 있으며 심지어는 자극과 반응을 거꾸로 돌려놓을 수도 있다는 사실에 흥분되었다.

그 후 얼마 안 되어 샌드라와 나는 이 혁명적인 아이디어가 부분적인 이유가 되어 진지한 대화를 하기 시작하였다. 우리는 정오가 되기 조금 전 낡고 빨간 혼다 90 트레일 사이클(trail cycle)에 두 아이를, 한 아이는 우리 둘 사이에 다른 아이는 내 왼쪽 무릎에 태우고 사무실 옆의 사탕수수 밭을 천천히 지나가면서 한 시간 정도씩 이야기를 나누었다.

아이들은 이 시간을 기다릴 정도로 좋아했고 시끄럽게 하지도 않았다. 지나가는 차량은 거의 없었고 자전거 역시 소리가 별로 나지 않아서 전혀 대화에 지장이 없었다. 우리는 보통 부근 해변에 자전거를 세워놓고 2백 미터쯤 걸어가 아무도 없는 곳에 자리를 펴고 앉아 점심을 먹었다.

아이들은 모래사장과 섬의 고지대에서 흘러 내려온 강물에 열중하고 있어 우리 부부는 아무런 방해 없이 대화를 계속할 수 있었다. 매일 최소 두 시간씩 1년 동안 깊은 대화를 나눔으로써 도달할 수 있는 이해와 신뢰의 수준을 상상하기란 별로 어렵지 않을 것이다.

맨 처음 얼마 동안 우리는 주위 사람들, 아이디어들, 아이들, 나의 집필, 집에 남아 있는 아이들, 장래계획 등 여러 종류의 화제를 놓고 이야기하였다. 그러나 우리의 대화는 조금씩 더 진지해졌고 성장과정, 인생각본, 감정 및 자신감 상실과 같은 우리 내면의 여러 가지 세계에 관해 이야기하게 되었다.

우리는 깊은 대화를 하면서 여러 세계들을 관찰할 수 있었고 우리 자신이 그 속에 있음을 파악할 수 있었다. 우리는 새롭고 흥미 있는 방법으로 자극과 반응 사이에 있는 공간, 즉 선택의 자유(자아의식, 상상력, 양심, 독립의지)를 사용하여 우리가 어떻게 프로그램되었고, 이 프로그램들이 우리의 관점에 어떤 영향을 미쳤는가 생각해보기 시작하였다.

우리는 내면의 세계로 흥미롭고 모험적인 여행을 시작하였다. 이것은 외부세계에서는 도저히 알 수 없는, 어떤 것보다 재미있고 황홀하고 열광적이고 더욱 매력적인, 더 많은 발견과 새로운 통찰로 가득찬 것이었다.

이 과정이 항상 '기분 좋은' 것만은 아니었다. 가끔 아픈 곳을 찌르기도 했으며 고통스럽고 당혹스럽고 자기 비밀을 드러내는 경험을 하기도 했다. 이런 느낌은 자신을 지나치게 노출시켰거나 취약점을 얘기해줄 때 받았다. 하지만 우리는 오랫동안 우리가 이런 대화를 하고 싶어 했음을 알 수 있었다. 더욱 깊고 민감한 문제를 해결하고 나면 어떤 부분에서 치유됨을 느끼곤 하였다.

우리는 처음부터 서로 지지해주고 도와주고 격려해주고 공감적이 되었으며 이러한 내적 발견을 서로 키워주고 지원해주었다.

우리는 점차 두 가지 행동원칙을 말없이 지키게 되었다. 첫째는 상대를 '탐색하지 않는 것'이었는데 이는 우리가 자신의 내면에 숨어 있는 취약점의 껍질을 벗겨나갈 때 상대방에게 따지거나 면밀히 조사하지 않고 공감적으로 이해해주는 것이었다. 탐색하는 것은 너무 지배적이고 논리적이며 자존심을 상하게 하기 때문이었다.

우리는 생소하고 어렵고 무서운 미지의 여러 영역을 개척하고 있었기 때문에 두렵고 불안한 심정이었다. 그러나 우리는 더 많은 문제들을 이야기하고 싶어 했으며 상대방이 말하고 싶을 때만 말하도록 하는 불문율의 필요성도 존중하게 되었다.

두 번째 행동원칙은 이야기가 너무 지나쳐 가슴속에 묻어두었던 상처를 건드려 고통스러워지면 대화를 즉시 중단하고 다음 날 계속하거나 당사자가 다시 말하고 싶을 때까지 기다리는 것이었다. 미해결 부분을 즉시 해결하지는 못했지만 이 부분은 일시적으로 미루어둔 것뿐이었다. 우리는 이러한 대화를 계속할 충분한 시간이 있었고 주위환경이 크게 도움이 되었다. 또 우리는 결혼생활 문제에 우리가 직접 개입하여 성숙되어가는 것을 보고 너무나 고무되었기 때문에 조만간 이러한 미해결 부분을 잘 마무리할 수 있음을 알고 있었다.

이러한 과정에서 가장 어려웠지만 가장 성과가 컸던 것은 자신의 약점에 대해 대화했을 때였다. 이때는 우리 자신이 직접 개입되었기 때문에 자극과 반응 사이에 공간을 갖지 못하고, 즉 자신을 선택적으로 통제하지 못하고 몇 가지 기분 나쁜 감정을 느끼기도 했다. 그러나 우리는 강한 욕구와 암묵적 합의가 있었기에 중단되었던 대화를 다시 시작하여 그 부분이 해결될 때까지 이러한 감정 문제를 잘 풀어나갈 수 있었다.

가장 어려웠던 화제 중 하나는 내 성격에 관해 대화할 때였다. 나의 아버지는 몹시 소심하고 내성적이며 매사에 절제 있고 조심스럽게 행동하는 분이었다. 반면 어머니는 대단히 활발하고 시원시원하고 적극적인 분이었다. 나는 양친의 성격을 다 갖추고 있어서 불안할 때는 아버지처럼 내성적인 성격이 되어 안전하게 행동하려는 경향이 있다.

샌드라는 우리 어머니와 비슷한 성격이어서 사교적이고 솔직하고 적극적이었다. 오랜 결혼생활에서 나는 그녀의 솔직함이 지나치다고 생각하였고 그녀는 나의 솔직하지 않은 자제적 행동을 기능장애라고 생각한 경우가 상당히 많았다. 그녀는 이러한 나의 행동이 한 사람의 사회인으로서 다른 사람의 감정에 무감각한 것이기 때문에 기능장애라고 판단했던 것이다.

우리는 이외에도 다른 여러 가지 문제들을 이 대화의 시간에 터놓고 이야기할 수 있었다. 나는 샌드라의 통찰력과 지혜가 나로 하여금 더욱 솔직하고 상대방의 감정을 이해해주며 좀더 사교적인 사람이 될 수 있도록 도와주려는 노력임을 알고 이를 높이 평가하게 되었다.

또 하나 어려웠던 경우는 내가 오랫동안 고심하며 샌드라의 콤플렉스라고 생각했던 문제를 다룰 때였다. 샌드라는 '프리지데어(Frigidaire)'라는 상표의 가전제품만을 지나치게 선호했는데, 나로선 도저히 이해가 안 되는 일이었다. 그녀는 다른 상표의 가전제품은 하나도 사려고 하지 않았으며 심지어 우리가 막 신혼생활을 시작해서 경제적으로 어려웠을 때 그 대학촌에 프리지데어 대리점이 없다며 50마일

밖에 있는 큰 도시까지 가자고 고집을 부렸었다.

이것은 나를 몹시 괴롭힌 문제였으나 다행히 가전제품을 살 때만 일어난 고민거리였다. 그러나 한번 이 문제가 발생하면 자극이 즉각적으로 반응을 일으켰다. 즉, 이 한 가지 문제가 그녀의 모든 비논리적인 사고의 대표적 예로 부각되면서 내 마음속에 온갖 부정적인 감정을 불러일으켰다.

이런 경우, 나는 보통 나의 기능장애인 개인적 행동으로 돌아갔다. 이 문제의 유일한 해결방법은 되는대로 내버려두는 것이라고 생각하였다. 그렇지 않은 경우 내가 자제력을 잃게 되어 해서는 안 될 말을 함부로 내뱉기 때문이었다. 실제로 선을 넘어 부정적인 말을 하고 나서 사과를 한 적도 여러 번 있었다.

나를 가장 괴롭혔던 것은 그녀가 프리지데어 제품을 좋아한다는 사실이 아니라 내가 보기에 아무런 근거도 없음에도 극히 비논리적이고 증명할 수 없는 말들로 우겨대는 고집이었다. 만일 그녀가 자기의 반응이 비논리적이고 순전히 감정적인 것임을 인정했다면 나는 그냥 이해했을 것이다. 하지만 그녀는 자기 주장을 정당화시키려 했고 그것이 나를 화나게 만들었다.

초봄의 어느 날, 그 프리지데어 이야기가 나오게 되었다. 우리는 이미 어려운 대화를 나눌 수 있는 준비가 충분히 되어 있었다. 즉, 상대를 탐색하지 않고 둘 중 어느 하나라도 너무 괴롭게 느껴지면 대화를 중단한다는 행동원칙이 확립되어 있었다.

나는 그 이야기를 끄집어낸 날을 아직도 기억하고 있다. 그날은 모래사장에 가서 앉지도 않고 사탕수수 밭 사이를 지나가면서 이야기했는데, 아마 서로의 눈을 쳐다보기가 거북해서 그랬을 것이다. 이 문제는 심적으로 고통스러웠으며 나쁜 감정이 많이 개입되어 있어서 오랫동안 묻어두었던 것이었다. 이것이 우리의 결혼생활을 파괴시킬 정도로 심각한 것은 아니었지만 아름답고 화합된 부부관계를 이루려면 불화의 소지가 있는 어떤 문제도 해결해야만 했다.

샌드라와 나는 이 대화를 통해 여러 가지 사실을 파악하고 나서 깜짝 놀랐다. 이 대화는 참으로 시너지적이었고 샌드라 자신도 그녀가 가진 콤플렉스에 대한 이유를 거의 처음으로 깨닫게 되었다.

그녀는 자기 아버지가 고등학교 역사 교사인 동시에 운동 코치였다는 것, 그리고 생활비를 충당하기 위해 가전제품 대리점을 운영했다는 것에서 이야기를 시작하였다. 불황이 닥치자 그녀의 부친은 심각한 재정난에 봉착하게 되었는데, 그때 프리지데어에서 외상으로 가전제품들을 공급해준 덕분에 사업을 유지할 수 있었다. 샌드라는 아버지와 가깝고 다정한 사이였다. 아버지가 피곤한 하루를 보내고 집에 돌아와 소파에 앉으면 그녀는 아버지의 발을 주물러주고 노래도 불러주었다. 아버지는 딸에게 사업에 관한 근심과 걱정을 솔직하게 이야기하면서 자기에게 외상으로 가전제품을 공급해주어 불황을 헤쳐나가게 해준 프리지데어에 대한 고마움을 그녀에게 말해주었다.

부녀의 대화는 인생각본에 가장 강력한 영향력을 미치는 아주 자연스러운 분위기에서 자발적으로 일어났다. 이렇게 긴장이 풀어진 편안한 시간에는 경계심이 없어지고 각종 이미지와 생각들이 잠재의식적으로 마음속 깊이 심어지게 된다. 아마 샌드라는 나와 구체적으로 얘기를 나누기 전까지 과거의 일들을 잊고 있었을 것이다. 이런 대화는 자연스러운 분위기에서 자발적으로만 나올 수 있기 때문이다.

샌드라는 자신에 대해 엄청난 통찰력을 얻게 되었고 프리지데어에 대해 그녀가 가진 감정의 근원을 파악하게 되었다. 나 역시 새로운 통찰력을 얻게 되었고 그녀의 의견에 대해 완전히 다른 각도에서 존중심을 갖게 되었다. 샌드라의 행동은 가전제품에 관한 것이 아니라 그녀의 아버지에 관한 것이었으며, 부친의 소망에 대한 충성심에서 우러난 것이었다.

그날 우리 둘은 눈물을 흘렸다. 새로운 통찰력을 얻었기 때문이 아니라 서로의 능력에 관한 존경심이 더욱 커졌기 때문이었다. 우리는 아주 사소한 것일지라도 때로는 심각한 감정적인 문제의 근원이 될 수 있음을 발견하게 되었다. 더 깊고 더 상처받기 쉬운 문제의 근원을 해결하지 않고 피상적이고 하찮은 것만을 다루는 것은 다른 사람의 가슴 속에 있는 성역만 짓밟는 셈이다.

그 무렵 여러 달 동안 다른 좋은 성과가 많이 있었으며, 우리의 대화는 너무나 순조로워서 순간적으로 서로의 생각을 연결할 수 있는 정도까지 되었다. 우리는 하와이를 떠나면서 계속 대화할 것을 결심하였으며, 그 후 정기적으로 혼다 사이클을 타고 날씨가 나쁘면 차를 타고 대화를 계속해오고 있다.

우리는 사랑을 위한 열쇠는 대화하는 것, 특히 서로의 감정을 이야기하는 것이라고 생각한다. 우리는 매일 여러 차례 대화하려고 애쓰며 여행 중이라도 전화로 이야기하려고 애쓴다. 그것은 모든 행복과 안정감과 가치 있는 것들이 있는 홈베이스로 들어오는 것 같은 기분이다.

토머스 울프*의 말은 틀렸다. 우리는 다시 집으로 "돌아갈 수 있다." 특히 우리의 부부관계가 소중한 것이고 둘도 없는 친구와 같은 사이라면 더욱 그렇다.

세대 간의 유대

샌드라와 내가 그 1년을 보내는 동안 자극과 반응 사이의 공간, 즉

* Thomas C. Wolfe(1900~1938), 미국 소설가.— 옮긴이.

인간만이 가진 네 가지 천부능력을 현명하게 활용하는 능력은 우리를 내면에서부터 변화시켜주었다.

우리는 그전까지 외부에서부터 시작하여 내면을 변화시키는 접근방법을 시도하고 있었다. 우리는 서로 사랑했으며 서로의 태도와 행동을 조절함과 동시에 부부관계에 관한 좋은 기법들을 사용함으로써 서로의 차이점을 고쳐보려고 애썼다. 그러나 반창고와 아스피린만을 사용한 응급처치식 방법은 오래가지 못했다. 본질적인 패러다임 차원에서 노력하고 대화하지 않는 한 만성적이고 근원적인 문제는 그대로 남아있게 된다.

내면에서부터 시작할 때 우리는 비로소 신뢰와 솔직함이 있는 부부관계를 가질 수 있었고, 외부에서부터 바꾸는 방법으로는 도저히 해결할 수 없는 문제들을 풀 수 있었다.

승-승의 관계, 상호간의 깊은 이해심, 놀라운 시너지 등의 훌륭한 성과는 우리가 스스로의 패러다임을 검토하여 자신의 각본을 바꾸고 삶을 잘 관리함으로써 얻을 수 있었다. 또한 이러한 삶의 관리를 통해 깊은 대화라는 제2사분면의 중요한 활동을 할 수 있는 시간도 얻을 수 있었다.

물론 여러 가지 다른 성과도 많았다. 우리 부부의 삶이 우리의 강한 영향을 받았던 것처럼 우리 아이들의 삶도 우리들에 의해 영향받고 좌우될 수 있음을 훨씬 더 심각하게 감지하였다. 이러한 영향력은 우리가 잘 느끼지도 못하는 방법으로 종종 나타났다. 우리의 삶에 미친 이러한 각본들이 가진 영향력의 강도를 이해하게 되자 우리는 반드시 올바른 원칙에 기초한 것만을 다음 세대에 물려주도록 모범을 보이는 데 최선을 다할 것을 재차 다짐하게 되었다.

나는 이 책에서 우리가 물려받은 것 가운데 주도성을 발휘하여 바꾸고 싶은 여러 가지 각본들에 관해 특별한 주의를 환기시켰다. 그런데 우리의 각본을 주의깊게 검토해보면, 대다수는 무의식적으로 형성된 이 각본들이 대단히 훌륭하고 긍정적인 것임을 깨닫게 된다.

진정한 자아의식은 우리가 이러한 각본들의 진가를 인정하게 해주고 앞선 세대의 선배들에게 감사하도록 해준다. 그 덕분에 우리는 원칙 중심적인 삶을 살면서 성장할 수 있고 현재의 우리 처지를 파악할 수 있으며 장차 이룰 수 있는 가능성도 내다볼 수 있다.

여러 세대 사이에 강한 유대관계를 가지고 있는 대가족은 탁월한 역량을 보유하게 된다. 아이, 부모, 조부모, 삼촌/숙모, 고모/고숙, 사촌 등등 서로 친하게 사는 상호의존적인 가족은 구성원들이 자신의 존재와 소속과 전통에 대해 긍지를 갖게 한다.

아이들이 자기 '종족'에 대한 소속감을 갖고 많은 친척들이 전국 각지에 흩어져 살지라도 자기를 알고 있고 자기에게 관심을 가져주는 것을 느끼는 건 대단히 유익하다. 또 이것은 우리가 아이들을 키우는 데 굉장한 도움이 될 수 있다. 우리 집의 한 아이가 성장과정에서 어려움을 겪고 있다고 가정하자. 부모와는 대화가 안 될 경우라도 우리 형제나 자매 중 한 사람과 마음이 통할 수 있다면, 힘든 시기에 이 사람이 부모의 역할을 대신해줄 수 있고 조언자나 존경하는 사람이 되어줄 수도 있다.

손자와 손녀들에게 큰 관심을 보이는 조부모들은 이 세상에서 가장 소중한 사람들이다. 이들은 훌륭한 사회적 거울이 될 수 있다. 우리 어머님이 바로 그런 분이다. 80대 후반인 어머니는 아직도 모든 자녀와 손주에게 깊은 개인적 관심을 갖고 사랑의 편지를 쓴다. 나는 며칠 전 비행기에서 눈물을 닦으며 어머니의 편지를 읽었다. 내가 오늘 저녁 어머니에게 전화하면 "스티븐, 나는 너를 정말 사랑하고 네가 대단히 훌륭한 아들임을 자랑스럽게 생각한다"라고 말할 것임을 알고 있다. 그녀는 항상 내게 자신감을 심어주고 확신을 갖게 해준다.

유대감이 강한 대가족은 아마 가장 유익하고 보람되고 만족스러운 상호의존 관계 중 하나일 것이며, 많은 사람이 이러한 관계의 중요성을 인식하고 있을 것이다. 몇 년 전 영화 〈뿌리*Roots*〉를 보면서 느낀 황홀함을 생각해보라. 우리는 모두 뿌리가 있으며 이 뿌리를 찾아 조상의 발자취를 규명해낼 수 있는 능력을 가지고 있다. 누군가 이런 멋진 말을 남겼다고 한다.

"우리는 자손들에게 두 가지 영구적인 유산을 남길 수 있다. 하나는 뿌리이고, 다른 하나는 삶의 수단인 날개이다."

변환자가 되는 것

많은 것 중에서도 '날개'라는 삶의 수단을 받았다는 의미는, 우리가 물려받은 부정적인 각본을 초월할 수 있는 자유를 부여받은 것이라고 생각한다. 즉, 내 친구인 테리 워너* 박사가 '변환자(transition person)'라고 부르는 사람이 되는 것이다. 물려받은 각본들은 다음 세대에 그대로 전해주는 것이 아니다. 오히려 이 각본들을 바꿀 수 있고, 또 이 과정에서 좋은 인간관계를 구축하는 방식으로 바꾸는 것이다.

당신이 어렸을 때 부모에게 학대를 받았다고 해서 아이들에게도 똑같이 대할 필요는 없다. 그런데 많은 조사 결과에 의하면 상당수의 부모들이 자기 부모가 했던 대로 행동한다. 당신은 주도적이기 때문에 이 각본을 고쳐 쓸 수 있다. 당신은 아이들을 학대하지 않을 뿐만 아니라 이들을 지지해주고, 이들에게 긍정적인 각본을 보여줄 수 있다.

당신은 이 각본을 자기 사명서에 쓸 수 있고 당신의 마음과 가슴속

* Terry C. Warner, 미국 BYU 철학 교수.— 옮긴이.

에 새겨 넣을 수 있다. 당신은 또 이 사명서와 일치되게 생활하면서 '매일이 개인적인 승리'인 삶을 상상해볼 수 있다. 당신은 자신을 학대했던 부모를 사랑하고 용서할 수 있으며, 그들이 아직 생존해 있다면 그들을 이해하려고 노력함으로써 좋은 인간관계를 구축할 수 있다.

수많은 세대를 거치면서 가족에게 대물림으로 내려온 버릇이 당신 세대에서 고쳐질 수도 있다. 당신은 과거와 미래를 연결시켜주는 변환자이며 당신으로 인해 수많은 후손들이 좋은 영향을 받을 수 있다.

20세기의 훌륭한 변환자 중 한 사람인 안와르 사다트는 변환의 본질에 관해 충분히 이해할 수 있는 좋은 예를 유산으로 남겨주었다. 그는 아랍과 이스라엘 사이를 가로막고 있는 의심, 두려움, 증오, 오해라는 높은 벽의 과거와 충돌과 고립을 피할 수 없게 될 미래 사이에 서 있었다. 협상을 위한 온갖 노력은 모든 면에서 예를 들어, 의전과 절차상의 문제, 협정 초안에 쉼표를 찍냐 마침표를 찍냐 등의 사소한 것들까지 반대에 부딪히고 있었다.

다른 사람들이 나뭇잎을 쳐내는 방식으로 그 심각한 상황을 해결해보려고 할 때 사다트는 과거 외로운 감옥에서 정신을 집중시켰던 경험을 되살려 문제의 뿌리에 노력을 집중하였다. 이렇게 하여 그는 역사를 바꾸어놓았고 수백만 명을 구원하였다.

그는 자서전에 다음과 같이 썼다.

그때 나는 거의 무의식적으로 카이로 중앙감옥 54호실에서 개발시킨 내면의 역량을 끌어내었다. 이 변화를 위한 역량은 재능이랄 수도 있고 능력이라 할 수도 있다. 나는 대단히 복잡한 상황에 직면하고 있음을 깨달았고 심리적이고 지적인 능력을 갖추지 않는 한 이 상황을 타개할 수 없다는 것도 파악하였다. 내가 그 폐쇄된 감방에서 인간성과 삶에 관해 깊이 생각하면서 깨달은 것은 자기 사고의 바탕을 바꿀 수 없는 사람은 현실문제도 바꿀 수 없으며, 결국 아무런 진보도 이뤄낼 수 없다는 것이었다.

참된 변화는 내면에서부터 시작되어야 한다. 나뭇잎을 쳐내는 것과 같은 응급처치식 외적 성격 위주의 사고로는 태도와 행동을 바꿀 수 없다. 이것은 뿌리, 즉 사고의 바탕이자 기본인 패러다임을 바꿈으로써만 가능하다. 패러다임이 우리의 성품을 결정해주고 세상을 보는 렌즈를 창조해준다. 아미엘*은 이렇게 말한다.

> 도덕적 진리는 마음속에 품을 수도 있고 감정적으로 느낄 수도 있으며, 따르겠다고 결심할 수도 있다. 그러나 이러한 의식적인 방식으로 품게 된 도덕적 진리는 우리에게서 빠져나가기 쉽다. 우리가 이것을 마음속에 의식하는 것보다 훨씬 더 깊이 간직할 수 있는 방법은 우리 내면의 본성 자체가 이것이 되는 것이다. 우리의 본성 자체가 된 도덕적 진리만이 자발적, 임의적으로 자진해서 무의식적 행동을 하게 되어 진정한 우리의 삶이 된다.
>
> 말하자면 이 진리를 소유하는 것이 아니라 그 자체가 되는 것이다. 이 진리 사이에 있는 공간의 존재를 식별할 수 있다면 아직 이 진리 자체가 된 것이 아니다. 사고, 느낌, 욕구, 삶에 관한 의식은 삶 자체가 아니다. 삶의 목표는 거룩하고 성스럽게 되는 것이다. 그때 이 진리는 우리와 일체가 되어 상실될 수 없을 것이다. 이것은 우리 밖에 있지 않고 어떤 면에서는 우리 속에도 있지 않으며 우리 자체인 것이다.

일체감, 즉 우리가 사랑하는 가족, 친구, 직장동료 들과 화합하는 것은 7가지 습관으로부터 얻을 수 있는 가장 고귀하고 훌륭하고 가치 있

* Henri F. Amiel(1821~1881), 스위스 출신의 문필가, 철학 교수.— 옮긴이.

는 열매이다. 대부분의 사람들이 진정으로 화합했을 때의 기쁨을 맛본 적이 있을 것이다. 또한 분열의 쓰라리고 외로운 경험도 맛보았을 것이다. 나아가 우리는 화합하는 것이 대단히 소중하지만 무너지기 쉽다는 것도 알고 있다.

이러한 화합을 가능케 해주는 완벽한 언행일치의 성품을 갖추고 사랑과 봉사의 생활을 한다는 것은 쉽지도 않고 응급처치식으로는 해낼 수도 없다. 하지만 불가능한 것은 아니다. 이것은 우리의 생활 중심을 올바른 원칙에 두고 다른 생활 중심들에 의해 만들어진 패러다임과 가치 없는 습관의 안락함으로부터 벗어나겠다는 결의로부터 시작된다.

이렇게 하는 과정에서 실수를 저지르기도 하고 좌절할 수도 있다. 그러나 내면에서부터 시작하여 매일 개인적인 승리를 해나간다면 좋은 결과가 확실하게 나타날 것이다. 우리가 씨를 뿌리고 끈기 있게 잡초를 제거해가며 가꾸어줄 때, 진정한 성장의 기쁨을 맛보게 되고 결국 아주 소중하고 효과적이며 조화로운 삶의 열매를 얻게 된다.

다시 에머슨의 말을 인용하자.

"우리가 끈기 있게 노력할 때 일이 더욱 쉬워지는 것은 일의 성격이 변화해서 그런 것이 아니라 우리의 능력이 개선되었기 때문이다."

우리가 삶의 중심을 올바른 원칙에 두고 '생산'과 '생산능력의 개선' 사이에 균형을 잡아줄 때 우리는 효과적이고 유용하고 평온한 삶을 영위할 수 있는 능력을 부여받게 된다. 이것은 우리 자신뿐만 아니라 우리 후손들을 위한 것이기도 하다.

내면으로부터 다시 시작하기 위한 새로운 통찰

– 숀 코비

비행기는 비행 계획을 세우고 이륙하지만, 비행하는 동안, 바람, 비, 난기류, 항공 교통, 인간의 실수, 그리고 다른 요소들이 자꾸만 비행기를 항로에서 벗어나게 만든다. 사실 비행기는 수시로 항로를 이탈한다. 중요한 것은 조종사들이 계기판을 읽고 계속해서 조금씩 항로를 수정해나가는 것이다. 그렇게 함으로써 비행기는 결국 목적지에 도달한다.

만약 당신이 대부분 사람과 같다면, 이 책으로부터 7가지 습관을 시도하고 최고의 삶을 살도록 영감을 받았을 것이다. 그러다 보면 비행 계획에서 벗어나 자꾸 항로를 이탈하는 것처럼 느낄 수도 있다. 그래도 괜찮다. 낙담하지 마라. 그냥 계속해서 원래의 계획으로 돌아와 조금씩 조정하다 보면 결국 목적지에 도달할 수 있을 것이다.

이 책에서 기억해야 할 것이 너무나 많기 때문에, '7가지 습관' 워크숍에서 강조하는 '21가지 효과적인 실천 사항'을 공유하겠다. 도움이 될 것이다.

개인의 승리

습관 1

1. 원칙과 원하는 결과에 근거하여 생각하고 반응하라.
2. 주도적인 언어를 사용하라.

3. 영향력의 원에 집중하라.
4. 변환자가 되어라.

습관 2

5. 행동하기 전에 결과를 정의하라.
6. 자기 사명서를 만들고 그에 따라 살라.

습관 3

7. 당신의 최우선 순위에 집중하라.
8. 중요하지 않은 것들을 제거하라.
9. 매주 계획을 세워라.
10. 선택의 순간에 솔직해져라.

대인관계의 승리

11. 다른 사람들과 감정은행계좌를 만들어라.

습관 4

12. 풍요의 심리를 가져라.
13. 용기와 배려 사이의 균형을 잡아라.
14. 자신의 승리뿐만 아니라 다른 사람의 승리도 생각하라.
15. 승-승의 합의를 도출하라.

습관 5

16. 공감적 경청을 실천하라.

17. 정중하게 이해를 구하라.

습관 6

18. 차이를 소중히 여겨라.
19. 제3의 대안을 찾아라.

습관 7

20. 일상에서 개인의 승리를 달성하라.
21. 생산과 생산능력의 균형을 잡아라.

이 21가지 실천 사항의 밑바탕에는 아버지가 매우 중요하게 생각했던 세 가지 기본 개념이 있다.

첫째, 순서가 중요하다. 7가지 습관은 '내면으로부터 시작하여 외부로 향하는 접근법'이다. 어려운 상사, 개인의 중독, 큰 기회 등 외부의 도전을 감수하고 자기 자신과 함께 내면으로부터 시작하라. 개인의 승리는 대인관계의 승리를 달성하기 전에 반드시 달성해야 한다. 순서를 뒤바꿀 수는 없다. 모든 변화는 당신으로부터 시작된다. 문제가 '외부에' 있다는 생각이 들 때는 바로 그 생각이 문제인 것이다.

둘째, 패러다임은 근본이다. 우리는 태도와 행동의 나뭇잎을 쳐내는 데 너무 많은 시간을 소모하고, 뿌리(세상을 바라보는 렌즈, 즉 우리의 핵심 패러다임)를 잘라내는 데는 너무 적은 시간을 들인다. 진정한 변화를 만들기 위해서는 이 근본적인 수준에서 노력해야 한다. 우리는 세 가지 삶을 산다. 공적인 삶, 개인적인 삶, 내적인 삶이다. 공적인 삶은 다른 사람과 함께 있을 때 우리가 생활하고 행동하는 방식이다. 개인적인 삶은 집에 있을 때, 사랑하는 사람과 함께 있을 때 우리가 사는 방식이다. 내적인 삶은 우리의 머릿속에 있는 삶을 나타내는데, 여기서 우리는 우리 자신으로부터 물러서서 우리의 생각, 동기, 그리고 근본적인 패러다임을 검토하고 바꿀 수 있다. 또한 상상력과 양심을 동원하여 우리의 이야기를 다시 쓰고, 삶을 위한 다른 길을 계획하고, 개인의 승리를 얻을 수 있다.

셋째, 우리가 지휘하는 것이 아니다. 원칙이 지휘하는 것이다. 그리고 우리의 패러다임과 습관을 책임감, 풍요로움, 쇄신과 같은 인간 효과성의 원칙에 맞추면 맞출수록, 장기적으로 더 행복하고 더 성공적인 삶을 살 것이다. 여기에 지름길은 없다.

7가지 습관은 보편적이고 영원불변한 원칙들에 기초하기 때문에, 거의 모든 상황에 정확하게 적용될 수 있다. 집과 직장에서 적용될 수 있고, 개인과 조직에 적용될 수 있다. 습관들은 너무나 보편적으로 인식되어, 많은 용어가 만화로 만들어졌고, 풍자되었고, 심지어 여드름 치료제의 이름으로 사용되었다. 다음은 내가 우연히 발견한 7가지 습관의 몇 가지 밈(meme)이다.

- 성공하는 좀비들의 7가지 습관
- 성공적으로 과대평가된 사람들의 7가지 습관
- 성공적으로 억울한 사람들의 7가지 습관
- 덜 똑똑해 보이게 하는 7가지 습관
- 엄청나게 똑똑한 사람들의 7가지 습관
- 성공적으로 게으른 사람들의 7가지 습관
- 성공하는 바보들의 7가지 습관
- 성공적으로 평범한 기업가들의 7가지 습관
- 겁 없는 사람들의 7가지 습관
- 성공하는 해적들의 7가지 습관

7가지 습관은 장애가 있는 사람들에게 적용될 때 훌륭한 효과를 발휘한다. 내 친구 글렌 스투키는 열한 살 때 외상성 뇌손상을 입었다. 그는 바로 그런 내용으로《웃음이 나의 초능력이다: 7가지 습관을 통해 장애를 딛고 일어난 이야기*My Smile Is My Superpower: Rising Above a Disability Through Living the 7 Habits*》라는 책을 썼다. 그는 이 책에서 사람들의 부정적인 인식을 극복하고 자신의 목소리를 찾는 데 습관들이 어떻게 도움이 되었는지 이야기한다.

7가지 습관은 교도소에서도 성공적으로 시행되었다. 한 미국 교도소의 모든 수감자를 위한 '7가지 습관' 수업을 마친 후, 한 수감자가 다음과 같은 이야기를 했다.

> 저는 연방 법원에서 95년형을 선고받았습니다. 고등학교를 졸업하고 프레즈노주립대학교에 입학했는데, 정부의 무상 장학금 지원을 거절당해 매우 화가 났습니다. 제 패러다임은 부정적으로 바뀌었죠. 더 이상 잃을 게 없다는 생각에 심각하게 나쁜 선택을 했습니다. 온갖 핑계를 댔지만, 이제는 모든 게 저에게 달렸다는 것을 압니다. 제 패러다임은 다시 바뀌었어요. 주도적으로 살 수 있도록, 학생, 형제, 아들, 직장인으로서의 제 역할에 아주 효과적으로 바뀌었습니다. 저는 참회가 뭔지도 모른 채 교도소에서 20년을 보냈다는 걸 알았어요. 지금은 친절, 사과, 용서를 배우고 있습니다. 제가 하는 모든 것이 진짜여야만 합니다. 정부나 교정국에 책임을 전가하는 것은 쓸모없는 시간 때우기예요. 저는 제 운명의 통제권을 되찾았죠. 7가지 습관은 협동, 공감적 경청, 주도성, 명확하고 직접적인 목표를 가르쳐줍니다. 그게 제 생각의 패턴을 다시 만들어주었고요. 세상에 사소한 일이란 없지요. 저는 그것을 확실히 알았습니다. 사소한 일들이 부끄러운 큰 실수를 불러왔습니다. 저는 이제 가족을 최우선으로 생각합니다. 7가지 습관 덕분에 이제 저는 예전의 나약하고 변명이나 늘어놓던 사람이 아닙니다.

그리고 나는 7가지 습관이 말타기에도 훌륭하게 적용되는 것을 보았다. 몇 년 전, 우리 가족은 세상이 무너지는 것 같은 비극을 경험했다. 우울증과의 오랜 싸움 후, 그 영향으로 사랑스러운 딸 레이첼이 스물하나의 젊은 나이에 세상을 떠난 것이다. 아내와 나, 그리고 아이들에게 너무나 충격적인 일이었기 때문에, 우리가 다시 행복해질 수 있을지 알 수 없었다. 3년 전에 어린 아들을 잃었던 친구가 찾아와서 내게 말했다. "너에게는 세 가지 선택이 있어. 이 일이 네 가족을 망치게 놔둘 수 있고, 이 일이 너란 사람을 규정하게 할 수도 있어. 아니면 이 일이 너를 강해지게 할 수도 있지." 그의 말은 나에게 깊은 영향을 주었다. 그 후 몇 달, 몇 년 동안, 아내와 나는 이 좌절을 통해 우리 가족이 더 강해지고, 더 가까워지도록 주도적인 선택을 하며 고군분투했다.

우리 가족은 치유의 일환으로, 레이첼을 추모하기 위해 '브라이들업호프 레이첼코비재단'이라는 비영리 재단을 창설했다. 레이첼은 말을 좋아했는데, 그 애가 죽은 후 레이첼의 많은 친구가 우리에게 레이첼이 산으로 그들을 데려가 승마를 시켜줌으로써 그들을 어떻게 변화시켰는지 이야기해주었다. 우리는 젊은 여성과 말 사이에 존재하는 유대감을 인식했고, 레이첼의 전통을 이어나가고자 했다. 브라이들업호프의 임무는 승마 훈련을 통해 젊은 여성들에게 희망, 자신감, 회복력을 불어넣는 것이다. 우리는 불안증, 우울증, 학대 또는 트라우마로 고통받는 젊은 여성들을 위해 봉사한다. 우리의 독특한 프로그램은 세 가지 요소로 구성되어 있다. 그것은 말 타는 방법과 말과 친해지는 방법 배우기, 헛간에서 봉사하기, 그리고 7가지 습관을 통해 삶의 기술을 개발하기다! 놀랐는가? 7가지 습관은 프로그램의 모든 부분에 통합되어 젊은 여성들에게 삶을 영위하는 데 필요한 패러다임과 기술들을 갖추게 해준다.

우리는 승마를 이용한 학습에 7가지 습관이 얼마나 잘 통합되는지 보고 깜짝 놀랐다. 예를 들어, 많은 종류의 동물이 그렇듯이, 말은 우리에게 공감과 '먼저 이해하기'에 대해 많은 것을 가르쳐줄 수 있다. 아주 암울한 시기에 우리를 찾아와 프로그램을 통해 완전히 달라진 어린 소녀, 애나는 이런 이야기를 했다.

브라이들업호프에서 프로그램을 시작할 때, 자신이 열망하는 것을 상기하기 위해 사명서를 작성해요. 저는 '사람이든 뭐든 믿을 수 있기'라고 썼어요. 그 당시에 저는 너무 많은 사람을 제게서 등 돌리게 만들었죠. 하지만 저는 헛간에서 말들이 저에게 주는 안정감을 느꼈어요. 말들은 항상 그곳에 있고, 무조건적인 사랑을 주거든요. 특히 힘든 날에 제가 가장 좋아하는 말 로케트를 보러 헛간에 왔던 기억이 나요. 제가 포옹을 하러 들어가니, 로케트가 가까이 다가와 저를 따뜻하게 보듬어주었죠. 저를 위로해줄 때 로케트는 제 좌절감을 느끼고 저와 교감할 수 있었어요. 저는 울기 시작했습니다. 말들은 거짓말을 할 수 없고, 말하지 않아도 우리의 기분을 이해하기 때문에 특별해요. 그들은 위로가 필요한 때를 감지할 수 있고, 우리의 감정에 반응하는 방법을 정확히 알고 있어요.

오, 말처럼 공감하자!

동네 프로젝트로 시작한 것이 국제적인 재단으로 성장했다. 오늘날 우리의 목표는 기존의 승마 시설들과 제휴를 맺어 전 세계적으로 1,000개의 브라이들업호프 지부를 개설함으로써 궁극적으로 말과 습관의 힘을 통해 전 세계 수만 명의 젊은 여성들에게 희망을 주는 것이다.(자세한 내용은 BridleUpHope.org에서 확인할 수 있다.)

힘든 일은 모두에게 일어난다. 7가지 습관의 기초가 되는 원칙들은 우리 가족이 도전을 극복하는 데 도움을 주었고, 당신에게도 도움을 줄 수 있다.

나의 아버지 스티븐 R. 코비가 이 책을 쓴 이래로 30여 년이 흘렀다. 그 이후로 많은 것들이 바뀌었는데, 어떤 것들은 더 좋아졌고, 어떤 것들은 더 나빠졌다. 나는 항상 자식들에게 "지금이 살아있기에 가장 좋은 때"라고 말한다. 주유소에 들러 길을 묻는 대신 스마트폰의 GPS로 길을 탐색할 수 있고, 세계 어느 도시로든 여행할 수 있다. 책, 블로그, 비디오 또는 다수의 다른 소통 수단을 통해 전 세계 수백만 명에게 즉시 접촉하고 영향을 미칠 수 있다.

반면, 우리가 직면한 도전도 더 커졌다. 제도에 대한 신뢰가 떨어지고 있고, 우울증과 불안증은 세계적인 유행이 되었다. 가족 단위가 해체되고, 많은 사람이 심리적인 혹은 실질적인 공포 속에 살고 있다.

개인의 삶은 빛의 속도로 흘러간다. 우리는 하루 24시간 내내 연결되어 있고, 소셜 미디어에 빠져 있으며, 화면에 장악당했다. 너무 많은 정보와 너무 많은 선택지가 있고, 무언가 조치가 필요하다.

그렇기 때문에 7가지 습관이 그 어느 때보다 필요한 것이다. 습관들은 당신이 더 나은 삶을 만들 수 있는 확실한 기반을 제공하고, 점점 더 미쳐 가는 세상의 한가운데에서 안정감을 제공한다. 7가지 습관은 사람들에게 삶을 돌려준다. 그것들은 정신적 짐이나 과거에도 불구하고 우리에게 선택할 힘이 있다는 것을 상기시켜주고, 흥미로운 목표를 구상하고 추구하도록 우리를 격려한다. 양질의 관계를 구축하고, 사람들을 한데 모으는 제3의 대안을 찾을 수 있는 능력이 우리 안에 있음을 알려준다.

끝으로, 당신의 평화와 행복을 기원한다. 이 책이 당신으로 하여금 몇 가지 패러다임을 바꾸고, 몇 가지 습관을 바꾸도록 설득했기를 바란다. 나쁜 습관은 편안한 침대처럼 들어가기는 쉽지만 나오기는 어려우므로 이는 쉬운 일이 아니지만, 당신은 할 수 있다. 당신 안에는 힘이 있다. 핵심은 전념하는 것, 진심을 다해 전념하는 것이다. 당신이 "난 해낼 거야"라고 말하는 순간, 모든 것이 바뀔 것이다. 스코틀랜드 작가이자 산악인인 머레이(W. H. Murray)가 열변을 토했듯이 말이다.

사람이 어떤 것에 전념하게 될 때까지는 망설임, 도중에 그만둘 가능성, 무력함이 언제나 존재한다. 모든 것을 앞서 시작하는 행동(그리고 창조)에는 한 가지 근본적인 진리가 있는데, 이것을 무시하면 수많은 아이디어와 훌륭한 계획들을 망치게 된다. 그 진리란 우리가 무엇인가에 자신을 오롯이 바치는 순간 하늘이 움직인다는 것이다. 그런 헌신이 없었다면 일어나지 않았을 온갖 일들이 일어나 그 사람을 돕는다. 헌신의 결정으로부터 일련의 사건들이 일어나고, 누구도 그를 향해 오리라 꿈꿀 수 없었던, 예상치 못한 온갖 일과 만남, 그리고 물질적 지원이 그 한 사람을 향해 찾아온다. 나는 괴테의 2행 시 한 편에 깊이 공감한다.

당신이 할 수 있는 것, 또는 꿈꿀 수 있는 것은 무엇이든 시작하라.
대담함은 그 안에 천재성과 힘과 마법을 함께 지니고 있으니!

필자의 개인적인 메모

이 책을 끝내면서 나는 개인적으로 올바른 원칙이라고 생각하는 바에 대해 사견을 이야기하고 싶다. 나는 올바른 법칙들은 자연법칙이라고 믿는다. 또 이 원칙들과 우리의 원천은 우주의 창조주인 하느님이라고 믿는다. 나는 우리가 이러한 양심을 따르며 사는 만큼 자신의 좋은 천성에 따라 살 수 있도록 성숙할 것이며, 따르지 않는 만큼 동물의 범주를 벗어나지 못할 것이라고 생각한다.

나는 법이나 교육으로 성취할 수 없는 인간성의 부분이 있다고 생각하며 이것은 하느님의 힘을 필요로 한다고 믿는다. 또 인간인 우리들은 자신을 스스로 완벽하게 할 수 없다고 생각한다. 우리의 삶이 올바른 원칙에 일치되게 사는 정도에 따라 신성한 천부능력이 우리의 본성으로부터 나오게 되고, 인간으로 창조된 본연의 소임을 실현할 수 있게 된다. 테일라르 드 샤르댕*이 말한 것처럼 "우리는 영적인 경험을 하는 인간이 아니라 인간적인 경험을 하는 영적인 존재이다."

나는 이 책에 쓴 모든 내용에 따라 살기 위해 많은 애를 쓰고 있다. 이 노력은 가치 있고 성취감을 주며 나의 삶에 의미를 부여해준다. 또 내가 사랑하고 봉사하며 늘 노력하도록 해준다.

나 자신의 자기발견과 신념을 훌륭하게 표현해준 엘리엇의 말을 다시 인용한다.

* Teilhard De Chardin(1881~1955), 프랑스의 고생물학자, 탐험가.— 옮긴이.

"우리는 탐구를 중단해서는 안 된다. 모든 탐구의 최종 목적은 우리가 출발했던 곳에 도달하는 것이며, 또 바로 그 장소를 새롭게 인식하는 데 있다."

부록:
제2사분면의 사무실 일정 계획

다음의 연습문제와 분석은 사업관계 업무에 제2사분면의 패러다임을 실용적으로 적용했을 때 어떠한 영향력을 미치는지 볼 수 있게 한 것이다.

당신이 주요 제약회사의 영업담당 이사라고 가정하자. 당신은 사무실에서 일상의 업무를 막 시작하려고 하면서 이날 해야 할 일들을 점검하고 대략의 소요시간을 예측해본다.

당신이 이날 중으로 해야 할 일은 다음과 같다.

1. 전무와 점심 약속(1~1시간 30분)
2. 내년 미디어 광고비 예산을 책정하라는 지시를 어제 받았음(2~3일)
3. 미결함의 서류들이 넘쳐서 기결함으로 넘어가고 있음(1~1시간 30분)
4. 지난달 판매 실적에 관해 판매부장과 회의할 것. 그의 사무실은 복도 끝에 있음(4시간)
5. 비서가 긴급하다고 말한 몇 가지 서신 및 메모 처리(1시간)
6. 책상에 쌓인 의학 잡지를 훑어볼 것(30분)
7. 다음 달로 계획된 판매회의를 위한 보고서 준비(2시간)
8. 제품 'X'의 최근 생산품이 품질검사에 불합격되었다는 소문 확인
9. FDA(미국 식품의약품국)의 어떤 사람이 제품 'X'에 관해 전화해주기를 원함(30분)
10. 오후 2시에 이사회 회의가 있음. 회의 의제 미확인(1시간)

오전 8시~오후 5시 일정 계획표

8	
9	
10	
11	
12	
1	
2	
3	
4	
5	

자, 이제 잠시 동안 습관 1, 2, 3을 통해 배운 것을 활용하여 당신의 일정 계획을 효과적으로 작성해보자.

당신에게 단지 하루만 계획하도록 함으로써 제4세대 시간관리에 있어 중요한 주간 계획의 광범위한 상황은 저절로 배제되었다. 그러나 당신은 단 9시간 동안의 활동계획으로 제2사분면의 원칙 중심 패러다임의 위력을 깨달을 수 있을 것이다.

위의 리스트에 있는 대부분의 항목들이 제1사분면의 활동임을 짐작할 수 있을 것이다. 의학 잡지를 훑어보는 6번 항목만 제외하고 다른 것들은 모두 긴급하고 중요한 활동들이다.

만일 당신이 가치와 목표에 입각해서 우선순위를 정하는 제3세대의 시간관리 방법을 사용하고 있다면 아마 이 방법을 위해 개발된 양식에 따라 A, B, C 등의 알파벳을 각 항목 옆에 쓰고 1, 2, 3 등의 숫자를 알파벳 밑에 기재할 것이다. 또 업무와 관련된 사람이 시간이 있는지의 유무, 점심을 하기 위해 소요될 적정 시간과 같은 요소들도 고려한 다음에 하루의 일정 계획을 짤 것이다.

제3세대 시간관리자들에게 연습문제를 주었을 때 대부분은 내가 기술한 것과 똑같은 방법으로 하였다. 이들은 먼저 언제 무엇을 할 것인지를 계획한 다음 사전에 설정되고 명백하게 파악된 가정에 준하여 대부분의 항목들을 하루에 다 수행하든지 아니면 적어도 시작이라도 해놓고 다음 날이나 다른 때로 미루었다.

예를 들면 이들 대부분은 아침 8시와 9시 사이에 이사회 회의의 안건이 무엇인지 정확히 파악하여 준비하고 정오 무렵에는 전무와 점심을 할 수 있도록 약속하며 FDA에 전화를 해준다.

이들은 보통 그다음 한두 시간을 판매부장과 이야기하고, 중요하고 긴급한 메모나 서신을 처리하며 제품 'X'의 최근 생산품이 품질검사에 불합격되었다는 소문의 진상을 파악한다. 그 나머지 오전 시간은 전무와 점심 때 할 이야기 준비, 오후 2시의 이사회 회의 준비, 제품 'X'와 지난달 판매실적에 관해 아직 파악되지 않은 문제들을 처리하는 데 보낸다.

점심 후에는 보통 오전에 끝내지 못한 문제에 시간을 보내고 다른 긴급하고 중요한 서신이나 메모를 끝내려고 노력하며 넘치는 미결함을 약간 처리해놓고 그때까지 발생한 중요하고 긴급한 다른 일들을 처리한다.

대부분의 경우 내년도 미디어 광고비 예산을 책정하기 위한 준비와 다음 달 판매회의를 제1사분면의 활동이 많지 않은 다른 날로 미룰 수 있다고 생각할 것이다. 이 두 항목은 장시간의 생각과 계획이 필요하기 때문에 분명히 제2사분면의 활동이다. 의학 잡지의 처리도 제2사분면의 활동이지만 다른 제2사분면의 활동보다 덜 중요하기 때문에 계속해서 미루어둔다.

언제 무엇을 하는가는 약간씩 다르겠지만 제3세대의 시간관리자들은 일반적으로 비슷한 생각을 한다. 당신은 이 항목들을 계획할 때 어떻게 접근하였는가? 제3세대의 방식이었는가? 혹은 제2사분면을 이용한 제4세대의 방식이었는가?(본문 242쪽에 나와 있는 시간관리 매트릭스를 참고할 것)

제2사분면의 방식

이제 제2사분면의 방식으로 위의 항목들을 생각해보자. 제2사분면의 패러다임과 모순되지 않으며 이 사고방식을 구체적으로 표현하는 여러 가지 시나리오가 있을 수 있지만 여기서는 한 가지만 고려하기로 하자.

당신은 제2사분면을 활용하는 시간관리자로서 대부분의 생산(P)활동은 제1사분면에 있고, 생산능력(PC) 활동은 제2사분면에 있음을 알 수 있을 것이다. 또한 제1사분면의 활동들을 쉽게 관리하기 위해서는 제2사분면에 관심을 집중하는 것, 즉 예방하고 좋은 기회를 포착하며 제3사분면과 제4사분면의 활동을 삼가는 용기를 가지는 것이 최선의 방법이라는 사실도 알고 있을 것이다.

• 오후 2시 이사회 회의

오후 2시 이사회 회의에 참석하는 중역들에게 회의 안건이 전달되지 않았고 회의에 참석할 때까지 알 수 없다고 가정하자. 이는 흔히 있는 일로 사람들은 사전 준비 없이 회의에 참석하게 되고 깊은 생각 없이 발언하게 마련이다. 이런 회의는 중요하고 긴급하지만 보통 조직적이지 못하고 대개의 경우 참석자들이 잘 파악하지 못한 제1사분면의 활동을 주로 다룬다. 그렇게 되면 시간만 낭비하기 쉬우며 대개의 경우 회의를 소집한 중역의 자기만족을 위한 행동에 불과하다.

또 이런 대부분의 회의에서 제2사분면의 항목들은 보통 '기타 사항'으로 분류되어 파킨슨* 법칙, 즉 "작업시간은 완성하기 위하여 할당된 시간에 따라 증가된다"에 따라 기타 사항까지 얘기할 시간이 없는 경우가 대부분이다. 설령 시간이 있더라도 참석자들은 제1사분면의 일로 피곤하고 지쳐서 기타 사항까지 다룰 수 있는 에너지가 거의 남아 있지 않게 된다.

당신이 제2사분면의 방식을 적용하기 위해서는 먼저 회의 안건에 당신의 발표시간을 집어넣고 어떻게 하면 이사회 회의를 최대한으로 활용하고 가치 있게 할 수 있는가에 관한 발표를 함으로써 이 방식에 대한 활동을 시작할 수 있다.

당신의 발표시간이 몇 분으로 제한되더라도 아침 1~2시간 동안 회의에 발표할 것을 준비하여 일단 참석자들의 관심을 끌게 되면 다음 회의에서 더 길고 자세한 발표를 할 수 있을 것이다. 발표의 내용은 회의할 때마다 구체적인 목적을 분명히 하는 것의 중요성과 각 참석자들이 토론에 적극 참여할 수 있는 기회를 주기 위하여 회의 안건을 주도면밀하게 결정해야 함에 맞출 수 있을 것이다.

최종적인 안건 결정은 이사회 회의를 주재하는 회장이 해야 하며 일반적으로 기계적인 사고가 필요한 제1사분면의 문제들보다는 창의적인 사고가 필요한 제2사분면의 문제들에 중점을 두어야 할 것이다.

발표 내용에는 확인 날짜와 책임 소재를 분명히 밝혀주는 회의록을 회의가 끝난 후 즉시 보내는 사항도 포함해야 한다. 이러한 임무에 대한 결과 보고를 다음 회의의 안건에 포함해 당사자가 보고 준비를 위한 충분한 시간을 가질 수 있도록 서류들을 미리 보내주어야 한다.

이것은 한 가지 항목—오후 2시 이사회 회의—을 제2사분면의 사

* Northcote C. Parkinson(1909~). 영국 사학자, 작가.— 옮긴이.

고방식으로 검토했을 때의 결과이다. 이렇게 하려면 고도의 주도성이 필요하고 제3세대의 시간관리에서 하는 것처럼 이 항목들을 일단 계획표에 넣어야 한다는 관행에 도전할 수 있는 용기도 있어야 한다. 또 때때로 이사회 회의 중에 감도는 심각한 분위기를 피해서 해야 한다는 점도 명심해야 한다. 리스트에 있는 거의 모든 항목들은 이와 같은 제2사분면의 사고방식으로 접근할 수 있지만 FDA에 전화하는 항목은 예외일 수 있다.

• FDA에 전화

FDA와 얼마나 가까운 관계이며 누구인가에 따라 당신은 아침에 전화해서 필요한 사항을 적절히 처리할 수 있다. 이 통화를 다른 사람에게 시키기는 어려울 것이다. 왜냐하면 제1사분면의 조직문화를 갖고 있을지도 모르는 다른 조직체가 관련되어 있거나 전화한 사람이 당신 본인과 통화하고 싶어 할지 모르기 때문이다.

당신이 회사의 중진 이사로서 회사의 조직문화를 바꾸기 위해서는 직접적인 영향력을 행사할 수 있다. 그러나 당신이 가진 영향력의 원은 FDA의 조직문화를 바꿀 만큼 충분히 크지 못하므로 그냥 전화만 하면 된다. 통화 결과 파악한 문제의 성격이 고질적이고 상습적인 것이라면 앞으로 이런 문제가 일어나지 않도록 예방하기 위하여 제2사분면의 사고방식으로 접근할 수도 있다. 여기에도 대단한 주도성이 필요하지만 FDA와의 관계를 좋게 할 수 있고 문제를 사전에 예방할 수 있는 좋은 기회가 될 수 있다.

• 전무와의 점심

당신은 전무와의 점심시간을 자연스러운 분위기에서 제2사분면 문제에 관해 이야기할 수 있는 기회로 삼을 수 있다. 이 역시 아침에

30~60분을 써서 적절하게 준비하든지 그냥 아무 계획 없이 부담없는 사교의 시간으로 삼아 전무의 이야기를 경청하면 될 것이다. 어떤 경우든 당신이 전무와 가까운 관계를 구축할 수 있는 좋은 기회가 될 것이다.

• **미디어 광고 예산 책정**

2번 항목에 관하여 당신은 미디어 광고를 관장하는 2~3명의 참모들을 불러 '완전한 위임 업무'(당신이 서명만 하면 완전하게 되는) 형태로 건의를 제출하라고 하거나 아니면 잘 검토된 두세 가지의 선택 대안과 각 대안의 문제점을 기술한 약식 보고서를 만들어오도록 부탁할 수 있다. 이를 위해 기대성과, 실행지침, 가용자원, 성과확인 방법, 손익결과를 설명해주는 데는 한 시간 정도가 걸릴 것이다.

하지만 이 한 시간의 투자로 당신과 다른 시각을 가지고 있을 참모들의 깊은 생각과 좋은 아이디어를 활용할 수 있을 것이다. 만일 당신이 지금까지 이러한 접근방식을 취하지 않았다면 더 많은 시간을 할애하여 '완전한 위임 업무'에 대해 설명해줄 수 있다. 또 이 새로운 접근법을 어떻게 사용하며 서로의 차이점을 시너지적으로 활용하고 선택할 수 있는 대안 및 이 대안들의 문제점이 무엇인지를 가르쳐줌으로써 참모들에게 이 방법을 훈련시킬 수 있다.

• **미결함과 서류 처리**

미결함에 있는 서류나 서신, 메모를 손수 처리하는 것보다 30~60분의 시간을 들여 비서를 훈련시키는 편이 훨씬 효과적이다. 당신의 비서는 점차 5번 항목에 있는 미결함 서류 처리는 물론 메모나 서신까지도 처리할 수 있게 될 것이다. 이 훈련 프로그램에 대여섯 주나 수개월이 걸릴지라도 당신의 비서나 조수가 방법 위주로 일하기보다 성과 위주로 일할 수 있을 때까지 계속해서 실행한다.

당신의 비서는 미결함의 모든 서류와 서신, 메모들을 훑어보고 분석하여 최대한 많이 처리하도록 훈련받을 수 있다. 비서가 자신 있게 해결할 수 없는 것은 따로 정리해서 우선순위를 정하여 자기 의견이나 코멘트를 덧붙여 당신에게 가져오게 한다. 이렇게 함으로써 몇 달 안에 당신의 비서나 조수가 미결함의 서류, 서신, 메모의 80~90%를 해결할 수 있을 것이고 대부분의 경우 당신이 직접 하는 것보다 훨씬 더 좋은 결과를 얻을 수 있을 것이다. 당신의 정신을 제1사분면의 사소한 문제에 쏟는 것보다 제2사분면의 가능성에 활용할 수 있기 때문이다.

• 판매부장과 지난달의 판매실적 회의

4번 항목을 제2사분면의 사고방식으로 접근하자면 당신과 판매부장 사이의 인간관계와 판매목표에 대한 협약이 제2사분면의 방식을 따르고 있는지 깊이 생각해보아야 될 것이다.

이 연습문제는 판매부장과 만나는 이유를 상술하지 않았지만 제1사분면의 문제 때문이라고 가정한다면 당신은 제2사분면의 방식을 채택하여 이 문제의 만성적이고 고질적인 근원을 해결하는 일에 착수함과 동시에 당장 필요한 것은 제1사분면의 방식으로 처리할 수 있다.

가능하다면 비서를 훈련시켜 이런 문제를 처리하게 하고 당신이 개입해야 할 것만 알려주도록 할 수도 있다. 이렇게 하려면 판매부장이나 다른 부하들에게 필요한 제2사분면의 활동을 해줌으로써 이들로 하여금 당신의 주임무는 리더 역할이지 관리자 역할이 아니라는 것을 이해시켜야 할 것이다. 그렇게 되면 이들은 당신과 문제를 직접 해결하는 것보다 비서와 상의해서 하는 것이 더 효과적이라는 것을 이해할 것이고 당신은 이 시간을 제2사분면의 리더십 활동에 사용할 수 있다.

당신의 판매부장이 비서와 상의하는 것을 불쾌하게 생각할 수도 있지만 판매부장과 좋은 관계를 구축한다면 결국에는 그도 제2사분면의 접근방식이 모두에게 더욱 유익함을 믿게 될 것이다.

• 의학 잡지 읽기

의학 잡지를 읽는 것은 미루고 싶은 제2사분면의 활동이다. 그러나 장기적인 안목에서 전문 분야에 능통하고 자신감을 갖기 위해 이러한 활동이 꼭 필요하다. 그래서 당신은 이 잡지 문제를 참모회의의 안건으로 채택하여 각자가 여러 의학 잡지를 읽는 제도적 장치를 만들자고 제안할 수 있다.

참모들이 각자 서로 다른 잡지를 읽고 배운 것을 요약하여 다음 참모회의 때 다른 사람에게 말해줄 수 있을 것이다. 또 이들은 모두가 읽어보고 이해해야 할 주요 논문이나 기사를 복사하여 다른 사람들에게 나누어줄 수도 있을 것이다.

• 다음 달 판매회의를 위한 준비

7번 항목에 관한 제2사분면의 접근법은 당신의 부하들로 구성된 작은 팀을 하나 만들어 이들에게 판매사원들의 필요와 욕구에 대해 철저하게 분석하도록 하는 것이다. 부하들에게 일주일이나 10일 이내의 특정 날짜까지 완전한 보고서를 제출하도록 함으로써 당신이 충분한 시간을 가지고 조정할 수 있고 활용할 수 있게 만든다.

이 작업을 위해서는 판매사원을 일일이 인터뷰하여 그들의 관심과 욕구를 파악하고 몇몇 판매팀을 견본으로 조사해야 할 것이다. 이렇게 해야 판매회의의 안건이 적합한지를 알 수 있으며, 충분한 시간을 가지고 회의 안건을 알려줌으로써 판매사원들이 준비할 수 있고 적절한 방식과 적극적인 태도로 회의에 참여할 수 있다.

당신 혼자서 판매회의를 준비하기보다 이 일을 다른 관점과 다른 종류의 판매 문제를 가지고 있는 여러 사람들로 구성된 팀에 위임할 수도 있다. 이들이 건설적이고 생산적으로 상호작용하도록 하여 최종안을 당신에게 가져오도록 하라.

만일 이들이 전에 이런 종류의 임무수행을 한 적이 없다면 당신이 이들의 회의에 참석하여 훈련시켜주며 이 방법을 쓰는 이유와 이들이 무슨 이익을 얻게 될 것인지를 설명해줄 수도 있을 것이다. 이 과정을 통해 당신의 부하들은 장기적인 안목으로 생각하게 되고 완전한 보고서나 다른 기대성과에 책임 있게 일하며 상호의존적인 방식의 생산적인 상호작용을 하고 정해진 마감시간 안에 양질의 일을 해낼 수 있도록 훈련된다.

• 제품 'X'와 품질관리

이제 8번 항목을 살펴보자. 이것은 품질검사에 불합격한 제품 'X'에 관한 것이다. 제2사분면의 접근방식은 먼저 이 문제에 만성적이고 고질적인 면이 있는가를 파악하는 것이다. 만일 그렇다면 당신은 이 일을 다른 사람에게 맡겨서 오랫동안 누적된 이 문제에 관하여 철저하게 분석하도록 하고 그 시정을 위한 건의사항을 제출해달라고 지시해야 할 것이다. 혹은 이들이 발견한 문제점을 시정하고 결과만 보고해달라고 할 수 있을 것이다.

이와 같이 제2사분면의 사무실 일정 계획을 따르면 당신은 대부분의 시간을 위임하고 훈련시키고 이사회 회의를 준비하며, 전화를 한 통화 하고 생산적인 점심식사를 하는 등의 성과를 얻게 된다. 이처럼 장기적인 생산능력(PC)을 위한 접근방식을 택함으로써 당신은 아마 몇 주 혹은 몇 달 사이에 더 이상 제1사분면 위주의 계획을 하지 않게 될 것이다.

당신은 연습을 해보면서 이 방식이 너무 이상적인 것 같다고 생각할 수도 있다. 또 제2사분면의 시간관리자들이 중요하고 급한 제1사분면의 활동을 처리하는 일이 있기나 한지 의아하게 생각할 수도 있다.

나는 이 연습이 이상적인 면이 강하다는 점을 인정한다. 그러나 이 책은 비효과적인 사람들의 습관에 관한 것이 아니라 대단히 효과적인 사람들의 습관에 관한 것이다. 대단히 효과적이 된다는 것은 계속 추구해야 할 하나의 이상적인 목표이다.

물론 당신은 제1사분면의 활동에도 시간을 써야 한다. 잘 짜인 제2사분면의 방식이라도 실현되지 못할 때가 있다. 그러나 제1사분면의 활동을 쉽게 관리할 수 있을 정도로 적게 줄일 수 있다. 이렇게 되면 당신은 더 이상 긴장된 위기상황에 처하지 않게 될 뿐만 아니라 건강과 판단능력도 손상받지 않게 된다.

확실히 이 방식에는 대단한 인내와 지속성이 요구된다. 또한 지금 당장은 여기에 예로 든 대부분의 항목에 제2사분면의 접근방식을 적용하기 어려울 것이다. 그러나 이중 몇 가지라도 실천할 수 있고 자신은 물론 다른 사람들에게 제2사분면의 사고방식을 심어줄 수 있다면 앞으로의 작업 성과에 대단한 약진을 가져올 수 있을 것이다.

가정이나 소규모의 회사에서는 이와 같은 업무 위임이 불가능함을 거듭 인정한다. 그렇다고 해서 이 사실이 당신의 '영향력의 원' 안에서 흥미롭고 창의적인 방법들을 창출해주는 제2사분면의 사고방식을 배제하는 것은 아니다. 당신은 제2사분면의 생산성을 활용함으로써 제1사분면의 위기활동의 수를 줄일 수 있을 것이다.

스티븐 코비 인터뷰

《성공하는 사람들의 7가지 습관》을 출판한 뒤 스티븐 코비 박사의 "영향력의 원"은 전 세계로 확대되었습니다. 그는 여러 왕들과 대통령들에게 자문을 해주었고, 다양한 경로를 통해 수백만 명의 사람들에게 효과적인 삶의 원칙들을 가르쳐주었습니다. 2012년 그가 사망할 무렵, 그는 세계에서 가장 영향력 있는 사람 가운데 하나로 꼽혔고, 7가지 습관은 지난 100년 이래 가장 중요한 자기계발 서적으로 선정되었습니다.

다음 내용은 코비 박사가 살면서 자주 받았던 개인적인 질문들에 대해 대답한 내용을 모아 놓은 것입니다.

Q **《성공하는 사람들의 7가지 습관》은 1989년에 발간되었다. 그동안의 당신의 경험을 토대로 바꾸고 싶은 것이 있는가? 추가하거나 뺄 내용이 있는가?**

나는 그 후 발간한 일부 책에서 각 습관에 대해 보다 깊이 파들어가고 적용범위를 넓힐 수 있는 기회를 가질 수 있었다. 습관 3을 더 잘 실천하는 방법을 가르쳐주는 《소중한 것을 먼저 하라》를 비롯하여 습관 7의 기준을 탄탄한 가정을 만드는 데 적용시키는 《성공하는 가족들의 7가지 습관》, 자신의 목소리를 찾는 방법과 다른 사람들이 목소리를 찾게 도와주는 방법을 설명하는 《성공하는 사람들의 8번째 습관》, 습관 4, 5, 6에 대해 보다 깊은 이해를 제공하는《스티븐 코비의 마지막 습관》 등을 통해 말이다.

Q **책이 간행되고 나서 "7가지 습관"에 대해 무엇을 알게 되었는가?**

많은 것을 알게 되었다. 출판 후 배운 점 열 가지를 간단히 설명하겠다.

1. 먼저 원칙과 가치 사이의 차이점을 이해하는 것의 중요성을 알게 되었다. 원칙은 우리의 외부에 존재하며 궁극적으로 우리의 행동의 결과를 지배하는 자연법칙이다. 가치는 내부적이고 주관적인 것이며, 우리의 행동 방향을 정할 때 가장 강하게 느껴지는 것이다. 우리는 원칙을 소중하게 여길 때, 현재에 원하는 결과를 얻으면서 미래에는 더 좋은 결과를 얻을 수 있을 것이다. 이것이 바로 효과성이다. 가치는 누구나 갖고 있다. 심지어 범죄집단도 가치를 갖고 있다. 가치는 사람들의 행동양식을 지배하지만 원칙은 그 행동의 결과를 지배한다. 원칙은 우리와는 무관하게 존재한다. 원칙은 우리가 의식하든 안 하든, 받아들이든 안 받아들이든, 좋아하든 싫어하든, 믿든 안 믿든, 복종하든 복종 안 하든 작용한다. 나는 겸손이 모든 덕의 어머니라는 것을 믿게 되었다. 겸손은 우리가 원칙을 컨트롤하는 것이 아니라 원칙이 우리를 컨트롤하며 따라서 우리는 원칙에 복종해야 한다고 말한다. 교만은 우리가 원칙을 컨트롤하며, 우리의 지배가치가 행동양식을 지배하기 때문에 우리의 방식대로 삶을 살 수 있다고 말한다. 우리는 그렇게 할 수도 있지만, 그 행동의 결과는 가치가 아닌 원칙의 지배를 받는다. 따라서 우리는 원칙을 소중하게 여겨야 한다.

2. 나는 "7가지 습관" 교육을 위해 전 세계를 돌아다니면서 "7가지 습

관"에 있는 원칙의 보편적인 성격을 알게 되었다. 설명하고 실천하는 방식이 다르고 문화적인 차이는 있어도 원칙은 어디에서나 같았다. 나는 세계 6대 종교에서 "7가지 습관"에 담겨 있는 원칙들을 확인할 수 있었고, 실제로 교육을 실시할 때 그 종교 경전의 문구들을 인용했다. 중동, 인도, 아시아, 호주와 남태평양, 남미, 유럽, 북미, 아프리카, 미국 원주민들과 다른 원주민들에게서도 마찬가지였다. 남녀를 불문하고 모든 사람들은 같은 문제에 직면하고, 같은 욕구를 갖고 있고, 내면적으로 기본원칙에 공감한다. 사람들의 마음속에는 정의 혹은 승-승의 원칙이 자리잡고 있다. 책임의 원칙, 목적, 성실성, 존경심, 협력, 커뮤니케이션, 쇄신의 원칙을 갖고 있다. 모두 보편적인 원칙들이다. 그러나 실천방식은 다르다. 그것은 문화적 상황에 의존한다. 모든 문화는 보편적 원칙을 고유의 방식으로 해석한다.

3. 나는 "7가지 습관"의 조직적 의미를 알게 되었다. 엄밀한 의미에서 조직은 습관을 갖지 않는다. 대신에 조직의 문화가 규범이나 관행, 사회적 규칙을 갖는다. 그것이 습관이다. 조직은 또한 확립된 시스템, 프로세스, 절차를 갖고 있다. 이것도 습관이다. 궁극적으로 모든 행동은 개인적이다. 종종 구조, 시스템, 프로세스, 관행에 대해 경영진이 내리는 결정과 같이 집단적 행동의 형태를 취하기도 하지만 그것은 개인적이다. 우리는 거의 모든 산업 분야와 직종에 속한 수천 개의 조직들과 함께 일을 했고, 그 경험을 통해 "7가지 습관"에 담겨 있는 동일한 기본원칙들이 효과성을 적용하고 규정한다는 사실을 발견했다.

4. "7가지 습관"을 교육할 때 어느 습관에서 시작해도 무방하다. 하나의 습관을 통해 다른 여섯 가지 습관을 가르칠 수도 있다. 그것은 부분 속에 전체가 담겨 있고, 전체 속에 부분이 담겨 있는 홀로그램과 같다.

5. 비록 "7가지 습관"이 내부에서 시작하여 외부로 향하는 접근방법을 취하고 있지만, 외부의 도전에서 시작한 다음, 내부에서 시작하여 외부로 향하는 접근방법을 취할 때 가장 효과가 있다. 다시 말해서 어떤 관계에 문제를 갖고 있다면, 구체적으로 커뮤니케이션과 신뢰에 문제가 있다면, 이 외부의 도전이 내부에서 시작하여 외부로 향하는 접근방법의 성격을, 대인관계의 승리가 가능하게 해주는 개인의 승리를 얻는 형식으로 규정할 것이다. 내가 종종 습관 1, 2, 3을 가르치기 전에 습관 4, 5, 6을 가르치는 것은 이 때문이다.

6. 상호의존성을 갖는 것은 독립성을 갖는 것보다 10배는 어렵다. 상대방이 승-패의 사고를 가질 때 승-승을 생각하고, 내면에서 상대방을 이해시킬 것을 요구할 때 먼저 이해하려고 노력하고, 타협하는 것이 더 쉬운 길이지만 더 좋은 제3의 방법을 찾기 위해서는 정신적, 감정적 독립성이 요구된다. 즉, 다른 사람들과 창조적 협력을 하기 위해서는 엄청난 독립성, 내면의 안정, 자기수련이 필요하다. 그렇지 않는 상호의존관계는 사람들이 자신의 독립성을 주장하기 위해 독립과 반대되는 행동을 하는 역의존관계(counter-dependency)가 되거나, 자신의 욕구를 충족시키고 자신의 약점을 정당화하기 위해 상대방의 약점을 필요로 하는 공동의존관계로 변질된다.

7. 처음 세 가지 습관은 "약속을 하고 지키는 것"으로 요약할 수 있고, 나중의 세 가지 습관은 "다른 사람들을 문제에 참여시켜 함께 해결책을 찾는 것"으로 요약할 수 있다.

8. "7가지 습관"은 비록 고유의 단어나 문구는 12개도 되지 않지만 새로운 언어이다. 이 새로운 언어는 하나의 코드로서 많은 것을 간단하

게 표현할 수 있는 수단이 된다. 우리는 다른 사람들에게 이렇게 묻는다. "그것은 예입인가 인출인가?" "그것은 반사적인가 주도적인가?" "그것은 시너지적인가 타협적인가?" "그것은 승-승인가 승-패 혹은 패-승인가?" "그것은 소중한 것을 먼저 하는 것인가, 소중하지 않은 것을 먼저 하는 것인가?" "그것은 끝을 염두에 두고 시작하는 것인가, 수단을 염두에 두고 시작하는 것인가?" 나는 사람들이 이 특별한 용어를 통해 상징화된 원칙과 개념을 깊이 이해하고 헌신함으로써 문화 전체가 바뀌는 것을 보았다.

9. 성실성은 충성심보다 높은 가치이다. 달리 말하면 성실성은 최고의 충성심이다. 성실성은 사람, 조직, 가족이 아닌 원칙에 초점을 맞추고 원칙 중심으로 통합되는 것을 의미한다. 사람들이 다루는 모든 문제들은 근본적으로 "이것은 인기가 있는가(받아들여질 수 있는가, 정치적인가) 아니면 옳은가?"라는 질문으로 요약할 수 있다. 우리가 옳다고 생각하는 것보다 사람이나 집단에 대한 충성을 우선할 때, 우리는 성실성을 잃게 된다. 일시적으로는 인기를 얻거나 충성심을 높일 수 있지만, 성실성의 상실은 심지어 그 관계도 위태롭게 할 것이다. 그것은 다른 사람을 뒤에서 욕하는 것과 같다. 다른 사람들을 욕함으로써 상대방과 일시적으로 한배를 탔더라도 상대방은 상황이 바뀌면 자신을 욕할 것이란 점을 알 것이다. 어떤 의미에서 처음 세 가지 습관은 성실성을 대변하고, 나중의 세 가지 습관은 충성심을 대변한다. 하지만 양자는 완전하게 상호 연결되어 있다. 시간이 흐르면 성실성은 충성심을 낳는다. 만일 반대로 먼저 충성심을 보이려고 노력한다면 성실성을 훼손하게 될 것이다. 사람들이 좋아하는 사람보다는 신뢰받는 사람이 되는 것이 더 좋다. 일반적으로 신뢰와 존경심은 사랑을 낳는다.

10. "7가지 습관"을 실천하는 것은 누구에게나 끊임없는 싸움이다. 때로는 어느 한 습관을 지키지 못하고 때로는 "7가지 습관"을 모두 지키지 못한다. 이해하기는 쉽지만 지속적으로 실천하는 것은 어렵다. "7가지 습관"은 상식이지만, 상식이라고 항상 실천되는 것은 아니다.

Q 당신은 개인적으로 어떤 습관을 갖는 것이 가장 어려웠는가?

습관 5이다. 나는 피곤하고 내가 옳다고 확신할 때는 정말로 경청하고 싶지 않다. 나는 경청하는 체하기도 한다. 기본적으로 이해하기 위해서가 아니라 대답할 목적으로 듣는다. 그럴 때면 내가 말하고 내가 실천하지 못하는 것에 죄의식을 느낀다. 어떤 의미에서 나는 거의 매일 "7가지 습관"과 씨름하고 있다. "7가지 습관" 가운데 그 어느 것도 정복하지 못했다.

나는 "7가지 습관"이 우리가 결코 마스터할 수 없는 삶의 원칙이라고 생각한다. 우리는 "7가지 습관"에 가까워질수록 아직도 한참을 더 가야 한다는 인식은 커진다. 많이 알수록 자신이 모른다는 것을 깨닫게 되는 것과 같은 이치이다.

그래서 종종 나의 강의를 듣는 대학생의 성적을 평가할 때, 질문에 50%의 점수를, 그 대답에 50%의 점수를 주었다. 이러한 방식으로 평가해야 그들의 진정한 지식 수준이 드러난다.

마찬가지로 "7가지 습관"도 나선형 상승사이클을 만든다. 높은 단계에 있는 습관 1은 낮은 단계의 습관 1과 상당한 차이가 있다. 처음에 주도적이기 위해서는 자극과 반응 사이의 공간을 의식하기만 해도 된다. 다음 단계에서는 반사적이 될 것인지 말 것인지 선택할 수 있다. 다음 단계에서는 피드백을 준다. 다음 단계에서는 용서를 구한다. 다음 단계에서는 용서한다. 다음 단계에서는 부모님들을 용서한다. 다음 단계에서는 돌아가신 부모님들을 용서한다. 다음 단계에서는 화를 내지 않는다.

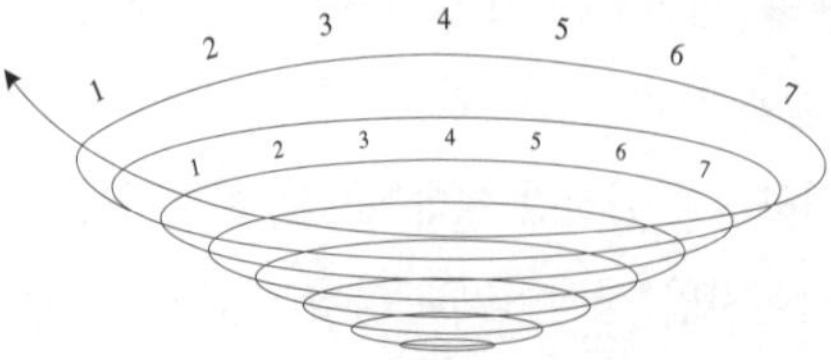

나선형 상승사이클 그림

Q **명성은 당신에게 어떻게 영향을 끼치는가?**

명성은 나에게 여러 가지 방식으로 영향을 끼친다. 자아의 관점에서 보면 어깨가 으쓱해지는데, 가르치는 관점에서 보면 겸허해진다. 그러나 이 원칙들은 내가 만든 것이 아니기 때문에 나에게 그 공로를 인정받을 자격이 없다는 것을 시인해야겠다. 겸손해지고 싶어서 하는 말이 아니다. 나 스스로 자격이 없다고 믿기 때문에 하는 말이다. 나는 대부분 사람과 같이, 나 자신을 진리와 이해를 추구하는 사람이라고 생각한다. 나는 지도자가 아니다. 지도자로 불리는 것도 거부한다. 추종자도 필요 없다. 나는 사람들의 마음속에 이미 존재하고 있는 원칙들, 즉 양심에 충실하며 살라는 원칙을 사람들이 추종하게끔 노력할 뿐이다.

Q **사업가로서 한 가지를 다시 할 수 있다면, 무엇을 다르게 할 것인가?**

더 전략적이고, 능동적으로 채용과 선발을 했을 것이다. 당신이 급한 일들에 파묻혀 있고, 수많은 다른 일들이 당신에게 닥쳐오려 할 때는, 해결책을 가진 듯한 사람들을 너무나 쉽게 요직에 앉히게 된다. 그들의 배경과 행동 양식을 자세히 살펴보지도 않고, '실사'를 하지 않고, 특정 직무나 과업을 위해 충족시켜야 할 기준을 신중하게 개발하지 않는 경향이 있는 것이다. 나는 채용과 선발이 전략적으로 이루어질 때, 즉 순간의 압박에 쫓기지 않고 장기적이고 능동적으로 생각할 때, 그 채용과 선발이 막대하고 장기적인 이익을 가져다줄 거라고 확신한다. 누군가 이런 말을 했다. "우리는 간절히 원하는 것일수록 쉽게 믿는다." 우리는 정말로 성격과 능력을 모두 깊이 들여다봐야 한다. 왜냐하면, 결국에는 어느 한쪽의 결점이 양쪽 모두에서 나타날 것이기 때문이다. 훈련과 개발도 중요하기는 하지만, 나는 채용과 선발이 훨씬 더 중요하다고 확신한다.

Q **부모로서 한 가지를 다시 할 수 있다면, 무엇을 다르게 할 것인가?**

부모로서, 내 아이들 인생의 각 단계에서 아이들과 함께 편안하고 격식 없는 승-승의 합의를 신중하게 만들어내기 위해 더 많은 시간을 썼다면 좋았을 것이다. 사업을 핑계로, 나는 철저하고 견실한 승-승 합의를 더 지속적으로 제대로 발전시키기에 충분한 관계를 구축하는 대신 종종 아이들의 응석을 받아주었고, 너무 많이 패-승을 선택했다.

Q **미래에 기술이 비즈니스를 어떻게 변화시킬까?**

나는 "인프라가 바뀌면 모든 것이 따라 움직인다"는 스탠 데이비스의 말을 믿고 있고, 기술적 인프라가 모든 것의 중심이라고 생각한다. 그것은 좋은 경향과 나쁜 경향을 모두 가속화할 것이다. 또한 바로 이런 이유들 때문에 인간적 요소가 더 중요해지고 있다고 확신한다. 인간적 감성이 없는 첨단 기술은 통하지 않고, 기술의 영향력이 커질수록 기술을 통제하는 인간적 요소가 더욱 중요해진다. 특히 그 기술의 사용 기준에 대한 문화적 약속을 발전시키는 데 있어 더욱 중요해진다.

Q **7가지 습관의 인기는 나라, 문화, 연령, 성별에 구애받지 않는다. 이 인기에 놀라거나 충격을 받았는가?**

그렇기도 하고 아니기도 하다. 7가지 습관이 전 세계적인 현상이 되고, 이 단어 몇 개가 미국 역사와 문화의 일부가 될 것이라고는 전혀 생각하지 못했다는 점에서는 "그렇다"이다. 그것이 이미 25년 이상 시험된 소재라는 점, 기본적인 원칙들에 기반하고 있기 때문에 효과가 있으리란 걸 알고 있었다는 점에서는 "아니다"이다. 다시 말하지만, 그 원칙들은 내가 발명한 게 아니고 따라서 그에 대한 공로는 내게 없다.

Q **7가지 습관을 어린아이들에게 어떻게 가르치겠는가?**

알베르트 슈바이처의 육아에 대한 세 가지 기본 규칙을 따를 것 같다. 첫째도 모범, 둘째도 모범, 셋째도 모범인 규칙 말이다. 하지만 조금 다르게는 했을 것이다. 나라면 첫째는 좋은 모범을 보이는 것, 둘째는 보살피고 긍정하는 관계를 형성하는 것, 셋째는 아이들의 언어로 습관의 기초가 되는 몇 가지 간단한 아이디어들을 가르치는 것을 규칙으로 삼겠다. 7가지 습관에 대한 기본적인 이해와 어휘를 알도록 돕고, 원칙들을 통해 자신의 경험을 처리하는 방법을 보여주어 자신의 인생에 어떤 원칙과 습관이 실제로 사용되고 있는지 구분할 수 있도록 하는 것이다.

Q **나의 직장 상사(배우자, 자녀, 친구 등)에게 7가지 습관이 정말 필요하다. 어떻게 7가지 습관을 읽게 할 수 있겠는가?**

당신이 얼마나 신경 쓰는지 알기 전까지, 사람들은 당신이 얼마나 많은 걸 아는지 관심이 없다. 신뢰성에 대한 사례를 바탕으로 신뢰와 개방의 관계를 형성한 다음, 7가지 습관이 당신에게 어떻게 도움이 되었는지 이야기하라. 당신이 삶에서 행하고 있는 7가지 습관을 직접 보게 하라. 그런 다음, 적절한 시기에 그들을 훈련 프로그램에 참여하도록 초대하거나, 책을 선물하거나, 필요할 때 기본적인 일부 아이디어들을 가르쳐줄 수 있다.

Q 당신의 배경은 무엇이고 어떻게 '7가지 습관'을 쓰게 되었는가?

나는 내가 아버지의 뒤를 이어 가업에 종사하게 될 것이라는 걸 암묵적으로 알고 있었다. 하지만 사업보다 리더들을 가르치고 훈련시키는 일이 더 즐거웠다. 하버드 경영대학원에 다닐 때 조직의 인간적인 측면에 깊은 관심을 가지고 관여하게 되어, 나중에 브리검영대학교에서는 경영학 과목을 가르치고, 몇 년 동안 컨설팅, 조언, 훈련을 부업으로 함께 했다. 그 동안 나는 순차적이고 균형 잡힌 일련의 원칙을 중심으로 통합 리더십 및 경영 개발 프로그램을 만드는 데 관심을 갖게 되었다. 이것들이 결국 7가지 습관으로 발전했고, 그것은 조직에 적용하는 동안 원칙 중심의 리더십 개념으로 발전했다. 나는 대학을 그만두고 다양한 조직의 임원들을 훈련시키는 일을 하기로 결심했다.

얼마 후, 7가지 습관과 다른 작품들에 구현된 이 원칙 중심의 리더십 개념이 나보다 훨씬 크다는 것이 분명해졌다. 나는 이 메시지를 관리하고 제도화하기 위한 조직을 만들지 않으면, 내가 떠난 후에 그 중요성과 의의가 희미해질 수 있다는 것을 알았다.

그 조직은 후에 프랭클린퀘스트사와 합병하여 프랭클린코비사가 된 코비리더십센터에서 시작되었다. 우리 회사의 사명은 원칙 중심의 리더십을 적용하여 모든 곳에 있는 사람, 조직, 사회에 위대함을 구현하는 것이고, 현재는 전 세계 150여 개국에서 운영되고 있다. 나는 이 회사의 사명, 비전, 가치와 성과가 자랑스럽다. 프랭클린코비사는 정확히 내가 바라던 대로 운영되고 있고, 가장 중요한 사실은 이 회사가 나에게 의존하지 않고 내가 떠난 후에도 이 일을 오래 계속할 것이라는 점이다.

Q **진정한 성공 공식을 가지고 있다고 주장하는 사람들을 어떻게 생각하는가?**

두 가지를 말하고 싶다. 첫째, 그들이 말하는 것이 원칙이나 자연법칙에 근거한다면, 나도 그들에게서 배우고 싶고, 그들을 인정한다. 둘째, 우리는 아마도 같은 기본 원칙이나 자연법칙을 설명하는 데 다른 단어들을 사용하고 있을 것이다.

Q **성공하는 사람들의 7가지 습관은 오늘날 우리의 삶과도 여전히 관련이 있을까? 앞으로 10년, 20년, 50년, 심지어 100년 후에도 그럴까?**

변화가 더 커질수록, 우리의 도전이 더 어려워질수록 습관의 관련성은 더 커진다. 다음의 이유 때문이다. 우리의 문제와 고통은 보편적이고 계속 증가한다. 그리고 그 문제에 대한 해결책은 역사적으로 지속되고 번영한 모든 사회에 공통된, 보편적이고 영원불변하며 자명한 '원칙들'에 기반해왔고, 앞으로도 그럴 것이다. 원칙들은 내가 발명한 게 아니고, 그에 대한 공로는 나에게 없다. 나는 단순히 그것들을 찾아 순차적인 형태로 정리했을 뿐이다.

Q **당신은 원칙에 대해 정말 자주 이야기한다. 원칙이 왜 그렇게 중요한가?**

공정성, 정직, 존중, 비전, 책임감, 창의적 협력과 같은 원칙들이 우리의 삶을 지배하고 장악하고 있기 때문이다. 내 인생에서 가장 심오한 배움 중 하나는 이것이다. 최고의 포부를 달성하고 가장 큰 도전을 극복하고 싶다면, 자신이 원하는 결과를 좌우하는 원칙이나 자연법칙을 찾아 적용하라는 것. 우리가 원칙을 적용하는 방법은 매우 다양하고, 우리의 독특한 강점, 재능, 창의성에 의해 결정되겠지만, 궁극적으로 어떤 노력에서도 성공은 항상 성공과 관련된 원칙들과 조화롭게 행동하는 데에서 파생된다.

많은 사람은 적어도 의식적으로 이렇게 생각하지 않는다. 하지만 당신은 원칙에 기반한 해결책이 우리 대중문화의 일반적인 관행 그리고 사고방식과 극명한 대조를 이루고 있다는 것을 점점 더 알게 될 것이다. 갈등과 차이의 문제를 예로 들어보자. 사람들은 많은 공통점을 가지고 있지만, 너무나 다르기도 하다. 사람들은 다르게 생각한다. 서로 다르고 때로는 경쟁적인 가치와 동기, 목표를 가지고 있다. 이러한 차이에서 자연스럽게 갈등이 발생한다. 갈등과 차이를 해결하기 위한 사회의 경쟁적 접근법은 '최대한 이기는 것'에 초점을 맞추는 경향이 있다. 양측이 받아들일 수 있는 중간 지점에 도달할 때까지 자신의 자리를 포기하는 능숙한 '타협'의 기술로부터 좋은 해결책도 많이 도출되었지만, 이런 식으로는 어느 한쪽도 진정으로 만족하지 못한다. 사람들을 서로 간의 가장 낮은 공통분모로 몰아가는 차이를 갖는다는 건 얼마나 낭비인가! 어느 한쪽의 원래 생각보다 더 나은 문제 해결책을 개발하는 데 있어서 '창조적인 협력'의 원칙을 발휘하지 못하는 것은 또 얼마나 낭비인가! 원칙 중심의 접근법은 항상 더 나은 결과를 낳는다.

Q 당신은 항상 사람들에게 그들이 남길 유산에 대해 생각해야 한다고 가르쳤다. 당신은 어떤 유산을 남기겠는가?

개인적으로 나는 가족들의 행복과 그들의 삶의 질이 나의 가장 큰 유산이 되기를 희망한다. 내게 가장 큰 행복과 만족을 가져다준 것은 가족이었다. 내게는 그것이 가장 중요하다. 나는 어느 지혜로운 리더가 했던 이 말에 동의한다. "그 어떤 성공도 가정의 실패를 보상해주지는 못한다." 가정에서 하는 일은 당신이 할 수 있는 가장 위대한 일이다. 가족이 가장 중요하다. 지금보다 더 많은 시간과 관심을 쏟아야 하고 가족은 충분히 그럴 만한 가치가 있다고 생각한다. 사람들은 직장에서 세부적인 전략을 생각하는 데 수백 시간을 사용하지만 화목한 가정을 만들기 위해 계획을 세우는 데에는 단 1~2시간도 쓰지 않는다.

나는 가정에서 성공하려면 직장에서의 성공을 희생시켜야 한다는 거짓된 이분법을 믿지 않는다. 그것은 양자택일할 문제가 아니다. 잘 계획하면 두 마리 토끼를 모두 잡을 수 있다. 사실 한 곳에서의 성공은 다른 곳에서의 성공을 낳는다. 절대로 늦지 않았다. 과거에 가족들을 소홀하게 대했다면 이제라도 시작해보라.

강의를 하면서, 나는 종종 이런 질문을 한다. 임종을 눈앞에 둔 상태에서 사무실에서 더 많은 시간을 보냈으면 하는 사람이 얼마나 있을까? 정답은 '아무도 없다'이다. 그들은 사랑하는 사람들, 가족, 그리고 그들이 도움을 주었던 사람들에 대해 생각한다.

우리 아이들은 모두 결혼을 했고, 배우자와 함께 기여에 초점을 맞춘 원칙 중심의 삶을 살기 위해 노력하고 있다.

Q 직업적으로 당신의 유산이 무엇이 되길 바라는가?

프랭클린코비사를 통해 수백만 명이 7가지 습관에 대해 교육을 받았고, 수천 명이 자신의 조직에서 7가지 습관을 가르칠 수 있는 자격을 얻은 것을 보게 되어 감격스럽다. 또한 프랭클린코비사가 세계의 거의 모든 나라에서 또 다른 세계적인, 원칙 중심의 콘텐츠들을 계속 개발하고 가르치고 있다는 사실에 기쁘다.

하지만 아마도 내가 남기고 싶은 가장 흥미로운 직업적 유산은 아이들과 함께 하는 일이다. 이 교육은 전 세계의 수천 개의 학교에서 '리더 인 미(The Leader in Me)' 프로그램을 통해 실시되고 있다(LeaderInMe.org를 보라). 이 프로그램은 말 그대로 몇백만 명의 아이들, 그들의 학교 그리고 가족에게 영향을 끼친다. 이들 학교에서는 어른과 아이 모두가 7가지 습관을 공통의 언어로써 배운다. 그들은 소수의 인기 있는 이들만이 아니라 모두가 리더임을 배운다. 그들은 목표를 설정하고 달성하는 방법, 갈등을 해결하는 방법, 창의적이 되는 방법, 사람들 앞에서 말하는 방법, 누군가를 만나고 맞이하는 방법을 배운다. 그들은 자신이 놀라운 선택의 능력을 갖추었으며, 이제는 좌절한 희생자나 기계와 같은 조직의 부품이 되지 않아도 된다는 것을 배운다.

아이들이 이러한 원칙을 배우며 자랄 때 새로운 미래가 펼쳐질 것이다. 그들은 타인과의 관계에서 자신의 의무를 다하는 책임 있는 시민으로 성장할 것이다. 그런 미래가 가능할 것이다.

나는 그런 일을 한 사람으로 기억되기를 원한다.

Q **7가지 습관은 왜 계속해서 사람들의 삶에 영향을 미치는가?**

나는 7가지 습관이 자기 자신에게서 위대함을 찾고 거기에 맞게 삶을 살도록 도와주기 때문이라고 생각한다. 사람들, 특히 젊은이들은 직관적으로 7가지 습관에 내재되어 있는 원칙의 힘을 느낀다. 그들은 지름길이 아닌 올바른 길을 원한다. 세상의 위선 속에서 자기 자신을 잃어버린 사람들은 자신의 운명에 대한 결정권을 다시 찾아오고 싶어 한다.

요즘 ID 도용에 대한 이야기가 많이 들리고 있다. 누군가 당신의 지갑이나 신용카드를 훔쳐 사용하는 것보다는 우리가 누구인지 잊었을 때, 우리의 가치와 정체성이 타인과의 비교에서 나올 때 더 큰 ID 도용이 발생한다.

우리들 각자가 어떠한 비교도 불가능한 무한한 가치와 잠재력을 지니고 있음을 인식하지 못할 때 이런 일이 일어난다. 진정한 성공을 얻기 위해 희생을 치르려고 하지 않고 지름길을 선택할 때 이런 일이 일어난다. 우리는 가족들 사이에서, 친구들 사이에서, 직장에서 가식적인 자기 이미지를 유지하려고 부단히 노력하고 있다.

사람은 거울을 들여다볼 때 자신의 영혼을 잃어버린다. 진정한 자아보다는 외부에 비치는 이미지에 더 관심을 갖게 된다. 사회적 거울의 산물이 된다. 정체성과 가치의 중심이 외부로 옮겨진다.

7가지 습관은 사람들이 자기 자신으로 돌아가게 한다. 사람들로 하여금 자신의 본성을 상기하게 한다. 스스로 삶의 주인임을 일깨워준다. 자신의 선택에 대한 책임은 타인이 아닌 자신에게 있다. 그 누구도 스스로 선택하지 않은 것을 생각하고 행동하고 느끼게 할 수는 없다.

Q **당신은 정말 대머리인가, 아니면 효율성을 위해 그냥 머리를 깎는 것인가?**

나는 진짜 대머리다. 하지만 당신이 머리를 드라이하느라 바쁠 때, 나는 고객을 만나러 나갈 수 있다는 것을 기억하라.

Q **당신은 당신의 가장 중요한 마지막 메시지가 "크레센도(crescendo)로 삶을 사는 것"이라고 말했다. 그것은 무슨 뜻인가?**

인생에서 이루어야 할 가장 중요한 일을 아직 이루지 못했다는 걸 의미한다. 이미 이루었다면 그것은 가장 중요한 일이 아니다. 항상 가장 중요한 일을 확장하고, 그것에 대한 노력을 강화해야 한다. 은퇴는 거짓 개념이다. 일에서 물러날 수는 있어도 의미 있는 프로젝트와 공헌에서 물러나는 일은 있을 수 없다.

'크레센도'는 음악용어이다. 더 강하고 더 큰 소리로 힘차게 음악을 연주하는 것을 의미한다. 반대말은 "점점 약하게"란 뜻의 '디미누엔도(diminuendo)'이다. 뒤로 물러나고, 안정적으로 연주하고, 수동적이 되고, 삶의 무대에서 퇴장하는 것이다.

삶은 크레센도로 살아야 한다. 그러한 생각으로 삶을 사는 것이 중요하다. 어떤 것을 성취했든 성취하지 못했든 관계없이 당신에게는 공헌해야 할 일이 있다. 당신의 지난 일을 백미러로 보고 싶은 유혹을 떨쳐버리고 앞을 보라. 당신의 미래를 낙관적으로 보라. 이와 관련하여, 나의 딸 신시아와 함께 쓴 《크레센도의 삶 *Life in Crescendo*》이 곧 나올 것이다. 나는 이 책이 출판된다는 생각에 벌써 가슴이 설렌다.

나이가 어떠하든 지위가 어떠하든 7가지 습관을 실천하고 산다면 당신의 공헌은 결코 끝나지 않을 것이다. 당신은 인생에서 더 높고 더 좋은 것을 추구할 것이다. 멋진 다음 도전과 더 큰 배움과 더 강렬한 로맨스와 더 의미 있는 사랑을 추구할 것이다. 과거의 성취에 만족할지 모른다. 하지만 항상 다음의 더 큰 공헌이 당신을 기다리고 있을 것이다. 당신은 쌓아야 할 관계가 있고, 봉사해야 할 공동체가 있고, 공고히 할 가족이 있고, 풀어야 할 문제가 있고, 얻어야 할 지식이 있고, 창조해야 할 위대한 일들이 있다.

내 딸들 가운데 하나가 내게 《성공하는 사람들의 7가지 습관》을 썼을 때 세상에 대한 공헌이 끝나지 않았느냐고 물었다. 나는 이렇게 대답해서 딸을 놀라게 했다. "나 자신을 과대평가해서 그러는 것은 아니지만, 내 최고의 작품은 아직 나오지 않았다고 믿고 있다."

스티븐 코비는 2012년 7월 16일에 사망했습니다. 그는 사망하기 직전까지 왕성하게 약 10권의 저술을 준비하고 있었습니다. 그는 전통적 의미의 은퇴를 하지 않고 죽는 순간까지 '크레센도'로 삶을 살았습니다. 그가 남긴 유산은 학생들과 경영자들과 평범한 사람들의 삶을 변화시키면서 더욱더 빠른 속도로 그 영향을 확장하고 있기 때문에, 우리는 그의 최고의 작품은 아직 나오지 않았다고 믿고 있습니다.

감사의 말

"상호의존성은 독립성보다 훨씬 더 가치있는 것이다."

이 책은 많은 지성들이 시너지를 발휘하여 만든 합작품이다. 이 책은 내가 1970년대 중반 대학원에서 박사학위과정의 일환으로 지난 2백 년 동안에 발표된 성공 문헌들을 조사하면서부터 시작된 것이다. 나는 수많은 사상가들의 영감과 지혜에 감사하고, 세대를 초월한 지혜의 수많은 원천과 창시자들께 고맙게 생각한다.

또한 BYU(Brigham Young University)와 코비 리더십 센터(Covey Leadership Center)의 수많은 학생들, 친구들, 동료들에게 감사드리고, 이 책의 자료들을 시험해보고 평가해주고, 격려해준 수천 명의 성인, 부모, 청소년, 중역, 교사, 그리고 기타 다른 고객들께도 감사한다. 이 책의 자료와 구성은 조금씩 발전되어 한 권의 책이 되었으며 신념을 가지고 깊숙이 이 내용에 몰두한 많은 사람들을 감화시키고 있다. 이 신념이란 7가지 습관은 개인과 대인관계의 효과성에 대한 전체적이며 통합적인 접근방식이고, 개별적인 습관 이상의 것이며, 진정한 열쇠는 습관들 간의 관계와 서로 연결되어 있는 방식에 있다는 확신을 말한다.

이 책의 저술과 출판을 도와준 다음 분들께 깊은 감사를 표한다.

• 샌드라와 우리 아이들(그리고 그 아이들의 배우자들), 이들은 모두 성실하게 봉사하는 삶을 살며, 나의 수많은 여행과 집 밖에서의 활동

을 도와주었다. 사랑하는 사람들에게 원칙을 가르치기란 그리 어려운 일이 아니다. • 나의 형 존에게, 그의 끊임없는 사랑과 관심, 통찰력 그리고 그가 지닌 영감에 대해 감사한다. • 나의 아버지, 그에 대한 행복한 기억이 있다. • 나의 어머니, 그분이 손자들에게 보여준 헌신적인 사랑, 그리고 실천으로 보여준 사랑에 대해 감사한다. • 사업상 알게 된 나의 사랑하는 친구들과 동료들에게 감사하며, 특히 다음과 같은 분들에게 감사한다. • 빌 마레(Bill Marre), 론 맥밀런(Ron McMillan), 렉스 워터슨(Lex Watterson). 그들의 피드백, 편집상의 조언, 그리고 제작상의 도움에 대해 감사한다. • 브래드 앤더슨(Brad Anderson). 1년 이상을 희생적으로 일하며, 7가지 습관을 비디오 프로그램으로 만든 것에 대하여 감사한다. 그의 노력으로 이 비디오가 테스트되고 개선되었으며, 수많은 조직체에서 수천 명이 사용할 수 있게 되었다. 이 비디오를 한번 사용해본 고객은 거의 예외 없이 자기 조직체의 다른 직원들에게 권함으로써 잘 만들어졌다는 우리의 생각을 뒷받침해주었다. • 밥 셀레(Bob Thele). 내가 진정으로 이 책에만 집중할 수 있도록 마음의 평정을 가져다준 우리 회사의 시스템을 만들어준 데 대해 감사한다. • 데이비드 콘리(David Conley). 그는 나의 동료인 블레인 리(Blaine Lee), 로이스 크루거(Roice Krueger), 로저 메릴(Roger Merrill), 알 스위츨러(Al Switzler)와 내가 여러 다양한 상황에서 끊임없이 아이디어를 나눌 수 있도록 수백 개 이상의 기업체에 대해 이 책의 가치와 능력을 전달해주었다. • 능동적인 나의 출판 대리인 얀 밀러(Jan Miller), 그리고 "할 수 있다"는 정신을 심어준 친구인 그레그 링크(Greg Link)와 그의 조수인 스테파니 스미스(Stephanni Smith), 랄린 베크햄 월린(Raleen Beckham Wahlin)이 창의적이고 적극적으로 마케팅 능력을 보여준 데 대해 감사한다. • 사이먼 앤드 슈스터(Simon and Schuster)사의 편집자인 밥 아사히나(Bob Asahina). 그의 전문적인 편집 실력과 업무추진 능력, 그리고 강연과 출판의 차이점을 이해하기 쉽게 조언해준 것과 그 밖에도 수많은 훌륭한 제언들에 감사를 표한다. • 나의 헌신적인 전임 조수였던 셜리(Shirley)와 해서 스미스(Heather Smith) 그리고 현재 나의 조수인 메릴린 앤드류스(Marilyn Andrews)의 상식을 뛰어넘는 진실된 충성심에 감사한다. • 《이그제큐티브 엑설런스*Executive Excellence*》지의 편집자인 켄 셸턴(Ken Shelton). 그는 몇 년 전 나의 초고를 편집해주었고, 원고 중 여러 군데의 문맥을 검토하고 정교하게 다듬어주었다. 그는 성실성과 뛰어난 감각을 지닌 사람이다. • 레베카 메릴(Rebecca Merrill). 그녀는 편집과 제작에 유용한 도움을 주었을 뿐만 아니라 원고를 검토하고 완성하는 데 있어서 놀라운 능력과 민감성, 조심성을 보여주었고, 그녀의 남편 로저(Roger)도 많은 도움을 주었다. • 마지막으로 케이 스윔(Kay Swim)과 그녀의 아들 게이로드(Gaylord). 우리 조직의 급진적 성장을 위해 공헌했던 그들의 고마운 비전에 감사한다.

주

1 Crossman, M. (2016, May 24). "The things she carries: The story of Paraswimmer and U.S. Army Sgt. Elizabeth Marks." Retrieved from https://www.espn.com/espnw/culture/feature/story/_/id/15702441/the-things-carries-story-paraswimmer-us-army-sergeant-elizabeth-marks.

2 Silvia Bellezza, Neeru Paharia, Anat Keinan, "Conspicuous Consumption of Time: When Busyness and Lack of Leisure Time Become a Status Symbol," *Journal of Consumer Research*, Volume 44, Issue 1, June 2017, Pages 118–138, https://doi.org/10.1093/jcr/ucw076

3 Schulte, B. (2019, April 15). "Preventing Busyness from Becoming Burnout." Retrieved from https://hbr.org/2019/04/preventing-busyness-from-becoming-burnout.

4 Ibid.

5 Lee, L. (2015, March 26). "Negotiating the Big Deal: Cooperation Can Beat Confrontation." Retrieved from https://www.gsb.stanford.edu/insights/negotiating-big-deal-cooperation-can-beat-confrontation

6 D. Keltner, "Power Paradox: Why Leaders Must Give Away Power to Keep Influence," Fortune, May 18, 2016, retrieved from https://fortune.com/2016/05/18/power-paradox-influence.

7 Gardner, Howard. *Multiple Intelligences: New Horizons in Theory and Practice.* Basic Books, 2006.

8 Hamilton History. (n.d.). Retrieved from https://www.linmanuel.com/hamilton.

9 Almendrala, A. (2016, June 23). "Lin-Manuel Miranda's Greatest Idea Came To Him On Vacation." Retrieved from https://www.huffpost.com/entry/lin-manuel-miranda-says-its-no-accident-hamilton-inspiration-struck-on-vacation_n_576c136ee4b0b489bb0ca7c2.

10 Huffington A. (n.d.). "Alexander Hamilton: Father of American Banking and American Burnout." Retrieved from https://www.linkedin.com/pulse/alexander-hamilton-father-american-banking-burnout-arianna-huffington.

11 FranklinCovey. (2018, October 16). "On Leadership with Scott Miller." Salt Lake City, UT.

찾아보기

ㅇ

ㅈ

‘7가지 습관’ 출간을 기념하며

출간 25주년을 기념하며

2001년, 스티븐 코비가 서로 만나 자신의 생각에 대해 대화하고 싶다고 해서 처음 그를 만났습니다. 그는 나를 따뜻하게 맞아주었습니다. 악수를 하는 그의 손이 나의 손을 감싸 안는데 마치 수천 번을 낀 소프트볼 글러브처럼 편안한 느낌을 주었습니다. 우리는 두 시간이나 대화를 나누었습니다. 코비는 수많은 질문으로 대화를 시작했습니다. 당대의 가장 영향력 있는 사상가로 손꼽히는 시대의 스승이지만 스물다섯 살이나 어린 나에게서 배움을 원했습니다.

그 대화는 나의 호기심을 충족시킬 수 있는 기회를 주었습니다. 나는 그에게 물었습니다. "어떻게 7가지 습관과 같은 그런 훌륭한 생각들을 해낼 수 있었습니까?"

"그건 내가 내놓은 생각이 아닙니다." 그는 대답했습니다.

"무슨 뜻인가요?" 내가 물었습니다. "박사님이 쓴 책 아닙니까?"

"그렇죠, 내가 썼죠. 하지만 그 원칙들은 내가 책을 내기 훨씬 전에 이미 알려져 있던 것들입니다. 자연법칙이라고나 할까요? 나는 그저 사람들을 위해 그 원칙들을 모아서 정리해주었을 뿐입니다."

그때, 나는 왜 이 책이 그렇게 큰 반향을 불러일으켰는지 이해하게 되었습니다. 코비는 그렇게 추출해낸 원칙들을 30년이 넘는 세월 동안 연구하고 실천하고 가르치고 다듬었습니다. 그는 세상에 내놓은 그 원칙들로 인정받는 것에 대해서는 관심이 없었습니다. 오로지 더욱 쉽게 원칙들을 가르치고 사람들이 이해하기 좋게 만들었습니다. 코비는

7가지 습관을 만든 것을 자신의 성공 수단이 아니라 봉사 행위로 보았습니다.

프랭클린코비사의 최고경영자 밥 휘트먼에게서 《성공하는 사람들의 7가지 습관》 출판 25주년 기념판 서문을 써줄 수 있느냐는 요청을 받았을 때, 나는 먼저 책을 처음부터 끝까지 다시 읽어보았습니다. 1989년 책이 처음 출판된 직후 읽은 적이 있기 때문에 나로서는 그 메시지를 다시 접하는 데 별로 어려움이 없었습니다. 나는 '무엇이 7가지 습관을 영원한 고전으로 만드는가?'에 초점을 맞추고 싶었습니다. 7가지 습관이 지금과 같은 위상을 갖게 된 데는 4가지 요소가 작용했다고 생각합니다.

1. 코비는 탄탄한 개념 틀을 바탕으로 힘 있게 글을 써나감으로써 독자들이 쉽게 다가설 수 있게 만들었습니다.
2. 코비는 단순한 기법이나 일시적 유행이 아닌 영원불변의 원칙들에 초점을 맞췄습니다.
3. 코비가 기본적으로 쓰고자 했던 것은 성공하는 것이 아니라 좋은 성품을 기르는 것이었습니다. 그는 사람들이 개인적으로 성공하는 데 그치지 않고 더 훌륭한 리더가 되는 것을 도와주었습니다.
4. 코비는 자신의 부족함도 솔직하게 고백하면서, 자신이 배운 것을 폭넓게 공유하고자 하는 단계 5의 스승이었습니다.

스티븐 코비는 지혜 통합의 연금술사였습니다. 그가 개인의 효과성에 기여한 것은 그래픽에 의한 사용자 인터페이스가 PC에 기여한 것과 유사하다고 생각합니다. 애플과 마이크로소프트가 PC 시장에 진출하기 이전에는 일상생활에 컴퓨터를 이용하는 사람이 거의 없었습니다. 쉽게 접근할 수 있는 사용자 인터페이스가 없었습니다. 마우스도 친절한 아이콘도 없었고 터치스크린은 고사하고 화면에 창을 여러 개 띄울 수도 없었습니다. 하지만 매킨토시가 등장하고 이어서 윈도즈가 등장하면서 사람들은 마침내 화면을 움직이는 마이크로칩의 힘을 이용할 수 있었습니다. 마찬가지로 벤저민 프랭클린에서 피터 드러커에 이르기까지, 개인의 효과성에 대해 수백 년 동안 축적된 지혜가 있었습니다만 하나의 일관된 사용자 중심의 틀로 통합된 적은 없었습니다. 코비는 개인의 효과성에 대한 표준 운영체계를 만들어냈습니다. 그리고 그것을 쉽게 사용할 수 있게 만들었습니다. 일종의 개인 효과성 '윈도즈'를 만들어낸 셈입니다. 돌이켜보면 그는 대단히 훌륭한 저술가이자 짧은 이야기와 재미있는 말의 달인이었습니다. 나는 소리 지르는 아이들을 통제하지 못하던 지하철 남자의 이야기를 잊지 못할 것입니다. 1장에 소개되었던 것 같은데 아주 적절한 이야기였습니다. 또한 등대, 잘못된 정글, 황금알의 비유도 잊히지 않습니다. 그는 여러 군데서 훌륭한 개념 활용법을 사용했습니다. 한 개념을 설명하면서 동시에 적용방법을 제시합니다. "승-승이 아니면 거래하지 마라" "먼저 이해하고 다음에 이해시켜라" "끝을 생각하며 시작하라" "소중한 것을 먼저 하라"가 그 예입니다. 그는 아이를 기르고, 결혼생활을 하고, 친구를 대하는 등 개인적 삶의 이야기를 소개함으로써 이러한 개념에 더욱 쉽게 다가설 수 있게 만들었습니다. 습관을 가르치고 삶의 근육을 길러주었습니다.

7가지 습관이라는 틀에는 영원불변의 생각들이 짜여 있습니다. 그것들은 원칙입니다. 그 생각들은 원칙이기 때문에 위력을 발휘하고 전 세계 모든 연령층의 사람들에게 호소력을 갖는 것입니다. 변화와 분열과 혼돈과 불확실성의 시대에 사람들은 중심을 잡아줄 수 있는 무언가를 원합니다. 혼란 속에서 길잡이가 되어줄 사고체계를 원합니다. 코비는 영원불변의 원칙이 정말로 존재한다고 확신했습니다. 그런 원칙을 추구하는 것은 어리석은 일이 아니라 지혜로운 일이라고 생각했습니다. 그는 "신성시해야 할 것도, 영원히 지속되는 것도 없다. 끊임없이 변하는 환경 속에서 우리가 기반으로 삼을 만한 영속적인 것은 없다! 모든 것이 새롭다! 과거로부터 내려온 어떤 것도 적용되지 않는다!"고 외쳐대는 사람들의 견해를 거부했습니다.

나 자신이 지금까지 연구의 초점으로 삼은 것은 다음과 같은 것이었습니다. "위대한 기업으로 만드는 것은 무엇인가—왜 어떤 기업들은 좋은 기업을 넘어 위대한 기업으로 도약하는가? (다른 기업들은 그렇지 못한데) 왜 어떤 기업들은 장수하는가? (다른 기업들은 쓰러지는데) 왜 어떤 기업들은 혼돈 속에서 번영하는가?"

우리가 연구를 통해 발견한 중요한 사실은 "핵심 원칙을 지켜라/발전을 자극하라"는 것이었습니다. 어떤 기업도 끊임없이 변하는 세계 속에서 지키고, 기반으로 삼고, 중심을 잡아주고, 안내자의 역할을 해 줄 핵심 원칙들이 없으면 위대해지거나 위대함을 지속할 수 없습니다. 동시에 어떤 기업도 변화, 쇄신, 개선, 그리고 크고 어렵고 대담한 목표(Big Hairy Audacious Goals) 등과 같이 발전을 자극하지 않고는 위대함을 지속할 수 없습니다. 이 두 가지 "핵심 원칙을 지켜라/발전을 자극하라"를 함께 섞으면 기업이나 조직이 시간이 흘러가도 활력을 잃지 않는 마법의 변증법을 얻을 수 있습니다. 코비는 개인의 효과성에서 비슷한 패턴을 발견했습니다. 계속되는 변화에 영향을 받지 않는 튼튼한 핵심 원칙을 기반으로 하여 개선과 지속적인 자기쇄신을 끊임없이 추구하라고 말했습니다. 이 변증법은 개인이 바위처럼 단단한 기초를 갖고 평생 지속적으로 성장할 수 있게 해줍니다.

하지만 나는 7가지 습관 가운데 가장 중요한 면은 성공하기보다는 성품 기르기에 역점을 둔 것이라고 생각합니다. 그래서 7가지 습관은 실제적이면서도 깊이도 가지고 있습니다. 규율이 없으면 효과성도 없고, 성품이 없으면 규율도 없습니다. 나는 미 육군 웨스트포인트 사관학교 1951년 졸업반 리더십학 과장으로 2년 재직하고 있는 중에 이 서문을 썼습니다. 나는 웨스트포인트 방식의 핵심 요소는, 위대한 리더십이란 성품에서 시작된다는 생각이라는 개인적 믿음을 갖게 되었습니다. 리더십은 기본적으로 당신의 사람 됨됨이에 직결되어 있습니다. 왜냐하면 성품이야말로 당신이 행하는 모든 일의 기초가 되기 때문입니다. 리더는 어떻게 길러낼까요? 먼저 성품을 길러야 합니다. 그래서 나는 7가지 습관이 개인의 효과성만을 목표로 하는 것이 아니라 리더십 개발까지 포괄한다고 보는 것입니다.

내가 연구했던 몇몇 특출 난 리더들의 이야기 속에서 코비의 원칙들이 분명하게 나타나는 것을 보고 놀랐습니다. 내가 가장 좋아하는 사례로 빌 게이츠가 있습니다. 최근에는 빌 게이츠와 같은 사람의 대성공이 때와 장소 잘 만났기 때문이라며 운이 좋은 덕분이라고 하는 게 유행이 되었습니다. 하지만 조금만 생각해봐도 이 주장이 터무니없다는 것을 알 수 있습니다. 파퓰러 일렉트로닉스에서 최초의 PC 출현을 선언하면서 그 커버에 알테어 컴퓨터를 올려놓았을 때, 빌 게이츠는 소프트웨어 회사를 출범시키고 알테어를 위한 베이직 프로그래밍 언어를 쓰기 위해 폴 알렌과 팀을 이루었습니다. 그렇습니다. 게이츠는 그 순간에 프로그래밍 기술을 가지고 있었습니다. 하지만 다른 사람들도 마찬가지였습니다. 캘리포니아 공과대학, MIT, 스탠포드와 같은 대학에는 컴퓨터과학과 전기공학과 학생들이 있었고, IBM, 제록스, HP와 같은 첨단기업에는 숙련된 엔지니어들이 있었고, 정부의 연구소에는 과학자들이 있었습니다. 그 당시 수천 명의 사람들이 빌 게이츠가 했던 일을 할 수 있었습니다. 하지만 하지 않았습니다. 게이츠는 그 순간에 적합한 행동을 했습니다. 그는 하버드대학을 중퇴하고 알테어 본사가 있는 앨버커키로 이사를 가서 밤낮으로 컴퓨터 코드를 썼습니다.

빌 게이츠를 특별한 사람으로 만든 것은 때를 잘 만났기 때문이 아니라 그가 때에 맞게 주도적으로 대응을 했기 때문이었습니다.(습관 1: 자신의 삶을 주도하라)

마이크로소프트가 성공하는 기업으로 커갈 때, 게이츠는 "모두의 책상 위에 컴퓨터 1대씩"이라는 원대한 꿈을 품고 목표를 키웠습니다. 그 후 게이츠와 그의 아내는 지구상에서 말라리아를 근절하는 것과 같은 원대한 목표를 갖고 빌 앤드 멜린다 게이츠 재단을 설립했습니다. 그는 2007년 하버드대학 졸업식 연설에서 이렇게 말했습니다. "멜린다와 나는 똑같은 도전을 맞이하고 있습니다. 어떻게 하면 우리가 가지고 있는 자원으로 최대한의 사람들에게 최대한의 도움을 줄 수 있을까를 고민하는 것이었습니다."(습관 2: 끝을 생각하며 시작하라)

진정한 규율은 1차 목표에 가장 많은 시간을 투입하는 것을 뜻합니다. 선의로 보면 관행을 따르지 않는다는 뜻입니다. "모두가" 하버드대학을 마치는 것이 젊은 빌 게이츠의 가장 중요한 과제가 되어야 한다고 말할지 모릅니다. 하지만 그는 좋은 뜻에서 말하는 사람들의 탐탁지 않은 시선을 뿌리치고 자신의 사명을 완수하는 데 노력을 집중했습니다. 그는 마이크로소프트를 설립했을 때 최고의 인재를 얻고 2~3개의 핵심 소프트웨어를 만든다는 두 가지 최우선 목표를 달성하는 데 온힘을 쏟았습니다. 다른 모든 것은 부수적인 일이었습니다. 게이츠가 처음 어느 디너파티에서 워런 버핏을 처음 만났을 때, 파티의 주빈은 자기 테이블에 앉아 있는 모든 사람들에게 그들의 인생 여정에서 가장 중요한 요소라고 생각하는 것 한 가지가 무엇이냐고 물었습니다. 앨리스 슈뢰더가 그녀의 책 《스노볼*The Snowball*》에서 밝혔듯이, 게이츠와 버핏이 똑같이 한 단어로 대답했습니다. 그것은 "집중"이었습니다.(습관 3: 소중한 것을 먼저 하라)

게이츠와 4번째 습관(승-승을 생각하라) 관계는 약간 더 복잡합니다.

얼핏 보면 게이츠는 승-패의 성품을 지닌 것처럼 보일 것입니다. 그는 기업은 경쟁자들로부터 언제라도 공격당할 수 있다는 것을 너무도 두려워한 나머지 마이크로소프트가 패자가 되는 시나리오를 내놓으면서 "악몽과도 같은" 메모라고 부를 만큼 그렇게 전투적인 기업인이었습니다. 업계 표준이 되기 위한 경쟁에서는 극소수만이 승자가 되고 절대 다수는 패자가 될 것입니다. 게이츠는 오로지 마이크로소프트가 승자 그룹에 포함되는 것만 생각했습니다. 하지만 더 자세히 들여다보면 그가 능숙하게 보완적 관계에 있는 기업들을 결합시켜 연합체로 만들었다는 것이 드러납니다. 게이츠는 큰 목표를 달성하기 위해 마이크로소프트의 강점을 다른 기업들의 강점으로 보완해야 한다는 것을 알았습니다. 인텔은 마이크로프로세서에 강점이 있었고, IBM과 Dell은 PC 제조에 강점이 있었습니다. 그는 또한 주식을 나누었습니다. 그래서 마이크로소프트가 승자가 되었을 때, 그 직원들도 함께 승자가 되었습니다. 그는 자신의 개인적 강점을 다른 사람들의 강점으로 보완하는 탁월한 능력을 보여주었습니다. 그 가운데 대표적인 사람이 그의 분신과도 같은 오랜 사업 파트너 스티브 발머입니다. 게이츠와 발머는 서로 협력하면서 각기 혼자서 노력할 때보다 훨씬 더 많은 것을 이루어냈습니다. 1+1이 2 이상이 된 것입니다.(습관 6: 시너지를 내라)

게이츠는 앞서 언급한 재단을 통한 사회변혁 쪽으로 눈을 돌리면서, '나는 사업에 성공했다. 그래서 이미 사회변혁을 어떻게 이루는지 다 알고 있다'는 식으로 말하지 않았습니다. 오히려 그는 지칠 줄 모르는 호기심을 보이며 배움을 얻으려고 노력했습니다. 그는 항상 질문을 던지면서, 난제들을 해결하기 위해 필요한 학문과 방법들을 이해하려고 노력했습니다. 어떤 친구와는 "나는 인산염에 대해 조금 더 배워야 한다"라는 말을 비롯하여 서로의 의견을 주고받기도 하였습니다.(습관 5: 먼저 이해하고 다음에 이해시켜라) 마지막으로 나는 게이츠가 끊임없이 쇄신하는 모습을 보고 놀랐습니다. 마이크로소프트를 키워야 하는 가장 중요한 시기에도 그는 정기적으로 한 주를 '생각 주간'으로 정해 완전히 비워놓고 독서와 사색에 전념했습니다. 그는 다른 사람들의 전기를 읽는 습관을 갖게 되었습니다. 한번은 〈포천〉의 브렌트 슐렌더에게 이렇게 말했습니다. "사람들이 삶을 사는 동안 발전해나가는 모습을 보면 정말 놀라울 뿐이다." 게이츠는 그 교훈을 자기 삶의 좌우명으로 받아들였습니다.(습관 7: 끊임없이 쇄신하라)

게이츠는 특별한 경우에 속하지만, 다른 사람들의 사례도 얼마든지 있습니다. 수십만 명의 대학 졸업자들이 최소한 2년 동안은 사회적 혜택을 가장 못 받는 학교의 아이들을 가르치면서 봉사하도록 고취하겠다는 생각으로 티치 포 아메리카(Teach For America)를 설립한 웬디 콥의 예를 들 수도 있겠습니다. 그의 궁극적인 목표는 K-12 교육제도를 근본적으로 개선하기 위해 그 어떤 것에도 굴하지 않는 사회적 힘을 형성하는 것이었습니다.(자신의 삶을 주도하라. 끝을 생각하며 시작하라) 가구한 점 없는 집에서 사는 스티브 잡스도 좋은 예가 될 수 있습니다. 그는 좋은 제품들을 만들어내는 데 너무 바빠서 주방 식탁이나 소파를 구입하는 것과 같은 덜 중요한 활동을 하러 돌아다닐 수가 없었던 것입니다.(소중한 것을 먼저 하라) 경영진과 노동자 사이에 승-승의 문화를 만들어낸 사우스웨스트 항공사의 허브 켈리어도 있습니다. 그는 9·11 테러 이후 모든 임직원의 단합을 통해 한 사람도 해고하지 않고 30년 연속 흑자 행진을 이어갔습니다.(승-승을 생각하라) 윈스턴 처칠도 있습니다. 그는 제2차 세계대전 내내 낮잠을 자며 매일 '두 번의 아침'을 맞았습니다.(끊임없이 쇄신하라)

7가지 습관이 위대한 기업이 되기 위한 요소들과 모두 일치한다고 말하는 것이 아닙니다. 예를 들면 《좋은 기업을 넘어 위대한 기업으로》와 《성공하는 기업들의 8가지 습관》의 원칙들과 《성공하는 사람들의 7가지 습관》의 원칙들은 동시대에 발표된 것이지만 분명 다릅니다. 코비의 출발점은 위대한 조직이 아니라 개인의 위대한 효과성이었습니다. 물론 조직은 사람들로 구성되어 있고, 사람들이 높은 효과성이 보일수록 조직은 강해집니다. 내가 생각할 때, 7가지 습관을 실천하는 사람들은 단계 5의 리더가 될 가능성이 높습니다. 그들은《좋은 기업을 넘어 위대한 기업으로》에서 내가 자주 언급했던, 드물게 보는 변혁적 인간입니다. 단계 5의 리더는 개인적 겸손함과 직업적 의지라고 하는 상반된 요소의 역설적 결합을 보여줍니다. 그들은 열정과 욕구와 창의력과 규율을 그들보다 더 크고 더 오래 지속되는 어떤 것에 쏟아 넣습니다. 분명히 큰 꿈을 가지고 있지만 그것은 그들보다 더 큰 어떤 목적을 위한 것입니다. 그 목적은 위대한 기업을 만드는 것일 수도 있고, 세계를 변화시키는 것일 수도 있고, 궁극적으로는 그들을 위한 것이 아닌 큰 목표를 달성하는 것일 수도 있습니다. 기업이 지속적으로 위대해지는 데 중요한 변수 중 하나는 이런 간단한 질문으로 나타낼 수 있습니다. 권력을 쥐고 있는 사람들의 내적 동기, 성품, 꿈의 진실은 무엇인가? 그들이 무슨 말을 하고 어떤 자세를 취하든 그들의 진정한 내적 동기는 당연히 그들의 결정과 행동으로 나타날 것입니다. 즉각적으로 나타나지 않고 시간을 두고 나타날 수도 있으며 또 어떤 압력을 받을지도 모르지만 어떻든 나타날 것입니다. 궁극적으로 우리는 빙 돌아서, 먼저 내적 성품을 길러라, 대인관계의 승리에 앞서 개인의 승리를 거두라고 하는 코비의 핵심 원리로 돌아가게 됩니다.

다시금 스티븐 코비는 단계 5의 스승이라는 생각이 듭니다. 그는 놀라운 활동을 펼치는 기간 내내 사람들이 그 생각들을 이해하도록 도와주겠다고 하는 불굴의 의지를 가지고 자신의 영향력에 대한 겸손함을 보여주며 사람들의 경계심을 풀어주었습니다. 그는 사람들이 7가지 습관을 실천하고 산다면, 더 나은 세상이 될 것이라고 진실로 믿었습니다. 그 믿음은 책장 곳곳에 스며들어 있습니다. 스티븐 코비는 단계 5의 스승으로서 자신이 가르친 것을 실천하기 위해 최선을 다했습니다. 그는 개인적으로 습관 5를 실천하는 것이 가장 어려웠다고 말했습니다.(먼저 이해하고 다음에 이해시켜라) 여기에는 아이러니가 있습니다. 그는 이 책을 쓰기에 앞서 배움을 얻기 위해 수십 년간 지식 여행을 했습니다. 그는 처음에는 가르치면서 배우는 사람이었지만 나중에는 글을 쓰면서 가르치는 사람이 되었습니다. 그렇게 함으로써 그의 가르침은 영속성을 얻었습니다. 습관 2에서 코비는 우리의 장례식이 어떤 모습이 될지 상상해보라고 말합니다. "사람들이 당신과 당신의 삶에 대해 어떻게 말하기를 원하는가? …그들이 당신에게서 어떤 성품을 보기를 원하는가? 그들이 당신의 어떤 공헌, 어떤 성취를 기억하기를 원하는가?" 아마 그는 지금 우리가 그를 이렇게 기억하고 있는 것에 대해 대단히 기뻐할 것입니다.

누구도 영원히 살지 못하지만 책과 생각은 영원할 수 있습니다. 당신은 이 책장을 넘길 때, 절정에 오른 스티븐 코비를 만나게 될 것입니다. 당신은 그가 글 속에서 이렇게 말하려고 하는 것이 느껴질 것입니다. "나는 정말로 이것을 믿습니다. 내가 당신을 도와드리겠습니다. 이것을 이해하고 배우기 바랍니다. 성장하고, 조금씩 나아지고, 더 많은 공헌을 하고, 의미 있는 삶을 살기를 바랍니다." 그의 삶은 끝났지만 그의 일은 끝나지 않았습니다. 그의 일은, 처음 쓰였을 때처럼 살아서 이 책에서 계속됩니다. 《성공하는 사람들의 7가지 습관》은 이제 겨우 스물다섯 살입니다. 아주 힘차게 시작할 것입니다.

콜로라도 볼더에서

짐 콜린스

개정판을 내면서

《성공하는 사람들의 7가지 습관》이 발간되고 나서 거의 10년이 되어갑니다. 발간 이후 110만 부 이상이 팔리면서 경제경영 부문에서 유례가 없는 슈퍼셀러가 되었고, 또 매년 스테디셀러로 자리매김을 하였습니다. 본서를 구독해준 독자 여러분께 이 자리를 빌려 깊은 감사를 드립니다.

우리나라는 지난 30여 년의 단기간 노력으로 큰 경제 발전을 이루었으나 선진국으로의 진입 문턱에서 외환위기라는, 한국전쟁 이후 최대의 국난을 맞아 국가부도의 위기 상황에까지 몰렸습니다. 그러나 외국자본의 적극유치, 기업의 구조조정 및 IT산업 활성화로 외환위기를 짧은 기간 내에 극복하여 전 세계에 우리 민족의 저력을 보여주었습니다.

그러나 최근 다시 우리는 남북문제, 남남갈등, 부패정치, 노사분규 등으로 인한 경기침체로 위기상황을 맞고 있습니다. 그 밑바닥에는 상호신뢰, 상생, 합리성, 투명성 등과 같은, 이 책에서 강조되고 있는 원칙들이 존중되지 못한 결과가 있지 않았나 생각합니다.

이 책은 본래 이러한 원칙들을 유능한 한국인들이 배우고 실천하여 성공하는 개인과 조직이 되도록 도와주고, 또 원칙 중심의 리더십 교육 프로그램의 교재로 발행되었습니다.

책 발행과 동시에 설립된 한국리더십센터에서는 '성공하는 리더들의 7가지 습관 리더십 교육'을 통하여 외환위기 극복에 공헌했고, 최근에는 매월 수백 명의 경영자, 교수, 성직자, 대학생, 지식인 들이 이 교육에 참여하여 신뢰받는 리더가 되기 위한 지혜를 얻고 있습니다.

이 리더십 프로그램의 참고서 역할을 해주는 이 책은 최근에 독자층이 중고등 학생들로까지 확대되었는데 번역상 미진한 부분을 손질하지 못하여 미안하고 아쉬움을 느끼고 있었습니다. 그러던 차에 발행 10주년과 원저자인 스티븐 코비의 방한을 계기로 기존 번역본을 상당 부분 손질하였습니다.

재번역과정에서 원전의 뜻과 의미를 충실히 살리고자 최선을 다했으며 국내에서 '성공하는 리더들의 7가지 습관 워크숍'을 진행하는 450여 명의 강사들과 워크숍 참가자들의 조언도 받았습니다. 그러나 문화의 차이와 언어 표현의 차이로 인한 한계가 여전히 남아 있음을 양해해주시기 바라며 계속 수정해나갈 것을 약속드립니다.

한 권의 좋은 책은 하나의 대학에 필적한다는 말이 본서에 해당한다고 저는 감히 생각합니다. 한 알의 겨자씨가 각종 새가 집을 짓는 겨자나무로 성장하듯이, 본서를 통한 원칙 중심의 삶과 경영이 개인, 조직, 사회 및 국가발전과 성장에 크게 기여할 수 있기를 기원합니다.

재번역작업에서 많은 조언과 제언을 해주신 한국리더십센터의 임직원, 전문위원, 7H 강사님 여러분과 이임자 교수님, 남관희 위원님, 김완웅 부장님, 윤형준 님께 깊은 감사를 드리며, 책이 나오기까지 여러모로 도움을 주신 김영사에 감사드립니다.

2003년 9월 용인시 마북리에서

김경섭

한국어판 출간의 말

여러분이 이 책을 읽기 전에 내가 세계 각처에서 많은 청중들을 상대로 강의하면서 체험한 것을 한 가지 얘기해드리겠습니다. 내가 청중들에게 눈을 감은 채 옆 사람을 보지 말고 손을 들어 정북향을 지적해보라고 한 후, 눈을 뜨라고 하면 강당은 예외 없이 웃음바다가 됩니다. 청중들의 팔과 손가락이 사방으로 다른 방향을 가리키고 있기 때문입니다. "도대체 누가 맞은 겁니까"라고 물으면서, 우리들의 차이점을 투표에 의해 결정하되 다수가 맞는 것으로 하자고 제안하면, 청중들은 또다시 웃음을 터뜨립니다.

나는 곧 호주머니에서 나침반을 꺼내어 정북향을 가리켜 보여줍니다. 여러분은 다수의 의견이나 투표로 정북향을 결정할 수 없음을 잘 알고 있습니다. 이것은 우리와는 아무 관계 없이 존재하는 사실적 실체이기 때문입니다. 자연법칙들이나 원칙들도 마찬가지이며 우리들의 이름, 의견, 문화, 노력, 국적, 성별, 인종에 관계 없이 우리 속에 존재하며 우리의 삶을 다스립니다.

이 책은 개인이나 조직을 대단히 성공적으로 만드는 습관들을 배양하는 것에 관한 내용입니다. 이러한 능력에 대한 주요 열쇠는 위대하고 영속적인 사회, 가족, 단체들이 공통적으로 갖고 있는 원칙들입니다. 여러분은 상식적이라고 할지 모르지만 상식으로 알고 있는 것과 실행한다는 것은 별개의 것입니다.

우리는 날로 엄청난 변화가 일어나고 있는 세상에 살고 있습니다.

이러한 변화는 사업체, 가족, 학교, 정부, 개인 들로 하여금 피부로 느끼게 하고 진짜 도전과 두려움을 가져오며 그 속도가 점점 빨라지고 있습니다. 이러한 도전의 해결책은 여러 원칙들에 있습니다. 이 원칙들은 영원한 것들입니다. 이것들은 우리가 주변의 변화에서 살아남고, 태풍의 눈에도 평온하게 가라앉을 수 있게 해주는 닻입니다.

계속 발전하고 성장하기 위한 여러분의 노력이 성공하기를 기원하며 이 책이 한국어 판으로 나올 수 있도록 수고해준 여러분과 한국리더십센터에 심심한 감사를 드립니다.

1994년 4월
스티븐 코비

프랭클린코비사에 대하여

"물고기 한 마리를 주면 하루 양식을 주는 것이지만, 물고기 잡는 법을 가르쳐주면 평생 먹을 것을 주는 것이다. 물고기 잡는 법을 가르치는 교사는 전체 사회를 고양시킬 수 있다."

프랭클린코비사는 개인과 조직의 위대한 성공을 돕는 글로벌 상장 기업이다. 개인과 조직, 가족들이 의미 있는 원칙과 자연법칙을 적용함으로써 더욱 효과적인 삶을 살도록 하기 위해 노력하고 있으며, 고객 목록에는 〈포천〉 100대 기업 중 82개 기업과 〈포천〉 500대 기업 중 3분의 2 이상의 기업, 그 밖에도 수천 개의 중소기업과 지방, 주, 연방정부 기관이 포함되어 있다.

프랭클린코비사의 사명과 비전은 개인과 조직의 행동 변화를 통하여 성취를 돕는 것이다. 정규 교육과정을 가르치는 7천 명 이상의 전문가를 보유하고 있으며, 이들은 매년 75만 명 이상을 훈련시키고 있다. 또 세계적으로 4천만 명이 사용하는 '프랭클린 플래너'를 포함한 실행 보조자료들과 성과 향상 도구, AAP(All Access Pass) 플랫폼 등을 공급함으로써 고객들이 7가지 습관의 개념과 기술을 습득하고 이를 효과적으로 활용할 수 있도록 하고 있다.

한국리더십센터그룹에서 더욱 자세한 정보를 알 수 있다.

FranklinCovey

프랭클린코비사(FranklinCovey Company)
2200 West Parkway Blvd, Salt Lake City, UT 84119
www.franklincovey.com

한국리더십센터그룹에 대하여

한국리더십센터그룹은 전 세계에 자기 개혁과 조직 혁신의 새로운 돌풍을 일으키고 있는 미국 프랭클린코비사의 한국 독점적 파트너입니다. 1994년 10월 1일부터 '성공하는 사람들의 7가지 습관'의 효과적인 습득과 실생활 적용을 위한 프랭클린코비사의 독특한 자기개발 프로그램과 기업교육 노하우를 전파하고 있습니다. 아울러 우리 실정에 맞는 프로그램을 연구개발, 21세기 한국 기업과 한국인의 '삶의 질 향상'에 효과적인 도움을 주려고 노력하고 있습니다.

교육을 통해 누구나 성숙한 인간으로 성장, 발전할 수 있다는 인본주의적 관점에서 출발하는 프랭클린코비사의 프로그램. 기존의 교육들이 끝나고 나면 잊히고 마는 일회성 교육이었던 것에 비해 체계적이고 논리적인 훈련과 교육, 그리고 교육 내용을 구체적으로 실천할 수 있게 해주는 다양한 도구들을 갖추었기 때문에 교육은 더 이상 비용이 아니라 변혁의 시대에 가장 필요한 투자임을 확신시켜줍니다. 한국리더십센터그룹의 교육과정을 통해 원칙을 중심으로, 품성에 바탕을 두고, 내면에서부터 변화하여 외부로 향하는 새로운 차원의 패러다임 전환을 경험해보십시오.

〈포천〉 500대 기업 중 430여 개의 기업에서 전사적으로 도입하고 있고, 세계 초일류 기업과 조직들, 개인과 가족들 및 단체들이 참여하고 격찬한 '프랭클린코비' 프로그램! 이제 당신도 책에서 접한 이론들을 한국리더십센터그룹의 프로그램을 통해서 실제로 생활화하고 습관화할 수 있습니다